सिमोन द बोव्आर

द सेकेंड सेक्स

सम्पूर्ण 'स्त्री-उपेक्षिता', पहली बार फ्रेंच से हिन्दी में अनूदित

सिमोन द बोव्आर

द सेकेंड सेक्स

सम्पूर्ण 'स्त्री-उपेक्षिता', पहली बार फ्रेंच से हिन्दी में अनूदित

खण्ड-1

तथ्य और मिथक

अनुवाद

मोनिका सिंह

वाणी प्रकाशन

प्रकाशन के उत्कृष्टतम 61 वर्ष

vaniprakashan.com

सजिल्द प्रथम संस्करण : 2024

वाणी प्रकाशन

4695, 21-ए, दरियागंज, नयी दिल्ली-110 002

फ़ोन : +91 11 23273167, 23275710

शाखाएँ

अशोक राजपथ, पटना-800 004, बिहार

कॉफ़ी हाउस कैम्पस, महात्मा गांधी मार्ग, प्रयागराज-211 001, उत्तर प्रदेश

महात्मा गांधी अन्तरराष्ट्रीय हिन्दी विश्वविद्यालय, वर्धा-442 001, महाराष्ट्र

36/ए, शेक्सपियर सरणी, रानी बिरला गर्ल्स कॉलेज के पास, कोलकाता-700 017, प. बंगाल

sales@vaniprakashan.in
vaniprakashan@gmail.com

The Second Sex

by Simone de Beauvoir

Translated from the French Original 'Le Deuxième Sexe'
by Monica Singh

PAP
TAGORE

The Work is published with the support of the Publication Assistance Programmes of the Institut français

ISBN : 978-93-5775-987-8

Feminism

मूल्य : 695

आर. टेक ऑफ़सेट प्रिंटर्स, दिल्ली-110 032 में मुद्रित

वाणी प्रकाशन का लोगो मक़बूल फ़िदा हुसेन की कूची से

प्राक्कथन

एक लम्बे समय तक स्त्री पर किताब लिखने से मैं झिझकती रही। ये एक खीझ दिलाने वाला विषय है, ख़ासतौर पर औरतों के लिए; और यह नया नहीं है। नारीवाद के मुद्दे पर अनगिनत पन्ने रंगे जा चुके हैं; आज इस पर चर्चा लगभग ख़त्म हो चली है : चलिये अब इसके बारे में बात नहीं करते हैं। फिर भी इस पर चर्चा होती ही रहती है। और ऐसा नहीं लगता कि पिछली शताब्दी के दौरान फैलाई गई ढेरो अनापशनाप बकवास ने इस समस्या पर बहुत अधिक प्रकाश डाला है। बहरहाल, कोई समस्या है क्या? और वो कैसी समस्या है? क्या औरतें हैं भी? निश्चित रूप से शाश्वत स्त्री के सिद्धान्त के अनुयायी अभी भी हैं; वे दबी आवाज़ में बोलते हैं, "यहाँ तक कि रूस में भी, औरतें अभी भी औरतों जैसी ही लगती हैं"; लेकिन अन्य जानकार लोग — और कभी-कभी वही लोग — विलाप करते हैं, "औरत ख़ुद को खोती जा रही है, औरत भटक गयी है।" अब यह जानना कठिन है कि यदि स्त्रियाँ अभी भी हैं, क्या वे हमेशा मौजूद रहेंगी, चाहे वे वांछित हों या नहीं, इस दुनिया में उनकी जगह क्या है, उन्हें इस दुनिया में किस जगह पर काबिज़ होना चाहिए। "कहाँ गयीं औरतें?" हाल ही में एक अल्पकालिक पत्रिका ने ये सवाल किया था।[1] लेकिन सबसे पहले, औरत क्या है? "वह सिर्फ़ एक गर्भ है," कुछ कहते हैं। फिर भी औरतों के सन्दर्भ में कुछ जानकारों का वर्णन होता है "भले ही उनके पास दूसरों की तरह गर्भाशय हो लेकिन वे औरत नहीं हैं।" हर कोई यह मानने के लिए सहमत है कि मानव प्रजाति में मादाएँ हैं; आज भी, आदिकाल की तरह, वे मानवता का लगभग आधा हिस्सा हैं; और फिर भी हमें बताया जाता है कि "स्त्रीत्व ख़तरे में है"; हमसे आग्रह किया जाता है, "औरत हो, औरत बनो, औरत ही रहो।" इसलिए ज़रूरी नहीं कि प्रत्येक मादा मानव-जीव एक औरत हो; उसे इस रहस्यमय और लुप्तप्राय वास्तविकता में भाग लेना चाहिए जिसे स्त्रीत्व कहा जाता है। क्या स्त्रीत्व अण्डाशय द्वारा स्रावित होता है? क्या यह एक प्लेटोनिक स्वर्ग में निहित है? क्या

उसे धरती पर अवतरित होने के लिए एक झालरदार घाघरा काफ़ी है? हालाँकि कुछ औरतें जोश-ओ-ख़रोश से इसे मूर्त रूप देने का प्रयास करती हैं, लेकिन मॉडल का कभी पेटेंट नहीं कराया गया। आमतौर पर औरत का वर्णन मनीषीगण की शब्दावली से उधार लिये गये अस्पष्ट और झिलमिलाते शब्दों में किया जाता है। सेंट थॉमस के समय में, यह निश्चित रूप से अफ़ीम के निष्क्रिय गुण के रूप में परिभाषित एक सार के रूप में प्रतीत होती है। लेकिन अवधारणावाद ने वैचारिक जगत में अपनी ज़मीन खो दी है। जैविक और सामाजिक विज्ञान अब यह नहीं मानते हैं कि अपरिवर्तनीय रूप से निर्धारित इकाइयाँ हैं जो दिये गये पात्रों को परिभाषित करते हैं जैसे कि स्त्री, यहूदी या नीग्रो; विज्ञान चरित्र को किसी स्थिति की द्वितीयक प्रतिक्रिया मानता है। अगर आज स्त्रीत्व जैसी कोई चीज नहीं है, तो ऐसा इसलिए है क्योंकि ऐसा कभी नहीं था। तो क्या 'स्त्री' शब्द का कोई सार नहीं है? प्रबुद्धता दर्शन, तर्कवाद, या नाममात्रवाद के पैरोकार दृढ़ता से यही कहते हैं : स्त्रियाँ, मानवजाति के बीच, केवल वे हैं जिन्हें बेतरतीबी से 'स्त्री' शब्द द्वारा निर्दिष्ट किया जाता है; अमेरिकी स्त्रियों का ख़ासतौर पर ऐसा मानना है कि स्त्रियों का ऐसा स्वरूप अब नहीं मिलता है; यदि कोई पिछड़ी सोच वाली अभी भी ख़ुद को सीमित सन्दर्भों में परिभाषित स्त्री समझती है, तो उसकी सहेलियाँ उसे इस मनोविकार से मुक्त करने के लिए मनोविश्लेषक के पास जाने की सलाह देती हैं। *Modern woman : A lost sex* नामक एक पुस्तक जो ख़ासी खीज दिलाने वाली है, उसके बारे में डोरोथी पार्कर ने लिखा है : "मैं उन किताबों के प्रति निष्पक्ष नहीं हो सकती जो औरत को औरत की तरह पेश करती हैं।" मेरा विचार यह है कि हम सभी, चाहे स्त्री हों या पुरुष, जो भी हम हैं, उन्हें इन्सान माना जाना चाहिए। लेकिन नामवाद कुछ हद तक एक अपर्याप्त सिद्धान्त है; और नारी-विरोधी के लिए यह साबित करने में दिक्कत नहीं होती है कि स्त्रियाँ पुरुष नहीं हो सकती हैं। निश्चित रूप से स्त्री पुरुष की तरह एक इन्सान है लेकिन इस तरह की पुष्टि अमूर्त है; तथ्य यह है कि प्रत्येक साकार मनुष्य हमेशा एकल और अभिन्न होता है। यहूदी चरित्र की, काली आत्मा की शाश्वत स्त्री की धारणाओं को नकारने का अर्थ यहूदी, अश्वेत, या औरत के अस्तित्व को अस्वीकार करना नहीं है। इसका खण्डन करना उन लोगों की मुक्ति का द्योतक नहीं है, बल्कि एक अप्रमाणिक अस्पष्ट कथन है। स्पष्टतया कोई भी स्त्री बग़ैर पाखण्ड के अपने सेक्स से परे होने का दावा नहीं कर सकती है। एक प्रसिद्ध लेखिका ने कुछ साल पहले लेखिकाओं को समर्पित तस्वीरों की एक शृंखला में अपना चित्र प्रदर्शित करने से इनकार कर दिया था। वह अपनी गणना पुरुषों में करवाना चाहती थी; लेकिन इस विशेषाधिकार

को पाने के लिए उसने अपने पति के दबदबे का इस्तेमाल किया। जो औरतें पुरुष के समकक्ष होने का दावा करती हैं, वे भी पुरुषों द्वारा ही आदर और सम्मान की अपेक्षा करती हैं। मुझे यह भी याद है कि ट्रॉट्स्की की समर्थक एक युवती एक गरमागरम बैठक के दौरान एक मंच पर खड़ी थी और अपनी प्रत्यक्ष कोमलता के बावजूद हाथापाई तक करने को तैयार थी; वह अपनी स्त्री-सुलभ दुर्बलता को नकार रही थी; लेकिन यह चाह दरअसल आक्रामक पुरुष के प्रति सम्मान-भाव के कारण था। जिसकी बराबरी वह करना चाहती थी। अमेरिकी औरतों का अवज्ञाकारी रवैया यह साबित करता है कि वे अपनी स्त्रीत्व की भावना से त्रस्त हैं। और वास्तविकता यह है कि आप आँखें खोलकर ज़रा दो क़दम चलकर देखें तो पायेंगे कि मानवता स्पष्ट रूप से दो श्रेणियों में विभाजित है जिनके कपड़े, चेहरे, शरीर, हँसना-बोलना, चाल, रुचि और व्यवसाय साफ़ तौर पर भिन्न हैं; ये अन्तर शायद सतही हैं; शायद उनका ग़ायब होना तय है। जो निश्चित है वह यह है कि फ़िलहाल स्त्री-पुरुष के बीच अन्तर आश्चर्यजनक रूप से मौजूद हैं।

यदि मादा के कर्तव्य स्त्री को परिभाषित करने के लिए पर्याप्त नहीं हैं, और यदि हम 'शाश्वत स्त्री' की व्याख्या को भी अस्वीकार करते हैं, लेकिन अगर हम अस्थायी रूप से भी स्वीकार करते हैं कि पृथ्वी पर औरतें हैं, तो हमें इस प्रश्न का सामना तो करना ही होगा : औरत क्या है?

केवल समस्या बताने मात्र से ही मुझे तत्काल उत्तर मिल जाता है। यह महत्त्वपूर्ण है कि मैं इसे प्रस्तुत करूँ। एक आदमी के ज़हन में यह कभी नहीं आयेगा कि वह मानवता में पुरुषों की विलक्षण स्थिति पर एक किताब लिखे।[2] अगर मैं ख़ुद को परिभाषित करूँ तो मैं पहले यह घोषित करने के लिए बाध्य हूँ : "मैं एक औरत हूँ"; अन्य सभी दावे इस मूल सत्य से उत्पन्न होंगे। एक आदमी कभी भी ख़ुद को एक निश्चित लिंग के व्यक्ति के रूप में पेश नहीं करता है : वह आदमी है, बस और कुछ कहने की ज़रूरत नहीं है। टाउन हॉल रिकॉर्ड या पहचान पत्रों पर औपचारिक रूप से पुरुष और स्त्री की श्रेणियाँ एक सी दिखाई देती हैं। दो लिंगों का सम्बन्ध दो विद्युत ध्रुवों का नहीं है : पुरुष सकारात्मक और तटस्थ दोनों का प्रतिनिधित्व करता है, इस हद तक कि फ्रांसीसी भाषा में मनुष्य को सम्बोधित करने के लिए 'आदमी' शब्द का उपयोग किया जाता है, उसमें औरत नकारात्मक के रूप में प्रकट होती है ताकि पारस्परिकता के बिना सभी दृढ़ संकल्प को एक सीमा के रूप में आरोपित किया जा सके। मैं कभी-कभी सारगर्भित चर्चाओं के दौरान पुरुषों को यह कहते हुए सुनकर चिढ़ जाती थी : "आप ऐसा इसलिए सोचती हैं

क्योंकि आप एक औरत हैं"; लेकिन मुझे मालूम था कि अपने बचाव में मुझे क्या जवाब देना था : "मैं ऐसा सोचती हूँ क्योंकि यही सही है" इस उत्तर से मेरी व्यक्तिपरकता समाप्त हो जाती है; पलटकर ये जवाब देने का कोई सवाल ही नहीं था : "और आप इसके विपरीत सोचते हैं क्योंकि आप एक आदमी हैं"; क्योंकि यह माना जाता है कि पुरुष होना कोई विलक्षणता नहीं है; एक पुरुष अपने पुरुष होने की वजह से सही है, यह तो औरत है जो ग़लत है। दरअसल, जैसे कि पूर्वजों के लिए एक पूर्ण ऊर्ध्वाधर के सन्दर्भ में तिरछे को परिभाषित किया जाता था, उसी तरह एक पूर्ण मानव प्रकार, मर्दाना है। औरत के पास अण्डाशय और एक गर्भाशय है; उसकी विलक्षणताएँ उसे उसकी स्थिति में क़ैद कर देती हैं; बड़े आराम से कह दिया जाता है कि औरत अपनी ग्रन्थियों के सहयोग से सोचती है। पुरुष बड़ी आसानी से भूल जाता है कि उसकी शारीरिक संरचना में भी ग्रन्थियाँ और अण्डकोष शामिल हैं। वह अपने शरीर को जगत से सीधे जोड़ता है और सामान्य कड़ी के रूप में मानता है और यह विश्वास करता है कि वह जगत को वस्तुपरक रूप से समझता है, जबकि वह औरत के शरीर को एक बाधा, एक जेल मानता है, जो उसकी सीमाबद्धताओं के कारण उसे बोझिल बनाता है अरस्तू का कहना था, "औरत कुछ गुणवत्ताओं की एक निश्चित कमी के कारण औरत बनती है।" "हमें औरतों के स्वभाव को प्राकृतिक दोष से पीड़ित मानना चाहिए।" और जब सेंट थॉमस की बारी आयी तो उन्होंने फ़ैसला सुनाया कि औरत एक 'अपूर्ण पुरुष', एक 'आकस्मिक' प्राणी थी। बोसुए के शब्दों में उत्पत्ति की कहानी इसी का प्रतिरूपण करती है, जहाँ ऐसा प्रतीत होता है जैसे कि हव्वा आदम की 'अतिरिक्त' हड्डी से बनी हो। मानवता पुरुष है, और पुरुष स्त्री को उसकी सत्ता में नहीं, बल्कि अपने सन्दर्भ में परिभाषित करता है; औरत को एक स्वायत्त प्राणी नहीं माना जाता है। "औरत, सापेक्ष अस्तित्व...," मिशेल लिखती है। इस प्रकार मुंस्युर बेंडा ने *Les Rapports d' Uriel* (उरीएल की रिपोर्ट) में घोषणा की : "एक पुरुष का शरीर अपने आप में सार्थक होता है, जबकि औरत का शरीर पुरुष के सन्दर्भ के बिना अर्थ से रहित लगता है।... पुरुष-स्त्री के बग़ैर अपना लिहाज़ करता है। स्त्री पुरुष के बिना अपने लिए नहीं सोचती।" और वह सिर्फ़ वैसी ही बन सकती है जैसा पुरुष ने उसके लिए नियत किया हो; इस तरह से उसे 'सेक्स' कहा जाता है, जिसका अर्थ है कि पुरुष उसे अनिवार्य रूप से एक कामुक प्राणी के रूप में देखता है; उसके लिए वह भोग की एक वस्तु है, सेक्स है, इसलिए वह निरपेक्ष है। वह पुरुष के सन्दर्भ में ही परिभाषित और विभेदित की जाती है,

जबकि पुरुष के लिए ऐसा नहीं है; पुरुष अनिवार्य है, स्त्री गौण। पुरुष कर्ता है; वह निरपेक्ष है। *स्त्री अन्य* है।[3]

अन्य की श्रेणी उतनी ही मौलिक है जितनी स्वयं चेतना। आत्म और अन्य के बीच द्वन्द्व सबसे प्राचीन समाजों में, सबसे प्राचीन पौराणिक कथाओं में हम द्विविधता की अभिव्यक्ति में पाते हैं। यह द्विविधता मौलिक रूप से लिंगों के विभाजन की श्रेणी में नहीं आता था और न ही यह अनुभवजन्य तथ्यों पर निर्भर था : चीनी विचारों पर ग्रेनेट के अध्ययन और भारत और रोम पर ड्यूमज़िल के शोधों से यह उजागर होता है। वरुण-मित्र, यूरेनस-ज़ीउस, सूर्य-चन्द्रमा, दिन-रात जैसे युगलों में शुरुआत में कोई स्त्री तत्त्व शामिल नहीं होता है; न तो भलाई-बुराई, शुभ-अशुभ, बायें-दायें, ईश्वर और शैतान; परिवर्तन मानव विचार की मौलिकता है। किसी भी सामूहिकता को कभी भी दूसरे को अपने सामने रखे बिना एक के रूप में परिभाषित नहीं किया जाता है। इतना काफ़ी है कि किसी बोगी में संयोग से तीन मुसाफ़िरों का पुनर्मिलन हो और बस बाकी सभी यात्री 'अन्य' बन जाते हैं, उनके लिए एक क़िस्म का विद्वेष हो जाता है। ग्रामीण के लिए, वे सभी लोग जो उसके गाँव से सम्बन्धित नहीं हैं, 'अन्य' हैं सन्दिग्ध हैं; किसी देश के मूल निवासी के लिए, उन देशों के निवासी जो उसके अपने नहीं हैं, 'विदेशी' के रूप में प्रकट होते हैं; यहूदी यहूदी-विरोधी के लिए 'दूसरे' हैं, अमेरिकी नस्लवादियों के लिए अश्वेत, उपनिवेशवादियों के लिए मूल निवासी, सम्पत्ति वाले वर्गों के लिए सर्वहारा। आदिम समाज के विविध रूपों के गहन अध्ययन के अन्त में लेवी-स्ट्रॉस यह निष्कर्ष निकालने में सक्षम थे : "प्राकृतिक अवस्था से संस्कृति की अवस्था तक का मार्ग मनुष्य की जैविक सम्बन्धों को विरोधों की प्रणाली के रूप में सोचने की क्षमता से परिभाषित होता है; द्वैत, प्रत्यावर्तन, विरोध, और समरूपता, चाहे वे निश्चित रूपों में प्रकट हों या अस्पष्ट रूपों में, वे 'सामाजिक वास्तविकता के मौलिक और तत्काल डेटा' की तुलना में कम घटना का गठन करते हैं।"[4] इन घटनाओं को समझा नहीं ज़ा सकता था यदि मानवीय वास्तविकता केवल सौहार्द और मित्रता पर आधारित होती। लेकिन हेगेल के अनुसार इसके विपरीत, हम स्वयं की चेतना में किसी अन्य चेतना के प्रति एक मौलिक विरोध पर आधारित आक्रामकता पाते हैं; कर्ता स्वयं को ही अपने विरोध में स्थापित करता है; वह स्वयं को अनिवार्य और अन्य को गौण, वस्तु बना देता है।

केवल अन्य चेतना पारस्परिक दावे के साथ इसका विरोध करती है : यात्रा करते हुए, एक स्थानीय यह जानकर चौंक जाता है कि पड़ोसी देशों में स्थानीय

लोग उसे एक विदेशी के रूप में देखते हैं; गाँवों, कुलों, राष्ट्रों और वर्गों के बीच युद्ध, विवाद, समझौते, सन्धियाँ और संघर्ष होते हैं जो दूसरे के विचार को उसके पूर्ण अर्थ से वंचित करते हैं और इसकी सापेक्षता की खोज करते हैं; कोई इसे पसन्द करे या न करे, व्यक्तियों और समूहों के पास अपने सम्बन्धों की पारस्परिकता को पहचानने के अलावा कोई विकल्प नहीं है। फिर ऐसा कैसे हुआ कि लिंगों के बीच इस पारस्परिकता को स्थापित नहीं किया गया था, कि दूसरे की सत्ता को ध्वस्त कर के एक अन्तिम रूप से अनिवार्य साबित हुआ, और उसको शुद्ध अन्यता के रूप में परिभाषित किया? आख़िर क्यों स्त्रियाँ पुरुष सम्प्रभुता को चुनौती नहीं देतीं? कोई भी स्वतन्त्र चेतना अनायास और स्वत:स्फूर्त रूप से सहर्ष वस्तु बनना तो स्वीकार नहीं करेगी, वह अनावश्यक तो नहीं हो जाना चाहेगी? अपनी स्वयं की परिभाषा तो एक पूर्ण एकल जीव ही अपने सन्दर्भ में दूसरे को दे सकता है और यह दूसरा इतना विनम्र और आज्ञाकारी हो गया कि अपने प्रति इस बाहरी दृष्टिकोण को स्वीकार कर ले। लेकिन ताकि दूसरे से एक में उलटफेर न हो, दूसरे को इस बाहरी दृष्टिकोण को प्रस्तुत करना होगा। औरत में समर्पण की यह भावना आती कहाँ से है?

ऐसे अन्य मामले भी हैं जहाँ, कम या अधिक समय के लिए, एक वर्ग दूसरे पर पूरी तरह से हावी होने में कामयाब रहा है। अक्सर यह विशेषाधिकार संख्यात्मक असमानता से आता है : बहुसंख्यक अपने क़ानून को अल्पसंख्यक पर थोपते हैं या उन्हें सताते हैं। लेकिन स्त्रियाँ अमेरिकी अश्वेतों की तरह या यहूदियों की तरह अल्पसंख्यक नहीं हैं : धरती पर उतनी ही स्त्रियाँ हैं जितने पुरुष। अक्सर ये भी देखा गया है दो सम्बन्धित विरोधी समूह शुरू में एक-दूसरे से स्वतन्त्र थे; पहले उन्होंने एक-दूसरे की उपेक्षा की, या प्रत्येक ने दूसरे की स्वायत्तता को स्वीकार किया; और यह एक ऐतिहासिक घटना है जिसने कमज़ोर को मज़बूत के अधीन कर दिया : यहूदी प्रवासी, अमेरिका में दासता की शुरुआत, औपनिवेशिक विजय दिनांकित तथ्य हैं। इन मामलों में, उत्पीड़ितों का एक पूर्व था : उनका एक अतीत, एक परम्परा, कभी-कभी एक धर्म, एक संस्कृति होती है। इस अर्थ में, स्त्रियों और सर्वहारा वर्ग के बीच बेबेल द्वारा स्थापित मेल-मिलाप सबसे अच्छी तरह से स्थापित होगा : सर्वहाराओं की संख्या भी अधिक नहीं थी और उन्होंने कभी एक अलग समूह नहीं बनाया है। हालाँकि, एक घटना नहीं बल्कि एक सम्पूर्ण ऐतिहासिक विकास, एक वर्ग के रूप में उनके अस्तित्व की व्याख्या करता है और जो इस वर्ग में इन व्यक्तियों के वितरण के लिए ज़िम्मेदार है। सर्वहारा हमेशा से नहीं थे; औरतें हमेशा से रही हैं; वे अपनी शारीरिक संरचना से औरत हैं; जहाँ तक इतिहास की पड़ताल

की जा सकती है, वे हमेशा पुरुष के अधीन रही हैं : उनकी निर्भरता किसी घटना या बनने का परिणाम नहीं है, ऐसा नहीं हुआ। यहाँ परिवर्तन एक निरपेक्ष प्रतीत होता है, यह आंशिक रूप से है क्योंकि यह ऐतिहासिक तथ्य की आकस्मिक प्रकृति से बच जाता है कि अन्यता समय के साथ बनी स्थिति किसी अन्य समय पूर्ववत हो सकती है— हैती के अश्वेतों ने इसे अच्छी तरह से साबित कर दिया है; इसके विपरीत, ऐसा लगता है कि एक प्राकृतिक स्थिति परिवर्तन को चुनौती देती है। वास्तव में, प्रकृति ऐतिहासिक वास्तविकता से अधिक अपरिवर्तनीय नहीं है। अगर स्त्री पाती है कि वह गौण हो गई है और वह फिर से अब कभी अनिवार्य नहीं हो सकती तो इसका कारण यह है कि वह स्वयं यह फ़ेरबदल नहीं करती है। सर्वहारा कहते हैं 'हम।' अश्वेत भी। इस प्रकार स्वयं को प्रजा के रूप में प्रस्तुत करते हुए, वे पूँजीपति वर्ग या गोरों को 'दूसरों' में बदल देते हैं। स्त्रियाँ — कुछ अमूर्त सभाओं जैसे सम्मेलनों को छोड़कर — 'हम' का उपयोग नहीं करती हैं; पुरुष कहते हैं 'स्त्रियाँ' और स्त्रियाँ स्वयं को निर्दिष्ट करने के लिए इस शब्द को अपनाती हैं; लेकिन वे ख़ुद को प्रामाणिक रूप से कर्ता के रूप में प्रस्तुत नहीं करती हैं। रूस में सर्वहारा वर्ग ने क्रान्ति की, हैती में अश्वेतों ने, इंडोचीन में भारत-चीनी लड़ रहे हैं। औरतों की गतिविधियाँ कभी भी प्रतीकात्मक आन्दोलन नहीं रही है; उन्होंने केवल वही पाया है जो पुरुष उन्हें देने के लिए तैयार हैं; उन्होंने कुछ हासिल नहीं किया; उनको दान मिला है।[5] दरअसल उनके पास ख़ुद को एक ऐसी इकाई में संगठित करने के ठोस साधन नहीं हैं जो ख़ुद को विरोध में खड़ा कर सके। उनका कोई अतीत नहीं है, कोई इतिहास नहीं है, उनका अपना कोई धर्म नहीं है; और सर्वहारा वर्ग के विपरीत, उनके पास श्रम या हितों की कोई एकता नहीं है; यहाँ तक कि उनके पास अपनी ख़ुद की जगह भी नहीं है जो अमेरिका के अश्वेतों, यहूदी बस्ती के यहूदियों, सैं-देनी या रनो कारख़ानों के श्रमिकों को एक समुदाय में बाँधती है। वे पुरुषों के बीच बिखरी हुई रहती हैं, घर-गृहस्थी, काम-काज, उनके आर्थिक हितों और सामाजिक परिस्थितियों में जकड़ी हुई, अन्य स्त्रियों की बजाय अपने पिता या पति से उनकी नज़दीकियाँ ज़्यादा होती हैं। पूँजीपति वर्ग की औरत की समस्वरता अपने ही वर्ग के पुरुषों के साथ होती है, न कि सर्वहारा स्त्रियों के साथ; गोरी औरतें गोरे पुरुषों के साथ एकजुटता में हैं न कि अश्वेत औरतों के साथ। सर्वहारा वर्ग पूरे शासक वर्ग का नरसंहार करने की योजना बना सकता है; एक कट्टरपंथी यहूदी, एक नीग्रो परमाणु बम के रहस्य पर एकाधिकार करने और मानवता को पूरी तरह से यहूदी, पूरी तरह से काला रंग देने का सपना देख सकता है : लेकिन एक स्त्री को सपने

में भी पुरुषों को पूरी तरह से मिटाने का ख़्याल नहीं आ सकता। वह बन्धन जो उसे उसके दमनकारियों से बाँधता है, उसकी तुलना किसी अन्य सम्बन्ध से नहीं की जा सकती है। लिंगों का विभाजन वास्तव में एक जैविक तथ्य है, मानव इतिहास में एक घटना नहीं। प्रतिपक्षी होते हुए भी स्त्री-पुरुष सौहार्द का अनूठा उदाहरण पेश करते हैं और औरत ने इस छवि को तोड़ा नहीं है। दम्पति एक मौलिक इकाई है जिसके दो भाग एक-दूसरे से जुड़े हुए हैं : स्त्री-पुरुष में भेद की रेखा खींचकर समाज में दरार पैदा करना सम्भव नहीं है। यही स्त्री की मूलभूत विशेषता है : वह समग्रता के केन्द्र में अन्य है जिसके दो घटक एक-दूसरे के लिए आवश्यक हैं।

अगर यह सम्बन्ध इतना पारस्परिक है तो ये उम्मीद की जा सकती है कि इससे औरत की आज़ादी का रास्ता आसान हुआ होगा; जब हरक्यूलिस ओम्फले के पैरों पर ऊन कातता है, तो उसकी इच्छा उसे ज़ंजीर की तरह जकड़ लेती है। ओम्फले स्थायी शक्ति प्राप्त करने में सफल क्यों नहीं हुआ? मेडिया, जेसन से बदला लेने के लिए, अपने बच्चों को मार देती है : इस क्रूर किंवदन्ती से पता चलता है कि औरत को उसके बच्चे से जोड़ने वाला बन्धन उसकी स्थिति को मज़बूत कर सकता था। लिसिस्ट्राटा में, अरिस्टोफेन्स ने आधे-अधूरे मन से औरतों के एक समूह की कल्पना की, जिन्होंने सामाजिक भलाई के लिए एकजुट होकर पुरुषों की आवश्यकता का लाभ उठाने की कोशिश की; लेकिन यह केवल एक कॉमेडी है। वह किंवदंती जो दावा करती है कि बंदिनी सबाइन औरतों ने अपने अपहरणकर्ताओं का हठपूर्वक विरोध किया था, उसमें उन्हें चमड़े की पट्टियों से पीटकर उनके प्रतिरोध पर काबू पाने का भी ज़िक्र है। जैविक आवश्यकता — काम-वासना और वंशवृद्धि की लालसा — जो पुरुष को स्त्री पर निर्भर बनाती है, ने भी स्त्रियों को सामाजिक रूप से मुक्त नहीं किया है। स्वामी और दास एक पारस्परिक आर्थिक आवश्यकता से भी जुड़े हुए हैं जो दास को मुक्त नहीं करता है। यानी मालिक-दास सम्बन्ध में, मालिक दूसरे के लिए अपनी ज़रूरत को नहीं मानता है; वह इस आवश्यकता को पूरा करने की शक्ति रखता है और इसकी मध्यस्थता नहीं करता है; दूसरी ओर, दास, निर्भरता, आशा, या भय के कारण, स्वामी के लिए अपनी आवश्यकता को आन्तरिक करता है; आवश्यकता की तात्कालिकता, चाहे दोनों में समान क्यों न हो, हमेशा उत्पीड़ितों के ख़िलाफ़ उत्पीड़क के पक्ष में खेलती है : उदाहरण के लिए, यह मज़दूर वर्ग की मुक्ति की धीमी गति की व्याख्या करता है। अब, स्त्री हमेशा से, यदि पुरुष की दासी नहीं, तो कम-से-कम उसकी जागीर रही है; स्त्री और पुरुष के बीच कभी भी दुनिया की साझेदारी बराबर की नहीं रही; और

आज भी, भले ही उसकी स्थिति बदल रही हो, औरत के सामने अनगिनत अड़चनें हैं। किसी भी देश में उसकी क़ानूनी स्थिति पुरुषों के समान नहीं है, और अक्सर उसे इसका ख़मियाज़ा भुगतना पड़ता है। यहाँ तक कि जब उसके अधिकारों को अमूर्त रूप से मान्यता दी जाती है, तो लम्बे समय से चली आ रही प्रथा की वजह से परम्पराओं में कोई तोड़-मरोड़ नहीं हो पाता। आर्थिक रूप से, पुरुष और स्त्री लगभग दो जातियाँ बनाते हैं; सभी चीज़ें समान होने के बावजूद, पुरुष के पास अपनी नयी स्त्री प्रतिस्पर्धियों की तुलना में बेहतर नौकरियाँ, उच्च वेतन और सफल होने की अधिक सम्भावनाएँ हैं; वे उद्योग में, राजनीति में, और अन्य कई स्थानों पर कब्ज़ा कर लेते हैं, और सबसे महत्त्वपूर्ण पदों पर उनका एकाधिकार रहता है। इन ठोस ताक़तों के अलावा पुरुष को शिक्षा के क्षेत्र में भी एक पारम्परिक सम्मान मिला हुआ है। वर्तमान में अतीत निहित होता है, और अतीत में सारा इतिहास पुरुषों द्वारा बनाया गया था। इस दौर में जब औरतें दुनियावी मामलों में हिस्सेदारी करने लगी हैं तब भी ये वही दुनिया है जो पुरुषों की है : पुरुष के मन में इस दुनिया के प्रति कोई सन्देह नहीं है क्योंकि उसकी स्थिति असुरक्षित नहीं हैं, लेकिन औरतें भी, बमुश्किल ही ऐसी दुनिया के ताने-बाने पर सन्देह करती हैं। अन्य होने से इनकार करना, पुरुष के साथ समझौते से इनकार करने का अर्थ होगा, उन सभी सुविधाओं का परित्याग जो श्रेष्ठ जाति के साथ गठबन्धन करने से औरतों को मिलता है। अधिपति-नर भौतिक सुख-सुविधाएँ जुटाकर समर्पित-नारी की रक्षा करेगा और उसके अस्तित्व, उसके होने, उसके जीवन का ज़िम्मा ले लेता है। आर्थिक जोख़िम के साथ वह एक स्वतन्त्रता के आध्यात्मिक जोख़िम को चकमा देती है जिसे बिना मदद के अपने अंजाम को ईजाद करना चाहिए; ये ऐसे ख़तरे हैं जिनका निदान बिना किसी सहारे के ख़ुद ही ढूँढ़ना पड़ता है। वास्तव में, प्रत्येक व्यक्ति के स्वयं को एक कर्ता के रूप में पुष्टि करने के दावे के साथ, जो एक नैतिक दावा है, उसमें अपनी स्वतन्त्रता से भागने और ख़ुद को एक वस्तु के रूप में स्थापित करने का प्रलोभन भी है। वस्तु रूप में परिणत होने की यह निष्क्रिय चाह बड़ी ही चिन्तनीय हो जाती है। यह एक घातक मार्ग है, जो इस राह पर चलता है वह एक खोया और टूटा हुआ दब्बू इन्सान है, जो दूसरे के संकल्प से संचालित होता है और अपनी अतिक्रमण की क्षमता को नकारते हुए स्वयं को प्रत्येक मानवीय मूल्य से वंचित करता है। जब पुरुष ने स्त्री को अन्यता प्रदान की तो औरत भी सह-अपराधी हो गयी। औरत अपने लिए कर्ता के रूप में कोई दावा नहीं करती है क्योंकि उसके पास ठोस साधनों की कमी है,

क्योंकि वह स्वयं को एक आवश्यक कड़ी मानती है जो पारस्परिकता की परवाह किये बिना उसे पुरुष से बाँधती है, और क्योंकि वह अक्सर अन्य के रूप में अपनी भूमिका से सन्तुष्ट रहती है।

लेकिन एक सवाल तुरन्त उठता है : यह पूरी कहानी शुरू कैसे हुई? हम समझते हैं कि किसी भी द्वैत की तरह, लिंगों के द्वन्द्व के परिणामस्वरूप संघर्ष हुआ है। हम समझते हैं कि यदि दोनों में से जो भी अपनी श्रेष्ठता को थोपने में सफल हुआ होगा, उसने स्वयं को परम सिद्धान्त रूप में स्थापित कर लिया होगा। लेकिन ऐसा क्या था कि पुरुष ही प्रारम्भ से विजेता बना रहा। ऐसा भी तो हो सकता था कि औरत की जीत होती या फिर इस संघर्ष का कभी निदान ही नहीं हुआ होता। यह कैसे हुआ कि यह दुनिया हमेशा पुरुषों की रही है और केवल आज ही चीज़ें बदलने लगी हैं? क्या यह बदलाव अच्छा है? क्या इससे औरत और मर्द के बीच दुनियावी मामलों में बराबर की साझेदारी हो पायेगी?

ये सवाल कोई नये नहीं हैं; उनके हज़ारों जवाब दिये जा चुके हैं; लेकिन औरत अपने अन्या होने का विरोध करते हुए पुरुष द्वारा दिये गये उन तमाम जवाबों और तर्कों को अमान्य सिद्ध करने की कोशिश कर रही है : ज़ाहिर तौर पर वे सारे उत्तर पुरुष मनमाने ढंग से अपने स्वार्थों के लिए देता रहा है। "पुरुषों ने औरतों के बारे में जो भी लिखा है, उसे सन्देह की दृष्टि से देखा जाना चाहिए, क्योंकि लिखने वाला ही हाकिम भी है और फरियादी भी," ऐसा सत्रहवीं सदी के एक कम चर्चित नारीवादी, पूलां द ला बार्र ने लिखा है। हर जगह और हर युग में पुरुष ने अपनी सन्तुष्टि का यह कहकर प्रदर्शन किया है कि वह जगत का सर्जक है। "धन्य है हमारा परमेश्वर यहोवा, और सारे जगत का प्रभु जिसने मुझे स्त्री नहीं बनाया," यहूदी अपनी सुबह की प्रार्थना में कहते हैं; इस बीच, उनकी पत्नियाँ दीनतापूर्वक बड़बड़ाते हुए कहती हैं: "धन्य है कि प्रभु ने मुझे अपनी इच्छा के अनुसार बनाया है।" प्लेटो ने जिन आशीषों के लिए देवताओं को धन्यवाद दिया, उनमें पहला था; स्वतन्त्र पैदा होना, न कि ग़ुलाम और दूसरा; कि वह पुरुष बना, एक औरत नहीं। लेकिन पुरुष इस विशेषाधिकार का पूर्ण रूप से भोग तब तक नहीं कर सकता जब तक कि अपनी श्रेष्ठता को परम सिद्धान्त नहीं बनाता और अनन्त काल में स्थापित नहीं करता : अपनी सर्वोच्चता के कारण उन्होंने इसे एक अधिकार बनाने की माँग की थी।। "जिन लोगों ने क़ानूनों को बनाया और संकलित किया, पुरुष होने के नाते, अपने स्वयं के लिंग का समर्थन किया, और न्यायविदों ने क़ानूनों को सिद्धान्तों में बदल दिया," पूलां द ला बार्र ने आगे कहा है। विधायकों, पुरोहितों, दार्शनिकों,

लेखकों, विद्वानों ने यह प्रदर्शित करने का प्रयास किया है कि औरत की अधीनस्थ स्थिति सुविचारित रूप से स्वर्ग में ही बनायी गयी थी और धरती पर उन्हें पारितोषिक मिलता है। पुरुषों द्वारा बनाये गये धर्म, वर्चस्व की इस इच्छा को दर्शाते हैं : पेंडोरा की हव्वा की किंवदन्तियों में, उन्होंने हथियार बनाये। दर्शन और धर्मशास्त्र का इस्तेमाल उन्होंने अपने फ़ायदे के लिए किया, जैसा कि हमने अरस्तू और सेंट थॉमस के कथनों में देखा है, जिन्हें हमने उद्धृत किया है। प्राचीन काल से ही व्यंग्यकारों और नैतिकतावादियों को स्त्री की कमजोरियों को चित्रित करने में मज़ा आता रहा है। सम्पूर्ण फ्रांसीसी साहित्य में औरत के ख़िलाफ़ जो बर्बर दोषारोपण हुआ है, उससे हम सब परिचित हैं : मोंतेरलौं ने जौं द मंग से परम्परा को उठाया है। यह शत्रुता कभी-कभी उचित लगती है, अक्सर अनावश्यक; वास्तव में यह आत्म-औचित्य के लिए कमोबेश कुशलता से नकाबपोश इच्छा को छुपाता है। "पुरुष को माफ़ करने की अपेक्षा औरत को दोष देना ज़्यादा आसान है", मोंतेन्य कहते हैं। कुछ मामलों में प्रक्रिया स्पष्ट है। उदाहरण के लिए, यह आश्चर्यजनक है कि पत्नी के अधिकारों को सीमित करने वाली रोमन संहिता औरत को 'मूर्ख' कहती हैं और उसकी 'दुर्बलता' की ओर संकेत करती है और ऐसा उस समय किया गया जब कमज़ोर पारिवारिक संरचना के कारण वह पुरुष उत्तराधिकारियों के लिए ख़तरा बन जाती है। यह आश्चर्यजनक है कि 16वीं शताब्दी में, ब्याहता औरत को संरक्षकता में रखने के लिए, उन्होंने सैन्त ओगस्तै के शब्दों को दोहराते हुए घोषणा की कि "औरत एक जानवर है जो न तो दृढ़ है और न ही स्थिर है" जबकि एक विवाहित औरत अपनी ज़मीन-जायदाद की देखभाल करने में सक्षम मानी जाती है। मोंतेन्य ने औरत की नियति के साथ की गयी मनमानी और अन्याय को बहुत अच्छी तरह से समझा : "औरतें बिल्कुल भी ग़लत नहीं हैं जब वे दुनिया में पेश किये गये नियमों को मानने से इनकार करती हैं, ख़ासकर जब से इन्हें पुरुषों ने उन्हें शामिल किये बिना उनके लिए बनाया है। ज़ाहिर तौर पर उनके और हमारे बीच स्वाभाविक रूप से मनमुटाव और साज़िश चलती रहती हैं"; लेकिन वह उनके हितों की हिमायत करने के लिए इतना आगे नहीं जाते हैं। यह तो केवल 18वीं शताब्दी में ही हुआ जब गहन लोकतान्त्रिक लोगों ने इस प्रश्न पर निष्पक्षता के साथ विचार किया। औरों के अलावा दीदेरो ने यह प्रदर्शित करने का प्रयास किया कि औरत पुरुष की तरह एक इन्सान है। कुछ समय बाद स्टुअर्ट मिल ने इसका ज़ोरदार समर्थन किया। उन्नीसवीं सदी में नारीवादी झगड़ा एक बार फिर पक्षपातपूर्ण झगड़ा बन गया; औद्योगिक क्रान्ति के परिणामस्वरूप औरत की भागीदारी उत्पादक श्रम शक्ति में

हुई : इसी समय से, औरत की स्वाधीनता के दावे को आर्थिक आधार मिला; साथ ही विरोधी खेमे और अधिक आक्रामक हो जाते हैं; अचल सम्पत्ति का प्रभाव कुछ हद तक घटने पर भी, पूँजीपति वर्ग पुराने मूल्यों से चिपके रहते हैं जहाँ परिवार की मज़बूती निजी सम्पत्ति की गारंटी देती है : वे और अधिक दृढ़ता से ज़ोर देते हैं कि औरत की जगह घर में हो क्योंकि उसकी मुक्ति एक वास्तविक ख़तरा बन जाती है; मज़दूर वर्ग में भी, पुरुषों ने औरतों की स्वाधीनता को विफल करने की कोशिश की क्योंकि औरतें ख़तरनाक प्रतिस्पर्धी बन रही थीं — ख़ासकर जब औरतें कम वेतन पर काम करने की आदी थीं।[6] औरतों की हीनता को साबित करने के लिए, नारी-विरोधियों ने न केवल धर्म, दर्शन, धर्मशास्त्र का हवाला दिया बल्कि विज्ञान : जीव विज्ञान, प्रयोगात्मक मनोविज्ञान, आदि का भी उपयोग किया। ज़्यादा से ज़्यादा, वे दूसरे लिंग को 'अन्तर में समानता' देने के लिए सहमत हुए। यह सूत्र जिसने भाग्य बनाया, वह बहुत महत्त्वपूर्ण है : यह ठीक वैसा ही है जैसा कि जिम क्रो क़ानूनों में अमेरिका में अश्वेतों के सम्बन्ध में उपयोग किया जाता है; हालाँकि, इस तथाकथित समतावादी अलगाव ने केवल सबसे चरम भेदभाव को पेश करने का काम किया। यह मिलन संयोग से नहीं है : चाहे वह किसी जाति, वर्ग, लिंग को निम्न स्थिति में कम करने का सवाल हो, उसे औचित्य प्रदान करने की प्रक्रियाएँ समान हैं। 'शाश्वत स्त्री', 'काली आत्मा' और 'यहूदी चरित्र' का प्रतिरूप है। हालाँकि, यहूदी समस्या अन्य दोनों से पूरी तरह से अलग है : यहूदी विरोधी के लिए यहूदी इतना नीच नहीं है जितना कि एक दुश्मन और उसे इस दुनिया में अपनी ख़ुद की कोई जगह होने के रूप में मान्यता नहीं है; बल्कि हम इसे नष्ट करना चाहते हैं। लेकिन औरतों और अश्वेतों की स्थिति के बीच गहरी समानताएँ हैं: दोनों आज ख़ुद को एक ही पितृसत्तात्मकता से मुक्त कर रहे हैं और उनके भूतपूर्व स्वामी उन्हें 'उनकी जगह' पर रखना चाहते है, यानी वही उनकी नियत जगह है; वे एक 'सचेतन नीग्रो' की अपेक्षा नादान, भले, ख़ुशमिज़ाज और समर्पित नीग्रो को पसन्द करते हैं, और 'असली औरत' वही है जो चपल हो, चंचल हो, मासूम हो, ग़ैर-ज़िम्मेदार हो किन्तु साथ ही समर्पिता बनी रहे। दोनों ही मामलों में सत्ता वर्ग अपने तर्क का आधार उन स्थितियों को बनाते हैं जो ख़ुद उनकी ही बनायी हुई है। जॉर्ज बर्नार्ड शॉ की उक्ति इसे सारांशित करती है : "गोरी चमड़ी वाले अमेरिकी, नीग्रो को जूता पॉलिश करने वाले लड़के का निम्न दर्जा देते हैं, और फिर यह निष्कर्ष निकालते हैं कि काला आदमी सिर्फ़ जूता पॉलिश करने के ही लायक है।" यह दुष्चक्र सभी समान परिस्थितियों में पाया जाता है : जब किसी व्यक्ति या व्यक्तियों के समूह को हीनता की स्थिति

में रखा जाता है, तो वस्तुत: वे हीन हो जाते हैं। लेकिन *होने* की क्रिया के दायरे को समझना चाहिए; इसे एक सारभूत अर्थ देने में बदनीयती शामिल है, जबकि वास्तव में इसमें हेगेलियन गत्यात्मकता की भावना होती है। जी हाँ, आज सामान्य तौर पर स्त्रियाँ पुरुषों से कमतर हैं; यानी, उनकी स्थिति उन्हें कम सम्भावनाएँ प्रदान करती है : सवाल यह है कि क्या इस स्थिति को क़ायम रखा जाना चाहिए।

बहुत से पुरुष स्त्री की ऐसी ही स्थिति बने रहने की कामना करते हैं: सभी ने अभी हथियार नहीं डाले हैं। रूढ़िवादी पूँजीपति वर्ग को अभी भी आशंकाएँ हैं कि औरतों की स्वतन्त्रता उनके नैतिक मूल्यों और उनके हितों के लिए ख़तरनाक साबित होगी। कुछ पुरुषों को औरत की प्रतिस्पर्धा से ख़तरा महसूस होता है। उस दिन *Hebdo-Latin* में, एक छात्र ने घोषणा की : "हर छात्रा जो डॉक्टर या वकील बनना चाहती है, वह हमारी एक जगह छीन रही है।" उस छात्र ने इस दुनिया पर अपने अधिकारों पर कभी सवाल नहीं उठाया। केवल आर्थिक हित ही दाँव पर नहीं लगा है। उत्पीड़क के लिए उत्पीड़न से जो लाभ मिलते हैं उनमें से एक यह है कि उनमें से सबसे दीन-हीन भी महसूस करता है कि वह श्रेष्ठ है : संयुक्त राज्य अमेरिका में दक्षिण का एक 'गरीब गोरा' ख़ुद को 'गन्दा निगर' न होने के लिए सान्त्वना दे सकता है; और अधिक समृद्ध गोरे चतुराई से इस गौरव का फ़ायदा उठाते हैं। इसी तरह, सबसे औसत दर्जे के पुरुष औरतों की तुलना में ख़ुद को किसी देवता से कम नहीं समझते हैं। पुरुषों के बीच पुरुष की भूमिका निभाने की तुलना में मुन्स्युर द मोंतेरलौं के लिए औरतों के सामने ख़ुद को एक नायक समझना आसान था : एक ऐसी भूमिका जिसे कई औरतों ने उनसे बेहतर निभाया। इस प्रकार, सितम्बर 1948 में *Le Figaro littéraire* में अपने एक लेख में, मुन्स्युर क्लोद मौरियाक — जिनकी ज़बरदस्त मौलिकता की हर कोई प्रशंसा करता है — उन्होंने औरतों के बारे में लिखा है : "सबसे मेधावी औरत की बातें... हम विनम्रता से उदासीन भाव से सुनते हैं, यह जानते हुए कि उनके विचार कमोबेश हमारे विचारों को दर्शाते हैं।" स्पष्ट रूप से उनकी औरत वार्ताकार मुन्स्युर मौरियाक के अपने विचारों को प्रतिबिम्बित नहीं करती है, क्योंकि उनके पास कोई विचार नहीं है; यह देखते हुए कि उनमें से कोई भी ज्ञात नहीं है; यह उन विचारों को दर्शाता है जो पुरुषों से आते हैं, यह सम्भव है : यहाँ तक कि पुरुषों में भी अनेक ऐसे लोग हैं जो अपनी राय रखते हैं किन्तु उसमें मौलिकता नहीं होती; किसी को आश्चर्य हो सकता है कि क्या यह मुन्स्युर क्लोद मौरियाक के हित में नहीं होगा कि वह ख़ुद के बजाय देकार्त, मार्क्स या जीद का हवाला देकर बातचीत करे; उल्लेखनीय बात यह है कि इस सन्दिग्ध 'हम' में

वह अपनी गिनती सेंट पॉल, हेगेल, लेनिन और नीत्शे के साथ करते हैं, और उनकी महानता की ऊँचाइयों से वह उन औरतों के समूह का तिरस्कार करते हैं जो समान स्तर पर उनसे बात करने की हिम्मत करती हैं; सच कहूँ तो, मैं एक से अधिक औरतों को जानती हूँ जिनमें मुन्स्युर क्लोद मौरियाक को 'विनम्रता से उदासीन भाव से सुनने' का धैर्य नहीं होगा।

मैंने इस उदाहरण पर ज़ोर दिया है क्योंकि यह मर्दाना भोलापन निहत्था है। ऐसे कई अन्य, अधिक सूक्ष्म तरीक़े हैं जिनसे पुरुष एक औरत की अन्यता का लाभ उठाते हैं। उन सभी लोगों के लिए जो एक हीन भावना से पीड़ित हैं, यहाँ एक चमत्कारी रेखा है : अपनी मर्दानगी के बारे में चिन्तित पुरुष से ज़्यादा अभिमानी, एवं औरत के प्रति आक्रामक और तिरस्कारपूर्ण कोई नहीं होता। जो लोग अपने साथी पुरुषों से भयभीत नहीं होते, वे औरत को समकक्ष के रूप में पहचानने की अधिक सम्भावना रखते हैं; लेकिन उनके लिए भी उस मिथक, उस अन्या की छवि, कई कारणों से प्रिय है;[7] उन्हें शायद ही दोषी ठहराया जा सकता है कि वे मिथक से प्राप्त होने वाली सभी सुविधाओं का त्याग नहीं करना चाहते हैं: वे जानते हैं कि जैसी औरत की वे कल्पना करते हैं उसमें वे क्या गँवा बैठेंगे, लेकिन वे नहीं जानते कि भविष्य की स्त्री उनके लिए क्या लायेगी। अद्वितीय और निरपेक्ष कर्ता के रूप में ख़ुद को प्रस्तुत करने से इनकार करने के लिए बहुत सारे आत्म-बलिदान की आवश्यकता होती है। इसके अलावा, अधिकांश पुरुष इस दावे को स्पष्ट रूप से नहीं मानते हैं। वे औरत को हीन नहीं *मानते* हैं: वे आज लोकतान्त्रिक आदर्श से इतने प्रभावित हैं कि यह स्वीकार करने से परहेज़ नहीं करते कि सभी मानव-जीव बराबर हैं। परिवार में जिस सम्मान का अधिकारी एक वयस्क पुरुष होता है, एक बालक और कालान्तर में बने युवक को, सामाजिक स्तर पर औरत उतनी ही गरिमामयी प्रतीत होती है; फिर कामना और प्रेम में लिप्त वह उस वांछित प्रेयसी पत्नी के प्रतिरोध, उसकी स्वतन्त्रता को महसूस करता है; विवाहित, वह अपनी सहगामिनी में पत्नी, माँ, की भूमिकाओं का सम्मान करता है, और शादी-शुदा ज़िन्दगी की ज़मीनी हक़ीक़त में वह उसके सामने ख़ुद को एक स्वतन्त्र व्यक्ति के रूप में रखता है। इस प्रकार वह स्वयं को आश्वस्त कर सकता है कि पुरुष से भिन्न होते हुए भी औरत को परिवार में बराबरी का हक़ मिलता है। चूँकि इसके बावजूद वह ग़ौर करता है कि औरत कुछ मामलों में पुरुष से कमतर है, वह हीनता के कुछ बिन्दुओं का निरीक्षण करता है — जिनमें सबसे अहम है औरत का कामकाजी न होना — इसके लिए वह कुदरत को ज़िम्मेदार ठहराता है। जब वह एक औरत के प्रति सहयोग और साझेदारी

का दृष्टिकोण रखता है, तो वह अमूर्त समानता के सिद्धान्त को लागू करता है; और वह उस ठोस असमानता को स्वीकार नहीं करता जिससे वह परिचित है। लेकिन जैसे ही उसका सामना औरत से होता है, स्थिति उलट जाती है। वह ठोस असमानता को विषयगत कर देगा और यहाँ तक कि अमूर्त समानता को नकारने के लिए ख़ुद को छोड़ देता है।[8] आधी-अधूरी दरियादिली दिखाते हुए बहुत सारे पुरुष इस बात की पुष्टि करते हैं कि औरतें पुरुषों के बराबर हैं और उनके पास दावा करने के लिए कुछ भी नहीं है, और साथ ही साथ यह भी कि औरतें कभी भी पुरुषों के बराबर नहीं हो सकतीं और उनके दावे व्यर्थ हैं। पुरुषों के लिए सामाजिक भेदभाव के वृहत् दायरे को मापना मुश्किल है जो ऊपरी तौर पर तुच्छ लगते हैं मगर उनका नैतिक और बौद्धिक प्रभाव स्त्री पर इतना गहरा होता है कि वे मूल प्रकृति से उत्पन्न होने लगते हैं।[9] औरतों के प्रति सबसे अधिक सहानुभूति रखने वाला पुरुष कभी भी उसकी ठोस स्थिति को पूरी तरह से नहीं जानता है। इसलिए पुरुष जब उन विशेषाधिकारों की रक्षा करने की कोशिश करते हैं तब उन पर भरोसा करने की कोई वजह नहीं है क्योंकि असमानता का जाल किस कदर फैला हुआ है इसकी वे थाह भी नहीं लगा सकते। हम महिलाओं के ख़िलाफ़ हमलों की संख्या और हिंसा से ख़ुद को भयभीत नहीं होने देंगे; न ही 'असली स्त्री' पर बरसाई गयी स्वयंभू प्रशंसा से ठगे जायेंगे; न ही औरत के भाग्य के लिए पुरुषों द्वारा दिखाये जाने वाले जोश से मोहे जायेंगे, एक ऐसा भाग्य जिसे वे दुनिया के लिए साझा नहीं करना चाहेंगे।

हालाँकि, हमें नारीवादियों के तर्कों को कम सन्देह के साथ नहीं मानना चाहिए। बहुधा उनका राजनीतिकरण करने का प्रयास उन्हें सभी मूल्यों से वंचित कर देता है। यदि 'औरतों का मसला' इतना निरर्थक है, तो ऐसा इसलिए है क्योंकि पुरुष के दम्भ ने इसे "बहस" का मुद्दा बना दिया है; एक 'झगड़ा' बना दिया है; जब हम झगड़ते हैं, तो हम ठीक से तर्क नहीं करते। हम अथक रूप से यह साबित करने में लगे रहे हैं कि औरत श्रेष्ठ, हीन या फिर पुरुष के बराबर है : कुछ कहते हैं कि चूँकि स्त्री आदम के बाद गढ़ी गयी थी तो ज़ाहिराना तौर पर वह दूसरे दर्जे की प्राणी है; इसके विपरीत, दूसरों का कहना है, आदम केवल एक खाका था और जब विधाता ने हव्वा को रचा तभी वे पूर्ण मनुष्य बनाने में सफल हुए; उसका मस्तिष्क छोटा ज़रूर है लेकिन अपेक्षाकृत बड़ा है; मसीह पुरुष बने, सम्भवत: ये शालीनता थी। हर तर्क स्वयं में पक्ष और विपक्ष की सम्भावना से पूर्ण रहता है और अक्सर दोनों भ्रामक होते हैं। सही समझ बनाने के लिए, सोच के इस ढर्रे को बदलना होगा; एक नयी शुरुआत करनी चाहिए जहाँ श्रेष्ठता, हीनता और समानता की यह अस्पष्ट धारणाएँ त्याग दी जायें, जिन्होंने सभी चर्चाओं को विकृत कर दिया है।

लेकिन फिर हम सवाल कैसे करेंगे? और सबसे पहले, कुछ पूछने वाले हम होते कौन हैं? पुरुष पंच है, वही वादी है, वही प्रतिवादी है : इसी तरह से औरतें भी। एक देवदूत कहाँ से लायें? और फिर मौलिक तथ्यों से अनभिज्ञ देवदूत में वह क़ाबिलियत कैसे होगी कि वह समस्या के सभी पहलुओं को समझे? तो क्या किसी उभयलिंगी को खोजा जाये? यह तो और भी बहुत ही विलक्षण स्थिति है : यह उभयलिंगी एक ही समय में पुरुष और औरत दोनों नहीं है बल्कि न तो वह पूर्ण पुरुष है, न पूर्ण स्त्री। मेरा मानना है कि कुछ औरतें ही औरतों की स्थिति को स्पष्ट करने के लिए अभी भी सबसे उपयुक्त हैं। एपिमेनाइड्स को क्रेटन की अवधारणा को झूठा तक सीमित करने का दावा करना एक वाक्छल है। हम दिग्भ्रमित न हों कि औरत में कोई रहस्यमय सारतत्त्व है जिसके कारण वह औरत बनती है; यह तो उनकी परिस्थिति है जो कमोबेश उन्हें सत्य की खोज के लिए प्रेरित करती है। आज बहुत-सी औरतें, जो सौभाग्यशाली हैं, उन्हें मानव जाति के सभी विशेषाधिकार वापस मिल गये हैं, और इसीलिए वे निष्पक्ष होने का दम्भ भर सकती हैं। हमें इस निष्पक्षता की ज़रूरत भी महसूस होती है। हम अपनी संघर्षरत पूर्वजाओं की तरह नहीं हैं; मूल रूप से हम जंग जीत चुके हैं; औरतों की स्थिति पर नवीनतम चर्चाओं में, संयुक्त राष्ट्र संघ लगातार स्त्री-पुरुष के समान अधिकारों की माँग करता रहता है, और वास्तव में हम में से कई औरतों को अपने स्त्रीत्व को एक कठिनाई या अवरोध होने का अनुभव नहीं करना पड़ा है; कई अन्य समस्याएँ उन समस्याओं की तुलना में अधिक आवश्यक लगती हैं जो हमें विशिष्ट रूप से चिन्तित करती हैं। इस तटस्थता से ही आशा बँध सकती है कि हमारा दृष्टिकोण वस्तुनिष्ठ होगा। हालाँकि, हम औरतें स्त्री-जगत को पुरुषों की तुलना में अधिक अन्तरंगता से जानती हैं क्योंकि हमारी जड़ें वहीं हैं; एक पुरुष की अपेक्षा हम स्त्रियाँ तत्काल समझ जाते हैं कि एक इन्सान के लिए औरत होने का अर्थ क्या है; और हम इसे जानने के बारे में अधिक परवाह करते हैं। मैंने कहा कि और भी ज़रूरी समस्याएँ हैं; लेकिन हमारी नज़रों में अभी भी इसकी थोड़ी अहमियत है : औरत होने के तथ्य ने हमारे जीवन को कैसे प्रभावित किया? यथार्थ में हमें कौन-से मौक़े दिये गये हैं, और कौन-से ठुकराये गये हैं? हमारी छोटी बहनों का क्या भाग्य होगा, और हमें उनका मार्गदर्शन किस दिशा में करना चाहिए? यह आश्चर्यजनक है कि सम्पूर्ण स्त्री साहित्य आजकल सुबोधगम्यता के प्रयास से प्रेरित है बजाय इसके कि उसमें हमारी माँगें उठायी जायें; उलझे हुए विवाद के युग से निकलकर, यह पुस्तक वर्तमान स्थिति का जायज़ा लेने का एक प्रयास है।

लेकिन बिना किसी पूर्वाग्रह के किसी भी मानवीय समस्या से निपटना निस्सन्देह असम्भव है : यहाँ तक कि सवाल पूछने का तरीक़ा, दृष्टिकोण अपनाने का तरीक़ा, हितों के पदानुक्रम को मानता है; सभी विशेषताओं में मूल्य शामिल हैं; कोई तथाकथित वस्तुनिष्ठ विवरण नहीं है जो स्वयं को नैतिक पृष्ठभूमि से अलग नहीं करता है। उन सिद्धान्तों को छिपाने की कोशिश करने के बजाय जो कमोबेश स्पष्ट रूप से निहित हैं, बेहतर है कि पहले उन्हें निर्धारित कर लें; इसलिए हमें प्रत्येक पृष्ठ पर यह निर्दिष्ट करने की आवश्यकता नहीं है कि हम शब्दों को क्या अर्थ देते हैं : श्रेष्ठ, निम्न, बेहतर, बदतर, प्रगति, प्रतिगमन, इत्यादि। यदि हम स्त्रियों को समर्पित कुछ रचनाओं की समीक्षा करते हैं, तो हम देखते हैं कि आम तौर पर जो दृष्टिकोण रहा है वह सार्वजनिक हित या सामान्य हित का है। वास्तव में हर कोई इसे 'समाज के हित' के रूप में समझता है, वैसा ही जैसा समाज वह बनाये रखना चाहता और जैसे मूल्य वह स्थापित करना चाहता है। हमारी राय में, सार्वजनिक भलाई तभी सम्भव है जब नागरिकों की वैयक्तिक भलाई का ध्यान रखा जाये; हम संस्थाओं का आकलन उन ठोस अवसरों के आधार पर करते हैं जो वे व्यष्टि को देते हैं। किन्तु हम ये भी नहीं मानते कि वैयक्तिक स्वार्थ और व्यक्तिगत सब्र एक ही चीज़ है : यह एक और दृष्टिकोण है जिसका हम अक्सर सामना करते हैं; क्या हरम की औरतें मतदान करने वाली औरतों से ज़्यादा ख़ुश नहीं हैं? क्या एक गृहिणी किसी कामकाजी औरत से ज़्यादा ख़ुश नहीं है? दरअसल हमें ठीक से पता नहीं है कि सुख शब्द का क्या अर्थ है और इसमें कौन-से प्रामाणिक मूल्य शामिल हैं वह उससे भी कम मालूम है; दूसरों की खुशी को तौलने का कोई तरीक़ा नहीं है और उस स्थिति को सुखकर घोषित करना हमेशा आसान होता है जो हम किसी दूसरे के ऊपर थोपते हैं : विशेष रूप से, उन लोगों को सुखी घोषित किया जाता है जो ठहराव के लिए अभिशप्त हैं, इस बहाने के तहत कि गतिहीनता ही सुख है। इसलिए यह एक ऐसी धारणा है जिसका हम उल्लेख नहीं करेंगे। हम जिस परिप्रेक्ष्य को अपनाते हैं वह अस्तित्ववादी नैतिकता का है। कोई भी व्यक्ति अपनी परियोजनाओं के माध्यम से सम्भव अतिक्रमण के ज़रिये ही ठोस रूप से स्थापित होता है; वह अपनी स्वतन्त्रता को अन्य स्वतन्त्रताओं की ओर निरन्तर आगे बढ़ते हुए ही प्राप्त करता है; वर्तमान अस्तित्व के लिए एक अनिश्चितकालीन खुले भविष्य की ओर विस्तार के अलावा कोई अन्य औचित्य नहीं है। हर बार जब अतिक्रमण फिर से अस्तित्व में आता है, तो अस्तित्व का 'स्वयं में', स्वतन्त्रता के तथ्यात्मकता में ह्रास होता है; यह गिरावट एक नैतिक दोष है यदि इसे व्यक्ति द्वारा सहमति दी जाती है; यदि उस पर थोपा

जाता है तो वह कुण्ठा और दमन का रूप धारण कर लेता है; दोनों ही मामलों में यह एक पूर्ण बुराई है। अपने अस्तित्व को स्थापित करने की चाह रखने वाला हर व्यक्ति अपनी दी हुई परिस्थितियों से परे जाकर स्वतन्त्र परियोजनाओं में प्रतिबद्ध होकर ही अपने आपको पुन: वापस पा सकता है। लेकिन जो बात स्त्री की स्थिति को विशिष्ट रूप से परिभाषित करती है, वह यह है कि सभी मनुष्यों की तरह, एक स्वायत्त व स्वतन्त्र जीव होने के नाते, वह ख़ुद को ऐसी दुनिया में खोजती है और चुनती है जहाँ पुरुष उसे ख़ुद को अन्य मानने के लिए मजबूर करते हैं : उसे एक वस्तु के रूप में जकड़ने का प्रयास किया जाता है और उसकी अतिक्रमण की क्षमता को कुन्द कर दिया जाता है, क्योंकि उसकी श्रेष्ठता हमेशा के लिए एक और आवश्यक और सम्प्रभु चेतना से पार हो जायेगी। स्त्री के जीवन का नाटक इसी विसंगति में निहित है। एक ओर वह प्रत्येक व्यक्ति की मौलिक चाह की तरह स्वयं के लिए तथा जगत के लिए अनिवार्य होना चाहती है और सर्वोपरिता की ओर अग्रसर होना चाहती है, दूसरी ओर उसको उन परिस्थितियों का सामना करना पड़ता है जो हमेशा उसे नगण्य बनाने पर तुली रहती हैं। स्त्री अवस्था में मनुष्य की पूर्ति कैसे हो सकती है? उसके लिए कौन-से रास्ते खुले हैं? कौन-से रास्ते अन्धी गलियों की ओर ले जाते हैं? निर्भरता के दायरों में रहते हुए वह आत्मनिर्भर कैसे बने? कौन-सी परिस्थितियाँ एक औरत की स्वतन्त्रता को सीमित करती हैं और क्या वह उन पर क़ाबू पा सकती है? ये मूलभूत प्रश्न हैं जिन्हें हम स्पष्ट करना चाहेंगे। इसका मतलब है कि हम व्यक्ति की सम्भावनाओं में रुचि रखते हैं, हम इन अवसरों को ख़ुशी के सन्दर्भ में नहीं, बल्कि स्वतन्त्रता के सन्दर्भ में परिभाषित करेंगे।

यह स्पष्ट है कि यह समस्या सारहीन प्रतीत होगी यदि हम मान लें कि स्त्री अपनी शारीरिक, मनोवैज्ञानिक या आर्थिक नियति के बोझ तले दबी हुई है। चर्चा की शुरुआत हम जीव-विज्ञान, मनोविश्लेषण और ऐतिहासिक भौतिकवाद द्वारा औरतों पर लिए गए दृष्टिकोण से करेंगे। फिर हम सकारात्मक रूप से यह प्रस्तुत करने का प्रयास करेंगे कि 'स्त्री की वस्तुस्थिति' को किस तरह गढ़ा गया है, औरत को अन्य के रूप में क्यों परिभाषित किया गया है, और पुरुषों के दृष्टिकोण से इसके क्या परिणाम हुए हैं। उस दुनिया का वर्णन करेंगे जिसमें उन्हें रहना पड़ता है[10]; और तब हम यह समझ पायेंगे कि स्त्री जब उस दायरे के बाहर निकलना चाहती है जिसमें अब तक उसे क़ैद रखा गया था तो उसके सामने किस तरह की अड़चनें आती हैं। वह भी अपना व्यक्तिगत विकास करके अपने अस्तित्व की सार्थकता सिद्ध करना चाहती है और मानवता में बराबर की साझेदारी की आकाँक्षा रखती है।

अनुक्रम

पहला भाग

नियति

प्रथम अध्याय

जीव विज्ञान के तथ्य

औरत? सीधी-सी बात है, सरल सूत्रों के प्रेमियों का कहना है : औरत एक साँचा, एक अण्डाशय है; वह एक मादा है : उसे परिभाषित करने के लिए ये शब्द पर्याप्त हैं। पुरुष के मुँह से जब 'मादा' उच्चारित होता है तो वह एक अपमान की तरह प्रतीत होता है; जबकि वह स्वयं अपनी पाशविक प्रवृत्ति के लिए शर्मिन्दा नहीं होता, इसके विपरीत यह सुनकर गर्व महसूस करता है : "वह एक नर है!" 'मादा' शब्द अपमानजनक इसलिए नहीं है कि यह स्त्री को प्रकृति में स्थापित करता है बल्कि इसलिए कि यह उसे उसके जननांग तक सीमित कर देता है; और अगर पुरुष को यह सेक्स घिनौना लगता है, यहाँ तक कि निरीह जानवरों में अगर मादा उसे दुश्मन सी प्रतीत होती है, तो निस्सन्देह यह उस सशंकित विद्वेष की वजह से है जो स्त्री उसके मन में जगाती है; फिर भी वह इस भावना की प्रामाणिकता जीव विज्ञान में खोजना चाहता है। मादा शब्द से पुरुष के अन्तर्मन में छवियों की एक श्रृंखला उभरती है : एक विशालकाय गोल डिंब फुर्तीले शुक्राणु को दबोच लेता है और बेजान कर देता है; ग़ुलाम चींटों पर राज करती विकराल और परिपुष्ट दीमकों चींटियों की रानी; प्रेयिंग मैन्टिस कीट, मकड़ी — प्रेम से परितृप्त हो जाने पर अपने साथी को मसल देती हैं और उसका भक्षण करती हैं; कामोत्तेजित कुतिया गली-गली दौड़ती फिरती है, अपने पीछे एक विकृत बू की लकीर छोड़ते हुए, अदा का ढोंग करती निर्लज्जता से अपना प्रदर्शन करती हुई बंदरिया; और जीव-जन्तु में सर्वोत्तम, बाघिन, शेरनी, मादा चीता नर के बलिष्ठ आलिंगन में दुम दबाये सोती है। सुस्त, व्याकुल, चंचल, कुटिल, मूर्ख, निष्ठुर, कामातुर, क्रूर, कलंकित, पुरुष सारी मादाओं को एक साथ स्त्री में चित्रांकित करता है। और तथ्य यही है कि वह एक मादा है। किन्तु यदि साधारण पूर्वाग्रहों को छोड़ दें तब तुरन्त दो प्रशन उभरते हैं: पशु

जगत में मादा क्या निरूपित करती है? और मादा की वह कौन-सी इकलौती प्रजाति है जो स्त्री में परिलक्षित होती है?

× × ×

स्त्री और पुरुष दो प्रकार के प्राणी हैं जो मानव जाति में प्रजनन के आधार पर विभाजित होते हैं; उन्हें एक-दूसरे के सन्दर्भ में ही परिभाषित किया जा सकता है। किन्तु सबसे पहले इस बात पर ग़ौर करना होगा कि जीव विज्ञान में नर और मादा का वर्गीकरण इतना स्पष्ट नहीं मिलता।

प्रकृति में यह घटना सार्वभौम रूप से प्रकट नहीं होती। यदि सिर्फ़ पशुओं की बात करें, यह ज्ञात है कि एक-कोशिकीय जीवों में : अमीबा, रोग-कीट वग़ैरह, प्रजनन और संवर्द्धन आधारभूत रूप से यौन वृत्ति से भिन्न है, कोशिकाएँ स्वत: विभाजित और अन्तर्विभाजित होती हैं। कुछ मेटाज़ोइया में प्रजनन की क्रिया विच्छेद से होती है, कहने का तात्पर्य है कि जीव का कई हिस्सों में बँट जाना जिसका उद्भव भी अलैंगिक होता है, या फिर कोरकजनन से, अर्थात जीव का विभाजन स्वत: एक लैंगिक क्रिया से होता है : हाइड्रा, नाइडेरिया, स्पंज, रेंगने वाले कीड़ों में प्रस्फुटन और खण्डीकरण की घटना इसके सर्वविदित उदाहरण हैं। अनिषेकजनन यानी अछूती वंशवृद्धि की घटनाओं में अछूता डिंब नर की सहभागिता के बिना भ्रूण में विकसित होता है; इस प्रक्रिया में नर का कोई योगदान नहीं होता या केवल गौण होता है। मधुमक्खी के अनिषेचित अण्डे के हिस्से कई भागों में विभाजित होते हैं और इनसे भँवरों की उत्पत्ति होती है। एफिड प्रजाति के कीड़ों में नर कई पीढ़ियों तक अनुपस्थित रहता है और अनिषेचित अण्डों से मादाएँ बनती हैं। समुद्री साही, स्टारफ़िश, मेढ़क में कृत्रिम विधि से अनिषेकजनन सम्भव हुआ है। तथापि कुछ प्रोटोजोआ जीवों में दो कोशिकाओं का विलय हो जाता है जिससे तैयार हुआ जीव युग्मज कहलाता है; मधुमक्खी के अण्डे मादाओं को जन्म दें एवं कीट-पतंग के अण्डे नर को — इसके लिए निषेचन की प्रक्रिया ज़रूरी है। कुछ जीव वैज्ञानिकों ने इससे यह निष्कर्ष निकाला है कि वे प्रजातियाँ जिनकी उत्पत्ति एकांगी तरीक़े से होती हैं, क्रोमोज़ोम के मिश्रण से जनन कोशिकाओं का नवीनीकरण वंशावली के पुनर्यौवन और ताक़त के लिए लाभदायक हो सकेगा, इस प्रकार यह समझा जा सकता है कि जीवन के सबसे जटिल स्वरूपों में, लैंगिकता एक अनिवार्य कार्य है; केवल सरल जीव यौन क्रिया के बिना द्विगुणित हो सकते हैं यानी वंश-वृद्धि कर सकते हैं, तब भी उसके कारण उनकी जीवनशक्ति क्षीण होती चली जायेगी।

परन्तु आज यह अवधारणा सबसे ज़्यादा मनगढ़न्त मालूम होती है; अनुसन्धान ने यह सिद्ध कर दिया है कि इस प्रकार का अलैंगिक प्रजनन अपरिमित रूप से अनन्त तक ज़ारी रह सकता है और उसमें किसी प्रकार की विकृति नहीं देखी जा सकती; यह तथ्य कीटाणुओं में विशेष तौर पर दिलचस्प है; अनिषेक जनन के प्रयोग दिन-प्रतिदिन ज़्यादा से ज़्यादा किये जा रहे हैं, ये प्रयोग ज़्यादा निर्भीक हैं और बहुत-सी प्रजातियों में नर का होना मौलिक रूप से निष्प्रयोजन है। हालाँकि अन्तरकोशिकीय आदान-प्रदान में इसकी उपयोगिता दर्शायी गयी थी, जीव विज्ञान लिंग के पृथक्करण को संज्ञान में लेता है, लेकिन क्या वह यथार्थवाद से अनुप्राणित था, जीव विज्ञान इस तर्क से कोशिका की संरचना का पता नहीं लगा पाता, न तो कोशिकीय गुणन की विधि का, न ही किसी आरम्भिक स्तर की घटना का।

विषमांग युग्मक[1] का अस्तित्व दो भिन्न लिंगों को परिभाषित करने के लिए पर्याप्त नहीं है; दरअसल, ऐसा अक्सर होता है कि जननी कोशिकाओं का अन्तर किसी प्रजाति के दो क़िस्म में विखण्डन में परिणत नहीं होता : वे दोनों एक ही जीव से सम्बद्ध हो सकते हैं। उभयलिंगी में यह देखा गया है, वनस्पतियों में तो इसके असंख्य उदाहरण मिलते हैं एवं निम्नकोटि के जन्तुओं में भी अच्छी-ख़ासी संख्या देखने को मिलती है, जैसे छल्लेदार कीड़े और सीप, घोंघा इत्यादि। अतएव प्रजनन या तो स्व-निषेचन द्वारा आत्म उर्वरक होती है या पर-निषेचन द्वारा होती है। इस बिन्दु पर भी, कुछ जीव वैज्ञानिकों ने बनी व्यवस्था को वैध मानने का दावा किया है। वे लिंगभेदन अर्थात वह प्रक्रिया जहाँ विभिन्न जनन ग्रन्थियाँ[2] पृथक् जीवों से सम्बद्ध होती हैं उसको मानते हैं, जैसे क्रमागत विकास से एक उभयलिंगी का परिवर्धन; किन्तु अन्य जीव वैज्ञानिक इसके विपरीत इसी बात पर क़ायम हैं कि लिंगभेदन प्रारम्भिक अवस्था है : उभयलिंगीकरण उसका विकृत स्वरूप हो गया होगा। किसी भी तरह से एक पद्धति का दूसरे पर श्रेष्ठता की इन धारणाओं में सबसे ज़्यादा विवादास्पद सिद्धान्त अन्तर्निहित होते हैं। निश्चितता के साथ बस इसी बात की पुष्टि की जा सकती है कि प्रजनन के दोनों तरीक़े प्रकृति में एक साथ मौजूद हैं, दोनों ही नस्ल को निरन्तर बनाये रखने में अपनी भूमिका निभाते हैं एवं उसी प्रकार युग्मक की विविधता आकस्मिक प्रतीत होती है। इस आधार पर प्राणियों का नर और मादा में पृथक्करण एक असमाधेय एवं प्रासंगिक तथ्य है।

अधिकतर दर्शन में इस सोच को अपनाया गया है परन्तु दावे के साथ उसकी व्याख्या नहीं की गयी। उस आध्यात्मिक मिथक के बारे में सभी जानते हैं। आदिकाल में पुरुष, स्त्री एवं उभयलिंगी थे; हर प्राणी के दो चेहरे, चार भुजायें, चार

पैर और दो जुड़ी हुई देह होती थी; एक दिन वे दो टुकड़ों में विखण्डित हो गये "वैसे ही जैसे अण्डे को फोड़कर अलग किया जाता है" और तब से प्रत्येक अर्धांश अपने पूरक अर्धांश की खोज में भटकता रहता है; बाद में देवताओं ने तय किया कि दो असमान अर्धांशों के समागम से नये मानवों का सृजन होगा। किन्तु यह कथा केवल प्रेम की व्याख्या प्रस्तुत करती है। लिंगों का विभाजन पहले निर्धारित माना गया है। अरस्तू इससे ज़्यादा कोई विवरण नहीं देते; क्योंकि यदि किसी क्रिया के लिए तत्त्व और सहयोग अनिवार्य है, यह ज़रूरी नहीं कि सक्रिय एवं निष्क्रिय सिद्धान्त असदृश प्राणियों के दो वर्गों में बाँटे जायें। इसी तरह सन्त थॉमस ने घोषित किया कि औरत 'सांयोगिक' प्राणी है, जो, पुरुषवादी दृष्टिकोण से, एक तरह से लैंगिकता के आकस्मिक चरित्र को मानना है। हालाँकि हेगल, अपनी तर्कवादी सनक के प्रति निष्ठावान नहीं होते, अगर उन्होंने तार्किक रूप से इसे न्यायसंगत सिद्ध करने का प्रयास न किया होता। उनके अनुसार लैंगिकता एक माध्यम है जिसके ज़रिये कर्ता अपने प्रजाति होने को सिद्ध करता है। "इस प्रकार से प्राणी में प्रजाति उसकी एकल यथार्थता की अपर्याप्तता की वजह से एक भार की तरह मौजूद होती है, अपना प्रतिरूप ढूँढ़ने एवं स्वयं को पूर्ण करने की चाह में अपनी प्रजाति के एक अन्य प्राणी के साथ एक होने की एक कामना की तरह, और ऐसा कर के प्रजाति को उसकी प्रकृति में समेट कर उसे फिर से अस्तित्व में लाना। यह मैथुन है" (प्रकृति का दर्शन, तृतीय भाग, पृष्ठ 369)। और इस पर और अधिक विस्तार में जायें तो प्रक्रिया इसमें निहित है कि वे यथार्थ में वही बन जाते हैं जो स्वयं में होते हैं, अर्थात "एक इकलौती प्रजाति, एक आत्मपरक जीवन"। और इसके आगे हेगल विवरण देते हैं कि एक-दूसरे के निकट आने की प्रक्रिया घटे इसके लिए सबसे पहले लिंगों का अन्तर होना ज़रूरी है। परन्तु उनका प्रतिपादन ठोस नहीं है। किसी भी कार्य में न्याय वाक्य के तीन चरण को स्थापित करने का पूर्वाग्रह यहाँ बेहद स्पष्ट है। प्राणी से बढ़कर प्रजाति होने की प्रक्रिया, जिसके द्वारा प्राणी और प्रजाति अपने यथार्थ में स्वयं को परिपूर्ण करते हैं, तीसरे मूल तत्त्व के बिना जनक का सन्तान के साथ के सहज सम्बन्ध से पूरा हो सकता था : प्रजनन अलैंगिक हो सकता है। या फिर एक का दूसरे से सम्बन्ध दो समरूपों के सम्बन्ध जैसा हो सकता है, जिसका अन्तर सिर्फ़ एक प्रकार के प्राणियों की अपनी विशिष्टता में निहित होता, जैसा कि उभयलिंगी प्रजातियों में होता है। हेगल का विवरण लैंगिकता के एक बहुत महत्त्वपूर्ण अभिप्राय को प्रदर्शित करता है लेकिन उनकी भूल है कि वे हमेशा अभिप्राय को तर्क बना कर प्रस्तुत करते हैं। मैथुन के माध्यम से ही पुरुष लिंगों और सम्बन्धों को परिभाषित

करते हैं उसी तरह जिस तरह वे हर उस उपक्रम का प्रयोजन एवं मूल्यनिर्धारित कर लेते हैं जिसे वे सम्पन्न करते हैं; किन्तु वह मनुष्य की प्रकृति में अनिवार्य रूप से अन्तर्निहित नहीं है। "*फेनॉमोलौजी द ला पेरसेप्सीयों* में इस बात पर ध्यान दिलाने की कोशिश की है कि मानवीय अस्तित्व अनिवार्यता एवं संयोग की धारणाओं पर पुनर्विचार की माँग करता है। "अस्तित्व की कोई आकस्मिक गुणवत्ता, कोई विषयवस्तु नहीं जो उसे उसका स्वरूप देने में योगदान न दे, अस्तित्व स्वयं में शुद्ध तथ्य को स्वीकार नहीं करता क्योंकि वह एक लय है एक गति है जिसके ज़रिये तथ्यों का निरूपण होता है।" यह सही है किन्तु यह भी सत्य है कि इसका कारण वे परिस्थितियाँ हैं जिनके अभाव में अस्तित्व का होना तक असम्भव प्रतीत होता है। संसार में विद्यमान होने का अर्थ है देह का स्थापन, देह जो संसार की एक वस्तु भी है और साथ ही इस संसार के प्रति एक दृष्टिकोण भी; परन्तु यह आवश्यक नहीं कि इस देह की ऐसी या वैसी संरचना हो। *"L'Être et le Néant"* में सार्त्र हेडेगर के कथन की चर्चा करते हैं जिसके अनुसार मानवीय यथार्थ मृत्यु के लिए और अपनी समाप्ति के लिए अभिशप्त है; वे प्रमाणित करते हैं कि पूर्ण और अस्थायी तौर पर असीमित अस्तित्व की परिकल्पना की जा सकती है; हालाँकि यदि मानवीय जीवन में मृत्यु का स्थान नहीं होता तो आदमी का स्वयं से और संसार से जो तालमेल है वह इस कदर उथल–पुथल हो जाता कि यह उक्ति "मनुष्य मरणशील है" एक शाश्वत सत्य की अपेक्षा पूर्णत: किसी अन्य सत्य को उजागर करेगा। अमर्त्य अस्तित्व वह नहीं रह जायेगा जिसे हम आदमी कहते हैं। उसकी नियति की एक विशेषता यह है कि उसके जीवन की कालिक गति उसके आगे और पीछे अतीत एवं भविष्य की अनन्तता रचती है। प्रजाति शाश्वतीकरण वैयक्तिक सीमा के सापेक्ष प्रतीत होता है; इस तरह से हम प्रजनन की घटना को सत्तामीमांसा पर आधारित मान सकते हैं। परन्तु हमें यहीं रुक जाना पड़ेगा; प्रजाति का शाश्वतीकरण लिंगों में भेद उत्पन्न नहीं करता, चाहे इसका उत्तरदायित्व मनुष्यों द्वारा इस तरह से निभाया जाये कि बदले में वह अस्तित्व की साकार परिभाषा में शामिल हो जाये, तथास्तु–देह के बिना आत्मा, एक अनश्वर मानव कल्पनातीत है, जबकि हम एक ऐसे समाज की कल्पना कर सकते हैं जो अनिषेकजनन की विधि से अपना विस्तार करे या जो द्विलिंगियों का समाज हो।

जहाँ तक दोनों लिंगों की परस्पर भूमिका का प्रश्न है, यह एक ऐसा बिन्दु है जिस पर मतों में एक बड़ा विभाजन देखा गया है; पहले तो ये विचार वैज्ञानिक दृष्टि से बिल्कुल निराधार थे, वे सिर्फ़ सामाजिक मिथकों को प्रतिबिम्बित करते थे। एक

लम्बे अरसे तक लोग सोचते थे कि गर्भधारण में पिता की कोई भूमिका नहीं होती, अभी भी कुछ आदिम मातृसत्तात्मक समाज में ऐसी ही मान्यता है : पूर्वजों की आत्मा जीवित बीज के रूप में मातृगर्भ में प्रवेश कर जाती होगी। पितृसत्ता के आविर्भाव के साथ पुरुष अपनी सन्तति के लिए अधिकार का उग्रता से दावा कर रहा है; सृजन में माता की भूमिका की महत्ता को स्वीकार करने की बाध्यता तब भी है, किन्तु फिर भी यह माना जाता है कि वह केवल जीवित बीज का भरण-पोषण करती है : अकेला पिता ही सृजनहार है। अरस्तू कल्पना करते हैं कि भ्रूण की उत्पत्ति वीर्य एवं रज: के संयोग से होती है : इस अन्योन्यपोषण में स्त्री केवल एक निष्क्रिय पदार्थ उपलब्ध करवाती है, वह प्रधानत: पुरुष है जो शक्ति है, क्रिया है, जीवन है। हिप्पोक्रेट का दार्शनिक सिद्धान्त भी यही है, वे दो प्रकार के बीजों की पहचान करते हैं, एक निर्बल है कमज़ोर है जो कि मादा है दूसरा ताक़तवर है, बलवान है जो कि नर है। अरस्तू का सिद्धान्त समूचे मध्ययुगीन काल में विद्यमान रहा और आधुनिक युग तक मान्य रहा। सत्रहवीं शताब्दी के अन्त में, हार्वे ने मैथुन के कुछ देर बाद हिरनियों का वध करने पर पाया कि उनके श्रृंग में गर्भाशय की थैलियाँ थीं जो उनके अनुसार अण्डे थे और वास्तविकता में भ्रूण थे। डेनमार्क के स्टेनो ने अण्डाशय को मादा जननांग की संज्ञा दी जिसे उस समय तक 'मादा अण्डकोश' पुकारा जाता था और उसने सतह पर कुछ पुटिकाओं की उपस्थिति पर ग़ौर किया। ग्राफ ने 1677 में इन्हें ही अण्डा समझने की ग़लती की थी और जिन्हें उसने यह नाम दिया था। अण्डाशय को पुरुष ग्रन्थि के समांग के रूप में देखना ज़ारी रहा। हालाँकि इसी वर्ष वीर्य अणुजीव की खोज की गयी और यह अवलोकन किया गया कि वह स्त्री के गर्भाशय को भेदता था; परन्तु यह मानना था कि गर्भाशय के अन्दर वह केवल अपना पोषण करता था और यह कि प्राणी उनमें पहले से ही निरूपित रहता था; हॉलैण्ड के हार्टसेकर ने 1694 में वीर्य में छुपे हुए बौने का रेखाचित्र बनाया और 1699 में एक अन्य विद्वान ने घोषणा की कि उसने शुक्राणु को एक तरह की केंचुली का त्याग करते हुए देखा जिसके भीतर एक नन्हा-सा आदमी प्रकट हुआ, इसका भी चित्र प्रस्तुत किया। अत: स्त्री इन निराधार अवधारणाओं में अपनेआप को सीमित कर सन्तुष्ट थी जो एक जीवन्त और सक्रिय प्रणाली को पालती–पोसती रही, एक प्रणाली जो पहले से ही भली–भाँति स्थापित थी। ये सिद्धान्त विश्वव्यापी रूप से मान्य थे और 19वीं शताब्दी तक इस पर चर्चाएँ हो रही हैं; वह माइक्रोस्कोप का आविष्कार था जिससे जन्तु के अण्डे का अध्ययन सम्भव हुआ; 1827 में, बायेर ने स्तनधारियों के

अण्डे की पहचान की; यह ग्राफ के कोश में निहित एक तत्त्व है; कुछ ही समय में उसके खण्डीकरण का अध्ययन सम्भव हो सका; 1835 में प्रोटोप्लाज़्मा की खोज हुई, उसके बाद कोशिका की और 1877 में एक अध्ययन निष्पादित हुआ जिसमें स्टारफिश के अण्डे में शुक्राणु का प्रवेश दर्शाया गया था; वहाँ से दो युग्मकों के नाभिक की समरूपता स्थापित की गयी; उनके विलयन के विवरण की समीक्षा पहली बार 1883 में एक बेल्जियन जीव वैज्ञानिक द्वारा की गयी।

किन्तु अरस्तू के विचारों ने तब भी सारा श्रेय नहीं खोया। हेगल मानते हैं कि दोनों लिंग ज़रूर भिन्न होने चाहिए : एक सक्रिय, दूसरा निष्क्रिय और कहने की ज़रूरत नहीं है कि निष्क्रियता मादाओं की नियति होगी। इस विभेदीकरण के परिणामस्वरूप पुरुष सक्रिय मूलतत्त्व है और स्त्री निष्क्रिय तत्त्व क्योंकि वह अपनी अविकसित इकाई[3] में निहित होती है।[1] और यहाँ तक कि एक बार जब अण्डाशय को सक्रिय मूलतत्त्व की मान्यता मिली तब इस मान्यता के बावजूद पुरुषों ने, शुक्राणु की स्फूर्ति के बनिस्पत उसकी जड़ता का विरोध किया। आज के समय में एक प्रतिकूल प्रवृत्ति रूप धारण कर रही है। अनिषेकजनन में हुए खोज कुछ विद्वानों को इस निष्कर्ष तक ले आये हैं कि उन्होंने नर की भूमिका को मात्र एक भौतिक रासायनिक उत्प्रेरक तक सीमित कर दिया है। कुछ प्रजातियों में यह तथ्य उजागर हुआ है कि किसी अम्ल की प्रतिक्रिया या एक यान्त्रिक उत्तेजन अण्डे को भेदने और भ्रूण में उसके विकास को प्ररित करने के लिए पर्याप्त है; इस खोज के बाद से, बिना किसी संशय के यह माना गया कि नर युग्मक की वंशवृद्धि में कोई आवश्यकता नहीं होगी, वह ज़्यादा से ज़्यादा खमीर बन के रह जायेगा; सम्भवत: वंशवृद्धि में पुरुषों का योगदान एक दिन निरर्थक हो जायेगा। ऐसा लगता है कि एक बड़ी संख्या में औरतों की यही इच्छा है, लेकिन कुछ भी ऐसी धृष्ट अपेक्षा की अनुमति नहीं देता क्योंकि कुछ भी जीवन की विशिष्ट पद्धतियों को सार्वभौमिक बनाने का अधिकार नहीं देता। अलैंगिक प्रजनन और अनिषेकजनन की घटनाएँ, लैंगिक प्रजनन जितनी ही मौलिक प्रतीत होती हैं। हमने कहा था कि प्रथम दृष्टि में लैंगिक प्रजनन विशिष्ट नहीं है। लेकिन कोई भी तथ्य यह इंगित नहीं करता कि लैंगिक प्रजनन की प्रक्रिया को सरलीकृत कर दिया जाये।

इस प्रकार सारे अनुभवनिरपेक्ष मत, सारे आपत्तिजनक सिद्धान्तों को अस्वीकार करते हुए हम स्वयं को एक वास्तविकता के समक्ष पाते हैं जिसका न तो हम कोई तात्विक आधार जुटा पाते हैं न ही कोई प्रयोगसिद्ध प्रमाण, और जिसका असर हम

सतही तौर पर नहीं समझ पायेंगे। उसे उसकी ठोस वस्तुस्थिति में छानबीन करने पर ही हम उसका अर्थ निकाल पायेंगे; तब जाकर सम्भवतः 'मादा' शब्द का निहितार्थ उजागर होगा।

यहाँ पर हमारा अभिप्राय जीवन के दर्शन पर विचार करने का नहीं है; और अन्तिमवाद और यान्त्रिकवाद करने वाले बहस में हम जल्दबाज़ी में पक्ष नहीं लेना चाहते हैं। जबकि यह ध्यान देने वाली बात है कि सारे शरीर क्रिया वैज्ञानिक और जीव वैज्ञानिक कमोबेश एक निश्चयात्मक भाषा प्रयोग में लाते हैं, सिर्फ़ इसलिए कि वे जीवनावश्यक घटनाओं को प्रदान करते हैं; हम उनकी शब्दावली को अपनायेंगे। बिना किसी निर्णय तक पहुँचे जीवन और चेतना के बीच के सम्बन्ध को समझते हुए, इस बात की पुष्टि की जा सकती है कि हर सजीव तथ्य अपनी उत्कृष्टता को प्रमाणित करता है, सभी क्रियाओं में एक योजना अन्तर्निहित होती है। हमारे विवरण इससे ज़्यादा और कुछ उपलक्षित नहीं करते।

× × ×

अधिकांश जीवों में नर और मादा प्रजनन के हेतु एक-दूसरे का सहयोग करते हैं। मौलिक रूप से उन्हें परिभाषित करने का आधार उनके द्वारा उत्पन्न किये जाने वाले युग्मक पर निर्भर करता है। कुछ शैवालों एवं खुंबियों में अण्डे उत्पन्न करने के लिए जिन कोशिकाओं का विलयन होता है वे समरूप होते हैं; संयुग्मन की ये प्रक्रियाएँ इस लिहाज़ से अर्थपूर्ण हैं कि वे युग्मकों की आधारभूत समानताएँ दर्शाते हैं; मोटे तौर पर कहें तो इनमें अन्तर होता है; परन्तु उनकी समरूपता अद्भुत है। शुक्राणु और डिम्ब्र अण्डाणु की उत्पत्ति कोशिकाओं के क्रमागत विकास का प्रतिफलन है जो आरम्भिक चरण में एकदम एक समान होते हैं; अण्डक में प्रारम्भिक मादा कोशिकाओं का विकास शुक्राणु कोशिकाओं से प्रोटोप्लाज़्मिक घटनाओं में भिन्न होता है, लेकिन नाभिकीय घटनाएँ मोटे तौर पर समान होती हैं। 1903 में जीव वैज्ञानिक आन्सेल द्वारा व्यक्त किये गये विचार आज तक प्रामाणिक समझे जाते हैं : पनपने से पहले वाली एक-रूप कोशिका नर या मादा बनेगी यह इस बात पर निर्भर करता है कि अपना आकार पाने के समय यौन ग्रन्थि में उसका सामना किन परिस्थितियों से होता है, परिस्थितियाँ जो कुछ पोषक तत्त्वों वाली उपकला कोशिकाओं के रूपान्तरण से संचालित होती हैं। यह प्रारम्भिक सम्बन्ध दो युग्मकों की संरचना में अभिव्यक्त होता है जो प्रत्येक प्रजाति के भीतर क्रोमोज़ोम की एक नियत संख्या धारण करते हैं। गर्भाधान के समय लिंग कोशिकाओं के सम्मिलन के समय दोनों नाभिक अपने अवयवों को मिला देते हैं और प्रत्येक कोशिका में

क्रोमोज़ोम की घटोत्तरी की प्रक्रिया होती है जिसके फलस्वरूप अपनी आरम्भिक संख्या के आधे पर पहुँच जाते हैं। यह घटोत्तरी दोनों में समान रूप से होती है; अण्डाणु के दो अन्तिम विभाजन ध्रुवीय कोशिकाओं के निर्माण में परिणत होते हैं जो शुक्राणु के अन्तिम विभाजन के समकक्ष होती है। आज ऐसा माना जाता है कि प्रजातियों में वह स्त्री या पुरुष युग्मक है जो लिंग निर्धारण प्रभावित करता है : स्तनधारियों में वह शुक्राणु जिसके क्रोमोज़ोम बाकियों से विषम होते हैं और जिनकी सम्भाव्यता कभी नर तो कभी मादा होती है। जहाँ तक आनुवांशिक लक्षणों के संचरण का सन्दर्भ है, मेंडल के सांख्यिकीय नियमों के अनुसार वह माता या पिता में एक तरह से परिलक्षित होती है। यहाँ जिस बात पर ग़ौर करना ज़रूरी है वह यह है कि इस सम्मिलन में कोई एक युग्मक दूसरे से श्रेष्ठ नहीं है। दोनों ही अपनी विशिष्टता का परित्याग करते हैं। अण्डा उनके समूचे अवयव समाहित कर लेता है। इस तरह से जो दो पूर्वाग्रह जनमान्य हैं — कम-से-कम इस आधारभूत जीव विज्ञान के स्तर पर झूठे सिद्ध होते हैं। पहला, मादा की निष्क्रियता; जीवन की ज्वाला दोनों में से किसी भी युग्मक में अन्तर्निहित नहीं होती, वह उन दोनों के सम्मिलन से प्रस्फुटित होती है। अण्डाणु का नाभिक एक जीवन्त मूल तत्त्व है जो शुक्राणु के नाभिक के बिल्कुल समान होती है। दूसरा पूर्वाग्रह पहले वाले का खण्डन करता है, इससे यह निषिद्ध नहीं होता कि प्रायः दोनों पूर्वाग्रह एक साथ रहते हैं। प्रजातियों की नित्यता का दायित्व मादा निभाती है, चूँकि नर तत्त्व का अस्तित्व विस्फोटक एवं क्षणभंगुर होता है। यथार्थ में, भ्रूण पिता की जनन कोशिकाओं को उसी तरह अविरत बनाये रखता है जैसे माता की, और उन्हें इकट्ठे अपनी सन्ततियों में पुनः प्रेषित करता है जो कभी नर होते हैं तो कभी मादा। तो यह कह सकते हैं कि उभयलिंगी जनन कोशिकाएँ पीढ़ी-दर-पीढ़ी काया की अलग–अलग रूपान्तरण में बची रहती हैं।

कहने का तात्पर्य यह है कि अण्डाणु एवं शुक्राणु में अतिरिक्त विभिन्नताएँ देखी गयी हैं जो सबसे ज़्यादा रोचक हैं; अण्डाणु की सारभूत विलक्षणता यह है उसमें वे पदार्थ भरे होते हैं जिनका उद्देश्य भ्रूण का पोषण और संरक्षण करना होता है; यह उन पदार्थों का संचय करता रहता है जिसे ख़र्च कर भ्रूण अपने ऊतकों का निर्माण करता है, यह भण्डार एक सजीव तत्त्व नहीं बल्कि एक निष्क्रिय पदार्थ होते हैं; इसके फलस्वरूप बनी संरचना वृहत्, गोलाकार यां दीर्घवृत्ताकार होती है और जो अपेक्षाकृत स्थूल होती है; चिड़िया के अण्डे का क्या विस्तार होता है सभी जानते हैं; स्त्री में अण्डाणु की परिधि 0.13 मिलीमीटर होती है; जबकि मनुष्य के वीर्य में प्रति घन मिलीमीटर में 60,000 शुक्राणु पाये जाते हैं। शुक्राणुओं का

द्रव्यमान अत्यन्त कम रहता है, उसकी महीन सूत जैसी लम्बी पूँछ होती है, एक लम्बोतरा छोटा सा सिर, कोई भी अज्ञात तत्त्व उसे थकाता नहीं है, वह सम्पूर्णत: जीवन है; इसकी संरचना इसे गतिशीलता प्रदान करती है; इसके बजाय अण्डाणु, जिसमें भ्रूण का भविष्य निहित होता है, एक स्थिर तत्त्व है। वह धैर्यपूर्वक निषेचन की प्रतीक्षा करता रहता है; यह नर लिंग कोशिका है जो उसे ढूँढ़ता हुआ जाता है; शुक्राणु सदा एक नग्न कोशिका होती है, अण्डाणु पर एक झिल्ली का कवच होता है लेकिन सभी प्रजातियों में नहीं; किन्तु किसी भी स्थिति में जैसे ही शुक्राणु उसके साथ सम्पर्क में आता है, वह उसे विचलित करता है, उसे हिलाता है, और उसके भीतर प्रवेश कर जाता है। नर लिंग कोशिका अपनी पूँछ छोड़ देती है, उसका सिर फूल जाता है और मरोड़ते हुए झटके से नाभिक पर कब्ज़ा कर लेता है; इस दौरान, अण्डा झट से अपने गिर्द एक झिल्ली बना लेता है जो उसे अन्य शुक्राणुओं की पहुँच से दूर कर देता है। इकाइनोडर्म प्रजाति में इस प्रक्रिया का अवलोकन आसान है क्योंकि उनमें निषेचन बाहरी होता है अण्डाणु जो स्थिर तैरता रहता है, शुक्राणुओं की दौड़ जो उसके गिर्द गोल घेरे में जमा हो जाते हैं। यह स्पर्धा भी एक महत्त्वपूर्ण घटना है जो अधिकांश प्रजातियों में पायी जाती है; अण्डाणु से बहुत ज़्यादा छोटा, शुक्राणु सामान्यत: एक बहुत बड़ी संख्या में निकलता है और प्रत्येक अण्डाणु के कई प्रेमी होते हैं।

इस प्रकार, अण्डाणु अपनी सारपूर्ण मर्यादा में यानि कि नाभिक में सक्रिय, सतह पर निष्क्रिय रहता है; अपने आप में बन्द, सुगठित, रात की गहराई सा और स्वयं में तृप्त सा लगता है; इस सुप्त दुनिया की कल्पना पुराने लोग एक गोले के आकार में करते थे, एक अपारदर्शी कण; स्थावर, अण्डाणु प्रतीक्षा करता है; इसके विपरीत शुक्राणु उच्छृंखल स्वच्छन्द, इकहरा, फुर्तीला, चपल अस्तित्व के उतावलेपन और व्याकुलता का द्योतक है। हमें इन रूपकों व्यंजनाओं के रस में बह नहीं जाना चाहिए। कई बार अण्डाणु को स्थिरता एवं शुक्राणु को उत्कृष्टता के सदृश माना गया है; वह जब अपनी श्रेष्ठता, अपनी चंचलता का परित्याग करता है तभी मादा तत्त्व को भेदता है। वह स्थिर पिंड उसे दबोच कर बधिया कर देता है फिर उसकी पूँछ काटने के बाद उसे निगल जाता है; यहीं पर सभी अनिवारक प्रक्रियाओं की तरह वह जादुई, जनक प्रक्रिया होती है; जब कि नर जनन कोशिका की गतिविधि न्यायसंगत है, समय तथा विस्तार में यह एक परिमेय क्रिया है। वास्तविकता में ये केवल प्रलाप हैं। नर और मादा जनन कोशिकाएँ अण्डे में इकट्ठे विलय हो जाती हैं; इकट्ठे ही वे स्वयं को पूर्णतया मिटा देते हैं। यह मानना ग़लत है कि अण्डाणु नर

जनन कोशिका को लालची की तरह निगल जाता है और यह भी कहना ग़लत है कि शुक्राणु विजयी होकर मादा कोशिका के भंडार को हड़प लेता है चूँकि इस प्रक्रिया में जहाँ दोनों की विशिष्टताएँ घुल–मिल जाती हैं और अपना अहम खो बैठते हैं। और निस्सन्देह यान्त्रिक विचार को यह गतिशीलता तर्कसंगत लगती है; किन्तु आधुनिक भौतिकी के लिए यह किसी दूरस्थ क्रिया से कोई ज़्यादा स्पष्ट विचार नहीं है; इसके अलावा भौतिक–रासायनिक क्रियाओं की अनदेखी की जाती है जो गर्भाधान के सम्मिलन में परिणत होती है। हालाँकि इस आकस्मिक मिलन का एक तर्कसंगत संकेत को स्मृति में रखने योग्य है। जीवन में दो गतिविधियाँ होती हैं जो एक-दूसरे से सम्बद्ध होती हैं, उनसे श्रेष्ठ होने पर ही जीवन बना रहता है, और जीवन क़ायम रहे इस शर्त पर ही वह बेहतर होती है; ये दो क्षण सदैव एक साथ पूर्ण होते हैं, इन्हें अलग करने का अभिप्राय रखना अभौतिक है। तथापि इनमें से कभी एक तो कभी दूसरा वर्चस्व बनाये रखता है। दोनों लिंग कोशिकाएँ एक ही समय में एक-दूसरे से श्रेष्ठ होती रहती हैं और फलती–फूलती रहती हैं; परन्तु अण्डाणु की संरचना कुछ ऐसी होती है कि वह आने वाली ज़रूरतों का अन्दाज़ा लगा लेता है; वह इस तरह से संगठित है कि उसमें जागने वाले जीवन का पोषण कर सके; इसके विपरीत शुक्राणु उस जीवाणु के विकास के लिए किसी भी तरह से सक्षम नहीं है जिसे वह उत्तेजित करता है। किन्तु उसका दूसरा पक्ष यह है कि अण्डाणु कोई ऐसा परिवर्तन करने में अक्षम जो एक नये जीवन को प्रस्फुटित करे जबकि शुक्राणु गतिमान रहता है। अण्डाणु की दूरदर्शिता न हो तो उसका यत्न व्यर्थ जायेगा; किन्तु उसकी पहल के बिना, अण्डाणु अपनी जीवनदायी सम्भावनाओं का कार्यान्वयन नहीं कर पायेगा। इस प्रकार हम इस निष्कर्ष पर पहुँचते हैं कि मूलतः दोनों लिंग कोशिकाओं की भूमिका एक समान है; एक साथ वे जीवित प्राणी का सृजन करते हैं जिसमें दोनों एक-दूसरे से श्रेष्ठ सिद्ध होते हैं और विलीन हो जाते हैं। परन्तु सतही एवं अन्य घटनाएँ जो निषेचन के अनुकूल स्थितियाँ बनाती हैं, वह नर तत्त्व है जिसके द्वारा अनिवार्य स्थितियों में फेरबदल से नवजीवन का प्रस्फुटन होता है; वह मादा तत्त्व है जिससे यह उत्पत्ति एक सुदृढ़ जीवधारी में स्थापित होती है।

इस तरह के अन्वेषणों से यह निष्कर्ष निकालना धृष्टता है कि स्त्री की जगह घर में है, किन्तु कुछ लोग हैं जो धृष्ट हैं। अपनी पुस्तक, *ल तौम्पेरामौं ए ल काराक्तेर*, में अल्फ्रेड फ़ुइये ने हाल ही में पक्के विश्वास के साथ स्त्री को पूर्णतः अण्डाणु के माध्यम से और पुरुष को शुक्राणु के माध्यम से परिभाषित किया है; बहुत सारे तथाकथित गूढ़ सिद्धान्त इन सन्देहास्पद समरूपताओं की अभिव्यंजनाओं

पर निर्भर करते हैं। किसी को बहुत अच्छी तरह मालूम नहीं है कि ये छद्म विचार किस प्राकृतिक दर्शन से सम्बद्ध हैं। यदि हम आनुवांशिकता के नियमों को ध्यान में रखें, स्त्री और पुरुष, समान रूप से अण्डाणु और शुक्राणु से उत्पन्न होते हैं। मुझे लगता है कि इन धूमिल दिमाग़ों में पुराने मध्यकालीन दर्शन के अवशेष तैरते हैं जिसके अनुसार ब्रह्माण्ड एक सूक्ष्म जगत का सटीक प्रतिबिम्ब था। लोग यह कल्पना करते हैं कि अण्डाणु एक बौनी मादा है, स्त्री एक दीर्घकाय अण्डाणु है। रस-विधा अथवा कीमियागिरी के ज़माने से नकारे गये ये दिवास्वप्न उन व्याख्याओं के साथ एक अजीबोग़रीब विरोधाभास उत्पन्न करते हैं जिनकी वैज्ञानिक यथार्थताओं पर हमारे तर्क आधारित हैं। आधुनिक जीव विज्ञान मध्यकालीन प्रतीकात्मकता के साथ सामंजस्य स्थापित करने में विफल है; लेकिन हमारा समाज उसे इतने ध्यान से नहीं देखता। अगर हम थोड़ी बारीकी से देखें, तो हम इतना तो स्वीकार करेंगे कि अण्डाणु से स्त्री तक का रास्ता लम्बा है। अण्डाणु में मादा की अवधारणा तक सन्निहित नहीं होती। हेगेल ठीक ही टिप्पणी करते हैं कि यौन सम्बन्ध को सिर्फ़ दो युग्मकों का संयोग कह कर कम नहीं किया जा सकता है। अत: हमें मादा प्राणी का अध्ययन उसकी सम्पूर्णता में करना चाहिए।

यह पहले ही कहा चुका है कि पौधों की एक बड़ी संख्या में एवं कुछ निम्न स्तर के पशुओं में, जिनमें सीपधारी भी हैं, युग्मकों के विशेष लक्षण प्राणियों में वह परिणाम पैदा नहीं करते, दोनों ही युग्मक एक ही समय में अण्डाणु और शुक्राणु दोनों उत्पन्न करते हैं। यहाँ तक कि जब लिंगों का विभाजन होता है, उनके बीच वैसा कोई सुस्पष्ट अवरोध नहीं होता जो प्रजाति को विभक्त करे; इसी तरह से युग्मक अपने को मौलिक अविभेदित ऊतकों के माध्यम से परिभाषित करता है, नर और मादा सर्वथा रूपभेद की तरह प्रतीत होते हैं जिनका एक ही सामान्य आधार होता है। कुछ जानवरों में — जिनमें सबसे ज़्यादा विलक्षण बोनेली है — भ्रूण पहले चरण में अलैंगिक होता है और यह उसके बढ़ने के क्रम में होने वाले संयोग हैं जिनसे बाद में उसका लिंग निर्धारित होता है। आज यह स्वीकार किया जाता है कि अधिकतर प्रजातियों में लिंग निर्धारण डिम्ब की आनुवंशिक जीनरूप की संरचना पर निर्भर करता है। मधुमक्खी का अक्षुण्ण अण्डा जो अनिषेकजनन-विधि से प्रजनन करता है केवल नर उत्पन्न करता है; समान परिस्थितियों में एफिड अनन्य रूप से मादा उत्पन्न करते हैं। उल्लेखनीय है कि जब अण्डे निषेचित होते हैं तब उत्पन्न नर एवं मादा प्राणियों की संख्या कमोबेश बराबर होती है — सम्भवत: सिवाय कुछ मकड़ियों के; दोनों प्रकार के युग्मकों में से एक की विविधता से यह

विशिष्टिकरण होता है। स्तनधारियों में वह शुक्राणु होता है जो या तो नर लक्षण से युक्त होता है, या मादा लक्षण से; इस सन्दर्भ में बहुत अधिक जानकारी नहीं है कि शुक्रजनन या अण्डजनन के दौरान वह क्या चीज़ है जो विविध युग्मकों का विलक्षण चरित्र निर्धारित करता है; किसी भी दशा में, मेंडल के आनुवंशिक सिद्धान्त इसकी यथाविधि वितरण की व्याख्या करते हैं। दोनों लिंगों के लिए निषेचन की प्रक्रिया और भ्रूण के प्रारम्भिक विकास का कार्यान्वयन एकदम एक तरह से होता है; उपकला ऊतक जो जनन–ग्रन्थि में विकसित होने के लिए पूर्वनिर्दिष्ट होता है वह प्रारम्भ में एक-सा होता है; यह परिपक्वन के किसी चरण पर होता है कि अण्डकोष निश्चित रूप धारण करते हैं या कि कुछ समय पश्चात अण्डाशय की रूपरेखा तैयार हो जाती है। इससे यह स्पष्ट होता है कि उभयलिंगिता एवं लिंगभेदन के बीच अनेक घटक हैं; बहुधा दोनों लिंगों में से एक में पूरक लिंग के लक्षण पाये जाते हैं। स्थल–मेंढक इसका सबसे विचित्र उदाहरण है; नर में एक अपविकसित अण्डाशय होता है जिसे बिडर अंग कहते हैं जो कृत्रिम रूप से अण्डे उत्पन्न कर सकता है। स्तनधारियों में, इस यौन द्विक्षमता के अवशेष बने रहते हैं। उदाहरण के लिए, डण्ठल और बिना डण्ठल वाले हाइड्रा, मर्दाना गर्भाशय, नर में स्तन ग्रन्थियाँ और मादा में गार्टनर वाहिनी, क्लीटोरिस। यहाँ तक कि उन प्रजातियों में भी जहाँ यौन विभाजन सबसे स्पष्ट है, ऐसे प्राणी हैं जो एक ही समय में नर और मादा दोनों होते हैं। पशुओं और मनुष्यों में उभयलिंगिता के असंख्य उदाहरण हैं; और हम तितलियों और कठिनी (क्रस्टेशियंस) में स्त्रीपुंरूपता (गाइनेंड्रोमोर्फिज़्म) के उदाहरण पाते हैं जहाँ नर और मादा के लक्षण एक क़िस्म की पच्चीकारी में सन्निहित होते हैं। ऐसा इसलिए है, क्योंकि आनुवंशिक रूप से परिभाषित, भ्रूण उस परिवेश से गहराई से प्रभावित होता है जिससे उसे पोषण मिलता है। हम जानते हैं कि चींटियों, मधुमक्खियों और दीमकों में यह पोषण का तरीक़ा है जो लार्वा को पूर्ण मादा बनाता है या उसकी यौन परिपक्वता को बाधित कर के उसे श्रमिक चींटी की निम्न अवस्था तक सीमित कर देता है; इस मामले में प्रभाव पूरे जीव पर समग्र रूप से पड़ता है। कीड़ों में सोम को बहुत प्रारम्भिक अवधि में यौन रूप से परिभाषित किया जाता है और यह जनन-ग्रन्थि पर निर्भर नहीं होता है। कशेरुकियों में, यह मुख्य रूप से जनन-ग्रन्थि से निकलने वाले हार्मोन होते हैं जो एक नियामक भूमिका निभाते हैं। यह कई प्रयोगों द्वारा प्रदर्शित किया गया है कि अन्त:स्रावी परिवेश को बदलकर लिंग निर्धारण पर कार्य करना सम्भव हो जाता है; वयस्क जानवरों पर किये गये अन्य प्रत्यारोपण और बधियाकरण प्रयोगों ने कामुकता के आधुनिक सिद्धान्त को जन्म दिया है।

कशेरुकियों के नर और मादा में, सोम समान होता है, इसे एक तटस्थ तत्त्व माना जा सकता है; यह जनन-ग्रन्थि की क्रिया है जो इसे अपनी यौन विशेषताएँ देती है; कुछ स्त्रावित हार्मोन उत्तेजक के रूप में और अन्य अवरोधक के रूप में काम करते हैं; जननांग पथ स्वयं प्रकृति में दैहिक है और भ्रूणविज्ञान से पता चलता है कि यह उभयलिंगी रिक्त स्थान से हार्मोन के प्रभाव में स्पष्ट आकार लेता है। जब हार्मोनल सन्तुलन हासिल नहीं किया गया है और दोनों में से कोई भी यौन क्षमता स्पष्ट रूप से हासिल नहीं हुई है, तो मध्य लैंगिकता होती है।

प्रजातियों में समान रूप से वितरित, समान जड़ों से विकसित, नर और मादा जीव, एक बार बनने के बाद, गहराई से सममित दिखाई देते हैं। दोनों युग्मक, अण्डाशय या वृषण पैदा करने वाली ग्रन्थियों की उपस्थिति की विशेषता है, शुक्राणुजनन और अण्डजनन की अनुरूप प्रक्रियाएँ हैं, जैसा कि पहले देखा गया था; ये ग्रन्थियाँ प्रजातियों के पदानुक्रम के अनुसार अधिक या कम जटिल चैनल में अपने स्त्राव को वितरित करती हैं। मादा अण्डे को सीधे डिंबवाहिनी के माध्यम से बाहर निकलने देती है, या इसे बाहर निकालने से पहले क्लोअका या एक विभेदित गर्भाशय में रखती है; नर या तो वीर्य बाहर छोड़ देता है या एक मैथुन अंग से लैस होता है जो इसे मादा में प्रवेश करने की अनुमति देता है। सांख्यिकीय रूप से, नर और मादा दो पूरक प्रकार प्रतीत होते हैं। उनकी विलक्षणता को समझने के लिए उन्हें कार्यात्मक दृष्टिकोण से परिकल्पित किया जाना चाहिए।

मादा की धारणा का सामान्य रूप से मान्य विवरण देना बहुत कठिन है; उसे अण्डाणु के वाहक के रूप में परिभाषित करना और नर को शुक्राणु के वाहक के रूप में परिभाषित करना नितान्त अपर्याप्त है क्योंकि जनन-ग्रन्थि के लिए जीव का अनुपात अत्यन्त परिवर्तनशील है; इसके विपरीत, युग्मकों का विभेदन सीधे पूरे जीव को प्रभावित नहीं करता है। कभी-कभी यह दावा किया गया है कि डिंब बड़ा होने के कारण, शुक्राणुओं की तुलना में अधिक जीवन शक्ति का उपभोग करता है; लेकिन शुक्राणु असीम रूप से अधिक महत्त्वपूर्ण मात्रा में स्त्रावित होता है ताकि दोनों लिंगों में ऊर्जा के व्यय का सन्तुलन बना रहे। शुक्राणुजनन को कौतुक के उदाहरण के रूप में लिया गया था और ओव्यूलेशन को अर्थव्यवस्था का एक मॉडल माना जाता था। लेकिन इस घटना में एक बेतुका भ्रम भी है; अधिकांश अण्डे कभी भी निषेचित नहीं होते हैं। किसी भी मामले में, युग्मक और जनन-ग्रन्थियाँ हमें पूर्णतया जीव का एक सूक्ष्म जगत प्रदान नहीं करते हैं। इसका एक साथ अध्ययन किया जाना चाहिए।

पशु सीढ़ी के चरणों का सर्वेक्षण करते समय सबसे उल्लेखनीय विशेषताओं

में से एक यह है कि, नीचे से ऊपर तक, जीवन अधिक व्यक्तिगत हो जाता है; नीचे यह प्रजातियों के रख-रखाव पर ध्यान केन्द्रित करता है, और शीर्ष पर यह अपनी ऊर्जा एकल व्यक्तियों में डालता है। अल्पविकसित प्रजातियों में जीव लगभग प्रजनन के उपकरण तक सीमित रह जाता है; ऐसी स्थिति में डिंब को प्रमुखता मिल जाती है, यानी कि मादा को, क्योंकि विशेषकर डिंब ही है जो जीवन की शुद्ध पुनरावृत्ति के लिए समर्पित है; लेकिन उसका आकार उदर से थोड़ा ही बड़ा है और उसका पूरा अस्तित्व एक राक्षसी ओव्यूलेशन के काम से भस्म हो जाता है। वह नर के सम्बन्ध में विशालकाय आयामों को प्राप्त करती है; लेकिन अक्सर इसके अंग महज़ ठूँठ होते हैं, इसका शरीर एक आकारहीन थैली होता है, अण्डों को पोषण देने में सभी अंग बेकार हो जाते हैं। वास्तव में, यद्यपि दो अलग-अलग जीवों का गठन करते हुए, नर और मादा को शायद ही व्यक्तियों के रूप में माना जा सकता है। वे उन तत्त्वों के साथ एक पूरे का निर्माण करते हैं जो अटूट रूप से जुड़े हुए हैं। ये उभयलिंगीपन और लिंगभेदन के बीच के मध्यस्थ मामले हैं। इस प्रकार, एंटोनिसिड जो केकड़े पर परजीवी के रूप में रहता है उनमें मादा एक सफ़ेद सी सॉसेज जैसी होती है जिस पर घुँघराले रोएँदार बाल होते, जो हज़ारों अण्डों को आश्रय देने के काम आते हैं; उन्हीं के बीच में अति सूक्ष्म नर और साथ ही लार्वा होते हैं, ये लार्वा विकसित होकर नर का स्थान लेने के लिए नियत हैं। बौने नर की दासता एड्रिओलिडनस में और भी अधिक होती है। यह मादा के ओपेरकुलम के नीचे जुड़ी होती है और अपनी ख़ुद की पाचन नली के बिना होती है; यह पूरी तरह से प्रजनन के लिए समर्पित है। लेकिन इन सभी मामलों में मादा उतनी ही ग़ुलाम है जितना कि नर। वह प्रजाति की दासी है; यदि नर अपनी मादा से जुड़ा हुआ है, तो मादा भी या तो एक जीवित जीव से जुड़ी हुई है, जिस पर वह एक परजीवी के रूप में या खनिज सब्सट्रेटम के रूप में भोजन करती है; वह अण्डे का उत्पादन करने में भस्म हो जाती है जिन्हें अति सूक्ष्म नर निषेचित करता है। जैसे-जैसे जीवन अधिक जटिल रूप लेता है, नर और मादा को जोड़ने वाली कड़ी के ढीले पड़ने के साथ व्यक्तिगत स्वायत्तता विकसित होती है; लेकिन कीड़ों में दोनों ही अण्डों के काफ़ी क़रीब रहते हैं। जैसा कि अल्पकालिक कीटों में देखा गया है कि अक्सर नर और मादा दोनों सहवास और मैथुन के तुरन्त बाद मर जाते हैं; कभी-कभी, रोटिफ़र्स और मच्छरों की तरह, बिना पाचन तन्त्र वाला नर निषेचन के बाद मर जाता है, जबकि मादा भोजन कर सकती है और जीवित रह सकती है। ऐसा है कि अण्डों के बनने और उन्हें सेने में थोड़ा समय लगता है; अगली पीढ़ी का भविष्य सुनिश्चित होते ही माँ की मृत्यु हो जाती

है। कई मादा कीड़ों का विशेषाधिकार इस तथ्य से उपजा है कि निषेचन आम तौर पर एक तीव्र प्रक्रिया है, जबकि अण्डों के उत्सर्जन और ऊष्मायन में लम्बा समय लगता है। दीमकों में, विशालकाय रानी दीमक प्रति सेकंड एक अण्डा देती है, तब तक जब तक कि वह बाँझ न हो जाये और फिर उसे निर्दयता से मार दिया जाता है, वह अपने पेट से चिपके बौने नर जितनी ही ग़ुलाम है, मादा अण्डे देती रहती है, नर उन्हें निषेचित करता रहता है। बांबियों एवं छत्तों में चींटियों और मधुमक्खियों द्वारा गठित मातृसत्ता होती है, वहाँ नर घुसपैठिये होते हैं जिनका हर मौसम में नरसंहार किया जाता है। कामद या वैवाहिक उड़ान के समय, सभी नर चींटियाँ बांबी से भाग जाती हैं और मादाओं की ओर उड़ जाती हैं; यदि वे उन तक पहुँच जाते हैं और मादा चींटियों का गर्भाधान कर पाते हैं, तब वे थक कर तुरन्त मर जाते हैं; अन्यथा, श्रमिक चींटियाँ उन्हें अन्दर नहीं जाने देतीं, वे उन्हें प्रवेश द्वार के सामने मार डालते हैं, या उन्हें भूखा मरने देते हैं; लेकिन निषेचित मादा का भाग्य दुखद होता है : वह ज़मीन खोद कर अकेली उसमें समा जाती है और अक्सर पहला अण्डा देते समय थकावट से मर जाती है; अगर वह फिर से बाम्बी बनाने में सफल हो जाती है, तो वह बिना किसी राहत के बारह साल अण्डे देने में बिताती है; श्रमिक चींटियों की कामुकता का शोषण होता है, वे चार साल तक जीवित रहती हैं, लेकिन उनका पूरा जीवन लार्वा के पालन-पोषण के लिए समर्पित होता है। मधुमक्खियों के साथ भी ऐसा ही है। भौंरा जो रानी के साथ उसकी कामद उड़ान में शामिल हो जाता है, क्षत-विक्षत वापस ज़मीन पर गिर जाता है; अन्य भौंरों का छत्ते में लौटने पर स्वागत किया जाता है मगर उनका होना निष्क्रिय और बोझिल होता है; सर्दियों की शुरुआत में वे मारे जाते हैं। लेकिन बाँझ श्रमिक मधुमक्खियाँ जो कि श्रमिक हैं, वे निरन्तर काम करके अपने जीने का अधिकार हासिल करती हैं; रानी वास्तव में छत्ते की दासी होती है। वह लगातार अण्डे देती है; और जब बूढ़ी रानी की मृत्यु के बाद का सवाल उठे, तो अनेक लार्वा इस तरह से पोषित होते हैं जो उसके उत्तराधिकारी बनाने में सक्षम हो सकें, पहली रची गयी सन्तान दूसरे को पालने में मार देती है। मादा विशाल मकड़ी अपने अण्डों को तब तक थैली में रखती है जब तक कि वे परिपक्व नहीं हो जाते। वह नर की तुलना में बहुत बड़ी और अधिक मज़बूत होती है, और कभी-कभी वह सम्भोग के बाद उसे खा जाती है; वही प्रथाएँ मैन्टिस में देखी जा सकती हैं, जिसने भक्षिणी स्त्रीत्व के मिथक के रूप में आकार ले लिया है। डिंब शुक्राणु को नष्ट कर देता है और मैन्टिस अपने जीवनसाथी की हत्या करती है; ये तथ्य एक औरत के बधियाकरण के सपने को पूर्वनिर्धारित करते हैं। लेकिन वास्तव में, मैन्टिस इतनी

क्रूरता केवल क़ैद में ही दर्शाती है। स्वतन्त्र अवस्था में और पर्याप्त समृद्ध भोजन उपलब्ध होने पर, वह शायद ही कभी नर को अपना भोजन बनाती हो; अगर वह ऐसा करती है, तो यह उस एकाकी चींटी की तरह है जो अण्डे देने और प्रजातियों को बनाये रखने की ताक़त रखने के लिए अक्सर अपने कुछ अण्डे खा जाती है। इन तथ्यों में 'लिंगों के संघर्ष' के संकेत को देखना, जो व्यक्तियों को एक-दूसरे के ख़िलाफ़ खड़ा करता है, वह सिर्फ़ असली मुद्दे को पीछे हटाना है। न तो चींटियों में, न मधुमक्खियों में, न दीमकों में, न ही मकड़ी में या मैन्टिस में कोई यह कह सकता है कि मादा नर को ग़ुलाम बनाती है और खा जाती है। यह वह प्रजाति है जो अलग-अलग तरीक़ों से उन दोनों को खा जाती है। मादा अधिक समय तक जीवित रहती है और अधिक मायने रखती है; लेकिन इसकी कोई स्वायत्तता नहीं है; सेने, ऊष्मायन, लार्वा की देखभाल इसकी सारी नियति बनाती है; इसके अन्य कार्य पूर्ण या आंशिक रूप से शोषित होते हैं। नर में, इसके विपरीत, एक वैयक्तिक अस्तित्व आकार लेता है। अक्सर वह मादा की तुलना में निषेचन में अधिक पहल दिखाता है; यह वही है जो उसकी तलाश में जाता है, जो उस पर हमला करता है, उसे महसूस करता है, उसे पकड़ लेता है और मैथुन के लिए मजबूर करता है; कभी-कभी उसे अन्य नरों से लड़ना पड़ता है। तुलनात्मक रूप से, हरकत, स्पर्श और बोध के अंग अक्सर उसमें अधिक विकसित होते हैं; कई मादा तितलियाँ पंखहीन होती हैं जबकि उनके नर के पंख होते हैं; नर में रंग, अग्र पक्ष, पैर, चिमटे अधिक विकसित होते हैं; और कभी-कभी यह समृद्धि शानदार रंगों की व्यर्थ विलासिता के साथ होती है। क्षणभंगुर सहवास के अलावा, नर का जीवन निष्प्रयोजन है। श्रमिक कीटों के परिश्रम के मुक़ाबले, भौंरों की अकर्मण्यता एक उल्लेखनीय विशेषाधिकार है। लेकिन यह विशेषाधिकार अव्यवस्था है; पुरुष अक्सर एक व्यर्थता का भुगतान अपने जीवन से करता है, यहीं से स्वाधीनता की शुरुआत होती है। वह प्रजाति जो मादा को ग़ुलाम बनाती है, वह इससे भागने की कोशिश करने वाले नर को दण्डित करती है। उसे बेरहमी से ख़त्म कर देती है।

जीवन के अधिक विस्तृत रूपों में, प्रजनन विभेदित जीवों का उत्पादन बन जाता है; इसका दोहरा चेहरा है। प्रजातियों का रख-रखाव और नये जीवों का निर्माण; व्यक्ति की विलक्षणता की पुष्टि के रूप में यह अभिनव पक्ष स्वयं का दावा करता है। इस प्रकार यह आश्चर्यजनक है कि शाश्वत और सृजन के ये दो क्षण विभाजित होते हैं; अण्डे के निषेचन के समय पहले से ही चिह्नित यह विराम, समग्र रूप से उत्पन्न होने वाली घटना में मौजूद है। यह डिंब की संरचना ही नहीं है जो

इस विभाजन को नियन्त्रित करती है; मादा को नर की तरह एक निश्चित स्वायत्तता होती है, और डिंब के साथ उसका सम्बन्ध शिथिल हो जाता है; मादा मछली, उभयचर, पक्षी पेट से बिल्कुल अलग चीज़ हैं; अण्डे के साथ माँ का बन्धन जितना कम होता है, प्रसव का श्रम उतना ही कम थकाने वाला होता है, और माता-पिता और उनकी सन्तानों के बीच का सम्बन्ध उतना ही अधिक अविभाज्य होता है। ऐसा हो सकता है कि नव-प्रस्फुटित जीवन के पालन-पोषण की ज़िम्मेदारी पिता की होती है; यह मछली में एक आम बात है। पानी एक ऐसा तत्त्व है जो अण्डे और शुक्राणु को ले जाने और उनका संगम सुनिश्चित करने में सक्षम है; जलीय परिवेश में निषेचन लगभग हमेशा बाहरी होता है; मछलियाँ सम्भोग नहीं करतीं: ज़्यादा से ज़्यादा, एक-दूसरे को थोड़ा उत्तेजित करने के लिए अपनी देह एक-दूसरे के ख़िलाफ़ रगड़ती हैं। माँ अण्डाणु और पिता शुक्राणु को बाहर निकालते हैं। उनकी भूमिकाएँ समान होती हैं। ऐसा कोई कारण नहीं है कि अण्डे को पिता से ज़्यादा माता अपना समझे। कुछ प्रजातियों में, इन्हें माता-पिता द्वारा छोड़ दिया जाता है और बिना सहायता के विकसित होते हैं; कभी-कभी माँ उनके लिए एक घोंसला तैयार करती है; कभी-कभी वह निषेचन के बाद भी उन पर नज़र रखती है; परन्तु प्राय: पिता उन पर अधिकार कर लेता है; और जैसे ही वे पनपने लगते हैं, वह उस मादा को, जो उनको निगलने की चेष्टा करती है, खदेड़ देता है; वह उनके पास आने वाली किसी भी चीज़ से उनका जमकर बचाव करता है, वह किसी भी दृष्टिकोण के ख़िलाफ़ उनकी रक्षा करता है; मिसाल के तौर पर कुछ ऐसे पक्षी होते हैं जो एक इन्सुलेट पदार्थ के साथ लेपित हवाई बुलबुले उत्सर्जित करके एक प्रकार का सुरक्षात्मक घोंसला बनाते हैं; अक्सर वे अण्डे को अपने मुँह में या हिप्पोकैम्पस की तरह, पेट की सिलवटों में भी सेते हैं। मेंढकों में समरूप घटनाएँ देखी जा सकती हैं : वे सच्चे सहवास का अनुभव नहीं करते हैं; नर मादा को गले लगाता है और उसके आलिंगन से अंड-निक्षेपण हो जाता है : जैसे ही अण्डे क्लोअका से निकलते हैं, वह अपने वीर्य को बाहर निकलने देता है। बहुत बार — विशेष रूप से टोड (स्थल-मेंढक) में जिसे दाई टोड के रूप में जाना जाता है — यह पिता होता है जो अपने पंजे के चारों ओर अण्डे की माला लपेटता है और उन्हें अपने साथ ले जाता है और वही अण्डे सेने की गारंटी लेता है। पक्षी में, मादा के अन्दर अण्डे का निर्माण काफ़ी धीमी गति से होता है, अण्डा अपेक्षाकृत बड़ा होता है और काफ़ी मुश्किल से बाहर निकलता है; पिता की तुलना में उसका माँ के साथ अधिक घनिष्ठ सम्बन्ध है, जो उसे एक त्वरित सहवास के दौरान गर्भवती बना देता है; यह आम तौर पर मादा होती है जो इसे

सेती है और फिर बच्चे की देखभाल करती है; लेकिन बहुत बार पिता घोंसला बनाने, बच्चों की रक्षा करने और उनके पोषण में भाग लेते हैं; कुछ दुर्लभ मामले हैं — उदाहरण के लिए चटक चिरैया (एक प्रकार की गौरैया) में — यह नर है जो अण्डे पर बैठता है और उन्हें पालता है। नर और मादा कबूतर फ़सल में एक प्रकार का दूध छोड़ते हैं जिसे वे चूजों को खिलाते हैं। इन सभी मामलों में ध्यान देने योग्य बात यह है कि जिन मामलों में पिता पोषण की भूमिका निभाते हैं, वह यह है कि शुक्राणुजनन उस अवधि के दौरान रुक जाता है जो वे अपनी सन्तानों को समर्पित करते हैं; जीवन को बनाये रखने में व्यस्त, पिता को नये जीवन-रूपों के सृजन के लिए कुछ भी उत्प्रेरित नहीं करता है।

यह स्तनधारियों में है कि जीवन सबसे जटिल रूप धारण करता है और सबसे ठोस रूप से व्यक्तिगत होता है। फिर दो महत्त्वपूर्ण क्षणों का विभाजन लिंगों के पृथक्करण में निश्चित तरीक़े से महसूस किया जाता है : बनाये रखना और सृजन करना। इस शाखा में — और केवल कशेरुकियों पर विचार करते हुए — माता का अपनी सन्तानों से निकटतम सम्बन्ध होता है, जबकि पिता की अधिक रुचि नहीं होती है; मादा का पूरा जीव मातृत्व के बन्धन के अनुकूल होता है और उसके द्वारा नियन्त्रित होता है, जबकि यौन पहल पुरुष का विशेषाधिकार है। मादा प्रजातियों की शिकार है; परिस्थिति के अनुसार, एक या दो मौसमों के दौरान, इसका सारा जीवन एक यौन चक्र द्वारा नियन्त्रित होता है, जिसकी अवधि एक प्रजाति से दूसरी प्रजाति में भिन्न होती है। इस चक्र के दो चरण होते हैं : पहले चरण के दौरान डिंब परिपक्व होता है (संख्या प्रजातियों के अनुसार भिन्न होती है), और गर्भ में एक निदान प्रक्रिया होती है; दूसरे चरण में एक वसा परिगलन उत्पन्न होता है, जो इस प्रकार एक सफ़ेद प्रवाह के रूप में विकसित होता है। कामोत्तेजना मदकाल की अवधि से मेल खाती है; लेकिन मादा में कामोत्तेजना बल्कि निष्क्रिय है; वह नर को ग्रहण करने को तैयार है, वह उसकी बाट जोहती है; यह स्तनधारियों में भी होता है — जैसा कि कुछ पक्षियों में भी होता है — कि वह उसे आमन्त्रित कर सकती है; लेकिन वह ख़ुद को शोर, प्रदर्शन, या प्रदर्शनियों द्वारा उसे बुलाने तक ही सीमित रखती है; वह कभी भी सहवास थोप नहीं सकती। अन्ततः निर्णय उसके ऊपर है। हमने देखा है कि कीड़ों में भी, जहाँ मादा के पास प्रमुख विशेषाधिकार हैं और प्रजातियों के लिए कुल बलिदान के लिए सहमति है, यह आमतौर पर नर होता है जो निषेचन को उत्तेजित करता है; नर मछली अक्सर मादा को आमन्त्रित करती है। अक्सर मछली में यह मादा को अपनी उपस्थिति से या उसे छूकर अण्डे देने के लिए

आमन्त्रित करता है; उभयचरों में नर एक उत्तेजक के रूप में कार्य करता है। लेकिन यह विशेष रूप से पक्षियों और स्तनधारियों में है कि नर ख़ुद को मादा पर थोपता है; बहुत बार वह उदासीनता के साथ इसका सामना करती है या उसका विरोध भी करती है। चाहे वह उत्तेजक हो या सहमत, वह नर है जो मादा को हासिल करता है, उसे हासिल कर लिया जाता है। शब्द का अक्सर बहुत सटीक अर्थ होता है : या तो इसलिए कि उसके पास विशिष्ट अंग हैं या फिर क्योंकि वह मज़बूत है, नर उसे जकड़ लेता है और स्थिर कर देता है; यह वह है जो सहवास की गतिविधियों को सक्रिय रूप से करता है; कई कीड़ों, पक्षियों और स्तनधारियों में, वह उसमें प्रवेश करता है। इस तरह यह एक बलात् आन्तरिकता के रूप में प्रकट होता है। नर प्रजाति के साथ हिंसा नहीं करता है, क्योंकि प्रजाति केवल नवीनीकरण के द्वारा ही अपने आप को क़ायम रख सकती है; यदि डिंब और शुक्राणु नहीं मिलते हैं तो यह नष्ट हो जायेगा; लेकिन जिस मादा का काम अण्डे की रक्षा करना होता है, वह उसे अपने अन्दर समेट लेती है, और उसका शरीर जो अण्डे के लिए आश्रय का निर्माण करता है, उसे नर की निषेचन क्रिया से हटा देता है; इस प्रकार एक प्रतिरोध है जिसे तोड़ा जाना है, और इसलिए अण्डे में प्रवेश करके नर ख़ुद को गतिविधि के रूप में महसूस करता है। उनका वर्चस्व सहवास की मुद्रा से व्यक्त होता है : लगभग सभी जानवरों की सहवास स्थिति में नर मादा के ऊपर होता है। और जिस अंग का वह उपयोग करता है वह भी निर्विवाद रूप से भौतिक है, लेकिन यह एक एनिमेटेड अवस्था में देखा जाता है : यह एक उपकरण है, जबकि इस प्रक्रिया में स्त्री अंग केवल एक निष्क्रिय धारक, एक पात्र है। नर अपना वीर्य इसी पात्र में छोड़ देता है : मादा उसे ग्रहण कर लेती है। इस प्रकार, हालाँकि प्रजनन में वह मौलिक रूप से एक सक्रिय भूमिका निभाती है, वह सहवास को सहन करती है, जो उसे प्रवेश और आन्तरिक निषेचन द्वारा ख़ुद से अलग कर देती है; यद्यपि वह यौन आवश्यकता को एक व्यक्तिगत आवश्यकता के रूप में महसूस करती है, क्योंकि कामोन्माद में वह कभी-कभी नर की तलाश करती है, फिर भी वह एक आन्तरिक कहानी के रूप में अपनी तात्कालिकता में यौन रोमांच का अनुभव करती है न कि और अन्य लोगों के सम्बन्ध के रूप में। लेकिन नर और मादा स्तनधारियों के बीच मूलभूत अन्तर यह है कि एक ही त्वरित क्षण में, शुक्राणु, जिसके द्वारा नर का जीवन दूसरे में स्थानान्तरित हो जाता है, उसके लिए पराया हो जाता है और उसके शरीर से अलग हो जाता है; इस प्रकार पुरुष, जिस क्षण वह अपनी वैयक्तिकता से परे चला जाता है, एक बार फिर उसमें समा जाता है। इसके विपरीत, डिंब परिपक्व होने पर अपने-आप

को मादा से अलग करना शुरू कर देता है, डिंबवाहिनी में गिरने के लिए यह कूप से अलग हो जाता है; लेकिन एक विदेशी युग्मक द्वारा प्रवेश करके, यह ख़ुद को गर्भाशय में प्रत्यारोपित करता है : पहले बलात्कार किया जाता है, फिर मादा को अलग कर दिया जाता है; वह प्रजातियों के आधार पर परिपक्वता के विभिन्न चरणों के लिए भ्रूण को अपने गर्भ में रखती है : मादा पूरी गर्भावस्था अवधि के दौरान स्वयं और स्वयं के अलावा दोनों होती है; प्रसव के बाद वह नवजात को अपने स्तनों से दूध पिलाती है। इससे यह जानना मुश्किल हो जाता है कि इसे कब स्वायत्त माना जा सकता है : निषेचन, जन्म या दूध छुड़ाने पर? ग़ौरतलब है कि जितना अधिक मादा एक अलग व्यक्ति के रूप में प्रकट होती है, उतना ही अधिक अनिवार्य रूप से जीवित निरन्तरता सभी अलगाव से परे ख़ुद को स्थापित करती है; मछली और पक्षी जो अनछुये डिंब या निषेचित अण्डे को बाहर निकालते हैं, स्तनधारी मादाओं की अपेक्षा अपनी सन्तानों के शिकार कम होते हैं। स्तनपायी मादा बच्चों के जन्म के बाद अपनी स्वायत्तता प्राप्त करती है : इस प्रकार अपने और उनके बीच एक दूरी स्थापित की जाती है; और इस अलगाव के बाद से, वह ख़ुद को उनके लिए समर्पित करती है; वह उनकी देखभाल करने में पहल लेती है, उनकी रक्षा करने के लिए अन्य जानवरों के ख़िलाफ़ लड़ती है और यहाँ तक कि आक्रामक भी हो जाती है। लेकिन वह आमतौर पर अपनी वैयक्तिकता की पुष्टि करने की कोशिश नहीं करती है; वह न तो नर का विरोध करती है और न ही मादाओं का; उसकी प्रवृत्ति लड़ने[4] की नहीं है; डार्विन के दावों के बावजूद, आज अपमानित होने के बावजूद, औरत सामान्य रूप से उस नर को स्वीकार करती है जो उसके समक्ष प्रस्तुत होता है। ऐसा नहीं है कि उसमें व्यक्तिगत गुणों का अभाव है — इसके विपरीत; मासिक में जब वह मातृत्व की दासता से बच जाती है, तो कभी-कभी वह नर की बराबरी भी कर सकती है : घोड़ी घोड़े की तरह तेज़ होती है, शिकारी कुतिया की नाक उतनी ही तेज़ होती है जितनी कुत्ते की, परीक्षण करने पर पाया गया है बंदरिया उतनी ही बुद्धिमत्ता दिखाती है जितना कि बन्दर। सिर्फ़ इतनी-सी बात है कि इस वैयक्तिकता का दावा नहीं किया जाता है : मादा उस प्रजाति के लाभ के लिए ख़ुद को त्याग देती है जो इस त्याग की माँग करती है।

नर की नियति बहुत अलग होती है; हमने अभी-अभी देखा है कि अपना चरम पाने में ही वह अलग हो जाता है और स्वयं को सिद्ध करता है। यह विशेषता कीड़ों से लेकर श्रेष्ठतर पशुओं तक बनी रहती है। यहाँ तक कि झुण्ड में रहने वाली मछलियाँ और चीता भी, जो समुदाय में घुल-मिल कर रहते हैं, कामोत्तेजना में उनसे

छिटक जाते हैं; वे ख़ुद को अलग कर लेते हैं और अन्य नरों के प्रति आक्रामक हो जाते हैं। जहाँ मादाओं में कामुकता तात्कालिक होती है, वहीं नर अपनी कामुकता का अनुभव परिस्थितियों की मध्यस्थता से करता है : वहीं से अपनी इच्छा और उसकी सन्तुष्टि के बीच की दूरी को सक्रिय रूप से पाटता है; वह हिलता-डुलता है, अपनी वांछित वस्तु की तलाश करता है, मादा को महसूस करता है, उसे दुलारता है, उसमें समाने से पहले उसे स्थिर करता है; सम्बन्ध, हरकत और बोध के कार्यों के लिए अक्सर पुरुष में अंग बेहतर विकसित होते हैं। इन सब आवेगमय रति-क्रियाओं के कारण नर में शुक्राणुओं का गुणन होता है। ये आवेग ही नर के रूप को निखारते हैं। चमकती हुई रंग-बिरंगी पंखी, मृग के शृंग, शेर के अयाल, चीते की आवाज़, नर-जन्तु के पास इन सबका प्राचुर्य होता है। यह तो हम नहीं मानेंगे कि मदकाल में नर में कोई ख़ास सौन्दर्य उजागर होता है और न ही उसके मोहक प्रदर्शनों का एक चयनात्मक उद्देश्य होता है, बल्कि उसकी सारी तड़क-भड़क और सजावट ख़ास जैविक शक्ति की परिचायक है, जो अपनी अद्भुत आभा और उत्तेजना लिए हुए उसके अंगों से फूटती रहती है जो वह कामोत्तेजना में धारण करता है; यह ज़िन्दादिल उदारता, सम्भोग के उद्देश्य से की गयी गतिविधियाँ, और सहवास में ही औरत पर अपनी शक्ति का दबदबा, — यह सब उस समय एक प्राणी को उस रूप में प्रस्तुत करने में योगदान देता है जब वह स्वयं का अतिक्रमण कर लेता है। इस सन्दर्भ में जब हेगेल नर में व्यक्तिपरक तत्त्व देखते हैं तब वे सही हैं क्योंकि मादा प्रजातियों में संलग्न रहती है। विषयपरकता और अलगाव एकदम से संघर्ष का संकेत देते हैं। कामोत्तेजना में पुरुष का आक्रामक होना उसका एक लक्षण है; इसे प्रतिस्पर्धा द्वारा नहीं समझाया जा सकता क्योंकि औरतों की संख्या काफ़ी हद तक पुरुषों के बराबर है; बल्कि इस प्रतिस्पर्धा को जुझारू इच्छा द्वारा समझाया गया है। यह कहा जा सकता है कि प्रजनन करने से पहले, नर, अपने स्वयं के कार्य के रूप में दावा करता है जो प्रजातियों को क़ायम रखता है, अपने साथी प्राणियों के ख़िलाफ़ अपनी लड़ाई में अपने व्यक्तित्व की वास्तविकता की पुष्टि करता है। प्रजाति मादा में निवास करती है और उसके अधिकांश व्यक्तिगत जीवन को अवशोषित करती है; पुरुष, इसके विपरीत, अपने व्यक्तिगत जीवन में विशिष्ट जीवित शक्तियों को एकीकृत करता है। वह निस्सन्देह उन क़ानूनों के अधीन भी है जो उससे आगे निकल जाते हैं; वह शुक्राणुजनन और मदकाल का अनुभव करता है; लेकिन ये प्रक्रियाएँ पूरे जीव को एस्ट्रस चक्र की तुलना में बहुत कम प्रभावित करती हैं; न तो शुक्राणु का उत्पादन और न ही डिंबोत्सर्जन दोनों में से कोई भी प्रक्रिया थकाने वाली नहीं होती है : मादा

के लिए अवशोषित करने का काम अण्डे का वयस्क जानवर में विकास करना है। सहवास एक त्वरित प्रक्रिया है जो पुरुष की जीवनशक्ति को कम नहीं करता है। वह लगभग कोई पैतृक प्रवृत्ति नहीं दिखाता है। बहुत बार वह सम्भोग के बाद मादा को छोड़ देता है। जब वह एक परिवार समूह (एकांगी परिवार, हरम या झुण्ड) के मुखिया के रूप में उसके पास रहता है, तब वह एक सुरक्षात्मक और पोषण करने वाली भूमिका निभाता है और यह पूरे समुदाय के सम्बन्ध में होता है; वह शायद ही कभी बच्चों में प्रत्यक्ष रुचि लेता है। उन प्रजातियों में जो व्यक्तिगत जीवन के फलने-फूलने के अनुकूल हैं, स्वायत्तता के लिए नर के प्रयास को सफलता का ताज पहनाया जाता है — जो निचले जानवरों में, इसके विनाश की ओर ले जाते हैं। वह आमतौर पर मादा से बड़ा होता है, अधिक मज़बूत, तेज़, अधिक साहसी; वह अधिक स्वतन्त्र गतिविधियों के साथ अधिक स्वतन्त्र जीवन व्यतीत करता है; वह ज़्यादा दिलेर, ज़्यादा दबंग है : पशु समाजों में हमेशा वही होता है जो आज्ञा देता है।

प्रकृति में, कुछ भी बिल्कुल स्पष्ट नहीं होता है : दो प्रकार, नर और मादा, हमेशा स्पष्ट रूप से अलग-अलग नहीं होते हैं; हम कभी-कभी उनके बीच एक द्विरूपता देखते हैं — खाल का रंग, धब्बों और धारियों का नियोजन — जो बिल्कुल आकस्मिक लगता है; इसके विपरीत, ऐसा होता है कि वे स्पष्ट नहीं होते हैं और उनके कार्यों में शायद ही अन्तर होता है, जैसा कि मछली के साथ देखा गया है। हालाँकि कुल मिलाकर, और विशेष रूप से पशु पैमाने के शीर्ष पर, दो लिंग प्रजातियों के जीवन के दो अलग-अलग पहलुओं का प्रतिनिधित्व करते हैं। उनका विरोध, जैसा कि दावा किया गया है, गतिविधि और निष्क्रियता का नहीं है : न केवल अण्डाकार नाभिक सक्रिय है बल्कि भ्रूण का विकास भी एक जीवित प्रक्रिया है, यान्त्रिक प्रक्रिया नहीं। इसे परिवर्तन और स्थायित्व के रूप में परिभाषित करना बहुत आसान होगा : शुक्राणु केवल इसलिए बनाता है क्योंकि अण्डे में इसकी जीवन शक्ति बनी रहती है; डिंब को केवल अपने से परे जाकर ही बनाये रखा जा सकता है, अन्यथा वह पीछे हट जाता है और पतित हो जाता है। हालाँकि, यह सच है कि इन दोनों सक्रिय क्रियाओं — रख-रखाव और सृजन — में बनने के संश्लेषण को एक ही तरह से महसूस नहीं किया जाता है। सृजन करना लौकिक एकता के भीतर एक अलघुकरणीय, पृथक वर्तमान को प्रस्फुटित करना है; और यह भी सच है कि नारी में जीवन की निरन्तरता है जो अलगाव के बावजूद साकार होना चाहती है; जबकि नयी और व्यक्तिगत शक्तियों में अलगाव पुरुष पहल द्वारा लाया जाता है वह अपनी स्वायत्तता में स्वयं की पुष्टि कर सकता है; वह विशिष्ट ऊर्जा को अपने

जीवन में एकीकृत करता है; इसके विपरीत, प्रजातियों के हितों से मादा के व्यक्तित्व का मुक़ाबला होता है; ऐसा प्रतीत होता है कि वह बाहरी ताक़तों के कब्ज़े में है : अलग-थलग। और यही कारण है कि जब जीवों का व्यक्तित्व अधिक मुखर होता है, तो लिंगों का विरोध कम होने के बजाय बढ़ क्यों जाता है। पुरुष उन शक्तियों का उपयोग करने के अधिक से अधिक तरीक़े खोजता है जिनमें वह स्वामी है; औरत अपनी अधीनता को अधिक से अधिक महसूस करती है; उसके स्वयं के हितों और उसके अन्दर मौजूद उत्पन्न करने की क्षमता के बीच का संघर्ष गहरा जाता है। गाय और घोड़ी का प्रसव चूहों और खरगोशों की तुलना में कहीं अधिक दर्दनाक और ख़तरनाक होता है। वह औरत है, जो मादाओं में सबसे अधिक विशिष्ट रूप से निर्मित होती है, सबसे नाज़ुक भी होती है, वह अपनी नियति को सबसे नाटकीय रूप से जीती है और अपने नर से सबसे ज़्यादा अलग है।

मानव जाति में, अधिकांश प्रजातियों की तरह, दोनों लिंगों के लगभग उतने ही प्राणी पैदा होते हैं (104 लड़कों के लिए 100 लड़कियाँ); भ्रूण का विकास समान है; हालाँकि मूल उपकला मादा भ्रूण में अधिक समय तक तटस्थ रहती है; नतीजतन, यह लम्बे समय तक हार्मोनल वातावरण के प्रभाव के अधीन है और इसका विकास अधिक बार उलट होता है; अधिकांश उभयलिंगी आनुवंशिक रूप से स्त्रैण विषय होंगे जो बाद में मर्दाना बन गये होंगे : ऐसा लगता है कि नर जीव शुरू से ही नर के रूप में ख़ुद को परिभाषित करता है जबकि मादा भ्रूण अपनी स्त्रीत्व को स्वीकार करने में हिचकिचाता है; लेकिन भ्रूण के उद्‌भव को इतना कम समझा जाता है कि हम उन्हें कोई अर्थ देने में सक्षम नहीं हैं। एक बार बनने के बाद, जननांग दोनों लिंगों में सममित होते हैं; दोनों के हार्मोन एक ही रासायनिक परिवार, स्टेरोल्स के हैं, और सभी कोलेस्ट्रिन से अन्तिम विश्लेषण में प्राप्त होते हैं; वे वे हैं जो सोम के द्वितीयक विभेदों को नियन्त्रित करते हैं। न तो उनके सूत्र, और न ही शारीरिक विलक्षणताएँ मानव औरत को इस तरह परिभाषित करती हैं। यह उसका कार्यात्मक विकास है जो उसे पुरुष से अलग करता है। पुरुष का विकास अपेक्षाकृत सरल है। जन्म से यौवन तक, वह कमोबेश नियमित रूप से बढ़ता है; लगभग पन्द्रह या सोलह वर्ष की आयु में शुक्राणुजनन शुरू हो जाता है जो वृद्धावस्था तक लगातार होता रहता है; इसकी उपस्थिति हार्मोन के उत्पादन के साथ होती है जो सोम के पौरुष संविधान को निर्दिष्ट करती है। जब ऐसा होता है, तो पुरुष का यौन जीवन सामान्य रूप से उसके व्यक्तिगत अस्तित्व में एकीकृत हो जाता है : इच्छा और सहवास के सन्दर्भ में, प्रजातियों की ओर उसका बढ़ना उसके उत्थान के व्यक्तिपरक क्षण का एक अभिन्न

अंग है : वह उसका शरीर है। औरतों की कहानी कहीं अधिक जटिल है। भ्रूण के जीवन की शुरुआत में, डिंबवाहिनी की आपूर्ति निश्चित रूप से बनती है; अण्डाशय में लगभग पचास हज़ार अण्डाणु होते हैं, और प्रत्येक एक कूप में संलग्न होता है, जिसमें लगभग चार सौ परिपक्वता तक पहुँचते हैं। जन्म से ही प्रजाति उसे अपने कब्ज़े में ले लेती है और उसके ज़रिये अपनी पुष्टि करना चाहती है; दुनिया में आने पर, स्त्री एक तरह की पहली युवावस्था से गुजरती है; अण्डाणु अचानक बढ़ जाते हैं; तब अण्डाशय घटकर एक बटा पाँचवा हिस्सा रह जाता है। जब तक इसका जीव विकसित होता है, इसका जनन तन्त्र कमोबेश स्थिर रहता है। कुछ रोम सूज जाते हैं, लेकिन परिपक्व नहीं होते हैं; छोटी लड़की का विकास लड़के के अनुरूप होता है : उसी उम्र में वह अक्सर उससे भी लम्बी और भारी होती है। लेकिन यौवन के समय प्रजाति अपने अधिकारों का पुन: दावा करती है : डिम्बग्रन्थि स्राव के प्रभाव में, बढ़ते रोमों की संख्या बढ़ जाती है, अण्डाशय बढ़ जाता है, डिंब में से एक परिपक्वता तक पहुँचता है, और मासिक धर्म चक्र शुरू होता है; जननांग प्रणाली अपने निश्चित आकार और रूप को प्राप्त कर लेती है, सोम नारीकृत हो जाता है, और अन्त:स्रावी सन्तुलन स्थापित हो जाता है। उल्लेखनीय है कि यह घटना संकट का रूप ले लेती है; स्त्री का शरीर बिना किसी प्रतिरोध के उसमें प्रजाति की स्थापना को स्वीकार नहीं करता है; और यह लड़ाई उसे कमज़ोर करती है और ख़तरे में डालती है : यौवन से पहले, प्रत्येक 100 लड़कों पर लगभग इतनी ही लड़कियों की मृत्यु होती है : चौदह से अठारह वर्ष की उम्र में, प्रत्येक 100 लड़कों पर 128 लड़कियाँ और अठारह से बाईस साल तक, 100 लड़कों पर 105 लड़कियाँ मर जाती हैं। यह वह अवधि है जब क्लोरोसिस, तपेदिक, स्कोलियोसिस, ऑस्टियोमाइलाइटिस आदि अक्सर दिखाई देते हैं। कुछ विषयों में यौवन असामान्य रूप से जल्दी होता है : यह चार या पाँच साल की उम्र में हो सकता है। दूसरों में, इसके विपरीत, यह शुरू नहीं होता है। विषय तब शिशु होता है, वह एमेनोरिया या कष्टार्तव से पीड़ित होता है। कुछ स्त्रियाँ पौरुष विशेषताओं को प्रकट करती हैं : अधिवृक्क ग्रन्थियों द्वारा उत्पादित स्रावों की अधिकता उन्हें मर्दाना विशेषताएँ देती है। ये विसंगतियाँ किसी भी तरह से प्रजातियों के अत्याचार पर व्यक्ति की जीत का प्रतिनिधित्व नहीं करती हैं : उस अत्याचार से बचने का कोई रास्ता नहीं है क्योंकि यह व्यक्तिगत जीवन को उसी समय ग़ुलाम बनाता है जब वह उसका पोषण करता है; यह द्वन्द्व डिम्बग्रन्थि कार्यों में देखा जा सकता है; स्त्री की जीवन शक्ति अण्डाशय में, पुरुष की अण्डकोष में जड़ें जमा लेती है। दोनों ही मामलों में बधिया

व्यक्ति न केवल बाँझ होता है : वह पीछे हटता है और पतित होता है; 'गठन' नहीं, बुरी तरह से गठित, जीव पूरी तरह से ग़रीब और असन्तुलित है यह केवल जनन तन्त्र के फलने-फूलने से ही फल-फूल सकता है; और फिर भी कई जननांग घटनाएँ विषय के व्यक्तिगत जीवन के हित में नहीं हैं और यहाँ तक कि इसे ख़तरे में डाल देती हैं। यौवन के समय विकसित होने वाली स्तनग्रन्थियों की औरत की व्यक्तिगत अर्थव्यवस्था में कोई भूमिका नहीं होती है। उन्हें उसके जीवन में किसी भी क्षण हटाया जा सकता है। कई डिम्बग्रन्थि स्रावों का उद्देश्य डिंब में, इसकी परिपक्वता में, गर्भाशय के अनुकूलन में इसकी आवश्यकताओं के लिए होता है : समग्र रूप से जीव के लिए, वे विनियमन से अधिक असन्तुलन का कारक होते हैं; औरत ख़ुद से ज़्यादा अण्डे की ज़रूरतों के अनुकूल होती है। यौवन से रजोनिवृत्ति तक वह एक ऐसी कहानी का प्रमुख स्थल है जो उसके भीतर घटित होती है और जो उसे व्यक्तिगत रूप से चिन्तित नहीं करती है। एंग्लो-सैक्सन मासिक धर्म को 'शाप' कहते हैं; और यह सच है कि मासिक धर्म चक्र में कोई व्यक्तिगत अन्तिमता नहीं है। अरस्तू के समय में यह माना जाता था कि यदि निषेचन हुआ तो हर महीने जो रक्त प्रवाहित होता है, वह बच्चे के मांस और रक्त का निर्माण करता है; इस पुराने सिद्धान्त की सच्चाई यह है कि स्त्रियाँ गर्भधारण के श्रम को अन्तहीन रूप से शुरू करती हैं। अन्य स्तनधारियों में यह एस्ट्रस चक्र केवल एक मौसम तक रहता है; रक्त प्रवाह नहीं होता है : केवल उच्च वानरों और स्त्रियों में यह चक्र हर महीने दर्द और ख़ून के साथ होता है।[5] लगभग चौदह दिनों तक अण्डों को ढकने वाले ग्रैफियन फॉलिकल्स में से एक आकार में बढ़ जाता है और परिपक्व हो जाता है, जबकि अण्डाशय फॉलिकल्स के स्तर पर स्थित हार्मोन को स्रावित करता है जो फॉलिकुलिन कहलाता है। ओव्यूलेशन चौदहवें दिन होता है : कूप की दीवारें बिखर जाती हैं (कभी-कभी हल्का रक्तस्राव होता है); अण्डा फैलोपियन ट्यूब में गिरता है जबकि उद्घाटन पीले शरीर में विकसित होता है। फिर दूसरा चरण या ल्यूटिनिक चरण शुरू होता है, जिसमें प्रोजेस्टिन नामक हार्मोन का स्राव होता है जो गर्भाशय पर कार्य करता है। गर्भाशय में परिवर्तन होता है जिसमें दीवार की कोशिका प्रणाली घनीभूत हो जाती है, झुर्रीदार हो जाती है, एक प्रकार का फीता बन जाता है; इस प्रकार गर्भ में निषेचित अण्डे को प्राप्त करने के लिए एक पालना बनाया जाता है। चूँकि ये कोशिकीय परिवर्तन अपरिवर्तनीय हैं, ऐसे मामलों में जहाँ निषेचन नहीं होता है, यह संरचना पुनः अवशोषित नहीं होती है : अन्य स्तनधारियों में बेकार मलबे को सम्भवतः लसीका वाहिकाओं द्वारा ले जाया जाता है। लेकिन स्त्री के लिए जब

एंडोमेट्रियल लेस ढह जाता है, तो श्लेष्मा झिल्ली का छूटना होता है, कोशिकाएँ खुल जाती हैं, और एक रक्त द्रव्यमान बाहर निकल जाता है। फिर जैसे ही कॉर्पस ल्यूटियम पतित होता है, म्यूकोसा ख़ुद को पुनर्गठित करता है और एक नया कूपिक चरण शुरू होता है। यह जटिल प्रक्रिया, जिसका विवरण अभी भी काफ़ी रहस्यमय है, पूरे जीव को गतिमान करती है क्योंकि यह हार्मोनल स्राव के साथ होता है जो थायरॉइड और पिट्यूटरी ग्रन्थियों, केन्द्रीय और परिधीय तन्त्रिका तन्त्र और इस प्रकार सभी अंगों पर प्रतिक्रिया करता है। लगभग सभी स्त्रियों — 85% से अधिक — को इस अवधि के दौरान समस्याएँ होती हैं। रक्त प्रवाह शुरू होने से पहले रक्तचाप बढ़ जाता है और फिर गिर जाता है; नाड़ी की दर और अक्सर तापमान में वृद्धि : बुख़ार के मामले अक्सर होते हैं; पेट में दर्द हो जाता है; अक्सर कब्ज़ और फिर दस्त की प्रवृत्ति होती है; अक्सर यकृत की मात्रा में वृद्धि, यूरिया की अवधारण प्रतिधारण, एल्ब्यूमिन की कमी; कई औरतों को पिट्यूटरी ग्रन्थि (गले में खराश) का हाइपरमिया होता है, और अन्य को श्रवण और दृश्य समस्याओं की शिकायत होती है; शुरुआत में और अक्सर मासिक धर्म के दौरान कभी-कभी तेज़ सुई जेनेरिस गन्ध के साथ पसीने के स्राव में वृद्धि होती है। बेसल चयापचय में वृद्धि होती है। लाल रक्त कोशिकाओं की संख्या घट जाती है; हालाँकि, रक्त आमतौर पर ऊतकों में संग्रहीत पदार्थों को पहुँचाता है, विशेष रूप से कैल्शियम लवण में; ये लवण अण्डाशय पर, अतिसक्रिय थायरॉयड पर और सक्रिय गर्भाशय ऊतक के कायापलट को नियन्त्रित करने वाली पिट्यूटरी ग्रन्थि पर कार्य करते हैं; ग्रन्थियों की यह अस्थिरता तन्त्रिका तन्त्र को कमज़ोर करती है : केन्द्रीय तन्त्रिका तन्त्र प्रभावित होता है, जिससे अक्सर सिर-दर्द तथा मनोदशा में अस्थिरता होती है। औरत ज़्यादा भावुक, ज़्यादा नर्वस, ज़्यादा चिड़चिड़ी हो जाती है। बहुधा गम्भीर मानसिक उथल-पुथल देखने में आती है। इस अवधि के दौरान औरत अपने शरीर की पीड़ा को सबसे तीव्रता से महसूस करती है। उसे अपना ही शरीर एक परायी वस्तु और किन्हीं अन्य शक्तियों का शिकार लगने लगता है, जो उसके अन्दर हर महीने एक पालना बनाता और तोड़ता है; हर महीने एक बच्चा पैदा होने की तैयारी करता है और लाल ज्वार के प्रवाह में उसका गर्भपात हो जाता है; औरत, पुरुष की तरह एक शरीर[6] है लेकिन उसका शरीर उसके अलावा कुछ और है, कुछ ऐसा जिस पर उसका नियन्त्रण नहीं रहता।

जब निषेचित अण्डा गर्भाशय में उतरता है और वहाँ विकसित होता है तब औरत अपने शरीर से एक गहरे अलगाव का अनुभव करती है; बेशक, गर्भधारण

एक स्वाभाविक प्रक्रिया है, जो अगर स्वास्थ्य और पोषण की सामान्य परिस्थितियों में हो, तो माँ के लिए हानिकारक नहीं होता है। उसके और भ्रूण के बीच कुछ बातचीत भी स्थापित होती है जो इसके अनुकूल होती है; हालाँकि, एक आशावादी सिद्धान्त के विपरीत, जिसकी सामाजिक उपयोगिता बहुत स्पष्ट है, गर्भधारण करना एक थका देने वाला काम है जिससे औरत को कोई व्यक्तिगत लाभ[7] नहीं मिलता बल्कि इसके विपरीत एक भारी क़ीमत चुकानी पड़ती है।[8] गर्भधारण के शुरुआती महीनों में अक्सर भूख में कमी और उल्टियाँ होती हैं जो किसी अन्य पालतू मादा में नहीं देखा जाता है और यह प्रजाति के ख़िलाफ़ जीव के विद्रोह को प्रकट करता है जो इसे अपने कब्ज़े में लिए रहती है; शरीर फॉस्फोरस, कैल्शियम और आयरन खो देता है, इस आख़िरी कमी की बाद में भरपाई करना बहुत मुश्किल होता है; चयापचय की अति सक्रियता अन्तःस्रावी तन्त्र को उत्तेजित करती है; नकारात्मक तन्त्रिका तन्त्र उत्तेजना की बढ़ी हुई स्थिति में है; रक्त का विशिष्ट भार कम हो जाता है, और यह एनीमिक है, जैसे "उन लोगों का जो उपवास करते हैं, जो भूख से मर रहे हैं, या जिन्हें कई बार ख़ून बह चुका है, और स्वस्थ[8] हैं।" एक स्वस्थ और सुपोषित स्त्री केवल यह उम्मीद कर सकती है कि बच्चे के जन्म के बाद बिना किसी कठिनाई के अपने नुक़सान की भरपाई करे; लेकिन अक्सर गर्भावस्था के दौरान गम्भीर दुर्घटनाएँ या कम-से-कम ख़तरनाक विकार होते हैं; और अगर स्त्री मज़बूत नहीं है, अगर वह अपनी व्यक्तिगत स्वच्छता में सावधान नहीं है, तो वह समय से पहले विकृत हो जायेगी और मातृत्व से वृद्ध हो जायेगी : यह अच्छी तरह से ज्ञात है कि ग्रामीण इलाक़ों में यह कितनी बार होता है। प्रसव ही दर्दनाक है; यह ख़तरनाक है। यह संकट स्पष्ट रूप से दिखाता है कि शरीर हमेशा प्रजातियों और व्यक्ति दोनों की ज़रूरतों को पूरा नहीं करता है; बच्चा कभी मर जाता है, या जीवन पाते ही माँ को मार देता है; या उसका जन्म उसे एक पुरानी बीमारी का कारण बन सकता है। स्तनपान भी एक थकाऊ बन्धन है; कारकों का एक समूह — जिनमें से एक निस्सन्देह एक हार्मोन, प्रोजेस्टिन की उपस्थिति है — स्तन ग्रन्थियों में दूध स्राव लाता है; दूध का आना दर्दनाक होता है और अक्सर बुख़ार के साथ होता है, और स्तनपान कराने वाला नवजात शिशु को उसकी ताक़त के नुक़सान के लिए खिलाता है। प्रजातियों और व्यक्ति के बीच संघर्ष, जो प्रसव में कभी-कभी नाटकीय रूप ले लेता है, उससे स्त्री देह नाज़ुक रूप से नाज़ुक हो जाता है। अक्सर सुना जाता है कि स्त्रियों को "पेट में दर्द होता है"; वास्तव में, उनके अन्दर एक शत्रुतापूर्ण तत्त्व बन्द

है : यह वह प्रजाति है जो उन्हें कुतरती है। उनकी कई बीमारियाँ बाहरी संक्रमण से नहीं बल्कि आन्तरिक विकार से उत्पन्न होती हैं: गर्भाशय की परत की असामान्य डिम्बग्रन्थि उत्तेजना की प्रतिक्रिया से झूठी मेट्राइटिस उत्पन्न होती है; यदि मासिक धर्म के बाद पुन: अवशोषित होने के बजाय कॉर्पस ल्यूटियम बना रहता है, तो यह सल्पिंगिटिस और एंडोमेट्रैटिस आदि का कारण बनता है।

औरत को अपनी नारी-जाति की पकड़ से छुटकारा भी एक गम्भीर संकटकाल झेलने के बाद ही मिलता है; पैंतालीस और पचास के बीच, रजोनिवृत्ति की घटनाएँ होती हैं, जो यौवन के विपरीत होती हैं। डिम्बग्रन्थि गतिविधि कम हो जाती है और यहाँ तक कि ग़ायब हो जाती है : यह ग़ायब होने से व्यक्ति की एक महत्त्वपूर्ण दरिद्रता आती है। यह माना जाता है कि कैटोबोलिक ग्रन्थियाँ, थायरॉयड और पिट्यूटरी, अण्डाशय की कमियों की भरपाई करने का प्रयास करती हैं; इस प्रकार जीवन के परिवर्तन के अवसाद के साथ-साथ वृद्धि की घटनाएँ होती हैं : गर्म चमक, उच्च रक्तचाप, घबराहट; कभी-कभी सेक्स ड्राइव में वृद्धि होती है। कुछ औरतें अपने ऊतकों में वसा बरकरार रखती हैं; अन्य पुरुष लक्षण प्राप्त करती हैं। कई लोगों के लिए एक नया अन्त:स्रावी सन्तुलन है। तब स्त्री अपने आप को स्त्री के दासत्व से मुक्त पाती है; उसकी तुलना एक किन्नर से नहीं की जा सकती, क्योंकि उसकी जीवन शक्ति अक्षुण्ण है; हालाँकि, वह अब उन शक्तियों की शिकार नहीं है जो उसे डुबो देती हैं : वह स्वयं के अनुरूप है। कभी-कभी यह कहा जाता है कि बड़ी उम्र की औरतें 'तीसरे लिंग' का गठन करती हैं; और अक्सर यह शारीरिक स्वायत्तता एक स्वास्थ्य, सन्तुलन, एक शक्ति में परिणत होती है जो उनके पास पहले नहीं थी।

अतिव्यापी स्त्रियों की विशेष रूप से यौन भेदभाव विलक्षणताएँ हैं, कमोबेश इन भेदभावों के परिणाम हैं; स्त्रियों में सख़्ती से यौन भेदभाव को विलक्षणताओं द्वारा आरोपित किया जाता है जो कमोबेश सीधे परिणाम होते हैं; ये हार्मोनल क्रियाएँ हैं जो उसके सोम को निर्धारित करती हैं। औसतन, वह पुरुष से छोटी होती है, हल्की होती है; उसका कंकाल अधिक पतला होता है, उसका श्रोणि चौड़ा होता है, जो गर्भधारण और प्रसव के कार्यों के अनुकूल होता है; उसके संयोजी ऊतक वसा को बरकरार रखते हैं, और उसके रूप मनुष्य की तुलना में गोल होते हैं; समग्र रूप: आकृति विज्ञान, त्वचा, केश-विन्यास, और इसी तरह दो लिंगों में स्पष्ट रूप से भिन्न है। स्त्रियों में मांसपेशियों की ताक़त बहुत कम होती है : पुरुष की तुलना में लगभग दो-तिहाई; उसकी श्वसन क्षमता कम होती है : उसके फेफड़े, श्वासनली

और स्वरयन्त्र छोटे होते हैं; स्वरयन्त्र के अन्तर में आवाज़ों का अन्तर भी शामिल है। स्त्रियों में रक्त का विशिष्ट भार कम होता है : हीमोग्लोबिन का निर्धारण कम होता है; इसलिए वे कम मज़बूत होती हैं, एनीमिया होने की सम्भावना अधिक होती है। उनकी नाड़ी तेज़ी से धड़कती है, उनका संवहनी तन्त्र अधिक अस्थिर होता है : वे आसानी से लाल हो जाते हैं। अस्थिरता सामान्य रूप से उनके जीव की एक विशिष्ट विशेषता है; अन्य बातों के अलावा पुरुष में कैल्शियम के चयापचय में स्थिरता है; जबकि महिला बहुत कम चूने के लवण को ठीक करती है, वह मासिक धर्म के दौरान और गर्भावस्था के दौरान कुछ को समाप्त कर देती है; ऐसा लगता है कि अण्डाशय में कैल्शियम पर एक अपचय क्रिया होती है; यह अस्थिरता अण्डाशय और थायरॉयड में विकारों की ओर ले जाती है जो पुरुष की तुलना में एक स्त्री के अन्दर अधिक विकसित होती है : और अन्तःस्रावी स्राव की अनियमितता परिधीय तन्त्रिका तन्त्र पर कार्य करती है; मांसपेशियाँ और तन्त्रिकाएँ पूरी तरह से नियन्त्रित नहीं होती हैं। अधिक अस्थिरता और कम नियन्त्रण उन्हें अधिक भावनात्मक बनाते हैं, जो सीधे संवहनी विविधताओं से जुड़ा होता है : दिल की धड़कन, लाली, आदि; और इसलिए वे आवेगपूर्ण अभिव्यक्तियों के अधीन हैं: आँसू, पागल हँसी, उन्माद।

हम देखते हैं कि इनमें से कई लक्षण अभी भी स्त्रियों की अधीनता से लेकर प्रजातियों तक आते हैं। यह इस अध्ययन का सबसे चौंकाने वाला निष्कर्ष है : वह सभी मादा स्तनधारियों में स्त्री सबसे अधिक अलग-थलग है, और वह वह है जो इस अलगाव को सबसे ज़्यादा उग्रता से ठुकराती है; प्रजनन कार्य के लिए जीव की अधीनता किसी अन्य में अधिक कठिन नहीं है और न ही अधिक कठिनाई से स्वीकार की जाती है। यौवन और रजोनिवृत्ति के संकट, मासिक 'अभिशाप', लम्बा, दर्दनाक और कभी-कभी ख़तरनाक प्रसव, और दुर्घटनाएँ मानव मादा की विशेषता हैं: ऐसा लगता है कि उसका भाग्य उतना ही भारी हो जाता है जितना अधिक वह ख़ुद को एक व्यक्ति के रूप में इसके ख़िलाफ़ विद्रोह करती है। पुरुष, तुलनात्मक रूप से, असीम रूप से अधिक विशेषाधिकार प्राप्त है : उसका जननांग जीवन उसके व्यक्तिगत अस्तित्व में हस्तक्षेप नहीं करता है; यह बिना किसी संकट के और आम तौर पर दुर्घटना के बिना निर्बाध रूप से प्रकट होता है। औरतें, औसतन, पुरुषों की तरह ही जीवित रहती हैं, लेकिन अक्सर बीमार और अस्वस्थ होती हैं।

ये जैविक डेटा अत्यधिक महत्त्व के हैं : वे स्त्री के इतिहास में एक प्रमुख भूमिका निभाते हैं, वे उसकी स्थिति का एक अनिवार्य तत्त्व हैं : आगे के सभी विवरणों में हमें उनका उल्लेख करना होगा। क्योंकि शरीर दुनिया पर हमारी पकड़

का साधन है, दुनिया ख़ुद को काफ़ी अलग तरीक़े से प्रस्तुत करती है, यह इस बात पर निर्भर करता है कि इसे कैसे पकड़ा जाता है, जो बताता है कि हमने इन आँकड़ों का इतनी गहराई से अध्ययन क्यों किया है; वे उन कुँजियों में से एक हैं जो हमें औरत को समझने में सक्षम बनाती हैं। लेकिन हम इस विचार से इनकार करते हैं कि वे उसके लिए एक निश्चित नियति बनाते हैं। वे लिंगों के पदानुक्रम को परिभाषित करने के लिए पर्याप्त नहीं हैं; वे यह नहीं बताते कि स्त्री अन्या क्यों है; वे इस अधीनस्थ भूमिका को हमेशा बनाये रखने के लिए इसकी निन्दा नहीं करते हैं।

× × ×

अक्सर यह दावा किया गया है कि अकेले शरीर विज्ञान इन सवालों का जवाब दे सकता है : क्या व्यक्तिगत सफलता की दोनों लिंगों में समान सम्भावनाएँ हैं? प्रजातियों में दोनों में से महत्त्वपूर्ण भूमिका कौन निभाता है? लेकिन पहला सवाल उसी तरह से औरत और अन्य मादाओं पर लागू नहीं होता है, क्योंकि जानवर दी गयी प्रजातियों का गठन करते हैं और उनका स्थिर विवरण प्रदान करना सम्भव है यह केवल यह तय करने के लिए टिप्पणियों को समेटने का सवाल है कि क्या घोड़ी घोड़े की तरह तेज़ है या नहीं, क्या नर चिम्पैंजी अपनी महिला समकक्षों की तरह बुद्धि परीक्षणों पर भी अच्छा प्रदर्शन करते हैं; लेकिन मानवता लगातार बन रही है।

भौतिकवादी विद्वानों ने समस्या को विशुद्ध रूप से स्थिर तरीक़े से प्रस्तुत करने का दावा किया है; मनो-शारीरिक समानान्तरवाद के सिद्धान्त से प्रभावित होकर, उन्होंने नर और मादा जीवों के बीच गणितीय तुलना स्थापित करने की माँग की और उन्होंने कल्पना की कि ये माप तुरन्त उनकी कार्यात्मक क्षमताओं को परिभाषित करते हैं। मैं उन व्यर्थ की चर्चाओं का उदाहरण दूँगी जिन्होंने इस पद्धति को जन्म दिया है। जैसा कि माना जाता था कि, किसी रहस्यमय तरीक़े से, मस्तिष्क ने सोच को गुप्त कर दिया, यह तय करना बहुत महत्त्वपूर्ण लग रहा था कि महिला मस्तिष्क का औसत वज़न पुरुष मस्तिष्क से कम है या नहीं।

यह पाया गया कि पहले का वज़न औसतन 1220 ग्राम और दूसरे का 1360, महिला मस्तिष्क का वज़न 1000 से 1500 ग्राम और पुरुषों का 1150 से 1700 तक होता है। लेकिन पूर्ण वज़न महत्त्वपूर्ण नहीं है; इस प्रकार यह निर्णय लिया गया कि सापेक्ष भार को ध्यान में रखा जाना चाहिए। यह पुरुषों में 1/48.4 और औरतों में 1/44.2 पाया जाता है। ऐसे में उसे फ़ायदा होना चाहिए। नहीं, हमें अभी भी इसे ठीक करना है : ऐसी तुलनाओं में, यह सबसे छोटा जीव है जो हमेशा विशेषाधिकार

प्राप्त लगता है; शरीर को ध्यान में न रखते हुए दो व्यक्तियों की सही तुलना करने के लिए, मस्तिष्क के वज़न को शरीर के वज़न के 0.56 की शक्ति से विभाजित करना आवश्यक है यदि वे एक ही प्रजाति के हैं। यह माना जाता है कि पुरुष और स्त्री दो अलग-अलग प्रकारों का प्रतिनिधित्व करते हैं। इसलिए हम निम्नलिखित परिणामों पर पहुँचते हैं :

$$\text{For Man : W0.56} = 498 \qquad \frac{1{,}360}{498} = 2.73$$

$$\text{For Man : W0.56} = 446 \qquad \frac{1{,}220}{446} = 2.74$$

समानता का परिणाम है। हम समानता के साथ समाप्त होते हैं। लेकिन इन सावधान बहसों से जो बात निकलती है, वह यह है कि मस्तिष्क के भार और बुद्धि के विकास के बीच कोई सम्बन्ध स्थापित नहीं किया जा सकता है। न ही हम उन रासायनिक सूत्रों की मानसिक व्याख्या कर सकते हैं जो नर और मादा हार्मोन को परिभाषित करते हैं। हमारे लिए, हम एक मनो-शारीरिक समानान्तरवाद के विचार को स्पष्ट रूप से अस्वीकार करते हैं; यह एक सिद्धान्त है जिसकी नींव लम्बे समय से है और निश्चित रूप से कमज़ोर है। मैं इसका उल्लेख इसलिए करती हूँ क्योंकि यद्यपि यह दार्शनिक और वैज्ञानिक रूप से बर्बाद हो चुका है, फिर भी यह बड़ी संख्या में दिमाग़ों को परेशान करता है : हमने देखा है कि कुछ सबसे प्राचीन अवशेष अभी भी जीवित हैं। हम सन्दर्भों की किसी भी प्रणाली को भी अस्वीकार करते हैं जो मूल्यों के प्राकृतिक पदानुक्रम के अस्तित्व को दर्शाता है, उदाहरण के लिए एक विकासवादी पदानुक्रम; यह पूछना बेकार है कि स्त्री शरीर पुरुष की तुलना में अधिक शिशु है या नहीं, क्या यह उच्च प्राइमेट की तुलना में अधिक या कम है और इसी तरह वे सभी शोध प्रबन्ध जो अस्पष्ट प्रकृतिवाद को अस्पष्ट नैतिकता या सौन्दर्यशास्त्र के साथ मिलाते हैं, शुद्ध शब्दाडम्बर हैं। केवल मानवीय दृष्टिकोण से ही मानव प्रजाति में नर और मादा की तुलना की जा सकती है। लेकिन मनुष्य की परिभाषा यह है कि वह एक ऐसा प्राणी है जिसे दिया नहीं जाता है, *जो वह है जो वह है, वही/ जो स्वयं बनाता है।* जैसा कि मेर्लो-पोन्ती ने ठीक ही कहा है, मनुष्य एक प्राकृतिक प्रजाति नहीं है : वह एक ऐतिहासिक विचार है। स्त्री एक निश्चित वास्तविकता नहीं है, बल्कि एक बनना है; उसके बनने में उसकी तुलना मनुष्य से की जानी चाहिए; अर्थात इसकी सम्भावनाओं को परिभाषित किया जाना चाहिए :

जो बात मुद्दों को इतना अधिक विकृत करती है वह यह है कि उसे जो वह थी, जो वह आज है, में सिमटती जा रही है, जबकि प्रश्न उसकी क्षमताओं से सम्बन्धित है; तथ्य यह है कि उसकी क्षमताएँ स्पष्ट रूप से तभी प्रकट होती हैं जब उन्हें महसूस किया जाता है लेकिन तथ्य यह भी है कि जब कोई व्यक्ति किसी ऐसे व्यक्ति पर विचार करता है जो श्रेष्ठ है और उससे आगे जा रहा है, तो हिसाब-किताब कभी भी चुकता नहीं किया जा सकता है।

हालाँकि, लोग कहेंगे कि जिस परिप्रेक्ष्य को मैं अपनाती हूँ — जो हेडेगर, सार्त्र और मेर्लो-पोन्ती का परिप्रेक्ष्य है — कि अगर शरीर कोई चीज़ नहीं है, तो यह एक स्थिति है : यह दुनिया पर हमारी समझ है और हमारी परियोजनाओं की रूपरेखा है। स्त्री पुरुष से कमज़ोर है; उसकी मांसपेशियों की ताक़त कम है, लाल रक्त कोशिकाएँ कम हैं, श्वसन क्षमता कम है; वह कम तेज़ी से दौड़ती है, कम भारी वज़न उठाती है— व्यावहारिक रूप से ऐसा कोई खेल नहीं है जिसमें वह उससे मुक़ाबला कर सके; वह लड़ाई में पुरुष का सामना नहीं कर सकती। इसके अलावा अस्थिरता, नियन्त्रण की कमी और नज़ाकत शामिल है जिसके बारे में हमने बात की है : ये तथ्य हैं। इस प्रकार दुनिया पर उसकी पकड़ सीमित है; उसके पास परियोजनाओं में कम दृढ़ता है जिसे वह निष्पादित करने में भी कम सक्षम है। इसका मतलब यह है कि उसका व्यक्तिगत जीवन पुरुष की तुलना में कम समृद्ध है।

सच तो यह है कि इन तथ्यों को नकारा नहीं जा सकता, लेकिन वे अपने अर्थ को अपने में समेटे हुए नहीं हैं। जैसे ही हम एक मानवीय दृष्टिकोण को स्वीकार करते हैं, शरीर को अस्तित्व से परिभाषित करते हुए, जीव विज्ञान एक अमूर्त विज्ञान बन जाता है; उस समय जब शारीरिक डेटाम (मांसपेशियों की हीनता) एक अर्थ लेता है, यह तुरन्त पूरे सन्दर्भ के आधार पर प्रकट होता है; 'कमज़ोरी' स्वयं को केवल उन लक्ष्यों के आलोक में प्रकट करती है जो मनुष्य अपने लिए निर्धारित करता है, अपने निपटान में उपकरण और वह क़ानून जो वह स्वयं पर लगाता है। अगर वह दुनिया को पकड़ना नहीं चाहता था, तो चीज़ों पर पकड़ बनाने के विचार का कोई मतलब नहीं होगा; जब इस आशंका में शारीरिक बल के पूर्ण उपयोग की आवश्यकता नहीं होती है, न्यूनतम प्रयोग योग्य से ऊपर, मतभेद एक-दूसरे को रद्द कर देते हैं; जहाँ नैतिकता हिंसा को प्रतिबन्धित करती है, मांसपेशियों की ऊर्जा वर्चस्व स्थापित नहीं कर सकती है : अस्तित्वगत, आर्थिक और नैतिक सन्दर्भों की आवश्यकता है ताकि कमज़ोरी की धारणा को ठोस रूप से परिभाषित किया जा सके। यह कहा गया है कि मानव प्रजाति प्रकृति विरोधी थी; अभिव्यक्ति वास्तव में

सटीक नहीं है, क्योंकि मनुष्य सम्भवतः दिये गये का खण्डन नहीं कर सकता है; लेकिन जिस तरह से वह यह मानता है कि वह इसकी सच्चाई का गठन करता है; प्रकृति के पास उसके लिए कोई वास्तविकता नहीं है चूँकि वह उससे वही लेता है जो वह चाहता है : उसकी अपनी प्रकृति कोई अपवाद नहीं है। जिस तरह से दुनिया पर उसकी पकड़ को मापना सम्भव नहीं है, उसी तरह स्त्री के लिए उत्पादक कार्य के बोझ को अमूर्त रूप से मापना सम्भव नहीं है। व्यक्तिगत जीवन के लिए मातृत्व का सम्बन्ध स्वाभाविक रूप से मदकाल और ऋतुओं के चक्र द्वारा जानवरों में नियन्त्रित होता है; यह औरत में अपरिभाषित है; केवल समाज ही तय कर सकता है; समाज में कितने जन्मों की माँग की जाती है और गर्भावस्था और प्रसव के लिए स्वच्छ परिस्थितियों के अनुसार, प्रजातियों के लिए स्त्री की दासता कमोबेश सख़्त है। तो अगर यह कहा जा सकता है कि उच्च जानवरों में व्यक्तिगत अस्तित्व की पुष्टि नर में मादा की तुलना में अधिक दृढ़ता से होती है, तो मानवता में व्यक्तिगत 'सम्भावनाएँ' आर्थिक और सामाजिक स्थिति पर निर्भर करती हैं।

किसी भी मामले में, यह हमेशा सच नहीं होता है कि नर के व्यक्तिगत विशेषाधिकार उसे प्रजातियों में श्रेष्ठता प्रदान करते हैं; मातृत्व में स्त्री को एक अन्य प्रकार की स्वायत्तता प्राप्त होती है। कभी-कभी नर अपना वर्चस्व थोपता है : ज़करमैन द्वारा अध्ययन किये गये बन्दरों में ऐसा ही होता है; लेकिन अक्सर जोड़े के दो हिस्से अलग-अलग जीवन जीते हैं; शेर और शेरनी आवास की देखभाल समान रूप से करते हैं। यहाँ फिर से, मानव प्रजाति के मामले को किसी और से कम नहीं किया जा सकता है; पुरुष पहले ख़ुद को व्यक्तियों के रूप में परिभाषित नहीं करते हैं; पुरुषों और स्त्रियों ने कभी भी व्यक्तिगत झगड़ों में एक-दूसरे को चुनौती नहीं दी; युगल मूल रूप से आपसी सौहार्द्र पर आधारित होता है; और यह हमेशा व्यापक सामूहिकता के एक निश्चित या क्षणभंगुर तत्त्व के रूप में प्रकट होता है; नर या मादा में से कौन प्रजाति के लिए अधिक आवश्यक है? युग्मकों के स्तर पर, सहवास और गर्भ के जैविक कार्यों के सन्दर्भ में, पुरुष सिद्धान्त बनाये रखने के लिए बनाता है और स्त्री सिद्धान्त बनाने के लिए : सामाजिक जीवन में इस विभाजन का क्या होता है? विदेशी जीवों या सब्सट्रेट से जुड़ी प्रजातियों के लिए, जिनके लिए प्रकृति बहुतायत में और सहजता से भोजन देती है, नर की भूमिका निषेचन तक ही सीमित है; जब सन्तानों के लिए आवश्यक भोजन उपलब्ध कराने के लिए खोज करना, पीछा करना या संघर्ष करना आवश्यक होता है, तो नर अक्सर उनके रख-रखाव में मदद करता है; यह सहयोग एक ऐसी प्रजाति में नितान्त अपरिहार्य हो जाता है

जहाँ बच्चे अपनी ज़रूरतों को पूरा करने में असमर्थ रहते हैं, जब तक कि माँ उन्हें पालना बन्द नहीं कर देती है : तब नर का काम अत्यधिक महत्त्व लेता है; उसने जो जीवन दिया उसके बिना वह ख़ुद को बनाये नहीं रख सकेगा। एक नर हर साल कई मादाओं को निषेचित करने के लिए पर्याप्त होता है : लेकिन जन्म के बाद बच्चों के जीवित रहने के लिए, दुश्मनों से बचाव के लिए, प्रकृति से उनकी ज़रूरत की हर चीज़ निकालने के लिए नर ज़रूरी हैं। मानव इतिहास के विभिन्न आर्थिक क्षणों के आधार पर उत्पादक और प्रजनन शक्तियों का सन्तुलन भिन्न होता है, और वे नर और मादा के बच्चों और बाद में उनके बीच के सम्बन्ध को निर्धारित करते हैं। लेकिन फिर हम जीव विज्ञान के क्षेत्र को छोड़ देते हैं : इसके एकमात्र प्रकाश में प्रजातियों को बनाये रखने में भूमिका निभाने के सम्बन्ध में एक लिंग की प्रधानता को प्रस्तुत करना सम्भव नहीं होगा।

लेकिन एक समाज एक प्रजाति नहीं है : प्रजाति ख़ुद को एक समाज में अस्तित्व के रूप में महसूस करती है; यह स्वयं को संसार और भविष्य की ओर ले जाती है; इसके रीति-रिवाज़ों को जीव विज्ञान से नहीं निकाला जा सकता है; व्यक्तियों को उनके स्वभाव पर कभी नहीं छोड़ा जाता है; वे इस दूसरी प्रकृति का पालन करते हैं, अर्थात्, रीति-रिवाज़ जिसमें इच्छाएँ और भय परिलक्षित होते हैं, जो उनके औपचारिक रवैये को व्यक्त करते हैं,। यह एक शरीर के रूप में नहीं बल्कि एक शरीर के रूप में वर्जनाओं और क़ानूनों के अधीन है कि कर्ता स्वयं के बारे में जागरूक हो जाता है और स्वयं को पूर्ण करता है : वह कुछ मूल्यों के नाम पर ख़ुद को महत्त्व देता है। और एक बार फिर, शरीर विज्ञान मूल्यों को आधार नहीं बना सकता है बल्कि, जैविक डेटा उन मूल्यों को लेते हैं जो मौजूदा उन्हें प्रदान करते हैं। यदि स्त्री का सम्मान या भय पुरुष को उसके ख़िलाफ़ हिंसा का उपयोग करने से रोकता है, तो पुरुष की मांसपेशियों की श्रेष्ठता शक्ति का स्रोत नहीं, अगर रीति-रिवाज़ों — जैसा कि कुछ भारतीय जनजातियों में है — के अनुसार युवतियाँ पति चुनती हैं, या यदि यह पिता है जो विवाह का फ़ैसला करता है, तो पुरुष की यौन आक्रामकता उसे कोई पहल, कोई विशेषाधिकार नहीं देती है। बच्चे के लिए माँ का अन्तरंग सम्बन्ध उसके लिए गरिमा या आक्रोश का स्रोत होगा, जो बच्चे को दिये गये बहुत ही परिवर्तनशील मूल्य पर निर्भर करता है; इस कड़ी को, जैसा कि पहले ही कहा जा चुका है, सामाजिक पूर्वाग्रहों के अनुसार पहचाना जायेगा या नहीं।

इस प्रकार यह एक ऑटोलॉजिकल, आर्थिक, सामाजिक और मनोवैज्ञानिक सन्दर्भ के आलोक में है कि हमें जीव विज्ञान के आँकड़ों पर प्रकाश डालना

होगा। प्रजातियों के लिए स्त्री की अधीनता, उसकी व्यक्तिगत क्षमताओं की सीमाएँ अत्यधिक महत्त्व के तथ्य हैं; स्त्री का शरीर उस स्थिति के आवश्यक तत्त्वों में से एक है जिसके माध्यम से वह इस दुनिया में रहती है। लेकिन उसका शरीर उसे परिभाषित करने के लिए पर्याप्त नहीं है; उसने वास्तविकता को केवल उसी रूप में जिया है जैसा कि चेतना ने क्रियाओं के माध्यम से और एक समाज के भीतर ग्रहण किया है; जीव विज्ञान उस प्रश्न का उत्तर देने के लिए पर्याप्त नहीं है जो हमें चिन्तित करता है : औरत अन्य क्यों है? सवाल यह है कि इतिहास के दौरान प्रकृति को किस तरह से लिया गया है; सवाल यह है कि मानवता ने मानव मादा के साथ क्या किया है।

सन्दर्भ

1. युग्मकों को जनक कोशिकाएँ कहते हैं जिनके संलयन से अंडाणु बनता है।
2. वे ग्रन्थियाँ जो युग्मक उत्पन्न करती हैं, गोनाड कहलाती हैं।
3. हेगेल, प्रकृति का दर्शन, तीसरा भाग, पृ. 369।
4. कुछ मुर्गियाँ खलिहान में सर्वोत्तम स्थानों के लिए प्रतिस्पर्धा करती हैं और चोंच मारकर आपस में एक पदानुक्रम स्थापित करती हैं। नर की अनुपस्थिति में ऐसी गायें भी होती हैं जो बलपूर्वक झुण्ड का नेतृत्व करती हैं।
5. इन घटनाओं का विश्लेषण हाल के वर्षों में स्त्रियों में होने वाली घटनाओं की तुलना उच्च वानरों, विशेष रूप से रीसस जीन्स में देखी गई घटनाओं से किया गया है। लुई गैलियन (ला सेक्शुअलिटी) में लिखते हैं, "जाहिर तौर पर इन बाद वाले जानवरों पर प्रयोग करना आसान है।"
6. मैं इस प्रकार अपना शरीर हूँ, कम से कम मेरे पास अनुभव है, और पारस्परिक रूप से, मेरा शरीर एक प्राकृतिक विषय की तरह है, मेरे सम्पूर्ण अस्तित्व के एक अनंतिम रेखाचित्र की तरह है। (मेर्लो-पोन्ती, Phénoménologie de la Perception)
7. मैं स्वयं को यहाँ विशेष रूप से शारीरिक दृष्टिकोण से रख रहा हूँ। यह स्पष्ट है कि मनोवैज्ञानिक रूप से मातृत्व स्त्री के लिए बहुत लाभदायक हो सकता है, साथ ही यह एक आपदा भी हो सकता है।
8. उल्लेख : Traité de physiologie में एच. वींयेस , खण्ड 11, रोजर और बिनेट द्वारा सम्पादित।

द्वितीय अध्याय

मनोविश्लेषणात्मक दृष्टिकोण

मनोविश्लेषण ने मनो-शरीर विज्ञान में जो अपार प्रगति की है, वह इस बात पर विचार करना है कि कोई भी कारक मानवीय अर्थ ग्रहण किये बिना मानसिक जीवन में हस्तक्षेप नहीं करता है; यह वैज्ञानिकों द्वारा वर्णित शरीर-वस्तु नहीं है जो वास्तव में मौजूद है, बल्कि कर्ता द्वारा अनुभव किया गया शरीर है। मादा एक स्त्री है, जब तक वह ख़ुद को इस तरह से महसूस करती है। जीव विज्ञान कुछ तात्विक आँकड़े तो उपलब्ध करवाता है लेकिन आनुभाविक परिस्थिति की दृष्टि से वे नारी-जाति के जीवन का हिस्सा नहीं बनते : इस प्रकार डिंब की संरचना वहाँ परिलक्षित नहीं होती है; इसके विपरीत, क्लीटोरिस जैसा अंग जिसका जैविक महत्त्व मामूली है वह इसमें प्राथमिक भूमिका निभाता है। प्रकृति स्त्री को परिभाषित नहीं करती है बल्कि स्त्री अपने भावनात्मक जीवन के माध्यम से प्रकृति को अपने लिए ख़ुद को परिभाषित करती है।

इसी परिप्रेक्ष्य में मनोविज्ञान की एक पूरी प्रणाली बनायी गयी है : यहाँ हमारा इरादा समग्र रूप से इसकी आलोचना करने का नहीं है, बल्कि स्त्री के अध्ययन में इसका जो योगदान रहा है सिर्फ़ उसकी समीक्षा करने का है। मनोविश्लेषण पर इस तरह चर्चा करना कोई आसान उपक्रम नहीं है। सभी धर्मों की तरह — ईसाइयत या मार्क्सवाद — यह कठोर अवधारणाओं की पृष्ठभूमि में कट्टरता का रूप ले चुका है। कभी-कभी शब्दों को उनके सबसे संकीर्ण अर्थों में लिया जाता है, उदाहरण के लिए, 'शिश्न' शब्द, जो कि पुरुष यौन अंग है, बहुत ही सटीक रूप से मांसल विकास को दर्शाता है; और कभी-कभी शब्द अपनी असीम व्यापकता में एक प्रतीकात्मक मूल्य लेते हैं : शिश्न समस्त पौरुष चरित्र और स्थिति को समग्र रूप से व्यक्त कर सकता है। यदि आप केवल शब्दों तक सीमित रहें तो मनोवैज्ञानिक कहेंगे कि आप उनमें निहित व्यापक अर्थ नहीं समझ सके। यदि आप अर्थ को उसकी व्यापकता में समझने लगते हैं तो उनकी शिकायत होती है कि आप शब्दों

को समझने में चूक गये। सिद्धान्त मायने नहीं रखता, वे कहते हैं : मनोविश्लेषण एक विधि है; लेकिन विधि की सफलता उसके विश्वास में सिद्धान्त को मज़बूत करती है। इसके अलावा, अगर मनोविश्लेषकों के बीच नहीं तो फिर मनोविश्लेषण का असली चेहरा कहाँ मिलेगा? लेकिन इनमें, जैसा कि ईसाइयों और मार्क्सवादियों में है, विधर्मी हैं; और एक से अधिक मनोविश्लेषक ने घोषणा की है कि "मनोविश्लेषण के सबसे बुरे दुश्मन मनोविश्लेषक हैं"। अक्सर पाण्डित्यपूर्ण शैक्षिक सटीकता के बावजूद, कई अस्पष्टताओं को दूर नहीं किया गया है। जैसा कि सार्त्र और मेर्लो-पोन्ती ने बताया है, "कामुकता अस्तित्व के साथ सह-विस्तृत है" अस्तित्व के साथ सेक्स भी सर्व विस्तृत होता है। यानि सम्पूर्ण अस्तित्व में सेक्स की स्थिति व्याप्त है। इस बात को दो अलग-अलग तरीक़ों से समझा जा सकता है; इसका मतलब यह हो सकता है कि अस्तित्व के किसी भी अवतार का एक यौन अर्थ है, या किसी भी यौन घटना का एक अस्तित्वगत अर्थ है : इसके अतिरिक्त यौन-भावना को जनन सम्बन्धी अंगों से अलग करके सोचने में सेक्सुआलिटी का विचार स्पष्ट नहीं होता। इन दो पुष्टियों के बीच एक सामंजस्य के बावजूद हम देखते हैं कि एक का दूसरे में विलयन हो जाता है। जननांगों को अलग करके सेक्सुआलिटी का विचार स्पष्ट नहीं किया जा सकता। डालबीज़ कहते हैं, "फ्रायड के लिए सेक्स जननांग को ट्रिगर करने की आन्तरिक क्षमता है"। लेकिन 'योग्यता' या सम्भावना की धारणा से ज़्यादा अस्पष्ट कुछ भी नहीं है : केवल वास्तविकता सम्भावना का निर्विवाद प्रमाण प्रदान करती है। चूँकि फ्रायड दार्शनिक नहीं थे इसलिए उन्होंने दार्शनिक रूप से अपनी प्रणाली को सही ठहराने से इनकार कर दिया; उनके शिष्यों का दावा है कि ऐसा करने से वे आध्यात्मिक प्रकार के किसी भी हमले से बचते हैं। हालाँकि, उनके सभी कथनों के पीछे आध्यात्मिक अवधारणाएँ हैं : उनकी भाषा का उपयोग करना एक दर्शन को अपनाना है। यही वे भ्रम हैं जो आलोचना को कठिन बनाते हुए इसकी माँग करते हैं।

फ्रायड ने औरत की नियति की ज़्यादा परवाह नहीं की; यह स्पष्ट है कि उन्होंने पुरुष की नियति के आधार पर केवल कुछ लक्षणों का रूपान्तरण करके औरत की नियति का वर्णन किया। उनसे पहले, सेक्सोलॉजिस्ट मारनोन ने घोषणा की थी : "एक विभेदित ऊर्जा के रूप में, कामेच्छा, पौरुष का बल है। हम सम्भोग के बारे में भी यही कहेंगे। उनके अनुसार, जो औरतें कामोन्माद तक पहुँचती हैं, वे 'वायरिलॉइड' स्त्रियाँ होती हैं; यौन इच्छा 'एकतरफा' है और स्त्री केवल आधे रास्ते पर है।[1] फ्रायड इतनी दूर नहीं जाते; वह स्वीकार करते हैं कि स्त्री की कामुकता

उतनी ही विकसित होती है जितनी पुरुष की; लेकिन वह मुश्किल से ही इसका अध्ययन करते हैं। वह लिखते हैं : "कामेच्छा निरन्तर और नियमित रूप से पुरुष है,यानी काम-शक्ति का सार-रूप पुरुष है, चाहे वह पुरुष में हो या स्त्री में।" वह स्त्री की कामेच्छा को उसका मौलिक स्वभाव मानने से इनकार करते हैं : इस प्रकार वह अनिवार्य रूप से इसे सामान्य रूप से मानव कामेच्छा से एक जटिल विचलन के रूप में देखेंगे। वह सोचते हैं कि प्रारम्भ में स्त्री और पुरुष दोनों में काम-प्रवृत्ति समान रूप से विकसित होती है : सभी बच्चे एक मौखिक चरण से गुजरते हैं जब माँ के स्तन से उनकी आसक्ति हो जाती है, उसके बाद गुदा चरण और अन्त में वे जननांग चरण तक पहुँचते हैं; यह तभी है जब वे ख़ुद को अलग करते हैं। एक तथ्य जिस पर फ्रायड ने प्रकाश डाला था उसका पूर्ण महत्त्व उनके सामने नहीं पहचाना गया था: पुरुष कामुकता निश्चित रूप से लिंग में स्थित होती है; जबकि स्त्री में दो अलग-अलग कामुक प्रणालियाँ होती हैं, एक जो कि क्लीटोरिस है और शैशवावस्था में विकसित होती है और दूसरी योनि होती है और युवावस्था में ही विकसित होती है; जब लड़का जननांग चरण में पहुँचता है, तो उसका विकास पूरा हो जाता है; उसे स्व-कामुक रवैये से हटकर जहाँ आनन्द का उद्‌देश्य अपनी व्यक्तिपरकता में है, एक विषमलैंगिक रवैये की ओर बढ़ना पड़ता है जो आनन्द को किसी वस्तु से जोड़ देगा, जो आमतौर पर एक स्त्री होगी; यह मार्ग युवावस्था में एक मादक चरण के माध्यम से घटित होगा : लेकिन बचपन की तरह, लिंग, पसन्दीदा कामुक अंग बना रहेगा। स्त्री भी एक मादक अवस्था से गुज़र रही होती है, अत: उसे पुरुष को अपनी कामेच्छा का उद्‌देश्य बनाना चाहिए; लेकिन यह प्रक्रिया बहुत अधिक जटिल होगी क्योंकि इसे क्लिटोरल सुख से योनि सुख तक जाना होगा। पुरुष के लिए केवल एक जननांग चरण होता है, जबकि स्त्री के लिए दो होते हैं; वह अपने यौन विकास को पूरा नहीं करने, और शिशु अवस्था में रहने और परिणामस्वरूप न्यूरोसिस विकसित करने का अधिक जोख़िम उठाती है।

स्व-कामुक अवस्था में तो यूँ ही पाया गया है कि किसी वस्तु से बच्चे का जुड़ाव, चाहे कम हो या ज़्यादा, पर हो जाता है : लड़का माँ के प्रति आसक्त होता है किन्तु वह अपनी पहचान पिता के साथ करना चाहता है : अपनी इस महत्त्वाकांक्षा से वह भयभीत रहता है और उसके मन में यह डर समाया रहता है कि ऐसी आकाँक्षा रखने के लिए पिता कहीं उसे क्षत-विक्षत न कर दे। 'ओडिपस कॉम्प्लेक्स' से 'कैस्ट्रेशन कॉम्प्लेक्स' का जन्म होता है; इसलिए अपने पिता के प्रति लड़के के मन में आक्रामक भावनाएँ विकसित होने लगती हैं किन्तु साथ ही साथ वह पिता

की सत्ता को अपनाता भी है : इस प्रकार Super Ego यानी परम अहंकार का गठन किया जाता है जो व्यभिचारी प्रवृत्तियों को नियन्त्रित करता है; इन प्रवृत्तियों का दमन किया जाता है, मनोग्रन्थि को ख़त्म कर के पुत्र को पिता से मुक्त किया जाता है, जिसे उसने वास्तव में नैतिक नियमों के तहत स्वयं में स्थापित किया है। सुपर ईगो पूरी तरह से मज़बूत है क्योंकि ओडिपस कॉम्प्लेक्स को अधिक परिभाषित किया गया है और अधिक सख़्ती से मुक़ाबला किया गया है। फ्रायड ने पहले पूरी तरह से सममित तरीक़े से लड़की की कहानी का वर्णन किया; उसके बाद उन्होंने कन्या शिशु की माओग्रांथि को इलेक्ट्रा कॉम्प्लेक्स का नाम दिया; लेकिन यह स्पष्ट है कि उन्होंने इसे अपने पुरुष आकृति की तुलना में अपने आप में कम परिभाषित किया; हालाँकि, वह दोनों के बीच एक बहुत ही महत्त्वपूर्ण अन्तर को स्वीकार करते हैं : लड़की शुरुआत में माँ के प्रति आसक्त होती है जबकि लड़का कभी भी पिता के प्रति आकर्षित नहीं होता है; यह आसक्ति मौखिक चरण का अस्तित्व है; शिशु तब पिता के साथ की पहचान करता है; लेकिन पाँच साल की उम्र के आसपास, उसे लिंगों के बीच शारीरिक अन्तर का पता चलता है, और वह एक कैस्ट्रेशन कॉम्प्लेक्स द्वारा लिंग की अनुपस्थिति पर प्रतिक्रिया करती है : वह कल्पना करती है कि उसे विकृत कर दिया गया है और इससे पीड़ित है; तब उसे अपने पौरुष दिखावे को छोड़ देना चाहिए, वह अपनी माँ के साथ पहचान बना लेती है और अपने पिता को बहकाने की कोशिश करती है। कैस्ट्रेशन कॉम्प्लेक्स और इलेक्ट्रा कॉम्प्लेक्स एक-दूसरे को सुदृढ़ करते हैं; बचपन में छोटी लड़की की घनिष्ठता अपने पिता के साथ होती है। वह उसके साथ एकीकृत होती, लेकिन साथ ही पुरुष के सन्दर्भ में उसके मन में एक हीन भावना भी जन्म लेती है। वह एक दुविधा में पड़ जाती है। छोटी लड़की की हताशा की भावना और भी अधिक कड़वी होती है, अपने पिता से प्यार करते हुए, वह उसके जैसा बनना चाहती है; और इसके विपरीत यह पछतावा उसके प्यार को मज़बूत करता है : वह अपने पिता में जो कोमलता पैदा करती है, उसके माध्यम से वह अपनी हीनता की भरपाई कर सकती है। लड़की अपनी माँ के प्रति प्रतिद्वन्द्विता और शत्रुता की भावनाओं का अनुभव करती है। फिर उसमें भी अहंकार बनता है, व्यभिचारी प्रवृत्तियों का दमन किया जाता है; लेकिन उसका परम अहंकार अधिक नाज़ुक है : इलेक्ट्रा कॉम्प्लेक्स ओडिपस की तुलना में कम स्पष्ट है क्योंकि पहला निर्धारण मातृ था; और चूँकि पिता स्वयं इस प्रेम का पात्र था जिसे वह अनुचित समझता था, उसके प्रतिबन्धों का प्रभाव प्रतिद्वन्द्वी पुत्र के मामले में कम था। यह देखा जा सकता है कि, बालिका के जननांग विकास के साथ, उसका समग्र यौन

जीवन उसके भाइयों की तुलना में अधिक जटिल है : कैस्ट्रेशन कॉम्प्लेक्स की प्रतिक्रिया में वह अपने स्त्रीत्व को अस्वीकार करने, पुरुष जननेन्द्रिय की चाह रखने और अपने पिता के साथ पहचान करने के लिए लालायित हो सकती है; यह रवैया उसे क्लिटोरल अवस्था में रहने, सम्भोग से विरक्त रहने या समलैंगिकता की ओर ले जाने के लिए प्रेरित करेगा।

इस विवरण पर दो आवश्यक आपत्तियाँ इस तथ्य से उपजी हैं कि फ्रायड ने इसे एक पुरुष मॉडल पर बनाया था। फ्रायड के अनुसार औरत अपने आपको एक पंगु पुरुष महसूस करती है क्योंकि उसमें पुरुष जननेन्द्रिय का अभाव है। पंगुता का यह विचार वास्तव में तुलनात्मक मूल्यांकन के दृष्टिकोण में निहित है; कई मनोविश्लेषक आज स्वीकार करते हैं कि बालिका को पुरुष जननेन्द्रिय न होने का खेद होता है हालाँकि यह इस अहसास के बग़ैर होता है कि इसे उनसे छीन लिया गया है; यह खेद इतना सामान्य भी नहीं है; और यह महज़ शारीरिक-संरचना की जानकारी से उत्पन्न नहीं हो सकता; केवल साधारण शारीरिक तुलना के आधार पर यह कहना कठिन है कि काम शक्ति की दृष्टि से पुरुष प्रबल होता है या औरत। कई छोटी लड़कियों को पुरुष के शारीरिक गठन की जानकारी काफ़ी देर से होती है; और जब इसका पता चलता भी है तो वह ऊपरी तौर पर जो दिखता है, जो गोचर है बस उतना ही; लड़के के पास अपने लिंग का एक जीवन्त अनुभव है, जिसकी वजह से वह इस पर गर्व कर पाता है, लेकिन इस गर्व का उसकी बहनों को नीचा देखने में कोई सीधा सम्बन्ध नहीं है क्योंकि वे केवल पुरुष अंग को उसके बाहरी रूप में जानती हैं; यह अपवृद्धि, मांस का यह नाज़ुक डण्ठल, केवल उनकी उदासीनता और यहाँ तक कि घृणा को भी प्रेरित कर सकता है; जब उसकी महत्ता प्रकट होती है तो पौरुष के पूर्व मूल्य निर्धारण के परिणामस्वरूप बालिका को इससे ईर्ष्या होती है : तब फ्रायड इसे यथावत मान लेते हैं जबकि इसकी समीक्षा की जानी चाहिए थी।[2] दूसरी ओर, क्योंकि स्त्री कामेच्छा का कोई मूल विवरण नहीं है, इलेक्ट्रा की धारणा बहुत अस्पष्ट है। यहाँ तक कि लड़कों में भी ओडिपस कॉम्पलेक्स की उपस्थिति किसी भी तरह से सामान्य नहीं है; लेकिन, बहुत ही दुर्लभ अपवादों के अलावा, यह नहीं कहा जा सकता है कि पिता अपनी बेटी के लिए उत्तेजना का स्रोत है; स्त्री कामुकता की महान् समस्याओं में से एक यह है कि क्लीटोरिस का आनन्द स्थानीयकृत है : यौवन प्राप्त होने पर ही, स्त्री के शरीर में योनि कामुकता के सम्बन्ध में, कई कामुक क्षेत्र — एरोजेनस ज़ोन विकसित होते हैं; यह कहना कि एक दस साल की बच्ची में क्लिटोरल आनन्द को सक्रिय करने के लिए पिता

के चुम्बन और दुलार में एक 'अन्तर्भूत क्षमता' होती है, यह एक ऐसा दावा है जिसका अधिकांश मामलों में कोई मतलब नहीं है। यदि हम स्वीकार करते हैं कि 'इलेक्ट्रा कॉम्प्लेक्स' का केवल एक बहुत ही अस्पष्ट भावात्मक स्वरूप है, तो जैसे ही हम इसे कामुकता से अलग करते हैं, हम प्रभावोत्पादकता के पूरे प्रश्न को उठाते हैं, जिसे फ्रायडियनवाद हमें परिभाषित करने का साधन नहीं देता है,। किसी भी मामले में, यह स्त्रैण कामेच्छा नहीं है जो पिता को देव-तुल्य बनाती है : पुत्र के मन में जो इच्छा जागती हैं उससे वह उसकी सत्ता को नहीं मानता, उसे देवी-तुल्य नहीं समझता; तथ्य यह है कि स्त्री की इच्छा एक सम्प्रभु सत्ता पर केन्द्रित है, वह सत्ताधारी पिता से प्रेम करती है और यह उसे एक अनूठा चरित्र देता है; लेकिन लड़की अपना लक्ष्य नहीं बनाती वह उसके अधीन होती है। पिता की सम्प्रभुता सामाजिक व्यवस्था का एक तथ्य है और फ्रायड इसकी व्याख्या करने में विफल रहते हैं; वह स्वयं स्वीकार करते हैं कि यह जानना असम्भव है कि इतिहास में किस समय में किस अधिकार के तहत यह माना गया होगा कि पिता की सत्ता माता पर हावी रहेगी। उनके अनुसार यह निर्णय प्रगति का प्रतिनिधित्व करता है, लेकिन इसके कारण अज्ञात हैं। यह पैतृक अधिकार नहीं हो सकता क्योंकि यह अधिकार केवल प्रगति के क्रम में पिता को प्रदान किया गया था, वह अपने अन्तिम कार्य में लिखते हैं।[3]

एडलर ने ख़ुद को फ्रायड से अलग कर लिया क्योंकि वे एक ऐसी प्रणाली की अपर्याप्तता को समझते थे जो मानव जीवन के विकास को केवल कामुकता पर आधारित करती है : उसका अर्थ है कामुकता को सम्पूर्ण व्यक्तित्व में पुन: एकीकृत करना; जबकि फ्रायड के अनुसार सारे आचरण इच्छा से संचालित होते हैं, अर्थात आनन्द की तलाश में, मनुष्य एडलर को कुछ निश्चित लक्ष्यों को निर्दिष्ट करने वाला प्रतीत होता है; लक्ष्य के लिए, वह मक़सद, अन्तिमता, योजनाओं को स्थानापन्न करता है; वह बुद्धिमत्ता को इतना बड़ा स्थान देते हैं कि कामुकता का अक्सर उनकी नज़रों में केवल एक प्रतीकात्मक मूल्य लेता है। उनके सिद्धान्तों के अनुसार, मानव-जीवन के नाटक को तीन चरणों में विभाजित किया गया है : प्रत्येक व्यक्ति में एक इच्छा शक्ति होती है, लेकिन इसके साथ ही एक हीन भावना भी होती है; यह संघर्ष वास्तविक जीवन की उन बाधाओं से जिनसे वह घबराता है और नहीं समझ पाता कि उनका सामना कैसे करे, उनसे निजात कैसे पाये, उससे बचने के लिए हज़ारों छल-कपट करने के लिए मजबूर करता है; कर्ता अपने और उस समाज के बीच एक दूरी स्थापित करता है जिससे वह डरता है : इससे न्यूरोसिस आते हैं

जो सामाजिक अर्थों में एक विकार है। जहाँ तक स्त्री का सवाल है, उसकी हीन भावना उसकी स्त्रीत्व की शर्म के कारण अस्वीकृति में प्रकट होती है : यह लिंग की अनुपस्थिति नहीं है जो इस जटिलता का कारण बनती है,बल्कि सम्पूर्ण स्थिति है; बालिका की लिंग से ईर्ष्या की वजह सिर्फ़ लड़कों को दिये गये विशेषाधिकार हैं; परिवार में पिता का स्थान, पुरुषों का सार्वभौमिक प्रभुत्व, शिक्षा, सभी पुरुष श्रेष्ठता के विचार की पुष्टि करते हैं। बाद में, सम्भोग के दौरान, यहाँ तक कि सहवास की मुद्रा जो स्त्री को पुरुष के नीचे स्थित करती है, उसे अपनी तौहीन लगती है। वह 'मर्दाना विरोध' के साथ प्रतिक्रिया करती है; या तो वह ख़ुद को मर्दाना बनाना चाहती है, या फिर स्त्री हथियारों के साथ वह पुरुष के ख़िलाफ़ लड़ाई में उतरती है। पुरुष द्वारा दमित होने की क्षति-पूर्ति वह मातृत्व की भावना में करती है, स्वयं को उसके समकक्ष पाती है। लेकिन इसका मतलब है कि वह ख़ुद को पूरी तरह से औरत के रूप में स्वीकार करने लगती है, इसलिए वह अपनी हीनता मान लेती है। वह पुरुष की तुलना में अपने आप में कहीं अधिक गहराई से विभाजित है।

एडलर को फ्रायड से अलग करने वाले सैद्धान्तिक मतभेदों और सुलह की सम्भावनाओं पर यहाँ ज़ोर देने की कोई आवश्यकता नहीं है : सभी इरादे एक मक़सद को प्रस्तुत करते हैं, लेकिन मंशा के बग़ैर मक़सद को कभी नहीं समझा जाता है; न तो मंशा पर आधारित स्पष्टीकरण और न ही मक़सद पर आधारित स्पष्टीकरण हमेशा पर्याप्त होता है : कोई भी मक़सद एक प्रेरणा देता है, लेकिन मक़सद हमेशा इरादों के ज़रिये ही समझा जा सकता है; एडलरवाद और फ्रायडियनवाद का एक संश्लेषण इस प्रकार सम्भव लगता है। वास्तव में, लक्ष्य और अन्तिमता की धारणाओं को लाते हुए, एडलर ने मानसिक कार्य-कारण के विचार को पूरी तरह से बरकरार रखा है; फ्रायड के साथ उनका सम्बन्ध कुछ हद तक तन्त्र के लिए ऊर्जावाद के सम्बन्ध से मिलता-जुलता है : चाहे वह प्रभाव का प्रश्न हो या आकर्षण बल का, भौतिक विज्ञानी हमेशा नियतत्त्ववाद को स्वीकार करता है। यह सभी मनोविश्लेषकों के लिए सामान्य है : उनके अनुसार, मानव इतिहास को निर्धारित तत्त्वों के परस्पर क्रिया द्वारा समझाया गया है। वे सभी औरतों की क़िस्मत एक ही क़लम से लिखते हैं उसके नाटक को उसके 'वायरिलॉइड' और उसकी 'और नारी सुलभ' प्रवृत्तियों के बीच संघर्ष में अभिव्यक्त किया गया है; पहला क्लिटोरल सिस्टम में होता है, दूसरा योनि कामुकता में; बचपन से ही वह पिता के साथ तादात्म्य स्थापित करती है; तब वह पुरुष के सम्बन्ध में हीनता

की भावना का अनुभव करती है और उसे विकल्प में रखा जाता है, अब या तो वह अपनी स्वायत्तता बनाये रखने के लिए, पौरुष मूल्य प्राप्त करे — जो एक हीन भावना की पृष्ठभूमि पर एक तनाव का कारण बनता है जो न्यूरोस का जोख़िम पैदा करता है; या फिर प्रेमपूर्ण समर्पण में ख़ुद की एक सुखद पूर्ति का अनुभव करे, एक समाधान जो उसके लिए उस प्रेम से सुगम हो जाता है जो वह अपने सत्ताधारी पिता से करती आयी है; अपने प्रेमी या पति में वह अपने पिता को ही खोजती है, और यौन प्रेम दरअसल पुरुष द्वारा शासित होने की इच्छा के साथ घुला-मिला होता है। इनाम के तौर पर उसे मातृत्व प्राप्त होता है, जो उसे एक नयी तरह की स्वायत्तता देता है। ऐसा लगता है कि यह नाटक अपनी गतिशीलता से सम्पन्न प्रतीत होता है; यह उन सभी दुर्घटनाओं के माध्यम से प्रकट होता है जो इसे विरूपित करती हैं और हर स्त्री निष्क्रिय रूप से इसे सहन करती है।

मनोविश्लेषकों को अपने सिद्धान्तों की अनुभवजन्य पुष्टि प्राप्त करना आसान लगता है। हम जानते हैं कि टॉलेमी की प्रणाली को काफ़ी सूक्ष्मता से जटिल करके, यह लम्बे समय तक बनाये रखा गया था कि यह ग्रहों की स्थिति के लिए सटीक रूप से ज़िम्मेदार है; ओडिपस कॉम्पलेक्स पर एक उल्टे ओडिपस कॉम्पलेक्स को आरोपित करके, सभी पीड़ाओं में एक इच्छा दिखाकर, हम फ्रायडियनवाद में उन तथ्यों को एकीकृत करने में सफल होंगे जो इसका खण्डन करते हैं। पृष्ठभूमि के बिना कोई भी रूप को कभी भी समझ नहीं सकता है और जिस तरह से रूप को ग्रहण किया जाता है, यह सकारात्मक चित्रण में इसकी पृष्ठभूमि को सामने लाता है; इस प्रकार, यदि कोई फ्रायडियन दृष्टिकोण से एक विलक्षण इतिहास का वर्णन करने में लगा रहता है, तो उसके पीछे एक फ्रायडियन रूपरेखा मिलती है; लेकिन जब कोई सिद्धान्त द्वितीयक स्पष्टीकरणों को अनिश्चित और मनमाने तरीक़े से बढ़ाने के लिए मजबूर करता है, जब अवलोकन सामान्य मामलों के रूप में कई विसंगतियों को उजागर करता है, तो क्या पुराने ढाँचे को छोड़ना बेहतर है। आज भी, प्रत्येक मनोविश्लेषक फ्रायडियन अवधारणाओं को स्वयं के अनुरूप ढालने का काम करता है; वह समझौता करने का प्रयास करता है; उदाहरण के लिए, एक समकालीन मनोविश्लेषक लिखता है : "जब भी कोई ग्रन्थि होती है, तो परिभाषा के अनुसार कई घटक होते हैं ... जटिलता अलग-अलग तत्त्वों के समूह में शामिल होते हैं, न कि दूसरों के द्वारा उनमें से एक के प्रतिनिधित्व में।"[4] लेकिन तत्त्वों के एक साधारण समूह का विचार अस्वीकार्य है : मानसिक जीवन एक मोज़ेक नहीं है; यह अपने प्रत्येक क्षण में सम्पूर्ण है और इस सामंजस्य का सम्मान किया जाना चाहिए।

यह असमान तथ्यों के माध्यम से अस्तित्व की मूल मंशा को पुनः प्राप्त करने से ही सम्भव है। इस स्रोत पर वापस गये बिना, मनुष्य आवेगों और निषेधों के बीच एक युद्धक्षेत्र के रूप में प्रकट होता है जो समान रूप से अर्थहीन और आकस्मिक हैं। सभी मनोविश्लेषकों में पसन्द के विचार और मूल्य की धारणा का एक व्यवस्थित खण्डन है जो इससे सम्बन्धित है; यही व्यवस्था की आन्तरिक कमज़ोरी है। अस्तित्वगत चुनाव से आवेगों और निषेधों को काटकर, फ्रायड हमें उनकी उत्पत्ति की व्याख्या करने में विफल रहते हैं : वह उन्हें स्वीकार करते हैं। उन्होंने मूल्य की धारणा को अधिकार के साथ बदलने की कोशिश की; लेकिन वह मूसा और एकेश्वरवाद में स्वीकार करते हैं कि उनके पास इस अधिकार का हिसाब देने का कोई तरीक़ा नहीं है। उदाहरण के लिए, अनाचार निषिद्ध है क्योंकि पिता ने इसे मना किया था लेकिन पिता ने मना क्यों किया? यह एक रहस्य है। परम अहंकार मनमाने ढंग से अत्याचार से निकलने वाले आदेशों और निषेधों को आन्तरिक करता है; सहज प्रवृत्तियाँ हैं, लेकिन हम नहीं जानते क्यों; ये दो वास्तविकताएँ विषम हैं क्योंकि नैतिकता को कामुकता के लिए पराया माना जाता है; मानव एकता बिखरी हुई प्रतीत होती है, व्यक्ति से समाज तक कोई मार्ग नहीं है; उन्हें एक साथ लाने के लिए, फ्रायड अजीब कल्पनाओं का आविष्कार करने के लिए बाध्य हैं।[5] एडलर ने स्पष्ट रूप से देखा कि कैस्ट्रेशन कॉम्प्लेक्स को केवल एक सामाजिक सन्दर्भ में ही समझाया जा सकता है; उन्होंने मूल्य निर्धारण की समस्या का सामना किया, लेकिन वह समाज द्वारा मान्यता प्राप्त मूल्यों के सत्ता-मीमांसा सम्बन्धी स्रोत पर वापस नहीं गये, और उन्हें यह समझ में नहीं आया कि मूल्य कामुकता में ही शामिल थे, जिसके कारण उन्होंने इसके महत्त्व को नज़रअन्दाज़ कर दिया।

यह सही है कि मानव जीवन में यौन-सम्बन्ध एक महत्त्वपूर्ण भूमिका निभाते हैं : यह भी कहा जा सकता है कि ये समूचे जीवन पर छाये रहते हैं; शरीर विज्ञान ने हमें पहले ही दिखाया है कि वृषण और अण्डाशय का जीवन सोम के साथ विलीन हो जाता है। अस्तित्व स्वयं यौनगत होता है; एक सेक्सुअल शरीर अपना सम्बन्ध दूसरे अस्तित्व एवं सेक्सुअल शरीर के साथ स्थापित करता है। इस प्रकार कामुकता हमेशा शामिल होती है; लेकिन चूँकि शरीर और कामुकता अस्तित्व की ठोस अभिव्यक्तियाँ हैं तो इसी सन्दर्भ में इनका महत्त्व खोजा जा सकता है, इस दृष्टिकोण के बिना, मनोविश्लेषण अस्पष्टीकृत तथ्यों को स्वीकार करता है। उदाहरण के लिए, हमें बताया गया है कि लड़की को अपने नंगे नितम्ब दिखाते हुए पेशाब करने में शर्म आती है लेकिन ये शर्म आयी कहाँ से? इसी तरह, यह पूछने से पहले कि

क्या पुरुष को गर्व है क्योंकि उसके पास एक लिंग है या यदि उसका लिंग उसके गौरव की अभिव्यक्ति है, तो यह जानना आवश्यक है कि यह अहंकार कैसा है और उससे व्यक्ति की कौन-सी आकाँक्षा वस्तु-रूप में व्यक्त होती है। अस्तित्व के सन्दर्भ में हम अन्यूनीकृत आधारभूत तथ्य की तरह सेक्सुआलिटी को नहीं स्वीकार कर सकते, क्योंकि अस्तित्व अपने कुछ होने की इच्छा के साथ अधिक जटिल है; कामुकता तो अस्तित्व के पहलुओं में से केवल एक है। सार्त्र *L' Être et le Néant* में इस तथ्य को स्थापित करते हैं; पृथ्वी, वायु, जल पर अपने कार्यों में बाश्लार्र भी यही कहते हैं : मनोविश्लेषकों का मानना है कि मनुष्य का सर्वोत्कृष्ट सत्य उसके अपने शरीर और समाज के भीतर उसके जैसे अन्य लोगों के सम्बन्ध में है; लेकिन मनुष्य को अपने आसपास की प्राकृतिक दुनिया के सार में एक मौलिक रुचि है जिसे वह काम, खेल और 'गतिशील कल्पना' के सभी अनुभवों में खोजने का प्रयास करता है; मनुष्य पूरी दुनिया के माध्यम से अस्तित्व के साथ ठोस रूप से जुड़ने का प्रयास करता है, जिसे सभी सम्भव तरीक़ों से समझा जाता है। ज़मीन को जोतना, गड्ढा खोदना, आलिंगन, सहवास जैसी मूल गतिविधियाँ हैं: जो कामुक क्रियायों की ओर संकेत भले दें, उन्हें केवल यौन प्रतीकों के रूप में देखना एक त्रुटि है; छेद, चिपचिपापन, दर्रा, कठोरता, अखण्डता प्राथमिक वास्तविकताएँ हैं; उनमें मनुष्य की रुचि कामेच्छा से निर्धारित नहीं होती है; इसके बजाय, कामेच्छा उस तरह से प्रभावित होगी जिस तरह से इन वास्तविकताओं को उसके सामने प्रकट किया गया था। पुरुष को यदि एकनिष्ठता लुभाती है तो इसका प्रतीक नारी का कौमार्य नहीं, बल्कि उसको एकनिष्ठता की वह चाह है जिससे उसका प्रेम कौमार्य को अनमोल बना देता है। काम, युद्ध, खेल और कला के द्वारा व्यक्ति के जीव-जगत में होने की प्रक्रिया संकेतित होती है; ये सारे क्रिया-कलाप काम-वासना के दृष्टिकोण से व्यक्ति द्वारा अपने चुनाव की शक्ति के साथ नियोजित होने पर एक विशेष रूप लेते हैं। लेकिन केवल सत्ता-मीमांसा के दृष्टिकोण जीवन को समझने का अर्थ चुनाव की एकात्मकता को पुन: प्राप्त करना है।

चयन की इसी अवधारणा को मनोविश्लेषक नियतत्त्ववाद और 'सामूहिक अचेतन' के नाम पर ज़ोरदार रूप से ख़ारिज कर देता है; यह अचेतन मनुष्य को पहले से तैयार चित्र और एक सार्वभौमिक प्रतीक प्रदान करेगा; यही सपनों, असफल कृत्यों, भ्रमों, रूपक और मानवीय नियति में पायी जाने वाली उपमाओं की व्याख्या करेगा; स्वतन्त्रता के बारे में बात करना इन विचलित करने वाली सहमति की व्याख्या करने की सम्भावना को अस्वीकार करना होगा। लेकिन स्वतन्त्रता का

विचार कुछ स्थिरांकों के अस्तित्व के साथ असंगत नहीं है। यदि सिद्धान्त की त्रुटियों के बावजूद मनोविश्लेषणात्मक पद्धति अक्सर फलदायी होती है, तो ऐसा इसलिए होता है क्योंकि प्रत्येक व्यक्ति के मामले में इतने सामान्यीकृत होते हैं कि कोई भी उन्हें नकारने की कल्पना नहीं करता। स्थितियों और व्यवहारों को दोहराया जाता है; व्यापकता सामान्यता और दोहराव के बीच ही निर्णय का क्षण आता है। "एनाटॉमी नियति है," "एनाटॉमी इज़ फेट", फ्रायड ने कहा; और यह वाक्यांश मेर्लो-पोन्ती द्वारा प्रतिध्वनित होता है : "शरीर व्यापकता है। अस्तित्व एक है, अस्तित्व के पार और अस्तित्व के अलगाव के माध्यम से, यह स्वयं को समान जीवों में प्रकट करता है;" इसलिए औपचारिक और यौन के बीच सम्बन्धों में स्थिरांक होंगे। किसी भी दौर में, प्रौद्योगिकी और एक समूह की आर्थिक और सामाजिक संरचना अपने सभी सदस्यों के लिए एक समान दुनिया बनाती है। कामुकता और सामाजिक रूपों के बीच एक निरन्तर सम्बन्ध भी होगा; अनुरूप व्यक्ति, समान परिस्थितियों में रखे गये, दिये गये में समान अर्थ समझेंगे; इस समानता में एक कठोर सार्वभौमिकता नहीं मिलती है, लेकिन यह हमें अलग-अलग इतिहासों में सामान्य प्रकारों को खोजने की अनुमति देती है। प्रतीक एक रहस्यमय अचेतन द्वारा तैयार किये गये एक रूपक के रूप में नहीं उभरता है। यह सांकेतिक वस्तु के माध्यम से एक संकेत की आशंका है; सभी अस्तित्वों में अस्तित्वगत स्थिति की पहचान और उस वास्तविकता की पहचान के कारण जिसका उन्हें सामना करना पड़ता है, अर्थ कई व्यक्तियों के लिए उसी तरह प्रकट होते हैं; प्रतीकवाद आकाश से नहीं गिरा और न ही पाताल से उत्पन्न हुआ। यह भाषा की तरह ही, मानवीय वास्तविकता द्वारा विस्तृत किया गया था, जो एक ही समय में साहचर्य और अलगाव के रूप में समाप्त होता है; और यह बताता है कि विलक्षण आविष्कार का भी अपना स्थान क्यों है। व्यावहारिक रूप से मनोविश्लेषक पद्धति इसे स्वीकार करने के लिए बाध्य है, चाहे सिद्धान्त इसे अधिकृत करता हो या नहीं। उदाहरण के लिए, यह परिप्रेक्ष्य हमें, उस मूल्य को समझने का अवसर देता है जो आमतौर पर लिंग को दिया जाता है।[6] अस्तित्वगत तथ्य से शुरू किये बिना इसका हिसाब देना असम्भव है। कर्ता की अलगाव की प्रवृत्ति; उसकी स्वतन्त्रता की चिन्ता कर्ता को चीज़ों में ख़ुद को खोजने के लिए प्रेरित करती है, जो ख़ुद से पलायन का एक तरीक़ा है; यह इतनी मौलिक प्रवृत्ति है कि जैसे ही शिशु का दूध छुड़ाया जाता है और सम्पूर्ण से अलग किया जाता है, वह अपने माता-पिता की नज़र में, आईने में अपने अलग-थलग अस्तित्व को समझने का प्रयास करता है। आदिम लोग अपने कुलदेवता से ख़ुद को अलग कर लेते हैं;

सभ्य समाज में व्यक्ति अपनी आत्मा, अपने अहंकार, अपने नाम, अपनी सम्पत्ति, अपने काम में स्वयं को अलग कर लेते हैं : यह अप्रमाणिकता का पहला प्रलोभन है। अपने-आप से एकात्म होने में असफल होने के कारण वह आत्मा-पलायन का सुविधावादी लोभ नहीं छोड़ पाता। बालक के लिए उसके 'प्रतिरूप' की इस भूमिका को निभाने के लिए लिंग विलक्षण रूप से अनुकूल है। उसके लिए यह एक परायी वस्तु और स्वयं दोनों है; वह एक खिलौना है, एक गुड़िया है, और वह उसकी अपनी देह है; माता-पिता और नर्स उससे एक छोटे व्यक्ति की तरह व्यवहार करते हैं तब हम कल्पना कर सकते हैं कि वह बच्चे के लिए "एक आल्टर ईगो — आमतौर पर अधिक चालाक, अधिक बुद्धिमान और व्यक्ति की तुलना में अधिक कुशल"[7] बन जाता है; इस तथ्य के कारण कि मूत्र समारोह और बाद में व्यक्तित्व का विकास स्वैच्छिक और सहज प्रक्रियाओं के बीच आधा है, इस तथ्य के कारण कि यह एक विषयगत रूप से महसूस किये गये आनन्द का अर्ध-विदेशी स्रोत; लिंग को कर्ता द्वारा स्वयं और स्वयं के अलावा अन्य के रूप में प्रस्तुत किया जाता है; विशिष्ट श्रेष्ठता उसमें बोधगम्य तरीक़े से सन्निहित है और वह गर्व का स्रोत है; क्योंकि लिंग अलग है, मनुष्य अपने व्यक्तित्व में उस जीवन को एकीकृत कर सकता है जो उससे प्रवाहित होता है। तब हम कल्पना कर सकते हैं कि लिंग की लम्बाई, मूत्र प्रवाह की शक्ति, स्खलन की शक्ति उसके लिए अपने स्वयं के मूल्य[8] का माप बन जाती है। इस प्रकार यह तय है कि शिश्न दैहिक रूप से श्रेष्ठता का प्रतीक है; जैसे कि यह भी तय है कि बालक अपने आप को पार महसूस करता है, अर्थात, अपने पिता द्वारा अपने अतिक्रमण से हतोत्साहित है, इसलिए हम 'कैस्ट्रेशन कॉम्प्लेक्स' के फ्रायडियन विचार को पायेंगे। इस आल्टर ईगो से वंचित, बालिका न तो भौतिक चीज़ों से अलगावित होती है और न अपनी आत्मनिष्ठा पुन: प्राप्त करती है। इस प्रकार उसका सम्पूर्ण अस्तित्व ही एक वस्तु का रूप ग्रहण कर लेता है, उसका काम अपने आपको चेतना से इतर एक वस्तु के रूप में प्रतिस्थापित करना है; महत्त्वपूर्ण बात यह है कि, वह ख़ुद को लड़के की तुलना में गौण माने या न माने या अपनी इस हीनता से परिचित न भी हो, किन्तु लिंग की अनुपस्थिति उसे अपने आपको सचेत रूप से सेक्सुअल जीवन के लिए विकसित होने नहीं देती; इसके कई परिणाम होंगे। लेकिन हम जिन स्थिरांकों की ओर इशारा करते हैं, वे नियति को परिभाषित नहीं करते हैं। शिश्न इतना महत्त्व लेता है क्योंकि यह सम्प्रभुता का प्रतीक है और यह महत्त्व समाज तथा व्यवस्था द्वारा अनुकूलित भी कर दिया जाता है। यदि स्त्री ख़ुद कर्ता के रूप में स्थापित करने में सफल हो जाती, तो वह शिश्न के

समतुल्यों का आविष्कार करेगी। जिस खिलौने में बच्चे की आशा सन्निहित है, वह लिंग की तुलना में अधिक क़ीमती सम्पत्ति बन सकती है।[9] ऐसे मातृवंशीय समाज हैं जहाँ स्त्रियाँ उन मुखौटों को धारण करती हैं जिनमें सामूहिकता विमुख हो जाती है; लिंग तब अपनी सारी महिमा खो देता है। यह केवल उस स्थिति के भीतर है जिसे इसकी समग्रता में समझा जाता है कि शारीरिक विशेषाधिकार एक सच्चे मानवीय विशेषाधिकार को स्थापित करता है। मनोविश्लेषण केवल एक ऐतिहासिक सन्दर्भ में ही इसकी सच्चाई का पता लगा सकता है।

इसी तरह, स्त्री को अपनी स्त्रीत्व की चेतना से और अधिक परिभाषित नहीं किया जा सकता है, केवल यह कहकर कि स्त्री एक स्त्री है : वह इस चेतना को उस समाज के भीतर पाती है जिसकी वह सदस्य है। अचेतन और सम्पूर्ण मानसिक जीवन को आन्तरिक करते हुए, मनोविश्लेषण की भाषा ही बताती है कि व्यक्ति का नाटक उसके भीतर प्रकट होता है : शब्द 'जटिल', 'प्रवृत्ति', और इसके आगे इसका अर्थ है। लेकिन एक जीवन का संसार के साथ एक रिश्ता है; संसार के माध्यम से स्वयं को चुनकर ही व्यक्ति स्वयं को परिभाषित करता है; हमें उन सवालों के जवाब देने के लिए दुनिया की ओर मुड़ना चाहिए जो हमें परेशान करते हैं। विशेष रूप से, मनोविश्लेषण यह समझाने में विफल रहता है कि स्त्री अन्य क्यों है। यहाँ तक कि फ्रायड भी स्वीकार करते हैं कि लिंग की प्रतिष्ठा पिता की सम्प्रभुता से स्पष्ट होती है, और वह स्वीकार करते हैं कि वह पुरुष वर्चस्व की उत्पत्ति से अनभिज्ञ हैं।

मनोविश्लेषण के योगदान को पूरी तरह से ख़ारिज किये बिना, जिनमें से कुछ अन्तर्दृष्टि उपयोगी हैं, हम फिर भी इसकी पद्धति को स्वीकार नहीं करेंगे। सबसे पहले, हम ख़ुद को एक दिये गये के रूप में कामुकता लेने तक सीमित नहीं रखेंगे कि यह दृष्टिकोण, स्त्री की कामेच्छा से सम्बन्धित विवरणों की ग़रीबी से प्रदर्शित होता है; मैं पहले ही कह चुकी हूँ कि मनोविश्लेषकों ने कभी इसका अध्ययन नहीं किया है, लेकिन केवल पुरुष कामेच्छा के आधार पर शुरू किया है; ऐसा लगता है कि वे उस आकर्षण की मौलिक द्विपक्षीयता को नज़रअन्दाज़ करते हैं जो पुरुष स्त्री पर करता है। फ्रायडियंस और एडलेरियन पुरुष जननांग के सामने स्त्री द्वारा महसूस की जाने वाली पीड़ा को एक कुण्ठित इच्छा के विलोम के रूप में समझाते हैं। स्टेकेल ने इसे मूल प्रतिक्रिया के रूप में बेहतर ढंग से देखा; लेकिन वह एक सतही तरीक़े से इसका लेखा-जोखा देते हैं : स्त्री को शीलभंग, योनि-भेदन, गर्भावस्था और दर्द का डर होगा, और यह डर उसकी इच्छा का दमन कर देगा;

यह स्पष्टीकरण बहुत तर्कसंगत है।* यह स्वीकार करने के बजाय कि इच्छा ख़ुद को पीड़ा के रूप में प्रच्छन्न करती है या डर से लड़ती है, हमें इस तरह की दबाव और भयभीत अपील पर विचार करना चाहिए जो कि मूल इच्छा के रूप में स्त्री की इच्छा है; यह आकर्षण और प्रतिकर्षण का अघुलनशील संश्लेषण है जो इसकी विशेषता है। यह उल्लेखनीय है कि कई मादा जानवर उसी क्षण सहवास से भाग जाती हैं जब वे इसकी याचना करती हैं : उन पर सहवास या पाखण्ड का आरोप लगाया जाता है; लेकिन जटिल व्यवहारों को आत्मसात करके आदिम व्यवहारों की व्याख्या करने के दावे को समझाने का प्रयास करना बेतुका है। इसके विपरीत, वे स्त्रियों में सहवास और पाखण्ड नामक दृष्टिकोण के स्रोत पर हैं। इसके विपरीत, यह वे हैं जो उन दृष्टिकोणों के स्रोत हैं जिन्हें स्त्रियों में सहवास, पाखण्ड कहा जाता है। एक 'निष्क्रिय कामेच्छा' का विचार विचलित करता है क्योंकि कामेच्छा को एक ड्राइव के रूप में परिभाषित किया गया है, पुरुष पर आधारित ऊर्जा के रूप में; कोई और अधिक कल्पना नहीं कर सकता था कि एक प्रकाश एक ही समय में पीला और नीला हो सकता है : हरे रंग का अन्तर्ज्ञान होना आवश्यक है। हम वास्तविकता को बेहतर ढंग से समझ पायेंगे यदि 'ऊर्जा' के अस्पष्ट शब्दों में कामेच्छा को परिभाषित करने के बजाय हम अन्य मानवीय दृष्टिकोणों के साथ कामुकता के अर्थ का सामना करते हैं : लेना, पकड़ना, कब्ज़ा करना, खाना, करना, गुज़रना, आदि। क्योंकि यह किसी वस्तु को पकड़ने के विलक्षण तरीक़ों में से एक है; कामुक वस्तु के गुणों का अध्ययन करना भी आवश्यक होगा क्योंकि यह न केवल यौन क्रिया में बल्कि सामान्य रूप से धारणा में दिया जाता है। कामुकता के लिए किसी वस्तु को पकड़ने के विलक्षण तरीक़ों में से एक है; यह परीक्षा मनोविश्लेषणात्मक ढाँचे से परे जाती है जो कामुकता को इरेड्यूसेबल के रूप में प्रस्तुत करती है।

इसके अलावा, हम स्त्री नियति की समस्या को बिल्कुल अलग तरीक़े से पेश करेंगे : हम औरत को मूल्यों की दुनिया में स्थापित करेंगे, और हम उसके व्यवहार को स्वतन्त्रता का एक आयाम देंगे। हमें लगता है कि उसे अपनी श्रेष्ठता की पुष्टि और वस्तु के रूप में उसके अलगाव के बीच चयन करना होगा; यह विरोधाभासी आवेगों का खेल नहीं है; यह उन समाधानों का आविष्कार करता है जिनके बीच एक नैतिक पदानुक्रम है। मूल्य के लिए अधिकार और इच्छा के अनुसार मंशा को प्रतिस्थापित करते हुए, मनोविश्लेषण नैतिकता के लिए एक कृत्रिम वस्तु प्रदान करता है : यह सामान्यता का विचार है। चिकित्सीय दृष्टिकोण से यह विचार वास्तव

में अत्यधिक उपयोगी है; लेकिन यह सामान्य रूप से मनोविश्लेषण में एक परेशान करने वाली सीमा तक पहुँच गया है। वर्णनात्मक आरेख एक क़ानून के रूप में प्रस्तावित है; और निश्चित रूप से एक यान्त्रिक मनोविज्ञान नैतिक आविष्कार की धारणा को स्वीकार नहीं कर सका; एक चुटकी में यह विफलताओं को स्वीकार करता है, लेकिन उपलब्धियों को कभी नहीं। यदि कोई कर्ता सामान्य माने जाने वाले विकास को पूरी तरह से दोहराता नहीं है, तो उसके विकास को बाधित होने के रूप में देखा जायेगा, हम इस पड़ाव की व्याख्या एक कमी, एक नकार के रूप में करेंगे और कभी भी सकारात्मक निर्णय के रूप में नहीं करेंगे। यही बात अन्य बातों के अलावा महापुरुषों के मनोविश्लेषण को इतना चौंकाने वाला बनाती है। हमें बताया जाता है कि ऐसा और ऐसा स्थानान्तरण, ऐसा उच्च बनाने की क्रिया, उनमें सफल नहीं हुआ है; कोई यह नहीं मानता कि उन्होंने शायद इसे अस्वीकार कर दिया और शायद उनके पास इसके अच्छे कारण थे; हम इस पर विचार नहीं करना चाहते हैं कि उनका व्यवहार स्वतन्त्र रूप से निर्धारित उद्देश्यों से प्रेरित हो सकता है; व्यक्ति को हमेशा अतीत से उसके सम्बन्ध में समझाया गया है न कि भविष्य के एक कार्य के रूप में जिसके सन्दर्भ में वह ख़ुद को प्रोजेक्ट करता है। इसलिए हमें कभी भी एक अप्रामाणिक छवि से ज़्यादा कुछ नहीं दिया जाता है और अप्रामाणिकता में हमें सामान्यता के अलावा शायद ही कोई अन्य मानदण्ड मिल सकता है। इस दृष्टि से नारी नियति का वर्णन सर्वथा आकर्षक है। जिस तरह से मनोविश्लेषक इसे समझते हैं, माता या पिता के साथ 'पहचान करना' एक मॉडल में ख़ुद को अलग करना है, यह एक परायी छवि को अपने अस्तित्व एक सहज की गतिविधि के लिए पसन्द करना है, यह अस्तित्व में खेलना है। हमें औरत को अलगाव के दो तरीक़ों के बीच याचना करते हुए दिखाया गया है; यह स्पष्ट है कि एक पुरुष होने के नाते खेलना उसके लिए असफलता का स्रोत होगा; लेकिन एक औरत होने का नाटक करना भी एक जाल है। एक स्त्री होने का मतलब एक वस्तु होना होगा, दूसरा; और इसके त्याग के केन्द्र में, अन्य एक कर्ता बना हुआ है। इन अपवंचनों को नकारने वाली स्त्री के लिए वास्तविक समस्या यह है कि वह इन पलायनों को पारलौकिकता के रूप में पूरा करने से इनकार करती है। इसका अर्थ है यह देखना कि उसके लिए कौन-कौन-सी सम्भावनाएँ हैं, जिन्हें पौरुष और स्त्री प्रवृत्ति कहा जाता है; जब कोई बच्चा अपने माता-पिता या किसी अन्य द्वारा बताये गये मार्ग का अनुसरण करता है, तो ऐसा इसलिए हो सकता है क्योंकि वह स्वतन्त्र रूप से अपनी परियोजनाओं को लेता है। उसका आचरण अन्त से प्रेरित एक विकल्प का परिणाम हो सकता

है। एडलर के लिए भी, इच्छा शक्ति केवल एक प्रकार की बेतुकी ऊर्जा है; वह किसी भी परियोजना को 'विषैले विरोध' कहते हैं जिसमें श्रेष्ठता सन्निहित है; जब एक लड़की पेड़ों पर चढ़ती है, तो उसके अनुसार, वह लड़कों से बराबरी करती है। वह कल्पना नहीं करता कि उसे पेड़ों पर चढ़ना अच्छा लगता होगा; माँ के लिए बच्चा सब कुछ होता है, वह महज एक "लिंग विकल्प" नहीं है; चित्रकारी, लेखन, राजनीति, न सिर्फ़ अभिजात रुचि प्रदर्शित करते हैं बल्कि वे स्वयं में वांछित लक्ष्य हैं। अलगाव के व्यवहार को स्त्रैण माना जाता है, और व्यवहार जहाँ कर्ता अपनी श्रेष्ठता रखता है उसे मर्दाना माना जाता है। स्त्रियों के एक इतिहासकार, डोनाल्डसन ने देखा कि "पुरुष एक पुरुष मानव है, स्त्री एक स्त्री मानव है" की परिभाषाओं को विषम रूप से विकृत कर दिया गया है; * मनोविश्लेषक विशेष रूप से पुरुष को एक इन्सान और स्त्री को एक स्त्री के रूप में परिभाषित करते हैं। ऐसा इसलिए है क्योंकि पुरुषों के दृष्टिकोण से — जो कि पुरुष और स्त्री दोनों मनोविश्लेषकों द्वारा अपनाया गया है — हर बार जब वह एक इन्सान के रूप में व्यवहार करती है, तो कहा जाता है कि वह पुरुष की नकल करती है। इसे नकारना सम्पूर्ण मानव इतिहास को झुठलाना है। हमारे और मनोविश्लेषकों के विवरणों के बीच समानताएँ देखी जा सकती हैं।

मनोविश्लेषक हमें बताता है कि बच्चे और युवा लड़की का वर्णन पिता और माता के साथ पहचान करने के लिए आवश्यक है, जो 'वायरिलॉइड' और 'स्त्री' प्रवृत्तियों के बीच विभाजित है, जबकि हम उसे वस्तु की भूमिका के बीच झिझकते हुए मानते हैं, जो उसके लिए प्रस्तावित है; और स्वतन्त्रता के लिए उसका दावा; इस प्रकार कुछ बिन्दुओं पर सहमत होना सम्भव है : विशेष रूप से जब हम स्त्रियों को दी जाने वाली अप्रामाणिक उड़ान के रास्तों पर विचार करते हैं। लेकिन हम उन्हें वही फ्रायडियन या एडलरियन अर्थ नहीं देते हैं। हमारे लिए स्त्री को मूल्यों की दुनिया के भीतर मूल्यों की तलाश में एक इन्सान के रूप में परिभाषित किया गया है, एक ऐसी दुनिया जहाँ आर्थिक और सामाजिक संरचना को समझना अनिवार्य है; हम उसकी सम्पूर्ण स्थिति को ध्यान में रखते हुए, अस्तित्व के दृष्टिकोण से उसका अध्ययन करेंगे।

सन्दर्भ

1. डी.एच. लॉरेंस की रचनाओं में इस सिद्धान्त का मिलना थोड़ा आश्चर्यजनक है। The Plumed Serpent में, डॉन सिप्रियानो इस बात का ध्यान रखता है कि उसकी प्रेमिका कभी

सुख की चरमावस्था तक न पहुँचे: उसे पुरुष के साथ सामंजस्य स्थापित करना चाहिए, न कि आनन्द में खुद को अलग कर ले।

2. इस चर्चा को द्वितीय खण्ड के प्रथम अध्याय में बहुत अधिक विस्तार से लिया जायेगा।
3. उल्लेख : Moïse et son peuple, अनुवाद ए. बर्मन, पृष्ठ 177।
4. बोदुआँ, L'Âme enfantine et la psychanalyse।
5. फ्रायड, Totem et Tabou।
6. हम इस विषय पर बाद में अधिक विस्तार से लौटेंगे, द्वितीय खण्ड के अध्याय 1 में।
7. ऐलिस बैलिंट, La Vie intime de l'enfant, पृष्ठ. 101।
8. किसी ने मुझसे उन छोटे किसानों का ज़िक्र किया था जिन्हें मलमूत्र प्रतियोगिताओं के आयोजन में मज़ा आता था : जिसका मल सबसे बड़ा और सबसे ठोस होता था उसे इतनी प्रतिष्ठा मिलती थी कि कोई अन्य सफलता उसकी भरपाई नहीं कर सकती थी, चाहे खेल हो चाहे लड़ाई। यहाँ पर मल का महत्त्व लिंग के समान ही था।
9. दूसरे भाग में इन विचारों पर पुन: चर्चा की जाएगी, उन्हें केवल व्यवस्थित प्रयोजनों के लिए इंगित किया जा रहा हैं।

तृतीय अध्याय

ऐतिहासिक भौतिकवाद का दृष्टिकोण

ऐतिहासिक भौतिकवाद के सिद्धान्त ने कुछ अत्यन्त महत्त्वपूर्ण सत्यों पर प्रकाश डाला है। मानवता एक पशु प्रजाति नहीं है : यह एक ऐतिहासिक वास्तविकता है। मानव समाज प्रकृति-विरोधी है : यह प्रकृति की उपस्थिति को निष्क्रिय रूप से प्रस्तुत नहीं करता है, बल्कि इसे विनियोजित करता है। यह विनियोग एक आन्तरिक, व्यक्तिपरक संचालन नहीं है : यह व्यावहारिक रूप से किया जाता है। मनुष्य निष्क्रिय रूप से प्रकृति के सम्मुख आत्मसमर्पण न करके उसके ऊपर नियन्त्रण करने की चेष्टा करता है। उसकी यह चुनौती और अहंकार किसी तरह की आन्तरिक बाध्यता न होकर वस्तुपरक ढंग से जगत में घटित सत्य है। इस प्रकार औरत को केवल एक सेक्सुअल जीव नहीं माना जा सकता है : विशेषताओं का भी महत्त्व वहीं तक है, जहाँ तक वे सक्रिय रूप से ठोस मूल्यों के निर्माण में सहायक होती हैं। स्त्री की स्वयं की चेतना केवल उसकी कामुकता से परिभाषित नहीं होती है : यह एक ऐसी स्थिति को दर्शाता है जो समाज की आर्थिक संरचना पर निर्भर करता है, एक संरचना जो तकनीकी विकास की उस सीमा को दर्शाती है जहाँ पर मानवता पहुँच चुकी है। हमने देखा है कि जैविक रूप से औरत की विशेषता वाले दो आवश्यक लक्षण निम्नलिखित हैं — दुनिया पर उसकी पकड़ पुरुष में कम व्यापक है; दूसरी वह अपनी प्रजाति से पुरुष की तुलना में ज़्यादा स्थिति-ग्रस्त है। लेकिन आर्थिक और सामाजिक सन्दर्भ के आधार पर इन तथ्यों का पूरी तरह से अलग मूल्य है। सम्पूर्ण मानव इतिहास में, जगत पर अधिकार कभी भी मात्र देह से सम्भव नहीं रहा है : हाथ को सहायता देने के लिए नये यन्त्र-उपकरण का अविष्कार किया गया जो मनुष्य की ताक़त में इज़ाफ़ा करता है; प्रागैतिहास के सबसे पुराने दस्तावेज़ों से, मनुष्य हमेशा हमें सशस्त्र रूप में दिखाई देता है। आदिम काल में मनुष्य को जंगली जानवरों का सामना करने और चट्टानों को तोड़ने के लिए बाहुबल की ज़रूरत

अधिक पड़ती थी; उस समय पुरुष की अदम्य शक्ति की तुलना में औरत कमज़ोर सिद्ध होती थी लेकिन आज तकनीकी विकास ने स्त्री और पुरुष के इस भेद को मिटा दिया है। अब पुरुष की शारीरिक शक्ति की ज़रूरत पहले जैसी नहीं रही : प्रचुरता आवश्यकता के परिप्रेक्ष्य में ही श्रेष्ठता उत्पन्न करती है; बहुत अधिक होना पर्याप्त होने से बेहतर नहीं है। इस प्रकार बड़ी संख्या में आधुनिक मशीनों को सँभालने के लिए पौरुष संसाधनों के केवल एक हिस्से की आवश्यकता होती है। यदि न्यूनतम आवश्यकता स्त्री की क्षमताओं से बेहतर नहीं है, तो वह काम में पुरुष के बराबर हो जाती है। वास्तव में, आज एक स्विच के स्पर्श से अपार ऊर्जा परिनियोजन को नियन्त्रित किया जा सकता है। प्रसूति के साथ आने वाले बोझ रीति-रिवाज़ों के आधार पर बहुत भिन्न होते हैं। यदि एक औरत को कई सन्तानों के लिए मजबूर किया जाता है और उनका भरण-पोषण करने में उसे मदद् न मिले तो वह भारी पड़ता है; यदि वह अपनी इच्छानुसार प्रजनन करती है और यदि उसकी गर्भावस्था के दौरान समाज उसकी सहायता के लिए आता है और बच्चे की देखभाल करता है, तो मातृ बोझ हल्का होता है और कार्य के क्षेत्र में आसानी से इसकी भरपाई की जा सकती है।

इसी दृष्टिकोण से एंगेल्स द *ओरिजिन ऑफ़ द फैमिली* में औरत के इतिहास का पुनरावलोकन करते हैं; उनके लिए, यह इतिहास अनिवार्य रूप से प्रौद्योगिकी के इतिहास पर निर्भर करता है। पाषाण युग में, जब भूमि क़बीले के सभी सदस्यों की थी, अनगढ़े फावड़े और कुदाल के अल्पविकसित स्वरूप ने कृषि सम्भावनाओं को सीमित कर दिया था : औरत की क्षमता बागवानी के लिए आवश्यक कार्यों के अनुरूप थी। श्रम के इस आदिम विभाजन में, दो लिंग पहले से ही एक तरह से दो वर्गों का गठन करते हैं; इन वर्गों के बीच समानता है; जबकि पुरुष शिकार और मछली पकड़ता है, स्त्री घर में रहती है; लेकिन घरेलू कार्यों में उत्पादक कार्य शामिल हैं : मिट्टी के बर्तन बनाना, बुनाई, बागवानी; और इस तरह, आर्थिक जीवन में उसकी महत्त्वपूर्ण भूमिका है। ताँबे, टिन, कांस्य और लोहे की खोज के साथ, और हल के आगमन के साथ, कृषि ने अपने क्षेत्र का विस्तार किया; जंगलों को काट-काट कर मैदानों में बदलने के लिए कठिन श्रम की आवश्यकता पड़ने पर आदमी ने दूसरे आदमियों की मदद लेनी शुरू की और अपनी ताक़त से उन्हें ग़ुलाम बनाना शुरू किया। निजी सम्पत्ति के उद्‌भव से पुरुष में स्वामित्व की भावना विकसित होती है : वह भूमि का स्वामी बनता है, फिर ग़ुलामों का मालिक बना और अब पुरुष स्त्री का भी स्वामी बन जाता है। यह "स्त्री जाति की महान्

ऐतिहासिक हार" है। यह नये उपकरणों के आविष्कार के बाद श्रम विभाजन में उथल-पुथल द्वारा समझाया गया है। "जिस स्थिति ने औरत को घर की बागडोर सँभालने के कारण उसे सत्ता दिलाई थी वही अब औरत की ग़ुलामी का आधार बन गयी। उसे घर के काम तक सीमित कर दिया गया था, वही अब पुरुष के वर्चस्व को सुनिश्चित करने का कारण बना; पुरुष के उत्पादक कार्य के साथ-साथ घरेलू काम महत्त्व में फीका पड़ गया; पुरुष सब कुछ था, औरत एक नगण्य अनुगामिनी" तो पितृ अधिकार मातृ अधिकार को प्रतिस्थापित करता है : सम्पत्ति का हस्तान्तरण पिता से पुत्र तक होता है और अब औरत से उसके क़बीले में नहीं होता है। यह निजी सम्पत्ति के साथ पितृसत्तात्मक परिवार का आगमन है। ऐसे परिवार में स्त्री का शोषण होता है। सम्प्रभु के रूप में शासन करने वाला व्यक्ति स्वयं को अन्य बातों के अलावा, अपनी कामुकता की अनुमति देता है : वह दासों या वेश्याओं के साथ सोता है, वह बहुविवाह करता है। जैसे ही रीति-रिवाज़ पारस्परिकता को सम्भव बनाते हैं, औरत पुरुष से बदला बेवफाई कर के लेती है : व्यभिचार विवाह का एक स्वाभाविक हिस्सा बन जाता है। घरेलू ग़ुलामी के ख़िलाफ़ औरत की यही एकमात्र कवच है जिसके लिए वह मज़बूर है। उसका सामाजिक उत्पीड़न उसके आर्थिक उत्पीड़न का परिणाम है। समानता तभी बहाल हो सकती है जब दोनों लिंगों के पास समान क़ानूनी अधिकार हों; लेकिन इस मुक्ति के लिए ज़रूरी है कि सम्पूर्ण स्त्री सार्वजनिक उद्योग में प्रवेश करे। "स्त्री तब तक मुक्ति नहीं पा सकती जब तक वह बड़े सामाजिक पैमाने पर उत्पादन में भाग नहीं लेती और घरेलू काम के लिए उसकी बाध्यता नगण्य हो। और यह केवल आधुनिक बड़े उद्योग में ही सम्भव हुआ है, जो न केवल बड़े पैमाने पर महिलाओं के काम को स्वीकार करता है बल्कि औपचारिक रूप से इसकी माँग भी करता है।..."

इस प्रकार स्त्री का भाग्य और समाजवाद का भाग्य घनिष्ठ रूप से जुड़ा हुआ है, जैसा कि बेबेल द्वारा औरतों को समर्पित विशाल कार्य में भी देखा जा सकता है। वे लिखते हैं, "स्त्री और सर्वहारा, दोनों उत्पीड़ित हैं।" और मशीनों के आविष्कार के कारण हुई उथल-पुथल के परिणामस्वरूप समान आर्थिक विकास से दोनों को मुक्त किया जाना चाहिए। औरत की समस्या को उसके श्रम की क्षमता की समस्या तक न्यूनीकृत किया जा सकता है। वह उस समय शक्तिशाली थी जब तकनीकों को उसकी सम्भावनाओं के अनुकूल बनाया गया था, लेकिन जब वह उनका शोषण करने में असमर्थ हो गयी तब अपदस्थ कर दी गयी, आधुनिक दुनिया में विकसित यान्त्रिकी ने क्षमता के स्तर पर स्त्रियों को पुरुष के बराबर खड़ा कर दिया है।

यह पुराने पूँजीवादी पितृसत्तात्मकता के प्रतिरोध हैं जो अधिकांश देशों में इस समानता को ठोस रूप से हासिल करने से रोकते हैं : पूँजीवादी अवरोधों के टूटते ही स्त्री और पुरुष बराबर माने जायेंगे, उन्हें समानाधिकार होंगे। सोवियत समाज में यह पहले ही टूट चुका है, सोवियत संघ अपनी ऐसी छवि पेश करता है। और जब पूरी दुनिया में समाजवादी समाज की स्थापना हो जायेगी, तब पुरुष या स्त्री नहीं रहेंगे, बल्कि केवल कार्यकर्ता होंगे, जो आपस में बराबर होंगे।

यद्यपि एंगेल्स द्वारा तैयार किया गया संश्लेषण उन लोगों के बारे में एक अग्रिम संकेत देता है जिनकी हमने पहले जाँच की है, यह हमें निराश करता है। सबसे महत्त्वपूर्ण समस्याओं की अनदेखी की जाती है। पूरा लेखा-जोखा सामुदायिक शासन से निजी सम्पत्ति में परिवर्तन के इर्द-गिर्द घूमता है। इस बात का कोई संकेत नहीं है कि यह कैसे घटित हुआ; एंगेल्स यह भी मानते हैं कि "अभी के लिए हम इसके बारे में कुछ नहीं जानते हैं";[1] न केवल वे इसके ऐतिहासिक विवरणों से अनजान हैं, बल्कि वह इसकी कोई व्याख्या नहीं करते हैं। इसी तरह, यह स्पष्ट नहीं है कि निजी सम्पत्ति अनिवार्य रूप से औरतों की ग़ुलामी का कारण बनी। ऐतिहासिक भौतिकवाद उन स्वीकृत तथ्यों को लेता है जिनकी व्याख्या की जानी चाहिए। पुरुष का सम्पत्ति से लगाव होने के तथ्य को बिना चर्चा किये ही प्रस्तुत किया जाता है; लेकिन यह लगाव, सामाजिक संस्थाओं का स्रोत, स्वयं इसका स्रोत कहाँ है? यही कारण है कि एंगेल्स का विवरण सतही बना हुआ है, और जिन सत्यों को उन्होंने उजागर किया है, वे आकस्मिक प्रतीत होते हैं। ऐसा इसलिए है क्योंकि ऐतिहासिक भौतिकवाद से परे गये बिना उनमें गहराई तक जाना असम्भव है। यह उन समस्याओं का समाधान नहीं दे सकता है जो हमने इंगित की हैं क्योंकि वे पूरे मनुष्य से सम्बन्धित हैं, न कि इस अमूर्तता से जो होमो ओइकॉनॉमिक है।

उदाहरण के लिए, यह स्पष्ट है कि व्यक्तिगत कब्ज़े का विचार केवल अस्तित्व की मूल स्थिति के आधार पर ही अर्थ प्राप्त कर सकता है। उस विचार के प्रकट होने के लिए, सबसे पहले यह आवश्यक है कि कर्ता में अपनी मौलिक विलक्षणता में ख़ुद को स्थापित करने की प्रवृत्ति हो, अपने अस्तित्व की स्वायत्त और अलग होने की पुष्टि हो। स्पष्ट रूप से यह दावा व्यक्तिपरक, आन्तरिक और सत्य के बिना तब तक बना रहा जब तक व्यक्ति के पास इसे निष्पक्ष रूप से सन्तुष्ट करने के लिए व्यावहारिक साधनों का अभाव था : पर्याप्त साधनों की कमी के कारण, उन्होंने पहले दुनिया पर अपनी शक्ति का अनुभव नहीं किया, उन्होंने प्रकृति और समुदाय में खोया हुआ महसूस किया, निष्क्रिय, भयभीत, अँधेरी ताक़तों का खिलौना;

कुल के साथ समग्र रूप से पहचान स्थापित करने पर ही उसने ख़ुद के बारे में सोचने का साहस किया : कुलदेवता, पृथ्वी सामूहिक वास्तविकताएँ थीं। कांस्य की खोज ने मनुष्य को एक निर्माता के रूप में ख़ुद को खोजने के लिए कड़ी मेहनत और उत्पादक कार्य के लिए सक्षम किया है, वह अब प्रकृति से डरता नहीं है, उसके पास ख़ुद को एक के रूप में ज़ब्त करने के लिए पराजित प्रतिरोध का साहस है। स्वायत्त गतिविधि, अपनी विलक्षणता में स्वयं को सिद्ध करता है।[2] लेकिन यह उपलब्धि कभी हासिल नहीं होती अगर मनुष्य मूल रूप से इसे नहीं चाहता होता; श्रम का पाठ एक निष्क्रिय विषय में अंकित नहीं है : कर्ता ने अपने औज़ारों को गढ़कर और पृथ्वी पर विजय प्राप्त करके ख़ुद को गढ़ा और जीत लिया है। दूसरी ओर, कर्ता की पुष्टि स्वामित्व की व्याख्या करने के लिए पर्याप्त नहीं है : चुनौतियों, संघर्षों और व्यक्तिगत लड़ाई में, प्रत्येक चेतना सम्प्रभुता की ओर बढ़ने का प्रयास कर सकती है। पोटलैच का रूप लेने की चुनौती के लिए, अर्थात् आर्थिक प्रतिद्वन्द्विता की, और वहाँ से पहले मुखिया और फिर क़बीले के सदस्यों के लिए निजी वस्तुओं पर दावा करने के लिए, मनुष्य में एक और मूल प्रवृत्ति होनी चाहिए। पिछले अध्याय में हमने कहा था कि अस्तित्व केवल ख़ुद को अलग-थलग करके ख़ुद पर पकड़ बनाने में सफल हो सकता है; वह पूरी दुनिया में ख़ुद को एक परायी शख़्सियत के तहत ढूँढ़ता है और जिसे वह अपना बनाता है। कुलदेवता में, जिस क्षेत्र में यह रहता है, वह व्यक्ति का अलग-थलग अस्तित्व है जो क़बीले में मिलता है; जब व्यक्ति समुदाय से अलग हो जाता है, तो वह एक विलक्षण अवतार की माँग करता है। कुलदेवता को नेता में वैयक्तिकृत किया जाता है, फिर प्रत्येक व्यक्ति में; और साथ ही हर कोई मिट्टी, औज़ारों, ज़मीन के एक टुकड़े को उपयुक्त बनाने की कोशिश करता है। अपनी सम्पत्ति और जायदाद में मनुष्य स्वयं को पाता है क्योंकि उसने ख़ुद को उनमें खो दिया है, तब हम समझते हैं कि उसकी सम्पत्ति उसे उतनी ही प्यारी है जितना उसका अपना जीवन। इस प्रकार अपनी सम्पत्ति से मनुष्य का लगाव स्वाभाविक है। लेकिन स्पष्ट रूप से केवल उपकरण ही इसे समझाने के लिए पर्याप्त नहीं है; हमें उपकरण से लैस व्यक्ति के पूरे रवैये को समझना चाहिए, एक ऐसा रवैया जो सत्ता-मीमांसा के बुनियादी ढाँचे को दर्शाता है।

इसी तरह, निजी सम्पत्ति से औरत का उत्पीड़न हुआ इसका अनुमान लगाना असम्भव है। यहाँ फिर से एंगेल्स के दृष्टिकोण की अपर्याप्तता प्रकट होती है। वे भली-भाँति समझते थे कि स्त्री की पेशीय दुर्बलता ही उसके काँसे और लोहे के औज़ारों के सम्बन्ध में ठोस हीनता बन जाती है। वे यह देखने में विफल रहे कि काम करने की उसकी क्षमता की सीमाएँ अपने आप नुक़सान नहीं बनतीं, वैसा केवल

एक निश्चित परिप्रेक्ष्य में होता है। यह इसलिए है क्योंकि पुरुष अतिक्रमण करना चाहता है, वह महत्त्वाकांक्षी है, हर नये उपकरण के माध्यम से नयी आवश्यकताओं को प्रस्तुत करता है। जब उसने कांस्य यन्त्रों का आविष्कार किया, तो वह बगीचों का दोहन करने से सन्तुष्ट नहीं था, वह बड़े मैदानों को साफ़ करना और खेती करना चाहता था। ऐसा नहीं है कि कांस्य से उसमें आकाँक्षाएँ प्रस्फुटित हुईं। — नारी की शक्तिहीनता ने उसे तबाह कर दिया क्योंकि पुरुष ने उसे समृद्धि और विस्तार की एक परियोजना के माध्यम से समझा था। और यह परियोजना अभी भी उसके उत्पीड़न की व्याख्या करने के लिए पर्याप्त नहीं है। लिंग के आधार पर श्रम का विभाजन एक मैत्रीपूर्ण सम्बन्ध के तहत हो सकता था। यदि मनुष्य का अपने साथियों के साथ मूल सम्बन्ध विशेष रूप से मित्रता का सम्बन्ध था, तो हम नहीं समझ पाते कि किसी भी तरह की ग़ुलामी उसे कैसे मंज़ूर थी। यह घटना मानव चेतना के साम्राज्यवाद का परिणाम है जो निष्पक्ष रूप से अपनी सम्प्रभुता का समर्थन करना चाहता है। यदि मानव चेतना में दूसरे की मूल श्रेणी और दूसरे पर प्रभुत्व का मूल दावा दोनों नहीं होते, कांस्य उपकरण की खोज के परिणामस्वरूप स्त्री का उत्पीड़न नहीं हो सकता था। एंगेल्स इस उत्पीड़न की विलक्षण प्रकृति को भी ध्यान में नहीं रखते हैं। उन्होंने लिंगों के विरोध को एक वर्ग संघर्ष में न्यूनीकृत करने की कोशिश की। वास्तव में, उन्होंने बिना किसी दृढ़ विश्वास के यह सिद्ध करने का प्रयास किया; यह थीसिस मान्य नहीं है। सर्वहारा वर्ग ने हमेशा विद्रोह में अपनी स्थिति का अनुभव किया है, इस प्रकार अपने शोषकों के लिए ख़तरा बनते हुए, आवश्यक की ओर लौट रहा है; और सर्वहारा वर्ग का लक्ष्य एक वर्ग के रूप में अस्तित्व को समाप्त करना है। यह सच है कि लिंग के आधार पर श्रम का विभाजन और इसके परिणामस्वरूप होने वाले उत्पीड़न कुछ मायनों में वर्ग विभाजन को जन्म देते हैं। लेकिन उन्हें भ्रमित नहीं किया जा सकता है; वर्गों के बीच विभाजन का कोई जैविक आधार नहीं है; ग़ुलाम अपनी ग़ुलामी में भी अपने मालिक के विरोध में अपने प्रति सचेत रहता है और सर्वहारा भी हमेशा विद्रोह की चेष्टा करता रहता है; हमने प्राक्कथन में कहा है कि औरत की स्थिति कितनी भिन्न है, विशेष रूप से जीवन के समुदाय और रुचियों के कारण जो पुरुष के साथ उसकी एकजुटता पैदा करती है, सामूहिक जीवन में स्त्री और पुरुष का स्वार्थ एक होता है। अत: वह न तो सर्वहारा की तरह क्रान्ति की कोई इच्छा रखती है, न ही वह अपने सेक्स का विलयन पुरुष में चाहती है। वह बस इतना चाहती है कि यौन भेदभाव के कुछ परिणामों को समाप्त कर दिया जाये। इससे भी अधिक गम्भीर बात यह है कि बिना किसी विश्वास के औरत को केवल एक कार्यकर्ता के रूप में नहीं माना जा सकता है; उसकी उत्पादक क्षमता

जितनी महत्त्वपूर्ण है, उसका प्रजनन कार्य सामाजिक अर्थव्यवस्था और व्यक्तिगत जीवन दोनों में महत्त्वपूर्ण है; ऐसे समय होते हैं जब हल चलाने की तुलना में बच्चे पैदा करना अधिक उपयोगी होता है। एंगेल्स ने समस्या को दरकिनार कर दिया; वे सिर्फ़ इतना कहते हैं कि समाजवादी समुदाय परिवार की व्यवस्था को मिटा देगा, यह एक बहुत ही सारगर्भित समाधान है; हर कोई जानता है कि सोवियत संघ को कितनी बार और कितने मौलिक रूप से अपनी पारिवारिक नीति को बदलना पड़ा है ताकि उत्पादन की तात्कालिक ज़रूरतों को पुन: जनसंख्या की ज़रूरतों के साथ सन्तुलित किया जा सके; इसके अलावा, परिवार का दमन अनिवार्य रूप से स्त्रियों को मुक्त करना नहीं है। स्पार्टा और नाज़ी शासन का उदाहरण यह साबित करता है कि सीधे राज्य से जुड़े रहने के बावजूद भी उन्हें पुरुषों द्वारा उत्पीड़ित किया जा सकता है। वास्तव में एक समाजवादी नैतिकता — वह जो स्वतन्त्रता को बाधित किये बिना न्याय चाहता है, जो व्यक्तिगत स्वतन्त्रता को समाप्त किये बिना व्यक्तियों पर उत्तरदायित्व थोपता है लेकिन — औरत की स्थिति से उत्पन्न समस्याओं से ख़ुद को सबसे अधिक असहज पाता है। किसी भी राज्य ने कभी भी अनिवार्य सहवास स्थापित करने का साहस नहीं किया है। यौन क्रिया और मातृत्व में, औरत न केवल समय और ऊर्जा बल्कि आवश्यक मूल्यों को भी सहेजे रखती है। तर्कवादी भौतिकवाद कामुकता के इस शक्तिशाली पहलू की उपेक्षा करने की व्यर्थ कोशिश करता है। सेक्सुअल अन्त:प्रवृत्तियों को किसी नियम के अधीन नहीं किया जा सकता। फ्रायड के अनुसार, यह अपनी सन्तुष्टि का एक अन्तर्निहित इनकार भी कर सकता है; जो निश्चित है वह यह है कि ये प्रवृत्तियाँ सामाजिक ज़रूरतों के साथ एकात्म ही नहीं होना चाहतीं, क्योंकि आदमी की काम-वासना में हमेशा शाश्वत के विरुद्ध वर्तमान का विद्रोह रहता आया है। इसे दिशा देने और इसे व्यवहार में लाने की इच्छा में, हम इसे बर्बाद करने का जोख़िम उठाते हैं क्योंकि हम एक जीवित सहजता को जड़ पदार्थों की तरह अपने संकल्पों से संचालित नहीं कर सकते और न ही अपनी ताक़त से उसको हासिल कर सकते हैं। किसी भी तरह औरत को इस बात के लिए बाध्य नहीं किया जा सकता कि उसके जीवन का अन्तिम उद्देश्य बच्चे पैदा करना ही है : हम केवल उसे ऐसी परिस्थितियों में क़ैद कर सकते हैं जहाँ मातृत्व ही उसका एकमात्र विकल्प है। क़ानून या रीति-रिवाज़ उस पर विवाह थोपते हैं, गर्भनिरोधक उपाय और गर्भपात प्रतिबन्धित हैं, तलाक़ निषिद्ध है। ये पुराने पितृसत्तात्मक प्रतिबन्ध ठीक वही हैं जिन्हें सोवियत संघ ने पुन: बहाल किया है; इसने विवाह के बारे में पितृसत्तात्मक सिद्धान्तों को पुनर्जीवित किया है; और ऐसा

करने में, इसने औरत से पुन: एक कामुक वस्तु बनने की अपेक्षा की है। हाल ही में एक भाषण में सोवियत औरतों से निवेदन किया गया था कि वे अपनी ओर ध्यान दें; अपने पतियों को रिझाने के लिए अपनी वेश-भूषा, सौन्दर्य और शृंगार का ख़याल रखा करें, नखरीली और चुलबुली बनें। इस तरह के उदाहरण साबित करते हैं कि औरत को पूरी तरह से उत्पादक शक्ति के रूप में देखना कितना असम्भव है। पुरुष के लिए वह एक यौन साथी है, एक प्रजननकर्ता है, एक कामुक वस्तु है, एक अन्य जिसके माध्यम से वह ख़ुद को खोजता है। यद्यपि अधिनायकवादी या सत्तावादी शासन सभी आम सहमति से मनोविश्लेषण को प्रतिबन्धित करने की कोशिश कर सकते हैं और घोषणा कर सकते हैं कि व्यक्तिगत भावनात्मक संघर्षों में नागरिकों के लिए समुदाय में निष्ठापूर्वक एकीकृत होने की कोई आवश्यकता नहीं है। कामुकता एक ऐसा अनुभव है जहाँ व्यक्तित्व हमेशा व्यापकता पर हावी रहता है। और लोकतान्त्रिक समाजवाद के लिए जहाँ वर्गों को समाप्त कर दिया जायेगा लेकिन व्यक्तियों को नहीं, व्यक्तिगत नियति का प्रश्न अभी भी अपने सभी महत्त्व को बरकरार रखेगा। यौन भेदभाव अपने सभी महत्त्व को बरकरार रखेगा। वह यौन सम्बन्ध जो स्त्री को पुरुष से जोड़ता है, वह वैसा नहीं है जैसा वह उसके साथ रखता है; वह बन्धन जो उसे बच्चे से जोड़ता है वह किसी अन्य के लिए अपरिवर्तनीय है। औरत का सृजन केवल ताँबे के औज़ार के ज़रिये नहीं हुआ और न ही आज की यान्त्रिकता उसकी दासता का उन्मूलन कर सक्ती है। स्त्री के लिए प्रत्येक अधिकार का दावा या फिर उसको एक मानव व्यक्ति की तरह प्रतिस्थापित करने की चाह का यह अर्थ नहीं कि हम उसकी स्थिति की कोमलता और विलक्षणता के प्रति अन्धे हो जायें। इस स्थिति को जानने के लिए, हमें उस ऐतिहासिक भौतिकवाद से परे जाना होगा जो स्त्री और पुरुष में केवल आर्थिक सत्ताओं को देखता है।

इसलिए कि हम फ्रायड के यौन अद्वैतवाद और एंगेल्स के आर्थिक अद्वैतवाद को अस्वीकार करते हैं। एक मनोविश्लेषक औरत के सभी सामाजिक दावों को 'मर्दाना विरोध' की सभी सामाजिक माँगों को 'विषम विरोध' की घटना के रूप में व्याख्यायित करेगा; इसके विपरीत, मार्क्सवादी के लिए उसकी कामुकता केवल कमोबेश जटिल रूप से व्यक्त होती है जो उसकी आर्थिक स्थिति को उलट देती है; लेकिन बुर्जुआ और सर्वहारा वर्ग की तरह क्लितोरिस और योनि, एक ठोस औरत को शामिल करने के लिए समान रूप से अपर्याप्त हैं। व्यक्तिगत भावनात्मक संघर्षों के साथ-साथ मानवता के आर्थिक इतिहास के तहत एक अस्तित्वगत बुनियादी ढाँचा है जो अकेले ही इसकी एकात्मकता में अद्वितीय रूप को समझना सम्भव

बनाता है जो कि जीवन है। फ्रायडियनवाद का मूल्य इस तथ्य से निकला है कि अस्तित्व एक शरीर है : एक ऐसा शरीर जो दूसरे मानव-शरीरों की उपस्थिति में अपनी अस्तित्वजनक परिस्थिति को ठोस रूप से अभिव्यक्त करता है। इसी तरह, मार्क्सवादी सिद्धान्त में भी सत्तात्मक अभिप्रेरणाओं और कुछ होने की परियोजनाओं को हम पाते हैं, जो वास्तव में आर्थिक सम्भावनाओं के आधार पर और तकनीकी विकास के कारण ठोस परिस्थितियों में ही व्यक्ति के अस्तित्व को प्रतिपादित करती हैं। लेकिन अगर हम उन्हें मानवीय वास्तविकता की समग्रता में एकीकृत नहीं करते हैं, तो केवल कामुकता और तकनीक कुछ भी नहीं समझा सकती है। यही कारण है कि फ्रायड में सुपर ईगो और अहं की गत्यात्मकता द्वारा लगाये गये निषेध आकस्मिक तथ्यों के रूप में प्रकट होते हैं; और एंगेल्स के परिवार के इतिहास के विवरण में, सबसे महत्त्वपूर्ण घटनाएँ अप्रत्याशित रूप से रहस्यमय संयोग प्रतीत होती हैं। स्त्री की खोज के लिए, हम जीव विज्ञान, मनोविश्लेषण, ऐतिहासिक भौतिकवाद के कुछ योगदानों को अस्वीकार नहीं करेंगे लेकिन हम इस बात पर विचार करेंगे कि शरीर, यौन जीवन, तकनीक केवल पुरुष के लिए ही मौजूद हैं, क्योंकि वह उन्हें अपने अस्तित्व के समग्र दृष्टिकोण से समझता है। क्योंकि वह उन्हें अपने वैश्विक परिप्रेक्ष्य में देखता है। मांसपेशियों की ताक़त, शिश्न और उपकरण के मूल्य को केवल मूल्यों की दुनिया में परिभाषित किया जा सकता है। यह अस्तित्व की मौलिक परियोजना द्वारा संचालित होता है जो स्वयं को अस्तित्व की ओर ले जाता है।

सन्दर्भ

1. *L'Origine de famille* (पृष्ठ 209-210)।
2. गासतों बाशलार्र ने La Terre et les rêveries de la volonté में लोहार के काम का एक विचारोत्तेजक अध्ययन किया है। वह दिखाता है कि कैसे, हथौड़ा और निहाई द्वारा, मनुष्य खुद पर जोर देता है और खुद को अलग करता है। "लोहार का क्षण एक ऐसा क्षण है जो अच्छी तरह से अलग-थलग और बड़ा है। वह कार्यकर्ता को क्षण भर की हिंसा के माध्यम से समय पर नियंत्रण पाने के लिए प्रोत्साहित करता है", पृष्ठ 142; किसी चीज को अपने मुताबिक ढाल कर प्राणी अपने ख़िलाफ़ स्थापित ब्रह्मांड की चुनौती को स्वीकार करता है।

दूसरा भाग

इतिहास

इतिहास

I

यह दुनिया हमेशा से पुरुषों की रही है : इसके पक्ष में प्रस्तुत कारणों में से कोई भी हमें पर्याप्त नहीं लगा। इसे समझने में हम तब सक्षम होंगे जब हम अस्तित्ववादी दर्शन के प्रकाश में प्रागैतिहासिक काल और नृवंशविज्ञान के आँकड़ों को लेकर देखेंगे कि लिंगों का पदानुक्रम कैसे स्थापित किया गया था। हम पहले ही कह चुके हैं कि जब दो मानव संवर्ग मौजूद हों, तो प्रत्येक अपना प्रभुत्व दूसरे पर थोपना चाहता है; यदि दोनों इस माँग का समर्थन करने में सक्षम हैं, तो उनके बीच एक पारस्परिक आदान-प्रदान का सम्बन्ध स्थापित होता है, इस सम्बन्ध में मैत्रीभाव हो चाहे वैमनस्य, किन्तु सदैव तनाव से भरपूर रहता है; यदि दोनों में से एक को विशेषाधिकार प्राप्त हो, तो वह दूसरे पर हावी हो जाता है और उस पर दमन करता है और अपने अधीनस्थ रखने के सभी तरक़ीब लगाता है। इस प्रकार यह समझा जा सकता है कि पुरुष में स्त्री पर हावी होने की इच्छा थी लेकिन किस विशेषाधिकार ने उसे सक्षम बनाया जिससे वह अपनी यह इच्छा पूरी कर पाया?

आदिकालीन मानव समाज के बारे में नृवंशविज्ञानियों द्वारा प्रदान की गयी जानकारी अत्यन्त विरोधाभासी है, और तो और वे तथ्यों से भली-भाँति अवगत हैं किन्तु क्रमबद्धता नहीं है। प्राक्-कृषि काल में स्त्रियों की स्थिति का अनुमान लगाना नितान्त कठिन है। हम यह भी नहीं जानते कि आज की परिस्थितियों से इतनी अलग रहने की स्थिति में, स्त्रियों की मांसलता, उनकी श्वसन प्रणाली, पुरुषों की तरह विकसित थी भी कि नहीं। उसके ज़िम्मे कड़ी मेहनत वाले काम होते थे और विशेष रूप से यह वह थी जो बोझ ढोती थी; हालाँकि यह बाद वाला तथ्य सन्दिग्ध है। सम्भवत: ये भार उसे इसलिए सौंपे जाते होंगे ताकि पुरुष के हाथ ख़ाली रहें जिससे वह सम्भावित आक्रमणकारियों, जानवरों या अन्य मनुष्यों से क़बीले की रक्षा कर सके;

अत: उसकी भूमिका बहुत ज़्यादा जोख़िम भरी थी और इसके लिए अधिक ताक़त की आवश्यकता थी। इसके बावजूद कई प्रकरणों में ऐसा लगता है कि स्त्रियाँ योद्धा अभियानों में भाग लेने के लिए पर्याप्त रूप से बलवान और कठोर थीं। हेरोडोटस के वृत्तान्तों और डाहोमी से अमेज़ॅन की परम्पराओं के साथ-साथ प्राचीन और आधुनिक साक्ष्यों के अनुसार, स्त्रियों को युद्धों या ख़ूनी प्रतिशोध में भाग लेने के लिए जाना जाता था; उन्होंने पुरुषों की तरह ही साहस और क्रूरता दिखाई। कुछ ऐसे सन्दर्भ भी उद्धरित किये गये हैं जहाँ स्त्रियाँ अपने शत्रुओं के कलेजे दाँत से काटती थीं। इन सब के बावजूद, कदाचित् तब भी आज की तरह पुरुषों को शारीरिक बल का लाभ मिलता था; लाठियों और जंगली जानवरों के युग में, उस युग में जब प्रकृति का प्रतिरोध अपने चरम पर था और उपकरण अपनी सबसे अल्पविकसित अवस्था में थे, इस श्रेष्ठता का अत्यधिक महत्त्व रहा होगा। किसी भी दशा में, उस दौर में स्त्रियाँ चाहे कितनी भी मज़बूत रही हों, दुश्मन दुनिया के ख़िलाफ़ की लड़ाई में प्रजनन की लाचारियाँ उनके लिए एक भीषण बाधा उत्पन्न करती थीं बताया जाता है कि वीरांगनाएँ अपने स्तनों को काट देती थीं, जिसका अर्थ है कि कम-से-कम अपने योद्धा जीवन काल में वे मातृत्व के बोझ से दबना नहीं चाहती थीं। अगर सामान्य स्त्रियों की बात की जाये, तब गर्भाधान, प्रसव और मासिक धर्म से उनकी कार्य क्षमता का ह्रास होता था और लम्बे समय तक वे असमर्थता से अभिशप्त रहती थीं; दुश्मनों से अपनी रक्षा के लिए, अपनी और अपने सन्तानों के रख-रखाव को सुनिश्चित करने के लिए उन्हें योद्धाओं की संरक्षण की आवश्यकता पड़ती थी तथा आखेट व मछली मारने से मिलने वाले शिकार के लिए पुरुषों पर निर्भर रहना पड़ता था; ज़ाहिर तौर पर उन दिनों गर्भ-निरोध का कोई साधन नहीं था, न ही प्रकृति अन्य मादा स्तनधारियों की भाँति औरत को समय-समय पर बंध्यापन या अप्रजननशीलता का अवकाश देती है, निरन्तर सन्तानोत्पत्ति में उनकी अधिकांश शक्ति और समय ख़र्च हो जाता होगा; जिन बच्चों को वे जन्म देती थीं उनका जीवन सुनिश्चित करने में असमर्थ होती थीं। यही वो सबसे बड़ा कारण था और इसके परिणाम बहुत गम्भीर रहे। मानव प्रजाति का प्रारम्भिक काल कठिनाइयों से भरा था; शिकारी, कंद-मूल बटोरने वाले और मछली पकड़ने वाले लोग कठोर मेहनत कर के भी ज़मीन से बहुत कम लाभ प्राप्त करते थे; समूह के संसाधनों की तुलना में बहुत अधिक बच्चे पैदा होते थे; स्त्री की बेतुकी प्रजनन क्षमता उसे इन संसाधनों के विकास में सक्रिय रूप से भाग लेने से रोकती थी, जबकि वह निरन्तर नयी ज़रूरतें पैदा करती रहती थी। प्रजातियों के स्थायीकरण के लिए सन्तानोत्पत्ति अपरिहार्य था, उसने बहुत अधिक

बड़ी संख्या में सन्तान उत्पन्न किये: वह पुरुष था जिसने प्रजनन और उत्पादन के बीच के सन्तुलन को सुनिश्चित किया। इस प्रकार सृजनहार पुरुष के विपरीत स्त्री को जीवन निर्वाह करने का विशेषाधिकार भी नहीं था; उसकी भूमिका उतनी भी नहीं थी जो शुक्राणु का डिंब के समक्ष, लिंग का गर्भाशय के समक्ष होता है; मानव प्रजाति के अपने अस्तित्व को कायम रखने के प्रयास में उसकी केवल एक भूमिका थी, और पुरुष की बदौलत इस प्रयास का ठोस रूप से क्रियान्वयन होता था।

फिर भी, चूँकि उत्पादन-प्रजनन के बीच सन्तुलन में स्थिरता का हमेशा एक तरीक़ा निकल आता है — यहाँ तक कि शिशुहत्या, बलिदान, या युद्ध की क़ीमत पर भी — सामूहिक अस्तित्व की दृष्टि से पुरुष और स्त्रियाँ समान रूप से अनिवार्य हैं; यह भी माना जा सकता है कि ऐसे वक़्त में जब भोजन प्रचुर मात्रा में उपलब्ध होता होगा, तब संरक्षण और पोषण करने वाला पुरुष स्त्री-माँ पर आश्रित हो गया होगा। पशु जगत में कुछ मादाएँ ऐसी हैं जो मातृत्व के ज़रिये पूर्ण स्वायत्तता प्राप्त करती हैं; तो आख़िर स्त्री अपनी महत्ता स्थापित करने के लिए उसका उपयोग करने में सफल क्यों नहीं हुई? यहाँ तक कि ऐसे समय में भी जब मानवता को जन्म की घोर आवश्यकता थी, चूँकि शारीरिक श्रम की आवश्यकता कच्चे माल के दोहन की आवश्यकता पर हावी थी, और यहाँ तक कि उस समय में भी जब मातृत्व सबसे अधिक सम्मानित था, स्त्रियों के लिए सर्वोच्च पद[1] पर आसीन होने के लिए मातृत्व पर्याप्त नहीं था।[1] इसका कारण यह है कि मानव जाति एक साधारण प्राकृतिक प्रजाति नहीं है। एक प्रजाति के रूप में जीवित रहना मात्र इसकी इच्छा नहीं है; इसकी परियोजना ठहराव नहीं है : यह स्वयं के परे जाना चाहता है।

आदिम जातियों को अपनी भावी पीढ़ी में बमुश्किल दिलचस्पी थी। न किसी भूखण्ड से जुड़े, न किसी सम्पत्ति के स्वामी, न ही किसी स्थिर वस्तु में सन्निहित, वे स्थायित्व का कोई ठोस विचार नहीं बना पाते थे; वे जीवित रहने की परवाह नहीं करते थे और अपने वंशजों में अपनी छवि नहीं देखते थे; वे मृत्यु से नहीं डरते थे और उत्तराधिकार का दावा नहीं करते थे; उनके लिए बच्चे बोझ होते थे, धन नहीं; इसका प्रमाण यह है कि खानाबदोश लोगों में शिशुहत्या हमेशा से होती रही है; और वे नवजात शिशु जिनका वध नहीं किया जाता है, वे उपेक्षा में स्वच्छता के अभाव के कारण मर जाते हैं। तो स्त्री जन्म तो देती थी किन्तु अपने सृजन पर अभिमान करना उसने नहीं जाना था; वह स्वयं को अदृश्य शक्तियों के हाथ का निष्क्रिय खिलौना भर महसूस करती थी, और बोझिल पीड़ादायक प्रसव उसके लिए एक अनावश्यक यहाँ तक कि एक अवांछित दुर्घटना थी। बाद में, औलाद को और ज़्यादा महत्त्व दिया

जाने लगा। लेकिन वैसे भी, जन्म देना, स्तनपान कराना कोई विशेष कार्यकलाप या सक्रियता नहीं हैं; ये जीव की नैसर्गिक क्रियाएँ हैं; यह किसी ऐच्छिक परियोजना से प्रतिबद्ध नहीं है; यही कारण है कि स्त्री को अपने अस्तित्व की महानता का दावा करने का कोई औचित्य नहीं लगता; वह अपनी जैविक नियति के समक्ष स्वयं को निष्क्रिय रूप से समर्पित भर कर देती है। उसे घरेलू काम-काज के लिए इसलिए समर्पित होना पड़ा, क्योंकि सिर्फ़ वही काम मातृत्व की ज़िम्मेदारियों के साथ समेटे जा सकते थे, जो उसे दोहराव और अन्तहीनता में क़ैद कर देता है; औरत दिन-रात वही एक-सा काम सदी दर सदी बग़ैर किसी बदलाव के करती चली आ रही है; इसमें कोई नवीनता नहीं, कुछ भी नया नहीं मिलता। पुरुष की स्थिति इससे एकदम भिन्न है; समुदाय का पोषण करना उसके लिए श्रमिक मधुमक्खियों की तरह एक साधारण जीवन प्रक्रिया नहीं, बल्कि अपने कार्य-कलापों से वह अपनी पाशविक स्थिति का अतिक्रमण करता है। होमो फेबर आदिकाल से एक आविष्कारक है : प्रारम्भिक काल में ही उसने ख़ुद को छड़ी या लाठी से लैस कर लिया था जो पेड़ से फल गिराने या जानवरों पर प्रहार करने के काम आता था, ये वे उपकरण हैं जिनके द्वारा वह दुनिया पर अपनी पकड़ मज़बूत करता है; वह अपने आपको समुद्र से इकट्ठी की गयी मछलियों को चूल्हे तक ले जाने तक सीमित नहीं रखता : उसके लिए सबसे पहले बड़ी नौकाएँ बना कर समुद्र व नदियों पर फ़तह करना ज़रूरी था, संसार की सम्पदा को हथियाने के लिए उसने संसार को ही अपने में मिला लिया। इस क्रिया में उसे अपनी ताक़त का अहसास होता है; वह अपने लक्ष्य निर्दिष्ट करता है, वहाँ तक पहुँचने के लिए रास्ते बनाता है; अपने अस्तित्व की सार्थकता सिद्ध करता है। अपनी प्रजाति को बरक़रार रखने के लिए वह सृजन करता है; वर्तमान की सीमाएँ लाँघ कर वह भविष्य के नये रास्ते खोलता है। यही कारण है कि मछली पकड़ने और शिकार करने को इतना सम्मानजनक माना गया है। उसकी सफलताओं को सराहने के लिए दावतों और जश्न का दौर चलता था; पुरुष इसमें अपनी मानवता को पहचानता है। आज भी जब वह किसी बाँध, गगनचुम्बी इमारत या परमाणु बैटरी का निर्माण करता है तब अपनी उपलब्धियों पर इतराता है। जो दुनिया उसे मिली थी उसने उसे सिर्फ़ संरक्षित करने का काम नहीं किया बल्कि इसकी सीमाओं को तोड़ कर एक नये भविष्य की नींव रखी।

आदि-मानव के कार्य-कलापों का एक और आयाम है जो उसे सर्वोच्च गरिमा प्रदान करता है : ये काम जोख़िम भरे होते थे। यदि रक्त केवल भोजन होता, तो इसका मूल्य दूध से अधिक नहीं होता; लेकिन शिकारी कसाई नहीं है :

जंगली जानवरों के ख़िलाफ़ लड़ाई में वह अपनी जान ख़तरे में डालता था। योद्धा अपने क़बीले की प्रतिष्ठा के लिए अपना जीवन दाँव पर लगा देता है। इस तरह वह शानदार ढंग से साबित करता है कि मनुष्य के लिए जीवन की महत्ता तभी है जब वह अपने से महत कहीं अधिक बड़े लक्ष्य की सेवा करे। औरत का सबसे बड़ा अभिशाप यह रहा कि उसे इन योद्धा अभियानों से अलग रखा गया; जीवन देने से नहीं, अपने प्राणों को जोख़िम में डालकर आदमी जानवर के स्तर से ऊपर उठता है; यही कारण है कि पूरी मानवता में, जन्म देने वाले को नहीं बल्कि मारने वाले को श्रेष्ठता प्रदान की गयी है।

यहाँ पर हमें इस पूरे रहस्य की कुंजी मिलती है। जैविक स्तर पर, एक प्रजाति अपना नैरन्तर्य बार-बार जीवन देने की प्रक्रिया के कारण बनाये रखती है; लेकिन यह सृष्टि और कुछ नहीं बल्कि एक ही जीवन की विभिन्न रूपों में पुनरावृत्ति है। किन्तु पुरुष, जीवन की निरन्तरता में रहते हुए भी अपने अस्तित्व की स्थितिग्रस्तता का अतिक्रमण करता है और अपने इस अतिक्रमण की प्रक्रिया में वह नये मूल्यों को गढ़ता है। पशु-जगत में, नर-पशुओं के गतिविधियों की विविधता व्यर्थ रहती है क्योंकि उनमें कोई परियोजना निहित नहीं होती है; यदि नर-पशु अपनी प्रजाति को बचाये रखने में सहयोग नहीं करता तो उसके अलावा वह जो करता है, निरर्थक होता है; जबकि पुरुष अपनी प्रजाति को बचाये रखने के अलावा अपनी सन्तति के लिए नित्य नयी दुनिया बनाता है, वह नये उपकरण बनता है, आविष्कार करता है, भविष्य को उनके अनुसार ढालता है। वह जब स्वयं को सर्वोच्च-सत्ता के रूप में प्रस्तुत करता है तब औरत भी उसका समर्थन करती है लेकिन चूँकि स्त्री का अपना भी एक अस्तित्व है, उसकी भी मनोकामना होती है कि वह अपनी स्थितिग्रस्तता का अतिक्रमण करे और उसकी परियोजना महज़ जैविक पुनरावृत्ति नहीं बल्कि उससे आगे जाकर एक अन्य भविष्य का रास्ता बनाना है; पुरुष की इन महत्त्वाकांक्षाओं का समर्थन करना उसके अस्तित्व के मूल में है। पुरुष की सफलताओं और जीत का जश्न मनाने में वह उसके साथ होती है। उसका दुर्भाग्य है कि जीवन की पुनरावृत्ति करते रहना उसकी जैविक नियति है जबकि उसकी अपनी नज़रों में यह जीवन अपने आप में उसके अस्तित्व को कोई सार्थकता प्रदान नहीं करता है, औरत के लिए उसके जीवन का औचित्य और सार्थकता, स्वयं जीवन से ज़्यादा महत्त्वपूर्ण है।

द्वन्द्वात्मकता के कुछ अवतरण जहाँ हेगेल दास के साथ स्वामी के सम्बन्ध को परिभाषित करते हैं, वह पुरुष के स्त्री के सम्बन्ध में बहुत बेहतर तरीक़े से लागू होगा। उनका कहना है कि स्वामी का विशेषाधिकार इस तथ्य से आता है कि वह

अपने जीवन को खतरे में डालकर जीवन के सम्मुख आत्मा का दावा करता है : लेकिन वास्तव में पराजित दास ने भी इसी ज़ोखिम का अनुव किया; जबकि स्त्री मूल रूप से एक अस्तित्व है जो *जीवन* तो देती है किन्तु *अपने* जीवन को ख़तरे में नहीं डालती; नर और उसके बीच कभी संघर्ष नहीं हुआ; हेगेल की परिभाषा विशिष्ट रूप से स्त्रियों पर लागू होती है। "अन्य चेतना एक पराश्रित चेतना है, जिसकी सारभूत वास्तविकता एक पशुवत जीवन है यानी वह अस्तित्व जो अन्य सत्ता द्वारा निर्धारित हो।" लेकिन इस सम्बन्ध को उत्पीड़न के सम्बन्ध से अलग किया जाता है क्योंकि स्त्री भी उन मूल्यों को लक्षित करती है और पहचानती है जो पुरुषों द्वारा ठोस रूप से प्राप्त किये जाते हैं; यह पुरुष है जो उस भविष्य के द्वार खोलता है और उस दिशा में क़दम बढ़ाकर वह भी स्वयं का अतिक्रमण करती है; वास्तव में, पुरुष मूल्यों की बराबरी में या उनके समकक्ष औरत ने कभी भी स्त्री मूल्यों को स्थापित करने की चेष्टा नहीं की : ये पुरुष हैं जिन्होंने पुरुष विशेषाधिकारों को बनाये रखने की चाह में इस विभाजन को गढ़ा है; पुरुष ने औरत के लिए एक दुनिया बनाने का दावा किया — इस दुनिया में जीवन के, स्थिरता के कुछ नियम थे — ताकि औरत हमेशा के लिए उसमें क़ैद हो कर रह जाये; लेकिन कोई भी अस्तित्व अपने उत्थान की गति में अपने औचित्य की तलाश करता है, चाहे उसकी यौन विशिष्टता कुछ भी हो : स्त्रियों का समर्पण इस बात का प्रमाण है। आज वे सिर्फ़ इतनी सी माँग कर रही हैं कि उन्हें पुरुषों के समान ही अस्तित्व के रूप में मान्यता दी जानी चाहिए और अस्तित्व जीवन के प्रति समर्पित न हो, न ही पुरुष अपनी पशुता के वश में रहे।

इस प्रकार एक अस्तित्ववादी परिप्रेक्ष्य हमें यह समझने में मदद करता है कि आदिम झुण्डों की जैविक और आर्थिक स्थिति किस तरह से पुरुषों की सर्वोच्चता स्थापित करने में सहायक हुई होगी। पुरुष की तुलना में स्त्री अपनी प्रजाति के बन्धन में ज़्यादा रही, वह अपनी जैविक नियति का शिकार हो गयी; मानवता ने हमेशा अपने निर्दिष्ट भाग्य से भागने की कोशिश की है; उपकरण के आविष्कार से, जीवन का निर्वाह पुरुष के लिए एक कार्य-कलाप और एक परियोजना बन गया, जबकि मातृत्व की भूमिका में स्त्री किसी मादा-पशु की तरह हमेशा के लिए अपने शरीर में क़ैद हो कर रह गयी। ऐसा इसलिए है क्योंकि मानवता अपने अस्तित्व को ख़ुद ही सवालों के घेरे में रखती है — अर्थात्, जीने के कारणों को जीवन से ज़्यादा महत्त्व देती है — पुरुष ने स्वयं को औरत के स्वामी के रूप में स्थापित किया है; मनुष्य की परियोजना समय के चक्र में स्वयं की पुनरावृत्ति की नहीं बल्कि समय को नियन्त्रण में करने की और भविष्य की रूपरेखा तैयार करने की है। यह उसका पुरुष-सुलभ

क्रियाकलाप था जिसके माध्यम से उसने अपने अस्तित्व को ही सर्वोपरि मूल्य में बदलकर रख दिया; वह जीवन की अदृश्य शक्तियों पर विजयी रहा; उसने प्रकृति और स्त्री को अपने अधीन कर लिया है। अब हमें यह देखना होगा कि कैसे सदियों से यही स्थिति बनी रही और विकसित होती रही। मानवता ने अपने इस हिस्से को कौन सी जगह दी जिससे वह **अन्य** के रूप में परिभाषित की गयी? उसके किन अधिकारों को मान्यता दी गयी? पुरुषों ने उसे कैसे परिभाषित किया?

II

हमने अभी देखा है कि आदिम मानव-समाज में, स्त्रियों का भाग्य बहुत ख़राब रहा है; मादा-पशुओं में प्रजनन की प्रक्रिया स्वाभाविक रूप से सीमित होती है और जब ऐसा होता है, तब मादा जानवर कमोबेश दूसरे श्रम से मुक्त हो जाती है; सिर्फ़ पालतू मादाओं का कभी-कभी एक सख़्त मालिक इस हद तक शोषण करता है जब तक प्रजनन करने वाली मशीन के रूप में उनकी ताक़त चुक न जाये। स्त्रियों की स्थिति निस्सन्देह ऐसी ही थी, एक ऐसे समय जब दुश्मन दुनिया के ख़िलाफ़ संघर्ष करने के लिए सामूहिक संसाधनों को पूरी तरह से लगाने की ज़रूरत थी; निरन्तर और अनियन्त्रित प्रजनन की थकान के साथ कठिन घरेलू कर्तव्य भी शामिल थे। हालाँकि, कुछ इतिहासकारों का दावा है कि इस समय में पुरुष की श्रेष्ठता सबसे कम विदित है; जिसका अर्थ है कि यह श्रेष्ठता तात्कालिकता में तो है, परन्तु तब तक स्थापित और वांछित नहीं है; वे प्रतिकूल परिस्थितियाँ जो औरत के लिए अड़चनें पैदा करती हैं उनकी भरपाई के लिए कोई प्रयास नहीं किये जाते हैं, लेकिन उस पर धौंस जमाने की कोशिश भी नहीं की जाती है, जैसा कि बाद में पितृसत्तात्मक शासन में देखने को मिलता है। पुरुष के सम्मुख स्त्री को समर्पण के लिए विवश करने वाली, लैंगिक असमानता का समर्थन करने वाली कोई भी संस्था नहीं है; वास्तव में, किसी संस्था की अवधारणा नहीं है : न सम्पत्ति, न विरासत, न तो क़ानूनी व्यवस्था। धर्म तटस्थ है; जिन कुलदेवताओं की पूजा की जाती है वे अलैंगिक हैं।

यह तो जब खानाबदोश ज़मीन पर बस गये और कृषक बन गये, तब हम संस्थानों और क़ानून के उद्‌भव को देखते हैं। मनुष्य अब सिर्फ़ प्रतिकूल प्राकृतिक ताक़तों के ख़िलाफ़ संघर्ष करने तक ही सीमित नहीं रहा; बल्कि प्रकृति के सहयोग से ख़ुद को ठोस रूप से व्यक्त करना शुरू कर देता है, इस दुनिया के बारे में सोचता है और अपने बारे में सोचता है; इस बिन्दु पर समुदाय की संरचना में यौन भेदभाव

परिलक्षित होने लगता है; यह एक अद्वितीय चरित्र लेता है : कृषक समुदायों में, स्त्रियाँ अक्सर असाधारण प्रतिष्ठा से सम्पन्न होती हैं। इस प्रतिष्ठा की व्याख्या मुख्य रूप से इस तरह की जा सकती है कि भूमि के काम पर आधारित सभ्यता में लोग सन्तान का विशेष महत्त्व समझ चुके हैं; एक ख़ास प्रदेश या भूखण्ड पर स्थायी रूप से रहने पर, मनुष्य उस पर अधिकार जमाने लगते हैं; सम्पत्ति का एकत्रीकरण होता है और वह सामूहिक होती है; मृत्यु के बाद इसे सँभालने के लिए वंशवृद्धि का महत्त्व बढ़ गया; परिणामस्वरूप मातृत्व एक पवित्र कार्य माना जाने लगा। बहुत-सी जनजातियों का जीवन सामुदायिक व्यवस्था के अनुसार चलता है : इसका मतलब यह नहीं है कि स्त्रियों का सम्बन्ध समुदाय के सभी पुरुषों से होता है; आज भी इस बात पर विश्वास लगभग नहीं के बराबर किया जाता है कि विवाह में व्यभिचार को कभी मान्यता थी; लेकिन पुरुषों और स्त्रियों का धार्मिक, सामाजिक और आर्थिक अस्तित्व केवल एक समूह के रूप में होता है : उनका व्यक्तित्व विशुद्ध रूप से जैविक तथ्य बना रहता है; विवाह, चाहे उसका कोई भी रूप हो — एक ही बार विवाह करने की प्रथा, बहुविवाह प्रथा, बहुपति प्रथा — विवाह स्वयं में एक महत्त्वहीन घटना है जिसका धर्म से कोई लेना-देना नहीं और जिससे कोई रहस्यमय बन्धन नहीं बनता। पत्नी के लिए यह किसी भी तरह गुलामी का मूल कारण नहीं है, क्योंकि वह अपने क़बीले का अभिन्न अंग है। पूरा क़बीला एक ही कुलदेवता को पूजता है जिसके पास रहस्यमय रूप से एक ही इष्ट होता है, भौतिक रूप से भूखण्ड से मिलने वाले सुख में साझेदारी होती है। अलगाव की प्रक्रिया के अनुसार, जिसका उल्लेख मैंने पहले किया है, क़बीला इस भूखण्ड में एक उद्देश्य और ठोस रूप के वेश में ज़ब्त हो जाता है; वहाँ पर ज़मीन के स्थायित्व को इस प्रकार एक इकाई के रूप में महसूस किया जाता है जिसकी पहचान समय बीतने के साथ बनी रहती है। केवल यह अस्तित्वगत प्रक्रिया ही उस पहचान को समझना सम्भव बनाती है जो आज तक क़बीले, वंश, परिवार और सम्पत्ति के बीच बची हुई है। खानाबदोश जनजातियों की संकल्पना में सिर्फ़ वर्तमान का महत्त्व था, कृषि समुदाय इस अवधारणा को अतीत में निहित और भविष्य से जुड़े जीवन को प्रतिस्थापित करता है। कुलदेवता का आदर किया जाता है जो क़बीले के सदस्यों को अपना नाम देता है; और क़बीले का अपने वंशजों के प्रति अगाध प्रेम होता है। वह अपनी सन्तति को विरासत में जो ज़मीन देगा उसके ज़रिये उसका कुल ज़िन्दा रहेगा। समुदाय अपनी एकता में विश्वास करता है और अपने अस्तित्व को वर्तमान से परे

क़ायम रखना चाहता है। अपनी सन्तान में वह स्वयं को देखता है, यह उन्हें अपना ही रूप मानता है, और उनके माध्यम से उसे परितृप्ति और श्रेष्ठता हासिल होती है।

बहुत सारे आदि-मानव बच्चे पैदा करने में पिता की भूमिका से अनजान हैं; वे शिशु जन्म को पैतृक लार्वा का पुनर्जन्म मानते हैं जो कुछ पेड़ों, कुछ चट्टानों, कुछ पवित्र स्थानों में तैरते हैं, और वही स्त्रियों के शरीर में उतरते हैं; इसके लिए कौमार्य एक ज़रूरी शर्त नहीं थी, लेकिन अन्य लोगों का मानना है कि उसका प्रवेश नाक या मुँह से भी होता है; किसी भी सूरत में, कौमार्य-भंग यहाँ गौण है और रहस्यमय कारणों से, यह कदाचित् ही कभी पति का विशेषाधिकार है। प्रत्यक्षत: बच्चे के जन्म के लिए माँ का होना अनिवार्य है; वही बीज को अपने भीतर सहेजती है और उसका पोषण करती है, यही कारण था कि औरत क़बीले की जीवनदायिनी शक्ति बनी। इस प्रकार परिवार में उसकी भूमिका प्रमुख हो जाती है। बहुधा सन्तानें अपनी माँ के कुल से सम्बद्ध होते थे, उनका नाम धारण करते थे, उनके अधिकार साझा करते थे और विशेष रूप से क़बीले के पास जो भूमि होती थी उसका उपभोग करते थे। सामुदायिक सम्पत्ति का स्वामित्व तब स्त्रियों के पास होता था और सम्पत्ति का बँटवारा उनकी माताओं के माध्यम से सदस्यों को नियत किया जाता है। इस प्रकार रहस्यमय रूप से भूमि औरतों की जागीर मानी जाती थी। ज़मीन और उसकी उपज पर उनका नियन्त्रण धार्मिक और क़ानूनी दोनों था। वह बन्धन जो उन्हें बाँधता है वह स्वामित्व से अधिक मज़बूत होता है; भूमि के साथ स्त्री का आत्मसात्करण मातृ अधिकारों की प्रणाली को चिन्हित करता है; दोनों में, जीवन का स्थायित्व अपने अवतारों के माध्यम से पूरा होता है, जीवन जो अनिवार्य रूप से पीढ़ी है। खानाबदोशों में प्रजनन महज़ एक आकस्मिक घटना थी और धरती में छिपी सम्पदा से वे अनभिज्ञ थे; लेकिन खेतिहर उर्वरता के रहस्य को सराहता है जिसकी शक्ति से धरती और माता के गर्भ में अंकुर पनपते हैं; वह जानता है कि उसकी उत्पत्ति भी मवेशियों और फ़सलों के समान हुई है, वह चाहता है कि उसका कुल अन्य मनुष्य उत्पन्न करे, जिनसे उसका कुल तो चलता ही रहेगा साथ ही वे खेतों की उर्वरता को भी क़ायम रखेंगे; समस्त प्रकृति उन्हें एक माँ स्वरूप प्रतीत होती है; पृथ्वी स्त्री है; वैसी ही रहस्यमयी, स्त्री के अन्दर पृथ्वी[2] की ही तरह अन्धकारमय शक्तियों का वास है। आंशिक रूप से इसी कारण से उसे खेती का काम सौंपा गया था। पूर्वजों को अपने भीतर बुलाने में सक्षम, उसके पास बोये गये खेतों में फल और गेहूँ बनाने की शक्ति भी है। दोनों ही सन्दर्भ में, ये सृजनात्मक क्रियाएँ नहीं बल्कि एक मायावी जादू-टोना था। इस स्तर पर, मनुष्य अब ख़ुद को पृथ्वी के उत्पादों

को इकट्ठा करने तक सीमित नहीं रखता है लेकिन उसे अभी तक अपनी ताक़त का भान नहीं हुआ है; असमंजस में वह जादुई उर्वरक शक्ति और तकनीकी कौशल के बीच कगार पर खड़ा ख़ुद को असहाय और निष्क्रिय महसूस करता है, प्रकृति पर निर्भर है जहाँ जीवन और मृत्यु के बीच एक सांयोगिक फ़ासला था। निस्सन्देह, वह कमोबेश यौन क्रिया के महत्त्व के साथ-साथ उन तकनीकों की उपयोगिता भी पहचान रहा है जिनसे मिट्टी को और उपजाऊ बनाया जा सके लेकिन बच्चे और खेती की पैदावार अभी भी अलौकिक उपहारों की तरह लगते हैं; और यह स्त्री शरीर से निकलने वाली रहस्यमयी गन्ध थी जो इस दुनिया में जीवन के रहस्यमय स्रोतों में दफ़न धन को आकर्षित करती थी। भारतीयों, आस्ट्रेलियाई, पॉलिनेशियनों[3] की कई जनजातियों के बीच ऐसी मान्यताएँ आज भी जीवित हैं; समुदाय के व्यावहारिक हितों के साथ तालमेल बिठाने के साथ ही वे और भी महत्त्वपूर्ण हो गये। मातृत्व स्त्री को निष्क्रिय अस्तित्व बना देता है; यह स्वाभाविक है कि जब पुरुष शिकार करता है, मछली पकड़ता है, लड़ता है, तो वह घर पर ही रहती है। लेकिन आदिम लोग अपने गाँव की सीमा के भीतर एक मामूली बग़ीचे से अधिक खेती नहीं करते थे, और इसकी खेती एक घरेलू काम था; पाषाण युग के उपकरणों के उपयोग के लिए थोड़े प्रयास की आवश्यकता होती थी; खेती के काम का भार स्त्रियों के कन्धों पर डालने के लिए अर्थव्यवस्था और रहस्यवादी मान्यता एकमत थे। जैसे-जैसे घरेलू उद्योग का दायरा बढ़ रहा था, वे सारे काम भी औरत के ही ज़िम्मे पड़े : वे कालीन और कम्बल बुनती थीं, मिट्टी के बर्तन बनाती थीं। अक्सर स्त्रियों की निगरानी में ही सामग्री का लेन-देन होता था, वस्तु-विनिमय का संचालन वे ही करती थीं। व्यापार उनके हाथों में होता था। इस प्रकार क़बीले का जीवन वे ही सँभालती थीं और क़बीला उन्हीं के भरोसे फलता-फूलता था; वे समुदाय की आत्मा थीं जिसकी सम्पूर्ण समृद्धि, बच्चे, झुण्ड, फसल, उपकरण, उनके श्रम और उनके जादुई गुणों पर निर्भर करती है। इतनी शक्ति कि पुरुष भय-मिश्रित श्रद्धा से उनकी आराधना करने लगा। उन्हीं में पुरुष को समस्त अनूठी प्रकृति की झाँकी मिलने लगी।

इसका उल्लेख पहले ही किया जा चुका है कि पुरुष की यह स्वभावगत विशेषता है कि वह हमेशा अन्य के सन्दर्भ में स्वयं के बारे में सोचता है; जगत के बारे में उसका दृष्टिकोण द्वन्द्वात्मक होता है। वह द्वैत के संकेत के तहत दुनिया को समझता है; जिसका चरित्र शुरुआत में लैंगिक नहीं है। लेकिन स्वाभाविक रूप से, पुरुष से भिन्न होने के कारण, उसने स्वयं के सन्दर्भ में औरत को **अन्य** की कोटि में रखा; इस **अन्य** में स्त्री सिमट जाती है; पहले तो वह इसे मूर्त रूप देने के लिए पर्याप्त

नहीं है, इसलिए इसके अन्तर्गत एक उपखण्ड उभर आया। पुराने ब्रह्माण्डों में एक ही तत्त्व में अक्सर नर और मादा दोनों अवतार होते हैं; इस प्रकार बेबीलोनियों के लिए, महासागर और समुद्र ब्रह्माण्ड के उथल-पुथल का दोहरा अवतरण था। जैसे-जैसे औरत की भूमिका का विस्तार होता गया, वह पुरुष के लिए सम्पूर्ण रूप से अन्य होती चली गई। तब ईश्वर के स्त्री-रूप का उद्‌भव होता है जिसके माध्यम से उर्वरता की अवधारणा को पूजा जाता है। सुसा में की गयी एक खोज में महान् देवी का सबसे पुराना निरूपण मिलता है, एक लम्बी पोशाक में और सुरुचिपूर्ण केश-विन्यास में महान् माता, जबकि अन्य मूर्तियों में सिर पर ताज दर्शाया गया है; क्रीट में खुदाई के दौरान उसके कई पुतले मिले हैं। कभी स्तब्ध और उकड़ूँ बैठी हुई, कभी छरहरी और सीधी खड़ी, कभी वस्त्र पहने और अक्सर नग्न, अपने फूले हुए स्तनों के नीचे अपनी बाँहें कसे हुए। वह स्वर्ग की रानी है, एक कबूतर उसका प्रतीक है; वह पाताल लोक की सम्राज्ञी भी है, और सर्प उसका प्रतीक है। वह पहाड़ों में, जंगलों में, समुद्र में और झरनों में प्रकट होती है। हर जगह वह जीवन का सृजन करती है; अगर वह वध करती है, तो वही पुनर्जीवन देती है। प्रकृति की तरह मनमौजी, चंचल, कामुक और क्रूर, स्त्री एक ही साथ मांगलिक और अशुभ दोनों थी, वह पूरे एजिस, फ्रीगिया, सीरिया, अनातोलिया और सम्पूर्ण पश्चिमी एशिया पर शासन करती है। उसे बेबीलोन में ईशतर, यहूदियों में एस्टार्ट और यूनानियों में गेआ, रिया या साइबेले कहा जाता है; हम उसे मिस्र में आइसिस के भेष में पाते हैं; पुरुष देवता उसके अधीन हैं। स्वर्ग और नरक के सुदूर क्षेत्रों में परम पूज्य, पृथ्वी पर स्त्री सभी पवित्र प्राणियों की तरह वर्जनाओं से घिरी हुई है, वह स्वयं में ही वर्जना है; उसमें निहित शक्तियों के कारण, वह किसी जादूगरनी या चुड़ैल का स्वरूप लगती है; उस शक्ति की पूजा होती है, वह कभी-कभी प्राचीन सेल्ट्स के बीच ड्रूयडेस की तरह एक पुजारी बन जाती है; कुछ ऐसे भी सन्दर्भ हैं जब वह जनजाति की शासन प्रणाली में भाग लेती है, यहाँ तक कि ऐसा भी होता है कि वह अकेले ही इसका प्रयोग करती है। इन प्राचीन युगों ने हमारे लिए कोई साहित्य नहीं छोड़ा है। लेकिन महान् पितृसत्तात्मक युग, अपनी पौराणिक कथाओं, अपने शिलालेखों और कालातीत परम्पराओं में उन स्मृतियों को संजोये रखा है जब स्त्रियों को समाज में सर्वोपरि स्थान मिला हुआ था। आदिम समाज में स्त्रियों को जो जगह मिली हुई थी उसका ऋग्वेद काल में ह्रास होता है और क्रमशः ब्राह्मण युग में उसकी स्थिति और हीन हो जाती है। पूर्व-इस्लामी युग की बेदुईन स्त्रियों को कुरान द्वारा उन्हें दी गयी जगह की तुलना में बहुत अधिक उच्च दर्जा प्राप्त था। मेडिया के, नीओब के

महान् शख़्सियतों ने एक ऐसे युग का उल्लेख किया है जब माताएँ अपनी सन्तति को अपनी सम्पत्ति मानकर उन पर गर्व करती थीं। और होमरिक कविताओं में, एंड्रोमाचे, हेक्यूब का एक महत्त्व है जिसे शास्त्रीय ग्रीस अब स्त्री रोग की छाया में छिपी स्त्रियों में नहीं पहचानता है।

इन तथ्यों से यह निष्कर्ष निकलता है कि आदिम काल में वास्तव में स्त्रियों का बोलबाला था; एंगेल्स ने बाशोफेन द्वारा प्रस्तावित इस परिकल्पना को अपनाया; मातृसत्ता से पितृसत्ता तक का मार्ग उन्हें "स्त्री जाति की महान् ऐतिहासिक हार" लगती है। लेकिन वास्तव में स्त्रियों का यह स्वर्ण युग एक मिथक मात्र है। यह कहना कि स्त्री अन्य थी यह सिद्ध करता है कि स्त्री और पुरुष के बीच कोई पारस्परिक सम्बन्ध नहीं था : वह पृथ्वी थी, माता थी, देवी थी, किन्तु पुरुष के लिए उसकी समकक्ष कभी नहीं थी; उसकी शक्ति मायावी जगत से परे थी; अत: वह इस जगत से बाहर थी। समाज हमेशा पुरुष रहा है; राजनीतिक सत्ता हमेशा पुरुषों के हाथ में रही है। लेवी-स्ट्रॉस आदिम समाजों के सम्पूर्ण अध्ययन के बाद कहते हैं, "सत्ता चाहे सार्वजनिक हो या सामाजिक, वह हमेशा पुरुष के हाथ में रही।" उसके जैसा, एक अन्य व्यक्ति, जिसमें वह अपना प्रतिरूप देखता है, जिसके साथ पारस्परिक सम्बन्ध स्थापित होते हैं, यह पुरुष के लिए हमेशा एक पुरुष व्यक्ति होता है। जब समुदायों के अन्तर्गत किसी न किसी रूप में द्वयात्मकता उभरती है तब पुरुषों के दो समूह एक-दूसरे का विरोध करते हैं : और स्त्रियाँ उस जागीर का हिस्सा होती हैं जिस पर पुरुषों का आधिपत्य होता है और वे भी सम्पत्ति की तरह उनके बीच विनिमय का एक साधन होती हैं। त्रुटि इस तथ्य से आयी है कि हमने अन्यता के दो आँकड़ों को भ्रमित कर दिया है जो पूरी तरह से परस्पर अनन्य हैं। जब स्त्री को पूर्णतया **अन्य** माना जाता है, अर्थात — उसकी माया जैसी भी हो, — जब वह गौण है उसे एक अन्य कर्ता[4] के रूप में मानना बिल्कुल असम्भव है। इसलिए स्त्रियों ने कभी भी एक अलग समूह का गठन नहीं किया है जो पुरुष की एकजुटता का सामना करने के लिए उनके विरोध में खड़ी हों; पुरुषों के साथ उनका सीधा और स्वायत्त सम्बन्ध कभी नहीं रहा। लेवी-स्ट्रॉस[5] कहते हैं, "पारस्परिकता के जिस बन्धन से विवाह की नींव पड़ती है वह पुरुषों और स्त्रियों के बीच स्थापित नहीं होती, बल्कि स्त्रियों के माध्यम से पुरुषों के बीच स्थापित होती है।" स्त्री की ठोस स्थिति उस समाज में प्रचलित परम्परा से प्रभावित नहीं होती है जिससे वह सम्बद्ध है; समाज चाहे पितृवंशीय हो, चाहे मातृवंशीय, या की द्विपार्श्विक या अविभेदित (जबकि विभेदन कभी सूक्ष्म नहीं होता) औरत हमेशा पुरुषों के संरक्षण में रहती है; यहाँ सिर्फ़

एक प्रश्न उठता है कि क्या विवाह के बाद भी वह अपने पिता या अपने बड़े भाई के अधिकार के अधीन रहती है — एक अधिकार जिसके तहत उसके बच्चे भी आयेंगे — या फिर वह पति के अधीन हो जाती है। किसी भी स्थिति में : "औरत कभी भी अपने वंश के प्रतीक से ज़्यादा कुछ नहीं होती है ... मातृवंशीय सम्बन्ध, पिता या औरत के भाई के हाथ में होता है जो भाई के गाँव तक फैला होता है।"[6] वह केवल क़ानून की मध्यस्थ है, उसकी धारक नहीं। वास्तव में, वंशानुक्रम की प्रणाली दो पुरुष समूहों के सम्बन्ध द्वारा परिभाषित होते हैं, न कि स्त्री-पुरुष के सम्बन्ध से। दरअसल, औरत की ठोस स्थिति इस या उस तरह के दस्तूर से स्थायी तौर पर जुड़ी नहीं होती है। ऐसा भी होता है कि मातृवंशीय व्यवस्था में उसका स्थान बहुत ऊँचा हो लेकिन — सावधान रहें — किसी जनजाति की मुखिया या रानी की उपस्थिति का बिल्कुल मतलब यह नहीं है कि औरतें स्वायत्त हैं : रूस की कैथरीन के आगमन ने किसी भी तरह से रूसी किसान स्त्रियों के भाग्य को नहीं बदला; और तब भी उनका जीवन उसी तरह दुर्दशा में बीतता रहा। इसके अलावा, ऐसे मामले बहुत दुर्लभ हैं जहाँ स्त्री अपने क़बीले में ही रहती है और वहाँ पर उसके पति को उससे थोड़ी देर के लिए, यहाँ तक कि गुप्त रूप से मिलने की इजाज़त होती है। लगभग हमेशा वही अपने पति की छत के नीचे रहने के लिए जाती है : यह तथ्य पुरुष वर्चस्व का पर्याप्त प्रमाण है। लेवी-स्ट्रॉस लिखते हैं, "वंश के प्रकार में भिन्नता के पीछे," पितृस्थानीय निवास का स्थायित्व लिंगों के बीच बुनियादी विषम सम्बन्ध को प्रमाणित करता है जो मानव समाज की विशेषता है। चूँकि वह अपने बच्चों को अपने साथ रखती है, इसका परिणाम यह होता है कि जनजाति का क्षेत्रीय संगठन अपने कुलदेवता संगठन से मेल नहीं खाता है : पहला आकस्मिक है, दूसरा कठोर रूप से निर्मित है; लेकिन व्यवहार में, पहला अधिक महत्त्वपूर्ण था क्योंकि जिस स्थान पर लोग काम करते हैं और रहते हैं वह उनके रहस्यमय सम्बन्ध से अधिक मायने रखता है। संक्रमणकालीन व्यवस्थाओं में दो प्रकार के अधिकार सबसे व्यापक होते हैं, एक धर्म पर आधारित और दूसरा भूमि के कब्ज़े और श्रम पर, और वे परस्पर व्याप्त होते हैं। यद्यपि विवाह केवल एक धर्मनिरपेक्ष संस्था है, फिर भी उसका बहुत बड़ा सामाजिक महत्त्व है और दाम्पतिक परिवार, धार्मिक महत्त्व से वंचित होने के बावजूद, मानवीय स्तर पर बहुत जीवन्त है। यहाँ तक कि उन समुदायों में जहाँ यौन स्वतन्त्रता बहुत अधिक है, बच्चे को जन्म देने वाली स्त्री का ब्याहता होना यथोचित माना जाता है; अकेले एक सन्तान के साथ, वह एक स्वायत्त समूह का गठन नहीं कर सकती है; और उसके भाई की धार्मिक सुरक्षा पर्याप्त नहीं

है; पति की उपस्थिति आवश्यक होती है। बच्चों के प्रति उसकी अक्सर बड़ी ज़िम्मेदारियाँ होती हैं; वे उसके कुल के न हों, परन्तु तब भी वह उनका पालन-पोषण करता है; यह पति और पत्नी, पिता और पुत्र के बीच, सहजीवन, काम, सामान्य हितों, स्नेहशीलता के बन्धन बनाता है। इस धर्मनिरपेक्ष परिवार और कुलदेवता को मानने वाले क़बीले के बीच सम्बन्ध बहुत जटिल होते हैं, जैसा कि विवाह संस्कारों की विविधता से पता चलता है। आदिम समय में, पति किसी दूसरे क़बीले से एक पत्नी ख़रीदता है, या कम-से-कम एक क़बीले से दूसरे क़बीले के बीच सेवाओं का आदान-प्रदान होता है, पहला अपने सदस्यों में से एक को देता है और दूसरा बदले में पशुधन, फल या काम देता है। लेकिन जैसे-जैसे पति, पत्नियों और उनके बच्चों का प्रभार लेते हैं, ऐसा भी होता है कि उन्हें अपनी दुल्हन के भाइयों से पारिश्रमिक मिलता है। रहस्यमय और आर्थिक वास्तविकताओं के बीच सन्तुलन अस्थिर है। पुरुष को अक्सर अपने भतीजों की तुलना में अपने बेटों से अधिक लगाव होता है; पिता के रूप में ही वह अधिकार जताना पसन्द करेगा जब ऐसा दावा सम्भव हो। और यही कारण है कि कोई भी समाज पितृसत्तात्मक ढाँचे की ओर प्रवृत्त होता है क्योंकि उसका विकास मनुष्य को स्वयं के प्रति जागरूक होने और अपनी इच्छा को थोपने की ओर ले जाता है। लेकिन यह रेखांकित करना महत्त्वपूर्ण है कि उस युग में भी जब पुरुष **जीवन, प्रकृति** औ **स्त्री** के रहस्यों से भ्रमित था, तब भी उसने कभी अपनी सत्ता का त्याग नहीं किया; स्त्री की मायावी शक्तियों से भयभीत होने पर वह उसे अनिवार्य का स्थान प्रदान करता है, वही उसे स्थित करता है, और इस तरह उससे अलग स्वयं को परिपूर्ण करके अनिवार्य बन जाता है; उर्वरता से भरे हुए गुणों के बावजूद, पुरुष उसका स्वामी बना रहता है, जैसे वह उपजाऊ भूमि का स्वामी है। प्रकृति जिसकी जादुई उर्वरता की स्त्री प्रतीक है, उसकी नियति **प्रकृति** की ही तरह पुरुष के अधीन होना, उसके आधिपत्य में रहना और शोषित होना है। पुरुषों की दृष्टि में अगर वह प्रतिष्ठित है, तो वह भी उन्हीं की देन है; वह पुरुष चेतना द्वारा बनाई गई धारणाओं के माध्यम से ही समझी जाती है। वास्तव में सभी मूर्तियाँ पुरुष द्वारा ही गढ़ी गईं, और इन मूर्तियों का स्वपरूप उसी पर निर्भर हैं, भले ही उसने उन्हें कितना ही भयावह बनाया हो, पुरुष के पास ही उन्हें छिन्न-भिन्न करने की ताक़त भी है। आदिम समाजों में, औरत की इस निर्भरता को स्वीकार और स्थापित नहीं किया जाता है, लेकिन इसका अस्तित्व अपने आप में निहित है : और जैसे ही पुरुष अपने बारे में अधिक जागरूक होगा, जैसे ही वह ख़ुद को मुखर करने और विरोध करने का साहस करेगा, यह आसानी से मध्यस्थ बन जायेगा। और सच

तो यह है कि धूप और पानी जैसे प्राकृतिक प्रकोपों के आगे असहाय और निष्क्रिय महसूस करने पर पुरुष ने स्वयं को ही परियोजना बना डाला, वह स्वयं से परे जाकर अपनी श्रेष्ठता की पराकाष्ठा को प्राप्त करता है; जीवन की उलझन और आकस्मिकता का सामना करने के लिए पहले से ही उसके मन-मस्तिष्क में पल रहा संकल्प और दृढ़ हो जाता है। कुलदेवता का पूर्वज, स्त्री जिसके कई अवतार ग्रहण करती है, कमोबेश एक पुरुष सिद्धान्त है उसके नाम के तहत पशु या पेड़; स्त्री अपना दैहिक अस्तित्व क़ायम रखती है, लेकिन उसकी भूमिका केवल पोषक की है, रचयिता की नहीं; किसी भी क्षेत्र में वह सृजन नहीं करती है; जनजाति को सन्तान और भोजन देकर वह उनका जीवन सँभाले रखती है, और कुछ नहीं। उसका जीवन गतिहीनता के लिए अभिशप्त है; स्वयं में अवरुद्ध, वह समाज के स्थायी आयामों का प्रतीक है। जबकि पुरुष उन क्रियाकलापों पर एकाधिकार करना जारी रखता है जो इस समाज के लिए नित्य नये दरवाज़े खोलता रहा जिससे उसमें प्रकृति और सम्पूर्ण मानवता की समझ विकसित हो; उसके योग्य काम सिर्फ़ युद्ध करना, शिकार करना या मछली पकड़ना है, वह अनोखे शिकारों पर विजय प्राप्त करता है और उन्हें जनजाति में सम्मिलित है; युद्ध करना, शिकार करना, मछली पकड़ना उसके अस्तित्व के विस्तार का प्रतिनिधित्व करता है, दुनिया में अग्रसर होना; पुरुष उत्कृष्टता का एकमात्र अवतार बना हुआ है। उसके पास अभी तक धरती माँ पर पूरी तरह से हावी होने का व्यावहारिक साधन नहीं है, वह अभी तक उसके विरुद्ध खड़े होने की हिम्मत नहीं करता है लेकिन तब भी वह स्वयं को उससे अलग करना चाहता है। मुझे लगता है कि मातृवंशीय समाजों में प्रचलित बहिर्विवाह की प्रसिद्ध प्रथा के अन्तर्निहित कारण की तलाश करनी चाहिए। भले ही पुरुष सन्तानोत्पत्ति में अपनी भूमिका से अनजान है, उसके लिए विवाह का बहुत महत्त्व है; इसी के माध्यम से वह वयस्क जीवन में गरिमा प्राप्त करता है और धरती के एक टुकड़े का अपना हिस्सा प्राप्त करता है; वह अपनी माता के द्वारा कुल, अपने पुरखों, पितरों, और उन सब से जो उसका अपना सार है, जुड़ा हुआ है; लेकिन अपने सभी धर्मनिरपेक्ष क्रिया-कलापों में, अपने कार्य-जगत और वैवाहिक सम्बन्धों में वह इस हमेशा सीमित दायरों से बाहर जाने की आकाँक्षा रखता, अभेद्यता का अतिक्रमण कर के, जिस अतीत में उसकी जड़ें हैं उससे अलग एक भविष्य के रास्ते तलाशता है; विभिन्न समाजों में मान्यता प्राप्त सम्बन्धों के प्रकारों के आधार पर, अनाचार पर प्रतिबन्ध अलग-अलग रूप लेता है, लेकिन आदिम काल से लेकर आज तक इसका एक ही तात्पर्य है : पुरुष उसकी कामना करता है जो वह नहीं है; वह अपने-आप

को उसी के साथ जोड़ता है जो उसे स्वयं से भिन्न प्रतीत होता है। इसलिए पत्नी को पति के (पॉलिनेशियन, मेलानेशियन और माओरी आस्था में एक अवैयक्तिक अलौकिक शक्ति जिसे सौंपा जा सके या जो विरासत में मिल सकता है।) में भागीदार नहीं होना चाहिए, वह उसके लिए परायी होनी चाहिए: अर्थात उसके कुल से बाहर की। आदिम विवाह कभी-कभी वास्तविक या प्रतीकात्मक अपहरण पर आधारित होता है; क्योंकि दूसरे के साथ की गयी हिंसा उसकी अन्यता की सबसे स्पष्ट पुष्टि है। अपनी पत्नी को बल से जीतकर, योद्धा यह सिद्ध करता है कि वह अपने क़बीले से बाहर किसी और की सम्पत्ति पर अपना आधिपत्य किस तरह जमा सकता है और भाग्य की उन सीमाओं को तोड़ता है जिसके दायरे में वह जन्म से बँधा था; विनिमय के विभिन्न रूप — श्रद्धा, सेवाओं का प्रावधान — एक ही अर्थ को कम स्पष्ट रूप से प्रकट करता है[7]।

धीरे-धीरे, मनुष्य ने अपने अनुभव को जीवन में में उतार लिया, और स्वयं के निरूपण एवं व्यावहारिक अस्तित्व में जो विजयी हुआ वह पुरुष सिद्धान्त है। जीवन पर आत्मा की, अन्तर्व्यापिता पर अनुभवातीतता की, जादू पर तकनीक और अन्धविश्वास पर तर्क की जीत हुई। स्त्री का अवमूल्यन मानवता के इतिहास के क्रमिक विकास का एक बड़ा अनिवार्य चरण रहा है; क्योंकि उसने अपनी प्रतिष्ठा अपने सकारात्मक मूल्य से नहीं बल्कि पुरुष की कमज़ोरी से प्राप्त की है; उसमें परेशान करने वाले प्राकृतिक रहस्यों का समावेश था : पुरुष का प्रकृति से मुक्त होना मतलब वह अब उसका ग़ुलाम नहीं रह जाता। पाषाण युग से कांस्य युग तक के सफ़र में अपने श्रम से वह धरती पर और स्वयं पर विजय प्राप्त करने में सक्षम होता है। किसान को मिट्टी, अंकुरण और ऋतुओं की अनियमितताओं के अधीन किया जाता है; वह निष्क्रिय है, वह चाहता है, और वह प्रतीक्षा करता है। यही कारण है कि मानव संसार में कुलदेवताओं की भरमार थी, किसान इन ताक़तों की सनक को सहता था जिन्होंने उसे अपने कब्ज़े में कर रखा था। इसके विपरीत, कामगार अपने डिजाइन के अनुसार एक उपकरण तैयार करता है; वह उसे उस आकृति में ढालता है जो उसकी परियोजना के अनुकूल हो; इस क्रम में बेशक उसे निष्क्रिय प्रकृति का सामना करना पड़ता है जो उसे चुनौती देता है लेकिन वह जीत जाता है, वह ख़ुद को सम्प्रभु इच्छा के रूप में मानता है; बोये हुए बीज का उगना प्रकृति पर निर्भर था लेकिन औज़ारों और उपकरणों की जो दुनिया बनी वह उसके तर्क, उसकी बुद्धि पर निर्भर थी; जो कुछ वह बनाता है उसके साथ उसकी ज़िम्मेदारी विकसित होती है। उसकी निपुण या दुर्भावनापूर्ण गतिविधियाँ, वह बनाता है

या नष्ट करता है; सावधानी और कुशलता से वह इसे पूर्णता के एक बिन्दु पर लाता है जिस पर उसे गर्व हो सकता है। उसकी सफलता देवताओं की अनुकम्पा पर नहीं वरन उसके संकल्प पर निर्भर करती हैं; वह अपने साथियों को चुनौती देता है, वह अपनी सफलताओं पर गर्व करता है; और अगर उसकी दुनिया में अनुष्ठानों के लिए अभी भी कुछ जगह है, तो सटीक तकनीकें उसे अधिक महत्त्वपूर्ण लगती हैं; रहस्यमय मूल्य गौण हो जाते हैं, और व्यावहारिक रुचियाँ प्राथमिक हो जाती हैं; वह देवताओं से पूरी तरह से मुक्त नहीं है लेकिन उन्हें स्वयं से अलग करके अपनी सत्ता स्थापित करता है; वह उन्हें स्वर्ग में आसीन कर देता है और पुरुष के लिए यह संसार; हथौड़े के पहले प्रहार के साथ पुरुष का शासन शुरू होता है, तब-गरेड़ियों मवेशियों के देवता फ़ीके पड़ने लगते हैं। वह अपनी शक्ति का स्वाद चखता है। स्व-निर्मित शास्त्रों-शस्त्रों से जब उसने वस्तुओं का निर्माण किया तब पहली बार वह कार्य-कारण का अनुभव करता है : बोया गया बीज अंकुरित होता है या अंकुरित नहीं होता है, जबकि धातु आग, शमन, यान्त्रिक क्रिया के साथ हमेशा उसी तरह से प्रतिक्रिया करता है; उपकरणों की इस दुनिया को स्पष्ट अवधारणाओं में तैयार किया जा सकता है : इस प्रकार तर्कसंगत विचार, तर्क और गणित प्रकट होते हैं। ब्रह्माण्ड की समूची तस्वीर उलट-पुलट हो गयी है। नारी का धर्म कृषि-जीवन के आधिपत्य के साथ सम्बद्ध था, जो नश्वरता, आकस्मिकता, संयोग, प्रत्याशा और रहस्य से बँधा हुआ है; होमो फ़ेबर का, यह समय का शासन है जिसे अन्तरिक्ष, आवश्यकता, परियोजना, कार्य, कारण की तरह जीता जा सकता है। यहाँ तक कि जब वह पृथ्वी से होड़ लगायेगा, तब भी पुरुष एक कामगार के रूप में उसका सामना करेगा; उसे पता चलता है कि मिट्टी से सोना उगाया तो जा सकता है, मगर उसे परती छोड़ देना भी अच्छा होता है, कि कुछ बीजों को उपचारित करने के तरीक़े अलग हैं। यह वह है जो फ़सलों को उगाता है; वह नहर खोदता है, वह ज़मीन को सींचता है या उसे सुखाता है, वह रास्ते बनाता है, मन्दिर बनाता है : वह दुनिया का निर्माण नये सिरे से करता है। जो लोग देवी माँ के अँगूठे के नीचे रहे, जहाँ मातृसत्तात्मक व्यवस्था क़ायम थी, वे नूतन विकासशील मानव के लिए पुरातन सभ्यता के बन्दी थे। स्त्री की पूजा केवल इसलिए की जाती थी क्योंकि पुरुष अपने ही भय का दास था, अपनी नपुंसकता का पक्षधर था। वह उसकी पूजा करता था तो उसमें श्रद्धा भाव कम थे, डर अधिक था। अपनी सम्पूर्णता वह तभी हासिल कर सकता था जब वह औरत को उसके सिंहासन से अपदस्थ करता।[8] तब जन्म की सृजनात्मक शक्ति का पुरुष सिद्धान्त, उसकी मेधा और बुद्धि, उसके बनाये नियमों

का सिलसिला जिसे वह अब से एक सम्प्रभु के रूप में मान्यता देगा। देवी माँ के बग़ल में खड़े होकर एक देवता, एक पुत्र या एक प्रेमी प्रकट होता है जो अभी भी उससे हीन है, लेकिन जो हूबहू उसके जैसा दिखता है, और जो उसके साथ जुड़ा हुआ है। वह भी उर्वरता के सिद्धान्त का प्रतीक है : यह एक बैल है, यह मिनोटौर है, यह मिस्र के मैदानों को उपजाऊ बनाने वाली नील नदी है। पतझड़ में वह मर जाता है और वसन्त में उसका पुनर्जन्म होता है, लेकिन दुखी पत्नी-माँ ने अपने शरीर को खोजने और पुनर्जीवित करने के लिए अपनी ताक़त समर्पित कर दी। देवी-देवताओं के ये जोड़े हमें क्रीट में दिखाई देते हैं, फिर भूमध्य सागर के सभी तटों : यह मिस्र में आइसिस और होरस, फेनिशिया में एस्टार्ट और एडोनिस, एशिया माइनर में साइबेले और एटिस और हेलेनिक ग्रीस, रिया और ज़ीउस में है। और फिर महान् माता को पदच्युत कर दिया गया। मिस्र में, जहाँ औरत की स्थिति असाधारण रूप से अनुकूल है, देवी नट जो आकाश का अवतार लेती हैं और आइसिस, निषेचित पृथ्वी, नील नदी की पत्नी, ओसिरिस, अत्यधिक महत्त्व की देवी बनी हुई हैं; लेकिन यह हालाँकि रा, सूर्य, प्रकाश और पौरुष ऊर्जा देवता हैं जो सर्वोच्च राजा हैं। बेबीलोनिया में, ईशर बेल-मर्दोक की पत्नी से अधिक नहीं है; यह वह है जो चीज़ों को बनाता है और उनके सामंजस्य की गारंटी देता है। सेमाइट्स का देवता पुरुष है। जब ज़ी उस स्वर्ग में शासन करता है, तो गे, रिया, साइबेले को त्यागना होगा : डेमेटर में अभी भी केवल एक प्रभावशाली लेकिन माध्यमिक देवत्व रहता है। वैदिक देवताओं की पत्नियाँ हैं जिनकी पूजा उनके समान नहीं की जाती है। रोमन बृहस्पति के समकक्ष[9] कोई नहीं है।

इस प्रकार पितृसत्ता की विजय न तो संयोग थी और न ही हिंसक क्रान्ति का परिणाम। जब मानवता की उत्पत्ति हुई तभी से, पुरुषों के जैविक विशेषाधिकार ने उन्हें सर्वोच्च सत्ता का दावा करने में सक्षम बनाया है; उन्होंने इस विशेषाधिकार का कभी त्याग नहीं किया; उन्होंने अपने स्वतन्त्र अस्तित्व को आंशिक रूप से प्रकृति और स्त्री से अलग किया था; लेकिन बाद में उन्होंने अपनी सम्पूर्णता वापस हासिल कर ली; अन्या की भूमिका निभाने को अभिशप्त औरत की नियति इस तरह से सिर्फ़ एक पराश्रित शक्ति की स्वामिनी होने की थी : ग़ुलाम हो या देवी, किन्तु अपनी नियति का चुनाव उसने स्वयं कभी नहीं किया "पुरुष देवता बनाते हैं; औरतें उन्हें पूजती हैं," फ्रेजर ने कहा; ये पुरुष ही तय करते हैं कि उनके ईश्वर स्त्री होंगे या पुरुष; समाज में स्त्री का स्थान हमेशा वही होता है जहाँ पुरुष उसे अवस्थित करते हैं; किसी भी युग में उसने कभी भी अपना क़ानून नहीं लगाया।

हालाँकि, शायद, अगर औरतों की ताक़त के अनुरूप उत्पादन के श्रम उनके हाथों में रहते, तो प्रकृति पर विजय हासिल करने में स्त्री पुरुष के साथ होती; मानव प्रजाति ने नर और मादा व्यक्तियों के माध्यम से देवताओं के ख़िलाफ़ अपने अस्तित्व की पुष्टि की; लेकिन औज़ारों-उपकरण से मिलने वाले लाभ वह अपने निहितार्थ नहीं कर सकी। एंगेल्स ने केवल उसके पतन को आंशिक रूप से समझाया: यह कहना पर्याप्त नहीं है कि कांस्य और लोहे के आविष्कार ने उत्पादक शक्तियों के सन्तुलन को गहराई से बदल दिया और इस तरह स्त्रियों की हीनता को पूरी तरह स्थापित किया गया; यह हीनता अपने-आप में उस पर हुए दमन का हिसाब देने के लिए पर्याप्त नहीं है। उसकी त्रासदी यह थी कि कामगार की संगिनी नहीं बनने के कारण, उसे मानवीय सन्दर्भ से बाहर रखा गया था। तथ्य यह है कि स्त्री कमज़ोर है और निम्न उत्पादक क्षमता इस बहिष्कार की व्याख्या नहीं करती है; यह इसलिए हुआ क्योंकि पुरुष की सोच, चिन्तन और कर्म में स्त्री की कोई साझेदारी नहीं थी, क्योंकि वह जीवन के रहस्यों की बन्दिनी बनी रही, कि पुरुष ने उसके साहचर्य में एक साथी को नहीं पहचाना; जब पुरुष ने उसे उसकी क्षमता में स्वीकार नहीं किया तब औरत स्वयं अपनी ही दृष्टि में अन्य हो गयी और ऐसे में तो पुरुष का दमनकारी हो जाना अवश्यंभावी था। विस्तार और प्रभुत्व के लिए पुरुष की इच्छा ने स्त्री की अक्षमता को एक अभिशाप में बदल दिया। पुरुष नयी तकनीकों द्वारा खोली गयी नयी सम्भावनाओं को शोषित करना चाहता था : उसने दास-श्रमिकों का सहारा लिया, उसने अपने साथी को ग़ुलामी की ज़ंजीरों में जकड़ दिया। चूँकि दास-श्रम एक स्त्री की तुलना में कहीं अधिक कुशल था, औरत ने जनजाति में निभाने वाली अपनी आर्थिक भूमिका भी खो दी। औरत पर पुरुष के संयमित अधिकारों की तुलना में दास के साथ अपने सम्बन्धों में, स्वामी को अपनी सर्वोच्च सत्ता का पुष्टिकरण मिला। अपनी प्रजनन क्षमता के लिए पूजनीय और महिमामण्डित, पुरुष से भिन्न होते हुए, और इस अन्या का एक गूढ़ चरित्र साझा करते हुए, एक ही समय में स्त्री ने पुरुष पर निर्भर रहते हुए भी उसे स्वयं पर निर्भर रखा; स्वामी-दास के आपस का सम्बन्ध उस वक़्त स्त्री पर लागू हो सकता था, लेकिन दास-प्रथा का आविर्भाव होने से वह ग़ुलामी से बच गयी। दास किसी भी वर्जना से सुरक्षित नहीं है, वह एक ग़ुलाम आदमी के अलावा और कुछ नहीं है, भिन्न नहीं बल्कि हीन है : मालिक के साथ उसके रिश्ते के द्वन्द्वात्मक खेल को साकार होने में सदियाँ लगेंगी; एक संगठित पितृसत्तात्मक समाज के भीतर, दास केवल एक मानवीय चेहरे के साथ बोझ ढोने वाला जानवर है। मालिक उस पर अत्याचारी अधिकार का प्रयोग करता है;

इससे उसका घमण्ड ऊँचा होता है और इसी सत्ता का प्रयोग वह स्त्री पर करने लगता है। वह जो कुछ भी जीतता है, औरत के ख़िलाफ़ जीतता है; पुरुष जितना शक्तिशाली होता जाता है, उतना ही स्त्री का पतन होता जाता है। विशेष रूप से जब वह भूमि[10] का मालिक बन जाता है तो वह स्त्री के स्वामित्व का भी दावा करता है। पहले वह अलौकिक शक्ति के, पृथ्वी के अधीन था, अब उसके पास एक आत्मा, धरती के टुकड़े हैं; स्त्री से मुक्त होने के बाद, वह एक पत्नी और उससे होने वाली सन्तान पर भी दावा करता है। वह चाहता है कि जो पारिवारिक श्रम वह अपने खेतों के लाभ के लिए उपयोग करता है वह पूरी तरह से उसका हो और उसके लिए यह आवश्यक है कि श्रमिक उसके सगे हों। वह अपनी पत्नी और उसके बच्चों को ग़ुलाम बनाता है। उसे उत्तराधिकारियों की आवश्यकता है जिनसे उसका वंश चलता रहे और उसका सांसारिक जीवन लम्बा हो क्योंकि वह उन्हें अपनी सम्पत्ति देता है और जो उसे मृत्यु से परे उसकी शेष आत्मा के लिए आवश्यक सम्मान प्रदान करेगा। घरेलू देवताओं का पन्थ निजी सम्पत्ति के संविधान पर आरोपित है, और उत्तराधिकारियों का कार्य आर्थिक और रहस्यमय दोनों है। इस प्रकार, जिस दिन कृषि अनिवार्य रूप से जादुई काम नहीं रह जाता और रचनात्मक श्रम बन जाता है, पुरुष पाता है कि वह स्वयं एक उत्पादक शक्ति है; एक ही समय में वह अपनी सन्तान और अपनी फ़सल[11] दोनों पर दावा करता है।

आदिम काल में मातृवंशीय परम्परा को विस्थापित करने वाली विचारधारा से अधिक महत्त्वपूर्ण कोई वैचारिक क्रान्ति नहीं है; उस समय से, माँ का दर्जा धाई, नौकरानी का होकर रह जाता है, और पिता की सत्ता को और प्रतिष्ठित ऊँचा किया जाता है; वही सारे अधिकार रखता है और अधिकार देता है। अपोलो, द *यूमेनाइड्स ऑफ़ एशिलस* में, ढिंढोरा पीटता है : "जन्म देने वाली, माँ नहीं होती, जिसे उसका बच्चा कहा जाता है : वह तो केवल अपने गर्भ में डाले गये बीज का पोषण करती है; जो पैदा करता है वह पिता है। स्त्री एक ग़ैर-संरक्षक के रूप में बीज ग्रहण करती है और यदि उस पर ईश्वर की कृपा हो तो वह उसे सुरक्षित रखती है। यह स्पष्ट है कि ये कथन किसी वैज्ञानिक अनुसन्धान का परिणाम नहीं हैं। ये आस्था के धन्धे हैं। इसमें कोई सन्देह नहीं है कि तकनीकी कार्य-कारण के अनुभव से पुरुष अपनी सृजनात्मक शक्ति का आश्वासन प्राप्त करता है, जिससे उसे यह पता चला कि प्रजनन के लिए वह भी उतना ही आवश्यक था जितनी कि माता। विचार ने अवलोकन को निर्देशित किया; लेकिन अवलोकन पिता को माँ के बराबर भूमिका देने तक ही सीमित रखता है। इससे यह अनुमान लगाया गया कि, जहाँ तक प्रकृति

का सवाल है, गर्भाधान की शर्त शुक्राणु और ऋतुस्राव का मिलन था; अरस्तू का विचार है कि औरत केवल एक पदार्थ है, और "सभी जीवित प्राणियों में जो गति का सिद्धान्त वह पुरुष है, जो बेहतर और अधिक दिव्य है," एक ऐसा विचार है जो सत्ता की अभिलाषा को व्यक्त करता है और यह लालसा तर्क और ज्ञान को मात दे जाती है। अपनी भावी पीढ़ी के लिए पूरी तरह स्वयं को ज़िम्मेदार ठहराते हुए, पुरुष निश्चित रूप से स्त्रीत्व की पकड़ से ख़ुद को मुक्त कर लेता है, वह स्त्रियों के सम्मुख इस जगत में अपना वर्चस्व स्थापित कर लेता है। वंश-वृद्धि और दूसरे दर्जे के कामों के लिए अभिशप्त, अपने वास्तविक महत्त्व और रहस्यमयी प्रतिष्ठा से वंचित, औरत एक नौकरानी से ज़्यादा कुछ नहीं रह जाती।

पुरुषों ने इस विजय को एक हिंसक संघर्ष के परिणाम के रूप में दर्शाया। असीरो-बेबीलोनियन से सम्बन्धित सबसे प्राचीन ब्रह्माण्ड विज्ञानों में, लगभग सातवीं शताब्दी के एक अवतरण में उनकी जीत का वर्णन है, लेकिन यह एक पुरानी किंवदन्ती भी उद्धरित करता है। महासागर और समुद्र, अतुम और तियामत ने आकाश लोक, पृथ्वी लोक और सभी महान् देवताओं को जन्म दिया; परन्तु उन्हें बहुत अशान्त पाकर उन्होंने उनका सत्यानाश करने का निश्चय किया; और तियामत, स्त्री-माता, ने अपने वंशजों के सबसे मज़बूत और सबसे सुदर्शन बेल-मर्दुक के ख़िलाफ़ संघर्ष का नेतृत्व किया; उसने उसे युद्ध में चुनौती दी, और एक भयानक युद्ध के बाद उसे मार डाला और उसके शरीर को दो टुकड़ों में काट दिया; एक आधे से उसने स्वर्ग का कोष्ठ बनाया, और दूसरे से पार्थिव जगत की नींव डाली; फिर उन्होंने सृष्टि और मानवता रची। यूमेनाइड्स के नाटक में, जो मातृ अधिकारों पर पितृसत्ता की विजय को दर्शाता है, ओरेस्टेस ने क्लाइटेमनेस्ट्रा की भी हत्या कर दी। इन खूनी जीतों के माध्यम से, पौरुष बल और का अनुशासन एवं प्रकाश की सौर शक्तियाँ स्त्री जाति की भ्रान्ति पर जीत हासिल करती हैं। ओरेस्टेस को दोषमुक्त करके, देवताओं के दरबार ने घोषणा की कि वह क्लाईटेमनेस्ट्रा का पुत्र होने से पहले अगामेमोन का पुत्र है। पुराना मातृ अधिकार सत्वहीन हो चुका है : दुस्साहसी पुरुष विद्रोह ने इसे मार डाला। हमने देखा है कि वास्तव में पितृसत्तात्मक अधिकारों का प्रचलन एक क्रमिक प्रक्रिया में घटित हुआ। पुरुष की विजय एक पुनर्विजय थी। उसने बस उसी पर कब्ज़ा किया जो उसके पास पहले से ही था; उसने क़ानून का वास्तविकता के साथ सामंजस्य बिठाया। न कोई संघर्ष था, न कोई जीत, न कोई हार। हालाँकि, इन किंवदन्तियों का एक गहरा अर्थ है। जिस क्षण मनुष्य स्वयं को

कर्ता और स्वतन्त्रता के रूप में स्वीकार करता है, अन्य के विचार में मध्यस्थता हो जाती है। तभी से, अन्य के साथ सम्बन्ध एक नाटक हो जाता है : दूसरे का अस्तित्व एक ख़तरा है, एक संकट होता है। प्राचीन यूनानी दर्शन, जिसका प्लेटो इस बिन्दु पर खण्डन नहीं करते हैं, ने दिखाया कि अन्यता निषेध के समान ही है, इसलिए पाप है। दूसरे को मंज़ूर करना मैनिकीवाद को परिभाषित करना है। यही कारण है कि धर्म और उनकी संहिताएँ स्त्रियों के साथ इतना विद्वेषपूर्ण व्यवहार करते हैं। मानव जाति जब तक विकास के उस चरण तक पहुँची कि अपनी पौराणिक कथाओं और अपने क़ानूनों को लिपिबद्ध करे, तब तक पितृसत्ता निर्णायक तौर पर स्थापित हो चुकी थी : यह पुरुष ही थे जिन्होंने संहिताओं को बनाया था। यह स्वाभाविक है कि वे स्त्री को अधीनस्थ पद प्रदान करते हैं; लेकिन इतना तो सोचा जा सकता है कि वे स्त्रियों के प्रति भी उतनी ही उदारता दिखाते जितनी कि बच्चों और मवेशियों के साथ। ऐसा कुछ भी नहीं है। नियम बनाने वाले उससे भयभीत थे अत: उन्होंने औरत के दमन के लिए सारे बन्दोबस्त किये। जिन उभयभावी गुणों से उसे विभूषित किया गया उनके अहितकारी पक्षों को विशेष रूप से स्मृति में रखा गया : पवित्र से वह अशुद्ध हो जाती है। आदम की संगिनी हव्वा के कारण सम्पूर्ण मानवता पर विपत्ति आयी; जब वे पुरुषों से बदला लेना चाहते हैं, तो मूर्तिपूजक देवताओं ने औरतों को गढ़ा,और इन मादा प्राणियों में पहली, पेंडोरा है, जो उन सारे दुखों का पिटारा खोल देती है जिनसे मानवता पीड़ित है। यह अन्या, निष्क्रिय होती हुई सक्रियता का सामना कर रही थी, विविधता जो एकता को छिन्न-भिन्न करती है, आकार के विरुद्ध पदार्थ, अव्यवस्था जो सुव्यवस्था का विरोध करती है। इस प्रकार स्त्री सारी बुराइयों के लिए अभिशप्त है। पाइथागोरस कहते हैं, "एक अच्छा सिद्धान्त है जिसने व्यवस्था, प्रकाश और पुरुष का निर्माण किया और एक बुरा सिद्धान्त जिसने अराजकता, अन्धकार और स्त्री का निर्माण किया।" मनु संहिता स्त्री को एक नीच प्राणी के रूप में परिभाषित करती है जिसे बन्दी बना कर रखा जाना चाहिए। लेविटिकस ने उसे पितृसत्ता के बोझ ढोने वाले पशुओं के सदृश माना है। सोलन के क़ानून उसे कोई अधिकार नहीं देते। रोमन क़ानून में औरत को अभिभावक की ज़रूरत होती है और उसकी 'मूर्खता' के चर्चे करता है। कैनन क़ानून उसे 'शैतान का द्वार' मानता है। कुरान का उसके प्रति नज़रिया घोर अवमानना का बल्कि सबसे ज़्यादा अवहेलनापूर्ण है।

और फिर भी अच्छाई के लिए बुराई आवश्यक है, विचार के लिए विषय और प्रकाश के लिए रात। पुरुष जानता है कि उसकी काम-वासना की तृप्ति के लिए,

उसके अस्तित्व को बनाये रखने के लिए, स्त्री उसके लिए अपरिहार्य है; उसके लिए ज़रूरी है कि औरत को समाज में समाहित करे : जब तक वह पुरुषों द्वारा स्थापित आदेश का पालन करती रहे, तो उसके बुनियादी कलंक का शुद्धीकरण हो जाता है। मनु-संहिता में यह विचार दृढ़ता से व्यक्त किया गया है : "एक वैध विवाह द्वारा एक स्त्री अपने पति के गुणों को आत्मसात करती है, उसी तरह जैसे नदी समुद्र में विलीन हो जाती है, और मृत्यु के उपरान्त उसे भी स्वर्गलोक में प्रवेश मिलता है। इस प्रकार बाइबिल भी 'पवित्र स्त्री' के वर्णन का स्तुतिगान करता है। देह के प्रति घृणाभाव रखने के बावजूद, ईसाई धर्म समर्पित कुँवारी और पवित्र व विनम्र पत्नी का सम्मान करता है। एक धार्मिक समूह के भीतर, स्त्री की एक महत्त्वपूर्ण धार्मिक भूमिका भी हो सकती है : भारत में ब्राह्मणी और रोम में फ्लेमिनिया अपने पति के समान पवित्र हैं; दम्पति में पुरुष ही हावी होता है, लेकिन सन्तानोत्पत्ति के लिए, जीवन के नैरन्तर्य के लिए और समाज की व्यवस्था के लिए नर और मादा सिद्धान्तों का मिलन आवश्यक रहता है।

यह उस अन्य की, स्त्री की यह द्वयर्थकता, उसके शेष इतिहास में परिलक्षित होगी; हमारे समय तक वह पुरुषों की इच्छा के अधीन रहेगी। लेकिन यह इच्छाशक्ति अस्पष्ट है : जब पुरुष स्त्री को पूर्ण रूप से अधिकृत कर लेगा तब उसका दर्जा और नीचा हो जायेगा और उसे वस्तु की श्रेणी में रख दिया जायेगा; निःसन्देह, मनुष्य जो कुछ जीतता है और जिस पर उसका अख़्तियार होता है उससे वह अपनी मान-मर्यादा को बढ़ाने का प्रयास करता है; उसकी नज़रों में इस अन्या की आदिम जादुई ताक़त बरकरार रहती है; पत्नी को नौकरानी और संगिनी दोनों एक ही साथ कैसे बनाया जाये यह उन समस्याओं में से एक है जिसे वह सुलझाने की कोशिश करेगा; सदियाँ बीतने के साथ-साथ उसके रवैये में सुधार होगा, और इससे औरत की नियति[12] की बेहतरी का भी रास्ता मिलेगा।

III

निजी सम्पत्ति की अवधारणा के पदार्पण के साथ जब औरत अपदस्थ हुई तब सदियों तक स्त्री का भाग्य निजी सम्पत्ति के साथ ही जुड़ गया — मोटे तौर पर औरत की कहानी, विरासत के इतिहास के साथ उलझी हुई है। इस संस्था का महत्त्व स्पष्ट हो जाता है यदि हम यह ध्यान में रखें कि मौलिक संरचना में निजी सम्पत्ति का मालिक अपनी हस्ती, अपने अस्तित्व को अलगाता है, हस्तान्तरित करता है; अपनी सम्पत्ति

उसे अपने जीवन से भी ज़्यादा प्यारी होती है; इस तरह से व्यक्ति इस क्षणभंगुर जीवन की संकीर्ण सीमाओं के परे चला जाता है, देह की नश्वरता के बाद भी जीवित रहता है, अमर आत्मा का एक सांसारिक और सचेतन देह धारण; लेकिन यह उत्तरजीविता तभी प्रतिफलित होती है जब सम्पत्ति योग्य उत्तराधिकारी के हाथों में सुरक्षित हो। स्वामी यह चाहता है कि उसकी सम्पत्ति उसकी मृत्यु के बाद उसकी आत्मा के अंश उसकी सन्तान के पास रहे। पैतृक भूमि का संवर्धन करना और पिता की आत्मा की पूजा करना उत्तराधिकारी का दायित्व है : वह पृथ्वी पर और भूमिगत दुनिया में पूर्वजों के अस्तित्व को सुनिश्चित करता है। इसलिए पुरुष अपनी सम्पत्ति या अपनी सन्तान को स्त्री के अधिकार में सौंपने के लिए कभी सहमत नहीं होगा। वह अपने दावों को पूरी तरह और हमेशा के लिए थोपने में सफल नहीं होगा, लेकिन जब पितृसत्ता शक्तिशाली होती है, तो यह स्त्रियों से सम्पत्ति का मालिकाना हक़ और हस्तान्तरण के सभी अधिकारों को छीन लेती है। वास्तव में, उसे औरत को इन अधिकारों से वंचित करना तर्कसंगत लगता है। यदि यह स्वीकार कर लिया जाता है कि एक औरत के बच्चे उसके नहीं हैं, तो उनका अनिवार्य रूप से उस समूह से कोई सम्बन्ध नहीं होता जहाँ माँ जन्मी होती है। ऐसा नहीं है कि शादी करके औरत एक कुल से दूसरे कुल में जाती है : मूलत: जिस कुल में वह जन्मी होती है वहाँ से उसका अपहरण करके उसे उसके पति के कुल में सम्मिलित कर लिया जाता है; वह उसे मवेशियों या ग़ुलाम की तरह ख़रीदता है, अपने कुलदेवताओं को उस पर थोपता है : और जिन बच्चों को वह जन्म देती है वे पति के परिवार के होते हैं। यदि वह उत्तराधिकारी होती, तो वह अपने पैतृक परिवार की सम्पत्ति को ग़लत तरीक़े से अपने पति के परिवार को हस्तान्तरित कर सकती हैं : बड़ी चालाकी से औरत को सम्पत्ति के उत्तराधिकार से वंचित रखा गया। चूँकि औरत के पास अपना निजी कुछ भी नहीं है, वह एक व्यक्ति की गरिमा से भी वंचित हो जाती है; वह स्वयं पुरुष की विरासत का हिस्सा भर है, पहले अपने पिता की, फिर पति की। सख़्त पितृसत्तात्मक शासन के तहत, पिता अपने बच्चों को, लड़का हो या लड़की, जन्म लेते ही मौत के घाट उतार सकता है; लेकिन लड़का पैदा होने पर, समाज अक्सर अपनी इस आसुरी ताक़त पर लगाम लगा लेता है। हर सामान्य स्वस्थ नवजात नर-शिशु को ज़िन्दगी बख़्श दी जाती है; जबकि कन्या से जीने का अधिकार छीन लेना एक रिवाज़-सा बन गया है; अरबों में बड़े पैमाने पर शिशु हत्याएँ होती थीं। लड़की को जन्मते ही, गड्ढों में फेंक दिया जाता था। कन्या को स्वीकार करना एक पिता की महान् उदारता का द्योतक है; पुरुष की तरह स्त्री इन समाजों का हिस्सा आधिकारिक रूप से नहीं

बल्कि इसलिए बनती थी कि उस पर एक तरह से रहम कर दिया जाता था। किसी भी स्थिति में, अगर नवजात-शिशु कन्या हो तो माँ की मलिनता और ज़्यादा गम्भीर प्रतीत होती है : यहूदियों में जच्चा ने अगर लड़की को जन्म दिया हो तो लेविटिकस के अनुसार उसके शुद्धिकरण की अवधि दोगुनी लम्बी होनी चाहिए। उन समुदायों में जहाँ 'रक्त धन' की प्रथा मौजूद है, केवल एक छोटी राशि की आवश्यकता होती है यदि पीड़ित स्त्री-जाति होती है : एक स्वतन्त्र व्यक्ति की नज़र में ग़ुलाम की जितनी अहमियत होती है, उतनी ही औरत की पुरुष की दृष्टि में है। बालिका, युवती पूर्ण रूप से पिता के अधीन होती है; विवाह के माध्यम से वह इन समस्त अधिकारों को उसके पति को हस्तान्तरित कर देता है। चूँकि स्त्री पुरुष की सम्पत्ति है, ठीक उसी तरह जैसे कि कोई ग़ुलाम, बोझ धोने वाला जानवर या कोई वस्तु उसकी सम्पत्ति होती है, अत: यह स्वाभाविक है कि एक पुरुष जितनी चाहे उतनी पत्नियाँ रख सकता है; बहुविवाह अगर सीमित हुए तो केवल आर्थिक कारणों से; पति अपनी पत्नियों को अपनी मर्ज़ी से ठुकरा सकता है, समाज उन्हें लगभग किसी तरह की आश्वस्ति नहीं देता है। दूसरी ओर, स्त्री कठोर शुचिता की अवधारणाओं की बन्दिनी है। वर्जनाओं के बावजूद, मातृसत्तात्मक समाज में स्त्री को आचरण की सुविधा थी, एवं स्त्री से शुद्धता व शुचिता की अपेक्षा कम की जाती थी, और व्यभिचार के विरुद्ध नियम इतने कड़े नहीं थे। इसके विपरीत, जब स्त्री पुरुष की सम्पत्ति बन जाती है, तो कौमार्य एक अहम शर्त बन जाता है और वह पूर्ण निष्ठा की माँग करता है, अन्यथा उसे गम्भीर दण्ड भुगतने होंगे; किसी अपरिचित सन्तान को विरासत के अधिकार देने का जोख़िम उठाना सबसे बड़ा अपराध होगा : यही कारण है कि पितृसत्तात्मक परिवारों में व्यभिचरिणी को मौत के घाट उतारने का अधिकार है। जब तक समाज में निजी सम्पत्ति की अवधारणा प्रचलित रहेगी, तब तक स्त्री द्वारा दाम्पत्य-जीवन में विश्वासघात को घोर राजद्रोह का अपराध माना जाता है। हमारे समय तक की सारी दंड-संहिताओं में व्यभिचार से सम्बन्धित मुद्दों में असमानता क़ायम है, जहाँ औरत द्वारा की गयी ग़लती की गम्भीरता के बारे में तर्क दिये जाते हैं कि उससे परिवार में एक नाजायज़ बच्चे के आने का ख़तरा बना रहता है। और यद्यपि ऑगस्टस के बाद से क़ानून को अपने हाथों में लेने का अधिकार समाप्त कर दिया गया है, तब भी नेपोलियन कोड पंच पति के लिए पंचायत की उदारता का भरोसा देता है। जब स्त्री पैतृक कुल और अपने ससुराल दोनों से सम्बद्ध होती थी, तब फिर भी वह अच्छी-ख़ासी आज़ादी बरकरार रखने में सक्षम थी, क्योंकि दोनों कुल के रीति-रिवाज़ उलझ जाते थे, एक-दूसरे के विरुद्ध हो जाते थे और यहाँ तक कि प्रत्येक

प्रणाली दूसरे के ख़िलाफ़ उसे सहारा देने के काम आती थी : उदाहरण के लिए वह अक्सर अपनी मर्ज़ी के अनुसार अपने पति का चुनाव कर सकती थी, विवाह महज़ एक सांसारिक घटना थी और समाज की गहरी संरचना पर इसका कोई प्रभाव नहीं पड़ता था। लेकिन पितृसत्तात्मक शासन के तहत, स्त्री अपने पिता की सम्पत्ति होती है, जो अपने हिसाब से जहाँ उचित समझता वहाँ उसका ब्याह कर देता है; उसके बाद अपने पति के घर के खूँटे से बँधी, औरत अपने पति के लिए और उस कुल के लिए जिसमें उसे शामिल किया जाता है, एक वस्तु से ज़्यादा कुछ नहीं रह जाती।

जब परिवार और निजी विरासत निर्विवाद रूप से समाज के आधार बने रहते हैं, तो स्त्री भी पूरी तरह से अलग-थलग रहती है। मुस्लिम दुनिया में यही हुआ है। संरचना सामन्ती है, कहने का मतलब यह है कि विभिन्न जनजातियों को एकजुट करने और उन पर हावी होने के लिए राज्य कभी भी इतना मज़बूत नहीं रहा है। कोई भी ताक़त पितृसत्तात्मक मुखिया से सवाल नहीं कर सकती है। यह धर्म जिसकी उत्पत्ति तब हुई जब अरब लोग योद्धा और विजेता थे, उन्होंने स्त्रियों के प्रति पूर्ण अवमानना प्रदर्शित की। कुरान कहती है, "पुरुष स्त्रियों से श्रेष्ठ इसलिए हैं क्योंकि विधाता ने उनके गुणों के कारण उन्हें प्रमुखता दी है और इसलिए भी कि वे स्त्रियों का भरण-पोषण करते हैं।" स्त्री के पास न कभी वास्तविक सत्ता थी न कोई रहस्यमय प्रतिष्ठा। अरबी ख़ानाबदोश औरत कड़ी मेहनत करती है, हल जोतती है और बोझ ढोती है : इस तरह वह अपने पति के साथ एक पारस्परिक निर्भरता का सम्बन्ध स्थापित करती है; वह स्वच्छन्द घूमती है, बिना परदा किये। जबकि बुर्क़े में दबी-ढकी मुस्लिम औरत आज भी अपने सामाजिक ढाँचे में एक ग़ुलाम है। मुझे ट्यूनीशिया के एक गाँव में एक भूमिगत गुफा याद है जहाँ चार स्त्रियाँ ज़मीन पर बैठी थीं : एक बूढ़ी बीवी, कानी, पोपली, उजड़ा-सा चेहरा, तेज़ धुएँ के बीच एक छोटी-सी अंगीठी पर रोटी सेंक रही थी; दो बीवियाँ, उससे थोड़ी छोटी लेकिन लगभग उतनी ही विकृत, बच्चों को गोद में लिए हुए थीं : उनमें से एक स्तनपान करवा रही थी; करघे के सामने बैठी प्रतिमा जैसी एक युवती, रेशम, सोने और चाँदी से सजी, ऊन के धागे कात रही थी। इस उदास अन्धेरी खोह — अस्थिरता, गर्भ और मकबरे — के दायरे से जैसे ही मैं बाहर निकली, रोशनी की किरणों से उजाले गलियारे में मुझे पुरुष मिला, झकाझक सफ़ेद कपड़ों में, शुभ्र, मुस्कुराता, धूप-सा दमकता। वह बाज़ार से लौट रहा था, जहाँ उसने अन्य पुरुषों के साथ दुनिया-जहान की गपशप की होगी; वह इस एकान्तवास में कुछ घण्टे बिताता था जो कि उसकी बड़ी-सी दुनिया का एक हिस्सा था जिससे वह सम्बद्ध था, जिससे वह अलग नहीं

हुआ था। मुरझाई हुई बूढ़ी स्त्रियों के लिए, अभिशप्त युवा दुल्हन के लिए, धुएँ से भरे उस तहखाने के अलावा और कोई दुनिया नहीं थी, जहाँ से सिर्फ़ शाम ढलने पर, वे ख़ामोश, पर्दे में बाहर निकलती थीं।

बाइबिल के समय के यहूदियों में कमोबेश अरबों के समान ही रीति-रिवाज़ हैं। कुल प्रधान बहुविवाह करते हैं और अपनी बीवियों को अपनी मनमर्ज़ी से ठुकरा सकते हैं; पति के लिए जवान पत्नी का कौमार्य अक्षत होना चाहिए अन्यथा उसके लिए कठोर दण्ड निश्चित किये गये; व्यभिचार के मामलों में, उसे संगसार किया जाता है; वह घरेलू श्रम तक ही सीमित है, जैसा कि गुणी औरतों की छवि प्रदर्शित करती है : "वह ऊन और सन बुनती है ... भोर की पहली किरण फूटने से पहले वह उठ जाती है ... रात में उसका दीया नहीं बुझता ... वह आलस्य की रोटी नहीं तोड़ती है।" यहाँ तक कि पवित्र और मेहनती होते हुए भी, वह अशुद्ध है और वर्जनाओं के बोझ से दबी है; वह अदालत में गवाही नहीं दे सकती। धर्मोपदेशक उसके साथ गहरी घृणा के साथ व्यवहार करता है : "मैंने उस स्त्री को मृत्यु से भी अधिक कड़वा पाया है, जिसका हृदय एक जाल है और जिसके हाथ बन्धन हैं ... हज़ारों के बीच मुझे एक पुरुष मिला है लेकिन सारी औरतों में मुझे कोई औरत नहीं मिली। पति की मृत्यु होने पर, प्रथानुसार अन्यथा क़ानूनन, विधवा का पुनर्विवाह देवर के साथ होता है।"

नियोग की यह प्रथा बहुत सारे पूर्वी समाजों में मिलती है। उन सभी व्यवस्थाओं में जहाँ स्त्री अभिभावक के संरक्षण के अधीन रहती है, उनके सामने सबसे बड़ी समस्या यह है कि विधवाओं के साथ क्या किया जाये। और इस समस्या का सबसे चरमपन्थी समाधान था, विधवा को पति की चिता पर जला दिया जाना लेकिन यह सच नहीं है कि भारतवर्ष में भी क़ानून ने इस तरह से प्राण की आहुति देने को कभी इजाज़त दी हो; मनुसंहिता में पति के बाद भी पत्नी को जीवित रहने का अधिकार दिया गया है; आत्म-बलि के ऐसे भव्य-प्रदर्शन कभी भी एक सामन्ती फ़ैशन से ज़्यादा कुछ नहीं थे। विधवा को उसके पति के उत्तराधिकारियों को सौंप दिया जाना कहीं ज़्यादा प्रचलित रहा है। नियोग प्रथा बहुधा बहुपतित्व का रूप ले लेती है; वैधव्य की अनिश्चितताओं को रोकने के लिए, एक औरत का ब्याह परिवार के सभी भाइयों के साथ कर दिया जाता है, यह प्रथा जो पति की सम्भावित नपुंसकता के ख़िलाफ़ भी लोगों की रक्षा करने के लिए काम करती है। सीज़र के एक गद्यांश से प्रतीत होता है कि ब्रिटनी में एक परिवार के सभी पुरुषों का कुछ औरतों पर समान रूप से अधिकार था।

पितृसत्ता हर जगह ऐसे कट्टरपन्थी रूप में स्थापित नहीं हुई थी। बेबीलोन में, हम्मुराबी के क़ानूनों ने स्त्रियों के लिए कुछ अधिकारों को मान्यता दी : उसे पैतृक विरासत का हिस्सा मिलता है और जब उसकी शादी हो जाती है तो उसके पिता उसे दहेज देते हैं। फारस में, बहुविवाह प्रचलन में है; स्त्री पति की हर आज्ञा का पालन करने के लिए बाध्य होती है, उस पति की आज्ञाकारिणी होने के लिए बाध्य, जो उसके विवाह योग्य होते ही उसके पिता द्वारा चुना गया होता है; लेकिन वह अधिकांश पूर्वी लोगों की तुलना में अधिक सम्मानित है; अनाचार निषिद्ध नहीं है, और विवाह अक्सर बहनों और भाइयों के बीच होता है; बच्चों को शिक्षित करने का ज़िम्मा औरत का ही होता था — लड़कों को सात साल की उम्र तक और लड़कियों को शादी तक। औरत को अपने पति की विरासत में हिस्सा मिल सकता है अगर बेटा नाकारा हो या उसे सँभालने के क़ाबिल न हो तब; अगर वह एक "विशेषाधिकार प्राप्त पत्नी" है, तो उसे अपने पति की मृत्यु होने पर, नाबालिग बच्चों की संरक्षकता और वयस्क पुत्र की अनुपस्थिति में व्यवसाय प्रबन्धन के साथ सौंपा गया है। विवाह के नियम स्पष्ट रूप से दिखाते हैं कि परिवार के मुखिया के लिए भावी पीढ़ी का अस्तित्व कितना महत्त्वपूर्ण है। ऐसा प्रतीत होता है कि विवाह के पाँच रूप थे :[13] (1) स्त्री ने अपने माता-पिता की सहमति से शादी की; तब उसे "विशेषाधिकार प्राप्त पत्नी" कहा जाता था; उसके बच्चे पर उसके पति का अधिकार होता था। (2) जब स्त्री इकलौती सन्तान होती थी, तो उसके पहले बच्चे को उसके माता-पिता को बेटी की जगह लेने के लिए सौंप दिया जाता था; तब वह एक "विशेषाधिकार प्राप्त पत्नी" बन जाती थी। (3) यदि कोई पुरुष अविवाहित मर जाता है, तो उसका परिवार बाहर की किसी स्त्री को दहेज देता था और उसकी शादी करता था : उसे "दत्तक पत्नी" कहा जाता था; उसके आधे बच्चे मृतक के होते थे और आधे जीवित पति के। (4) नि:सन्तान विधवा, जिसने पुनर्विवाह किया हो, उसे दासी पत्नी कहा जाता था : दूसरी शादी से उत्पन्न आधे बच्चे उसे मृत पति के नाम करने होते थे। (5) जो औरत अपने माता-पिता की सहमति के बिना शादी करती थी, उसे उनकी विरासत तब तक नहीं मिलती थी जब तक कि ज्येष्ठ पुत्र वयस्क न हो जाये, और वह अपने पिता को उसे 'विशेषाधिकार प्राप्त पत्नी' का दर्जा न दिलवा दे; यदि उसके पति की मृत्यु पहले हो जाती थी, तो औरत को नाबालिग माना जाता था और उसे संरक्षकता में रखा जाता था। दत्तक पत्नी और दासी पत्नी की स्थिति प्रत्येक पुरुष के वंशजों द्वारा जीवित रहने का अधिकार स्थापित करती है जो ज़रूरी नहीं कि रक्त सम्बन्ध से जुड़े हों। यह पूर्वोक्त कथन की पुष्टि करता है; ऐसे सम्बन्ध

का आविष्कार एक तरह से पुरुष द्वारा किया गया था जब वह अपने लिए — अपने सीमित जीवन से परे — स्थलीय और भूमिगत अमरता को जोड़ना चाहता था।

मिस्र में स्त्री की स्थिति सबसे अनुकूल थी। जब देवी माताओं ने विवाह किया, तो उन्होंने अपनी गरिमा क़ायम रखी; युगल धार्मिक और सामाजिक इकाई है; स्त्री पुरुष की सहगामिनी है, उसकी पूरक है। उसके आकर्षण में इतनी कोमलता है कि अनाचार का भय दूर हो जाता है और बहन को पत्नी से भ्रमित करने में कोई संकोच नहीं करता।[14] उसके पास पुरुष के समान अधिकार हैं, वही क़ानूनी शक्ति है; वह विरासत में है, वह सम्पत्ति की मालिक है। यह विलक्षण भाग्य संयोग से नहीं है : यह इस तथ्य से उपजा है कि प्राचीन मिस्र में भूमि राजा और पुजारियों और योद्धाओं की उच्च जातियों की थी; व्यक्तियों के लिए, भूमि का स्वामित्व केवल सूदखोरी था; भूमि अविभाज्य थी, विरासत द्वारा हस्तान्तरित सम्पत्ति का बहुत कम मूल्य था, और इसे साझा करने में कोई समस्या नहीं थी। निजी सम्पत्ति के अभाव में स्त्री ने व्यक्ति की मर्यादा को बनाये रखा। उसने जिससे चाहा उससे विवाह किया और विधवा के रूप में वह अपनी इच्छानुसार पुनर्विवाह कर सकती थी। पुरुष बहुविवाह करते थे, हालाँकि उसके सभी बच्चे वैध माने जाते थे लेकिन बीवी केवल एक ही असली होती थी, केवल वही जो पन्थ से जुड़ी थी और क़ानूनी रूप से उससे बँधी थी : अन्य केवल दासियाँ थीं, सभी अधिकारों से वंचित मुख्य पत्नी की स्थिति में शादी करने से कोई बदलाव नहीं आता था : वह अपनी जायदाद की मालकिन बनी रहती थी और औपचारिक समझौते करने के लिए आज़ाद थी। जब फ़िरौन बोचोरिस ने निजी सम्पत्ति की स्थापना की, तो औरत की स्थिति इतनी मज़बूत थी कि उसे बेदख़ल नहीं किया जा सकता था; बोचोरिस ने अनुबन्धों के युग की शुरुआत की और विवाह स्वत: संविदात्मक हो गया। अनुबन्ध तीन प्रकार के होते थे: एक दास विवाह से सम्बन्धित था; स्त्री पुरुष की वस्तु बन गयी, परन्तु वह स्पष्ट कर सकती थी कि उसके सिवा उसकी कोई रखैल न होगी; हालाँकि वैध पत्नी को पुरुष के बराबर माना जाता था और सारी ज़ायदाद पर उनका बराबर का हक़ होता था; अक्सर पति तलाक़ की स्थिति में उसे कुछ धनराशि देने के लिए सहमत हो जाता है। इस प्रथा ने कुछ समय बाद एक प्रकार के अनुबन्ध को जन्म दिया जो स्त्री के लिए विशेष रूप से अनुकूल था : पति उसे कृत्रिम ऋण देने को तैयार हो जाता था। व्यभिचार के लिए गम्भीर दण्ड थे, लेकिन पति, पत्नी दोनों के लिए तलाक़ के रास्ते खुले थे। अनुबन्धों की प्रथा ने बहुविवाह पर काफ़ी हद तक रोक लगा दी; औरतों ने सम्पत्ति पर एकाधिकार कर लिया और इसे वे अपने बच्चों

को सौंपने लगीं, जिससे एक बहुसंख्यक वर्ग का निर्माण हुआ। टॉलेमी फिलोपेटर ने फ़ैसला सुनाया कि औरतें अपने पति की आज्ञा के बिना न तो अपनी सम्पत्ति को हस्तान्तरित कर सकती हैं न बेच सकती हैं, जिससे उनकी स्थिति हमेशा के लिए नाबालिग के जैसी हो गयी। लेकिन ऐसे दौर में जब उन्हें एक विशेष दर्जा प्राप्त था, जो प्राचीन दुनिया में एक अद्वितीय स्थिति थी, तब भी वे सामाजिक रूप से पुरुषों के बराबर नहीं थीं; वे पन्थ से जुड़ी रहती थीं, सरकार में भागीदारी करती थीं, यहाँ तक कि राज्याधिकारी की भूमिका भी निभा सकती थीं, लेकिन फ़िरौन यानी राजा पुरुष होता था; याजक और योद्धा पुरुष थे; सार्वजनिक जीवन में औरत की भूमिका गौण थी; और निजी जीवन में, पारस्परिकता के बिना उनसे निष्ठा और कर्तव्यपरायणता की अपेक्षा की जाती थी।

यूनानियों के रीति-रिवाज़ प्राच्य रीति-रिवाज़ों के बहुत क़रीब हैं; हालाँकि, वहाँ बहुविवाह का चलन नहीं था। हम ठीक से नहीं जानते कि क्यों। वास्तव में, हरम का रख-रखाव हमेशा एक महँगा सौदा रहा है : वो तो निरंकुश सुलैमान, *अरेबियन नाइट्स* के सुल्तान, राजा, प्रधान, या अमीर ज़मींदार थे, जो बड़े-बड़े हरम की ऐय्याशी भोग सकते थे; एक साधारण पुरुष को तीन या चार स्त्रियों से सन्तुष्ट होना पड़ता था; किसान भी मुश्किल से ही दो से अधिक पत्नियाँ रख पाते थे। इसके अलावा — मिस्र को छोड़कर, जहाँ कोई विशिष्ट भूमि स्वामित्व नहीं था — पैतृक सम्पत्ति को अक्षुण्ण बनाये रखने की चिन्ता ने ज्येष्ठ पुत्र को पैतृक विरासत पर विशेष अधिकार देने के लिए प्रेरित किया; इससे औरतों के बीच एक पदानुक्रम का जन्म हुआ, प्रमुख उत्तराधिकारी की माँ को अन्य पत्नियों की तुलना में कहीं बहुत ज़्यादा प्रतिष्ठा प्राप्त होती थी। यदि स्त्री स्वयं जायदाद की स्वामिनी है, यदि वह सम्पन्न है, तो वह अपने पति के लिए एक व्यक्ति है : पति उससे एक धर्मनिष्ठ और अनन्य बन्धन से जुड़ा हुआ है। इसके बाद से, निस्सन्देह केवल एक पत्नी को मान्यता देने वाली प्रथा स्थापित हुई : लेकिन वास्तविकता यह थी कि यूनानी नागरिक आराम से 'बहुविवाह' के मज़े भोगता रहा क्योंकि वह नगरवधुओं के घरों में और अन्त:पुरों में अपनी काम-वासना की तृप्ति कर सकता था। डेमोस्थनीज कहता है, "मन के सुख के लिए हमारे पास गणिकाएँ हैं, इन्द्रियों के सुख के लिए रखैल, और पत्नियाँ हमें पुत्र देती हैं। यदि स्त्री बीमार, अस्वस्थ, गर्भवती या प्रसव से उबर रही होती हो, तो पत्नी की जगह रखैल स्वामी की हमबिस्तर होती थी; इस तरह अन्त:पुर और हरम में कोई ज़्यादा फ़र्क़ नहीं था। एथेंस में, स्त्री सख़्त क़ानूनों के तहत अपने घर-आँगन में क़ैद रहती थी, और जिसकी निगरानी विशेष मजिस्ट्रेट

करते थे। औरत अपना पूरा जीवन एक नाबालिग के रूप में बिताती है; वह अपने अभिभावक के नियन्त्रण में होती है : या तो उसके पिता, या उसके पति, या उसके पति के उत्तराधिकारी और इन सबकी अनुपस्थिति में, राज्य के नियन्त्रण में जिसका प्रतिनिधित्व सार्वजनिक अधिकारियों द्वारा किया जाता है; तो ये सभी औरत के स्वामी हैं, और वे उसका उपयोग माल-असबाब की तरह करते हैं, उसकी देह और उसकी सम्पत्ति दोनों पर अभिभावक का नियन्त्रण रहता है; औरत के अधिकारों को अभिभावक अपनी मर्ज़ी से हस्तान्तरित कर सकता है : पिता अपनी पुत्री का दान कर देता है — या तो गोद लेने के लिए या शादी के लिए; पति अपनी पत्नी को ठुकरा सकता है और उसे दूसरे पति को सौंप सकता है। लेकिन यूनानी क़ानून एक औरत को दहेज का आश्वासन देता है जो उसके जीवन निर्वाह के काम आता है और अगर शादी टूट जाती है तो दहेज की पूरी रकम उसे वापस की जानी चाहिए; कुछ दुर्लभ मामलों में क़ानून औरत को तलाक़ माँगने की इजाज़त भी देता है; लेकिन समाज उसे महज़ इतनी सी ही आश्वस्ति देता है। इसमें कोई शक नहीं कि समूची पैतृक सम्पत्ति पुरुष सन्तानों के नाम वसीयत की जाती है, और दहेज को अर्जित सम्पत्ति नहीं बल्कि एक प्रकार का कर्तव्य माना जाता है जो अभिभावक के ऊपर थोपा जाता है। हालाँकि, इस दहेज प्रथा की बदौलत, विधवा अब अपने पति के उत्तराधिकारियों के हाथों में एक वंशानुगत सम्पत्ति के रूप में नहीं जाती है : वह अपने माता-पिता के संरक्षण में लौटती है।

अकर्मण्यता पर आधारित समाजों से उत्पन्न होने वाली समस्याओं में से एक यह है कि किसी भी पुरुष वंशज की अनुपस्थिति में उत्तराधिकार का भाग्य क्या हो। यूनानियों ने एपिक्लेरेट की प्रथा स्थापित की थी : स्त्री वारिस का विवाह उसके पैतृक कुल (Genos) के सबसे उम्रदार रिश्तेदार के साथ कर दिया जाता था; इस प्रकार उसके पिता द्वारा वसीयत की गयी सम्पत्ति उसी समूह के बच्चों को हस्तान्तरित कर दी जायेगी, और सम्पत्ति पैतृक वंश की सम्पत्ति बनी रहेगी; एपिक्लेरोस एक स्त्री उत्तराधिकारी नहीं थी, बल्कि पुरुष वारिस पैदा करने के लिए केवल एक मशीन थी; इस प्रथा ने उसे पूरी तरह से पुरुष के रहम पर रखा क्योंकि यन्त्रवत रूप से उसे उसके कुल के सबसे वरिष्ठ पुरुष को सौंप दिया जाता था, जो बहुधा, निस्सन्देह वृद्ध ही होता था।

परिवार को क़ायम और विरासत को अक्षुण्ण रखने की प्रबल इच्छा ही स्त्रियों के उत्पीड़न का कारण बनती है इसलिए अगर वह परिवार के चंगुल से बच जाए, तब वह इस पूर्ण निर्भरता से भी बच जाती है; अगर परिवार के निजी सम्पत्ति रखने

पर समाज प्रतिबन्ध लगा देता है, स्त्रियों की स्थिति में काफ़ी सुधार होता है। स्पार्टा, जहाँ एक सामुदायिक जीवन पद्धति प्रचलन में थी, एकमात्र ऐसा शहर था जहाँ स्त्रियों के साथ पुरुषों के समान व्यवहार किया जाता था। लड़कियों को लड़कों की तरह पाला जाता था; पत्नी अपने पति के घर की चारदीवारी तक ही सीमित नहीं रहती थी : पति को उससे मिलने का अधिकार सिर्फ़ रात में था, वो भी चोरी से; और पत्नी के साथ उसका रिश्ता इतनी महीन डोरी से बँधा होता था कि वंशावली सर्वश्रेष्ठ नस्ल की बनी रहे इसका हवाला देकर कोई ग़ैर-मर्द उसके साथ दैहिक सम्बन्ध बनाने का दावा कर सकता था : जब विरासत का ख़याल मिट जाता है तब व्यभिचार की धारणा की कोई जगह नहीं होती; सभी बच्चे समग्र रूप से पूरे शहर के होते थे, सिर्फ़ इसलिए कि पुरुष को ईर्ष्या होगी स्त्रियाँ एक स्वामी की ग़ुलाम नहीं होती थीं या इसके विपरीत हम कह सकते हैं कि चूँकि न तो निजी सम्पत्ति पर अधिकार था, न ही विशिष्ट वंश-परम्परा, अत: नागरिक का स्त्री पर भी कोई अधिकार नहीं था। जिस तरह स्त्रियाँ मातृत्व की बेड़ियों में जकड़ी हुई थीं उसी तरह पुरुष युद्ध के कर्तव्यों में जकड़ा हुआ था लेकिन इस नागरिक कर्तव्य की पूर्ति के अलावा, किसी भी तरह का प्रतिबन्ध उनकी स्वतन्त्रता पर कोई अंकुश नहीं लगाता था।

स्वतन्त्र स्त्रियों के साथ, जिनके बारे में हमने अभी ज़िक्र किया और ख़ानदानों में रहने वाले ग़ुलाम — जिन पर परिवार के मुखिया का पूरा अख़्तियार रहता था — यूनान में वेश्याओं का भी ज़िक्र मिलता है। आदिम लोगों में आतिथ्य वेश्यावृत्ति का चलन था, जहाँ मुसाफ़िरों को औरत रियायत के बतौर मिलती थी, जिसमें निस्सन्देह रहस्यमय व्याख्याएँ थीं; और पवित्र वेश्यावृत्ति का उद्देश्य समुदाय के लाभ के लिए प्रजनन की रहस्यमय शक्तियों को मुक्त करना था। ये रिवाज़ शास्त्रीय पुरातनता में मौजूद थे। हेरोडोटस बताता है कि पाँचवीं शताब्दी ईसा पूर्व में बेबीलोन की प्रत्येक स्त्री को अपने जीवन में एक बार माइलिट्टा के मन्दिर में एक सिक्के के एवज में स्वयं को एक अजनबी पुरुष को समर्पित करना पड़ता था जिसे वह मन्दिर के ख़ज़ाने में जमा कर देती थी; और फिर सतीत्व का पालन करते हुए जीवन-यापन के लिए वह अपने घर लौट जाती थी। धार्मिक वेश्यावृत्ति आज भी मिस्र की 'प्रेयसियों' और भारत की देवदासियों के बीच ज़ारी है, जो संगीतकारों और नर्तकियों का सम्मानित वर्ग गठित करती हैं। लेकिन पवित्र वेश्यावृत्ति से क़ानूनी वेश्यावृत्ति में गिरावट सबसे अधिक बार, मिस्र, भारत, पश्चिमी एशिया में देखने में आयी है, पुजारी वर्ग इसे व्यापार बनाकर समृद्ध होने का एक तरीक़ा खोज रहा है। यहाँ तक कि यहूदियों में भी वेश्याएँ थीं। ग्रीस में, समुद्र के रास्ते, द्वीपों और शहरों में कई

विदेशी आते थे, वहाँ मन्दिर थे जहाँ 'विदेशियों की मेहमाननवाज़ी के लिए युवतियाँ' जैसा कि पिंडर उन्हें कहते हैं। वे जो पैसा कमाती थीं वह धार्मिक प्रतिष्ठानों के लिए होता था, यानी, पुजारियों के लिए और अप्रत्यक्ष रूप से उनके रख-रखाव के लिए। वास्तव में, एक कपटी तरीक़े से, नाविकों और यात्रियों की यौन ज़रूरतों का — कुरिन्थ और अन्य स्थानों में — शोषण किया गया; और यह पहले से ही व्यभिचारी वेश्यावृत्ति का प्रश्न है। सोलन ही थे जिन्होंने इसे एक संस्था में बदल दिया। उन्होंने एशियाई दासों को ख़रीदा और उन्हें एथेंस में शुक्र के मन्दिर के पास स्थित आवासों में बन्द कर दिया, जो बन्दरगाह से दूर नहीं थे, स्थापना के वित्तीय प्रशासन के प्रभारी पोर्नोट्रोपोस के प्रबन्धन के तहत; हर लड़की को पगार मिलता था, और समूचा लाभ राज्य को वापस जाता था। फिर "कपेलिया" खुले, जो निजी प्रतिष्ठान थे : एक लाल प्रियापस उनकी उपस्थिति को चिन्हित करता था। जल्द ही, दासों के अलावा, ग़रीब ग्रीक औरतों को धर्मशालाओं में रहने दिया जाने लगा। इन धर्मशालाओं को इतना आवश्यक माना जाता था कि उन्हें शरण के अदृश्य स्थानों के रूप में मान्यता दी गयी थी। हालाँकि, गणिकाएँ बदनाम थीं, उनके पास कोई सामाजिक अधिकार नहीं थे, उनकी सन्तानों को उनका भरण-पोषण करने की मनाही थी; उन्हें रंग-बिरंगे कपड़ों से बनी एक विशेष पोशाक पहननी होती थी जिस पर फूलों के गजरे टँके होते थे और अपने बालों को केसरिया रंगना होता था। वेश्यालयों में क़ैद स्त्रियों के अलावा, स्वतन्त्र वेश्याएँ भी थीं जिन्हें तीन श्रेणियों में वर्गीकृत किया जा सकता है : आज के मानचित्र में स्त्रियों के अनुरूप डिक्टेरियड्स; औलेट्राइड्स जो नर्तकी और बाँसुरी वादिका थी; और हेटेरेस, मध्यम वर्ग की औरतें जो आम तौर पर कुरिन्थ से आयीं थीं, जिनका ग्रीस के सबसे उल्लेखनीय पुरुषों के साथ आधिकारिक सम्बन्ध था और जिन्होंने आधुनिक 'समाज-सुधारक' की सामाजिक भूमिका निभाई थी।

जो औरतें सबसे पहले मुक्त हुईं उनमें नीचे तबके की यूनानी लड़कियाँ थीं, दलालों द्वारा शोषित, उनकी अवस्था बहुत दयनीय थी। दूसरे स्थान पर वे स्त्रियाँ थीं जो संगीत की प्रतिभा के बल पर समृद्ध हो सकीं : सबसे प्रसिद्ध लामिया थी, जो मिस्र के टॉलेमी की मालकिन थी, फिर उसके विजेता, मैसेडोनिया के राजा डेमेट्रिओस पोलियोरसेटेस। जहाँ तक आख़िरी का सवाल है, हम जानते हैं कि कई स्त्रियाँ ऐसी थीं जो अपने प्रेमियों के यश में शामिल होने की वजह से जानी जाती थीं। अपनी ज़िन्दगी और अपनी जायदाद पर पूरी तरह क़ाबू रखने वाली, स्वतन्त्र, बुद्धिमती, सुसंस्कृत और कलाकार, वे पुरुष जो उनके आकर्षण से मोहित थे, व्यक्ति की तरह व्यवहार करते थे। और चूँकि वे अपने परिवार के चंगुल से बच

निकलती हैं, समाज के हाशिये पर रहती हैं, तो वे पुरुषों के चंगुल से भी बच जाती हैं : और तब ये स्त्रियाँ पुरुषों को अपने जैसी और लगभग अपने बराबर लगती हैं। एस्पासिया में, फ्राइन और लाईस में, चाहे माँ आदरणीय हो किन्तु स्वतन्त्र औरत श्रेष्ठ मानी जाती थी।

इन शानदार अपवादों के अलावा, यूनानी स्त्री की स्थिति लगभग ग़ुलामों जैसी ही थी; उसे शिकायत करने की भी आज़ादी नहीं थी : अस्पासिया और सप्पो के कुछ आवेशपूर्ण विरोधों को शायद ही सुना गया हो। होमर ने वीर युग की यादें सँजो रखी हैं जब स्त्रियों के हाथ में कुछ सत्ता थी : हालाँकि योद्धा सख़्ती से उन्हें उनके अन्त:पुरों में वापस भेज देते थे। हमें हेसियोड की रचनाओं में वैसी ही अवमानना मिलती हैं : "जो स्त्री पर विश्वास करता है, वह चोर पर विश्वास करता है।" महान् शास्त्रीय काल में, स्त्रियाँ पूरी तरह से अन्त:पुर में क़ैद रहती थीं। पेरिकल्स ने कहा, "सबसे सद्गुणी स्त्री वह है जिसके बारे में पुरुष सबसे कम बात करते हैं।" प्लेटो जो गणतन्त्र के प्रशासन हेतु गृहिणियों की एक परिषद को स्वीकार करने और लड़कियों को मुफ़्त शिक्षा देने का प्रस्ताव करते हैं, वह एक अपवाद है; वे ऐरिस्टोफन की हँसी उड़ाते हैं; लिसिस्ट्रेटा में एक औरत जब पति से उसके काम-धंधे के बारे में सवाल करती है, तब वह जवाब देता है : "इन सब बातों से तुम्हारा कोई लेना-देना नहीं है।" मुँह बन्द रखो, नहीं तो मार खाओगी... अपनी टाट बुनती रहो, बस। अरस्तू एक आम राय व्यक्त करते हैं जब वे कहते हैं कि औरत किसी कमी की वजह से औरत होती है, उसे अपने घर में बन्द रहना चाहिए और पुरुष के अधीन रहना चाहिए। "ग़ुलाम विचार-विमर्श करने की स्वतन्त्रता से पूरी तरह से वंचित है; स्त्री को इतना हक़ तो है, हालाँकि अभिव्यक्ति का वह अधिकार अशक्त और अप्रभावी होता है," वह ज़ोर देकर कहते हैं। ज़ेनोफ़ॉन के अनुसार, एक औरत और उसका जीवनसाथी एक-दूसरे के लिए पूरी तरह अजनबी होते हैं : "क्या ऐसे लोग हैं जिनसे आप अपनी पत्नी से भी कम संवाद करते हैं? — ज़ाहिर है बहुत कम होंगे..."; *L'Économique* में स्त्रियों के लिए केवल मधुमक्खी की तरह एक चौकस, विवेकपूर्ण, मितव्ययी, मेहनती परिचारिका, क़िफायती गृहिणी, एक आदर्श गृहिणी होना आवश्यक है। औरतों की स्थिति जिस कदर बदतर बना दी गयी थी उससे अगर यूनानियों को स्त्री-विरोधी कहा जाये तो ग़लत न होगा। सातवीं शताब्दी ईसा पूर्व में, आर्किलोकस औरतों के ख़िलाफ़ चुभने वाली सूक्तियाँ लिखते हैं; अमोरगोस के साइमनाइड्स कहते हैं, "स्त्रियाँ सबसे बड़ी बुराई हैं जिन्हें भगवान ने कभी बनाया है : यदि वे कभी-कभी उपयोगी लगती हैं, तो वे जल्द ही अपने स्वामी के लिए

परेशानी में बदल जाती हैं।" हिप्पोनैक्स के लिए, "जीवन में केवल दो दिन होते हैं जब आपकी पत्नी आपके लिए खुशी लाती है : उसकी शादी का दिन और उसका अन्तिम संस्कार।" यह आयनियन हैं जो मिलेटस की कहानियों में सबसे अधिक आक्रोश दिखाते हैं : अन्य कहानियों के अलावा, हम इफिसुस के ब्याहताओं की कहानी जानते हैं। ख़ासतौर पर जिन बातों के लिए औरतों की आलोचना की जाती है, वह है उनका आलसी, चिड़चिड़ी, फ़िज़ूलख़र्ची होना, यानी उन सारी ख़ासियतों का न होना जिसकी उनसे उम्मीद की जाती है। मेनांड्रे लिखते हैं, "ज़मीन पर और समुद्र में कई राक्षस हैं, लेकिन सबसे बड़ी अभी भी स्त्री है।" "औरत एक दुख है जो तुम्हें जीने नहीं देती। जब दहेज की संस्था द्वारा औरत को थोड़ी अहमियत मिल गयी थी, तब उसके अहंकार की भर्त्सना की जाती है; यह अरिस्टोफेन्स और विशेष रूप से मेनेंडर से परिचित विषयों में से एक है।" "मैंने दहेज के साथ एक चुड़ैल से शादी की। उसके खेत-खलिहान और उसके घर के लिए उसे चुना, और वो, हे अपोलो, सबसे बुरी बुराई है! ...धिक्कार हो उसे जिसने शादी ईजाद की और फिर दूसरा, और तीसरा, चौथा और वे सभी जिन्होंने पीछे-पीछे उनकी नकल की।" "यदि आप ग़रीब हैं और आप एक अमीर औरत से शादी करते हैं, तो यह आपको एक ही समय में ग़ुलाम और ग़रीब बना के छोड़ता है।"

यूनानी स्त्री को उसके आचरण के लिए हमला करने के लिए बहुत बारीकी से नियन्त्रित किया गया था; और यह उसकी देह नहीं है जो निन्दित है। विवाह की ज़िम्मेदारियों और कर्तव्यों का भार पुरुषों पर अधिक था; इससे यह अनुमान लगाया जाता है कि कठोर परिस्थितियों के बावजूद, हालाँकि उसे लगभग कोई अधिकार नहीं दिया गया था, फिर भी वह घर में एक महत्त्वपूर्ण स्थान रखती थी और कुछ स्वायत्तता का आनन्द लेती थी; आज्ञाकारिता के लिए अभिशप्त, वह अवज्ञा कर सकती थी; वह अपने पति पर झुँझलाहट, आँसू और अपमान की बौछार कर सकती थी; स्त्री को ग़ुलाम बनाने के इरादे से किया गया विवाह पति के लिए भी एक ज़ंजीर था। धूर्त पत्नी और वैवाहिक जीवन की दुर्गति के खिलाफ़ यूनानी नागरिक की सारी शिकायतों को जैंथिप्प के चरित्र में सारांशित किया गया है।

× × ×

यह परिवार और राज्य का संघर्ष है जो स्त्रियों के इतिहास को परिभाषित करता है। एटूरियावासियों ने मातृवंशीय पद्धति से एक समाज का गठन किया और यह सम्भव है कि राजशाही के समय में रोम में मातृ अधिकार प्रणाली से जुड़ी बहिर्विवाह का चलन अभी भी था : लैटिन राजाओं को सत्ता विरासत में नहीं मिली थी।

जो निश्चित है, वह यह है कि तारकिन की मृत्यु के बाद, पितृसत्तात्मक अधिकार ज़ोर पकड़ने लगते है : कृषि धन और निजी सम्पत्ति — इस प्रकार परिवार — समाज का केन्द्र बन जाता है। औरत सख़्ती से पितृसत्ता के अधीन होगी और इस प्रकार परिवार नामक समूह : क़ानून उसे ग्रीक स्त्रियों को दी गयी गारंटी से भी वंचित कर देते हैं; वह अपना जीवन की गुलामी के बंधन में रहेगी। बेशक, उसे सार्वजनिक असमर्थता मामलों से बाहर रखा गया था, कोई भी 'मर्दाना काम और गुलामी में बिताती है।' उसके लिए सख़्त वर्जित था; और अपने नागरिक जीवन में वह एक शाश्वत नाबालिग है। उसे सीधे तौर पर पैतृक विरासत के अपने हिस्से से वंचित नहीं किया जाता है, लेकिन घुमा-फिरा कर इस तरह पेचीदा बना दिया गया कि औरत पैतृक धन का इस्तेमाल न कर सके : उसे एक अभिभावक के अधिकार के अधीन किया जाता है। गाइयुस कहते हैं, संरक्षकता स्वयं अभिभावकों के हित में स्थापित की गयी थी, ताकि जिस स्त्री के वे अनुमानित उत्तराधिकारी हैं, वह वसीयत से उनकी विरासत को लूट न सके, और न ही अलगाव या क़र्ज़ से इसे कम कर सके। स्त्री का पहला अभिभावक उसका पिता है; अन्यथा स्वाभाविक रूप से, पितृ गोत्र इस कार्य को पूरा करते हैं। जब स्त्री की शादी हो जाती है, तो उसकी कमान उसके पति के 'हाथ में' चली जाती है; विवाह के तीन रूप हैं : *कोन्फेरासिओ* जहाँ पति-पत्नी ज्यूपिटर कैपिटोलिन को फ्लेमन डायलिस की उपस्थिति में मैदे से बना केक पेश करते हैं; *कोम्प्टियो* एक काल्पनिक बिक्री जिसके द्वारा साधारण श्रमिक पिता अपनी बेटी को पति के हवाले करता है; और *उसुस*, एक वर्ष के सहवास के परिणामस्वरूप; तीनों 'मनु' के सिद्धान्त के अनुरूप हैं, अर्थात पति, पिता या उनके सगोत्र अभिभावकों की जगह लेता है; उसकी पत्नी को उसकी बेटियों में से एक माना जाता है, और उसके बाद से उसके व्यक्ति और उसकी सम्पत्ति पर उसका पूरा अधिकार है लेकिन बारह तालिकाओं के क़ानून के समय से, चूँकि रोमन स्त्री पैतृक कुटुम्ब और वैवाहिक दोनों कुलों से सम्बन्धित थी, इस कारण से दोनों कुटुम्बों में लड़ाई-झगड़ा होने लगता था और यही औरत की क़ानूनी मुक्ति का उद्गम बना। वास्तव में 'मनु' विवाह करने से संरक्षकों की ताक़त छिन जाती है। पैतृक रिश्तेदारों के हितों की रक्षा के लिए, साइन मनु विवाह अस्तित्व में आता है; इस मामले में, औरत की सम्पत्ति अभिभावकों के नियन्त्रण में रहती है, और पति का अधिकार उसकी देह पर होता है; यह वही अधिकार है जो वह कुल पिता के साथ साझा करता है, जिसका अपनी बेटी पर पूर्ण अधिकार है। पिता और पति के बीच विवादों को निपटाने के लिए घरेलू अदालत ज़िम्मेदार है : ऐसी संस्था अनुमति देती है कि औरत

पिता से पति, पति से पिता की शरण में जा सके; वह किसी एक व्यक्ति की जागीर नहीं है। इसके अलावा, हालाँकि एक वंश बहुत शक्तिशाली है — जैसा कि इस अदालत का अस्तित्व साबित करता है — सार्वजनिक न्यायाधिकरणों से स्वतन्त्र इस न्यायाधिकरण के अस्तित्व को साबित करता है, पिता जो परिवार का मुखिया होता है, सबसे बढ़कर एक नागरिक होता है : उसका अधिकार असीमित है, वह पूरी तरह से पत्नी और बच्चों पर शासन करता है; परन्तु वे उसकी सम्पत्ति नहीं हैं; बल्कि, वह जनता की भलाई के लिए उनके अस्तित्व का प्रशासन करता है; स्त्री बच्चों को जन्म देती है और उसके घरेलू कर्तव्यों का विस्तार अक्सर कृषि कार्यों तक होता है, जो देश के लिए बहुत लाभदायक है और उसके प्रति अथाह सम्मान है। यहाँ एक महत्त्वपूर्ण तथ्य है जो पूरे इतिहास में दोहराया जाता है : अमूर्त क़ानून स्त्रियों की ठोस स्थिति को परिभाषित करने के लिए पर्याप्त नहीं है; यह काफ़ी हद तक उसके द्वारा निभाई जाने वाली आर्थिक भूमिका पर निर्भर करता है; और अक्सर, अमूर्त स्वतन्त्रता और ठोस शक्तियाँ विपरीत रूप से भिन्न होती हैं। क़ानूनी रूप से यूनानी स्त्री की तुलना में रोमन स्त्री की अधीनस्थता अधिक होते हुए भी वह कहीं ज़्यादा गहराई से समाज के साथ एकीकृत है; घर पर, वह प्रांगण में विराजती है, जो गृह का केन्द्र है, बजाय इसके कि उसे अन्त:पुर में भेज दिया जाये; वह दासों के काम की निगरानी करती है; वह अपने बच्चों की शिक्षा की देखरेख करती है, और बच्चों पर उसका रोब अक्सर एक बड़ी उम्र तक रहता है; वह अपने पति के काम में हाथ बँटाती है और उसकी चिन्ता-फ़िक्र में साझेदार होती है, उसे उसके जायदाद की सह-स्वामिनी माना जाता है; विवाह सूत्र "Ubi tu Gaius, ego Gaia" एक खोखला सूत्र नहीं है;* गृहिणी को डोमिना यानी गरिमामयी स्त्री कहा जाता है; वह घर की स्वामिनी है, सहधर्मिणी है, दास नहीं बल्कि पुरुष की संगिनी है; यह बन्धन इतना गहरा इतना पवित्र है कि पाँच शताब्दियों तक रोमन इतिहास में एक भी तलाक़ दर्ज नहीं किया गया है। वह अपने घर की चारदीवारी तक सीमित नहीं है : वह दावतों, उत्सवों और समारोहों में हिस्सा लेती है, वह नाटक देखने जाती है; सड़क पर पुरुष उसके लिए रास्ता छोड़ते हैं, उसके लिए रोम के बड़े कर्मचारी कतार में खड़े हो जाते हैं। किंवदन्ती उसे इतिहास में एक प्रमुख भूमिका प्रदान करती है : सबाइन औरतें, ल्यूक्रेटिया और वर्जीनिया के लोग प्रसिद्ध हैं; कोरिओलानुस अपनी माँ और अपनी पत्नी की याचनाओं के आगे झुक जाता है; कहा जाता है कि रोमन लोकतन्त्र की विजय के लिए लिसिनियस का क़ानून उनकी पत्नी से प्रेरित था; कॉर्नेलिया ग्रेची की आत्मा को गढ़ता है। "हर जगह पुरुष औरतों पर शासन करते हैं,"

कैटो ने कहा, "और हम जो सभी पुरुषों पर शासन करते हैं, यहाँ हमारी औरतें हम पर हुक्म चलाती हैं।"

रोमन औरतों की क़ानूनी स्थिति धीरे-धीरे उनकी व्यावहारिक स्थिति के अनुकूल हो जाती है। सीमित लोगों में निहित कुलीन वर्ग की सत्ता के दौरान, प्रत्येक कुल का मुखिया गणराज्य के भीतर एक स्वतन्त्र शासक होता है; लेकिन जब राज्य सत्ता स्थापित हो जाती है, तो यह धन की एकाग्रता और शक्तिशाली परिवारों के अहंकार का विरोध करती है। पारिवारिक अदालतें सार्वजनिक न्याय के आगे झुकती हैं। और स्त्री को और भी अधिक अधिकार प्राप्त हो जाते हैं। चार शक्तियों ने मूल रूप से उसकी स्वतन्त्रता को सीमित कर दिया : पिता और पति ने उसके व्यक्ति, उसके अभिभावक और उसकी सम्पत्ति को नियन्त्रित किया। राज्य अपने अधिकारों को प्रतिबन्धित करने के लिए पिता और पति का विरोध करने की अनुमति देता है : राज्य की अदालत अब व्यभिचार, तलाक़, और इसी तरह के मामलों पर शासन करेगी। इसी प्रकार संरक्षक और मनु एक-दूसरे का नाश करते हैं। संरक्षक के हित में, मनु को पहले ही विवाह से अलग कर दिया गया था; तब मनु एक ऐसी युक्ति बन जाती है जिसका उपयोग स्त्रियाँ या तो काल्पनिक विवाह करके या अपने पिता या राज्य के बाध्य अभिभावकों से प्राप्त करके अभिभावकों से ख़ुद को मुक्त करने के लिए करती हैं। शाही क़ानून के तहत, संरक्षकता पूरी तरह से समाप्त कर दी जायेगी। उसी समय स्त्री को उसकी स्वतन्त्रता की सकारात्मक गारंटी मिलती है : उसके पिता उसे दहेज देने के लिए बाध्य हैं; और विवाह के भंग होने के बाद वह गोत्र में वापस नहीं जायेगी, और न ही वह कभी अपने पति की होगी; एक औरत किसी भी समय अचानक तलाक़ की माँग कर सकती है, जो पुरुष को उसकी दया पर रखती है। "दहेज स्वीकार करके, वह अपनी ताक़त बेच रहा था," प्लाओटस कहते हैं। गणतन्त्र के अन्त से, माँ को सम्मान के अधिकार के साथ, पिता के साथ समान स्तर पर मान्यता दी गयी है; पति की ओर से संरक्षकता या बुरे व्यवहार के मामले में उसे उसकी सन्तान की अभिरक्षा दी जाती है। हैड्रियन के तहत, एक सीनेटस-कंसल्टा उसे तब प्रदान करती है जब उसके तीन बच्चे होते हैं और मृतक बिना किसी वंश के उनमें से प्रत्येक के उत्तराधिकार का अधिकार होता है। और मार्कस ऑरेलियस के तहत रोमन परिवार का विकास पूरा हुआ : 178 के बाद से माँ के वारिसों के लिए उसके बच्चे थे जो गोत्र पर भारी थे; परिवार अब *conjunctio sanguinis* पर आधारित है और माँ पिता के समकक्ष प्रतीत होती है; बेटी को अपने भाइयों की तरह विरासत में पैतृक सम्पत्ति मिलती है।

हालाँकि, रोमन क़ानून का इतिहास एक प्रवृत्ति को दर्शाता है जो उस प्रवृत्ति का खण्डन करता है जिसका हमने अभी वर्णन किया है : स्त्री को परिवार से स्वतन्त्र बनाकर, केन्द्रीय शक्ति उसे वापस संरक्षकता में ले जाती है; उसे विभिन्न क़ानूनी प्रतिबन्धों के अधीन करती है।

वास्तव में, स्त्री के धनी और स्वाधीन दोनों हो जाने पर उसकी जो अहमियत होगी उससे समाज डाँवाडोल हो जायेगा; इसलिए हमने उसे एक हाथ से जो दिया है उसे दूसरे हाथ से हम छीनने का प्रयास करेंगे। ओपिया क़ानून जिसने रोमनों की विलासिता पर प्रतिबन्ध लगाया था, उस समय पारित किया गया था जब हनीबाल ने रोम को धमकी दी थी; जब ख़तरा टल गया, तो स्त्रियों ने इसे निरस्त करने की माँग की; एक प्रसिद्ध भाषण में, काटो ने माँग की कि इसे बरकरार रखा जाये लेकिन सार्वजनिक चौक में एकत्र गृहिणियों ने उनके ख़िलाफ़ ज़ोरदार प्रदर्शन किया। जैसे-जैसे नैतिक आचरण के लिए बने रीति-रिवाज़ शिथिल होते गये, अलग-अलग तरह के क़ानून प्रस्तावित किये गये जो और ज़्यादा सख़्त थे, लेकिन कोई हासिल-वसूल नहीं हुआ। उन क़ानूनों ने धोखाधड़ी को जन्म देने के अलावा और कुछ नहीं किया। केवल वेलियन सीनेट डिक्री की जीत हुई, जिसने स्त्री को लगभग सभी नागरिक क्षमता से वंचित करते हुए दूसरों[15] के लिए 'मध्यस्थता' करने से प्रतिबन्धित किया था। जब स्त्री व्यावहारिक रूप से सबसे अधिक मुक्त थी उसी समय स्त्री-जाति की हीनता का ढिंढोरा पीटा जाने लगता है, जो कि पुरुष औचित्य की प्रक्रिया का एक उल्लेखनीय उदाहरण है, जिसकी चर्चा मैंने पहले ही की थी : जब लड़की, पत्नी या बहन के रूप में उसके अधिकार सीमित नहीं रह जाते हैं, तो उसे पुरुषों के साथ समानता से वंचित कर दिया जाता है। उस पर धौंस जमाने के लिए उसकी 'मूर्खता, स्त्री जाति की नज़ाकत' का बहाना बनाया जाता है।

तथ्य यह है कि गृहिणियों ने अपनी नयी स्वतन्त्रता का बहुत अच्छा उपयोग नहीं किया; लेकिन ऐसा इसलिए है क्योंकि उन्हें इसका सकारात्मक लाभ लेने से भी मना किया गया था। इन दो विपरीत धाराओं से — एक व्यक्तिवादी धारा जो स्त्रियों को परिवार से दूर कर देती है, एक सांख्यिकीय धारा जो एक व्यक्ति के रूप में उसका शोषण करती है — इसका परिणाम यह होता है कि उसकी स्थिति असन्तुलित हो जाती है। वह उत्तराधिकारी है, उसे अपने पिता के साथ बच्चों के लिए समान सम्मान का अधिकार है, वह परीक्षण करती है, दहेज की संस्था की बदौलत वह वैवाहिक बन्धनों से बच जाती है, वह अपनी मर्ज़ी से तलाक़ ले सकती थी और पुनर्विवाह कर सकती है लेकिन वह केवल नकारात्मक रूप से मुक्ति

पाती है क्योंकि उसकी महत्त्वपूर्ण शक्तियों का कोई ठोस उपयोग नहीं किया जाता है। आर्थिक स्वतन्त्रता अमूर्त ही रहती है क्योंकि यह ताक़त राजनीतिक सामर्थ्य में परिणत नहीं होती है; इस तरह से, चूँकि रोमन स्त्रियों में काम करने के संकल्प का अभाव था इसलिए वे प्रदर्शन करती हैं : वे क़स्बों में हंगामा करती हैं, वे अदालतों पर धरना देती हैं, वे षड्यन्त्र रचती हैं, नुस्खे देती हैं, वे गृहयुद्ध भड़काती हैं, जुलूस में वे देवताओं की माँ की मूर्ति लाती हैं और उसे तिबर नदी के किनारे-किनारे साथ ले जाती हैं, इस प्रकार रोम को प्राच्य देवताओं का परिचय देती हैं; वर्ष 114 में वेस्टल कुँवारियों का घोटाला सामने आया और फिर उनका कॉलेज भंग कर दिया गया। चूँकि सार्वजनिक जीवन और सद्गुण पहुँच से बाहर हैं, और जब परिवार का विघटन पूर्व के निजी गुणों को बेकार और पुराना बना देता है, तो औरतों के लिए कोई नैतिक संहिता नहीं रह जाती है। उनके पास दो समाधानों में से एक विकल्प है : या तो अपने पूर्वजों के समान मूल्यों का हठपूर्वक सम्मान करना; या अब उनमें से किसी को तरजीह न देना। हम पहली शताब्दी के अन्त में, दूसरी की शुरुआत में देखते हैं, कई स्त्रियाँ जो अपने पति की संगिनी और सहयोगी बनी रहती हैं जैसे कि गणतन्त्र के दिनों में : प्लॉटिना ट्रोजन की महिमा और ज़िम्मेदारियों को साझा करती है; सबाइन अपने गुणों के लिए इतनी प्रसिद्ध हो जाती है कि उसके जीवनकाल में मूर्तियाँ बनाकर देवी-तुल्य माना जाता है। टिबेरियस के तहत, सेक्स्टिया ने एमिलियस स्कॉरस और पासिया से पोम्पोनियस लेबियस तक जीवित रहने से इनकार कर दिया; पॉलीन उसी समय सेनेका की तरह अपनी नसें खोलती है; प्लिनी द यंगर ने एरिया के 'कवि, नॉन डोलेट' को प्रसिद्ध बनाया; वर्जीनिया में क्लाउडिया रूफिना में, सुल्पीसीया में अपूरणीय पत्नियों और समर्पित माताओं में मार्शल प्रशंसा करता है। लेकिन ऐसी कई स्त्रियाँ हैं जो मातृत्व से इनकार करती हैं और तलाक़ की संख्या में बढ़ोतरी करती हैं; क़ानून व्यभिचार को प्रतिबन्धित करना जारी रखते हैं : कुछ विवाहिताएँ वेश्याओं के रूप में पंजीकृत तक होती हैं ताकि उनके व्यभिचार[16] में कोई झंझट न आये। तब तक, लैटिन साहित्य हमेशा स्त्रियों का सम्मान करता था : अब व्यंग्यकारों ने उन पर हमला बोलना शुरू कर दिया। इसके अलावा, वे आमतौर पर स्त्रियों पर नहीं बल्कि मुख्य रूप से अपने समकालीनों पर हमला करते हैं। जुवेनल उनके सुखवाद और लोलुपता का तिरस्कार करते हैं; वह उन पर आरोप लगाते हैं कि वे पुरुषों के व्यवसायों की आकाँक्षा रखती हैं : वे राजनीति में रुचि लेती हैं, मुक़द्दमों की फ़ाइलों में डूबी रहती हैं, व्याकरणविदों और वक्ताओं के साथ बहस करती हैं, शिकार, रथ दौड़, तलवारबाज़ी, कुश्ती की

शौक़ीन हैं। तथ्य यह है कि यह मनोरंजन के लिए उनके शौक़ उनके दोषों में सबसे अहम था क्योंकि वे पुरुषों के साथ प्रतिस्पर्धा करती हैं; उच्च लक्ष्यों को प्राप्त करने के लिए, उनके पास पर्याप्त शिक्षा का अभाव है; और इसके अलावा, उनके लिए कोई उद्देश्य भी प्रस्तावित नहीं है; उनके लिए कर्म वर्जित है। प्राचीन गणराज्य की रोमन औरत को दुनिया में एक दर्जा मिला हुआ है, लेकिन अमूर्त अधिकारों और आर्थिक स्वतन्त्रता की कमी के कारण वह वहाँ ज़ंजीर में जकड़ी हुई है; पतनकाल की रोमन औरत झूठी स्वतन्त्रता का जीता-जागता उदाहरण है, जिसके पास एक ऐसी दुनिया है जहाँ उसकी स्वतन्त्रता खोखली है और जहाँ वस्तुत: बस पुरुष ही स्वामी हैं; वह 'व्यर्थ' में स्वतन्त्र है।

IV

स्त्री की स्थिति का विकास एक सतत प्रक्रिया नहीं थी। महान् आक्रमणों के साथ, समूची सभ्यता सवालों के घेरे में आ जाती है। रोमन क़ानून स्वयं एक नयी विचारधारा से प्रभावित था : ईसाई धर्म; और आने वाली शताब्दियों में, अरबवासी अपने क़ानून लागू करते हैं। आर्थिक, सामाजिक और राजनीतिक स्थिति में भारी उलट-फेर हुआ है : और इसका ख़ामियाज़ा औरतों को भुगतना पड़ता है।

ईसाई विचारधारा ने स्त्रियों के उत्पीड़न में कोई छोटी भूमिका नहीं निभाई। निस्सन्देह ईसा चरित में दान का एक प्रसंग है जिसमें कोढ़ियों के साथ-साथ स्त्रियाँ तक शामिल हैं; नये क़ानून का सबसे अधिक उत्साह से पालन करने वालों में नीचे तबके के लोग, ग़ुलाम और औरतें ही थे। ईसाई धर्म के शुरुआती दिनों में, चर्च के दमनकारी शासन के अधीन रहने वाली स्त्रियाँ अपेक्षाकृत सम्मानित थीं; पुरुषों के साथ वे भी ईसाइयत के प्रचार में शहीद हुईं; हालाँकि, पूजा-उपासना में उनकी भागीदारी गौण ही रहती थी; 'छोटे पादरियों की पत्नियों' को केवल धर्मनिरपेक्ष कार्य करने की अनुमति थी : बीमारों की देखभाल करना या ज़रूरतमन्दों की मदद करना। और यद्यपि विवाह को पारस्परिक निष्ठा की माँग करने वाली संस्था माना जाता है, यह स्पष्ट प्रतीत होता है कि पत्नी से पति के प्रति सम्पूर्ण समर्पण और कर्तव्यपरायणता की अपेक्षा की जाती थी : सन्त पॉल के ज़रिये, घोर नारीवादी विरोधी यहूदी परम्परा की पुष्टि की जाती है। सन्त पॉल स्त्रियों को आत्म-समर्पण करने और संयमित रहने का आदेश देते हैं; यह पुराने और नये नियम पर आधारित है जो स्त्री को पुरुष के अधीन करने का सिद्धान्त है। "और पुरुष को स्त्री के लिए

नहीं, वरन स्त्री को पुरुष के लिए सृजा गया।" और कहीं वे फिर लिखते हैं : "जैसे चर्च के स्वामी यीशू हैं, वैसे ही स्त्री का स्वामी उसका पति होता है।" जिस धर्म में देह को घिनौना माना जाता हो, वहाँ स्त्री शैतान की ख़ाला मानी जाती है। टर्टुलियन ने लिखा : "नारी, तुम शैतान का द्वार हो। जिसका सीधे सामना करने की ज़ुर्रत शैतान ने भी नहीं की तुमने उसे भी उकसा दिया और तुम्हारा सहारा लेकर उसने पुरुष को मिट्टी में मिला दिया। यह तुम्हारी ग़लती है कि परमेश्वर के पुत्र को मरना पड़ा।" सन्त एंब्रोस कहते हैं, "आदम को पाप के रास्ते पर हव्वा ने धकेला न कि हव्वा को आदम ने" और सेंट जॉन क्राइसोस्टॉम का कथन है : "सभी जंगली जानवरों में स्त्री से ज़्यादा घातक कोई नहीं है। जब चौथी शताब्दी में कैनन क़ानून स्थापित किया गया था, तो विवाह को मानवीय असफलताओं के लिए एक रियायत के रूप में माना गया, जो ईसाई आदर्श का परस्पर-विरोधी था।" "चलिये कुल्हाड़ी उठाएँ और शादी के बाँझ पेड़ की जड़ों को काट दें", सेंट जेरोम लिखते हैं। ग्रेगरी वी के बाद से, जब पुजारियों पर ब्रह्मचर्य थोपा गया था, तब औरत के ख़तरनाक चरित्र को बड़ी निर्दयता से रेखांकित किया गया था : गिरजाघर के सभी पादरी उसके कलंक का बखान करते हैं। सेंट थॉमस इस परम्परा के प्रति ईमानदार होंगे जब उन्होंने कहा कि स्त्री केवल 'आकस्मिक' और अधूरा अस्तित्व है, एक तरह से अपूर्ण पुरुष। "जैसे पुरुष का मालिक ईसा है वैसे ही स्त्री का मालिक पुरुष है," वे लिखते हैं, "यह सामान्य सी बात है कि स्त्री की नियति ही है पुरुष के नियन्त्रण में रहना है और उसका अपना कोई अधिकार नहीं है।" कैनन क़ानून भी दहेज व्यवस्था के अलावा किसी वैवाहिक संस्था को स्वीकार नहीं करता है जो स्त्री को अक्षम और शक्तिहीन बना देता है। न केवल उसके लिए महत्त्वपूर्ण पद वर्जित रहते हैं, बल्कि उसे अदालत में बयान देने से भी रोक दिया गया है, और उसकी गवाही की अहमियत नहीं होती। सम्राटों को कमोबेश चर्च के पादरियों के प्रभाव का सामना करना पड़ा; जस्टिनियन का विधान स्त्री को पत्नी और माँ के रूप में सम्मानित करता है, लेकिन औरत को पत्नीत्व व मातृत्व के कर्तव्यों का ग़ुलाम बना देता है; उसकी अक्षमता का कारण उसका स्त्री होना नहीं है, परिवार के भीतर उसके लिए बनायी गयी परिस्थितियाँ हैं। तलाक़ निषिद्ध है और विवाह एक सार्वजनिक कार्यक्रम होना आवश्यक है; माता का अपने बच्चों पर समान अधिकार होता है, उनके उत्तराधिकारियों पर भी उनका समान अधिकार होता है; अगर उसके पति की मृत्यु हो जाती है, तो वह उनकी क़ानूनी अभिभावक बन जाती है। वेलियन सिनेट के अध्यादेश को संशोधित किया गया है : वह तीसरे पक्ष के लाभ के लिए मध्यस्थता

कर सकती है, लेकिन वह अपने पति के लिए अनुबन्ध नहीं कर सकती; उसका दहेज अविभाज्य हो जाता है : यह बच्चों की विरासत है और उसका इस पर कोई अधिकार नहीं होता है।

अरबी लोगों के कब्ज़े वाले क्षेत्रों में इन क़ानूनों के साथ जर्मनिक परम्पराएँ जुड़ गयीं। जर्मनों के रीति-रिवाज़ अनोखे थे। सिर्फ़ युद्ध काल में एक मुखिया समाज को संचालित करता था; शान्तिकाल में परिवार एक स्वायत्त समाज था; ऐसा लगता है कि यह व्यवस्था मातृवंश पर स्थापित कुलों और पितृसत्तात्मक ख़ानदानों के बीच मध्यस्थ थी; मामा के पास पिता के समान अधिकार था और दोनों का अपनी भतीजी और बेटी पर उसके पति के बराबर अधिकार होता था। एक ऐसे समाज में जहाँ सारी क्षमता का स्रोत पाशविक शक्ति में था, स्त्री वास्तव में पूरी तरह से शक्तिहीन थी; घरेलू शक्तियों के द्वन्द्व जिन पर वह निर्भर थी वही उसे कुछ अधिकारों के साथ मान्यता देते थे; ग़ुलाम तो थी, फिर भी वह आदरणीय थी; उसका पति उसे ख़रीदता था लेकिन इस सौदे की क़ीमत एक दहेज-निधि थी जो औरत की सम्पत्ति होती थी; उसके अलावा उसका पिता उसे धन देता था; उसे पैतृक विरासत का अपना हिस्सा मिलता था और अपने माता-पिता की हत्या की स्थिति में, हत्यारे द्वारा भुगतान की गयी रकम का एक हिस्सा। परिवार एक पत्नीक था, व्यभिचार के लिए कड़ी सज़ा दी जाती थी और विवाह का सम्मान किया जाता था। स्त्री अभी भी संरक्षकता में रही, लेकिन वह अपने पति के साथ घनिष्ठ रूप से जुड़ी हुई थी। "शान्ति में, युद्ध में, वह उसका भाग्य साझा करती है, उसके साथ जीती है, उसी के साथ वह मर जाती है", टैसिटस ने लिखा। वह लड़ाई में भाग लेती थी, योद्धाओं के लिए भोजन लाती थी और अपनी उपस्थिति से उन्हें प्रोत्साहित करती थी। विधवा होने पर, दिवंगत पति के अधिकार उसे हस्तान्तरित कर दिये जाते थे। उसकी अक्षमता की जड़ें उसकी शारीरिक कमज़ोरी में होने के कारण उसे नैतिक हीनता की अभिव्यक्ति नहीं माना जाता था। स्त्रियाँ पुजारिनें थीं, भविष्यवक्ता थीं, इससे यह अनुमान लगाया जा सकता है कि पुरुषों की तुलना में उन्हें उच्च शिक्षा मिलती थी। विरासत में, जो चीज़ें औरतों के अधिकार में दी जातीं थीं, उनमें हीरे-जवाहरात और पुस्तकें हुआ करते थे।

यह वह परम्परा है जो मध्य युग के दौरान बरक़रार रही। औरत पूरी तरह से पिता और पति पर आश्रित है : क्लोविस के समय में, जीवन भर औरत पर दुनियादारी का भार रहता है; लेकिन फ्रैंक्स ने जर्मनिक शुद्धता का परित्याग कर दिया : मेरोविंगियन और कैरोलिंगियन समुदायों में बहुविवाह आमतौर पर प्रचलित थी; औरत का ब्याह उसकी रज़ामन्दी के बग़ैर किया जाता है, वह पति की मनमर्ज़ी

से ठुकराई जाती है, जिसका उसके जीवन और मृत्यु पर अधिकार होता है; उसके साथ एक नौकरानी जैसा सुलूक किया जाता है। औरत को क़ानूनों का संरक्षण तो मिला हुआ है : लेकिन यह उस हद तक है जहाँ तक वह पुरुष की जायदाद, और उसके बच्चों की माँ है। यह साबित किये बिना उसे 'वेश्या' कहना ऐसी गाली है जो एक आदमी को दी जाने वाली किसी भी तरह की गाली से दसगुनी महँगी पड़ती है; किसी ब्याहता औरत का अपहरण एक स्वतन्त्र पुरुष की हत्या के समान है; किसी विवाहित स्त्री की बाँह पकड़ने या हाथ मिलाने के एवज़ में पन्द्रह से पैंतीस पैसे का जुर्माना लगाया जाता है; गर्भपात निषिद्ध है अन्यथा एक सौ पैसे का जुर्माना भरना पड़ता है; एक गर्भवती स्त्री की हत्या एक स्वतन्त्र पुरुष से चार गुना अधिक गम्भीर मानी जाती है; एक स्त्री जिसने अपनी प्रजनन क्षमता का प्रमाण दिया है, उसकी क़ीमत एक स्वतन्त्र पुरुष का तीन गुनी है; लेकिन जब वह और बच्चे पैदा करने की स्थिति में न हो तो वह अपना सारा मूल्य खो देती है; अगर वह किसी ग़ुलाम से शादी करती है तो उसे ग़ैर-क़ानूनी घोषित कर दिया जाता है और उसके माता-पिता को यह अधिकार होता है कि वे उसे जान से मार दें। एक व्यक्ति के रूप में उसका कोई अधिकार नहीं है। हालाँकि, जब राज्य शक्तिशाली हो जाता है उसका स्वरूप वैसा ही होता है जैसा हमने रोम के विकास में देखा है : अक्षम व्यक्तियों, बच्चों और स्त्रियों की संरक्षकता, सार्वजनिक प्रभार बनने का पारिवारिक अधिकार नहीं रह जाता है; शारलेमेन के बाद से औरत पर संरक्षण (मुन्दियम) का भार नहीं रहा, वह तब से राजा का होने लगा; पहले केवल उन मामलों में हस्तक्षेप करता था जब स्त्री अपने प्राकृतिक अभिभावकों से वंचित होती है; फिर, धीरे-धीरे, उसने पारिवारिक शक्तियों पर एकाधिकार कर लिया; लेकिन इस परिवर्तन से फ्रेंकिश स्त्रियों की मुक्ति नहीं हुई। संरक्षकता अभिभावक के लिए बोझ बन जाता है; उसका कर्तव्य है कि वह अपने वार्ड की रक्षा करे : इस सुरक्षा के लिए पहले की तरह ही ग़ुलामी की आवश्यकता होती है।

जब प्रारम्भिक मध्य युग के उथल-पुथल से सामन्तवाद का उदय होता है, तो स्त्री की स्थिति बहुत ढुलमुल प्रतीत होती है। सामन्ती सिद्धान्त की विशेषता यह है कि सम्प्रभुता के अधिकार और सम्पत्ति के अधिकार के बीच, सार्वजनिक अधिकारों और निजी अधिकारों के बीच भ्रम क़ायम रखता है। यह बताता है कि सामन्तशाही किस तरह स्त्री को बारी-बारी से कभी नीचा तो कभी ऊँचा स्थान देती रही है। सबसे पहले, उसे सभी निजी अधिकारों से वंचित किया जाता है क्योंकि उसके पास कोई राजनीतिक क्षमता नहीं है। दरअसल, 11वीं सदी तक व्यवस्था पूरी तरह ताक़त

पर आधारित थी, जायदाद पर अख्तियार हथियारों के बल पर होता था। क़ानूनी विशेषज्ञों का कहना है, "सैन्य सेवा के ख़िलाफ़ आयोजित की गयी सम्पत्ति एक जागीर है"; स्त्री सामन्ती सम्पत्ति को धारण नहीं कर सकती, क्योंकि वह उसकी रक्षा करने में असमर्थ है। उसकी स्थिति तब बदल जाती है जब जागीरें वंशानुगत और पितृसत्तात्मक हो जाती हैं; हमने देखा है कि जर्मनिक क़ानून में मातृ अधिकार के कुछ अवशेष थे : पुरुष वारिसों की अनुपस्थिति में, बेटी को विरासत मिल सकती थी। यह ग्यारहवीं शताब्दी के आसपास हुआ, कि सामन्ती व्यवस्था ने स्त्री की उत्तराधिकारता को स्वीकृति दी है। हालाँकि, जागीरदारों को अभी भी सैन्य सेवा की ज़रूरत है; और स्त्री की दशा इस तथ्य से नहीं सुधरती कि वह उत्तराधिकारिणी बन जाती है; उसे अभी भी एक पुरुष अभिभावक की ज़रूरत है; पति वह भूमिका निभाता है : पति को ही नामजद किया जाता है, वही जागीर सँभालता है आरुर वही पास जायदाद का उपभोग करता है। ग्रीक एपिक्लेरा की तरह, स्त्री स्वामिनी नहीं बल्कि वह साधन है जिसके माध्यम से जायदाद हस्तांतरित होती है, हालाँकि, वह मुक्त नहीं है; एक तरह से वह जागीर द्वारा अवशोषित होती है, वह अचल सम्पत्ति का हिस्सा है। सम्पत्ति अब परिवार की चीज़ नहीं है जैसा कि रोमन लोगों के दिनों में था : वह सामन्त की सम्पत्ति है, और स्त्री भी सामन्त की है। वही है जो उसके लिए जीवनसाथी चुनता है; और जब उसके बच्चे हों, तब वह अपने पति को न देकर उसको उसे देती है; वे जागीरदार होंगे, जो उसकी सम्पत्ति की रक्षा करेंगे। इसलिए वह एक पति के 'संरक्षण' के माध्यम से जागीर और उसके मालिक की ग़ुलाम है, जो उस पर थोपी गयी है। बहुत कम ऐसे दौर रहे हैं जब औरत को इससे भी ज़्यादा कठोर नियति झेलनी पड़ी हो। एक उत्तराधिकारिणी होने का मतलब है, ज़मीन, महल : वह उनका शिकार बन जाती है जो उससे शादी करने की होड़ में मुक़ाबला करते हैं, और लड़की कभी-कभी बारह वर्ष की भी नहीं होती है जब उसके पिता या उसका मालिक उसे उपहार स्वरूप किसी सामन्त को देते हैं। एक आदमी के लिए जितनी शादियाँ, उतनी जागीरें; और इस प्रकार अधिक अस्वीकृति; चर्च पाखण्डी रूप से उन्हें अधिकृत करता है; चूँकि सात पुश्तों तक रिश्तेदारों के बीच विवाह वर्जित था, और रिश्तेदारी को आध्यात्मिक सम्बन्धों जैसे गॉडमदर और गॉडफादर के साथ-साथ रक्त सम्बन्धों द्वारा परिभाषित किया गया था, विलोपन के लिए हमेशा कुछ बहाना होता है; ग्यारहवीं शताब्दी में ऐसी कई स्त्रियाँ हैं जिन्हें चार या पाँच बार अस्वीकार कर दिया गया है। एक बार विधवा हो जाने पर, स्त्री को तुरन्त एक नये स्वामी को स्वीकार करना पड़ता है। भावगीतों में शारलेमेन ने एक

बार में, स्पेन में मारे गये अपने सामन्त की विधवाओं से पुनर्विवाह किया है; *जिरार द वियेन्न* में, बूरगोन्य की डचेस एक नये जीवनसाथी की माँग के लिए ख़ुद राजा के पास जाती है। "मेरे पति की अभी-अभी मृत्यु हुई है, लेकिन शोक करने से क्या लाभ? मेरे लिए एक ताक़तवर पति खोजें क्योंकि मुझे अपनी भूमि की रक्षा करने की आवश्यकता है"; कई महाकाव्यों में राजा या स्वामी को लड़कियों और विधवाओं के साथ अत्याचारी व्यवहार करते हुए दिखाया गया है। यह भी देखा गया है कि बतौर तोहफ़े बद मिली औरत के साथ पति बद्सलूकी करता है; वह गाली देता और थप्पड़ मारता है, बालों से घसीटता है, और पीटता है; *बोवेंसिस के रीति-रिवाज़* में बोमान्वार ज़ोर देकर कहता है कि पति अपनी पत्नी को 'यथोचित दंड' देता है। इस जंगी सभ्यता में स्त्रियों के लिए अवमानना के सिवा कुछ नहीं है। शूरवीर को स्त्रियों में कोई दिलचस्पी नहीं है : उसका घोड़ा उसे एक बेशक़ीमती ख़ज़ाना लगता है; महाकाव्यों में, हमेशा युवतियाँ ही होती हैं जो युवकों की ओर पहला क़दम बढ़ाती हैं; एक बार शादी करने के बाद, सिर्फ़ उन्हीं से वफ़ादार होने की उम्मीद की जाती है; आदमी उन्हें अपने जीवन से अलग कर देता है। "शापित हो वह शूरवीर जो किसी स्त्री से सलाह लेने जाता है कि उसे कब बाहर निकलना है।" "और रनो द मोन्तोबौं में हम इस धर्मोपदेश को पढ़ते हैं :" "अपनी रंगीन, सुनहरी कोठियों में वापस जाइए,छाँव में बैठिए, खाइए, पीजिए, रेशम रंगिए, लेकिन हमारे मामलों में दख़लअंदाज़ी मत कीजिए। तलवार और फौलाद से लड़ना हमारा काम है। मौन! स्त्री कभी-कभी पुरुषों का कठोर जीवन साझा करती है। एक युवा लड़की के रूप में, वह सभी शारीरिक व्यायामों की अभ्यस्त है, वह घोड़े की सवारी करती है, बाज़ का शिकार करती है; वह बमुश्किल कोई शिक्षा प्राप्त करती है और उसके लालन-पालन पर ध्यान नहीं दिया जाता है : वही महल के मेहमानों का स्वागत करती है, उनके भोजन तथा विश्राम स्नान की व्यवस्था करती है; और एक स्त्री के रूप में, उसे कभी-कभी जंगली जानवरों का शिकार करना पड़ता है, लम्बी और कठिन तीर्थ यात्रा करनी पड़ती है; जब पति दूर होता है तो वह उसके जागीर की हिफ़ाजत करती है। जागीर की ये औरतें, जिन्हें विरागो कहा जाता है, की सराहना की जाती है क्योंकि वे बिल्कुल पुरुषों की तरह व्यवहार करती हैं : वे लालची, विश्वासघाती और क्रूर होती हैं, और वे अपने जागीरदारों पर अत्याचार करती हैं। इतिहास और किंवदन्ती ने हमें उनमें से अनेक उद्धरण दिये हैं : जागीर की मालकिन ओबी ने किसी भी बुर्ज से ऊँची मीनार का निर्माण करवाया और तुरन्त वास्तुकार का सर क़लम करवा दिया ताकि उसका रहस्य बरक़रार रहे; उसने अपने पति को उसकी सम्पत्ति से बेदख़ल

कर दिया जो बाद में गुपचुप तरीक़े से वहाँ वापस आया और उसकी हत्या कर दी।" रोजर द मोंगोमेरी की पत्नी मेबिल को रईसों को भीख मांगने की हालत में पहुँचाने में मज़ा आता था : प्रतिशोध में, उन्होंने उसका सिर काट दिया। जुलियेन, इंग्लैंड के हेनरी प्रथम की नाजायज़ बेटी उसके ख़िलाफ़ खड़ी हो गयी और उस पर घात लगाकर हमंला किया, जिसके लिए उसे कठोर दण्ड दिया गया। हालाँकि, ऐसे तथ्य असाधारण रहते हैं। आमतौर पर ज़मींदार औरत कताई, पूजा-पाठ, अपने पति के इन्तज़ार और ऊबने में अपने दिन गुज़ारती है।

अक्सर यह दावा किया गया है कि 12वीं शताब्दी में भूमध्यसागरीय दक्षिण में जन्मे दरबारी प्रेम से स्त्रियों की स्थिति में कुछ सुधार हुआ होगा। इसकी उत्पत्ति के बारे में कई विरोधी परिकल्पनाएँ हैं : कुछ के अनुसार, 'शिष्टाचार' अपने युवा जागीरदारों के साथ सुजरेन के सम्बन्धों से उत्पन्न होता है; अन्य लोग इसे कैथर विधर्म और वर्जिन के पन्थ से जोड़ते हैं; फिर भी अन्य लोग कहते हैं कि अपवित्र प्रेम सामान्य रूप से परमेश्वर के प्रेम से उत्पन्न होता है। हमें यक़ीन नहीं है कि प्रेम के दरबार कभी मौजूद थे। जो निश्चित है वह यह है कि एक पापी हव्वा के सामने चर्च को मुक्तिदाता की माता की महिमा करने के लिए प्रेरित किया गया था : उसकी पूजा इतनी महत्त्वपूर्ण हो गयी कि यह कहा गया है कि तेरहवीं शताब्दी में, भगवान एक स्त्री बन गये थे; स्त्री का रहस्यवाद इस प्रकार धर्म में विकसित होता है। दूसरी ओर, महल के जीवन की अवकाश गतिविधियाँ कुलीन स्त्रियों को बातचीत, राजनीति, कविता की विलासिता को अपने चारों ओर पनपने देती हैं; बेआत्रिस द वालौन्तिन्वा, आलीएनोर द'आकीतेन, और उसकी पुत्री मारी द फ्रौंस, ब्लौन्श द नावार्र और कई अन्य जैसी साक्षर स्त्रियाँ कवियों को आकर्षित करती हैं और संरक्षण देती हैं; पहले दक्षिण में, फिर उत्तर में सांस्कृतिक विकास होता है जो स्त्रियों को एक नयी प्रतिष्ठा देता है। दरबारी प्रेम को अक्सर आध्यात्मिक प्रेम के रूप में वर्णित किया गया है; निस्सन्देह अपनी सहचरी को ख़ुश करने के लिए क्रेस्टियाँ द त्रॉय ने अपने उपन्यासों में व्यभिचार के ज़िक्र पर निषेध लगा दिया : वह लांस्लो और गेनिएव्र के अलावा किसी अन्य निन्दनीय प्रेम को चित्रित नहीं करता है; लेकिन वास्तव में, चूँकि सामन्ती पति एक अभिभावक और अत्याचारी दोनों था, वैवाहिक बन्धनों के परे एक प्रेमी की तलाश करती थी; दरबारी प्रेम आधिकारिक रीति-रिवाज़ों की बर्बरता का मुआवज़ा था। एंगेल्स टिप्पणी करते हैं, "शब्द के आधुनिक अर्थ में प्यार केवल आधिकारिक समाज के बाहर पुरातनता में होता है।" सेक्सुअल प्रेम

की ओर झुकाव में जिस बिन्दु पर प्राचीन काल ठहर गया था, उसी बिन्दु से मध्य युग फिर से शुरू होता है : व्यभिचार। और वास्तव में जब तक विवाह की संस्था चलती रहेगी, प्रेम इसी रूप में रहेगा।

जबकि दरबारी प्रेम स्त्री के लिए बहुत कुछ आसान कर सकता है, यह उसे पर्याप्त रूप से संशोधित नहीं करता है। धर्म और कविता जैसी विचारधाराएँ नारी मुक्ति की ओर नहीं ले जाती हैं; सामन्ती युग के अन्त में औरत पूरी तरह से अन्य कारणों से थोड़ी ज़मीन हासिल करती है। जब सामन्तों पर शाही शक्ति का वर्चस्व लगाया जाता है, तो स्वामी अपने अधिकारों का एक बड़ा हिस्सा खो देता है : उसका अधिकार, विशेष रूप से, अपने जागीरदारों के विवाह पर निर्णय लेने का अधिकार उत्तरोत्तर दबा दिया जाता है; उसी समय, सामन्ती स्वामी अपने वार्ड की सम्पत्ति का उपयोग खो देता है; संरक्षकता से जुड़े लाभ अनुपयोगी हो जाते हैं; और जब जागीर की सेवा को मौद्रिक शुल्क में बदल दिया जाता है, तो संरक्षण ख़ुद ही समाप्त हो जाता है; स्त्री सैन्य सेवा करने में असमर्थ थी, लेकिन वह वित्तीय दायित्वों का भुगतान करने के लिए एक पुरुष के रूप में सक्षम थी; जागीर तो एक साधारण विरासत से थोड़ा अधिक है, और अब कोई कारण नहीं है कि स्त्री और पुरुष दोनों के साथ समान स्तर पर व्यवहार नहीं किया जाये। वास्तव में, जर्मनी, स्विट्ज़रलैंड और इटली में स्त्रियाँ सतत संरक्षण के अधीन रहती हैं; लेकिन बोमान्वार के शब्दों में, फ्रांस में ऐसा माना जाता है कि "एक लड़की का महत्त्व एक आदमी के बराबर है।" जर्मनिक परम्परा ने स्त्री को अभिभावक के लिए एक रक्षक दिया : जब उसे अब एक रक्षक की आवश्यकता नहीं होती है, तो वह एक अभिभावक से दूर हो जाती है; एक सेक्स के रूप में यह अब अक्षम नहीं है। अविवाहित या विधवा, उसके पास सभी मानवाधिकार हैं; सम्पत्ति उसे सम्प्रभुता प्रदान करती है : वह उस जागीर को नियन्त्रित करती है जिसकी वह मालकिन है, जिसका अर्थ है कि वह न्याय करती है, सन्धियों पर हस्ताक्षर करती है, और क़ानून बनाती है। हम उसे एक सैन्य भूमिका निभाते हुए, सैनिकों की कमान सँभालते हुए, लड़ाई में भाग लेते हुए भी देखते हैं; जोन ऑफ़ आर्क से पहले सैनिक स्त्रियाँ थीं, और ला प्यूसेल अचम्भित तो करती है, स्तंभित नहीं करती।

फिर भी, औरत की स्वतन्त्रता को विफल करने के लिए इतने सारे कारक जुटे हैं कि उन सभी को एक साथ कभी समाप्त नहीं किया जाता है; शारीरिक कमज़ोरी अब कोई समस्या नहीं है; लेकिन स्त्री की अधीनता उन मामलों में समाज के लिए उपयोगी होती है जब वह विवाहित होती है। वैवाहिक सत्ता सामन्ती व्यवस्था के

लुप्त होने के बाद भी बची हुई है। हम उस विरोधाभास को देखते हैं जो आज भी क़ायम है : समाज में पूरी तरह से एकीकृत स्त्री वह है जिसके पास सबसे कम विशेषाधिकार हैं। नागरिक सामन्तवाद में, विवाह की वही विशेषताएँ होती हैं जो सैन्य सामन्तवाद में होती हैं : पति पत्नी का संरक्षक बना रहता है। जब बुर्जुआ वर्ग बनता है, तो वह उन्हीं नियमों का पालन करता है। प्रथागत क़ानून में सामन्ती क़ानून के रूप में, बाहरी विवाह को छोड़कर कोई मुक्ति नहीं है; लड़की और विधवा स्त्री में पुरुष के समान क्षमताएँ होती हैं; लेकिन शादी करने पर पति उसका अभिभावक बन जाता है उस पर हुकूमत चलाता है; वह उसे पीट सकता है; वह उसके आचरण, उसके सम्बन्धों और पत्राचार पर नज़र रखता है और उसकी सम्पत्ति का हक़ से इस्तेमाल करता है, किसी समझौते के तहत नहीं वरन इसलिए क्योंकि आदमी ने औरत से शादी की है। "जैसे ही विवाह सम्पन्न हो जाता है," बोमान्वार कहते हैं, "विवाह के आधार पर प्रत्येक पक्ष की सम्पत्ति समान होती है और आदमी उनका संरक्षक होता है।" यह सम्पत्ति के हित में है कि रईस और पूँजीपति वर्ग एक मालिक से इसे प्रशासित करने की माँग करता है। ऐसा इसलिए नहीं है क्योंकि उसे मौलिक रूप से अक्षम माना जाता है कि कोई पत्नी को उसके पति के अधीन कर देता है : जब कुछ भी इसका खण्डन नहीं करता है, तब स्त्री में उसकी क्षमताओं की परिपूर्णता को पहचाना जाता है। सामन्तवाद से लेकर आज तक विवाहित स्त्री को जान-बूझकर निजी सम्पत्ति के लिए कुर्बान कर दिया जाता है। यह देखना महत्त्वपूर्ण है कि पति के पास जितनी अधिक सम्पत्ति होगी, यह दासता उतनी ही अधिक होगी : यह सम्पन्न वर्गों में है कि पत्नी की निर्भरता हमेशा सबसे ठोस रही है; आज भी अमीर ज़मींदारों में ही पितृसत्तात्मक परिवार जीवन्त हैं; जितना अधिक सामाजिक और आर्थिक रूप से शक्तिशाली व्यक्ति महसूस करता है, उतना ही वह आधिकारिक रूप से पितृसत्ता की भूमिका निभाता है। इसके विपरीत, एक सामान्य अभाव वैवाहिक बन्धन को पारस्परिक बन्धन बनाता है। यह न तो सामन्तवाद था और न ही चर्च जिसने स्त्रियों को मुक्त किया। बल्कि, यह दासता के आधार पर ही है कि पितृसत्तात्मक परिवार से एक प्रामाणिक वैवाहिक परिवार में प्रवेश होता है। ग़ुलाम और उसकी पत्नी के पास कुछ भी नहीं था, उनके पास केवल अपने घर, फ़र्नीचर, बर्तन का सामान्य सुख था : पुरुष के पास ख़ुद को उस स्त्री का स्वामी बनाने का कोई कारण नहीं था जिसके पास कोई सम्पत्ति नहीं थी; दूसरी ओर, काम और रुचि के बन्धन जिन्होंने उन्हें एकजुट किया, पत्नी को एक साथी के पद की गरिमा मिली। जब दासता समाप्त हो जाती है, तो ग़रीबी बनी रहती है; छोटे ग्रामीण

समुदायों में और कारीगरों के बीच, पति-पत्नी समान स्तर पर रहते हैं; स्त्री न तो वस्तु है और न दासी : ये तो धनी पुरुष के विलास हैं; ग़रीब आदमी उस बन्धन की पारस्परिकता का अनुभव करता है जो उसे उसके दूसरे आधे से जोड़ता है; स्वतन्त्र रूप से अनुबन्धित कार्य में औरत को ठोस स्वायत्तता प्राप्त होती है क्योंकि उसकी आर्थिक और सामाजिक भूमिका होती है। मध्य युग के उपहास और दन्तकथाएँ कारीगरों, छोटे व्यापारियों, किसानों के समाज को दर्शाती हैं, जहाँ अपनी पत्नी को पीटने में सक्षम होने के अलावा पति के पास कोई अन्य विशेषाधिकार नहीं है लेकिन वह ताक़त का सामना चालाकी से करती है और इस तरह पति-पत्नी के बीच बराबरी का सम्बन्ध क़ायम हो जाता है। जबकि अमीर औरत अपने आलस्य की क़ीमत अपनी अधीनता से चुकाती है।

मध्य युग में, स्त्रियों ने अभी भी कुछ विशेषाधिकार बरकरार रखे हैं : वे गाँवों में स्थानीय बैठकों में भाग लेती हैं, वे राज्यों के प्रतिनिधियों के चुनाव के लिए प्राथमिक बैठकों में भाग लेती हैं; और पति चल सम्पत्ति पर केवल अपने अधिकार का प्रयोग कर सकता था : अचल सम्पत्ति को हस्तान्तरित करने के लिए पत्नी की सहमति आवश्यक थी। यह 16वीं शताब्दी में था कि पूरे प्राचीन शासन में जारी रहने वाले क़ानूनों को संहिताबद्ध किया गया था; उस समय सामन्ती रीति-रिवाज़ पूरी तरह से ग़ायब हो गये थे और कुछ भी स्त्रियों को उन पुरुषों के दावों से नहीं बचाता था जो उन्हें चूल्हे-चौके से बाँधना चाहते थे। रोमन क़ानून का प्रभाव, स्त्रियों की इतनी अवमानना, यहाँ महसूस की जाती है; जैसा कि रोमन काल में, मूर्खता और सेक्स की कोमलता के ख़िलाफ़ हिंसक बयानबाज़ी कोड के मूल में नहीं हैं, लेकिन औचित्य के रूप में प्रकट होते हैं; यह इस तथ्य के बाद है कि पुरुष कार्य करने के लिए कारण ढूँढ़ते हैं क्योंकि यह उन्हें उपयुक्त बनाता है। हम *Songe du Verge* में पढ़ते हैं, "स्त्रियों की बुरी परिस्थितियों के बीच, मैंने पाया कि नौ स्थितियाँ प्रमुख हैं : सबसे पहले, एक औरत अपने स्वभाव के कारण ख़ुद को चोट पहुँचाती है... दूसरी, औरतें स्वभाव से बेहद कंजूस होती हैं... तीसरा, उन पर अचानक सनक चढ़ जाता है... चौथी, वे अपनी मर्ज़ी से बुरी होती हैं... पाँचवीं, वे इन्द्रियों को छलने में माहिर होती हैं... फिर औरतों को झूठा माना जाता है, और नागरिक क़ानून के अनुसार एक औरत को वसीयत की गवाह के रूप में स्वीकार नहीं किया जा सकता है... फिर एक औरत हमेशा उसका उल्टा करती है जो उसे करने की आज्ञा दी जाती है... फिर औरतें स्वेच्छा से ख़ुद पर आरोप लगाती हैं और अपनी ख़ुद की बदनामी और शर्म की बात करती हैं। वे चालाक और डाह से भरी होती हैं।

सेंट ऑगस्टाइन ने कहा है कि "औरत एक जानवर है जो न तो दृढ़ है और न ही स्थिर; वह अपने पति के भ्रम से घृणा करती है, वह बुराई को पोसती है और सभी दलीलों और सभी तनावों की शुरुआत है, और सभी अधर्म का रास्ता है।" इस दौर में इसी तरह के ग्रन्थ प्रचुर मात्रा में हैं। इसका हित यह है कि प्रत्येक आरोप का उद्देश्य उन प्रावधानों में से एक को सही ठहराना है जो संहिता ने औरतों के लिए बनाये हैं और जिस हीन स्थिति में उन्हें बनाये रखा गया है। स्वाभाविक रूप से, कोई भी 'मर्दाना काम' उनके लिए वर्जित है; सीनेट के वेलियन डिक्री को बहाल कर दिया गया है, जो उन्हें सभी नागरिक क्षमता से वंचित करता है; जन्मसिद्ध अधिकार और पुरुषत्व का विशेषाधिकार उन्हें पैतृक विरासत की क़तार में दूसरे स्थान पर रखते हैं। अविवाहित, पुत्री पिता के संरक्षण में रहती है; अगर वह उसकी शादी नहीं करता है, तो वह आमतौर पर उसे एक कॉन्वेंट में भेजता है। एक अविवाहित माँ साधिकार पिता की खोज कर सकती है लेकिन यह केवल बच्चे को जन्म देने और बच्चे के लिए भोजन का अधिकार देती है; विवाहित, वह पति के अधिकार के अधीन हो जाती है : वह निवास स्थान निर्धारित करता है, गृहस्थी के जीवन में उसका हुक्म चलता है, व्यभिचार की स्थिति में अपनी पत्नी को अस्वीकार करता है, उसे एक मठ में बन्द कर देता है या बाद में उसे जेल भेजने के लिए राज्य से अधिकार-पत्र प्राप्त करता है; उसकी अनुमति के बिना कोई भी कार्य वैध नहीं है; जो कुछ भी पत्नी शादी में लाती है वह शब्द के रोमन अर्थ में दहेज का हिस्सा बन जाता है; लेकिन चूँकि विवाह अटूट होता है, पति की मृत्यु आवश्यक ताकि सम्पत्ति का अधिकार पत्नी के पास वापस आ जाये; इसलिए कहावत है : "*Uxor non est proprie socia sed speratur fore*/ पत्नी उचित साथी नहीं है, लेकिन उससे अपेक्षा की जाती है।" चूँकि वह अपनी पूँजी का प्रबन्धन नहीं करती है, भले ही वह उस पर अधिकार रखती हो, वह उसके लिए ज़िम्मेदार नहीं है; यह उसके कार्यों को कोई सार प्रदान नहीं करता है : दुनिया पर उसकी कोई ठोस पकड़ नहीं है। यहाँ तक कि उसके बच्चे भी उसके बजाय पिता के हैं, जैसा कि यूमेनाइड्स के समय में था: वह उन्हें अपने पति को 'देती' है, जिसकी सत्ता उससे कहीं अधिक श्रेष्ठ है और जो उसके वंशजों का सच्चा स्वामी है; यह एक तर्क भी है, जिसका उपयोग नेपोलियन यह घोषणा करते हुए करेगा कि, जिस प्रकार एक नाशपाती का पेड़ नाशपाती के मालिक की सम्पत्ति है, वैसे ही स्त्री उस पुरुष की सम्पत्ति है जिसे वह बच्चे प्रदान करती है। पूरे प्राचीन शासन में फ्रांसीसी औरतों की स्थिति ऐसी ही बनी रही; थोड़ा-थोड़ा करके न्यायशास्त्र वेलियन डिक्री को समाप्त कर देगा, लेकिन तब तक

नहीं जब तक नेपोलियन कोड निश्चित रूप से ग़ायब नहीं हो जाता। यह पति है जो पत्नी के ऋणों के साथ-साथ उसके आचरण के लिए भी ज़िम्मेदार है, और वह केवल उसके प्रति जवाबदेह है; सार्वजनिक प्राधिकरणों के साथ उसका लगभग कोई सीधा सम्बन्ध नहीं है या अपने परिवार के बाहर किसी के साथ स्वायत्त सम्बन्ध नहीं है। घरेलू कामों और मातृत्व की ज़िम्मेदारियाँ निभाने में वह एक सहयोगी से कहीं अधिक, एक नौकरानी जैसी लगती है : वह जिन वस्तुओं, मूल्यों, प्राणियों की रचना करती है, वे उसकी अपनी भलाई के लिए नहीं हैं, बल्कि उसके परिवार की है, जो कि पुरुष है, क्योंकि वह मुखिया है। अन्य देशों में इसकी स्थिति अधिक उदार नहीं है, इसके विपरीत; कुछ ने संरक्षकता बरकरार रखी है; कुल मिलाकर, विवाहित स्त्री की क्षमताएँ शून्य हैं और नैतिक मानक सख़्त हैं। सभी यूरोपीय संहिताओं को कैनन, रोमन और जर्मनिक क़ानून के आधार पर तैयार किया गया था, जो औरतों के लिए हानिकारक थे, और सभी देशों ने निजी सम्पत्ति और परिवार को मान्यता दी, और इन संस्थानों की आवश्यकताओं को प्रस्तुत करते हैं।

इन सभी देशों में, परिवार के प्रति 'भली-नेक औरत' की गुलामी के परिणामों में से एक, वेश्यावृत्ति का अस्तित्व है। पाखण्डी समाज में हाशिये पर रखी गयी वेश्याएँ अत्यधिक महत्त्वपूर्ण भूमिका निभाती हैं। ईसाई धर्म उनकी अवहेलना करते नहीं थकता है लेकिन उन्हें एक ज़रूरी बुराई के रूप में स्वीकार भी करता है। सेंट ऑगस्टीन ने कहा, "वेश्यावृत्ति को मिटाने से स्वच्छन्द सम्बन्धों में बढ़ोतरी होगी और उससे समाज में उथल-पुथल मच जायेगी।" "और बाद में सेंट थॉमस — या कम-से-कम वे धर्मशास्त्री, जिन्होंने उनके नाम पर द रेजिमिन प्रिन्सिपियम की पुस्तक IV पर हस्ताक्षर किये — उन्होंने घोषित किया :" आप समाज से सारी नगरवधुएँ निकाल दें, और फिर देखिए कि समाज हर तरह के विकारों से ग्रस्त हो जायेगा। वेश्याएँ एक शहर के लिए वैसी ही होती हैं जैसे महल के लिए मल-कुण्ड, मल-कुण्ड हटा दें, महल एक गन्दी और बदबूदार जगह बन जायेगा।" प्रारम्भिक मध्य युग में, नैतिक लाइसेंस ऐसा था कि वेश्याओं की बहुत कम आवश्यकता थी; लेकिन जब बुर्जुआ परिवार संगठित हो गया और एकपत्नीत्व कठोर हो गया, तो ज़ाहिर तौर पर पुरुष को घर से बाहर जाकर सुख की तलाश करनी पड़ी।

व्यर्थ में शार्लमान्य के एक अध्याय में इसकी सख़्ती से मनाही की गयी, व्यर्थ में सेंट लुइस ने 1254 में वेश्याओं को बाहर निकालने और 1269 में वेश्यावृत्ति के स्थानों को नष्ट करने का आदेश दिया : दमित्ता में, जॉइनविल हमें बताते हैं, वेश्याओं के तम्बू राजा के तम्बू के निकट होते थे। बाद में, फ्रांस में चार्ल्स IX

का प्रयास, 18वीं शताब्दी में ऑस्ट्रिया में मैरी-थेरेस का प्रयास भी असफल रहा। समाज के संगठन ने वेश्यावृत्ति को आवश्यक बना दिया। शोपेनहावर गर्व से कहेंगे, "वेश्याएँ, मोनोगैमी (एक स्त्री से विवाह) की वेदी पर मानव बलिदान हैं।" और यूरोपीय नैतिकता के इतिहासकार लेकी ने भी यही विचार व्यक्त किया : "चरित्रहीनता का सबसे बड़ा उदाहरण, वेश्याएँ सदाचार की सबसे सक्रिय संरक्षक हैं। उनकी स्थिति की तुलना यहूदियों के साथ की गयी है जिनके साथ उन्हें अक्सर आत्मसात किया गया था।"[17] विवाहेतर यौन कृत्य की तरह ही चर्च द्वारा सूदखोरी और धन की तस्करी प्रतिबन्धित है; लेकिन समाज वित्तीय सट्टेबाज़ों या मुक्त प्रेम के बिना नहीं हो सकता, इसलिए ये कार्य शापित जातियों को सौंपे जाते हैं : उन्हें यहूदी बस्ती या आरक्षित पड़ोस में स्थानान्तरित कर दिया गया। पेरिस में, छोटी अमलदारी की औरतें झोंपड़ियों में काम करती थीं, वे सुबह आती थीं और कर्फ्यू लगने के बाद शाम को चली जाती थीं; वे कुछ ऐसी गलियों में रहती थीं जहाँ से उन्हें कहीं और जाने का कोई अधिकार नहीं था, अधिकांश अन्य शहरों में, बावड़ी-घर दीवारों के बाहर स्थित थे। यहूदियों की तरह, उनके लिए भी आवश्यक था कि वे अपने कपड़ों पर विशिष्ट चिह्न धारण करें। फ्रांस में सबसे आमतौर पर एक विशिष्ट रंग की पट्टी सी होती थी जो एक कन्धे से लटकी हुई रहती थी; अक्सर भली औरतों के रेशम, फर, अलंकरण उनके लिए निषिद्ध होते थे। उन्हें क़ानूनी तौर पर बदनाम किया जाता था, उनके पास पुलिस और मजिस्ट्रेट के पास मदद की गुहार लगाने का भी सहारा नहीं था, और किसी पड़ोसी की शिकायत काफ़ी थी कि उन्हें उनके घर से निकाल दिया जाये। उनमें से अधिकांश के लिए, जीवन कठिन और दयनीय था। कुछ को सार्वजनिक घरों में बन्द कर दिया गया। एक फ्रांसीसी यात्री, एंटोनी डी लालिंग ने 15वीं शताब्दी के अन्त में वालेंसिया में एक स्पेनिश घर की पेंटिंग छोड़ी। वे कहते हैं, यह जगह एक छोटे शहर जितनी बड़ी है और दीवारों और एक द्वार से घिरी हुई है। और द्वार के सामने एक सूली है उन कुकर्मियों के लिए जो भीतर हों; दरवाज़े पर, एक आदमी को आदेश दिया गया है कि जो लोग अन्दर प्रवेश करना चाहते हैं, बतायें कि क्या वे उन्हें अपना पैसा देना चाहते हैं; और यदि उनके पास कुछ है, तो वह बिना खोये उन्हें इसका स्पष्ट हिसाब देंगे। और संयोग से, अगर उनके पास है और नहीं देते हैं, अगर यह रात में उनके पास से चुराया जाता है, तो इसके लिए दरबान ज़िम्मेदार नहीं है। इस जगह पर छोटे-छोटे घरों से भरी तीन या चार गलियाँ हैं, जिनमें से प्रत्येक में मखमली और साटन में सुन्दर और साफ़-सुथरी

पोशाक वाली लड़कियाँ हैं। उनमें से लगभग तीन सौ हैं; उनके घरों को अच्छी तरह से रखा जाता है और अच्छे से सजाया जाता है। तय क़ीमत उनके पैसे के चार पैसे है, जो हमारे लिए एक बड़ी क़ीमत है... मयखाने और कैबरे हैं। इन घरों को दिन के उजाले में पहचानना आसान नहीं है, जबकि रात में या शाम को लड़कियों को इन्हीं घरों के दरवाज़े पर बैठाया जाता है, उनके पास सुन्दर कन्दीलें लटकी होती है ताकि फुर्सत में उन्हें जी भर के निहारा जा सके। क़स्बे में हर हफ़्ते दो डॉक्टरों को लड़कियों का दौरा करने के लिए नियुक्त किया जाता है और यह पता लगाने के लिए कि क्या उन्हें अपनी ख़ुद की कोई बीमारी है। यदि शहर किसी बीमारी से त्रस्त है, तो जगह के मालिकों को अपने ख़र्च पर लड़कियों को रखने की आवश्यकता होती है और विदेशियों को जहाँ वे जाना चाहते हैं, वहाँ भेज दिया जाता है।[18] ऐसी प्रभावी पुलिस व्यवस्था पर लेखक को आश्चर्य भी होता है। कई वेश्याएँ आज़ादी से रहती थीं; उनमें से कुछ ने अच्छी तरह से अपना जीवनयापन किया। जैसा कि शिष्टाचार की अवधि में, उच्च वीरता ने 'नेक औरत' के जीवन की तुलना में स्त्री व्यक्तिवाद के लिए अधिक सम्भावनाएँ प्रदान कीं।

फ्रांस में अनब्याही औरतों की स्थिति विलक्षण है; वह जिस क़ानूनी स्वतन्त्रता का आनन्द लेती हैं, वह पत्नी की दासता के बिल्कुल विपरीत और चौंकाने वाली है; वह एक असामान्य चरित्र है; रीति-रिवाज़ भी उससे वह सब वापस लेने के लिए उत्सुक हैं जो क़ानून उसे देता है; उसके पास कुल नागरिक क्षमता है लेकिन वे क़ानून अमूर्त और ख़ाली हैं; उसके पास न तो आर्थिक स्वायत्तता है और न ही सामाजिक गरिमा, आमतौर पर बड़ी कुँवारी औरतें पैतृक परिवार की छाया में रहती हैं या अपने जैसी अन्य औरतों के साथ कॉन्वेंट की दीवारों में बन्दिनी। वहाँ वे अवज्ञा और पाप के अलावा शायद ही स्वतन्त्रता के किसी अन्य रूप को जानती थीं, ठीक उसी तरह जैसे पतनशील रोमन औरतें अपनी स्वतन्त्रता केवल दुराचार में पाती थीं। स्त्रियों में तब तक नकारात्मकता बनी रहती है जब तक उनकी मुक्ति नकारात्मक रहती है।

ऐसी स्थितियों में यह स्पष्ट है कि पत्नी के लिए कार्य करना या केवल अपनी उपस्थिति दर्ज कराना कितना दुर्लभ था : श्रमिक वर्गों में, आर्थिक उत्पीड़न लिंगों की असमानता को रद्द कर देता है; लेकिन यह व्यक्ति को सभी अवसरों से वंचित करता है; रईसों और पूँजीपतियों के बीच, स्त्री को एक सेक्स के रूप में धमकाया जाता है : उसका केवल एक परजीवी अस्तित्व होता है; वह कम पढ़ी-लिखी है;

किसी भी ठोस परियोजना की कल्पना करने और उसे अंजाम देने में सक्षम होने के लिए असाधारण परिस्थितियाँ आवश्यक हैं। रानियों और शासकों के पास वह दुर्लभ सौभाग्य है। उनकी सम्प्रभुता उन्हें उनके सेक्स से ऊपर उठाती है; फ्रांस में सैलिक क़ानून स्त्रियों को सिंहासन पर बैठने से रोकता है; लेकिन अपने पति के साथ पा कर, उनकी मृत्यु के बाद, वे कभी-कभी एक महान् भूमिका निभाती हैं : उदाहरण के लिए, सन्त क्लोतिल्द, सन्त रादगोना, ब्लौन्श द कास्तीय। कॉन्वेंट जीवन औरत को पुरुष से स्वतन्त्र बनाता है : कुछ अभिमानियों में महान् शक्तियाँ होती हैं; एलोइज़ ने ख़ुद को एक मठाध्यक्षा और एक आराधिका के रूप में प्रतिष्ठित किया। रहस्यमय, इस प्रकार स्वायत्त सम्बन्ध में, जो उन्हें ईश्वर से जोड़ता है, स्त्री आत्माएँ अपनी प्रेरणा और शक्ति एक कुँवारी आत्मा से प्राप्त करती हैं; और समाज उन्हें जो सम्मान देता है, वह उन्हें कठिन परियोजनाओं को शुरू करने में सक्षम बनाता है। जोन ऑफ़ आर्क का साहसिक कार्य एक चमत्कार है : उनका यह जोख़िम भरा काम हालाँकि अल्पकालीन रहा। लेकिन सिएना के सेंट कैथरीन की कहानी अर्थपूर्ण है; यह पूरी तरह से सामान्य अस्तित्व के बीच में है कि वह सिएना में अपनी सक्रिय दानशीलता और अपने गहन आन्तरिक जीवन को प्रकट करने वाले दर्शनों के द्वारा ख़ुद के लिए एक महान् प्रतिष्ठा बनाती है; इस प्रकार वह सफलता के लिए आवश्यक उस अधिकार को प्राप्त कर लेती है और जिसकी आमतौर पर स्त्रियों में कमी होती है; उसके प्रभाव का आह्वान मौत की निन्दा करने वालों को ख़ुश करने के लिए, खोए हुए लोगों को वापस लाने के लिए, परिवारों और क़स्बों के बीच झगड़ों को शान्त करने के लिए किया जाता है। वह उस समुदाय द्वारा समर्थित है जो ख़ुद को उसमें पहचानता है, इस तरह वह अपने शान्तिपूर्ण मिशन को पूरा करने में सक्षम है, नगर-नगर पोप के उपदेशों का प्रचार कर सकती है, बिशपों और सम्प्रभुओं के साथ व्यापक पत्राचार बनाये रख सकती है, और अन्त में फ्लोरेंस द्वारा आविन्यों में पोप को लाने के लिए एक राजदूत के रूप में चुनी गयी। रानियाँ, दैवी अधिकार से, सन्तों, अपने चकाचौंध गुणों से, समाज में एक ऐसा सहारा सुरक्षित करती हैं जो उन्हें पुरुषों के बराबर होने में सक्षम बनाता है। दूसरों में, इसके विपरीत, एक मौन विनय की माँग की जाती है। क्रिस्तीन द पिज़ान की सफलता असाधारण भाग्य के कारण है; फिर भी, उसे अपनी क़लम से अपनी जीविका कमाने का फ़ैसला करने के लिए वैधव्य और सन्तान के बोझ से दबना पड़ा।

कुल मिलाकर मध्यकालीन पुरुषों की राय वास्तव में स्त्रियों के लिए बहुत अनुकूल नहीं है। निश्चय ही दरबारी कवियों ने प्रेम को ऊँचा किया है; हम प्यार की

कई कलाओं का आविर्भाव देखते हैं, दूसरों के बीच आंद्रे ल शापलाँ की कविता और प्रसिद्ध रोमौं द ला रोज़, जिसमें गीयौम द लौरिस युवाओं से स्त्रियों की सेवा में ख़ुद को समर्पित करने का आग्रह करते हैं। लेकिन इस परेशानी से प्रेरित साहित्य के ख़िलाफ़ बुर्जुआ-प्रेरित लेखन है जो औरतों पर क्रूरता से हमला करते हैं : फैब्लियाक्स, फ़ार्स, लाईस, उनके आलस्य, उनकी सहवास, उनकी वासना के लिए उन्हें फटकारते हैं। उसके सबसे बड़े दुश्मन पादरी हैं। वे विवाह को दोष देते हैं। चर्च ने इसे एक संस्कार बना दिया और फिर भी इसे ईसाई आभिजात्य वर्ग के लिए मना किया: यह 'स्त्रियों के मसले' के विरोधाभास का स्रोत है। रोमौं द ला रोज़ के पहले भाग के पन्द्रह साल बाद मैथियोलस के विलाप प्रकाशित हुए, जिसका सौ साल बाद फ्रेंच में अनुवाद किया गया और जो अपने समय में प्रसिद्ध थे। एक पत्नी को लेकर मैथ्यू ने अपना 'पादरी' खो दिया; वह अपने विवाह को श्राप देता है, वह सामान्य रूप से स्त्रियों और विवाह को श्राप देता है। यदि विवाह और पुरोहितों के बीच यह असंगति है तो ईश्वर ने स्त्री को क्यों बनाया? शादी में शान्ति नहीं हो सकती। यह शैतान का काम होना चाहिए; या भगवान नहीं जानता था कि वह क्या कर रहा था। मैथ्यू को उम्मीद है कि फ़ैसले के दिन स्त्री फिर से जीवित नहीं होगी। लेकिन भगवान उसे जवाब देते हैं कि विवाह एक शुद्धिकरण है जिसके लिए कोई स्वर्ग तक पहुँचता है; और एक सपने में स्वर्ग ले जाया गया, मैथ्यू ने पतियों की एक सेना को "आइए, आइए सच्चे शहीद!" के नारों में उसका स्वागत करते हुए देखा। ज्यौं द मन्ग, एक और पादरी, ऐसी ही प्रेरणा देते हैं; वह युवकों को औरतों के चंगुल से बचने की आज्ञा देते हैं; पहले वह प्यार पर हमला करते हैं :

प्यार नफ़रत की ज़मीन है
प्यार एक प्यारी नफ़रत है,

वह विवाह के बन्धन में ही दोष ढूँढ़ते हैं, यह बन्धन जिसमें पुरुष ग़ुलाम बनकर रह जाता है, यह बन्धन जो उसे व्यभिचारी पति बना देता है; और वह औरत के ख़िलाफ़ तीव्र हमले करते हैं। बदले में, स्त्री अधिकारों के समर्थक स्त्री की श्रेष्ठता प्रदर्शित करने का प्रयास करते हैं। सत्रहवीं शताब्दी तक कमज़ोर सेक्स के लिए माफ़ी माँगने वाले कुछ तर्क यहाँ दिये गये हैं :

स्त्री पुरुष द्वारा सिद्ध होती है। पदार्थ : "एक औरत निश्चित रूप से एक पुरुष के लिए एकदम सही है। द्रव्य : क्योंकि आदम पृथ्वी की मिट्टी से बनाया गया था, हव्वा आदम की पसली से। इसके बजाय : क्योंकि आदम बग़ीचे के बाहर बनाया गया था, हव्वा बग़ीचे में। अवधारणा में : क्योंकि एक औरत ने भगवान की कल्पना

की, जो पुरुष नहीं कर सका। प्रेत : क्योंकि मसीह मृत्यु से पुनरुत्थान के बाद एक औरत को दिखाई दिया, जिसका नाम मैग्डलीन था। गौरवान्वित होने के कारण : क्योंकि स्त्री स्वर्गदूतों के दल से, अर्थात् धन्य मरियम से श्रेष्ठ थी..."[19]

जिस पर उनके विरोधियों ने उत्तर दिया कि यदि मसीह पहली बार औरतों के सामने प्रकट हुए, तो यह इसलिए है क्योंकि उन्हें पता था कि वे बातूनी हैं, और वह अपने पुनरुत्थान को बताने की जल्दी में थे।

पन्द्रहवीं शताब्दी के दौरान यह झगड़ा जारी है। विवाह के पन्द्रह सुखों के लेखक ने बेचारे पतियों के दुर्भाग्य का वर्णन किया है। अस्टाश देशौं इसी विषय पर एक अन्तहीन कविता लिखते हैं। यहीं से "रोमौं द ला रोज़ का झगड़ा" शुरू होता है। ऐसा पहली बार देखने में आया है कि अपनी जाति का बचाव करने के लिए कोई औरत क़लम उठाती है; क्रिस्टीन द पिज़ान द एपिस्टल टू द गॉड ऑफ़ लव में पादरियों पर ज़ोरदार तरीक़े से हमला करती है। ज्यौं पादरी द मन्ना, बचाव करने के लिए तुरन्त उठते हैं; लेकिन पेरिस विश्वविद्यालय के चांसलर गर्सन, क्रिस्टीन का पक्ष लेते हैं; वे अपने निबन्ध फ्रेंच में लिखते हैं ताकि जनता में एक बड़ी संख्या के पाठकों के लिए वह उपलब्ध हो सके। मार्तीन ल फ्रैंक ने न पचने योग्य लेडीज़ चैपरॉन को युद्ध के मैदान में फेंक दिया — जो दो सौ साल बाद भी पढ़ी जा रही है।* और क्रिस्टीन एक बार फिर हस्तक्षेप करती है। उनकी मुख्य माँग औरतों के शिक्षा के अधिकार के लिए है : "यदि छोटी लड़कियों को स्कूल भेजने का रिवाज़ होता और उन्हें सामान्य रूप से लड़कों की तरह विज्ञान पढ़ाया जाता, तो वे भी लड़कों की तरह बखूबी सीखतीं और सभी कलाओं और विज्ञानों की सूक्ष्मताओं को समझतीं।"

वास्तव में यह विवाद औरतों से सिर्फ़ अप्रत्यक्ष रूप से सम्बन्धित है। उन्हें जो सामाजिक भूमिका दी गयी है उससे अलग वे कुछ और कर सकती हैं, कोई भी उनके लिए सामाजिक भूमिका की माँग करने का सपना नहीं देखता है। बल्कि यह एक पादरी के जीवन और विवाह की स्थिति का सामना करने का प्रश्न है; कहने का तात्पर्य यह है कि यह विवाह के सम्बन्ध में चर्च के अस्पष्ट रवैये से उठी एक पुरुष समस्या का प्रश्न है। पादरियों के ब्रह्मचर्य को ख़ारिज करते हुए लूथर इसी झगड़े को सुलझाते हैं। इस साहित्यिक युद्ध का औरतों की दशा पर कोई असर नहीं पड़ता है। समाज का मज़ाक़ उड़ाते हुए प्रहसन और दन्तकथाओं का व्यंग्य इसे बदलने का दावा नहीं करता है : यह स्त्रियों का मज़ाक़ उड़ाता है लेकिन उनके ख़िलाफ़ कुछ भी साज़िश नहीं करता है। दरबारी कविता स्त्रीत्व का महिमामण्डन

करती है लेकिन इसके विपरीत, इस तरह का पन्थ, लिंगों को आत्मसात नहीं करता है। 'विवाद' एक गौण घटना है जिसमें समाज का रवैया परिलक्षित होता है लेकिन जो इसे संशोधित नहीं करता है।

× × ×

यह कहा गया है कि 15वीं से 19वीं शताब्दी के प्रारम्भ तक स्त्रियों की क़ानूनी स्थिति लगभग अपरिवर्तित रही; लेकिन विशेषाधिकार प्राप्त वर्गों में, इसकी ठोस स्थिति विकसित होती है। इतालवी पुनर्जागरण व्यक्तिवाद का युग था जो लिंग की परवाह किये बिना सभी मज़बूत व्यक्तित्वों के उद्भव के लिए अनुकूल साबित हुआ। हम वहाँ उन स्त्रियों से मिलते हैं जो शक्तिशाली सम्प्रभु हैं, जैसे कि जान्न द'आरागों, जान्न द नाप्ल, इज़ाबेल द'एस्त; अन्य वीरांगनाएँ थीं जिन्होंने पुरुषों की तरह हथियार उठाये। इस प्रकार गिरोलामो रियारियो की पत्नी ने फोर्ली की स्वतन्त्रता के लिए लड़ाई लड़ी; हिप्पोलिटा फियोरामेंटी ने मिलान के ड्यूक के सैनिकों की कमान सँभाली और पाविया की घेराबन्दी के दौरान महान् स्त्रियों की एक कम्पनी की प्राचीर का नेतृत्व किया। मोंल्यूक के ख़िलाफ़ अपने शहर की रक्षा करने के लिए, सियेना की स्त्रियों ने तीन हज़ार स्त्रियों की तीन सेनाएं बनाईं, जिसकी बागडोर उन्होंने ख़ुद ही सँभाली थी। अन्य इतालवियों ने अपनी संस्कृति या अपनी प्रतिभा के दम पर शोहरत हासिल की : जैसे इसोरा नोगारा, वेरोनिका गाम्बरा, गैस्पारा स्टाम्पारा, विटोरिया कोलोना जो माइकल एंजेलो के मित्र थे, और विशेष रूप से लोरौं व जूलियाँ द मेदिसिस की माँ लुक्रेज़िया तोर्नाबुओनी, जिन्होंने अन्य चीज़ों के अलावा सन्त जॉन-बातीस्त एवं वर्जिन मेरी की जीवनी के स्तुतिगान लिखे। इन प्रतिष्ठित स्त्रियों में, बहुसंख्यक वेश्याएँ हैं; नैतिकता की स्वतन्त्रता को आत्मा की स्वतन्त्रता में शामिल करने, अपने पेशे के अभ्यास के माध्यम से आर्थिक स्वायत्तता सुनिश्चित करने की वजह से अनेक स्त्रियों को पुरुषों का सम्मानजनक स्नेह प्राप्त होता था; वे कला का संरक्षण करती, साहित्य, दर्शन में रुचि रखती थीं और अक्सर स्वयं लिखती थीं या चित्रकारी करती थीं : इसाबेल डी लूना, कैटरीना दी सैन सेल्सो, इम्पीरिया जो एक कवयित्री और संगीतज्ञ थीं, एस्पासिया और फ्रीन की परम्परा को नवीनीकृत करती हैं। हालाँकि, बहुत सारी औरतों के लिए, स्वतन्त्रता का स्वरूप अभी तक सिर्फ़ स्वच्छन्दता है : और इतालवी वेश्याओं के व्यभिचार और अपराध पौराणिक बने हुए हैं।

यह स्वच्छन्दता उन स्त्रियों के लिए आने वाली सदियों में मिली सबसे महत्त्वपूर्ण स्वतन्त्रता भी है, ख़ासतौर पर उन स्त्रियों के लिए जिनकी पदवी या भाग्य

उन्हें रूढ़िगत नैतिकता से मुक्त करता है; कुल मिलाकर यह उतना ही कठोर है जितना कि मध्य युग में था। जहाँ तक सकारात्मक उपलब्धियों का सवाल है, वे अभी भी बहुत कम लोगों के लिए ही सम्भव हैं। रानियों को हमेशा विशेषाधिकार प्राप्त होते हैं : कैथरीन द मेदिसिस, इंग्लैंड की एलिज़ाबेथ, इसाबेला कैथोलिक महान् सम्प्रभु हैं। कुछ महान् सन्तनियों ने पूजनीय स्थान भी प्राप्त किया है। अविला की सेंट टेरेसा की आश्चर्यजनक नियति को लगभग उसी तरह समझाया गया है जैसे सेंट कैथरीन की : उनका आत्मविश्वास भगवान में उनके विश्वास से प्रेरित है; अपने राज्य के अनुकूल गुणों को उच्चतम बिन्दु पर लाकर, वह अपने विश्वासपात्रों और ईसाई दुनिया का समर्थन हासिल करती है। वह एक नन की सामान्य स्थिति से परे उभरने में सक्षम है; वह मठों को स्थापित करती है और उनका प्रशासन करती है, वह यात्रा करती है, पहल करती है, और एक पुरुष की तरह हौसले के साथ जोख़िम भरे कारनामों को अंजाम देती है; समाज उसे विफल नहीं करता; यहाँ तक कि लेखन भी दुस्साहस नहीं है। उनके गुरु उसे ऐसा करने की आज्ञा देते हैं। वह शानदार ढंग से दिखाती है कि एक स्त्री एक पुरुष के समान उन ऊँचाइयों को छू सकती है बशर्ते खुशक़िस्मती से उसे वही सम्भावनाएँ मिलें जो पुरुषों को मिलती हैं।

लेकिन वास्तव में ऐसी सम्भावनाएँ बहुत असमान हैं; 16वीं शताब्दी में, स्त्रियाँ अभी भी कम शिक्षित थीं। ब्रिटनी की ऐनी ने कई स्त्रियों को अदालत में बुलाया, जहाँ पहले केवल पुरुषों को ही देखा जाता था; वह लड़कियों को प्रशिक्षित करने के लिए जी-जान से कोशिश करती हैं। उन्हें सिर्फ़ संस्कार देने के लिए नहीं बल्कि उनकी शिक्षा के लिए ज़्यादा फ़िक्रमन्द रहती हैं। कुछ समय पश्चात जिन स्त्रियों ने अपनी बुद्धि, अपने ज्ञान के प्रभाव, अपने लेखन से अपनी गरिमा स्थापित की, उनमें से अधिकांश बड़े घरों की औरतें थीं : रेट्ज़ की रानी, मादाम लिग्नरोल, रोहाँ की रानी और उनकी पुत्री ऐनी; सबसे प्रसिद्ध राजकुमारियाँ थीं : रानी मार्गो और नावर्र की मार्गरिट। पर्नेत दयू गुइये एक बुर्जुआ प्रतीत होता है; लेकिन लुईस लाबे निस्सन्देह एक तवायफ थी : चाहे जो भी हो, वह अपरम्परागत व्यवहार करने के लिए स्वतन्त्र महसूस करती थी।

17वीं शताब्दी में स्त्रियाँ बौद्धिक क्षेत्रों में अनिवार्य रूप से अपनी अलग पहचान बनाती रहेंगी; सांसारिक जीवन विकसित होता है और संस्कृति का विस्तार होता है; संगोष्ठियों में स्त्रियों द्वारा निभाई गयी भूमिका महत्त्वपूर्ण है; इस तथ्य से कि वे दुनिया के निर्माण में शामिल नहीं हैं, उनके पास वार्तालाप, कलाओं, और साहित्य के लिए ख़ुद को समर्पित करने का अवकाश है; वे औपचारिक रूप से

शिक्षित नहीं हैं, लेकिन निजी उपदेशकों या सार्वजनिक व्याख्यानों द्वारा चर्चा, अध्ययन और निर्देश के माध्यम से वे अपने पतियों की तुलना में बेहतर ज्ञान प्राप्त करने में सफल होती हैं : माद्‌म्वाज़ेल द गूर्ने, माद्‌म्वाज़ेल द रांबूए, माद्‌म्वाज़ेल द स्कूदेरी, मादाम द ला फ़ाईयेत्त, मादाम द सेविन्ये की ख़्याति फ्रांस में दूर-दूर तक फैली है; और फ्रांस के बाहर इसी तरह की प्रसिद्धि राजकुमारी एलिज़ाबेथ, रानी क्रिस्टीन और माद्‌म्वाज़ेल द शूरमौन के नामों से जुड़ी हुई है, जो विद्वानों की समूची दुनिया में दर्ज होती हैं। इस संस्कृति और इससे मिलने वाली प्रतिष्ठा की बदौलत औरतें पुरुष ब्रह्माण्ड में हस्तक्षेप करने में सफल हो पाती हैं; साहित्य से, प्रेम-प्रसंग से, कई महत्त्वाकांक्षी महिलाएँ राजनीतिक षड्यन्त्रों में फँस जाती हैं। 1623 में पोप के राजदूत ने लिखा : "फ्रांस में सभी महान् घटनाएँ,महत्त्व की सभी साज़िशें अक्सर महिलाओं पर निर्भर करती हैं।" कोंडे की राजकुमारी 'स्त्रियों की साज़िश' को बढ़ावा देती है; ऑस्ट्रिया की ऐनी उन स्त्रियों से घिरी हुई है जिनकी सलाह वह स्वेच्छा से मानती है; रीश्लीय ऐगुइयों की रानी की बातें ध्यान से सुनते हैं; मादाम द मोंबाज़ों, शेवराज़ की रानी, माद्‌म्वाज़ेल द मों पौन्सीये, लोन्गवील की रानी, आन्न द गोनज़गुए, और फ्राँद में कई अन्य लोगों द्वारा निभाई गयी भूमिकाएँ प्रसिद्ध हैं। अन्त में, मादाम द मैंतनों एक कुशल औरत सलाहकार के राज्य मामलों पर प्रभाव का एक शानदार उदाहरण है। आयोजक, सलाहकार, और योजनाकार, औरतें ख़ुद को तिरछी तरह से एक अत्यधिक प्रभावी भूमिका का आश्वासन देती हैं : स्पेन में उर्सिन की राजकुमारी का शासन काफ़ी प्रभावशाली रहा लेकिन उनका कार्यकाल संक्षिप्त है। इन महान् स्त्रियों के साथ-साथ, कुछ शख़्सियतें भी बुर्जुआ बन्धनों से मुक्त दुनिया में अपना दावा पेश करती हैं; हम एक अज्ञात प्रजाति को प्रकट होते देखते हैं : अभिनेत्री। 1545 में पहली बार मंच पर एक औरत की उपस्थिति का उल्लेख किया गया; 1592 में भी सिर्फ़ एक का ही ज़िक्र मिलता है; सत्रहवीं शताब्दी की शुरुआत में उनमें से ज़्यादातर अभिनेताओं की पत्नियाँ हैं; फिर अपने व्यवसाय में भी उसी तरह की आज़ादी हासिल करती हैं जैसे अपने निजी जीवन में। जहाँ तक तवायफ का सवाल है, फ्रीने या इम्पीरिया के बाद, वह निनो द लौन्क्लो में अपना सर्वोच्च अवतार पाती है : चूँकि वह अपनी स्त्रीत्व का शोषण करती है, वह इसका अतिक्रमण करती है; पुरुषों के बीच रहने से, वह पौरुष गुणों को ग्रहण करती है; उसका स्वतन्त्र नैतिक व्यवहार उसे स्वतन्त्र सोच की ओर ले जाता है : निनो द लौन्क्लो ने उस समय एक औरत की स्वतन्त्रता को सबसे चरम बिन्दु तक पहुँचाया।

18वीं शताब्दी में स्त्रियों की स्वतन्त्रता और स्वावलम्बन में इज़ाफ़ा होता रहा। सिद्धान्ततः रीति-रिवाज़ उतने ही सख़्त बने रहे। लड़कियों को सरसरी तौर पर सिर्फ़ सतही शिक्षा दी जाती है; उनसे पूछे बग़ैर या तो उनकी शादी कर दी जाती है या उन्हें कॉन्वेंट में भेज दिया जाता है। पूँजीपति वर्ग, एक उभरता हुआ वर्ग जिसका अस्तित्व सुदृढ़ होता जा रहा है, पत्नी पर सख़्त नैतिकता थोपता है। लेकिन दूसरी ओर कुलीनता का अपघटन रईस औरतों को सबसे बड़ा लाइसेंस देता है और उच्च बुर्जुआ वर्ग स्वयं इन उदाहरणों से दूषित होता है; कॉनवेंट या ससुराल के दायरों में अब औरत के पैरों में बेड़ियाँ डालना मुमकिन नहीं हो पाता। एक बार फिर, उनमें से अधिकांश के लिए, यह स्वतन्त्रता नकारात्मक और अमूर्त बनी हुई है : वे अपने लिए मौज-मस्ती के साधन तलाशने तक सीमित रहती हैं। लेकिन जो बुद्धिमान और महत्त्वाकांक्षी होती हैं वे काम करने के अवसर पैदा करती हैं। संगोष्ठी का जीवन नयी गति लेता है : हम मादाम जियोफ्रिन, मादाम दयू डेफैंड, माद्मा ज़्वेल डे लेस्पिनासे, मादाम द' पिनाय, मादाम द टेनसिन द्वारा निभाई गयी भूमिका से अच्छी तरह वाक़िफ़ हैं; कला का संरक्षण और उसकी प्रेरणा बनने वाली स्त्रियाँ लेखक की पसन्दीदा श्रोताओं का गठन करती हैं; वे व्यक्तिगत रूप से साहित्य, दर्शन, विज्ञान में रुचि रखते हैं : मादाम दयू शाटले की तरह, उनके पास उनकी भौतिकी कैबिनेट है, उनकी रसायन शास्त्र प्रयोगशाला है, वे प्रयोग करती हैं, वे विच्छेदन करती हैं; वे राजनीतिक जीवन में पहले से कहीं अधिक सक्रिय रूप से हस्तक्षेप करती हैं : बदले में मादाम द प्री, मादाम द मेली, मादाम द शातोनफ, मादाम द पोम्पाडॉर, मादाम द बैरी गवर्न लुई कश्व; शायद ही कोई ऐसा मन्त्री हो जिन्हें उनका ख़याल न हो; यह इस हद तक है कि मॉन्टेस्क्यू का मानना है कि फ्रांस में सब कुछ स्त्रियों द्वारा किया जाता है; वे कहते हैं, "वे राज्य के भीतर एक नया राज्य" बनाती हैं; और कोले ने 1789 की पूर्व संध्या पर लिखा : "उन्होंने फ्रांसीसियों के बीच इतना ऊँचा स्थान हासिल कर लिया है, उन्होंने पुरुषों को इस कदर वश में कर लिया है कि वे उनके अनुसार ही सोचते और महसूस करते हैं। कुलीन स्त्रियों के अलावा, अभिनेत्रियाँ और वीर स्त्रियाँ भी हैं जो एक व्यापक प्रतिष्ठा का सुख भोगती हैं : सोफी अर्नोल्ड, जूली तल्मा, एड्रिएन लेकोवरूर।

इस प्रकार प्राचीन शासन के दौरान, यह सांस्कृतिक क्षेत्र है जो उन महिलाओं के लिए सबसे अधिक सुलभ है जो ख़ुद को मुखर करने की कोशिश कर रही हैं। हालाँकि, कोई भी दाँते या शेक्सपियर की ऊँचाइयों तक नहीं पहुँचा है; इस तथ्य को उनकी स्थिति की सामान्य औसतता द्वारा समझाया गया है। संस्कृति कभी भी महिला

आभिजात्य वर्ग का विशेषाधिकार नहीं रही है, और न ही जनसामान्य की; और जनसाधारण से ही अक्सर पुरुष प्रतिभाएँ उभर कर आती हैं; यहाँ तक कि विशेषाधिकार प्राप्त लोगों को भी अपने चारों ओर बाधाओं का सामना करना पड़ता रहा, जो उन्हें ऊँची चोटियों तक पहुँचने से रोक देता था। सेंट टेरेसा, रूस की कैथरीन के उत्थान को कोई नहीं रोक सकता था, लेकिन लेखिकाओं के ख़िलाफ़ हज़ारों परिस्थितियों ने साज़िश रचीं। अपनी छोटी-सी किताब *A room of one's own* में वर्जीनिया वूल्फ को शेक्सपियर की एक कथित बहन की नियति की कल्पना करती हैं; जब वह कॉलेज में लैटिन, व्याकरण और तर्क सीख रहा होगा, तो वह पूरी तरह से अज्ञानता के अंधेरे में घर पर ही रहती होगी; कपड़े-लत्ते ठीक करती होगी; अगर वह उसकी तरह हिम्मत कर के लन्दन में क़िस्मत आजमाने गयी होती, तो वह स्वतन्त्र रूप से अपना जीवनयापन करने वाली अभिनेत्री नहीं बन पाती : या तो उसे उसके परिवार में वापस ले जाया जाता, जिसने उसकी ज़बरदस्ती शादी कर दी होती; या बहला-फुसलाकर, परित्यक्त, और अपमानित होने पर, वह निराशा में आत्महत्या कर लेती। हम उसकी एक ख़ुशहाल वेश्या बनने की कल्पना भी कर सकते हैं, मोल फ़्लैंडर्स जैसा दानिएल द फ़ो ने उसे चित्रित किया : लेकिन किसी भी हालत में वह एक मण्डली का निर्देशन नहीं करती और नाटक नहीं लिखती। इंग्लैंड में, वी. वूल्फ ने लिखा है, लेखिकाओं के प्रति हमेशा विद्वेष भाव रखा जाता है। डॉक्टर जॉनसन ने उनकी तुलना "अपने पिछले पैरों पर चलने वाले कुत्ते से की: यह अच्छी तरह से नहीं किया गया है लेकिन यह आश्चर्यजनक है।" कलाकार किसी और की तुलना में दूसरों की राय की अधिक परवाह करते हैं; स्त्रियाँ इस पर बारीकी से निर्भर करती हैं। हम कल्पना कर सकते हैं कि एक स्त्री कलाकार के लिए कितनी ताक़त ज़रूरी है, बस उससे आगे जाने की हिम्मत; अक्सर वह इस संघर्ष में थक जाती है। 17वीं शताब्दी के अन्त में, लेडी विनहिल्सिया, जो कुलीन और निःसन्तान थीं, ने लेखन के साहसिक कार्य का प्रयास किया; उनके काम के कुछ अंश बताते हैं कि वे एक संवेदनशील और काव्यात्मक स्वभाव की थीं; लेकिन वह घृणा, क्रोध और भय में भस्म हो गयी :

हाय! वो औरत जो क़लम उठाती है
उसे ऐसा दम्भी प्राणी माना जाता है
कि उसके पास अपने अपराध की क़ीमत चुकाने का कोई ज़रिया नहीं होता!

उनका लगभग सारा काम स्त्री की स्थिति को लेकर आक्रोश से भरा होता

है। न्यूकैसल की रानी का मामला ऐसा ही है; एक रईस औरत होते हुए भी, लिखने की वजह से मिथ्या लांछन सहती है। "स्त्रियाँ तिलचट्टे या उल्लू की तरह जीती हैं, वे कीड़े की तरह मरती हैं," वह रोष में लिखती हैं। अपमानित और उपहासित, उन्हें ख़ुद को अपने दायरों में बन्द करना पड़ा; और एक उदार स्वभाव के बावजूद, आधी पागल हो जाने के बाद, उन्होंने शेखी भरी, कपोल कल्पनाओं के अलावा और कुछ नहीं रचा। यह अठारहवीं शताब्दी में सम्भव हुआ कि एक बुर्जुआ स्त्री, श्रीमती एफ़्रा बेन, विधवा होने पर, एक पुरुष की तरह अपनी क़लम को आजीविका का साधन बनाया; दूसरी स्त्रियों ने उनके उदाहरण का अनुसरण किया; लेकिन 19वीं सदी में भी उन्हें अक्सर छिपने के लिए मजबूर किया जाता था; उनके पास 'अपना कमरा' भी नहीं होता था, कहने का मतलब यह है कि उन्होंने उस भौतिक स्वतन्त्रता का आनन्द नहीं लिया जो आन्तरिक स्वतन्त्रता की आवश्यक शर्तों में से एक है।

हमने देखा है कि सामाजिक जीवन के विकास और बौद्धिक जीवन के साथ इसके घनिष्ठ सम्बन्ध के कारण फ्रांसीसी स्त्रियों की स्थिति थोड़ी अधिक अनुकूल रही है। फिर भी, जनता की राय काफ़ी हद तक 'नीचे तबके के फ्रांसीसियों' के प्रति शत्रुतापूर्ण है। पुनर्जागरण के दौरान, कुलीन और बुद्धिजीवी स्त्रियों ने अपनी जाति के पक्ष में एक आन्दोलन छेड़ा; इटली से आयातित प्लेटोनिक सिद्धान्त प्रेम और स्त्री को आध्यात्मिक बनाते हैं। कई पढ़े-लिखे पुरुष उसका बचाव करने का प्रयास करते हैं। *Nef des Dames vertueuses, le Chevalier des dames*, इत्यादि प्रकाशित हुए। *Le petit Sénat* (द लिटिल सीनेट) में इरास्मस कॉर्नेलिया को अभिव्यक्ति का मौक़ा देते हैं, जो अपने सेक्स की शिकायतों का बेबाकी से विवरण देती है। "पुरुष अत्याचारी हैं ... वे हमारे साथ खिलौनों की तरह व्यवहार करते हैं ... वे हमें धोबन और अपना रसोइया बना कर रख देते हैं। इरास्मस ने माँग की कि स्त्रियों को शिक्षित होने की अनुमति दी जाये। कॉर्नेलियस अग्रिप्पा ने अपनी एक बेहद प्रसिद्ध रचना, *Déclamation de la Noblesse et de l'Excellence du Sexe Féminin* में,स्त्री की श्रेष्ठता दिखाने की पुरज़ोर कोशिश की है। वह पुराने रहस्यवादी तर्कों का सहारा लेते हैं : हव्वा का अर्थ है जीवन और आदम का अर्थ है पृथ्वी। पुरुष के बाद निर्मित स्त्री उससे कहीं अधिक पूर्ण है। वह स्वर्ग में पैदा हुई थी, पुरुष बाहर। जब वह पानी में गिरती है, तैरती है; आदमी बह जाता है। वह आदम की पसली से बनी है न कि मिट्टी से। उसके मासिक धर्म से सभी रोग दूर हो जाते हैं। हव्वा केवल अपनी अज्ञानता में भटकती रही, जबकि आदम ने पाप किया, इस कारण परमेश्वर मनुष्य बना: इसके अलावा, अपने पुनरुत्थान के बाद वह स्त्रियों के समक्ष प्रकट हुआ। तब

अग्रिप्पा ने घोषणा की कि स्त्रियाँ पुरुषों की तुलना में अधिक गुणी हैं। वह 'तीव्रबुद्धि स्त्रियों' की गणना करते हैं जिनके लिंग पर गर्व हो सकता है। अन्त में, वह पुरुष अत्याचार के ख़िलाफ़ एक अभियोग तैयार करते हैं : "सभी अधिकारों के ख़िलाफ़ कार्य करना, दण्ड से मुक्ति के साथ प्राकृतिक समानता का उल्लंघन करना, पुरुष के अत्याचार ने स्त्री को जन्म के समय प्राप्त होने वाली स्वतन्त्रता से वंचित कर दिया है। फिर भी वह बच्चों को जन्म देती है, वह पुरुष से भी अधिक बुद्धिमान और चतुर है; यह निन्दनीय है कि व्यक्ति अपनी गतिविधियों को सीमित करता है, "जो निस्सन्देह ईश्वर के आदेश से, आवश्यकता या कारण से नहीं, बल्कि उपयोग के बल, शिक्षा द्वारा, कार्य द्वारा और मुख्य रूप से हिंसा और उत्पीड़न के द्वारा किया जाता है।" वह निश्चित रूप से लैंगिक समानता के लिए नहीं कह रहे हैं, लेकिन चाहते हैं कि स्त्रियों के साथ सम्मानजनक व्यवहार किया जाये। काम एक बड़ी सफलता थी। और इसके अलावा *Le Fort inexpugnable*, स्त्रियों के लिए एक और माफीनामा; और हेरोइट का *Parfaite Amye*, एक प्लेटोनिक रहस्यवाद से ओत-प्रोत। सेंट-सिमोनियन सिद्धान्त की घोषणा करने वाली एक जिज्ञासु पुस्तक में, पोस्टेल ने एक नयी ईव के आने की घोषणा की, मानव जाति की पुन: उत्पन्न करने वाली माँ : वह यह भी मानता है कि वह उससे मिला है; वह मर चुकी है, और हो सकता है कि उसने उसमें पुनर्जन्म लिया हो। अधिक संयम के साथ, मार्गरीत द वाल्वा ने अपने *Docte et subtil discours* में घोषणा की कि स्त्री में कुछ दिव्य है। लेकिन जिस लेखिका ने नारी जाति के लिए सबसे अच्छा काम किया, वह मार्गरीत द नावार्र थीं, जिन्होंने नैतिकता के लाइसेंस के ख़िलाफ़ बिना विवेक के भावुक रहस्यवाद और शुचिता के आदर्श का प्रस्ताव रखा, जिसमें स्त्रियों के सम्मान और ख़ुशी के लिए शादी और प्यार को समेटने की गयी। निस्सन्देह स्त्री-विरोधियों ने हथियार नहीं डाले। अन्य लेखों के अलावा *Controverse des sexes masculin et féminin* में अग्रिप्पा के मध्य युगीन पुराने तर्कों का जवाब दिया जाता है। राबले ने *Tiers Livre* में शादी पर दिलचस्प व्यंग्य लिख कर अच्छा मनोरंजन किया है, यह मैथ्यू और देशौं की परम्परा को आगे बढ़ाता है। 1617 में ज़ाक ओलिवियें की *Alphabet de l'imperfection et malice des femmes* में नारी-विरोधवाद और ज़्यादा विषैला हो जाता है; मुखपृष्ठ पर एक उत्कीर्णन है जो हाथ में वीणा लिए एक स्त्री को निरूपित करता है, जो भोग-विलास के पंख ओढ़े, मुर्गी के पैरों पर बैठी है, क्योंकि मुर्गी की तरह ही वह एक बुरी गृहिणी है : वर्णमाला के प्रत्येक अक्षर के नीचे उसकी एक ख़ामी अंकित है। ये धर्म के ठेकेदार ही थे जिन्होंने पुराने झगड़े को फिर से एक बार हवा

दी; माद्मावाज़ेल द गूरने ने उसका प्रतिवाद *L'Égalité des hommes et des femmes* लिख कर किया। और तो और एक सम्पूर्ण स्वतन्त्र साहित्य, *Parnasses et cabinets satiriques* स्त्रियों के आचरण पर हमला करते हैं, जबकि उन्हें बदनाम करने के लिए भक्त सेंट पॉल, चर्च के पिता, सभोपदेशक को उद्धृत करते हैं। स्त्रियों ने मातुरैं रेन्यीये और उनके मित्रों के व्यंग्य के लिए भरपूर कथ्य भी जुटाये। दूसरे खेमे में, पक्षसमर्थक अग्रिप्पा के तर्कों को लेते हैं और उन पर यथासम्भव सर्वोत्तम तरीक़े से टिप्पणी करते हैं। *L'Honnête Femme* में बॉस्क्क के पिता की माँग है कि स्त्रियों को शिक्षित होने की अनुमति दी जाये। *L'Astrée* और एक सम्पूर्ण वीर साहित्य उनके गुणों का बखान छन्द, कविता, पद्य, गीतों इत्यादि में करते हैं।

स्त्रियों द्वारा प्राप्त की गयी सफलताएँ ही उनके ख़िलाफ़ नये हमलों का कारण बनती हैं; *Les precieuses ridicules*, कुछ समय पश्चात *Les femmes savantes* (द लर्न्ड लेडीज) की सराहना होती है। हालाँकि, ऐसा नहीं है कि मोलिएर स्त्रियों के दुश्मन हैं : वह ज़बरन विवाह पर ज़ोरदार हमला करते हैं, वह युवती के लिए भावनात्मक स्वतन्त्रता, पत्नी के लिए सम्मान और स्वतन्त्रता की माँग करते हैं। इसके विपरीत, बोसुए ने अपने धर्मोपदेशों में उन्हें नहीं बख्शा। वह प्रस्तावित करते हैं कि पहली औरत "आदम का केवल एक हिस्सा और एक प्रकार से छोटा स्वरूप थी। उसका दिमाग़ लगभग उसी आकार का है।" औरतों के ख़िलाफ़ ब्वालो का व्यंग्य बयानबाज़ी की क़वायद से ज़्यादा कुछ नहीं है, लेकिन यह एक आक्रोश पैदा करता है : प्रादों, रेन्यार्ड, और पेरों ने हिंसक रूप से पलटवार किया। ला ब्रूईएर और सन्त-एव्रेमों स्त्रियों के अनुकूल लिखते हैं। उस समय के सबसे निर्णायक नारीवादी पूलैं द ला बार्र थे जिन्होंने 1673 में कार्टीज़ियन दर्शन से प्रेरित होकर एक रचना प्रकाशित की, *De l'égalité des deux sexes*। उनका मानना है कि पुरुषों ने सबसे मज़बूत होने के नाते हर जगह अपने सेक्स का पक्ष लिया है और स्त्रियाँ इस निर्भरता को परम्परा मान कर स्वीकार करती हैं। उनके पास कभी अवसर नहीं थे : न तो स्वतन्त्रता और न ही शिक्षा। इसलिए हम उन्हें इस आधार पर नहीं आँक सकते कि उन्होंने अतीत में क्या किया है। यह इंगित करने के लिए कुछ भी नहीं है कि वे पुरुष से कमतर हैं। शरीर रचना विज्ञान मतभेदों को प्रकट करता है, लेकिन इनमें से कोई भी पुरुष के लिए विशेषाधिकार का गठन नहीं करता है। और पूलैं द ला बार्र औरतों के लिए एक ठोस शिक्षा की माँग के साथ अपनी बात समाप्त करते हैं। फोंतनेल औरतों के लिए *Traité de la Pluralité des Mondes* लिखते हैं। और जबकि फेनेलों, मादाम द मैंतनो और पादरी फ्लरी का अनुसरण करते हुए,

एक बहुत ही सीमित शैक्षिक कार्यक्रम को आगे बढ़ाते हैं, जानसेनिस्ट पण्डित रोलैं चाहते हैं कि स्त्रियाँ गम्भीर अध्ययन करें।

अठारहवीं शताब्दी भी विभाजित है। 1744 में, *Controverses sur l'âme de la femme* के लेखक ने घोषणा की कि "पुरुष के लिए विशिष्ट रूप से बनायी गयी औरत दुनिया के अन्त में समाप्त हो जायेगी क्योंकि वह उस वस्तु के लिए उपयोगी नहीं होगी जिसके लिए उसे बनाया गया था, जिससे अनिवार्य रूप से पता चलता है कि उसकी आत्मा अमर नहीं है।" थोड़े कम कट्टरपन्थी तरीक़े से, रूसो जो यहाँ पूँजीपति वर्ग की व्याख्या करते हैं, स्त्री को उसके पति और मातृत्व को समर्पित करते हैं। "स्त्रियों की समूची शिक्षा पुरुषों के सन्दर्भ में होनी चाहिए ... औरत को पुरुष के सामने झुकने और उसके अन्याय को सहन करने के लिए बनाया गया है," वे कहते हैं। हालाँकि, अट्ठारहवीं शताब्दी का लोकतान्त्रिक और व्यक्तिवादी आदर्श औरतों के अनुकूल है; अधिकांश दार्शनिकों के लिए वे पुरुषों की तरह इन्सान हैं। वोल्तैर उनकी नियति के साथ हुए अन्याय की बहुत निन्दा करते हैं। दीदेरो उनकी हीनता को काफ़ी हद तक समाज द्वारा निर्मित मानते हैं। "औरतों, मुझे तुम पर दया आती है!" वे लिखते हैं। वे सोचते हैं कि : "सभी रीति-रिवाज़ों में प्रकृति की क्रूरता के साथ स्त्रियों के ख़िलाफ़ नागरिक क़ानूनों की क्रूरता का सामना किया गया है। उनके साथ मूर्खों जैसा व्यवहार किया गया।" मोन्तेस्किय, विरोधाभासी रूप से, यह मानते हैं कि औरतों को घर में पुरुष के अधीन होना चाहिए, लेकिन यह सब कुछ उन्हें राजनीतिक कार्रवाई के लिए प्रेरित करता है। उन्होंने कहा, "औरतों का गृहिणी होना तर्क और प्रकृति के ख़िलाफ़ है।.. साम्राज्य पर शासन करना उनके लिए नहीं है।" हेल्वेटियस दर्शाते है कि यह उसकी शिक्षा की विसंगति है जो स्त्री की हीनता पैदा करती है; द'आलेम्बेर इस राय को साझा करते हैं। आर्थिक नारीवाद सहमे हुए रूप में एक स्त्री किरदार, मादाम द सीरे के माध्यम से प्रकट होता है। * लेकिन मर्सिए *Tableau de Paris* में स्त्री श्रमिकों की दुर्दशा पर क्रुद्ध हैं और इस प्रकार औरतों के काम के बुनियादी सवाल को सम्बोधित करते हैं। कोंडोरसेट चाहते हैं कि स्त्रियाँ राजनीतिक जीवन में प्रवेश करें। वह उन्हें पुरुष के बराबर मानते हैं और पारम्परिक हमलों के ख़िलाफ़ उनका बचाव करते हैं : "कहा जाता है कि औरतों... न्याय की अपनी भावना नहीं है, कि वे अपने विवेक से ज़्यादा अपनी भावनाओं को तरजीह देती हैं ... [लेकिन] यह उनकी प्रकृति नहीं उनकी शिक्षा है, यह सामाजिक अस्तित्व है जो इस अन्तर का कारण बनता है।" और एक अन्य उद्धरण : "क़ानूनों द्वारा औरतों को ग़ुलाम जितना अधिक बनाया गया, उनका

साम्राज्य उतना ही ख़तरनाक रहा ... यह कम हो होता अगर अपने साम्राज्य को बचाये रखने की चिन्ता कम होती, अगर यह उनके लिए अपनी हिफ़ाज़त करने और दमन से बचने का एकमात्र ज़रिया नहीं रह जाता।"

सन्दर्भ

1. समाजशास्त्र आज बाशोफ़ेन के विचारों को कोई विश्वसनीयता नहीं देता।
2. "जय हो, पृथ्वी, मनुष्यों की माता, भगवान के आलिंगन में उपजाऊ बनो और मनुष्य के उपयोग के लिए अपने आप को फलों से भर लो," एक पुराना एंग्लो-सैक्सन मन्त्र है।
3. युगाण्डा की एक जनजाति *(Bhanta des Indes)* में बाँझ औरत को बगीचे के लिए खतरनाक माना जाता है। निकोबार में यह माना जाता है कि अगर गर्भवती स्त्री इसकी कटाई करेगी तो फ़सल अधिक प्रचुर होगी। बोर्नियो में, स्त्रियाँ ही बीज चुनती हैं और सहेजती हैं। "ऐसा लगता है कि हम उनमें उन बीजों के साथ एक स्वाभाविक जुड़ाव महसूस करते हैं जिनके बारे में वे कहते हैं कि वे गर्भावस्था की स्थिति में हैं। जब धान उग रहा होता है तब कभी-कभी स्त्रियाँ धान के खेतों में रात बिताती हैं" (होसे और मैक डुगाल्ल)। पूर्वकालिक भारत में रात के समय नग्न स्त्रियाँ खेत में हल चलाती थीं। ओरिनोको इंडियंस ने बुआई और रोपण का जिम्मा औरतों पर छोड़ दिया था क्योंकि "क्योंकि जिस तरह स्त्रियाँ गर्भधारण करना और बच्चों को जन्म देना जानती थीं, उसी तरह जो बीज और जड़ें उन्होंने लगाईं, वे पुरुषों के हाथ से लगाए गए बीजों की तुलना में कहीं अधिक प्रचुर मात्रा में फल देते थे। (फ्रेज़र)। हमें फ्रेज़र के लेखन में इसी तरह के कई उदाहरण मिलते हैं।
4. हम देखेंगे कि इस अन्तर को कायम रखा गया है। वे युग जो स्त्रियों को अन्य के रूप में देखते हैं, वे वही युग हैं जो उन्हें मनुष्य के रूप में समाज में एकीकृत करने से सबसे अधिक कटुता से विरोध करते हैं। आज, वह अपनी रहस्यमय आभा खोकर केवल एक अन्य साथी प्राणी बन गयी है। नारी-विरोधी हमेशा इसी बात पर गोलमोल बातें करते रहे हैं। वे स्वेच्छा से स्त्री को अन्य के रूप में इस तरह से पदोन्नत करना स्वीकार करते हैं कि उसकी अन्यता को पूर्ण, अपरिवर्तनीय माना जा सके और उसे मानव सौहार्द तक पहुँच से वंचित किया जा सके।
5. उल्लेख - लेवी-स्ट्रॉस की *Les Structures élémentaires de la parenté.*
6. पूर्वोक्त।
7. हम लेवी-स्ट्रॉस की पहले से उद्धृत थीसिस में, थोड़े अलग रूप में, इस विचार की पुष्टि पाते हैं। उनके अध्ययन से यह पता चलता है कि अनाचार का निषेध किसी भी तरह से वह आदिम तथ्य नहीं है जिससे बहिर्विवाह उत्पन्न होता है; लेकिन यह नकारात्मक रूब में बहिर्विवाह की सकारात्मक इच्छा को दर्शाता है। इसका कोई तात्कालिक कारण नहीं है कि कोई औरत अपने कबीले के पुरुषों के साथ व्यापार करने के लिए अयोग्य क्यों हो; लेकिन यह सामाजिक रूप से उपयोगी है कि यह उन सेवाओं का हिस्सा है जिसके द्वारा प्रत्येक कबीला, अपने आप में बन्द होने के बजाय, दूसरे के साथ पारस्परिकता का सम्बन्ध स्थापित करता है: "बहिर्विवाह का मूल्य सकारात्मक की तुलना में कम नकारात्मक है... यह

अन्तर्विवाही विवाह पर रोक लगाता है ...निश्चित रूप से इसलिए नहीं कि सजातीय विवाह से कोई जैविक खतरा जुड़ा होता है बल्कि इसलिए क्योंकि बहिर्विवाह से सामाजिक लाभ होता है। समूह को उन औरतों का निजी तौर पर उपभोग नहीं करना चाहिए जो उसकी सम्पत्तियों में से एक हैं बल्कि उन्हें संचार का साधन बनाना चाहिए; यदि कबीले की किसी औरत के साथ विवाह निषिद्ध है "एकमात्र कारण यह है कि वह तब भी है (और इसलिए) अन्य बन सकती है... गुलामी में बेची गयी औरतें वही हो सकती हैं जो मूल रूप से पेश की गयी थीं। उन्हें बस अन्यता के संकेत की आवश्यकता है जो किसी संरचना में एक निश्चित स्थिति का परिणाम है न कि किसी जन्मजात चरित्र का।

8. बेशक यह स्थिति आवश्यक है लेकिन पर्याप्त नहीं है: कुछ पितृसत्तात्मक सभ्यताएँ हैं जो आदिम अवस्था में जड़वत रह गयी हैं; अन्य, मायांस की तरह, जिनका क्षरण हो गया है। मातृ अधिकार और और पैतृक अधिकार वाले समाजों के बीच कोई पूर्ण पदानुक्रम नहीं है: लेकिन केवल बाद वाले ही तकनीकी और वैचारिक रूप से विकसित हुए हैं।
9. यह नोट करना दिलचस्प है (एम. बगुऑं, *Journal de psychologie*, वर्ष 1934 के अनुसार) कि ऑरिग्नेशियाई काल में हमें अतिरंजित यौन विशेषताओं वाली महिलाओं का प्रतिनिधित्व करने वाली कई मूर्तियाँ मिलती हैं: वे अपने मोटापन और भग (योनि) को दिये गये महत्त्व के लिए उल्लेखनीय हैं। इसके अलावा, गुफाओं में जहाँ-तहाँ, मोटे तौर पर योनि का रेखांकन पाया गया है। सोलुट्रियन और मैग्डलेनियन में ये पुतले गायब हो जाते हैं। औरिग्नेशियन में, पुरुष मूर्तियाँ बहुत दुर्लभ हैं और पुरुष अंग का कभी कोई प्रतिनिधित्व नहीं होता है। मैग्डलेनियन में भी योनियों कुछ चित्रण पाया जाता है लेकिन कम संख्या में और इसके विपरीत बड़ी मात्रा में शिश्न का चित्रण मिला है।
10. भाग एक, तृतीय अध्याय देखें ।
11. जिस तरह स्त्री को कुंड के बराबर माना जाता था, उसी तरह शिश्न को हल के बराबर माना जाता है, और इसके विपरीत। कास्साइट काल से हल के एक चित्र पर जनन क्रिया के प्रतीकों का पता लगाया जा सकता है; इसके बाद शिश्न-हल पहचान को अक्सर कृत्रिम रूप से पुन: प्रस्तुत किया जाता था कुछ ऑस्ट्रो-एशियाई भाषाओं में Iak शब्द शिश्न और कुदाल दोनों को सन्दर्भित करता है। एक असीरियन प्रार्थना है जो एक देवता को संबोधित है जिसके "हल ने पृथ्वी को उर्वर बनाया"।
12. हम पश्चिम में इस उत्तरोत्तर विकास की जाँच करेंगे। पूर्व में, भारत में, चीन में स्त्रियों का इतिहास वास्तव में एक लम्बी और अपरिवर्तनीय दासता का रहा है। मध्य युग से आज तक हम इस अध्ययन को फ्रांस पर केन्द्रित करेंगे जिसकी वस्तुस्थिति विशिष्ट है।
13. यह प्रस्तुति प्राचीन फारस और ईरानी सभ्यता में सी. हुअर्ट के कथन को पुन: प्रस्तुत करती है; *la Perse antique et la civilisation iranienne*, पृष्ठ 195-196।
14. कुछ मामलों में भाई को अपनी बहन से विवाह करना ही पड़ता है।
15. अर्थात स्वयं को अनुबन्धों द्वारा दूसरों के साथ बाँधना।
16. रोम, ग्रीस की तरह, आधिकारिक तौर पर वेश्यावृत्ति को सहन करता है। वेश्याओं के दो वर्ग थे: कुछ वेश्यालयों में क़ैद रहती थीं, अन्य, "bonae meretrices" अपने पेशे का स्वतंत्र रूप से प्रयोग करती थीं; उन्हें ब्याहताओं की तरह पोशाक पहनने का अधिकार नहीं था;

फैशन, रीति-रिवाज़ों और कला के मामलों में उनका एक निश्चित प्रभाव था लेकिन उन्होंने कभी भी एथेंस की गणिकाओं जितना ऊँचा स्थान हासिल नहीं किया।

17. "जो लोग पेइपिन मार्ग के माध्यम से सिस्टरन आये थे, उन्हें यहूदियों की तरह, सेंट-क्लेयर की औरतों को पाँच पैसे का शुल्क देना होता था।" (Bahutaud)
18. Dict. de la Conversation, Riffenberg. Femmes et filles de folle vie.
19. "स्त्री पुरुष से अर्थात् भौतिक रूप से श्रेष्ठ है : क्योंकि आदम कीचड़ से बना था, हव्वा आदम की पसली से। स्थान के अनुसार : क्योंकि आदम को स्वर्ग के बाहर बनाया गया था, ईव को स्वर्ग में। गर्भाधान द्वारा : क्योंकि स्त्री ने ईश्वर की कल्पना की, जो पुरुष नहीं कर सका। दिखावे से : क्योंकि ईसा मसीह अपनी मृत्यु के बाद मेडेलीन नाम की एक स्त्री को दिखाई दिये। उच्चीकरण द्वारा : क्योंकि एक स्त्री को स्वर्गदूतों के समूह से ऊपर उठाया गया था, अर्थात् धन्य मैरी..."

V

ऐसी उम्मीद की जा सकती थी कि फ्रांसीसी क्रान्ति ने स्त्रियों की दशा बदल दी होगी। ऐसा कुछ नहीं हुआ। इस बुर्जुआ क्रान्ति ने बुर्जुआ संस्थाओं और मूल्यों का सम्मान किया; और ये मूल्य लगभग अनन्य रूप से पुरुषों द्वारा ही बनाये गये थे। यह रेखांकित करना महत्त्वपूर्ण है कि समस्त प्राचीन युग के शासन के दौरान श्रमिक वर्ग की स्त्रियों ने ही स्त्रीलिंग के रूप में स्वतन्त्रता का स्वाद सबसे अधिक चखा। स्त्री को व्यवसाय चलाने का अधिकार था और उसके पास अपने व्यापार को स्वायत्त रूप से करने के लिए सभी आवश्यक क्षमताएँ थीं। उन्होंने उत्पादन में धोबन, रंगरेज़न, दुकानदारनी, आदि के रूप में भाग लिया। उसने या तो घर पर या छोटे व्यवसायों में काम किया; उसकी भौतिक स्वतन्त्रता ने उसे नैतिकता की एक महान् स्वतन्त्रता की अनुमति दी : आम स्त्रियाँ बाहर जा सकती हैं, सराय में जा सकती हैं, अपने शरीर को कमोबेश एक पुरुष की तरह नियन्त्रित कर सकती थीं; वह अपने पति की संगिनी थी, उसके समकक्ष थी। उसे आर्थिक स्तर पर प्रताड़ित किया जाता है न कि यौन स्तर पर। ग्रामीण इलाक़ों में किसान स्त्री ग्रामीण कार्यों में महत्त्वपूर्ण भूमिका निभाती है; लेकिन उसके साथ नौकरानी की तरह व्यवहार किया जाता है; अक्सर वह अपने पति और बेटों के के साथ बैठ कर मेज पर खाना नहीं खाती। वह कड़ी मेहनत करती है और मातृत्व का बोझ उसकी थकान को बढ़ा देता है। लेकिन पुराने कृषक समाजों की तरह, चूँकि स्त्री पुरुष के लिए आवश्यक है, इसलिए पुरुष उसका सम्मान करता है; उनके सामान, उनके हित, उनकी चिन्ताएँ, आम हैं; वह घर में महान् अधिकार का प्रयोग करती है। ये वे स्त्रियाँ हैं, जो अपने

कठिन जीवन के माध्यम से ख़ुद को व्यक्तियों के रूप में मुखर कर सकती थीं और अधिकारों की माँग कर सकती थीं; लेकिन वे कायरता और अधीनता की एक परम्परा के बोझ तले दबी रहीं : एस्टेट्स जनरल की पुस्तिकाओं में केवल स्त्रियों की माँगों की लगभग नगण्य संख्या ही प्रस्तुत की गयी है; वे इस तक सीमित हैं : "कि पुरुष उन व्यवसायों को नहीं कर सकते जो स्त्रियों के विशेषाधिकार हैं।" और यह सच है कि प्रदर्शनों और दंगों में स्त्रियों को उनके पुरुषों के साथ पाया जाता है : वे वही हैं जो "बेकर, बेकर और लिटिल बेकर" की तलाश में वेर्रसाई जाती हैं। लेकिन ये वे लोग नहीं हैं जिन्होंने क्रान्ति का नेतृत्व किया और जिन्हें उसका फल मिला। जहाँ तक बुर्जुआ स्त्रियों का सवाल है, कुछ ने स्वतन्त्रता के लिए जोश के साथ रैली की : मादाम रोलौं, ल्युसील द देमुलें, तेरोइन्य द मारीकूर्र; उनमें से एक ने तत्कालीन घटनाक्रम को बेहद गहराई से प्रभावित किया जब उसने जौं-पोल मार्रा की हत्या कर दी : वह थी शारलोत्त कोर्रदे। थोड़े-बहुत नारीवादी आन्दोलन हो रहे थे। ओलैंप द गूज ने 1789 में "पुरुष के अधिकारों (मानवाधिकार) की घोषणा" को प्रतिबिम्बित करते हुए उसी के समकक्ष "स्त्री के अधिकारों की घोषणा" का प्रस्ताव रखा, जिसमें उन्होंने सभी पुरुष विशेषाधिकारों के उन्मूलन का आह्वान किया। 1790 में हम *Motion de la pauvre Jacotte* (मोसिओं दे ला पोव्र जाकोत्त) और अन्य समान परिवादों में समान विचार पाते हैं; लेकिन कोन्दोर्से के समर्थन के बावजूद, ये प्रयास विफल रहे और ओलैंप सूली चढ़ा दी जाती है। उन्होंने जिस समाचार पत्र *L'Impatient* की स्थापना की, उसके अलावा, कुछ अन्य अल्पकालिक पत्र भी दिखाई देते हैं। औरतों के क्लब ज़्यादातर पुरुषों के क्लबों में विलय हो जाते हैं या उन पर पुरुषों द्वारा क़ब्ज़ा कर लिया जाता है। जब 28 ब्रुमैर 1793 को रिपब्लिकन और क्रान्तिकारी महिला समाज की अध्यक्ष अभिनेत्री रोज़ लाकोम्ब, महिला प्रतिनिधि-मण्डल के साथ जनरल कॉउंसिल में ज़बरदस्ती प्रवेश करती हैं, तब विधानसभा में अभियोजक शोमेत्त के गूँजते वचन सेंट पॉल और सेंट थॉमस से प्रेरित लगते हैं : "औरतों को अपने सेक्स को त्यागने, पुरुष बनने की अनुमति कब से दी गयी है?..." (प्रकृति) ने स्त्री से कहा : औरत बनो, बाल-बच्चों की देखभाल करो, घर-बार सँभालो, तुम्हारे काम बस यही सब हैं। उन्हें परिषद में प्रवेश करने से तो मना कर ही दिया गया लेकिन जल्द ही उन क्लबों में भी उनका जाना निषिद्ध हो गया जहाँ वे अपना राजनीतिक प्रशिक्षण पा रही थीं। 1790 में पुरुषत्व का जन्मसिद्ध अधिकार और विशेषाधिकार समाप्त कर दिया गया; उत्तराधिकार में लड़के-लड़की बराबर हो गये हैं; 1792 में एक क़ानून ने तलाक़ की स्थापना की और इस तरह

वैवाहिक सम्बन्धों की गम्भीरता को कम किया गया; लेकिन ये केवल छोटी जीतें थीं। पूँजीपति वर्ग की औरतें परिवार से इस कदर जुड़ी हुई थी कि उनके बीच ठोस रूप से आपसी एकजुटता की कोई भावना नहीं थी; उन्होंने किसी अलग जाति का गठन नहीं किया जो अपनी माँगें मनवाने में सक्षम हो : आर्थिक रूप से, उनका अस्तित्व परजीवी था। इस प्रकार, वे औरतें, जो औरत होने के बावजूद, कार्यक्रमों में भाग ले सकती थीं, उन्हें एक वर्ग के रूप में ऐसा करने से रोका गया था, जबकि मजदूर वर्ग की औरतें अलग-थलग रहने के लिए अभिशप्त इसलिए थीं क्योंकि वे औरत थीं।

सो जब आर्थिक शक्ति श्रमिकों के हाथ में आ जाएगी तब कामकाजी औरत उन क्षमताओं को हासिल करने में सक्षम होगी जो परजीवी, कुलीन या इस प्रकार, वे औरतें, जो औरत होने के बावजूद, कार्यक्रमों में भाग ले सकती थीं, उन्हें एक वर्ग के रूप में ऐसा करने से रोका गया था, जबकि मजदूर वर्ग की औरतें अलग-थलग रहने के लिए अभिशप्त इसलिए थीं क्योंकि वे औरत थीं। सो जब आर्थिक शक्ति श्रमिकों के हाथ में आ जाएगी तब कामकाजी औरत उन क्षमताओं को हासिल करने में सक्षम होगी जो परजीवी, कुलीन या अभिजात्य वर्ग की औरते ने कभी हासिल नहीं की हैं।

क्रान्ति के विघटन के दौरान, स्त्रियों ने अराजक स्वतन्त्रता का आनन्द लिया। लेकिन जब समाज का पुनर्गठन होता है, तब औरत फिर से ग़ुलाम हो जाती है। नारीवादी दृष्टिकोण से फ्रांस अन्य देशों से आगे था; लेकिन आधुनिक फ्रांसीसी स्त्री के दुर्भाग्य से, उसकी स्थिति सैन्य तानाशाही के समय में तय की गयी थी; नेपोलियन कोड ने एक सदी तक औरतों की नियति तय कर रखी थी और उसी की वजह से स्त्री की मुक्ति में बहुत देरी हुई। सभी सैनिक शासकों की भाँति नेपोलियन भी औरत को केवल एक माँ के रूप में देखना चाहते थे; लेकिन चूँकि वे बुर्जुआ क्रान्ति के उत्तराधिकारी थे अत: माँ को पत्नी से अधिक अधिकार देने के लिए समाज की संरचना में कोई बुनियादी परिवर्तन नहीं करना चाहते थे : उन्होंने पितृसत्ता के उद्गम की खोज को प्रतिबन्धित किया; कुँवारी माँ के लिए कड़ी से कड़ी सज़ा का ऐलान किया। हालाँकि, विवाहित स्त्री को स्वयं एक माँ के रूप में अपनी गरिमा का कोई आधार नहीं मिलता है; सामन्ती विरोधाभास क़ायम है। लड़कियों और स्त्रियों को नागरिकता से वंचित किया जाता है, जिसके कारण वे वक़ालत का पेशा नहीं अपना सकती थीं एवं उनके लिए अभिभावक की भूमिका भी निषिद्ध थी। लेकिन ब्रह्मचारिणी स्त्री अपनी नागरिक क्षमताओं की परिपूर्णता का आनन्द लेती है जबकि

विवाह *मुन्दीयम* को संरक्षित करता है। पत्नी के लिए अपने पति की *आज्ञा* का पालन करना अपरिहार्य है; अगर वह विवाहेतर सम्बन्ध बनाती है तो वह उसे एकान्त में बंदिनी बना सकता है और उससे तलाक़ ले सकता है; यदि वह कृत्य में पकड़े गये अपराधी को मार देता है, तो वह क़ानून की नज़र में क्षम्य है; जबकि पति पर केवल तभी जुर्माना लगाया जा सकता है जब वह वैवाहिक घर में एक उपपत्नी लाता है और सिर्फ़ ऐसी स्थिति में ही पत्नी उससे तलाक़ ले सकती है। दाम्पत्य अधिवास पुरुष ही नियत करता है, उसका बच्चों पर माँ से कहीं अधिक अधिकार होता है; और — उस मामले को छोड़कर जहाँ स्त्री एक व्यावसायिक उद्यम चलाती है — वह पति की अनुमति लेने के लिए बाध्य होती है। पत्नी के व्यक्ति और उसकी सम्पत्ति दोनों पर वैवाहिक शक्ति का प्रयोग कठोरता के साथ किया जाता है।

19वीं शताब्दी के दौरान, न्यायशास्त्र ने संहिता को और ज़्यादा कठोर बना दिया, स्त्रियों को, अन्य बातों के अलावा, सम्पत्ति हस्तान्तरण के किसी भी अधिकार से वंचित किया। 1826 में पुनर्स्थापन ने तलाक़ को समाप्त कर दिया; 1848 की संविधान सभा ने इसे बहाल करने से इनकार कर दिया; यह 1884 में ही फिर से बहाल होता है : तलाक़ लेना अब भी बेहद मुश्किल है। मध्यम वर्ग कभी भी इतना ताक़तवर नहीं था, किन्तु अपनी सत्ता में स्वयं सहमा हुआ था एवं औद्योगिक क्रान्ति के ख़तरों से वाक़िफ़ था; वह अपने अधिकारों का प्रयोग तो करती है किन्तु आशंकित रहती है। अठारहवीं शताब्दी से विरासत में मिली आत्मा की स्वतन्त्रता पारिवारिक नैतिकता को प्रभावित नहीं करती है; यह प्रतिक्रियावादी विचारकों जोसेफ डी मैस्त्रे और बोनाल्ड द्वारा 19 वीं शताब्दी की शुरुआत में परिभाषित किया गया है। ये ईश्वरीय इच्छा पर आदेश के मूल्य को आधार बनाते हैं और एक कठोर श्रेणीबद्ध समाज की माँग करते हैं; परिवार, एक अघुलनशील सामाजिक इकाई, समाज का सूक्ष्म जगत होगा। "जिस तरह औरत बच्चे के लिए ज़िम्मेदार होती है उसी तरह मर्द औरत के लिए है," बोनाल्ड कहते हैं। इस प्रकार पति शासन करता है, पत्नी शासन करती है, बच्चे आज्ञा का पालन करते हैं। तलाक़ निश्चित रूप से निषिद्ध है; और स्त्री घर में क़ैद है। बोनाल्ड कहते हैं, "स्त्रियाँ परिवार से सम्बन्ध रखती हैं, न कि राजनीतिक समाज से, और प्रकृति ने उन्हें घरेलू कामकाज के लिए बनाया है, न कि सार्वजनिक कार्यालय के लिए।" परिवार में, इन पदानुक्रमों का सम्मान किया जाता है जिसे ल प्ले सदी के मध्य में परिभाषित करते हैं।

थोड़े अलग तरीक़े से, औगस्त कांट भी लिंगों के पदानुक्रम का दावा करते हैं, उन्होंने घोषणा की कि स्त्री और पुरुष में बुनियादी अन्तर है, उनमें शारीरिक,

नैतिक और मानसिक — किसी भी रूप में कोई समानता नहीं। जो सभी जानवरों की प्रजातियों में और विशेष रूप से मानव जाति में उन्हें एक-दूसरे से गहराई से अलग करते हैं। स्त्रीत्व एक प्रकार का 'निरन्तर बचपन' है जो स्त्री को जाति के आदर्शों से दूर और मानसिक रूप से कमज़ोर रखता था, नैतिकता और प्रेम में सम्भव है कि वह पुरुष से आगे हो किन्तु पुरुष कर्ता है, जगत में सक्रिय है जबकि स्त्री घर में पराश्रित। इस जैविक शिशुता के परिणामस्वरूप बौद्धिक दुर्बलता होती है; इस विशुद्ध रूप से भावनात्मक प्राणी की भूमिका पत्नी और गृहिणी की है; वह पुरुष के साथ प्रतिस्पर्धा नहीं कर सकती : "न तो प्रबन्धन और न ही शिक्षा उसे सूट करती है।" बोनाल्ड के साथ, स्त्री परिवार तक ही सीमित है और इस लघु समाज में पिता शासन करता है क्योंकि स्त्री "किसी भी तरह के प्रबन्धन में असमर्थ है, यहाँ तक कि घरेलू बन्दोबस्त करने में भी"; वह केवल प्रशासन और सलाह देती है। उसका निर्देश सीमित होना चाहिए। "स्त्रियाँ और सर्वहारा वर्ग जितना चाहें वे लेखक नहीं बन सकते हैं और न ही बनना चाहिए। और कांट भविष्यवाणी करते हैं कि समाज के विकास से परिवार के बाहर स्त्री कार्य का पूर्ण उन्मूलन हो जायेगा। अपनी रचना के दूसरे भाग में, कांट, क्लोतील्द द वो से प्रभावित होकर, स्त्री को लगभग एक देवत्व की हद तक ऊँचा उठाते हैं, एक महान् प्राणी के उद्भव के बिन्दु पर ले जाते हैं; यह है कि मानवता के मन्दिर में प्रत्यक्षवादी धर्म लोगों की आराधना का प्रस्ताव देगा; लेकिन केवल अपनी नैतिकता के कारण ही वह इस पूजा की पात्र है; जबकि पुरुष कर्म करता है, वह प्रेम करती है : वह उससे कहीं अधिक परोपकारी है। लेकिन प्रत्यक्षवादी व्यवस्था के अनुसार, वह अभी भी परिवार में क़ैद है; उसके लिए तलाक़ वर्जित है और यह भी वांछनीय होगा कि उसका विधवापन शाश्वत हो; उसका कोई आर्थिक या राजनीतिक अधिकार नहीं है; वह केवल एक पत्नी और शिक्षिका है।

और भी ज़्यादा निन्दक तरीक़े से, बाल्ज़ाक उसी आदर्श को व्यक्त करते हैं। "स्त्रियों की नियति और उनका एकमात्र गौरव पुरुषों के दिलों की धड़कन बढ़ाना है," वे फिज़ियोलॉजी ऑफ़ मैरिज में लिखते हैं ... स्त्री एक सम्पत्ति है जो अनुबन्ध द्वारा अर्जित की जाती है; पुरुष जहाँ चाहे वहाँ उसे हाँक कर ले जा सकता है। यहाँ वे बुर्जुआ वर्ग के प्रवक्ता हैं, जिसके स्त्री-विरोधवाद ने 18वीं शताब्दी के लाइसेंस के विरुद्ध और उसे धमकी देने वाले प्रगतिशील विचारों के विरुद्ध प्रतिक्रिया के रूप में अपनी शक्ति को दुगुना कर दिया। फिज़ियोलॉजी ऑफ़ मैरिज की शुरुआत में शानदार ढंग से समझाया गया है कि जिस संस्था से प्यार को बाहर रखा गया है,

वह आवश्यक रूप से पत्नी को व्यभिचार की ओर ले जाती है, बाल्ज़ाक पति को पूरी तरह से अधीनता में रखने का आह्वान करता है यदि वह अपमान के उपहास से बचना चाहता है। हमें उसे शिक्षा और संस्कृति से वंचित करना चाहिए, उसे किसी भी चीज़ से मना करना चाहिए जो उसे अपने व्यक्तित्व को विकसित करने की अनुमति दे, उसे असहज कपड़े पहनाएँ, उसे एनीमिक आहार का पालन करने के लिए प्रोत्साहित करें। बुर्जुआ वर्ग ठीक इसी योजना का अनुसरण करता है; स्त्रियों को रसोई में, घर के काम में ग़ुलाम बनाया जाता है, उनके कामों को ईर्ष्या से देखा जाता है; वे जीवन के एक ऐसे तरीक़े के संस्कारों में बन्द हैं जो स्वतन्त्रता के किसी भी प्रयास को बाधित करता है। मुआवज़े के रूप में, हम उनका सम्मान करते हैं, हम उनके प्रति शिष्ट आचरण करते हैं। बाल्ज़ाक कहते हैं, "विवाहित महिला एक दासी है जिसे एक सिंहासन पर बिठाया जाना चाहिए"; यह सहमति है कि सभी महत्त्वहीन परिस्थितियों में पुरुष को उसे महत्त्व देना चाहिए, उन्हें प्रथम स्थान देना चाहिए; आदिम समाजों की तरह उन्हें बोझ उठाने के बजाय, हम उन्हें सभी भारी कामों और सभी चिन्ताओं से मुक्त करने में जल्दबाज़ी करते हैं : यह उन्हें एक ही समय में सभी ज़िम्मेदारी से मुक्त करना है। यह आशा की जाती है कि इस प्रकार धोखा खाकर, अपनी सहज स्थिति के बहकावे में आकर, वे माँ और गृहिणी की भूमिका स्वीकार कर लेंगी जिसमें उन्हें क़ैद करने की चाह होती है। और तथ्य यही है कि ज़्यादातर मध्यमवर्गीय स्त्रियाँ समर्पण करती हैं। चूँकि उनकी शिक्षा और उनकी परजीवी स्थिति उन्हें पुरुष पर निर्भर बनाती है, वे दावा पेश करने की हिम्मत भी नहीं करती हैं : जिनके पास यह दुस्साहस है उनकी आवाज़ में आवाज़ मिलाने वाली औरतें शायद ही कोई हों। बर्नार्ड शॉ ने कहा, "अगर ज़ंजीरों पर विचार किया जाये तो लोगों को ज़ंजीरों से बाँधना उन्हें दूर ले जाने की तुलना में आसान है।" बुर्जुआ स्त्री अपनी ज़ंजीरों में इसलिए बंधी रहती है क्योंकि उसे अपने वर्गीय विशेषाधिकारों से लगाव है, वह इन सुविधाओं को छोड़ना नहीं चाहती। चाहे हम उसे अथक रूप से समझाते रहें किन्तु वह जानती है कि स्त्रियों की मुक्ति बुर्जुआ समाज का विनाश कर देगी; पुरुष से मुक्त होने पर वह काम करने के लिए अभिशप्त हो जायेगी; उसे इस बात का खेद हो सकता है कि निजी सम्पत्ति पर अपने पति की तुलना में उसके अधिकार गौण हैं लेकिन इस सम्पत्ति को ख़त्म कर दिया जाये तो उसे और भी अधिक खेद होगा; वह कामकाजी वर्ग की स्त्रियों के साथ कोई एकजुटता नहीं महसूस करती है। वह कपड़ा श्रमिकों की तुलना में अपने पति के ज़्यादा क़रीब है। वह उनके हितों को अपना बनाती है।

फिर भी, ये अनवरत प्रतिरोध इतिहास की प्रगति को रोक नहीं सकते; मशीनरी का आगमन भूमि के स्वामित्व को बर्बाद कर देता है, मज़दूर वर्ग की मुक्ति को उकसाता है और तुलनात्मक रूप से औरतों की आज़ादी को। कोई भी समाजवाद, स्त्री को परिवार से अलग करना, उसकी मुक्ति का पक्षधर है : प्लेटो ने एक सामुदायिक शासन का सपना देखा, जिसमें स्त्रियों को स्पार्टा के समान स्वायत्तता का वादा किया गया था। सेंट-साइमन, फूरियर, कैबेट के यूटोपियन समाजवाद के साथ, 'मुक्त स्त्री' के यूटोपिया का जन्म हुआ। सार्वभौम संघ का सेंट-साइमोनियाई विचार हर तरह की दासता के उन्मूलन की माँग करता है : कार्यकर्ता की और स्त्री की; ऐसा इसलिए है क्योंकि स्त्रियाँ पुरुषों की तरह इन्सान हैं और सन्त-साइमन और उनके बाद लरू, पेक्क्यूअ, कार्नो उनकी मुक्ति की माँग करते हैं। दुर्भाग्य से, यह उचित थीसिस वह नहीं है जिसे समुदाय में सबसे अधिक श्रेय मिलता है। यह स्त्री को उसके स्त्रीत्व के नाम पर ऊँचा करता है, जो उसकी सेवा करने का पक्का तरीक़ा है। इस बहाने कि सामाजिक इकाई युगल है, फादर औफ़ौंतेन प्रत्येक निर्देशक युगल में एक स्त्री का परिचय कराना चाहते थे जिसे वे पुजारी युगल कहते थे; वह एक स्त्री-मसीहा से एक बेहतर दुनिया के आगमन की प्रतीक्षा कर रहा है, और स्त्रियों के साथियों ने इस स्त्री उद्धारकर्ता की तलाश में पूर्व की ओर प्रस्थान किया। वह फूरियर से प्रभावित थे जिन्होंने स्त्रियों की मुक्ति और देह की मुक्ति को उलझा दिया; फूरियर किसी भी व्यक्ति के लिए भावुक आकर्षण का पालन करने की स्वतन्त्रता का दावा करते हैं; वह शादी की जगह प्यार को तरजीह देते हैं; वह स्त्री को उसके व्यक्ति में नहीं बल्कि उसके प्रेमपूर्ण कार्य में मानते हैं। काबे ने यह भी वादा किया है कि इकेरियन साम्यवाद लिंगों की पूर्ण समानता प्राप्त करेगा, हालाँकि यह स्त्रियों को राजनीतिक जीवन में केवल सीमित भागीदारी प्रदान करता है। वास्तव में, सेंट-सिमोनियन आन्दोलन में स्त्रियाँ केवल एक माध्यमिक स्थान रखती हैं : केवल क्लेयर बज़ार्ड, जिन्होंने *La femme nouvelle (ला फ़ाम्म नूवेल)* नामक समाचार पत्र की स्थापना की और थोड़े समय के लिए जीवित रहे, ने काफ़ी महत्त्वपूर्ण भूमिका निभाई। कई अन्य छोटी पत्रिकाएँ बाद में सामने आती हैं लेकिन उनके दावे कमज़ोर हैं; वे अपनी मुक्ति के बजाय स्त्रियों की शिक्षा की माँग करते हैं; कार्नोट और उनके सुइट, लेगौवे ने स्त्रियों की शिक्षा को बढ़ाने पर ध्यान केन्द्रित किया। पुनरुत्पादन करने वाली स्त्री, सहयोगी स्त्री, जैसे विचार को पूरे 19वीं शताब्दी में बनाये रखा गया था; हम इसे विक्टर ह्यूगो की कृतियों में पाते हैं। लेकिन स्त्री के मुद्दे को इन सिद्धान्तों द्वारा बदनाम किया जाता है, जो पुरुष को आत्मसात करने के बजाय

उसका विरोध करता है, उसके अन्तर्ज्ञान, उसकी भावना को पहचानता है किन्तु कारण को नहीं। इसके समर्थकों की बेहूदगी से भी इसकी बदनामी होती है। 1848 में स्त्रियों ने क्लबों और समाचार पत्रों की स्थापना की; यूजनी निबॉयर ने *Voix des femmes (व्आ दे फ़ाम्म)* प्रकाशित किया, एक अखबार जिसमें काबे ने सहयोग किया। एक स्त्री प्रतिनिधिमण्डल 'स्त्रियों के अधिकारों' की माँग के लिए टाउन हॉल गया, लेकिन उन्हें कुछ नहीं मिला। 1849 में, जान्ना दक्वाँइन प्रतिनियुक्ति के लिए खड़ी हुईं, उन्होंने एक चुनावी अभियान शुरू किया जिसका मख़ौल उड़ाया गया। इस उपहास के कारण "वेसुवियन" आन्दोलन और असाधारण वेषभूषा में घूमने वाली ब्लूमेरिस्टों का अंत भी हुआ। उस समय की सबसे बुद्धिमान स्त्रियाँ इन आन्दोलनों से दूर रहीं। मादाम द स्ताएल ने अपनी बहनों के बजाय अपने स्वयं के कारण के लिए लड़ाई लड़ी थी; जॉर्ज सैंड मुक्त प्रेम के अधिकार का दावा करती हैं लेकिन उन्होंने *Voix des femmes (व्आ दे फ़ाम्म)* के साथ सहयोग करने से इनकार कर दिया; उनकी माँग सबसे ज़्यादा भावुक करने वाली है। फ्लोरा त्रिस्ताँ स्त्रियों के माध्यम से जनसाधारण की मुक्ति में विश्वास करती हैं; लेकिन वह अपनी स्त्री-जाति के बजाय मज़दूर वर्ग की मुक्ति में रुचि रखती है। डेविड स्टर्न, मादाम द जिरार्दीन, हालाँकि, नारीवादी आन्दोलन में शामिल हो गये।

कुल मिलाकर, 19वीं शताब्दी में विकसित हुआ सुधारवादी आन्दोलन नारीवाद के पक्ष में था क्योंकि इसने समानता में न्याय की माँग की थी। एक उल्लेखनीय अपवाद है : प्रुधों। निस्सन्देह खेतिहर समाज से सम्बद्ध होने के कारण, उन्होंने सेंट-साइमोनियाई रहस्यवाद के ख़िलाफ़ हिंसक प्रतिक्रिया व्यक्त की; वह छोटी सम्पत्ति के पक्ष में रहता है और साथ ही वह स्त्री को घर तक ही सीमित रखता है। 'गृहिणी या वेश्या' वह दुविधा है जिसमें वह उसे बन्द कर देता है। उस समय तक, नारीवाद पर हमले रूढ़िवादियों द्वारा किये गये थे, जिन्होंने समाजवाद के ख़िलाफ़ इतनी कटुता से लड़ाई लड़ी थी : अन्य लोगों के बीच चारिवारी को वह हास्यास्पद लगता था; प्रुधों ने नारीवाद और समाजवाद के बीच गठबन्धन को तोड़ा; वह लरु की अध्यक्षता में समाजवादी स्त्रियों के भोज का विरोध करता है, वह जान्न दक्वाँ के ख़िलाफ़ है। न्याय नाम के काम में, वह मानते हैं कि स्त्री को पुरुष की निर्भरता में रहना चाहिए; वह अकेले ही एक सामाजिक व्यक्ति के रूप में गिना जाता है; एक युगल के बीच का सम्बन्ध ऐसा नहीं होता, कि बराबरी की बात की जाये, उनमें मिलन होता है; स्त्री पहले पुरुष से हीन है क्योंकि उसकी शारीरिक

शक्ति पुरुष की तुलना में केवल 2/3 है, फिर क्योंकि वह बौद्धिक और नैतिक रूप से एक ही हद तक हीन है : उसका मूल्य एक साथ 3 × 3 × 3 के मुक़ाबले 2 × 2 × 2 है, या मज़बूत सेक्स का 8/27। दो स्त्रियों, मादाम अदाम और मादाम द'एरिकूर के सवाल पर, प्रुधों ने *La pornocratie ou la femme dans les temps moderne* में इसका जवाब दिया। हालाँकि, सभी नारी-विरोधीवादियों की तरह, वह 'असली स्त्री', जो पुरुष की दासी और उसका दर्पण है, उसकी महिमा के गीत गाते हैं; इस भक्ति के बावजूद उन्हें स्वयं यह स्वीकार करना पड़ा कि जो जीवन उन्होंने उन पर थोप दिया, वह उनकी अपनी पत्नी को ख़ुश नहीं करता : मादाम प्रुधों के पत्र और कुछ नहीं, एक लम्बा विलाप हैं।

यह सैद्धान्तिक बहसें नहीं हैं जो घटनाक्रम को प्रभावित करती हैं : बल्कि, वे उन्हें झिझकते हुए दर्शाती हैं। स्त्री को एक आर्थिक महत्त्व प्राप्त होता है जिसे उसने प्रागैतिहासिक काल से खो दिया था क्योंकि वह घर से भाग जाती है और कारख़ाने में उत्पादन का एक नया हिस्सा बनती है। यह मशीन ही है जो इस उथल-पुथल की अनुमति देती है क्योंकि पुरुष और स्त्री श्रमिकों के बीच शारीरिक शक्ति का अन्तर उन असंख्य मुद्दों में से एक है जिन्हें रद्द किया जाता है। चूँकि उद्योग का अचानक विकास पुरुष श्रमिकों द्वारा आपूर्ति की तुलना में अधिक श्रमशक्ति की माँग करता है, इसलिए स्त्रियों का सहयोग आवश्यक है। यह वह महान् क्रान्ति है जिसने 19वीं शताब्दी में स्त्रियों के भाग्य को बदल दिया और उनके लिए एक नये दौर की शुरुआत की। मार्क्स और एंगेल्स इसके पूर्ण महत्त्व को मापते हैं और वे स्त्रियों को सर्वहारा वर्ग द्वारा निहित मुक्ति का वादा करते हैं। बेबेल का कथन है, "वास्तव में, स्त्रियों और श्रमिकों दोनों में यह समान है कि उन पर अत्याचार किया जाता है।" और तकनीकी विकास में अपने उत्पादक कार्य के बढ़ते महत्व के कारण दोनों एकसाथ उत्पीड़न से बच जाएँगे। एंगेल्स दर्शाते हैं कि स्त्री की नियति निजी संपत्ति के इतिहास से जुड़ी हुई है। एक आपदा ने मातृ अधिकारों के शासन को पितृसत्ता से प्रतिस्थापित दिया और औरत को विरासत का ग़ुलाम बना दिया। हालाँकि, औद्योगिक क्रान्ति इस गिरावट की क्षतिपूर्ति है और यही स्त्रियों को मुक्ति का रास्ता दिखाएगी। वे लिखते हैं : "स्त्री को केवल तभी मुक्ति मिल सकती है जब वह उत्पादन में एक बड़ा सामाजिक हिस्सा लेती है और घरेलू काम करने के लिए उससे नहीं के बराबर अपेक्षा की जाये। और यह आधुनिक बड़े पैमाने के उद्योग में ही सम्भव हो पाया है जो न केवल बड़े पैमाने पर स्त्रियों के काम को स्वीकार करता है, बल्कि औपचारिक रूप से इसकी माँग भी करता है।"

19वीं सदी की शुरुआत में, पुरुष श्रमिकों की तुलना में स्त्रियों का अधिक शर्मनाक शोषण किया जाता था। घरेलू काम करना अंग्रेज़ी में "स्वेटिंग सिस्टम" कहा जाता था, लगातार काम करने के बावजूद, कामगार औरत अपनी ज़रूरतों को पूरा करने के लिए पर्याप्त कमाई नहीं कर पाती थी। *L'Ouvrière* में ज्यूल सिमों और 1873 में प्रकाशित *Le travail des femmes au XIXe siècle* में संग्रहाध्यक्ष लर्वा-बोलीय ने भी घृणित दुर्व्यवहार की निंदा करते हैं; वे कहते हैं कि दो लाख से अधिक फ्रांसीसी कामकाजी औरतें एक दिन में पचास सेंट भी नहीं कमाती थीं। यह समझ में आता है कि उन्होंने कारखानों में काम करने का निर्णय लेने में जल्दी क्यों की। बहरहाल, जल्दी ही देखने में आया कि कार्यशालाओं कें बाहर उनके लिए केवल सिलाई-कढ़ाई, कपड़े धोने और घरेलू सेवा के काम थे, वेतनभोगी गुलामों के सारे काम जिनका मेहनताना नहीं के बराबर होता था; यहाँ तक कि फीता, होजरी आदि पर भी कारख़ाने का एकाधिकार है; दूसरी ओर, कपास, ऊन और रेशम उद्योगों में बड़े पैमाने पर रोज़गार के प्रस्ताव हैं; कताई और बुनाई कार्यशालाओं में औरतों की मुख्य रूप से बहाली की जाती है। मालिक अक्सर उन्हें पुरुषों से ज़्यादा पसन्द करते हैं। "वे बेहतर काम करती हैं और कम मेहनताना लेती हैं। यह निन्दक सूत्र नारी श्रम के नाटक पर प्रकाश डालता है। क्योंकि काम के जरिये ही औरत ने एक इन्सान के रूप में अपनी गरिमा हासिल की है; लेकिन यह अत्यन्त कठिन और धीमी विजय थी। ब्लैंकी लिखते हैं, "लियों में, ट्रिमिंग कार्यशालाओं में, कुछ औरतों को बेल्ट से लगभग लटकाकर, उनके दोनों पैरों और हाथों का उपयोग करके काम करने के लिए मजबूर किया जाता है।" नॉर्बर्ट ट्रुक्विन कहते हैं, "1831 में, रेशम कारखानों में काम करने वाली मजदूरनी गर्मियों में तीन बजे से शाम के ग्यारह बजे तक, यानी दिन के सत्रह घण्टे तक काम करती थी," अक्सर अस्वास्थ्यकर कार्यशालाओं में जहाँ सूरज की किरणें कभी प्रवेश नहीं करतीं, इनमें से आधी युवतियाँ इनमें से आधी युवा लड़कियाँ अपनी प्रशिक्षुता समाप्त होने से पहले ही दमा की शिकार हो जाती हैं। जब वे शिकायत करती हैं तो उन पर आरोप लगाया जाता है[1] कि वे नाक-भौं चढ़ाती हैं। इसके अलावा, क्लर्क जवान मजदूरनियों के साथ दुर्व्यवहार करते हैं। "उन जवान, गरीब मजदूरनियों पर काबू पाने के लिए बेहद वीभत्स तरीका अख्तियार करते थे–उनकी ज़रूरत और भूख का फ़ायदा उठा कर", *La vérité sur les évènement de Lyon* (ला वेरिते स्यूर ले एवेनमौं द लियों) के गुमनाम लेखक कहते हैं। स्त्रियाँ कभी-कभी कृषि कार्य को कारख़ाने के साथ जोड़ देती हैं। उनका अन्धाधुन्ध शोषण किया जाता है। मार्क्स ने *कैपिटल* के एक नोट में कहा, "एम.ई.

निर्माता ने मुझे सूचित किया कि अपने यान्त्रिक करघों पर उसने केवल औरतों को नियुक्त किया है, कि वह ब्याहता औरतों को वरीयता देता है और उनमें से भी उन औरतों को जिनका परिवार है और जिन्हें घर चलाने के लिए पैसे चाहिए हैं क्योंकि अनब्याही अकेली औरतों की तुलना में वे ज़्यादा तत्परता दिखाती हैं, सावधानी बरतती हैं और दबी रहती हैं और अपने जीवन निर्वाह के लिए आवश्यक साधन जुटाने में तब तक घिसती रहेंगी जब तक उनकी ताक़त चुक न जाये।" इस प्रकार, मार्क्स कहते हैं, कि औरत के स्त्री-सुलभ गुणों को तोड़-मरोड़ कर उसके अहित किया जाता है और उसके स्वभाव के समस्त सात्विक और कोमल तत्व उसे गुलाम बनाने और उसे पीड़ित करने के साधन बन जाते हैं कि औरत के स्त्री-सुलभ गुणों को तोड़-मरोड़ कर उसका अहित किया जाता है और उसके स्वभाव के समस्त सात्विक और कोमल तत्व उसे गुलाम बनाने और उसे पीड़ित करने के साधन बन जाते हैं। कैपिटल को सारांशित करते हुए और बेबेल पर टिप्पणी करते हुए, जी. डर्विल ने लिखा : "विलासिता का जानवर या बोझ का जानवर, आज स्त्रियाँ लगभग अनन्य रूप से यही हैं। जब वह काम नहीं कर रही होती है तब भी पुरुष द्वारा ही उसका भरण-पोषण किया जाता है। कार्यकर्ता की स्थिति इतनी दयनीय थी कि सिस्मोंडी और ब्लैंकी ने माँग की कि स्त्रियों को कार्यशालाओं में प्रवेश करने से रोक दिया जाये। इसका एक कारण यह भी है कि स्त्रियों को पहले यह नहीं पता था कि अपनी रक्षा कैसे करें और ख़ुद को एक संघ में कैसे संगठित करें। स्त्रीलिंग 'संघ' 1848 से है और शुरुआत में वे उत्पादन के संघ हैं। आन्दोलन बेहद धीमी गति से आगे बढ़ा, जैसा कि निम्नलिखित आँकड़ों से देखा जा सकता है :

1905 में कुल 781,392 यूनियन सदस्यों में से 69,405 स्त्रियाँ थीं;

1908 में संघ के कुल 957,120 सदस्यों में से 88,906 स्त्रियाँ थीं;

1912 में कुल स्त्रियों में से 92,336 स्त्रियाँ थीं 1,064,413 संघ के सदस्य;

1920 में, 1, 580, 967 श्रमिकों में से 239,016 संघबद्ध श्रमिक थे और स्त्री कृषि श्रमिकों में 1083,957 में से केवल 36,193 संघबद्ध थे, या कुल 3,076,585 संघबद्ध श्रमिकों में से कुल 292,000 संघबद्ध स्त्रियाँ थीं। यह त्याग और समर्पण की परम्परा है, एकजुटता और सामूहिक विवेक की कमी है जो इस प्रकार उन्हें नयी सम्भावनाओं के सामने असहाय छोड़ देती है।

इस दृष्टिकोण से यह पता चलता है कि स्त्रियों के काम को केवल धीरे-धीरे और देर से विनियमित किया गया है। 1874 तक नहीं क़ानून ने हस्तक्षेप किया था; और फिर, साम्राज्य के तहत किये गये अभियानों के बावजूद, स्त्रियों को प्रभावित

करने वाले केवल दो प्रावधान हैं : एक नाबालिग रात में काम करने को प्रतिबंधित करता है और यह आवश्यक है कि लड़कियों के रविवार और सार्वजनिक छुट्टियों पर उनसे काम न करवाया जाये; उनका कार्य दिवस बारह घण्टे तक सीमित है; जहाँ तक इक्कीस वर्ष से अधिक उम्र की स्त्रियों का सवाल है, तो यह खानों और खदानों में उनसे भूमिगत काम करवाने पर प्रतिबन्ध तक ही सीमित हैं। खदानों में भूमिगत स्त्रियों के काम का पहला चार्टर 2 नवम्बर, 1892 से है : यह रात के काम को प्रतिबन्धित करता है और कारख़ाने के दिन को सीमित करता है; लेकिन यह सब धोखाधड़ी के लिए दरवाज़ा खुला छोड़ देता है। 1900 में दिन दस घण्टे तक सीमित था; 1905 में साप्ताहिक अवकाश अनिवार्य कर दिया गया था; 1907 में कामकाजी औरत को अपनी कमाई पर निर्बाध अधिकार प्राप्त होता है; 1909 में प्रसव के समय स्त्रियों के लिए सवैतनिक अवकाश की गारंटी दी गयी थी; 1911 में 1892 के प्रावधानों को अनिवार्य रूप से दोहराया गया; 1913 में प्रसव के पूर्व और पश्चात् औरतों के आराम से सम्बन्धित तौर-तरीकों को विनियमित किया गया, और घ्नके लिए वे काम निषिद्ध कर दघ्ए गए जो खतरनाक और भारी होते थे। धीरे-धीरे, सामाजिक क़ानून स्थापित किये जा रहे हैं और स्त्रियों के काम की स्वच्छता की गारंटी दी जा रही है : सेल्सवुमेन के बैठने की व्यवस्था करना अनिवार्य किया गया, बाहरी स्टालों पर लम्बे समय तक खड़े रहना की मनाही हो गई। अन्तरर्राष्ट्रीय श्रम संगठन ने स्त्रियों के काम में स्वास्थ्य स्थितियों, गर्भावस्था की स्थिति में दी जाने वाली छूट्टी आदि पर अन्तरर्राष्ट्रीय सम्मेलनों को नेतृत्व किया।

कामगार औरतों के निरुत्साह और आलस्य का दूसरा कारण था, उनकी मजदूरी जिससे उन्हें गुजरा करना पड़ता था। स्त्रियों की मज़दूरी इतने निम्न स्तर पर निर्धारित क्यों की गयी है, यह एक ऐसी घटना है जिसके लिए विभिन्न स्पष्टीकरण प्रस्तावित किये गये हैं और जो कई कारकों के कारण हैं। यह कहना पर्याप्त नहीं है कि स्त्रियों की ज़रूरतें पुरुषों की तुलना में कम हैं। बल्कि, जैसा कि हमने देखा, स्त्रियों को यह नहीं पता था कि अपने शोषकों के ख़िलाफ़ अपनी रक्षा कैसे करें; उन्हें जेलों से प्रतिस्पर्धा का सामना करना पड़ा, जो बिना श्रम लागत के निर्मित उत्पादों को बाज़ार में फेंक देते थे; वे आपस में प्रतिस्पर्धा कर रहे थे। यह भी ध्यान दिया जाना चाहिए कि यह एक ऐसे समाज के भीतर है जहाँ वैवाहिक समुदाय अस्तित्व में है कि स्त्री काम के माध्यम से ख़ुद को मुक्त करना चाहती है : अपने पिता या पति के घर से बंधी होने के कारण, वह आम तौर पर घर को पूरक प्रदान करने

में सन्तुष्ट रहती है; वह परिवार के बाहर, लेकिन परिवार के लिए काम करती है; और चूँकि यह उसकी सभी ज़रूरतों को पूरा करने के लिए नहीं होता है, इसलिए उसे एक पुरुष द्वारा मांगे गए पारिश्रमिक से बहुत कम पारिश्रमिक स्वीकार करना पड़ता है। चूँकि स्त्रियों की एक बड़ी तादाद रियायती वेतन से सन्तुष्ट थीं, नतीजतन औरतों का सकल वेतन इसी स्तर पर नियत कर दिया गया, जो नियोक्ता के लिए सबसे अधिक फायदेमन्द है।

फ्रांस में, 1889-1893 में किये गये सर्वेक्षण के अनुसार, एक आदमी के बराबर एक कार्य दिवस के लिए, श्रमिक स्त्री को केवल पुरुष वेतन का आधा ही मिलता था। 1908 के सर्वेक्षण के अनुसार, घरेलू काम करने वालों की प्रति घण्टा उच्चतम आय बीस सेंट प्रति घण्टे से अधिक नहीं थी और पाँच सेंट तक कम हो गयी। इस प्रकार शोषित स्त्री के लिए बिना भिक्षा या संरक्षक के रहना असम्भव था। अमेरिका में, 1918 में, स्त्रियों को पुरुषों की कमाई का आधा ही मिला। इस समय के आसपास, जर्मन खदानों से निकाले गये कोयले की समान मात्रा के लिए, स्त्रियों ने पुरुषों की तुलना में लगभग 25% कम कमाई की। 1911 और 1943 के बीच फ्रांस में स्त्रियों की मज़दूरी पुरुषों की तुलना में थोड़ी तेज़ी से बढ़ी, लेकिन वे काफ़ी कम रही।

अगर मालिक औरतों का स्वागत करने के लिए इसलिए उत्साहित थे कि वे कम वेतन स्वीकार कर लेंगी, तो इसी तथ्य ने पुरुष श्रमिकों की ओर से प्रतिरोध को उकसाया। सर्वहारा वर्ग और औरतों के बीच ऐसी तात्कालिक एकजुटता नहीं थी जैसा कि बेबेल और एंगेल्स ने दावा किया था। यह समस्या बिल्कुल उसी तरह उत्पन्न हुई जैसे काले मजदूर के सम्बन्ध में संयुक्त राज्य अमेरिका में उत्पन्न हुई थी। किसी समाज में सबसे अधिक उत्पीड़ित अल्पसंख्यक उत्पीड़कों द्वारा आसानी से उस पूरे वर्ग के खिलाफ एक हथियार के रूप में उपयोग किया जाता है जिससे वह सम्बद्ध होता है; साथ ही, पहले तो वे दुश्मन लगते हैं, इसलिए इसके लिए एक दूसरे का विरोध करने के बजाय एकजुट होने में सफल होने के लिए काले और गोरों, कामकाजी वर्ग के पुरुषों और महिलाओं के हितों की स्थिति के बारे में गहरी जागरूकता की आवश्यकता है। यह समझ में आता है कि पुरुष श्रमिकों ने पहले इस सस्ती प्रतिस्पर्धा को एक भयानक ख़तरे के रूप में देखा और उनमें वैमनस्य था। जब स्त्रियों को संघ जीवन में एकीकृत किया गया तभी वे अपने स्वयं के हितों की रक्षा करने में सक्षम हुईं और समग्र रूप से मज़दूर वर्ग के लोगों को ख़तरे में डालने से रोकने में सक्षम हुईं।

इन तमाम कठिनाइयों के बावजूद औरतों के काम का विकास जारी रहा है। 1900 में, फ्रांस में तब भी 900000 अपने घर पर काम करने वाली कामगार औरतें थीं, जो कपड़े, चमड़े और त्वचा के सामान, अन्तिम संस्कार की पुष्पांजलि, बैग, काँच के बर्तन औ बैग, और पेरिस के लिए सामान बनाती थीं; 1906 में, कामकाजी उम्र की 42% औरतें (अठारह से साठ के बीच) कृषि, उद्योग, वाणिज्य, बैंकिंग, बीमा, कार्यालयों और उदार व्यवसायों में कार्यरत थीं। यह आन्दोलन 14-18 के श्रम संकट और पिछले विश्व युद्ध के कारण दुनिया भर में फैल गया था। निम्न बुर्जुआ वर्ग, मध्यम बुर्जुआ वर्ग ने उनका अनुसरण करने का निश्चय किया और स्त्रियों ने भी उदार व्यवसायों पर आक्रमण किया। पिछले युद्ध से पहले की अन्तिम जनगणनाओं में से एक के अनुसार, हम पाते हैं कि अठारह से साठ वर्ष की आयु की सभी स्त्रियों में, फ्रांस में लगभग 42%, फिनलैंड में 37%, जर्मनी में 34.2%, 27, भारत में 7%, 26.9% काम करती हैं। इंग्लैंड में, नीदरलैंड में 19.2%, संयुक्त राज्य अमेरिका में 17.7% लेकिन फ्रांस और भारत में, यह ग्रामीण कार्य के महत्त्व के कारण है कि आँकड़े इतने अधिक हैं। यदि हम किसानों को छोड़ दें, तो हम 1940 में फ्रांस में लगभग 500,000 प्रतिष्ठानों के प्रमुख, दस लाख कर्मचारी, बीस लाख कामकाजी महिलाएँ, डेढ़ लाख बेरोज़गार पाते हैं। श्रमिक महिलाओं में 650,000 नौकरानियाँ हैं; कपड़ा उद्योग में 440,000, कपड़े के सामान में 315,000, दर्जिन के रूप में 380,000 सहित प्रसंस्करण उद्योगों में 1,200,000 औरतें काम करती हैं। वाणिज्य, उदार व्यवसायों, सार्वजनिक सेवाओं को देखें तो फ्रांस, इंग्लैंड और संयुक्त राज्य अमेरिका लगभग समान स्तर पर हैं।

जैसा कि हमने देखा है, स्त्री के सामने आने वाली प्रमुख समस्याओं में से एक यह है कि वे अपनी प्रजनन भूमिका का सामंजस्य अपने उत्पादक कार्य के साथ कैसे बिठाये। इतिहास की शुरुआत से ही, औरतों को घरेलू काम-काज में धकेल दिया गया है और संसार के निर्माण में भाग लेने से रोका गया है। इसकी गहराई में जाने पर हम पाते हैं कि वह अपनी प्रजनन क्षमता की ग़ुलाम बन जाती है। पशु मादाओं में मदकाल और ऋतुओं की एक लय होती है जो उनकी ऊर्जा संरक्षित करती है; इसके विपरीत, यौवन और रजोनिवृत्ति के बीच, प्रकृति एक स्त्री की गर्भकालीन क्षमता को सीमित नहीं करती है। कुछ सभ्यताएँ बालविवाह को प्रतिबन्धित करती हैं; भारतीय जनजातियों का हवाला दिया जाता है जहाँ यह आवश्यक है कि बच्चे के जन्म के बीच एक स्त्री के कम-से-कम दो साल के आराम की गारंटी दी जाये; लेकिन कुल मिलाकर कई शताब्दियों तक स्त्री प्रजनन

क्षमता विनियमित नहीं थी। प्राचीन काल[2] से ही आम तौर पर स्त्रियों के उपयोग के लिए गर्भनिरोधक प्रथाएँ मौजूद रही हैं : औषधि, सपोसिटरी, योनि टैम्पोन; परन्तु वे वेश्याओं और वैद्यों का भेद बने रहे; शायद यह रहस्य उन पतनशील रोमन औरतों को पता था जिनहें व्यंग्यकार उनकी बाँझपन के लिए धिक्कारते थे। लेकिन मध्य युग ने उन्हें नज़रअंदाज कर दिया; 18वीं शताब्दी तक इसका कोई निशान नहीं मिल सका। कई स्त्रियों के लिए, उन दिनों का जीवन गर्भधारण की एक निर्बाध शृंखला थी। निश्चित समय पर मानव जाति ने जनसंख्या की संख्या को कम करने की आवश्यकता महसूस की है; लेकिन साथ ही राष्ट्र कमज़ोर पड़ने से डरते थे; संकट और विपत्ति के दौर में, एकल लोगों के बीच विचाह की उम्र में देरी से जन्म दर में गिरावट आई। नियम तब भी यही था कि कम उम्र में शादी की जाए और उतने ही बच्चे पैदा किए जाएँ जितने औरत पैदा कर सके; शिशु मृत्यु दर ने ही जीवित बच्चों की संख्या को कम कर दिया। पहले से ही 17वीं शताब्दी में, प्योर के मठाधीश[3] ने *"l'hydropisie amoureuse"* का विरोध किया; और मादाम द सेविन्ये ने अपनी बेटी को सलाह दी कि वह गर्भधारण को जितनी देर तक टाल सके, टाले। लेकिन 18वीं शताब्दी में फ्रांस में माल्थुसियन प्रवृत्ति का विकास हुआ। पहले अमीर वर्ग, फिर पूरी आबादी माता-पिता के संसाधनों के अनुसार बच्चों की संख्या को सीमित करना उचित समझती है, और गर्भनिरोधक तरीक़े आम होने लगे हैं। 1778 में जनसांख्यिकी विज्ञानी मोरो ने लिखा : "केवल धनी स्त्रियाँ ही नहीं हैं जो प्रजातियों के प्रसार को पुराने जमाने का धोखा मानती हैं; मानती हैं; ये घातक रहस्य, जो मनुष्य के अलावा किसी भी जानवर के लिए अज्ञात हैं, पहले ही ग्रामीण इलाक़ों में प्रवेश कर चुके हैं; गाँवों में भी कुदरत को धोखा दिया जाता है। 'गर्भनिरोध' की प्रथा पहले बुर्जुआ वर्ग में फैली, फिर ग्रामीण आबादी में और श्रमिकों के बीच; कंडोम जो पहले से ही एक गर्भनिरोधक दवा के रूप में मौजूद था, एक गर्भनिरोधक बन गया, जिसका विस्तार विशेष रूप से वल्कनीकरण की खोज के बाद 1840[4] के आसपास हुआ। एंग्लो-सैक्सन देशों में, 'जन्म-नियन्त्रण' को आधिकारिक तौर पर अधिकृत किया गया है और कई तरीक़ों की खोज की गयी है जो उन्हें अलग करने की अनुमति देते हैं। ये दो पहले के अविभाज्य कार्य : यौन कार्य, प्रजनन कार्य। गर्भाधान के तन्त्र को सटीक रूप से स्थापित करने और इसके अनुकूल परिस्थितियों को स्थापित करने में विनीज़ चिकित्सा के कार्य ने भी इससे बचने के तरीक़े सुझाये हैं। फ्रांस में गर्भनिरोधक प्रचार और पेसरी, योनि टैम्पोन आदि की बिक्री प्रतिबन्धित है; लेकिन 'जन्म-नियन्त्रण' फिर भी व्यापक है।

गर्भपात के लिए, कहीं भी यह आधिकारिक तौर पर क़ानून द्वारा अधिकृत नहीं है। रोमन क़ानून ने भ्रूण के जीवन को विशेष सुरक्षा प्रदान नहीं की; उन्होंने भ्रूण को एक इन्सान के रूप में नहीं बल्कि मातृ शरीर के एक हिस्से के रूप में देखा। *Partus antequam edatur mulieris portio est vel viscerum*[5]. पतन के दौर में गर्भपात एक सामान्य प्रथा के रूप में प्रकट होता है और विधायक जब जन्मों को प्रोत्साहित करना चाहता था तो इसे प्रतिबन्धित करने का साहस नहीं करता था। यदि स्त्री अपने पति की इच्छा के विरुद्ध बच्चे को मना कर दे, तो वह उसे दण्डित कर सकता था लेकिन यह उसकी अवज्ञा थी जो इसे अपराध बना देती थी। पूर्वी और ग्रीको-रोमन सभ्यता में, क़ानून द्वारा गर्भपात की अनुमति है।

यह ईसाई धर्म था जिसने भ्रूण को आत्मा देकर इस बिन्दु पर नैतिक विचारों को झकझोर दिया; तब गर्भपात भ्रूण के ख़िलाफ़ ही एक अपराध बन गया। सेंट ऑगस्टीन कहते हैं, "हर वो औरत जो उतने बच्चे पैदा करने से ख़ुद को रोकती है जितनी वो कर सकती है, वह उतनी ही हत्याओं की दोषी है, जितनी वह औरत जो गर्भाधान के बाद ख़ुद को घायल करना चाहती है।" बीजान्टियम में, गर्भपात में केवल अस्थायी निर्वासन दिया जाता था; भ्रूणहत्या का अभ्यास करने वाले बर्बर लोग इसे केवल तभी दोषी ठहराते थे जब यह हिंसा से, माँ की इच्छा के विरुद्ध होता था : इसे रक्त की क़ीमत चुकाकर छुड़ाया जाता था। लेकिन पहली परिषदों ने इस 'हत्या' के ख़िलाफ़ सबसे गम्भीर दण्ड का फ़ैसला किया, भ्रूण की अनुमानित उम्र जो भी हो। हालाँकि, एक प्रश्न उठता है जो अन्तहीन चर्चा का विषय रहा है : आत्मा शरीर में कब प्रवेश करती है? सेंट थॉमस और अधिकांश लेखकों ने पुरुष शिशुओं के लिए चालीसवें दिन और स्त्री सेक्स के लिए अस्सीवें दिन के आसपास एनीमेशन तय किया; तब चेतन भ्रूण और निर्जीव भ्रूण के बीच अन्तर किया गया था। मध्य युग के दौरान, प्रायश्चित् पुस्तक घोषित करती है : "यदि एक गर्भवती स्त्री पैंतालीस दिन से पहले अपने भ्रूण को नष्ट कर देती है, तो वह एक वर्ष की सज़ा भुगतती है। अगर यह साठ दिनों के बाद है, तो तीन साल। अन्त में, यदि बच्चा पहले से ही एनिमेटेड है, तो इसे एक हत्या के रूप में माना जाना चाहिए। हालाँकि पुस्तक में कहा गया है: "एक ग़रीब औरत जो अपने बच्चे को पालने-पोसने की परेशानी की वजह से उसे नष्ट कर देती है, और वह औरत जो सिर्फ़ अपने व्यभिचार के अपराध को छिपाने के लिए ऐसा करती है उसमें बहुत अन्तर है 1556 में, हेनरी द्वितीय ने गर्भावस्था को छुपाने पर एक प्रसिद्ध आदेश प्रकाशित किया; साधारण तौर पर इसे छुपाने के लिए मौत की सजा दी जा सकती है, इसलिए यह निष्कर्ष निकाला

गया कि इससे भी अधिक जुर्माना गर्भपात प्रक्रियाओं पर लागू किया जाना चाहिए; वास्तव में, इस आदेश का उद्देश्य शिशुहत्या करना था, लेकिन इसका उपयोग गर्भपात के अपराधियों और सहयोगियों के खिलाफ़ मौत की सजा स्थापित करने के लिए किया गया था। अठारहवीं शताब्दी के आसपास चेतन और निर्जीव भ्रूण के बीच का अन्तर ग़ायब हो गया। सदी के अन्त में, बेकारिया, जिसका फ्रांस में काफ़ी प्रभाव था, ने उस स्त्री के पक्ष में याचना की जो बच्चे को मना कर देती है। 1791 की संहिता गर्भपात को माफ़ करती है लेकिन ऐसा करने में मदद करने वालों को बीस साल की जेल की सज़ा देती है। 19वीं सदी में, यह विचार गायब हो गया कि गर्भपात हत्या है और इसके बजाय इसे राज्य के खिलाफ़ अपराध माना गया। 1810 का क़ानून गर्भपात करने वाले और उसके साथियों के लिए कारावास और कड़ी मेहनत के दण्ड के तहत इसे पूरी तरह से प्रतिबन्धित करता है; वास्तव में, जब माँ की जान बचाने की बात आती है तो डॉक्टर अभी भी इसको व्यवहार में लाते हैं। चूँकि क़ानून बहुत गम्भीर है, सदी के अन्त में जूरी सदस्यों ने इसे लागू करना बन्द कर दिया, केवल कुछ ही गिरफ़्तारियाँ हुईं और 4/5 अभियुक्तों को बरी कर दिया गया। 1923 में, एक नया क़ानून अभी भी सहअपराधियों और सहयोगियों के लिए ज़बरन श्रम का प्रावधान करता है, लेकिन स्त्री को केवल जेल या जुर्माने से दण्डित करता है; 1939 में, एक नया फरमान विशेष रूप से तकनीशियनों को लक्षित करता है : अब उन्हें प्रदान नहीं किया जायेगा। 1941 में, गर्भपात को राज्य की सुरक्षा के ख़िलाफ़ अपराध घोषित किया गया था। अन्य देशों में, यह एक सुधारात्मक दण्ड द्वारा दण्डनीय अपराध है; इंग्लैंड में, हालाँकि, यह एक घोर अपराध है जिसके लिए जेल या कड़ी मेहनत की सज़ा दी जा सकती है। कुल मिलाकर, संहिताओं और अदालतों में गर्भपात के प्रति अपने सहयोगियों की तुलना में बहुत अधिक उदारता है। हालाँकि, चर्च ने किसी भी तरह से अपनी कठोरता में ढील नहीं दी है। 27 मार्च, 1917 को प्रख्यापित कैनन क़ानून का कोड घोषित करता है : "जो लोग गर्भपात की प्रक्रिया में सहयोग करते हैं उनका लेटो सेंटेंटियो बहिष्कार होता है जो आमतौर पर आरक्षित होता है। किसी भी कारण का बहाना नहीं बनाया जा सकता, यहाँ तक कि माँ की जान के ख़तरे में पड़ने का भी नहीं। पोप ने हाल ही में फिर से घोषणा की कि माँ और बच्चे के जीवन के बीच अगर चुनना हो तो माँ के जीवन की आहुति देनी चाहिए : वास्तव में, बपतिस्मा लेने वाली माँ स्वर्ग तक पहुँच सकती है — विचित्र रूप से नरक कभी भी इन गणनाओं में हस्तक्षेप नहीं करता है — जबकि भ्रूण सदा के लिए अधर में लटके रहने के लिए अभिशप्त है।[6]

गर्भपात की आधिकारिक तौर पर अनुमति केवल एक छोटी अवधि के लिए दी गयी थी, जर्मनी में नाज़ीवाद से पहले, सोवियत संघ में 1936 से पहले। लेकिन धर्म और क़ानूनों के बावजूद सभी देशों में इसका काफ़ी स्थान है। फ्रांस में, हर साल आठ लाख से दस लाख के बीच गर्भपात होते हैं–कहा जाए तो जितने बच्चे पैदा होते हैं उतने ही गर्भपात-गर्भपात करवाने वाली दो तिहाई महिलाएँ विवाहित होती हैं, जिनमें से कई के पहले से ही एक या दो बच्चे होते हैं। पूर्वाग्रहों, प्रतिरोधों, पुरानी नैतिकता के अस्तित्व के बावजूद, हमने राज्य या व्यक्तियों द्वारा निर्देशित मुक्त प्रजनन क्षमता से प्रजनन क्षमता में संक्रमण देखा है। प्रसूति में प्रगति ने बच्चे के जन्म के ख़तरों को काफ़ी कम कर दिया है; प्रसव के दर्द ग़ायब हो रहे हैं; इन दिनों — मार्च 1949 — इंग्लैंड में यह आदेश दिया गया था कि संज्ञाहरण के कुछ तरीक़ों का उपयोग अनिवार्य था; वे पहले से ही आम तौर पर यू.एस.ए. में लागू होते हैं और फ्रांस में फैलना शुरू कर रहे हैं।

यह इन दो कारकों के कृत्रिम गर्भाधान उस विकास की पराकाष्ठा का प्रतीक है जो मानवता को प्रजनन कार्य नियन्त्रित करने में सक्षम बनाता है। ये परिवर्तन स्त्री के लिए विशेष रूप से महत्वपूर्ण हैं क्योंकि अब वह अपनी गर्भधारण की संख्या को नियन्त्रित कर सकती है और अपने प्रजनन की दासी बनने के बजाय, तर्क़संगत रूप से अपने जीवन के अनुरूप निर्णय ले सकती है। 19वीं शताब्दी के दौरान, औरतों ने स्वयं को प्रकृति से मुक्त कर लिया और अपने शरीर पर नियन्त्रण हासिल कर लिया। प्रजनन की बाधाओं से काफ़ी हद तक मुक्त होकर, वह अब एक आर्थिक भूमिका निभा सकती है जो उसे अपने व्यक्तित्व पर विजय प्राप्त करने की अनुमति देगी। जैसा कि एंगेल्स ने पहले ही देख लिया था, उनकी सामाजिक और राजनीतिक स्थिति में परिवर्तन होना तय था। नारीवादी आन्दोलन की शुरुआत फ्रांस में कोंडोर्से द्वारा, इंग्लैंड में मैरी वोलस्टनक्राफ्ट द्वारा उनकी रचना *Vindication of the Rights of Women* में किया गया और सेंट-सिमोनियन द्वारा सदी की शुरुआत में तब तक सफल नहीं हो सका जब तक कि इसमें ठोस आधारों की कमी थी। अब औरतों की माँगों को गम्भीरता से लिया जायेगा। पूँजीपति वर्ग के भीतर उनकी बातें सुनी जायेंगी। औद्योगिक सभ्यता के तेज़ी से विकास के परिणामस्वरूप, अचल सम्पत्ति की महत्ता चल सम्पत्ति से काम हो जाति है: परिवार समूह की एकता का सिद्धान्त अपनी शक्ति खो देता है। पूँजी की गतिशीलता अपने धारक को अपनी जायदाद के कब्ज़े में होने के बजाय, पारस्परिकता के बिना इसे रखने और इसे निपटाने में सक्षम होने की अनुमति देती है। विरासत के कारण पत्नी पति से काफ़ी हद तक जुड़ी हुई थी :

विरासत के ख़त्म होने पर, वे केवल एक-दूसरे से जुड़े हुए हैं और बच्चे भी दृढ़ता के बन्धन को मज़बूत नहीं करते हैं। इस प्रकार व्यक्ति स्वयं को समूह के विरुद्ध मुखर करेगा; यह विकास अमेरिका में विशेष रूप से चौंकाने वाला है जहाँ पूँजीवाद के आधुनिक रूप की विजय होती है : वहाँ तलाक़ फलता-फूलता रहेगा और पति और पत्नी अब अस्थायी भागीदारों से ज़्यादा कुछ नहीं दिखाई देंगे। फ्रांस में, जहाँ ग्रामीण आबादी बड़ी है, जहाँ नेपोलियन संहिता ने विवाहित स्त्रियों को संरक्षकता में रखा है, वहाँ विकास धीमा होगा। 1884 में तलाक़ को बहाल कर दिया गया और पति के व्यभिचार करने की स्थिति में औरत तलाक़ की अर्ज़ी दे सकती है; हालाँकि, आपराधिक आधार पर, लिंगों के बीच अन्तर को बनाये रखा जाता है : व्यभिचार केवल तभी अपराध है जब स्त्री द्वारा किया जाता है। 1907 में प्रतिबन्ध के साथ प्रदान किये गये संरक्षकता के अधिकार को 1917 तक पूरी तरह से अमल में नहीं लाया जा सका था। 1912 में प्राकृतिक पितृत्व की खोज को अधिकृत किया गया था। 1938 और 1942 तक विवाहित स्त्री की स्थिति को संशोधित नहीं किया गया था : तब आज्ञाकारिता उसका कर्तव्य नहीं रह गया था, हालाँकि पिता परिवार का मुखिया बना रहा; दाम्पत्य निवास वही निश्चित करता है लेकिन स्त्री उसके चयन का विरोध कर सकती है यदि वह वैध कारण बताये; उसकी क्षमता बढ़ जाती है; हालाँकि अजीब सूत्र में : "विवाहित स्त्री के पास पूर्ण क़ानूनी क्षमता है। यह क्षमता केवल विवाह अनुबन्ध और क़ानून द्वारा सीमित है", लेख का अन्तिम भाग का पहले भाग से विरोधाभास है। जीवनसाथियों में बराबरी अभी तक हासिल नहीं हुई है।

जहाँ तक राजनीतिक अधिकारों का सवाल है, फ्रांस में, इंग्लैंड में, यू.एस.ए. में उन्हें हासिल कर लिया गया है। 1867 में, स्टुअर्ट मिल ने अंग्रेज़ी संसद में स्त्रियों के लिए वोट के लिए पहली आधिकारिक दलील दी। उन्होंने अपने लेखन में परिवार और समाज के भीतर स्त्रियों और पुरुषों की समानता की माँग की। "मुझे विश्वास है कि क़ानून के नाम पर एक लिंग को दूसरे लिंग के अधीन करने वाले दो लिंगों के सामाजिक सम्बन्ध अपने आप में ख़राब हैं और मानव जाति की प्रगति के रास्ते में आने वाली मुख्य बाधाओं में से एक हैं; मुझे विश्वास है कि उन्हें पूर्ण समानता का मार्ग अवश्य देना चाहिए।" उनके बाद, अंग्रेज़ी स्त्रियों ने श्रीमती के नेतृत्व में ख़ुद को राजनीतिक रूप से संगठित किया। फ़ौसेट; फ्रांसीसी स्त्रियाँ मारिया डेराइस्मेस की अनुयायी रहीं, जिन्होंने 1868 और 1871 के बीच सार्वजनिक व्याख्यानों की एक श्रृंखला में स्त्रियों के भाग्य का अध्ययन किया; वह आलेक्ज़ांद्र ड्यूमा के बेटे के ख़िलाफ़ एक जीवन्त विवाद का समर्थन करती है, जिन्होंने एक विश्वासघाती पत्नी

द्वारा धोखा दिये गये पति को सलाह दी : "उसे मार डालो।" यह लियोन रिचियर थे जो नारीवाद के सच्चे संस्थापक थे; 1869 में उन्होंने "स्त्रियों के अधिकार" का गठन किया और 1878 में आयोजित स्त्री अधिकारों पर अन्तर्राष्ट्रीय कांग्रेस का आयोजन किया। वोट के अधिकार के सवाल पर अभी तक ध्यान नहीं दिया गया था; स्त्रियों ने ख़ुद को नागरिक अधिकारों का दावा करने तक सीमित कर लिया : तीस वर्षों तक आन्दोलन फ्रांस में इंग्लैंड की तरह बहुत कमज़ोर रहा। हालाँकि, एक स्त्री, ह्यूबर्टिन ऑक्लर्ट ने एक मताधिकार अभियान खोला; उसने एक समूह बनाया, *"Suffrage des femmes"* और एक समाचार पत्र, *La Citoyenne*। उनके प्रभाव में कई समाजों का निर्माण हुआ, लेकिन उनकी कार्रवाई शायद ही प्रभावी हो। नारीवाद की इस कमज़ोरी का स्रोत इसके आन्तरिक विभाजनों में है; सच कहूँ तो, जैसा कि हम पहले ही बता चुके हैं, स्त्रियाँ एक जाति के रूप में एकजुट नहीं हैं : वे सबसे पहले अपने वर्ग से जुड़ी हुई हैं; बुर्जुआ वर्ग और सर्वहारा स्त्रियों के हित एक-दूसरे से नहीं मिलते। क्रान्तिकारी नारीवाद सेंटसिमोनियन और मार्क्सवादी परम्परा को अपनाता है; इसके अलावा, यह ध्यान दिया जाना चाहिए कि लुईस मिशेल नारीवाद के ख़िलाफ़ बोलता है क्योंकि यह आन्दोलन उन ताक़तों को हटाने के अलावा कुछ नहीं करता है जिन्हें पूरी तरह से वर्ग संघर्ष नें नियोजित किया जाना चाहिए; पूँजी के उन्मूलन से स्त्रियों का भाग्य तय होगा।

1879 में समाजवादी कांग्रेस ने लिंगों की समानता की घोषणा की और इसलिए नारीवाद-समाजवाद गठबन्धन की अब निन्दा नहीं की जायेगी, लेकिन चूँकि यह सामान्य रूप से श्रमिकों की मुक्ति से है कि स्त्रियाँ स्वतन्त्रता की उम्मीद करती हैं, वे स्वयं को केवल गौण रूप से अपने हितों के लिए जोड़ती हैं। इसके विपरीत, बुर्जुआ स्त्रियाँ अपने समाज में नये अधिकारों की माँग करती हैं, और वे स्वयं को क्रान्तिकारी होने से नकारती हैं; उनका दृष्टिकोण सुधारवादी है : वे नशाबन्दी, वेश्यावृत्ति और अश्लील साहित्य पर प्रतिबन्ध की माँग कर रही थीं। 1892 में कांग्रेस ने नारीवादी कांग्रेस की बैठक बुलाई, जिसने आन्दोलन को अपना नाम दिया; इससे बहुत कुछ प्राप्त नहीं होता है। हालाँकि, 1897 में एक क़ानून पारित किया गया था जिसने स्त्रियों को अदालती मुक़द्दमों में गवाह बनने की इजाज़त दी थी, लेकिन बाद में पंजीकरण करने का दावा करने वाले क़ानून के डॉक्टर ने उनके अनुरोध को अस्वीकार कर दिया था। 1898 में, उन्होंने वाणिज्यिक न्यायालय में मतदाता, सुपीरियर लेबर काउंसिल के लिए मतदाता और पात्रता, सुपीरियर काउंसिल ऑफ़ पब्लिक असिस्टेंस और स्कूल ऑफ़ फाइन आर्ट्स में प्रवेश प्राप्त किया। 1900 में,

एक नयी कांग्रेस नारीवादियों को एक साथ लाया; लेकिन इसके अच्छे परिणाम भी नहीं मिलते हैं। हालाँकि, 1901 में पहली बार विवियन ने चैम्बर के सामने स्त्री वोट का सवाल पूछा : उन्होंने एकल और तलाक़शुदा स्त्रियों को वोट सीमित करने का भी प्रस्ताव रखा। इस समय नारीवादी आन्दोलन का महत्त्व बढ़ रहा है। 1909 में महिला मताधिकार के लिए फ्रेंच संघ की स्थापना की गयी, जिसका नेतृत्व मादाम ब्रन्श्विक ने किया; यह सम्मेलनों, बैठकों, प्रदर्शनों का आयोजन करता है। 1909 में, *Buisson* ने स्थानीय विधानसभाओं में स्त्रियों को मतदाताओं को देने के लिए ड्यूसॉसॉय के एक प्रस्ताव पर एक रिपोर्ट दायर की। 1910 में, थॉमस ने स्त्रियों के मताधिकार के पक्ष में एक प्रस्ताव रखा; 1918 में नवीकृत, यह 1919 में चैम्बर के सामने विजयी हुआ; लेकिन यह 1922 में सीनेट के सामने विफल हो गया। स्थिति काफ़ी जटिल है। क्रान्तिकारी नारीवाद में, श्रीमती ब्रन्श्विक के तथाकथित स्वतन्त्र नारीवाद में एक ईसाई नारीवाद जोड़ा गया : 1919 में बेनेडिक्ट XV ने स्त्रियों के लिए वोट के पक्ष में बात की, एमजीआर बॉड्रिलार्ट और फादर सर्टिलंगेस ने इस दिशा में प्रबल प्रचार किया; कैथोलिक वास्तव में सोचते हैं कि फ्रांस में स्त्रियाँ एक रूढ़िवादी और धार्मिक तत्त्व का प्रतिनिधित्व करती हैं; कट्टरपन्थियों को यही डर है : उनके विरोध का असली कारण यह है कि अगर वे स्त्रियों को वोट देने की अनुमति देते हैं तो वे वोटों के विस्थापन से डरते हैं। सीनेट में, कई कैथोलिक, रिपब्लिकन यूनियन समूह, और दूसरी ओर चरम वामपन्थी दल, स्त्रियों के वोट के समर्थक हैं लेकिन अधिकांश विधानसभा इसके ख़िलाफ़ है। 1932 तक, उन्होंने विलम्बित करने की रणनीति का इस्तेमाल किया और स्त्री मताधिकार से सम्बन्धित प्रस्तावों पर चर्चा करने से इनकार कर दिया; 1932 में, हालाँकि, सदन ने स्त्रियों को मतदाता और पात्रता प्रदान करने वाले एक संशोधन के लिए तीन सौ उन्नीस मतों से मतदान किया, सीनेट ने एक बहस खोली जो कई सत्रों तक चली : संशोधन को अस्वीकार कर दिया गया। *L'Officiel* में प्रकाशित रिपोर्ट सबसे महत्त्वपूर्ण है; हम वहाँ वे सभी तर्क पाते हैं जो नारी-विरोधी ने आधी सदी से उन कार्यों में विकसित किये हैं जिनकी गणना बहुत थकाऊ होगी। सबसे पहले आते हैं वीरतापूर्ण तर्क, जैसे : हम स्त्रियों से इतना प्यार करते हैं कि स्त्रियों को वोट देने नहीं देते; प्रुधों के तरीक़े से 'सच्ची औरत' की गरिमा का बखान किया जाता है : मतदान करने से स्त्री अपना आकर्षण खो देगी, वह एक आसन पर विराजमान है, उसे नीचे नहीं उतरना चाहिए; मतदाता बनकर उसके पास खोने के लिए सब कुछ है और हासिल करने के लिए कुछ भी नहीं है, मतपत्र की क्या आवश्यकता है, उसके बिना ही वह पुरुषों

पर शासन करती है, आदि। अपने तर्क को गम्भीर बनाने के लिए परिवार के हित की बात की जाती है : औरत की जगह घर में है; राजनीतिक चर्चा से पति-पत्नी के बीच कलह हो सकता है। कुछ उदारवादी नारीवाद को स्वीकार करते हैं। स्त्रियाँ पुरुषों से अलग होती हैं। वे फ़ौज में काम नहीं करती हैं। क्या वेश्याएँ वोट करेंगी? और बाकी अहंकारपूर्वक अपनी पुरुष श्रेष्ठता का दावा करते हैं : मतदान एक बोझ है, अधिकार नहीं, स्त्रियाँ इसके योग्य नहीं हैं। वे पुरुषों की तुलना में कम बुद्धिमान और कम शिक्षित हैं। उनकी राजनीतिक प्रशिक्षण नहीं होता। पुरुष ज़्यादा पढ़े-लिखे होते हैं अत: वे स्त्रियों के मत को प्रभावित कर सकते हैं। वे पति के आदेश के मुताबिक़ ही मत देंगी। यदि वे मुक्त होना चाहती हैं, तो पहले उन्हें अपनी सिलाई-कढ़ाई के कामों से मुक्त होने दें। हम यह शानदार भोला तर्क भी पेश करते हैं:। फ्रांस में पुरुषों की तुलना में स्त्रियों की संख्या अधिक है। इन तमाम आपत्तियों की कृपणता के बावजूद, फ्रांसीसी स्त्री को अपनी राजनीतिक क्षमता हासिल करने के लिए सन् 1945 तक इन्तज़ार करना पड़ा।

न्यूज़ीलैंड ने 1893 में स्त्रियों को उनके अधिकारों की पूर्णता प्रदान की थी; 1908 में ऑस्ट्रेलिया ने अनुसरण किया। लेकिन इंग्लैंड में, अमेरिका में, इसमें सफलता मुश्किल से मिली। विक्टोरियन इंग्लैंड ने गृहिणी को बेरहमी से सीमित कर दिया, जेन ऑस्टेन गुप्त रूप से लेखन करतीं थीं; जॉर्ज इलियट, एमिली ब्रोंटे बनने के लिए बहुत साहस या असाधारण नियति की आवश्यकता थी; 1888 में, एक अंग्रेज़ी विद्वान ने लिखा : "सिर्फ़ इतना कहना काफ़ी नहीं है कि स्त्रियाँ कोई प्रजाति नहीं हैं, वे आधी प्रजाति भी नहीं बल्कि एक उप-प्रजाति हैं जिनकी नियति केवल प्रजनन करना है।" श्रीमती फॉसेट ने सदी के अन्त में मताधिकार आन्दोलन की स्थापना की, लेकिन फ्रांस की तरह यहाँ भी यह एक सहमा हुआ आन्दोलन है। 1903 के आसपास स्त्रियों की माँगों ने एक विलक्षण मोड़ ले लिया। पंकहर्स्ट परिवार ने लन्दन में 'वुमन सोशल एंड पॉलिटिकल यूनियन' का गठन किया, जो लेबर पार्टी के साथ जुड़ गयी और जिसने पूरी तरह से उग्रवादी कार्रवाई की। यह इतिहास में पहली बार है कि हम स्त्रियों को स्त्रियों के रूप में प्रयास करने का प्रयास करते हुए देखते हैं : जो इंग्लैंड और अमेरिका की नारी मतार्थिनियों *(suffragette)* को उनके दुष्कर कार्य को विशेषरूप से रुचिकर बनाता है। वे पन्द्रह वर्षों तक दबाव की नीति का नेतृत्व करते हैं जो कुछ मायनों में गांधी के रवैये की याद दिलाती है : हिंसा से इनकार करते हुए, वे कमोबेश सरलता से विकल्पों का आविष्कार करते हैं। वे लिबरल पार्टी की बैठकों के दौरान अल्बर्ट हॉल पर केलिको बैनर लहराते हुए आक्रमण करती हैं जिस

पर 'वोट फॉर वूमेन' शब्द खुदा हुआ है; वे लॉर्ड एस्क्विथ के कार्यालय में ज़बरन घुस जाती हैं, वे हाइड पार्क या ट्राफलगर स्क्वायर में बैठकें करती हैं, वे तख्तियाँ लेकर सड़कों पर मार्च करती हैं, वे व्याख्यान देती हैं; प्रदर्शनों के दौरान, वे पुलिस का अनादर करती हैं या उन पर पत्थरों से हमला करती हैं ताकि मुक़दमों को भड़काया जा सके; जेल में, वे भूख हड़ताल की रणनीति अपनाती हैं; वे धन इकट्ठा करती हैं, वे अपने साथ लाखों स्त्रियों और पुरुषों को इकट्ठा करती हैं; उन्होंने जनता की राय को इस क़दर प्रभावित किया कि 1907 में संसद के दो सौ सदस्य थे जिन्होंने महिलाओं के मताधिकार के लिए एक समिति गठित की; इसके बाद से, हर साल उनमें से कुछ महिलाओं के मताधिकार के पक्ष में एक क़ानून का प्रस्ताव करते हैं, एक ऐसा क़ानून जिसे हर साल उन्हीं तर्कों के साथ ख़ारिज कर दिया जाता है। यह 1907 था जब महिला सामाजिक और राजनीतिक संघ *Women's Social and Political Union* संसद पर पहला मार्च आयोजित करता है जिसमें शॉल में कई स्त्री कार्यकर्ता और आभिजात्य वर्ग की कुछ स्त्रियाँ भाग लेती हैं; पुलिस उन्हें पीछे धकेलती है; लेकिन अगले वर्ष, जैसा कि उन्होंने विवाहित स्त्रियों को कुछ खदान दीर्घाओं में काम करने से प्रतिबन्धित करने की धमकी दी, लंकाशायर के श्रमिकों को डब्ल्यू.एस.पी.यू. द्वारा लन्दन में एक बड़ी बैठक आयोजित करने के लिए बुलाया गया था। नयी गिरफ़्तारियाँ हुई, जिसका विरोध क़ैद नारी मतार्थिनियों *(suffragette)* ने भूख हड़ताल से किया। विमोचित, वे नये जुलूसों का आयोजन करती हैं : उनमें से एक घोड़े पर सवार होती है जिसे सफ़ेदी से रंगा जाता है, महारानी एलिज़ाबेथ को प्रतिबिम्बित करने के लिए। 18 जुलाई, 1910 को, जिस दिन महिला मताधिकार अधिनियम को सदन में पेश किया जाना था, तो पूरे लन्दन में नौ किलोमीटर की परेड शुरू हुई; क़ानून ख़ारिज होता है, और फिर शुरू होता है नयी बैठकों, नयी गिरफ़्तारियों का सिलसिला। 1912 में, उन्होंने एक अधिक हिंसक रणनीति अपनायी : उन्होंने निर्जन घरों को जला दिया, चित्रों को फाड़ दिया, फूलों की क्यारियों को रौंद डाला, उन्होंने पुलिस पर पत्थर फेंके; वे लॉयड जॉर्ज, सर एडमंड ग्रे को एक के बाद एक प्रतिनिधिमण्डल भेजती रहती हैं; वे अल्बर्ट हॉल में छिप जाती हैं और लॉयड जॉर्ज के भाषणों के दौरान ज़ोर से हस्तक्षेप करती हैं। युद्ध ने उनकी गतिविधियों को बाधित कर दिया। यह जानना बहुत मुश्किल है कि इस कार्रवाई ने किस हद तक घटनाओं को गति दी। 1918 में पहली बार प्रतिबन्धित रूप में, फिर 1928 में बिना किसी प्रतिबन्ध के अंग्रेज़ी महिलाओं को वोट का अधिकार दिया गया : युद्ध के दौरान उनके द्वारा प्रदान की गयी सेवाओं के कारण ही उन्हें यह सफलता मिली।

अमेरिकी स्त्री ने शुरू में ख़ुद को यूरोपीय औरतों की तुलना में अधिक मुक्त पाया। 19वीं सदी की शुरुआत में पुरुषों द्वारा किये जाने वाले प्रारब्ध के कठिन परिश्रम में स्त्रियों को हिस्सा लेना पड़ता था, वे उनके साथ-साथ लड़ती थीं; पुरुषों के मुक़ाबले उनकी संख्या बहुत कम थी और इस वजह से उन्हें बहुत ज़्यादा महत्ता मिली। लेकिन धीरे-धीरे उनकी हालत पुरानी दुनिया की औरतों जैसी हो गयी; उनके प्रति शिष्टतापूर्ण आचरण जारी रहा; उन्होंने सांस्कृतिक विशेषाधिकार और परिवार के भीतर एक प्रमुख स्थान बनाये रखा; क़ानूनों ने स्वेच्छा से उन्हें एक धार्मिक और नैतिक भूमिका प्रदान की; लेकिन समाज का सारा नियन्त्रण अभी भी पुरुषों के हाथों में था। कुछ ने 1830 के आसपास अपने राजनीतिक अधिकारों का दावा करना शुरू कर दिया। उन्होंने अश्वेतों के पक्ष में एक अभियान भी शुरू किया। 1840 में लन्दन में आयोजित ग़ुलामी-विरोधी कांग्रेस को उनके लिए बन्द कर दिया गया था, क्वेकेरेस ल्यूक्रेटिया मोर्ट ने एक नारीवादी संघ की स्थापना की। 18 जुलाई, 1840 को सेनेका फॉल्स में एक सम्मेलन की बैठक में, उन्होंने एक घोषणापत्र तैयार किया जिसने समस्त अमेरिकी नारीवाद को दिशा दी। "सृष्टिकर्ता ने पुरुष और स्त्री को अविच्छेद्य अधिकारों के साथ एक जैसा बनाया था... सरकार इन अधिकारों की रक्षा के लिए ही बनी है।... पुरुष एक विवाहित स्त्री को मृत नागरिक बनाता है ... वह यहोवा के विशेषाधिकारों को हड़प लेता है जो अकेले ही मनुष्यों को उनके कार्यक्षेत्र को सौंप सकता है। तीन साल बाद, श्रीमती बीचर-स्टो ने *La Case de l'oncle Tom* लिखा, जिसने अश्वेतों के पक्ष में राय उठाई। इमर्सन और लिंकन नारीवादी आन्दोलन का समर्थन करते हैं। जब गृहयुद्ध छिड़ गया, तो स्त्रियों ने उत्साह से भाग लिया; लेकिन वे व्यर्थ ही यह माँग करते हैं कि अश्वेतों को वोट देने का अधिकार देने वाले संशोधन को इस प्रकार लिखा जाये : "न तो रंग और न ही लिंग ... चुनावी अधिकारों में बाधा हैं।" हालाँकि, संशोधन के लेखों में से एक अस्पष्ट होने के कारण, मिस एंथनी, एक महान् नारीवादी नेता, इसे रोचेस्टर में अपने चौदह साथियों के साथ वोट करने के बहाने के रूप में उपयोग करती है; उस पर सौ डॉलर का जुर्माना लगाया गया था। 1869 में, उन्होंने स्त्रियों के मताधिकार के लिए राष्ट्रीय संघ की स्थापना की, और उसी वर्ष व्योमिंग राज्य ने स्त्रियों को वोट देने का अधिकार दिया। लेकिन यह केवल 1893 में था कि कोलोराडो, फिर 1896 में इडाहो और यूटा ने इस उदाहरण का अनुसरण किया। उसके बाद प्रगति की रफ़्तार बहुत धीमी है। लेकिन आर्थिक रूप से स्त्रियाँ यूरोप की तुलना में काफ़ी बेहतर कर रही हैं। 1900 में, संयुक्त राज्य अमेरिका में 50 लाख कामकाजी स्त्रियाँ थीं,

जिनमें उद्योग में 1,300,000, वाणिज्य में 500,000 शामिल थीं; वाणिज्य, उद्योग, व्यवसाय और सभी उदार व्यवसायों में उनकी बड़ी संख्या है। स्त्री वकील, डॉक्टर और 3,373 स्त्री पादरी हैं। प्रसिद्ध मैरी बेकर एडी ने क्रिश्चियन साइंटिस्ट चर्च की स्थापना की। स्त्रियों को क्लबों में मिलने की आदत हो जाती है : 1900 में उन्होंने लगभग दो मिलियन सदस्यों को एक साथ रखा।

हालाँकि, केवल नौ राज्यों ने स्त्रियों को वोट दिया। 1913 में, अंग्रेज़ी उग्रवादी आन्दोलन के मॉडल पर मताधिकार आन्दोलन का आयोजन किया गया था। दो स्त्रियाँ इसे चलाती हैं : मिस स्टीवंस, और एक युवा क्वेकरेस, एलिस पॉल। वे विल्सन से बैनर और बैज के साथ एक बड़े जुलूस में मार्च करने की अनुमति प्राप्त करती हैं; फिर वे सम्मेलनों, बैठकों, परेडों, सभी प्रकार के प्रदर्शनों का एक अभियान आयोजित करती हैं। नौ राज्यों में जहाँ स्त्री वोट की अनुमति है, स्त्री मतदाता बड़ी धूमधाम से अमेरिकी संसद भवन में आती हैं, पूरे देश के लिए स्त्री वोट की माँग करती हैं। शिकागो में हम पहली बार स्त्रियों को एक पार्टी में अपने लिंग को मुक्त करने के लिए एक साथ आते हुए देखते हैं: यह सभा 'स्त्रियों की पार्टी' बन जाती है। 1917 में, मताधिकारियों ने एक नयी रणनीति का आविष्कार किया: वे व्हाइट हाउस के द्वार पर व्यवस्थित रूप से बस गये, हाथ में बैनर, और अक्सर फाटकों पर ज़ंजीर से बँधे ताकि उन्हें निष्कासित न किया जा सके। छह महीने के बाद, उन्हें गिरफ़्तार कर लिया गया और ऑक्सकाक्वा प्रायद्वीप भेज दिया गया; वे भूख हड़ताल पर चली जाती हैं और अन्ततः रिहा हो जाती हैं। नयी परेड एक दंगे की शुरुआत की ओर ले जाती है। सरकार अन्ततः हाउस मताधिकार समिति नियुक्त करने के लिए सहमत हुई। वाशिंगटन में स्त्री पार्टी की कार्यकारी समिति का सम्मेलन; बाहर निकलने पर, स्त्री वोट के पक्ष में संशोधन को चैम्बर में प्रस्तुत किया जाता है और 10 जनवरी, 1918 को मतदान किया जाता है। यह सीनेट में वोट को हटाने के लिए बनी हुई है। विल्सन ने पर्याप्त दबाव डालने का वादा नहीं किया, मताधिकारियों ने फिर से प्रदर्शन करना शुरू कर दिया; वे व्हाइट हाउस के द्वार पर एक बैठक करती हैं। राष्ट्रपति सीनेट में अपील करने का फ़ैसला करता है लेकिन संशोधन को दो बहुमत मतों से ख़ारिज कर दिया जाता है। यह एक रिपब्लिकन कांग्रेस है जो जून 1919 में संशोधन पर मतदान करेगी। फिर दस वर्षों के दौरान दोनों लिंगों की पूर्ण समानता की लड़ाई जारी है। 1928 में हवाना में आयोजित अमेरिकी गणराज्यों के छठे सम्मेलन में, स्त्रियों ने स्त्रियों की एक अन्तर-अमेरिकी समिति के निर्माण में जीत हासिल की। 1933 में, मोंटेवीडियो सन्धियों

ने एक अन्तरराष्ट्रीय सम्मेलन के माध्यम से स्त्रियों की स्थिति को ऊँचा किया। उन्नीस अमेरिकी गणराज्य स्त्रियों को समान अधिकार प्रदान करने वाले सम्मेलन पर हस्ताक्षर करते हैं।

स्वीडन में भी एक बहुत ही महत्त्वपूर्ण नारीवादी आन्दोलन हुआ है। पुरानी परम्पराओं के नाम पर, स्वीडिश स्त्रियाँ 'शिक्षा, काम, स्वतन्त्रता' के अधिकार का दावा करती हैं। यह विशेष रूप से साहित्यप्रेमी स्त्रियाँ हैं जो लड़ाई का नेतृत्व करती हैं, और यह समस्या का नैतिक पहलू है जो उन्हें सबसे पहले रुचि देता है; फिर उन्हें शक्तिशाली संघों में बाँटा गया, उन्होंने उदारवादियों पर जीत हासिल की लेकिन रूढ़िवादियों से शत्रुता का सामना किया। 1907 में नॉर्वेजियन, 1906 में फिन्स ने वह मताधिकार प्राप्त किया जिसका स्वीडन आने वाले वर्षों तक इन्तज़ार करेगा।

लैटिन देश, पूर्व के देशों की तरह, क़ानूनों से भी अधिक कठोर नैतिक रीति-रिवाज़ों से औरतों का दमन करते हैं। इटली में फ़ासीवाद ने व्यवस्थित रूप से नारीवाद के विकास को धीमा कर दिया है। चर्च के गठबन्धन की माँग करते हुए, परिवार का सम्मान करते हुए और स्त्री दासता की परम्परा का विस्तार करते हुए, फ़ासीवादी इटली ने स्त्री को दोगुना ग़ुलाम बना दिया : सार्वजनिक प्राधिकरणों की और अपने पति की। जर्मनी में स्थिति बहुत अलग थी। 1790 में, हिप्पेल ने जर्मन नारीवाद का पहला घोषणापत्र जारी किया। 19वीं सदी की शुरुआत में, जॉर्ज सैंड के समान एक भावुक नारीवाद फला-फूला। 1848 में, पहली जर्मन नारीवादी, लुईस ओटो ने स्त्रियों को अपने देश को बदलने में मदद करने के अधिकार की माँग की : उनका नारीवाद अनिवार्य रूप से राष्ट्रवादी था। 1865 में उन्होंने 'जर्मन स्त्रियों के जनरल एसोसिएशन' की स्थापना की। हालाँकि, जर्मन समाजवादी बेबेल के साथ लिंगों की असमानता को समाप्त करने की माँग करते हैं। क्लारा ज़ेटकिन 1892 में पार्टी परिषदों में शामिल हुईं। हम स्त्री श्रमिक संघों और समाजवादी स्त्री संघों को एक संघ में समूहीकृत करते हुए देखते हैं। 1914 में जर्मन स्त्रियाँ एक राष्ट्रीय महिला सेना स्थापित करने में विफल रहीं लेकिन उन्होंने युद्ध के प्रयास में उत्साह से भाग लिया। जर्मन हार के बाद, उन्होंने वोट देने का अधिकार प्राप्त किया और राजनीतिक जीवन में भाग लिया : रोज़ा लक्ज़मबर्ग ने लिबनेचट के साथ स्पार्टाकस समूह में लड़ाई लड़ी और 1919 में उनकी हत्या कर दी गयी। अधिकांश जर्मन महिलाओं ने पार्टी ऑफ़ ऑर्डर के लिए मतदान किया; उनमें से कई रैहस्टाग में बैठते हैं। इसलिए हिटलर ने इन स्वतन्त्र स्त्रियों पर नेपोलियन के आदर्श को फिर

से लागू किया : 'रसोईघर, चर्च, बच्चे।' "एक स्त्री की उपस्थिति से रैहस्टाग का अनादर होगा," उन्होंने कहा। नाज़ीवाद की तरह कैथोलिक विरोधी और बुर्जुआ विरोधी थे, उन्होंने माँ को एक विशेषाधिकार प्राप्त स्थान दिया; अविवाहित माताओं और प्राकृतिक बच्चों को दी गयी सुरक्षा काफ़ी हद तक स्त्रियों को विवाह से मुक्त करती है; स्पार्टा की तरह, वह किसी भी व्यक्ति की तुलना में राज्य पर बहुत अधिक निर्भर थी, जिसने उसे पूँजीवादी शासन में रहने वाले बुर्जुआ की तुलना में अधिक और कम स्वायत्तता दी।

यह सोवियत संघ था जहाँ नारीवादी आन्दोलन ने सबसे अधिक ज़ोर पकड़ा। 19वीं सदी के अन्त में प्रबुद्ध वर्ग की छात्राओं के बीच इसका ख़ाका गढ़ा गया; सामान्य रूप से वे अपने व्यक्तिगत कारणों की तुलना में क्रान्तिकारी कार्रवाई को ज़्यादा तरजीह देती हैं; वे "जनता के पास जाती हैं" और शून्यवादी तरीक़ों के अनुसार ओखराना के ख़िलाफ़ लड़ती हैं : वेरा ज़ासोलिच ने 1878 में पुलिस ट्रेपोव के प्रीफेक्ट को अंजाम दिया। रूस-जापानी युद्ध के दौरान कई व्यवसायों में स्त्रियों ने पुरुषों की जगह ले ली; वे अपने बारे में जागरूक हो रही हैं और स्त्री अधिकारों के लिए रूसी संघ लिंगों की राजनीतिक समानता का आह्वान कर रहा है; पहले ड्यूमा के भीतर स्त्रियों के अधिकारों के लिए एक संसदीय समूह बनाया गया था, लेकिन जो अप्रभावी था। क्रान्ति से ही कामकाजी स्त्रियों की मुक्ति होगी। पहले से ही 1905 में उन्होंने देश में शुरू किये गये बड़े पैमाने पर राजनीतिक हमलों में बड़े पैमाने पर भाग लिया था, उन्होंने बैरिकेड्स लगाये थे। 1917 में, क्रान्ति से कुछ दिन पहले, अन्तर्राष्ट्रीय स्त्री दिवस (8 मार्च) के अवसर पर, उन्होंने सेंट पीटर्सबर्ग की सड़कों पर सामूहिक रूप से प्रदर्शन किया। रोटी, उनकी माँग थी : रोटी, अमन और अपने पतियों की वापसी। वे अक्टूबर विद्रोह में भाग लेती हैं; 1918 और 1920 के बीच उन्होंने आक्रमणकारियों के ख़िलाफ़ सोवियत संघ की लड़ाई में एक प्रमुख आर्थिक और यहाँ तक कि सैन्य भूमिका निभाई। मार्क्सवादी परम्परा के प्रति वफ़ादार, लेनिन ने स्त्रियों की मुक्ति को श्रमिकों की मुक्ति से जोड़ा; उसने उन्हें राजनीतिक समानता और आर्थिक समानता दी।

1936 के संविधान के अनुच्छेद 122 में कहा गया है कि : "सोवियत संघ स्त्रियों को आर्थिक, आधिकारिक, सांस्कृतिक, सार्वजनिक और राजनीतिक जीवन के सभी क्षेत्रों में पुरुषों के समान अधिकार प्राप्त हैं। और इन सिद्धान्तों को कम्युनिस्ट इंटरनेशनल ने स्पष्ट किया है। यह माँग करता है : क़ानून के समक्ष और व्यावहारिक

जीवन में स्त्रियों और पुरुषों की सामाजिक समानता। वैवाहिक क़ानून और परिवार संहिता का आमूल परिवर्तन। मातृत्व को एक सामाजिक कार्य के रूप में मान्यता देना। समाज की क़ीमत पर बच्चों और किशोरों की देखभाल और शिक्षा की ज़िम्मेदारी। स्त्रियों को ग़ुलाम बनाने वाली विचारधारा और परम्पराओं के ख़िलाफ़ संगठित सभ्यता संघर्ष।" आर्थिक क्षेत्र में स्त्रियों की उपलब्धियाँ शानदार रही हैं। उसने पुरुष श्रमिकों के समान वेतन प्राप्त किया और उसने उत्पादन में गहन रूप से भाग लिया; इस प्रकार, इसने काफ़ी राजनीतिक और सामाजिक महत्त्व प्राप्त कर लिया। फ्रांस-यूएसएसआर एसोसिएशन द्वारा हाल ही में प्रकाशित ब्रोशर में, यह कहा गया है कि 1939 के आम चुनावों में क्षेत्रीय, ज़िला, नगर और ग्राम सोवियतों में 457,000 स्त्री प्रतिनिधि थीं, सोवियत संघ में 1,480 समाजवादी गणराज्यों के वरिष्ठ अधिकारी थे। 227 सोवियत संघ के सर्वोच्च सोवियत में बैठे लगभग 10 मिलियन ट्रेड यूनियनों के सदस्य हैं। उन्होंने यूएसएसआर के श्रमिकों और कर्मचारियों की टुकड़ी का 40% हिस्सा बनाया। स्टाखानोविस्टों में बड़ी संख्या में स्त्री कार्यकर्ता थीं। हम जानते हैं कि पिछले युद्ध में रूसी महिलाओं ने क्या भूमिका निभाई थी; उन्होंने उत्पादन की उन शाखाओं में भी भारी काम प्रदान किया जहाँ पुरुष व्यवसायों का प्रभुत्व था : धातु विज्ञान और खनन, इमारती लकड़ी, रेलमार्ग, आदि। उन्होंने ख़ुद को एविएटर, पैराट्रूपर्स के रूप में प्रतिष्ठित किया, उन्होंने समर्थकों के दलों का गठन किया।

सार्वजनिक जीवन में स्त्रियों की इस भागीदारी ने एक कठिन समस्या खड़ी कर दी है : पारिवारिक जीवन में उनकी भूमिका। एक ज़माने से हमने औरतों को इसे घरेलू बाधाओं से मुक्त करने की माँग की : 16 नवम्बर, 1924 को, कॉमिन्टर्न की पूर्ण सभा ने घोषणा की : "क्रान्ति तब तक शक्तिहीन है जब तक परिवार और पारिवारिक सम्बन्धों की धारणा बनी रहती है। सहवास को दिया गया सम्मान, तलाक़ में आसानी, गर्भपात के क़ानूनी विनियमन ने पुरुषों के सामने स्त्रियों की स्वतन्त्रता की गारंटी दी; मातृत्व अवकाश, नर्सरी, किंडरगार्टन आदि पर क़ानूनों ने मातृत्व के बोझ को हल्का किया। भावुक और विरोधाभासी साक्ष्यों के माध्यम से, यह स्पष्ट करना कठिन है कि औरत की ठोस स्थिति क्या थी; यह निश्चित है कि आज जनसंख्या की माँगों ने पुन: एक अलग पारिवारिक नीति को जन्म दिया है: परिवार बुनियादी सामाजिक इकाई प्रतीत होता है और स्त्री श्रमिक और गृहिणी[7] दोनों है। यौन नैतिकता बहुत सख़्त है; जून 1936 के क़ानून के बाद से, जिसे 7 जून 1941 के क़ानून द्वारा मजबूत किया गया था, गर्भपात निषिद्ध है, तलाक़ लगभग समाप्त

कर दिया गया है; नैतिकता द्वारा व्यभिचार की निन्दा की जाती है। सभी श्रमिकों की तरह राज्य के अधीनस्थ, अपने घर से निकटता से बँधी, लेकिन राजनीतिक जीवन तक पहुँच और उत्पादक कार्यों द्वारा प्रदान की गयी गरिमा, रूसी महिलाएँ एक विलक्षण स्थिति में हैं, इसकी विलक्षणता सूक्ष्म अध्ययन करना लाभदायक होगा; दुर्भाग्य से परिस्थितियाँ मुझे ऐसा करने से रोकती हैं।

संयुक्त राष्ट्र के हाल के सत्र में स्त्रियों की स्थिति पर आयोग ने सभी देशों में दोनों लिंगों के लिए समान अधिकारों को मान्यता देने का आह्वान किया है और इस क़ानूनी स्थिति को एक ठोस वास्तविकता बनाने के लिए कई प्रस्तावों को मंजूरी दी है। तो ऐसा लगता है कि बाज़ी जीत ली गयी है। भविष्य इस पुरुष-प्रधान समाज को स्त्रियों के सम्पूर्ण समावेश के रास्ते की ओर ले जा सकता है।

× × ×

इस कहानी पर अगर हम एक विहंगम दृष्टि डालें, तो कई निष्कर्ष निकलते हैं। और सबसे पहले : स्त्रियों का पूरा इतिहास पुरुषों द्वारा बनाया गया है। जैसे अमेरिका में कोई काली समस्या नहीं है, बल्कि एक गोरी समस्या है[8]; ठीक वैसे ही जैसे "यहूदी-विरोधी कोई यहूदी समस्या नहीं है : यह हमारी समस्या है"[9]; इस प्रकार स्त्रियों की समस्या हमेशा पुरुषों की समस्या रही है। हमने देखा है कि किन कारणों से उन्हें शुरू में शारीरिक शक्ति के साथ नैतिक प्रतिष्ठा प्राप्त थी; उन्होंने मूल्यों, रीति-रिवाज़ों, धर्मों का निर्माण किया; स्त्रियों ने अपने साथ इस साम्राज्य का कभी विवाद नहीं किया। कुछ अलग-थलग — साफ़ो, क्रिस्टीन द पीसान, मेरी वोल्लस्टोनक्रॅफ्ट, ओलैंप द गूज — ने अपने भाग्य की कठोरता का विरोध किया; और कभी-कभी सामूहिक प्रदर्शन हुए हैं लेकिन ओपिया क़ानून या एंग्लो-सैक्सन सफ्रागेट्स के ख़िलाफ़ गैंगरेप करने वाले रोमन मैट्रन केवल इसलिए दबाव बनाने में सफल रहे क्योंकि पुरुष इसे प्रस्तुत करने के लिए काफ़ी तैयार थे। वे वही हैं जिन्होंने हमेशा स्त्रियों का भाग्य अपने हाथों में लिया है; और उन्होंने उसकी रुचि के अनुसार निर्णय नहीं लिया; यह उनकी अपनी परियोजनाएँ, उनके भय, उनकी ज़रूरतें थीं जिन्हें उन्होंने ध्यान में रखा। जब वे देवी माँ की पूजा करते थे, यह इसलिए था क्योंकि प्रकृति ने उन्हें डरा दिया था, जैसे ही काँसे के औज़ार ने उन्हें उनके ख़िलाफ़ मुखर होने में सक्षम बनाया, उन्होंने पितृसत्ता की स्थापना की; यह परिवार और राज्य के बीच का संघर्ष है जो तब स्त्रियों की स्थिति को परिभाषित करता है; यह ईश्वर, दुनिया और अपने स्वयं की देह के प्रति ईसाई का रवैया है जो

उस स्थिति में परिलक्षित होता है जिसे उसने उसे सौंपा है; जिसे मध्य युग में 'औरतों का मसला' कहा जाता था, वह पादरियों और आम लोगों के बीच विवाह और ब्रह्मचर्य को लेकर झगड़ा था; यह निजी सम्पत्ति पर आधारित सामाजिक व्यवस्था है जिसने विवाहित स्त्रियों की संरक्षकता लायी है, और यह पुरुषों द्वारा की गयी तकनीकी क्रान्ति है जिसने आज स्त्रियों को मुक्त किया है। यह पुरुष नैतिकता का एक विकास है जिसने 'जन्म-नियन्त्रण' के माध्यम से कई परिवारों को छोटा कर दिया है और आंशिक रूप से स्त्रियों को मातृत्व की बाधाओं से मुक्त कर दिया है। नारीवाद स्वयं कभी भी एक स्वायत्त आन्दोलन नहीं रहा है। यह आंशिक रूप से राजनेताओं के हाथों में एक उपकरण था, आंशिक रूप से एक गहन सामाजिक नाटक को प्रतिबिम्बित करने वाली एक घटना थी। स्त्रियों ने कभी भी एक अलग जाति का गठन नहीं किया है और वास्तव में उन्होंने इतिहास में सेक्स की भूमिका निभाने की कोशिश नहीं की है। जो सिद्धान्त यह दावा करते हैं कि स्त्री के रूप में वह देह है, जीवन है, अमर है, कि वह अन्य है, पुरुषवादी विचारधाराएँ हैं जो किसी भी तरह से स्त्री की माँगों को व्यक्त नहीं करती हैं। अधिकांश औरतें बग़ैर किसी कोशिश के ख़ुद को क़िस्मत के हवाले छोड़ देती हैं; जिन्होंने बदलने की कोशिश की है, उन्होंने दावा किया है कि वे अपनी नारीगत विलक्षणता में स्वयं को क़ैद नहीं करती हैं और उससे अभिभूत नहीं होती हैं, बल्कि उसका अतिक्रमण करती हैं। जब उन्होंने संसार के प्रवाह में योगदान दिया है, तो यह पुरुष दृष्टिकोण से पुरुषों के अनुरूप रहा है।

यह योगदान, कुल मिलाकर, गौण और प्रासंगिक था। जिन वर्गों की स्त्रियों को कुछ आर्थिक स्वायत्तता प्राप्त थी और जो उत्पादन में भाग लेती थीं, वे दलित वर्ग की थीं और श्रमिक के रूप में वे पुरुष श्रमिकों की तुलना में ज़्यादा ग़ुलाम थीं। शासक वर्गों में, स्त्रियाँ परजीवी थीं और इस तरह पुरुषों के क़ानूनों के अधीन थीं: दोनों ही मामलों में, उनके लिए क्रियाशील होना लगभग असम्भव था। क़ानून और रीति-रिवाज़ हमेशा मेल नहीं खाते थे और उनके बीच सन्तुलन इस तरह से स्थापित किया गया था कि स्त्री कभी भी ठोस रूप से स्वतन्त्र नहीं थी। प्राचीन रोमन गणराज्य में, आर्थिक स्थिति विवाहिताओं को ठोस अधिकार देती है लेकिन उसे कोई क़ानूनी स्वतन्त्रता नहीं है; कृषक सभ्यताओं में, और छोटे व्यापारिक बुर्जुआ वर्ग में अक्सर ऐसा ही होता है; घर के अन्दर गृह स्वामिनी-नौकरानी, महिला सामाजिक रूप से नाबालिग है। इसके विपरीत, ऐसे समय में जब समाज बिखर रहा है, स्त्रियाँ मुक्ति पा रही हैं; परन्तु पुरुष के अधीन रहने से वह अपनी जागीर खो देती है; इसकी केवल

एक नकारात्मक स्वतन्त्रता है जो केवल नियम के उल्लंघन और उच्छृंखलता में अभिव्यक्ति पाती है : रोमन पतन, पुनर्जागरण, अठारहवीं शताब्दी के दौरान भी यही होता रहा। चाहे वह अपने लिए रोज़गार तलाश ले, तब भी वह ग़ुलाम है; चाहे वह मुक्त हो गयी हो, लेकिन अपने दम पर अपने लिए तब भी कुछ नहीं कर सकती। अन्य बातों के साथ-साथ यह उल्लेखनीय है कि विवाहित महिला का समाज में अपना स्थान तो था लेकिन वहाँ उसे कोई अधिकार प्राप्त नहीं था; जबकि कुँवारी, शालीन लड़की या वेश्या में एक पुरुष की सभी क्षमताएँ थीं; लेकिन इस सदी तक इसे कमोबेश सामाजिक जीवन से बाहर रखा गया था। क़ानून और नैतिकता के इस विरोध के परिणामस्वरूप, अन्य बातों के अलावा, यह विरोधाभास अनोखा है : मुक्त प्रेम क़ानून द्वारा निषिद्ध नहीं है, जबकि व्यभिचार एक अपराध है; अक्सर, हालाँकि, 'ग़लती पर' युवती का तिरस्कार किया जाता है, जबकि पत्नी के दुराचार को रियायत के साथ मान लिया जाता है : 17वीं शताब्दी से लेकर आज तक कई युवतियाँ इसलिए शादी कर लेती हैं ताकि अपने प्रेमियों के साथ खुल कर रह सकें। इस सरल प्रणाली द्वारा स्त्रियों के बड़े समूह को किनारों में कसकर बाँधा जाता है। इन दो शृंखलाओं के बीच असाधारण परिस्थितियाँ आवश्यक हैं, या तो अमूर्त या ठोस, एक स्त्री व्यक्तित्व ख़ुद को मुखर करने में सफल होती है। जिन स्त्रियों ने पुरुषों की तुलना में काम किया है, वे हैं जिन्हें सामाजिक संस्थाओं की ताक़त ने सभी यौन भेदभाव से परे कर दिया था। इसाबेला कैथोलिक, इंग्लैंड की एलिजाबेथ, रूस की कैथरीन न तो पुरुष थीं और न ही स्त्री : सम्प्रभु। यह उल्लेखनीय है कि सामाजिक रूप से समाप्त उनका स्त्रीत्व अब हीन भावना का गठन नहीं करती है : महान् राजाओं की तुलना में महान् शासन करने वाली रानियों का अनुपात असीम रूप से अधिक है। धर्म एक ही परिवर्तन संचालित करता है : सिएना की कैथरीन, सेंट टेरेसा पवित्र आत्माओं की सभी शारीरिक स्थिति से परे हैं; उनका धर्मनिरपेक्ष जीवन और उनका रहस्यमय जीवन, उनके कार्य और उनका लेखन उन ऊँचाइयों तक पहुँचता है, जिन तक बहुत कम लोग पहुँच पाते हैं। हमें यह सोचने का अधिकार है कि यदि अन्य स्त्रियाँ दुनिया पर गहरी छाप छोड़ने में विफल रहीं, तो इसका कारण यह था कि वे स्थितिग्रस्त थीं। नकारात्मक या आड़े-तिरछे तरीकों को छोड़कर वे शायद ही हस्तक्षेप कर कती थीं। जूडिथ, शार्लोट कॉर्डे, वेरा ज़सोलिच की हत्या; *Les Frondeuses* षड्यन्त्र रचती हैं; क्रान्ति के दौरान, कम्यून के दौरान, स्त्रियाँ स्थापित व्यवस्था के ख़िलाफ़ पुरुषों के साथ लड़ती हैं; अधिकारों के बिना, शक्ति के बिना स्वतन्त्रता के लिए, इसे इनकार और विद्रोह में कठोर होने की अनुमति है, जबकि सकारात्मक

निर्माण में भाग लेने के लिए मना किया गया है; अधिक से अधिक वह पुरुषों के उद्यमों में घुमावदार मार्ग से हस्तक्षेप करने में सफल होगी। असपासिया, मादाम द मैनतनों एवं उरसैं की राजकुमारी वैसी परामर्शदात्री थीं जिनकी बात सुनी गयी: हमें अभी भी उन्हें सुनने के लिए सहमत होना था। जब पुरुष स्त्रियों को यह विश्वास दिलाना चाहते हैं कि उनके पास बेहतर भूमिका है, तो वे आसानी से इन प्रभावों की सीमा को बढ़ा-चढ़ाकर पेश करते हैं; लेकिन वास्तव में जहाँ ठोस कार्रवाई शुरू होती है वहाँ स्त्रियों की आवाजें खामोश हो जाती हैं; वे युद्ध भड़का सकती थीं, युद्ध की रणनीति नहीं सुझा सकती थीं; उन्होंने शायद ही कभी राजनीति का मार्गदर्शन किया हो, सिवाय इस हद तक कि राजनीति साज़िश बनकर रह गई थी: दुनिया का वास्तविक नियन्त्रण कभी भी औरतों के हाथों में नहीं रहा; उन्होंने तकनीकों या अर्थव्यवस्था पर काम नहीं किया है, उन्होंने राज्य बनाए या बिगाड़े नहीं हैं, उन्होंने दुनिया की खोज नहीं की है। औरतों के ज़रिये कुछ घटनाओं को ट्रिगर किया गया था लेकिन वे कारक से कहीं ज़्यादा इसका बहाना थीं। ल्यूक्रेटिया की आत्महत्या का केवल प्रतीकात्मक मूल्य था। उत्पीड़ितों को शहादत की अनुमति है; ईसाई उत्पीड़न के दौरान, सामाजिक या राष्ट्रीय हार के बाद, स्त्रियों ने गवाह की यह भूमिका निभाई; लेकिन एक शहीद ने कभी दुनिया का चेहरा नहीं बदला। यहाँ तक कि स्त्रियों के विरोध और पहलों को भी तभी महत्त्व मिला जब एक पुरुष निर्णय ने उन्हें प्रभावी रूप से लम्बा खींच दिया। श्रीमती बीचर-स्टो के आसपास समूहबद्ध अमेरिकियों ने ग़ुलामी के ख़िलाफ़ हिंसक रूप से राय दी; लेकिन गृहयुद्ध के असली कारण भावुक नहीं थे। सम्भवत: 8 मार्च, 1917 के 'महिला दिवस' ने रूसी क्रान्ति की : हालाँकि, यह केवल एक संकेत था। अधिकांश स्त्री नायिकाएँ एक बारीक प्रजाति की हैं : साहसी, मूल रूप से उनके कार्यों के महत्त्व के लिए उनके भाग्य की विलक्षणता की तुलना में कम उल्लेखनीय; इस प्रकार जोन ऑफ़ आर्क, मादाम रोलाँ, फ्लोरा ट्रिस्टन, अगर हम उनकी तुलना रिश्लीय, दौन्तों, लेनिन से करते हैं, तो हम देखते हैं कि उनकी महानता विशेष रूप से व्यक्तिपरक है : वे ऐतिहासिक कारकों के बजाय अनुकरणीय व्यक्ति हैं। महापुरुष जनसमूह से उत्पन्न होता है और परिस्थितियों द्वारा वहन किया जाता है : स्त्रियों का जनसमूह इतिहास के हाशिये पर है, और उनमें से प्रत्येक के लिए परिस्थितियाँ एक बाधा हैं न कि आगे बढ़ने की प्रेरणा। दुनिया का चेहरा बदलने के लिए, आपको पहले उसमें मज़बूती से टिके रहना होगा; लेकिन समाज में मज़बूती से जड़ें जमाने वाली स्त्रियाँ हैं जो इसके अधीन हैं; जब तक कि उन्हें दैवीय अधिकार द्वारा क्रियान्वयन के लिए

नियत नहीं किया जाता है — और जब भी ऐसे मौक़े आये हैं उन्होंने सिद्ध किया है वे पुरुषों के समान सक्षम हैं–वीरांगनाएँ महत्त्वाकांक्षी हैं, इसलिए वे विचित्र हैं। जब से स्त्रियों ने इस धरती पर घर जैसा महसूस करना शुरू किया, तब से किसी रोज़ा लक्जमबर्ग, किसी मादाम क्यूरी का आविर्भाव हुआ। उन्होंने शानदार ढंग से दिखाया हैं यह स्त्रियों की हीनता नहीं थी जिसके कारण ऐतिहासिक रूप से उनकी उपेक्षा की गयी बल्कि उनकी ऐतिहासिक उपेक्षा ने उन्हें हीनता का शिकार बना दिया।[10]

तथ्य उस क्षेत्र में स्पष्ट है जहाँ वे ख़ुद को मुखर करने में सबसे अधिक सफल रही हैं, यानी सांस्कृतिक क्षेत्र। उनका भाग्य साहित्य और कलाओं से गहराई से जुड़ा हुआ था; पहले से ही जर्मनों के बीच महिला पैगम्बर और पुजारिनें होती थीं; क्योंकि वे दुनिया के हाशिये पर हैं, यह उनकी ओर है कि जब वे संस्कृति के माध्यम से अपने ब्रह्माण्ड की सीमाओं को पार करने का प्रयास करेंगे और जो कुछ भी है उस तक पहुँच प्राप्त करेंगे। दरबारी रहस्यवाद, मानवतावादी जिज्ञासा, सौन्दर्य के प्रति अभिरुचि जो इतालवी पुनर्जागरण में फला-फूला, 17वीं शताब्दी की बहुमूल्यता, 18वीं शताब्दी के प्रगतिशील आदर्श ने विभिन्न रूपों में स्त्रीत्व का उत्थान किया। स्त्री तब कविता का मुख्य ध्रुव है, कला के काम का सार है; उसके लिए उपलब्ध ख़ाली समय उसे ख़ुद को मन के सुखों के लिए समर्पित करने की अनुमति देती हैं : वह लेखक की प्रेरणा, आलोचक, श्रोता, उसकी अनुगामिनी बन जाती है; यह अक्सर वही होती है जो संवेदनशीलता को प्रबल बनाती है, एक नैतिकता जो पुरुषों के दिलों का पोषण करती है और इस प्रकार अपने भाग्य में हस्तक्षेप करती है : औरतों की शिक्षा काफ़ी हद तक उनकी विजय है। और फिर भी, जबकि बौद्धिक स्त्रियों द्वारा निभाई गयी यह सामूहिक भूमिका महत्त्वपूर्ण है, उनका व्यक्तिगत योगदान कुल मिलाकर नगण्य मूल्य का है। ऐसा इसलिए है क्योंकि वह क्रियान्वयन में शामिल नहीं है कि स्त्रियों को विचार और कला के क्षेत्र में एक विशेषाधिकार प्राप्त स्थान है; लेकिन कला और विचार के जीवित स्रोत क्रिया में हैं। दुनिया के हाशिए पर स्थित होना उन लोगों के लिए अनुकूल स्थिति नहीं है जो इसे फिर से बनाने का दावा करते हैं : यहाँ फिर से, दिये गये से परे उभरने के लिए, पहले व्यक्ति को इसमें गहराई से जड़ जमानी होगी। सामूहिक रूप से हीन स्थिति में रखी गयी मानव श्रेणियों में व्यक्तिगत उपलब्धियाँ लगभग असम्भव हैं। "घाघरे में हम कहाँ तक जा सकते हैं?" मैरी बश्किर्तसेफ पूछती हैं। और स्तौन्दाल का कहना है : "सभी प्रतिभाशाली स्त्रियाँ जो पैदा हुई हैं, जनता की ख़ुशी के लिए खो गयी हैं।

सच कहूँ तो, कोई जीनियस पैदा नहीं होता : वह बन जाता है; और स्त्री स्थिति ने इसे अब तक असम्भव बना दिया है।"

नारी-विरोधी इतिहास की जाँच से दो विरोधाभासी तर्क देते हैं : 1. स्त्रियों ने कभी भी कुछ भी महान् नहीं बनाया है; 2. स्त्रियों की स्थिति ने महान् स्त्री व्यक्तित्वों के विकास को कभी नहीं रोका। इन दो कथनों में अपशकुन है; कुछ विशेषाधिकार प्राप्त औरतों की सफलताएँ सामूहिक स्तर के व्यवस्थित रूप से कम होने की भरपाई या बहाना नहीं करती हैं; और यह कि ये सफलताएँ दुर्लभ और सीमित हैं, यह ठीक-ठीक साबित करता है कि परिस्थितियाँ उनके प्रतिकूल हैं। जैसा कि क्रिस्टीन द पिसान, पूलैं द ला बार्र, कोन्दोर्से, स्टुअर्ट मिल और स्तौन्दाल ने तर्क दिया है, किसी भी क्षेत्र में स्त्री को कभी भी मौक़ा नहीं मिला है। यही कारण है कि आज उनमें से बड़ी संख्या में औरतें एक नये दर्जे की माँग कर रही हैं; और फिर, उनके स्त्रीत्व में उनके दावे को ऊँचा नहीं किया जाना चाहिए : वे चाहती हैं कि सम्पूर्ण मानवता की तरह स्वयं में भी अतिक्रमण सर्वव्यापकता पर हावी हो; अन्तत: उन्हें अमूर्त अधिकार और ठोस सम्भावनाएँ प्रदान की जायें, जिसके संयोजन के बिना स्वतन्त्रता केवल एक रहस्य है।[11]

यह इच्छा पूरी हो रही है। लेकिन हम जिस दौर से गुज़र रहे हैं वह संक्रमण का दौर है; यह दुनिया जो हमेशा से पुरुषों की रही है, अब भी उनके हाथ में है; पितृसत्तात्मक सभ्यता की संस्थाएँ और मूल्य काफ़ी हद तक जीवित हैं। अमूर्त अधिकार स्त्रियों के लिए हर जगह पूरी तरह से पहचाने जाने से बहुत दूर हैं : स्विट्जरलैंड में, वे अभी तक मतदान नहीं करती हैं; फ्रांस में 1942 का क़ानून पति के विशेषाधिकारों को कमज़ोर रूप में बनाये रखता है। और अमूर्त अधिकार, जैसा कि हमने अभी कहा है, यह सुनिश्चित करने के लिए कभी भी पर्याप्त नहीं रहा है कि दुनिया पर स्त्रियों की एक ठोस पकड़ है। आज भी दो लिंगों के बीच कोई वास्तविक समानता नहीं है।

पहला, शादी का बोझ पुरुषों की तुलना में औरतों पर ज़्यादा भारी रहता है। हमने देखा है कि 'जन्म नियन्त्रण' के उपयोग — स्वीकृत या गुप्त — द्वारा मातृत्व की बाधाओं को कम किया गया है; लेकिन यह प्रथा न तो सार्वभौमिक रूप से व्यापक है और न ही सख़्ती से लागू होती है; गर्भपात को आधिकारिक रूप से प्रतिबन्धित किया जा रहा है, कई स्त्रियाँ या तो अनियन्त्रित गर्भपात युक्ति द्वारा अपने स्वास्थ्य से समझौता करती हैं, या अपनी गर्भधारण की संख्या से अभिभूत रहती हैं। बच्चों की देखभाल, घर के रख-रखाव की तरह, अभी भी लगभग पूरी तरह से

अकेले स्त्रियों द्वारा ही वहन किये जाते हैं। फ्रांस में, विशेष रूप से, नारी-विरोधी परम्परा इतनी दृढ़ है कि एक पुरुष को लगता है कि अगर वह औरतों के लिए नियत किये गये काम करता है तो उसकी अवमानना होती है। नतीजतन, स्त्रियों को अपने पारिवारिक जीवन और कामकाजी के रूप में अपनी भूमिका के बीच सामंजस्य बिठाना पुरुषों की तुलना में अधिक कठिन लगता है। ऐसे मामलों में जहाँ समाज द्वारा उससे इस प्रयास की माँग की जाती है, उसका जीवन उसके पति की तुलना में कहीं अधिक दुष्कर होता है।

उदाहरण के लिए, किसान स्त्रियों के भाग्य पर विचार करें। फ्रांस में उत्पादक कार्यों में औरतों की भागीदारी कहीं ज़्यादा होती है, और वे आम तौर पर विवाहित होती हैं। वास्तव में कुँवारी लड़की की हैसियत, अक्सर, पैतृक घर में या भाई या बहन के घर में नौकरानी की होती है; पति की प्रभुता स्वीकार करके ही वह घर की स्वामिनी बनती है; लोकाचार और परम्पराएँ औरत को एक जगह से दूसरी जगह में अलग-अलग भूमिकाएँ प्रदान करते हैं : नॉर्मन किसान औरत का चूल्हे-चौके, भोजन की पूरी व्यवस्था पर नियन्त्रण होता है जबकि कोर्सीकन औरत पुरुषों के साथ टेबल पर नहीं बैठतीं; लेकिन किसी भी मामले में, घरेलू अर्थव्यवस्था में सबसे महत्त्वपूर्ण भूमिका निभाते हुए, वह पुरुष की ज़िम्मेदारियों में भाग लेती हैं, वह उसके हितों से जुड़ी होती है, वह उसके साथ सम्पत्ति साझा करती हैं; उनका सम्मान किया जाता है और अक्सर वह प्रभावी रूप से शासन करती हैं : उनकी स्थिति उन पुराने कृषि समुदायों की याद दिलाती है जब उनका आधिपत्य होता था। उसे अक्सर अपने पति की तुलना में उतनी ही या अधिक नैतिक प्रतिष्ठा प्राप्त होती है; लेकिन यथार्थ में उसकी हालत ज़्यादा खराब है। बग़ीचे की देखभाल, खलिहान, भेड़शाला, सूअर पालन की देखभाल उसकी विशेष ज़िम्मेदारी है; वह भारी काम में भाग लेती है : अस्तबल की देखभाल, खाद फैलाना, बुवाई, जुताई, निराई, वह फ़सल काटती है, और कभी-कभी पुआल, घास, लकड़ी और ईंधन के गट्ठर, कूड़े, आदि की गाड़ियों में सामान लदवाने और उतरवाने में मदद करती है। इसके अलावा, वह खाना बनती है, घर सँभालती है : कपड़े धोना, मरम्मत करना इत्यादि। वह मातृत्व और बच्चों की देखभाल का भारी बोझ उठाती है। वह पौ फटते जाग उठ जाती है, मुर्गे-मुर्गियों को दाना डालती है, गाय-बकरियों को चारा देती है, पुरुषों के लिए पहला भोजन परोसती है, बच्चों की देखभाल करती है और खेतों, जंगल या सब्जी के बग़ीचे में काम करने जाती है; वह झरनों से पानी भर कर लाती है, दिन का भोजन परोसती है, बर्तन धोती है, रात के खाने तक फिर से खेतों में काम करती है, आख़िरी

भोजन के बाद वह शाम को घर ठीक करने, सफ़ाई करने, मकई को छीलने आदि में बिताती है चूँकि उसे गर्भावस्था के दौरान भी अपने स्वास्थ्य की देखभाल करने के लिए कोई फुरसत नहीं है, जल्दी ही उसका रूप ढल जाता है, वह समय से पहले मुरझा जाती है, जीर्ण-शीर्ण, रोगग्रस्त हो जाती है। सामाजिक जीवन में समय-समय पर पुरुष को जो पारितोषिक मिलता है, वह उससे वंचित रहती है। मर्द रविवार और मेले के दिनों में शहर जाता है, अन्य पुरुषों से मिलता है, कैफे जाता है, शराब पीता है, ताश खेलता है, शिकार करता है, मछली पकड़ता है। वह खेत पर रहती है और फ़ुर्सत के पलों का सुख नहीं जानती, अपने शौक के काम के लिए मोहलत नहीं होती उसे। केवल सम्पन्न किसान महिलाएँ, जिनकी सेवा में नौकरानियाँ रहती हैं, या जिन्हें खेतों में काम करने से छूट दी जाती है, वे एक ऐसा जीवन जीती हैं जिसमें ख़ुशी का सन्तुलन बना होता है। वे सामाजिक रूप से प्रतिष्ठित होती हैं और काम के बोझ तले पिसे बग़ैर घर में सत्ता का सुख भोगती हैं। लेकिन ग्रामीण काम बहुधा स्त्रियों की स्थिति को बोझ ढोने वाले जानवर जैसी बना देता है।

दुकानदार, बॉस जो एक छोटा व्यवसाय चलाता है, हमेशा विशेषाधिकार प्राप्त रहा है; मध्य युग के बाद से केवल वे ही हैं जिनके लिए कोड ने नागरिक क्षमताओं को मान्यता दी है; पंसारी, ग्वालन, होटल मालकिन, तम्बाकू बेचने वाली की स्थिति पुरुष के बराबर होती है; अविवाहित या विधवा, उनकी अपनी अलग सामाजिक प्रतिष्ठा है; विवाहित, उन्हें अपने पति के समान स्वायत्तता प्राप्त है। वे ख़ुशक़िस्मत हैं कि उनका काम उसी जगह होता है जहाँ उनका घर होता है और यह आमतौर पर ज़्यादा नहीं होता है।

बाहर काम करने वाली कर्मचारी, क्लर्क, सेक्रेटरी, सेल्सवुमन के लिए यह बिल्कुल अलग है। उनके लिए घर के काम के साथ अपने काम को समेटना बहुत मुश्किल है (ख़रीदारी, भोजन तैयार करना, सफ़ाई करना, कपड़ों के रख-रखाव में कम-से-कम साढ़े तीन घण्टे लगते हैं) दैनिक काम और रविवार को छह घण्टे; जब इसे कारख़ाने या कार्यालय समय में जोड़ा जाता है यह एक विचारणीय आँकड़ा है। जहाँ तक उदार पेशों की बात है, वकील, डॉक्टर, शिक्षिका को भले ही उनके घर में थोड़ी बहुत मदद मिल जाये, गृहस्थी और बच्चे भी उनके लिए बोझ और चिन्ताओं का सबब बनते हैं जो उसके रास्ते में अड़चन डालती हैं। अमेरिका में, घर के काम को सरल तकनीकों द्वारा सरल किया जाता है; लेकिन एक कामगार औरत से जिस साज-शृंगार और परिष्कार की उम्मीद की जाति है वह उसे एक और गुलामी में जकड़ लेता है। दूसरी ओर, जो स्त्री काम में अपनी स्वतन्त्रता चाहती है, उसके पास अपने पुरुष प्रतिस्पर्धियों की तुलना में बहुत कम अवसर होते हैं। कई

व्यवसायों में उनका वेतन पुरुषों की तुलना में कम है; उसके कार्य कम विशिष्ट होते हैं और इसलिए एक कुशल श्रमिक की तुलना में कम भुगतान किया जाता है; और समान कार्य के लिए उसे कम पारिश्रमिक मिलता है। क्योंकि वह पुरुषों की दुनिया में नवागन्तुक है, इसलिए उसके सफल होने की सम्भावना उनसे कम है। स्त्री और पुरुष समान रूप से स्त्री के अधीन रहने के लिए तैयार नहीं हैं; वे हमेशा एक आदमी में अधिक विश्वास दिखाते हैं; स्त्री होना दोष नहीं तो कम-से-कम एक विलक्षणता है। एक स्त्री को वहाँ पहुँचने के लिए, पुरुष समर्थन हासिल करना उपयोगी होता है। यह पुरुष हैं जो सबसे लाभप्रद पदों पर काबिज़ हैं, जो सबसे महत्त्वपूर्ण पदों पर हैं। यह रेखांकित करना आवश्यक है कि पुरुष और स्त्री आर्थिक रूप से दो जातियों[12] का गठन करते हैं।

स्त्री की वर्तमान स्थिति को नियन्त्रित करने वाला तथ्य सबसे प्राचीन परम्पराओं से आकार ले रही नयी सभ्यता में ज़िद्दी अस्तित्व है। यह वह है जिसे जल्दबाज़ी में देखने वाले लोग पहचानने में विफल रहते हैं, जो औरतों को आज दिये गये अवसरों से कमतर समझते हैं, या जो इन अवसरों में केवल ख़तरनाक प्रलोभन देखते हैं। सच तो यह है कि उसकी स्थिति असन्तुलित है और इसलिए उसके लिए उसके अनुकूल होना बहुत मुश्किल है। स्त्रियों के लिए कारख़ाने, कार्यालय और संकाय खोले गये, लेकिन शादी को अभी भी उनके लिए सबसे सम्मानजनक पेशा माना जाता है, जिसने उन्हें सामूहिक जीवन में किसी भी अन्य भागीदारी से छूट दी है। आदिम सभ्यताओं की तरह, प्रेम का कार्य उसके लिए एक सेवा है कि उसे कमोबेश सीधे भुगतान करने का अधिकार है। सोवियत संघ[13] के अपवाद के साथ, आधुनिक स्त्री को हर जगह अपने शरीर को शोषण के लिए पूँजी के रूप में मानने की अनुमति है। वेश्यावृत्ति को सहन किया जाता है[14], वीरता को प्रोत्साहित किया जाता है। और विवाहित स्त्री का हक़ है कि पति उसका भरण-पोषण करे; वह कुँवारी औरत से कहीं अधिक श्रेष्ठ सामाजिक प्रतिष्ठा से भी सम्पन्न है। रीति-रिवाज़ स्त्रियों को एकल पुरुष के बराबर यौन सम्भावनाएँ प्रदान करने से बहुत दूर हैं; विशेष रूप से, मातृत्व उसके लिए लगभग वर्जित है, अविवाहित माँ को कलंकित माना जाता है। सिंड्रेला[15] का मिथक अपने पूरे मूल्य को कैसे बरकरार नहीं रख सका? सब कुछ अभी भी युवती को अकेले कठिन और अनिश्चित विजय का प्रयास करने के बजाय 'सुन्दर राजकुमार' से भाग्य और ख़ुशी की उम्मीद करने के लिए प्रोत्साहित करता है। ख़ासतौर पर वह उसी की बदौलत अपने से श्रेष्ठ जाति में सम्मिलित हो पायेगी, यह ऐसा चमत्कार है जो उसे अपनी ज़िन्दगी भर की मेहनत और कमाई से मिल पाना मुमकिन नहीं। मगर ऐसी उम्मीद नुक़सानदेह है क्योंकि

यह उसकी ताक़तों और उसके हितों को विभाजित कर देती है[16]; यही वह विभाजन है जो शायद स्त्रियों के लिए सबसे गम्भीर बाधा है। माता-पिता अभी भी अपनी बेटी के व्यक्तिगत विकास को बढ़ावा देने के बजाय शादी की दृष्टि से उसकी परवरिश कर रहे हैं; वह इसमें इतने फ़ायदे देखती है कि वह ख़ुद इसकी कामना करती है नतीजतन, वह अक्सर अपने भाइयों की तुलना में कम विशिष्ट, कम ठोस रूप से प्रशिक्षित होती है, वह अपने पेशे के लिए पूरी तरह से कम प्रतिबद्ध होती है; यहीं से वह हीन रहने के लिए अभिशप्त हो जाती है; और दुष्चक्र बनता है : इस हीनता से उसके मन में एक पति को खोजने की उसकी इच्छा बलवती होती है। हर सुविधा के लिए हमेशा क़ीमत चुकानी होती है; लेकिन अगर क़ीमत बहुत बड़ी हो, तो सुविधा अब ग़ुलामी का रूप ले लेती है; अधिकांश श्रमिकों के लिए, आज का काम एक ऊबाऊ काम है : स्त्रियों के लिए, उनकी सामाजिक गरिमा, उनकी नैतिकता की स्वतन्त्रता, उनकी आर्थिक स्वायत्तता की एक ठोस विजय द्वारा इसकी भरपाई नहीं की जाती है; यह स्वाभाविक है कि कई कामकाजी महिलाएँ, मज़दूर और श्रमिक औरतें, काम करने के अधिकार में केवल एक दायित्व देखती हैं और सोचती हैं कि विवाह उन्हें इस दायित्व से मुक्ति दिलायेगा। हालाँकि, इस तथ्य से कि वह आत्म-जागरूक हो गयी हैं कि यदि काम कर के अपनी आजीविका के साधन जुटा लें तो विवाह से मुक्त हो सकती है, और वह घर-गृहस्थी की ग़ुलामी को भी ख़ुशी-ख़ुशी स्वीकार नहीं करती। वह नहीं चाहेगी कि पारिवारिक व गृहस्थ जीवन और नौकरी के बीच सामंजस्य बिठाने के लिए उसे थकाऊ कलाबाज़ी करनी पड़े। फिर भी जब तक सहजता का मोह बना रहता है — आर्थिक विषमता के कारण जो कुछ व्यक्तियों और स्त्रियों के मान्यता प्राप्त अधिकार को लाभान्वित करती है, इन विशेषाधिकार प्राप्त लोगों में से किसी एक को ख़ुद को बेचने के लिए — उसे स्वतन्त्रता का मार्ग चुनने के लिए पुरुष की तुलना में अधिक नैतिक प्रयास की आवश्यकता होगी। हम अच्छी तरह से नहीं समझ पाये हैं कि प्रलोभन भी एक बाधा है, और यहाँ तक कि सबसे ख़तरनाक बाधाओं में से एक है। यहाँ यह एक रहस्य के रूप में दोगुना हो जाता है क्योंकि वास्तव में ख़ुशहाल शादी की लॉटरी में हज़ारों में से एक विजेता होगी। आज का युग स्त्रियों को घर से बाहर काम करने के लिए आमन्त्रित करता है, यहाँ तक कि इसके लिए उन्हें बाध्य भी करता है; लेकिन यह उनकी आँखों में उस स्वर्ग जैसे जीवन की झलक भी दिखाता है जहाँ बग़ैर मेहनत के ऐशो-आराम मिल सकता है; जिन्हें ऐसा जीवन नसीब है सिर्फ़ दिया जाता है बजाय उन औरतों के जो यथार्थ की कठोर धरती पर अपने खूँटे से बँधी हैं।

पुरुषों के पास आर्थिक विशेषाधिकार है, उनका सामाजिक मूल्य, विवाह से मिली प्रतिष्ठा, पुरुष समर्थन का लाभ है — ये सब कुछ स्त्रियों के मन में पुरुषों को ख़ुश करने की उत्कट इच्छा जगाता है। कुल मिलाकर औरत अब भी दासता की स्थिति में है। नतीजतन औरत, जैसी वह है, जो वह है, अपने उस रूप को न तो जानती है, न अपने लिए कुछ चुनती है बल्कि पुरुष उसे जिस तरह से परिभाषित करता है वह अपने उसी रूप को स्वीकार कर लेती है। इसलिए हमारे लिए ज़रूरी है कि जिस स्त्री का सपना पुरुष देखता है हम पहले उसका वर्णन करें, चूँकि उसका पुरुष के लिए अस्तित्व उसकी वास्तविक दशा के आवश्यक कारकों में से एक है।

सन्दर्भ

1. एन. ट्रुक्विन, *Mémoires et aventures d'un prolétaire* (एक सर्वहारा के संस्मरण और रोमांच)। ई. डॉलियंस, *Histoire du mouvement ouvrier*, श्रमिक आन्दोलन का इतिहास, से उद्धृत।
2. "गर्भनिरोधक प्रक्रियाओं का सबसे पुराना ज्ञात उल्लेख दूसरी सहस्राब्दी ईसा पूर्व का मिस्र का पपीरस है, जो मगरमच्छ के मल, शहद, नैट्रॉन और एक चिपचिपे पदार्थ से बने एक विचित्र मिश्रण के योनि अनुप्रयोग की अनुशंसा करता है। (P. Ariès, Histoire des populations françaises.) मध्य युग के फ़ारसी डॉक्टर इकतीस नुस्खे जानते थे, जिनमें से केवल नौ मनुष्यों के लिए थे। हैड्रियन के समय सोरानोस बताते हैं कि स्खलन के समय जो स्त्री बच्चा नहीं चाहती उसे "अपनी साँस रोकनी चाहिए, अपने शरीर को थोड़ा पीछे खींचना चाहिए ताकि शुक्राणु गर्भाशय में प्रवेश न कर सके, तुरंत उठ कर उकड़ूँ बैठ जाना चाहिए, और ज़बरदस्ती छींकने का प्रयत्न करना चाहिए ।
3. *La Précieuse*, 1656 में।
4. "1930 के आसपास एक अमेरिकी कम्पनी ने एक साल में बीस करोड़ कंडोम बेचे। पन्द्रह अमेरिकी कारखानों में प्रतिदिन डेढ़ करोड़ का उत्पादन होता था।" (पी. एरियस.)
5. "जन्म से पहले का बच्चा स्त्री का एक भाग, एक तरह से उसकी आँत है।
6. खण्ड-II में हम इस दृष्टिकोण पर पुन: चर्चा करेंगे। कैथोलिक सेंट ऑगस्टीन के सिद्धान्त को शाब्दिक रूप से लेने से बहुत दूर हैं। पादरी शादी की पूर्व संध्या पर दुल्हन के कान में फुसफुसाता है कि जब तक सहवास 'ठीक से' सम्पन्न नहीं हो जाता, तब तक वह अपने पति के साथ कुछ भी कर सकती है; सकारात्मक जन्म नियन्त्रण प्रथाएँ—जिनमें सहवास में रुकावट भी शामिल है—निषिद्ध हैं; लेकिन हमें विनीज़ सेक्सोलॉजिस्ट द्वारा स्थापित कैलेंडर का उपयोग करने और उस कार्य को अंजाम देने का अधिकार है जिसका एकमात्र मान्यता प्राप्त उद्देश्य उन दिनों में प्रजनन करना है जब स्त्री के लिए गर्भधारण असम्भव है। वास्तव में, ऐसी कई 'ईसाई माताएँ' हैं जिनके केवल दो या तीन बच्चे हैं और जिन्होंने अन्तिम बच्चे के जन्म के बाद सभी वैवाहिक सम्बन्ध नहीं तोड़े हैं।

7. कम्युनिस्ट युवा संगठन की केन्द्रीय समिति के सचिव ओल्गा मिचकोवा ने 1944 के एक साक्षात्कार में कहा : "सोवियत स्त्रियों को खुद को उतना आकर्षक बनाने का प्रयास करना चाहिए जितना प्रकृति और परिष्कृत रूचि अनुमति देता है।" युद्ध के बाद उन्हें औरतों की तरह कपड़े पहनने होंगे और उनकी चाल स्त्रियोचित रखनी होगी...लड़कियों को लड़कियों की तरह व्यवहार करने और चलने के लिए कहा जायेगा और इस कारण से वे तंग स्कर्ट पहना करेंगी जो उन्हें एक सुन्दर चाल रखने के लिए मजबूर करेगी।
8. सन्दर्भ - मायडॉल, *American dilemma*।
9. सन्दर्भ -जे.पी. सार्त्र, *Réflexions sur la question juive.*
10. यह उल्लेखनीय है कि पेरिस में, एक हज़ार मूर्तियों में से (यदि उन रानियों को छोड़ दिया जाये, जो विशुद्ध रूप से वास्तुशिल्प कारणों से लक्ज़मबर्ग का संग्रह बनाती हैं), तो उनमें केवल दस स्त्रियाँ हैं जिन्हें गरिमा मिली है। तीन जोन ऑफ आर्क को समर्पित हैं। अन्य हैं मादाम द सेगुर, जॉर्ज सैंड, सारा बर्नहार्ट, मादाम बुसीको और बैरोनेस द हिर्श, मारिया डेराइस्म, रोज़ा बोनअर।
11. यहाँ फिर से नारी विरोधी गोलमोल बातें कर रहे हैं। कभी-कभी, अमूर्त स्वतन्त्रता को व्यर्थ मानते हुए, वे स्वयं को उस महान् ठोस भूमिका से ऊपर उठाते हैं जो गुलाम महिला इस दुनिया में निभा सकती है : वह क्या माँग रही है? कभी-कभी वे इस तथ्य को नज़रअन्दाज़ कर देते हैं कि नकारात्मक स्वच्छन्दता किसी तरह की ठोस सम्भावनाएँ प्रस्तुत नहीं करता है और वे खुद को साबित नहीं कर पाने के लिए अमूर्त रूप से मुक्त स्त्रियों को धिक्कारते हैं।
12. अमेरिका में, बड़े जायदादों पर अन्ततः मालिकाना हक़ अक्सर औरतों का हो जाता है: अपने पतियों से छोटी होने के कारण, वे ज़्यादा लम्बे समय तक जीवित रहती हैं और विरासत में सम्पत्ति पर अधिकार मिल जाता है; लेकिन तब तक वे बूढ़ी हो चुकी होती हैं और किसी नए उद्यम में निवेश की पहल कदाचित करती हैं; वे मालकिन की तरह व्यवहार नहीं करतीं बस मानो उन्हें सम्पत्ति के भोग का अधिकार मिल जाता है। ये वे लोग हैं जिनके पास पूँजी है। किसी भी मामले में, ये विशेषाधिकार प्राप्त अमीर केवल एक छोटे-से अल्पसंख्यक समूह का गठन करते हैं। यूरोप की तुलना में अमेरिका में, एक औरत के लिए वकील, डॉक्टर आदि के रूप में उच्च स्थिति में पहुंचना लगभग असम्भव है।
13. कम-से-कम आधिकारिक सिद्धान्त के अनुसार
14. एंग्लो-सैक्सन देशों में वेश्यावृत्ति को कभी विनियमित नहीं किया गया है। 1900 तक, अंग्रेजी और अमेरिकी कॉमन लॉ इसे केवल तभी अपराध मानता था जब यह निन्दनीय था और अव्यवस्था पैदा करता था। तब से इंग्लैंड और अमेरिका के विभिन्न राज्यों में, जिनके विधान इस बिन्दु पर बहुत विविध हैं, अधिक या कम सफलता के साथ, दमन कमोबेश कठोर रहा है। फ्रांस में, एक लम्बे उन्मूलनवादी अभियान के बाद, 13 अप्रैल, 1946 के कानून ने वेश्यालयों को बन्द करने और दलाली के ख़िलाफ़ लड़ाई को मज़बूत करने का आदेश दिया : "यह मानते हुए कि इन वेश्यालयों का अस्तित्व मानव गरिमा के आवश्यक सिद्धान्तों और आधुनिक समाज में महिलाओं की भूमिका के साथ असंगत है। "..." हालाँकि, फिर भी वेश्यावृत्ति जारी है। ज़ाहिर तौर पर नकारात्मक और पाखंडी उपायों से हम स्थिति को नहीं बदल सकते।
15. उल्लेख: फिलिप वायली, *Génération de vipères.*
16. हम खण्ड II में विस्तार से इस बिन्दु पर लौटेंगे।

तीसरा भाग

मिथक

प्रथम अध्याय

इतिहास गवाह है कि पुरुष के पास हमेशा से सभी वास्तविक शक्तियाँ रही हैं; पितृसत्ता के शुरुआती दिनों से ही उन्होंने स्त्रियों को निर्भरता की स्थिति में रखना फ़ायदेमन्द समझा है; उनकी आचार संहिताएँ औरतों के विरुद्ध स्थापित की गयीं; वह इस प्रकार ठोस रूप से अन्य के रूप में स्थापित हो गयी थी। इस स्थिति ने पुरुषों के आर्थिक हितों को साधा; लेकिन यह उनके सत्तामूलक और नैतिक ढोंग के अनुकूल भी था। जैसे ही कर्ता स्वयं की पुष्टि करने की कोशिश करता है, तब अन्य उसे सीमित करता है, उसे नकारता है और तब भी यह अन्य उसके लिए अनिवार्य होता है : कर्ता अपनी पूर्णता इसी अन्य के माध्यम से प्राप्त करता है जो वह स्वयं नहीं है। यही कारण हैं कि पुरुष के जीवन में कभी भी बाहुल्य नहीं है, ठहराव नहीं है, उसमें अभाव और गति है, उसमें संघर्ष है। स्वयं का सामना करते हुए, मनुष्य का सामना प्रकृति से होता है; उस पर उसकी पकड़ है, वह इसे अपने अनुरूप ढालने का प्रयास करता है। लेकिन प्रकृति उसकी आवश्यकताओं की पूर्ति नहीं कर पायी। या तो वह स्वयं को विशुद्ध रूप से अमूर्त विरोध के रूप में प्रस्तुत करती है, वह एक बाधा है और अजनबी रही है; या फिर वह निष्क्रिय रूप से मनुष्य की इच्छा के अधीन हो जाती है और स्वयं उसके द्वारा समांगीकृत करने की अनुमति देती है; वह उसका उपभोग करके, अर्थात उसका विनाश करके ही उस पर आधिपत्य जमा पाता है। दोनों ही अवस्थाओं में वह एकाकी रहता है; पाषाण युग में भी वह एकाकी था और उस युग में भी, जब वह कन्दराओं में वास करता था और कन्द, मूल, फल के सहारे जीवनयापन करता था। अन्य की उपस्थिति केवल तभी होती है जब अन्य स्वयं अपने लिए उपस्थित होता है। कहने का तात्पर्य यह है कि वास्तविक अन्यता मेरे स्वयं से भिन्न और उसके समरूप चेतना है। यह अन्य मनुष्यों का अस्तित्व है जो प्रत्येक मनुष्य को उसकी सर्वव्यापकता से अलग करता है और जो उसे अपने होने की सच्चाई को पूरा करने, अपने अस्तित्व को अभिव्यक्त करने में समर्थ बनाता है,

स्व का अतिक्रमण करके, वस्तु की ओर पलायन करके, एक परियोजना बना कर वह स्वयं को पूर्ण करता है। लेकिन यह परायी स्वतन्त्रता, जो मेरी स्वतन्त्रता की पुष्टि करती है, इसके साथ टकराने लगती है। यह दुखी अन्त:करण की त्रासदी है; प्रत्येक चेतना स्वयं को एक सम्प्रभु कर्ता के रूप में अकेले प्रस्तुत करने का दावा करती है। प्रत्येक दूसरे को ग़ुलाम बनाकर अपने-आपको पूर्ण करने की कोशिश करता है। लेकिन काम और भय में ग़ुलाम भी ख़ुद को आवश्यक अनुभव करता है और, एक द्वन्द्वात्मक उलटफेर से, यह मालिक ही है जो अनावश्यक के रूप में प्रकट होता है। अन्य में प्रत्येक व्यक्ति की मुक्त पहचान से, प्रत्येक व्यक्ति स्वयं को और अन्य को वस्तु के रूप में और पारस्परिक समझौते से कर्ता के रूप में प्रस्तुत करे तो इस चक्र से उबरा जा सकता है। लेकिन मित्रता और उदारता, जो स्वतन्त्रता की इस मान्यता को ठोस रूप से पूरा करती है, सहज प्राप्य गुण नहीं हैं; वे निस्सन्देह मनुष्य की सर्वोच्च उपलब्धि हैं; इसके माध्यम से वह अपने आप को अपने सत्य में पाता है। लेकिन यह सत्य उस संघर्ष का है जिसे लगातार शुरू किया जाता है, लगातार समाप्त कर दिया जाता है; यह माँग करता है कि मनुष्य हर क्षण स्वयं पर विजय प्राप्त करे, अपने अहं-भाव को तिरोहित करे। दूसरे शब्दों में कहें तो इस नैतिक दृष्टिकोण को अपनाने के लिए व्यक्ति को अपने अस्तित्व को भुला देना पड़ता है, स्वामित्व की भावना त्यागनी पड़ती है; इस रूपान्तरण के माध्यम से, वह अपने सारे अधिकार भी त्याग देता है, क्योंकि आधिपत्य जमाना अस्तित्व की खोज का एक तरीक़ा है; लेकिन जिस रूपान्तरण से वह सच्चा ज्ञान प्राप्त करता है, वह कभी समाप्त नहीं होता है, इसे निरन्तर करना पड़ता है, इसके लिए निरन्तर तनाव की आवश्यकता होती है। एकान्त में मनुष्य अपने आप को पूर्ण करने में असमर्थ होता है किन्तु अपने सदृश अन्य मनुष्यों के साथ भी उसके सम्बन्ध निरन्तर संकट में होते हैं। उसका जीवन एक कठिन उद्यम है जिसकी सफलता कभी सुनिश्चित नहीं होती है।

लेकिन मनुष्य स्वभाव से कठिनाइयों से भागता है; वह ख़तरे से घबराता है। वह विरोधाभासी रूप से जीवन और विश्राम, अपने अस्तित्व और उसकी नगण्यता दोनों की आकांक्षा एक साथ करता है; वह अच्छी तरह जानता है कि 'मन की बेचैनी' उसके विकास का उधार मूल्य है, वस्तु से उसकी दूरी उसकी आत्म-उपस्थिति की क़ीमत है; लेकिन वह चिन्ता में शान्ति और एक अपारदर्शी परिपूर्णता का सपना देखता है जिसमें चेतना फिर भी स्थित रहेगी। इस स्वप्न का साकार रूप ही स्त्री है; वह पुरुष के लिए अपरिचित प्रकृति के बीच वांछित मध्यस्थ है और जो

बहुत-कुछ उसके जैसी है।[1] वह न तो प्रकृति की तरह पुरुष का मौन प्रतिरोध करती है न ही पारस्परिक मान्यता की कठोर माँग रखती है; एक अद्वितीय विशेषाधिकार से वह एक चेतना है, और फिर भी उसकी देह पर अधिकार जमाना पुरुष के लिए सम्भव लगता है। उसकी बदौलत, स्वामी और दास की अटूट द्वन्द्वात्मकता से बचने का एक तरीक़ा मिल जाता है जिसका स्रोत स्वतन्त्रता की पारस्परिकता है।

हमने देखा है कि शुरू में ऐसी कोई मुक्त स्त्रियाँ नहीं थीं जिन्हें पुरुष ग़ुलाम बनाते और लिंग विभाजन ने कभी भी जातियों में विभाजन की स्थापना नहीं की। स्त्री को दासी की संज्ञा देना नितांत भूल है; ग़ुलामों के बीच औरतें थीं, लेकिन स्वतन्त्र स्त्रियाँ भी हमेशा मौजूद रही हैं, यानी जिनकी सामाजिक और धार्मिक प्रतिष्ठा थी। वे पुरुष की सम्प्रभुता को स्वीकार करती थीं, पुरुष को उनसे विद्रोह का कोई ख़तरा महसूस नहीं हुआ और वह बदले में औरत को एक वस्तु में बदलने में सक्षम रहा। इस प्रकार औरत अनावश्यक प्रतीत हुई, जो बिना किसी पारस्परिकता के, पूर्णतया अन्य के रूप में, कभी भी आवश्यक की ओर नहीं लौटती। सृष्टि के सभी मिथक इस दृढ़ विश्वास को व्यक्त करते हैं जो पुरुष के लिए अनमोल है, उदाहरण के लिए, उत्पत्ति की किंवदन्ती, जो ईसाई धर्म के माध्यम से पाश्चात्य सभ्यता में क़ायम रहा। हव्वा का सृजन आदम के साथ-साथ नहीं हुआ था; वह न तो किसी भिन्न पदार्थ से बनी थी, न ही उसी मिट्टी से जिसका उपयोग आदम को बनाने के लिए किया गया था। प्रथम नर के पार्श्व को लेकर उसकी रचना की गयी थी। उसका जन्म तक स्वायत्त नहीं था; परमेश्वर ने उसे अनायास ही उसके ख़ुद के लिए उसे नहीं रचा, और बदले में सीधे तौर पर उसका आराध्य बनना नहीं चुना। उसने इसे पुरुष के लिए गढ़ा; आदम के एकाकीपन को दूर करने के लिए ईश्वर ने हव्वा को उसके हवाले कर दिया, वह उसकी पूरक है, फिर भी गौण है। इस तरह से वह पुरुष की इच्छा का शिकार प्रतीत होती है,वह शिकार जिसे विशेषाधिकार प्राप्त है। वह चेतना की पारभासकता के लिए उन्नत प्रकृति है, यह स्वाभाविक रूप से विनम्र चेतना है। और यह वह अद्भुत आशा है जो पुरुष ने प्राय: स्त्री में निहित रखी है, वह स्वयं को सत्ता के रूप में पूर्ण करने की आशा रखता है। कोई भी पुरुष स्त्री होने के लिए सहमत नहीं होगा, लेकिन सभी चाहते हैं कि स्त्रियाँ हों। "औरत बनाने के लिए भगवान का शुक्र है।" "प्रकृति अच्छी है क्योंकि उसने पुरुषों को स्त्री सौंपी है।" इन और इसी तरह के अन्य वाक्यांशों में, पुरुष एक बार फिर अहंकारी भोलेपन के साथ दावा करता है कि इस दुनिया में उसकी उपस्थिति एक अपरिहार्य तथ्य है और एक स्त्री पर अधिकार, मात्र एक संयोग है; परन्तु यह एक सुखद संयोग है। अन्य के रूप में

प्रकट होने के साथ-साथ स्त्री अस्तित्व की उस शून्यता के विरोध में अस्तित्व की पूर्णता के रूप में प्रकट होती है जिसे पुरुष स्वयं में अनुभव करता है; अन्य, कर्ता की दृष्टि में एक वस्तु के रूप में स्थित होने पर भी, स्वयं में, एक अस्तित्व के रूप में स्थित है। वह कमी जो उसके हृदय में विद्यमान है वह सकारात्मक रूप से स्त्री में सन्निहित है, और पुरुष ख़ुद को उसके माध्यम से पाकर स्वयं को साकार करने की आशा करता है।

हालाँकि, पुरुष के लिए वह अन्य के एकमात्र अवतार का प्रतिनिधित्व नहीं करती थी, और इतिहास के विभिन्न चरणों में स्त्री ने हमेशा समान महत्त्व नहीं रखा। जब शहर या राज्य नागरिक पर पूरी तरह से नियन्त्रण कर लेता है, तो वह अपने व्यक्तिगत भाग्य से निपटने की स्थिति में नहीं रह जाता है। देखभाल करने की सम्भावना नहीं रह जाती है। राज्य के लिए समर्पित होने के कारण, स्पार्टा की औरतों की स्थिति अन्य ग्रीक महिलाओं से बेहतर है। लेकिन फिर भी वे पुरुष के समान स्तर पर नहीं रहीं। नेता का पन्थ, चाहे नेपोलियन हो, मुसोलिनी हो, हिटलर हो, किसी भी अन्य पन्थ की गुंजाइश नहीं छोड़ता। सैन्य तानाशाही और अधिनायकवादी शासन में, स्त्रियाँ अब एक विशेषाधिकार प्राप्त वस्तु नहीं हैं। यह समझ में आता है कि एक समृद्ध देश में स्त्रियों की पूजा की जाती है, जिनके नागरिक वास्तव में नहीं जानते कि उनके जीवन को क्या अर्थ देना है। अमेरिका में यही हो रहा है। दूसरी ओर, समाजवादी विचारधाराएँ वर्तमान समय से लेकर भविष्य तक, सभी मनुष्यों को समावेशित करने का आह्वान करती हैं, इस धारणा को ख़ारिज करती हैं कि कोई भी मानव वर्ग वस्तु या मूर्ति हो। मार्क्स द्वारा घोषित प्रामाणिक लोकतान्त्रिक समाज में, अन्य के लिए कोई जगह नहीं है। हालाँकि, कुछ ही लोग उस सैनिक या उग्रवादी से एकमत हैं जिसे उन्होंने चुना है; जब तक ये पुरुष व्यक्ति बने रहते हैं, तब तक स्त्री उनकी दृष्टि में एक विलक्षण मूल्य रखती है। मैंने जर्मन सैनिकों द्वारा फ्रांसीसी वेश्याओं को लिखे गये पत्र देखे हैं, जिनसे साबित होता है कि नाज़ीवाद के बावजूद रूमानियत अपनी सरलता में सार्वकालिक है। फ्रांस में आरागॉन, इटली में विटोरिनी जैसे साम्यवादी लेखक अपनी रचनाओं में स्त्री, प्रेमी और माँ को प्रमुख स्थान देते हैं। शायद एक दिन स्त्री का मिथक ख़त्म हो जायेगा। औरतें जितना अधिक ख़ुद को मनुष्य के रूप में स्थापित करती हैं, उतना ही उनके भीतर अन्य की अद्‌भुत गुणवत्ता मर जाती है। लेकिन यह मिथक आज भी सभी पुरुषों के दिलों में मौजूद है।

प्रत्येक मिथक में एक शासित करने वाला शामिल होता है जो अपनी आशाओं और भय को एक पारलौकिक आकाश में प्रक्षेपित करता है। स्वयं को कर्ता के रूप

में प्रस्तुत न करते हुए, स्त्री ने कोई ऐसा पौरुष मिथक नहीं बनाया जिसमें उनकी परियोजनाएँ परिलक्षित हों; उनके पास न तो धर्म है और न ही कविता जो केवल उन्हीं की है। वे अभी भी पुरुषों द्वारा देखे गये स्वप्न देखती हैं। जिन देवताओं को वे पूजती हैं, वे उन्हीं पुरुषों द्वारा गढ़े गये देवता हैं जिन्हें वे पूजती हैं। और पुरुषों ने अपने स्वयं के उत्कर्ष के लिए महान् वीरों की छवि को मज़बूत किया। हरक्यूलिस, प्रोमेथियस, पारसीफाल; इन नायकों के भाग्य में स्त्री की केवल एक गौण भूमिका होती है। नि:सन्देह, स्त्री के साथ अपने सम्बन्धों में पुरुष की शैलीबद्ध छवियाँ हैं। पिता, प्रेमी, ईर्ष्यालु पति, सपूत, कपूत; परन्तु ये पुरुष ही हैं जिन्होंने उन्हें स्थापित किया है, और ये छवियाँ मिथक की गरिमा को प्राप्त नहीं करती हैं; कदाचित् ही पुरुष इन घिसी-पिटी भूमिकाओं में बँधा रहता है। जबकि स्त्री को विशेष रूप से पुरुष के सन्दर्भ में परिभाषित किया गया है। पुरुष और स्त्री, इन दो श्रेणियों की विषमता यौन मिथकों के एकतरफा बनावट में, विधान में देखी जा सकती है। स्त्री को नामित करने के लिए प्राय: 'सेक्स' शब्द का प्रयोग किया जाता है; यह औरत है जो देह है, उससे मिलने वाली सन्तुष्टि में ख़तरे हैं कि स्त्री के लिए पुरुष सेक्स है और एक कामुक, दैहिक अस्तित्व है, एक ऐसा सत्य है जिसकी कभी घोषणा नहीं की गयी क्योंकि इसकी घोषणा करने वाला कोई नहीं है। संसार को पुरुष ने जिस रूप में प्रस्तुत किया वही जाना गया; वे इसका वर्णन उस दृष्टिकोण से करते हैं जो उनका अपना है और जिसे वे पूर्ण सत्य के साथ भ्रमित करते हैं।

मिथक का वर्णन करना हमेशा कठिन होता है; यह अपने आप को जकड़ने या सीमित करने की अनुमति नहीं देता है, यह अन्तरात्मा को झकझोरता है पर उसमें जड़ता है, यह सत्य उजागर नहीं होने देता है। यह इतना अविरल, इतना विरोधाभासी है कि पहली बार में इसकी एकरूपता का पता नहीं चलता है। डेलिला और जूडिथ, एस्पासिया और ल्यूक्रेटिया, पेंडोरा और एथेना, औरत एक ही साथ ईव और वर्जिन मेरी दोनों है। वह एक मूर्ति है, एक सेविका है, जीवन का स्रोत है, अन्धकार की शक्ति है; यह सत्य का प्रारम्भिक मौन है, वह धूर्तता, बकवास और झूठ है; वह दुख-दर्द हरने वाली है और चुड़ैल है; वह पुरुष का भोग है, उसके पतन का कारण है, औरत वह सब कुछ है जो वह नहीं है और जो वह पाना चाहता है, उसका निषेध और उसका अस्तित्व है।

कीर्केगार्द[2] कहते हैं, "औरत होना कुछ इतना अजीब, इतना मिला-जुला, इतना जटिल है कि कोई भी विशेषण इसे व्यक्त नहीं कर सकता है और यह कि कई विशेषण एक-दूसरे का इस तरह से खण्डन करेंगे जिसे केवल एक औरत ही

बर्दाश्त कर सकती है।" ऐसी मान्यता इसलिए बनी है कि उसे सकारात्मक रूप से नहीं देखा जाता जैसी कि वह अपने-आप में है बल्कि उसके प्रति नकारात्मक रुख़ अपनाया जाता है, जैसी कि वह पुरुष को दिखाई देती है। क्योंकि अगर स्त्री के अलावा और भी अन्या हों, तो भी उसे हमेशा अन्य के रूप में परिभाषित किया जाता है। और उसकी संशयात्मक स्थिति वही है जो अन्य की धारणा की होती है। यह मानवीय स्थिति की द्वयार्थकता की है, जैसा कि दूसरे के साथ अपने सम्बन्धों में परिभाषित किया गया है। हम पहले ही कह चुके हैं कि जो अन्य है वह बुराई है; लेकिन यह बुराई अच्छाई के लिए आवश्यक है, वह अच्छाई की ओर लौटता है; इसी अन्य के माध्यम से मैं सर्व तक पहुँचता हूँ, पर वही मुझे उससे अलग करता है; यह अनन्त का द्वार है और मेरी सीमा का माप है। और यही कारण है कि स्त्री कोई निश्चित अवधारणा का प्रतीक नहीं है; उसके माध्यम से आशा से असफलता, घृणा से प्रेम, अच्छाई से बुराई, बुराई से अच्छाई तक का मार्ग निरन्तर चलता रहता है, बिना किसी राहत के पूरा होता है। जिस भी पहलू से कोई औरत को समझे, सबसे पहले उसके ये विरोधी गुण ही निगाह में आते हैं।

पुरुष स्त्री को प्रकृति के रूप में देखना चाहता है और साथ ही अपनी संगिनी के रूप में भी। परन्तु यह ज्ञात है कि प्रकृति पुरुष में किन विरोधी भावों को जन्म देती है। वह प्रकृति का शोषण करता है, परन्तु वह उसे कुचल देती है, उसकी उत्पत्ति प्रकृति से होती है और मृत्यु के बाद वह उसी में विलीन हो जाता है; वह उसके अस्तित्व और उस जगत का स्रोत है जिसे वह अपनी इच्छा के अधीन करता है; प्रकृति निम्न धातु से निर्मित वह पात्र है जिसमें आत्मा एक बन्दिनी है, और यह सर्वोच्च सत्य है; यह आकस्मिकता और विचार, परिमितता और समग्रता है; यह वही है जो आत्मा और स्वयं का विरोध करती है। वैकल्पिक रूप से एक सहयोगी, दुश्मन, यह अन्धकारमय अराजकता के रूप में प्रकट होती है जिसमें से जीवन अंकुरित होता निकलता है, और जिस ओर जीवन अन्त में प्रस्थान करता है। प्रकृति में स्त्री के मातृ, संगिनी और अद्‌भुत कल्पना के भाव निहित हैं ; इसी कारण उसके भिन्न रूपों में कभी एकरसता और कभी विरोधाभास दिखता है, और प्रत्येक रूप दोमुखी हैं।

प्रकृति ही मानव-जीवन के उद्‌गम का स्रोत है; वह भी पशुओं और वनस्पतियों की तरह जन्मा; उसे भली-भाँति ज्ञात है कि वह केवल तभी तक अस्तित्व में है जब तक वह जीवित है। लेकिन पितृसत्ता के आगमन के बाद से, उनकी दृष्टि में जीवन ने एक दोहरा पहलू अपनाया है। जीवन चेतना है, इच्छा है, अतिक्रमण है,

वह आत्मा है; और जीवन पदार्थ, निष्क्रियता, अन्तर्निहितता है, वह देह है। एशेकिलस, अरस्तू, हिप्पोक्रेट्स ने घोषणा की कि पृथ्वी पर ओलिंप की तरह यह पुरुष सिद्धान्त है जो वास्तव में स्रष्टा है। इसी के माध्यम से आकार, संख्या और गति की प्राप्ति होती है; डिमिटर की देख-रेख में में ही अनाज उगाता है, किन्तु ज़ीउस में उसकी उत्पत्ति और वास्तविकता प्रतिफलित होती है; स्त्री की प्रजनन क्षमता को केवल एक निष्क्रिय गुण माना जाता है। वह पृथ्वी है और पुरुष बीज है; स्त्री जल है, पुरुष अग्नि। सृष्टि को अक्सर अग्नि और जल के संगम के रूप में देखा गया है; उष्णता और नमी जीवों को जन्म देते हैं; सूर्य समुद्र का जीवनसाथी है; अग्नि और सूर्य पुरुष देव हैं; और सागर सबसे सार्वभौमिक रूप से पाये जाने वाले मातृ प्रतीकों में से एक है। समुद्र के शान्त जल में तपती और जलती हुई किरणें उर्वरा-शक्ति पैदा करती हैं। उसी प्रकार भूमि अपने गर्भ में बीज को धारण करती है। वह मिट्टी है जो बीज का पोषण करती है, उसे आश्रय देती है, और उसका सार पदार्थ प्रदान करती है। यही कारण है कि पुरुष निरन्तर उर्वरा-शक्ति[3] से सम्पन्न देवी की आराधना करता रहा, यहाँ तक कि एक बार जब उसे उच्च-आसन त्यागना पड़ा तब भी वह पूज्य थी; तब भी अपनी फ़सल, मवेशी और समृद्धि के लिए वह बाइबिल का ऋणी था। वह अपने जीवन का ऋणी था। वह जितनी स्तुति जल की करता है उतनी ही अग्नि की। "समुद्र की जय हो! पवित्र अग्नि से घिरी उसकी लहरों की जय हो! लहरों की जय! अग्नि की जय हो! अनूठे साहसिक कारनामों की जय हो," गोएथे ने 'द सेकेंड फॉस्ट' में लिखा। पुरुष पृथ्वी की वन्दना करता है : "धरती माँ," की संज्ञा इसी कारण मिली। एक भारतीय सन्त अपने अनुयायियों को परामर्श देते हैं कि वे धरती को न खोदें क्योंकि "कृषि के लिए फावड़ा चलाकर अपनी माँ को घायल करना पाप है ...क्या मैं अपनी माँ के सीने में चाकू घोंप दूँ?" ...क्या मैं उसकी हड्डियों तक पहुँचने के लिए उसका मांस क्षत-विक्षत कर दूँ? "मैं अपनी माँ के बाल काटने की जुर्रत कैसे कर सकता हूँ?" मध्य भारत में वैद्य इसे "अपनी धरती माँ की छाती को हल से चीरना" पाप मानते हैं। इसके विपरीत, एशिलस ओडिपस के बारे में कहता है कि उसने पृथ्वी के पवित्र गर्भ में बीजारोपण करने का साहस किया। सोफोक्लस पुरुष की महिमा का बखान करते हैं, "मज़दूर की, खेत के मालिक की जो केवल बुवाई के समय खेत पर जाता है।" मिस्र के एक गीत में प्रेमिका कहती है : "मैं धरती हूँ!" इस्लामी ग्रन्थों में स्त्री को 'खेत...अंगूर का बग़ीचा' कहा गया है। अपने एक भजन में, असीसी के सन्त फ्रांसिस कहते हैं, "हमारी बहन, पृथ्वी, हमारी माँ, जो हमारी रक्षा करती है और हमारी देखभाल

करती है, विविध फलों सहित और रंग-बिरंगे फूल और घास उगाती है।" एक्वी नामक स्थान पर बालू में लोटते हुए मिट्टी से नहाते हुए माइकलेट कहते हैं : "हम सबकी प्रिया जननी! मैं तुम ही से बना और तुम ही में मिल जाऊँगा!" और ऐसे समय भी होते हैं जब एक जीवनपरक रूमानियत ख़ुद पर ज़ोर देती है जो आत्मा पर जीवन की विजय की कामना करती है। इसलिए पुरुष की ठोस क्रिया-कलापों की तुलना में भूमि और स्त्री की जादुई उर्वरता और भी अद्भुत प्रतीत होती है; तब पुरुष अपने अस्तित्व के वास्तविक स्रोतों को खोजने के लिए फिर से मातृ अन्धकार में विलीन होने का सपना देखता है। माँ ब्रह्माण्ड की गहराइयों में धँसी हुई जड़ है और जो सारे रसों को खींच लेती है, यह वो फव्वारा है जिससे मीठा पानी निकलता है, पौष्टिक दूध की तरह, एक गर्म पानी का झरना, धरती और जल से बनी मिट्टी, जो पुनर्जीवित[4] करने वाली शक्तियों से भरपूर है।

लेकिन अपनी शारीरिक स्थिति के ख़िलाफ़ मनुष्य का विद्रोह अधिक सामान्य है; वह ख़ुद को एक पदच्युत देवता मानता है। एक भव्य और सुसज्जित स्वर्ग से माँ के गर्भ के अराजक अन्धकार में गिर जाना उसका अभिशाप है। वह स्वयं को अग्नि में, शुद्ध हवा के झोंके में देखना चाहता है, पर औरत उसे धरती की मिट्टी में क़ैद कर लेती है। वह एक शुद्ध विचार के रूप में, एक, सर्व, पूर्ण आत्मा के रूप में आवश्यक होना चाहता है; पर इच्छा के विरुद्ध वह अपने को सीमित शक्तियों वाली नश्वर देह में पाता है, एक ऐसे स्थान और एक समय में घिरा हुआ पाता है जिसे उसने नहीं चुना था, जहाँ उसे बुलाया नहीं गया था, बेकार, बोझिल, बेतुका। दैहिक आकस्मिकता उसके अस्तित्व की वह स्थिति है जिससे वह अपने परित्याग में, अपनी अनुचित कृतज्ञता में भुगतता है। स्त्री उसे मौत के मुँह में धकेलती है। यह थरथराता हुआ जिलेटिन जो गर्भ में सक्रिय रहता है (गुप्त गर्भ, एक क़ब्र की तरह बन्द) घिनौने मांस की नरम चिपचिपाहट की याद दिलाता है। जीवन जहाँ-जहाँ बनने, अंकुरण, किण्वन की प्रक्रिया में होता है, वहाँ घृणा उत्पन्न करता है क्योंकि उसका नाश होने पर ही उसकी उत्पत्ति होती है; श्लेष्म भ्रूण उस चक्र को खोलता है जो मृत्यु के क्षय में समाप्त होता है। क्योंकि वह ऐच्छिक दान और मृत्यु से घृणा करता है, मनुष्य जन्म लेने से घृणा करता है; वह अपने पशु बन्धनों को नकारना चाहता है; उसके जन्म के कारण, जानलेवा प्रकृति का उस पर अधिकार है। आदिम जातियों में, प्रसव सख़्त वर्जनाओं से घिरा हुआ है; विशेष रूप से, नाल को सावधानी से जला दिया जाना चाहिए या समुद्र में फेंक दिया जाना चाहिए, क्योंकि जो कोई भी इसे पकड़ लेता है, वह नवजात शिशु के भाग्य को अपने हाथों में रखेगा; झिल्लीदार

पिंड जिसमें भ्रूण बढ़ता है, उसकी निर्भरता का सूचक है; इसे नष्ट करने में, व्यक्ति स्वयं को जीवित मैग्मा से अलग करने और स्वयं को एक स्वायत्त प्राणी के रूप में महसूस करने में सक्षम होता है। जन्म की मलिनता का धब्बा माँ पर पड़ता है। लेविटिकस और सभी प्राचीन संहिताएँ नयी माँ पर शुद्धिकरण संस्कार लागू करती हैं; और अक्सर कई ग्रामीण इलाक़ों में प्रसवोत्तर समारोह उस परम्परा को बनाये रखता है। हम जानते हैं कि गर्भवती स्त्री के बढ़े हुए उदर व नवजात शिशु की माँ के उभरे हुए उरोज देख बच्चे, युवतियाँ और पुरुष सहज शर्मिन्दगी महसूस करते हैं जो अक्सर उपहास में छिपी होती है। डुप्यूट्रेन के संग्रहालयों में सुरक्षित मोम के छोटे और पूर्ण विकसित भ्रूण एक विकृत रुचि के परिचायक हैं। समाज गर्भधारण को चाहे सम्मान की दृष्टि से देखे, परन्तु गर्भवती स्त्री के प्रति सभी में विकर्षण होता है। और अगर छोटा बालक अपने बचपन में कामुक रूप से मातृ देह से जुड़ा रहता है, जब वह बड़ा होता है, जब वह सामाजिक हो जाता है और अपने व्यक्तिगत अस्तित्व के बारे में जागरूक हो जाता है, तब यह देह उसे आतंकित करती है; वह इसे अनदेखा करना चाहता है और अपनी माँ को केवल एक नैतिक व्यक्ति के रूप में देखना चाहता है; अगर वह उसे शुद्ध और पवित्र मानने पर ज़ोर देता, तो यह उसे एक शरीर के रूप में पहचानने से इनक़ार करने की तुलना में कामुक ईर्ष्या से कम है। किशोर बालक अपने साथियों के साथ चलते हुए, अगर अपनी माँ, बहनों या अपने परिवार की कुछ औरतों से टकरा जाये तब वह परेशान-सा हो जाता है, उसे लज्जा का अनुभव होता है। ऐसा इसलिए है क्योंकि उनकी उपस्थिति उसे उसकी विश्वव्यापी अस्तित्व की याद दिलती है जिससे वह बचना चाहता है। वह उन जड़ों को प्रकट कर देती है जिनसे वह ख़ुद को दूर करना चाहता है। छोटे लड़के का माँ के लाड़-दुलार पर चिड़चिड़ाने का एक ही अर्थ है; वह परिवार को, माँ को, मातृ गर्भ को नकारता है। वह एथेना की तरह, दुनिया में वयस्क पैदा होने की आकांक्षा करता है, सिर से पाँव तक हथियारबन्द, अभेद्य, अजेय।[5] गर्भाधान के उपरान्त शिशु-रूप में जन्म लेना एक श्राप है जो उसकी नियति पर भारी पड़ता है, वह अशुद्धता जो उसके अस्तित्व को कलंकित करती है। जन्म उसकी मृत्यु की घोषणा है। अंकुरण का पन्थ हमेशा मृतकों के पन्थ से जुड़ा रहा है। धरती माता अपनी सन्तानों की अस्थियाँ अपने गर्भ में समेट लेती है। वे औरतें ही हैं– (Parque and Moires) — जो मानव का भाग्य बुनती हैं; परन्तु वही उन धागों को काटती भी हैं जिनसे भाग्य बुना गया था। सबसे प्रचलित वर्णनों में, मृत्यु स्त्री है, मृतकों पर विलाप करने का दारोमदार उन पर है क्योंकि मृत्यु उनकी कृति है।[6]

इस प्रकार, धरती माता का चेहरा अन्धकारमय है। वह अराजकता है, वह एक ऐसा अव्यवस्थित पिंड है जहाँ से सब आये हैं और जहाँ एक दिन सबको वापस जाना है; वह शून्यता है। रात्रि में संसार के विभिन्न रूप मिल जाते हैं, दिन का प्रकाश उनका उद्घाटन करता है। रात्रि की आत्मा और द्रव्य की अपारदर्शिता सामान्यत: निद्रा और नगण्यता में स्थित है। समुद्र के तल में, यह रात्रि अर्थात अन्धकार है। अँधेरे का सागर जिससे प्राचीन नाविक भयभीत होते थे; पृथ्वी के गर्भ में अँधियारा है। पुरुष स्त्री के इस रात्रि रूप से भयभीत है, क्योंकि यह उसके लिए विनाशकारी है और साथ ही उसकी उर्वरा शक्ति के प्रतिकूल है। वह आकाश की, प्रकाश की, धूप में नहाई चोटियों की, नीले आकाश की पवित्र और स्फटिक सी शीतलता की कामना करता है; और उसके पाँवों तले नम, उष्ण और अन्धकारमय रसातल व खड्ड हैं, जो उसे निगल जाने को तैयार हैं; किंवदन्तियों में ऐसे अनेक नायक का वर्णन है जो हमेशा के लिए मातृक अन्धकार में किसी गुफा, रसातल या नरक में विलुप्त हो जाते हैं।

लेकिन यहाँ एक बार फिर से द्वैतवाद काम कर रहा है। जहाँ अंकुरण हमेशा मृत्यु से जुड़ा होता है, वहीं मृत्यु भी प्रजनन क्षमता से जुड़ी होती है। जिस मृत्यु से घृणा की जाती है, वह एक नये जीवन का रूप धारण कर के धन्य होती है। मृत नायक को हर वसंत में ओसिरिस की तरह पुनर्जीवित किया जाता है। जुंग कहते हैं, मनुष्य की सर्वोच्च आशा यह है कि "मृत्यु का काला जल पुनर्जीवन के स्वच्छ जल में बदल जाये, कि मृत्यु और उसका शीतल आलिंगन माँ की गोद हो, ठीक वैसे ही जैसे समुद्र, यद्यपि वह सूर्य को अपने में समाहित कर लेता है किन्तु अपनी गहराइयों से उसे पुनर्जन्म देता है।"[7] अनेक पौराणिक कथाओं में सूर्य देवता का समुद्र में समा जाने और फिर से चमकीली किरणों के साथ दृष्टिगोचर होने का वर्णन है। और मनुष्य जीना चाहता है लेकिन साथ ही विश्राम, निद्रा, शून्यता की लालसा करता है। वह अपने लिए अमरता की कामना नहीं करता, और इस प्रकार वह मृत्यु से प्रेम करना सीख सकता है। नीत्शे लिखते हैं "अकार्बनिक पदार्थ मातृ गर्भ है। जीवन से मुक्त हो जाना फिर से सत्य हो जाना है, स्वयं को पूर्ण कर लेना है। जो भी इसे समझता है, वह मिट्टी में वापस मिल जाने को एक उत्सव की तरह समझेगा।" चौसर के शब्दों में एक वृद्ध व्यक्ति जिसे मृत्यु प्राप्त नहीं हो रही, उसकी प्रार्थना ऐसी होती है:

अपनी लाठी से, मैं रात-दिन धरती पर,
अपनी माँ के दरवाज़े पर दस्तक देता हूँ,
और कहता हूँ : "हे मेरी प्यारी माँ, मुझे अन्दर आने दो!"

मनुष्य अपने विलक्षण अस्तित्व की पुष्टि करना चाहता है और अपने 'आवश्यक अन्तर' पर गर्व से आराम करना चाहता है, लेकिन वह स्वयं के अवरोधों को तोड़ना चाहता है, जल, पृथ्वी, रात, शून्यता, सम्पूर्णता के साथ विलय करना चाहता है। स्त्री जो पुरुष की परिमितता की निन्दा करती है, वह उसे अपनी सीमाओं को पार करने में भी सक्षम बनाती है, इसी से उसके मायाविनी होने की बात कही जाती है।

सभी सभ्यताओं और युगों के समान आज के युग में भी, स्त्री पुरुष के मन में आतंक जगाती है; किन्तु यह भय पुरुष को अपनी दैहिक अर्थात कामुक आकस्मिकता से है जो वह उस पर थोपता रहता है। वह लड़की जिसने अभी तक यौवन की दहलीज़ पर पाँव नहीं रखा है, उससे किसी को कोई ख़तरा नहीं है; वह वर्जना की वस्तु नहीं है; न तो उसके चरित्र की पवित्रता का प्रश्न उठता है न उस पर कोई बन्धन है। कई आदिम समाजों में उसका सेक्स निर्दोष प्रतीत होता है, उसे अबोध माना जाता है। बचपन से ही लड़कों और लड़कियों के बीच कामुक खेलों की अनुमति है। स्त्री उसी दिन अशुद्ध हो जाती है जिस दिन वह सन्तान उत्पन्न करने में सक्षम हो जाती है। आदिम समाजों में लड़कियों के पहले ऋतुस्राव के दिन सख़्त वर्जनाओं का वर्णन किया गया है; मिस्र में भी, जहाँ स्त्री के साथ ऐसे व्यवहार का वर्णन मिलता है, जब पूरे मासिक धर्म के दौरान उसे क़ैद में रखा जाता था।[8] उसे अक्सर छत तक सीमित रखा जाता है या शहर के बाहरी इलाक़े में एक झोंपड़ी में रखा जाता है; उसे न तो देखा जा सकता है और न ही छुआ जा सकता है। इसके अलावा, अपने हाथों से उसे स्वयं का स्पर्श भी नहीं करना चाहिए; सिर के जुँएँ निकालने के लिए, उन्हें एक डंडी दी जाती है जिससे वे ख़ुद को खुजा पाती हैं; उसे भोजन को अपनी उँगलियों से नहीं छूना चाहिए; कभी-कभी उसे खाने से पूरी तरह मना कर दिया जाता है; अन्य मामलों में, उसकी माँ और बहन को उसे एक उपकरण के माध्यम से खिलाने की अनुमति है; लेकिन इस अवधि के दौरान उसके सम्पर्क में आने वाली सभी वस्तुओं को जला देना चाहिए। इस शुरुआती अग्निपरीक्षा के बाद, मासिक धर्म की वर्जनाएँ थोड़ी कम सख़्त होती हैं लेकिन वे कठोर बनी हुई हैं। विशेष रूप से, लेविटिकस में : "रजस्वला स्त्री सात दिन तक

अशुद्ध मानी जायेगी; जो कोई उसके बिछौने को छुयेगा, और उसके वस्त्र धोयेगा, वह जल से स्नान करे, तब भी साँझ तक अशुद्ध रहेगा।" यह उद्धरण ठीक उसके समान है जो गोनोरिया द्वारा मनुष्य में उत्पन्न अशुद्धता का इलाज करता है। और शुद्धिकरण यज्ञ दोनों ही मामलों में समान है। एक बार प्रवाह से शुद्ध होने के बाद, सात दिन लगते हैं, और दो पंडुक या दो कबूतर के बच्चे याजक के पास ले जाते हैं जो उन्हें यहोवा को अर्पित करेंगे। यह ध्यान दिया जाना चाहिए कि मातृसत्तात्मक समाजों में मासिक धर्म से जुड़ी नैतिकताएँ उभयभावी हैं। एक ओर, यह सामाजिक गतिविधियों को पंगु बना देता है,जीवन शक्ति को नष्ट कर देता है, जिससे फूल मुरझा जाते हैं और फल गिर जाते हैं; लेकिन इसके लाभकारी प्रभाव भी हैं। मासिक धर्म का उपयोग प्रेम औषधि और उपचार में किया जाता है, विशेष रूप से कटने और खरोंच को ठीक करने के लिए। आज भी, कुछ भारतीय भूतिया अपनी नौका के अग्रभाग पर मासिक धर्म के रक्त से लथपथ एक फाइबर पैड रखते हैं ताकि नाव में नदी के दैत्यों से लड़ने की शक्ति आ जाये। इसका उत्सर्जन उनके अलौकिक दुश्मनों के लिए हानिकारक होता है। ग्रीस के कुछ शहरों में, युवतियाँ अपने पहले मासिक धर्म के रज से सना हुआ कपड़ा पहनकर एस्टार्ट के मन्दिर में श्रद्धांजलि अर्पित करती हैं। लेकिन पितृसत्ता के आगमन के बाद से, स्त्री की देह से बहने वाले इस विचित्र रज को केवल हानिकारक शक्तियों के लिए ज़िम्मेदार ठहराया गया है। प्लिनी अपने प्राकृतिक इतिहास में कहते हैं : मासिक धर्म वाली औरत फ़सल को ख़राब करती है, बग़ीचों को तबाह करती है, कीटाणुओं को मारती है, फलों को गिराती है, मधुमक्खियों को मारती है; यदि वह वाइन को छू ले, तो सिरका हो जाता है; दूध खट्टा हो जाता है...।"

एक पुराने अंग्रेज़ी कवि ने उसी भावना को व्यक्त किया जब वे लिखते हैं :

"हाय! औरत, आपका मासिक धर्म एक प्लेग है
जिससे समूची प्रकृति को बचाना चाहिए।"

ये मान्यताएँ आज भी बड़ी दृढ़ता से क़ायम हैं। 1878 में, ब्रिटिश मेडिकल एसोसिएशन के एक सदस्य ने ब्रिटिश मेडिकल जर्नल में लिखा : "यह एक निर्विवाद तथ्य है कि रजोधर्म के समय औरत यदि माँस को छू ले तो वह ख़राब हो जाता है।" उन्होंने कहा कि वह व्यक्तिगत रूप से दो मामलों के बारे में जानते हैं जहाँ ऐसी परिस्थितियों में हैम ख़राब हो गये थे। इस शताब्दी के प्रारम्भ में, उत्तर फ्रांस में, रजोधर्म वाली स्त्रियों का परिष्करणशाला में एक विनियमन के अनुसार

प्रवेश वर्जित था, ऐसा विश्वास था कि उनकी उपस्थिति से चीनी काली पड़ जाती है जिसे एंग्लो-सैक्सन 'अभिशाप' कहते थे। और साइगॉन में, औरतों को अफ़ीम कारख़ानों में काम पर नहीं रखा जाता है। उनके मासिक धर्म के प्रभाव से, अफ़ीम खट्टी और कड़वी हो जाती है। ये मान्यताएँ फ्रांस के कई ग्रामीण इलाक़ों में जीवित हैं। खाना बनाने वाली सभी औरतें जानती हैं कि ऋतुस्राव के दौरान उनके लिए मेयोनेज़ बनाना असम्भव तो है ही, आस-पास रजस्वला स्त्री भी उपस्थित नहीं होनी चाहिए। हाल ही में औंजू में, एक बूढ़े माली ने, साल भर की सेब की फ़सल को एक तहखाने में संगृहीत करके, घर के मालिक को लिखा : "घर की युवतियों और उनकी स्त्री मेहमानों को महीने के उन दिनों में तहखाने से न जाने दें : उनकी छाया पड़ने से सेब का रस ठीक तरह से उफन नहीं पायेगा और सिरका ख़राब हो जायेगा।" इस पत्र के बारे में पता चलते ही रसोइया ने कन्धे उचकाये। वह कहती है, "इस वजह से सिरका बनाने में तो कभी दिक्कत नहीं हुई है, हाँ, ये तो सिर्फ़ बेकन के लिए ख़राब है। अगर रजोधर्म वाली औरत की उपस्थिति में बेकन में नमक डाला जाये तो वह सड़ जायेगा।[9]

इस तरह की घृणा की तुलना सामान्य रक्त को देखने से होने वाले विकर्षण से करना अपर्याप्त होगा। निश्चित रूप से, रक्त अपने आप में एक पवित्र तत्त्व है, जो किसी भी अन्य की तुलना में अधिक संतृप्त है, जो जीवन और मृत्यु दोनों है। लेकिन रजोधर्म के रक्त की हानिकारक शक्तियाँ अधिक विलक्षण हैं। यह स्त्रीत्व के सार का प्रतीक है। चागो दीक्षा के दौरान लड़कियों को चेतावनी दी जाती है कि वे रजस्वला हों तो उस रज का चिन्ह भी किसी को न दिखे। "इसे अपनी माँ को मत दिखाना, वह मर जायेगी। इसे अपनी सहेलियों को न दिखाना क्योंकि हो सकता है कोई दुष्ट उस कपड़े को छीन ले जिससे तूने अपने आप को पोंछा है और तेरा विवाह निष्फल हो जायेगा। इसे किसी दुष्ट स्त्री को मत दिखाना, जो कपड़े धोकर अपनी झोंपड़ी के ऊपर रख देगी...ताकि तू बच्चा पैदा न कर सके। कपड़े को सड़क पर या झाड़ियों में न फेंकें। कोई बुरा व्यक्ति इसके साथ बुरा काम भी कर सकता है। इसे जमीन में गाड़ दो। अपने पिता, अपने भाइयों और अपनी बहनों की नज़रों से ख़ून छिपाओ। तुम अगर उन्हें इसे देखने दोगी तो तुमको पाप लगेगा।[10]" अलेयूत लोगों में, यदि पिता अपनी बेटी को उसके पहले मासिक धर्म के दौरान देखता है, तो वह अन्धी या गूँगी हो सकती है। ऐसा माना जाता है कि इस अवधि के दौरान औरत पर किसी आत्मा का साया होता है और उसके अन्दर ख़तरनाक शक्तियाँ आ जाती हैं। कुछ आदिम लोगों का मानना है कि प्रवाह साँप के काटने के कारण होता है, स्त्री की

साँप और छिपकली के साथ सन्दिग्ध समानताएँ होती हैं। यह रेंगने वाले जानवर के ज़हर में भाग लेती है। लेविटिकस मासिक धर्म प्रवाह की तुलना गोनोरिया से करता है; स्त्रीलिंग से रक्तस्राव सिर्फ़ एक घाव नहीं है, बल्कि एक सन्दिग्ध घाव है। और वीन्यी का कथन है कि इस अशुद्धता से बीमारी सम्बद्ध रहती है। स्त्री के मासिक धर्म की गणना प्राय: चन्द्रमा के उतार-चढ़ाव के अनुसार होती है। चन्द्रमा में भी एक विचित्र सनक होती है।[11] स्त्री उन ब्रह्माण्डीय शक्तियों का शिकार है जो ग्रहों और सूर्य के मार्ग को नियन्त्रित करती है, जो सितारों और ज्वार-भाटे की नियति को नियन्त्रित करती हैं। पुरुष के ऊपर भी कभी-कभी इन रश्मियों का प्रभाव परिलक्षित होता है। लेकिन सबसे बढ़कर यह आश्चर्यजनक है मासिक धर्म के रक्त के प्रभाव से खाद्य पदार्थों के ख़राब होने की धारणा का बने रहना। मसलन दूध-मलाई का खट्टा हो जाना, मेयोनेज़ का बिगड़ जाना, खमीर उठना, या सड़ जाने; यह भी दावा किया जाता है कि इससे नाज़ुक वस्तुओं के टूटने की सम्भावना है; वायलिन और वीणा के तार भी टूट सकते हैं; लेकिन इसका प्रभाव सबसे पहले कार्बनिक पदार्थों पर पड़ता है, पदार्थ और जीवन के बीच में; और वह इसलिए नहीं क्योंकि यह रक्त है, बल्कि इसलिए क्योंकि यह जननेन्द्रियों से निकलता है; इसके सटीक कार्य को जाने बिना भी, हम जानते हैं कि यह जीवन के अंकुरण से जुड़ा है। अंडाशय के अस्तित्व की अनदेखी करते हुए, पूर्वजों ने मासिक धर्म में शुक्राणु के पूरक को भी देखा। सच तो यह है कि यह रक्त स्त्री को अशुद्ध नहीं करता, बल्कि उसकी अशुद्धता को प्रकट करता है; यह तब प्रकट होता है जब औरत को गर्भवती किया जा सकता है; जब यह समाप्त हो जाता है, तो वह आमतौर पर फिर से बाँझ हो जाती है; यह रक्त उस गर्भ से उत्पन्न होता है जहाँ भ्रूण विकसित होता है। वास्तव में यह रज स्त्री की उर्वरा शक्ति को प्रदर्शित करता है और इसीलिए पुरुष में भय का संचार करता है।

अपनी अशुद्ध अवस्था में स्त्री के सम्बन्ध में सबसे सख़्त वर्जना उसके साथ संभोग का निषेध है। लेविटिकस इस नियम का उल्लंघन करने वाले व्यक्ति को सात दिनों तक अशुद्धता की सज़ा देते हैं। मनु के नियम और भी कठोर हैं : "जो पुरुष मासिक धर्म से सनी हुई स्त्री के पास जाता है, उसकी बुद्धि, ऊर्जा, शक्ति, जीवन शक्ति निश्चित रूप से नष्ट हो जाती है। मासिक धर्म के दौरान यौन सम्बन्ध रखने वाले पुरुषों के लिए पुजारियों ने पचास दिनों की तपस्या का आदेश दिया। चूँकि माना जाता है कि इस अवधि में स्त्रैण सिद्धान्त अपनी सर्वोच्च शक्ति तक पहुँच जाता है, यह आशंका होती है कि अन्तरंग सम्पर्क में वह पुरुष सिद्धान्त पर विजय प्राप्त

करेगा। अधिक सटीक रूप से, पुरुष अपने पास मौजूद स्त्री में मातृत्व के सार की खोज से कतराता है; वह स्त्रीत्व के इन दो पहलुओं (पत्नी और माँ) को अलग करने का प्रयास करता है। यही कारण है कि बहिर्विवाह के रूप में व्यभिचार का निषेध एक सार्वभौमिक क़ानून है; यही कारण है कि पुरुष ऐसे समय में स्त्री से यौन रूप से दूरी बना लेता है जब वह विशेष रूप से अपनी प्रजनन भूमिका के प्रति अधिक समर्पित होती है। रजस्वला, गर्भवती या शिशु को स्तनपान कराती स्त्री से पुरुष प्रायः दूर रहना चाहता है। ओडिपस कॉम्प्लेक्स — जिसके विवरण को हालाँकि संशोधित करना चाहिए — इस दृष्टिकोण का खण्डन नहीं करता है, बल्कि इसके विपरीत पुरुष के इस रुख़ की पुष्टि करता है। स्त्री के विश्व-शान्तिदायिनी रूप एवं जीवनदायिनी रूप से पुरुष हमेशा अपना बचाव करता है क्योंकि वह दुनिया का भ्रमित स्रोत है। हालाँकि, इस रूप में स्त्री स्वयं को ब्रह्माण्ड और देवताओं से पृथक रखती है परन्तु उनके साथ उसका आदान-प्रदान बना रहता है। आज भी अरब के खानाबदोशों और उत्तरी अमेरिका की जनजातियों में यह धारणा प्रबल है कि औरत खेतों को उर्वरता प्रदान करती है; प्राचीन ग्रीस में यह भी विश्वास क़ायम था कि उसे भूमिगत आवाज़ें सुनाई देती थीं; वह वृक्ष और वायु की भाषा समझती थी। उसमें भविष्य बताने की शक्ति थी। मृत व्यक्ति व देवता उसके मुख से आलाप करते थे। आज भी, उसके पास भविष्यवाणी की ये अलौकिक शक्तियाँ हैं। वह हस्तरेखा पढ़ सकती है, भविष्य व दूरी पर होने वाली घटनाओं को देख सकती है; उसे दैवी प्रेरणा मिलती है; वह अदृश्य व्यक्तियों की आवाज़ें सुनती है और प्रेतात्माओं को देख सकती है। जब पुरुषों को वनस्पति और पशु जीवन में वापस आने की आवश्यकता महसूस होती है — जैसे एंटेयस जिन्होंने ताक़त हासिल करने के लिए पृथ्वी को छुआ — तब वे औरत का आह्वान करते हैं। ग्रीस और रोम की तर्कवादी सभ्यताओं के माध्यम से जातीय पन्थ क़ायम हैं। वे आमतौर पर आधिकारिक धार्मिक जीवन के हाशिये पर होते हैं; वे अन्त में रहस्यों का रूप भी ले लेते हैं, जैसा कि एलुसिस में हुआ था। उनका अर्थ सौर पन्थों के विपरीत है जहाँ मनुष्य अलगाव और आध्यात्मिकता की अपनी इच्छा की पुष्टि करता है; लेकिन वे इसके पूरक हैं; मनुष्य ने परमानन्द द्वारा अपने एकान्त को दूर करने की कोशिश की। यही रहस्यों और ताण्डवों का लक्ष्य है। पुरुषों द्वारा पुनः जीते गये संसार में, यह एक पुरुष देवता है, डायोनिसस, जिसने एस्टार्ट के ईशर के, जादुई और क्रूर गुणों को हड़प लिया है; परन्तु यह स्त्रियाँ ही थीं जो उसकी मूरत के ऊपर पागल हो गयीं। मेनाद, थायदे, और बकांते लोग पुरुषों को धार्मिक मतवालेपन और पवित्र पागलपन की ओर ले

गये। पवित्र वेश्यावृत्ति की भूमिका ऐसी ही है, स्त्रियाँ पुरुष को पवित्र सुरापान करने के लिए आमन्त्रित करती थीं। यह स्त्री की उर्वरता की शक्तियों को उजागर करने और प्रसारित करने दोनों का प्रश्न है। आज भी, लोकप्रिय त्योहारों में राग-रंग और प्रेम-प्रदर्शन विधिवत होते हैं; स्त्री वहाँ केवल भोग की वस्तु के रूप में नहीं दिखाई देती है, बल्कि उस उन्माद तक पहुँचने का एक साधन है जिसमें व्यक्ति स्वयं का अतिक्रमण करता है, सारी सीमाओं का उल्लंघन कर जाता है। जी. बाताई लिखते हैं, "किसी प्राणी के पास अपने अन्तस में जो कुछ होता है वह खो जाता है, दुखद होता है, 'अन्धा चमत्कार' का अब बिस्तर के अलावा सामना नहीं किया जा सकता है।"

कामुक उत्तेजना में, पुरुष, प्रेमिका को आलिंगन में लेकर, ख़ुद को देह के अनन्त रहस्य में खोना चाहता है। इसके विपरीत, सामान्य अवस्था में, यौन सम्बन्धों के बावजूद पुरुष पत्नी से माता के रूप को अलग करता है। जीव-सृष्टि की रहस्मय क्रियाएँ उसे अरुचिकर लगती हैं, जबकि उसका अपना जीवन पृथ्वी के स्वादिष्ट फलों से पोषित और आनन्दित होता है; वह उन्हें अपने लिए उपयुक्त बनाना चाहता है; वह लहरों से उठती हुई वीनस की लालसा करता है। पुरुषप्रधान समाज में स्त्री सबसे पहले ख़ुद को पत्नी के रूप में पाती है क्योंकि परम स्रष्टा पुरुष है। मानवजाति की माता होने से पहले, हव्वा आदम की संगिनी है; वह पुरुष को सौंपी गयी थी, ताकि वह उस पर अधिकार जमाये और उसकी जनन-शक्ति को क्रियाशील करे, जिस प्रकार वह भूमि पर आधिपत्य जमाता है और उसे उपजाऊ बनाता है; स्त्री के माध्यम से वह समस्त प्रकृति को अपने अधीन कर लेता है। यह केवल एक व्यक्तिपरक और क्षणिक आनन्द नहीं है जो पुरुष यौन क्रिया में चाहता है। वह जीतना, लेना, कब्ज़ा करना चाहता है; पत्नी रखना उसे जीतना है; वह हल के फाल की तरह खाँचों में घुस जाता है; वह उसे अपना बना लेता है जैसे वह जिस भूमि को जोतता है उसे अपना बना लेता है; वह हल जोतता है, वह रोपता है, वह बोता है। ये छवियाँ लिखने जितनी ही पुरानी हैं; प्राचीन काल से लेकर आज तक, कोई भी एक हज़ार उदाहरण उद्धृत कर सकता है। मनु के नियम कहते हैं, "स्त्री खेत के समान और पुरुष बीज के समान है।" आंद्रे मैसन के एक चित्र में एक आदमी को हाथ में फावड़ा लेकर स्त्री-लिंग के बग़ीचे को जोतते हुए दिखाया गया है।[12] स्त्री अपने पति की शिकार है, उसकी सम्पत्ति है।

भय और इच्छा के बीच पुरुष की झिझक कौमार्य के मिथकों में आश्चर्यजनक रूप से परिलक्षित होती है, उसे भय रहता है कि वे शक्तियाँ जिन पर उसका कोई नियन्त्रण नहीं है उसे वशीभूत न कर लें और वह उन शक्तियों पर विजय प्रात करने

की आकांक्षा करता है। कुमारी कन्या जिससे कभी पुरुष भयभीत होता है, कभी वह वांछित होती है या आवश्यक भी, यहाँ स्त्री रहस्य सबसे पूर्ण रूप में प्रकट होता है; यह एक ही साथ सबसे चिन्ताजनक और सबसे आकर्षक पहलू है। यह इस बात पर निर्भर करता है कि क्या पुरुष अपने आस-पास की शक्तियों से कुचला हुआ महसूस करता है, या क्या वह गर्व से ख़ुद को उन पर कब्ज़ा करने में सक्षम मानता है, वह इनकार करता है या माँग करता है कि उसकी पत्नी को कुँवारी के रूप में उसे सौंप दिया जाये। सबसे आदिम समाजों में, जहाँ स्त्री में महान् शक्तियाँ निहित होने के गुणगान होते थे, वह भय ही हावी होता है; शादी से एक रात पहले लड़की का कौमार्य-भंग करना होता है। मार्को पोलो ने तिब्बतियों के बारे में पुष्टि की कि "उनमें से कोई भी कन्या को पत्नी के रूप में स्वीकार नहीं करना चाहेगा जो कुँवारी हो।" इस अस्वीकृति के लिए कभी-कभी एक तर्कसंगत स्पष्टीकरण दिया गया है : पुरुष ऐसी पत्नी नहीं चाहता है जिसने अभी तक पुरुष की कामेच्छा को जाग्रत नहीं किया हो। अल-बकरी, अरब भूगोलवेत्ता, स्लाव लोगों के बारे में बोलते हुए, उल्लेख करते हैं कि "यदि कोई व्यक्ति शादी करता है और पाता है कि उसकी पत्नी कुँवारी है, तो वह कहता है : 'यदि तुम किसी लायक होती, तो पुरुष तुमसे प्यार करते और एक ऐसा होता जिसने तुम्हारा कौमार्य भंग कर दिया होता।' " फिर वह उसे भगा देता है और उसे त्याग देता है। यह भी दावा किया जाता है कि कुछ आदिम लोग केवल उस औरत से शादी करने के लिए राज़ी होते थे जो पहले से ही माँ बन चुकी हो, क्योंकि यह उसकी प्रजनन क्षमता का परिचायक होता है। लेकिन शीलभंग की व्यापक प्रथा के वास्तविक उद्‌देश्य रहस्यमय हैं। कुछ लोगों की धारणा है कि योनि में एक साँप है जो योनि-द्वार पर स्थित झिल्ली के विदीर्ण होने के साथ ही पति को डस लेगा; कुछ का मानना है कि योनि-क्षत होने पर जो रक्त-प्रवाह होता, उसमें रजोधर्म वाले 'रक्त' के समान भयानक गुण बताये गये हैं जिनमें नर की शक्ति को नष्ट करने की भी सम्भावना है। इन छवियों के माध्यम से यह विचार व्यक्त किया गया है कि स्त्री सिद्धान्त में अधिक बल है, इसमें अधिक ख़तरे हैं, कि यह अक्षुण्ण है।[13] ऐसे मामले हैं जहाँ अपस्फीति का सवाल ही नहीं उठता; उदाहरण के लिए मालिनोवस्की द्वारा वर्णित मूल निवासियों में, इस तथ्य से कि यौन खेल बचपन से ही अधिकृत हैं, इसका परिणाम यह होता है कि लड़कियाँ कभी कुँवारी नहीं होती हैं। कुछ मामलों में, माँ, बड़ी बहन, या कोई धाय बालिका को व्यवस्थित रूप से विक्षेपित कर देती हैं और बचपन से ही योनि के छिद्र को बड़ा करती रहती हैं। ऐसा भी होता है कि प्रथम रजोदर्शन के समय औरतों द्वारा

छड़ी, हड्डी या पत्थर की सहायता से शीलभंग किया जाता है और इसे केवल एक साधारण शल्य क्रिया के रूप में ही माना जाता है। अन्य जनजातियों में, यौवन की दहलीज़ पर क़दम रखने वाली लड़की को बर्बर दीक्षा-संस्कार के अनुसार किया जाता है : पुरुष उसे गाँव से बाहर खींच कर लाते हैं जहाँ उपकरणों की मदद से उसकी योनि-क्षत करते हैं या उसके साथ बलात्कार करते हैं। राहगीरों को कुँवारी कन्याएँ सौंप देना एक बहुप्रचलित प्रथा है; उनके विचार में इन कुमारियों की शक्ति अपनी जनजाति के पुरुषों के लिए ही घातक है, अन्य पुरुषों के लिए नहीं, या शायद अजनबी व्यक्ति का अनिष्ट होने की चिन्ता कोई नहीं करता। बहुधा गाँव का पुजारी, वैद्य या जनजाति का मुखिया, विवाह की पूर्व-रात्रि में योनि-क्षत करता है; मालाबार तट पर, इस काम का ज़िम्मा ब्राह्मणों पर होता है, लगता है मानो इसे करने में वे किसी आनन्द का अनुभव नहीं करते हैं, और इसके लिए वे अच्छी-ख़ासी रकम की माँग करते हैं। हम जानते हैं कि सभी पवित्र वस्तुएँ जन-साधारण के लिए ख़तरनाक होती हैं, लेकिन वे व्यक्ति जो प्रतिष्ठित हैं वे उन्हें बिना जोखिम के सँभाल सकते हैं; इसलिए हम समझते हैं कि पुजारी और मुखिया बग़ैर किसी संकट का सामना किये हुए उन बुरी ताक़तों को वश में करने में सक्षम हैं जिनसे दूल्हे को अपनी रक्षा करनी चाहिए। रोम में इन रीति-रिवाज़ों के अलावा जो कुछ बचा था वह एक प्रतीकात्मक समारोह था। दुल्हन को एक पत्थर के प्रियापस के लिंग पर बैठाया जाता था, जिसका दोहरा उद्देश्य था, एक तो औरत की प्रजनन क्षमता को बढ़ाना और उसके भीतर के अति शक्तिशाली अनिष्टकारी तरल पदार्थ को सोख लेना था। पति एक और तरीक़े से अपना बचाव करता है। वह स्वयं कुँवारी कन्या की योनि-क्षत करता है, लेकिन समारोहों के दौरान जो उसे इस महत्त्वपूर्ण क्षण में अजेय बना देता है; उदाहरण के लिए, वह एक छड़ी या हड्डी का उपयोग करके पूरे गाँव की उपस्थिति में कार्य करता है। समोआ में, वह एक सफ़ेद कपड़े में ढँकी अपनी उँगली का उपयोग करते हैं और उपस्थित जनों को ख़ून से सने टुकड़े वितरित करते हैं। ऐसा भी होता है कि कि पुरुष को अपनी पत्नी को सामान्य रूप से विक्षेपित करने की अनुमति दी जाती है, लेकिन उसे तीन दिन से पहले उसके अन्दर स्खलन नहीं करना चाहिए, ताकि जीवोत्पादक बीज हाइमन के ख़ून से गन्दा न हो।

कम आदिम समाजों में कुँवारा रक्त एक शुभ प्रतीक बन जाता है। फ्रांस में आज भी ऐसे गाँव हैं जहाँ शादी की सुबह रिश्तेदारों और दोस्तों के सामने ख़ून के धब्बे लगी चादर की नुमाइश की जाती है। ऐसा इसलिए है क्योंकि पितृसत्तात्मक शासन में पुरुष स्त्री का स्वामी बन गया है; और वही लक्षण जो जानवरों या अदम्य

तत्त्वों में डराते हैं, उस स्वामी के लिए अनमोल गुण बन जाते हैं जो जानता है कि उन्हें कैसे पालतू बनाया जाये। जंगली घोड़ों के बाल से, बिजली और झरनों के दोहन से, मनुष्य ने अपनी समृद्धि के साधन बनाये हैं। इस प्रकार वह स्त्री को उसकी समस्त अक्षुण्ण सम्पन्नता के साथ अपने में मिला लेना चाहता है। युवती पर थोपे गये सदाचार के निर्देश में तर्कसंगत उद्देश्य निश्चित रूप से एक भूमिका निभाते हैं। पत्नी की पवित्रता की तरह, मंगेतर की मासूमियत भी आवश्यक है ताकि पिता को अपनी सन्तान को अपनी सम्पत्ति सौंपने का कोई जोखिम न हो। लेकिन जब पुरुष पत्नी को अपनी निजी सम्पत्ति मानता है तो स्त्री के कौमार्य की माँग अधिक होती है। किसी भी वस्तु पर अपना आधिपत्य जमाने का सबसे श्रेष्ठ उपाय यह है कि दूसरों को उसका उपयोग न करने दिया जाये; तब मनुष्य को उससे अधिक वांछनीय कुछ भी नहीं लगता, जो कभी किसी मनुष्य का नहीं रहा हो, दूसरे के आधिपत्य में न रहा हो। ऐसी विजय एक अनोखी और पूर्ण निरपेक्ष घटना के रूप में प्रकट होती है। अन्वेषकों को वे प्रदेश आकर्षित करते हैं जहाँ पहले कोई अन्य नहीं गया; पर्वतारोही हर साल एक ऐसी चोटी पर पहुँचना चाहते हैं जिस पर किसी ने क़दम न रखा हो या यहाँ तक कि एक नया मार्ग ढूँढ़ने के प्रयास में उनकी मृत्यु भी हो जाती है; और जिज्ञासु अपनी जान जोखिम में डालकर पाताल की कन्दराओं में प्रवेश करना चाहते हैं।

एक वस्तु जिसे मनुष्य पहले ही साध चुके हैं, वह एक साधन व यन्त्रमात्र रह जाती है; अपने प्राकृतिक सम्बन्धों से कटकर, यह अपने सबसे गहरे गुणों को खो देता है; सार्वजनिक फव्वारों की तुलना में जलधाराओं के अदम्य जल में अधिक सम्भावना है, अधिक आशा है; उसका सौन्दर्य अपना सानी नहीं रखता। एक कुँवारी देह में गुप्त झरनों की ताज़गी होती है, बन्द पंखुड़ी की सुबह का मखमलीपन, पूर्व देश की उस मोती की आभा जिसे सूरज की किरणों ने कभी सहलाया नहीं। गुफा, मन्दिर, अभयारण्य, गुप्त उद्यान, एक बच्चे की तरह, मनुष्य छायादार और बन्द स्थानों से मोहित हो जाता है, वे स्थल जिन्हें किसी भी विवेक ने कभी भी अनुप्राणित नहीं किया है, जो प्रतीक्षा में हों कोई कि उन्हें जीवन्त करे, उनमें प्राण फूँके; जिसे ग्रहण करने वाला और जिसमें प्रवेश करने वाला वह अकेला है, उसे वे स्वरचित सी प्रतीत होती हैं। इसके अलावा, एक वस्तु अनेक द्वारा वांछित हो और जिसका उपभोग अनेक करें, उसका मानो विनाश हो जाता है। पुरुष योनि-द्वार पर स्थित झिल्ली को विदीर्ण कर स्त्री-देह पर अधिक घनिष्ठता से आधिपत्य जमाता है बनिस्पत उसे अपने लिंग से भेदने के; इस अपरिवर्तनीय क्रिया में, वह स्पष्ट

रूप से उसे एक निष्क्रिय वस्तु बनाता है, और उसकी देह पर अपने अधिकार का दावा करता है। यह भाव बहुत ही सटीक रूप से शूरवीर की कथा में व्यक्त किया गया है जो बड़ी कठिनाई से कँटीली झाड़ियों के बीच से रास्ता बनाते हुए एक ऐसे गुलाब के फूल को तोड़ता है जिसे पहले किसी ने सूँघा न था; वह न केवल उसे उघाड़ता है, वरन उसे तने सहित उखाड़कर उसे जीत लेता है। यह उपमा इतनी स्पष्ट है कि लोकप्रिय भाषा में एक औरत के सन्दर्भ में "कच्ची कली तोड़ लेने" का अर्थ उसके कौमार्य को भंग करना है, और इसी अभिव्यक्ति से 'अपुष्पन' शब्द की उत्पत्ति हुई है।

लेकिन कौमार्य में यह कामुक आकर्षण तभी होता है जब यह यौवन के साथ जुड़ा हो; अन्यथा, यह एक रहस्य-सा बन जाता है और आगे चलकर परेशानी का विषय बन जाता है। आज बहुत से पुरुष बड़ी उम्र की कुँवारियों द्वारा यौन रूप से विमुख होते हैं; ऐसा केवल मनोवैज्ञानिक कारणों से ही नहीं है कि 'अनब्याही' उम्रदार औरतों को कड़वी, चिड़चिड़ी और दुष्ट माना जाता है। उनकी देह ही अभिशप्त है, वह देह जो किसी विषय की वस्तु नहीं है, जिसे किसी भी इच्छा ने वांछनीय नहीं बनाया है, जो पुरुष-जगत में जगह पाये बिना खिली और मुरझा गयी; अपने स्वाभाविक निर्दिष्ट से विचलित होने पर, यह एक विचित्र वस्तु बन जाती है जो मानसिक रोग से पीड़ित व्यक्ति के असम्प्रेषणीय विचार की तरह चिन्तित करती है। एक चालीस वर्षीय औरत के बारे में जो अभी भी सुन्दर थी मगर कथित तौर पर कुँवारी, एक आदमी को बड़ी अश्लीलता से कहते सुना : "इसकी देह के भीतर मकड़ी के जाले भरे हुए हैं..." और सचमुच, तहखानों और अटारियों में, जहाँ अब कोई प्रवेश नहीं करता, और जिनका कोई प्रयोजन नहीं है, कुत्सित रहस्य से भरे होते हैं; भूत उन्हें मनमाना सताते हैं; मानवता द्वारा त्याग दिये गये घर आत्माओं का निवास बन जाते हैं। यदि स्त्री कौमार्य को किसी देवता को समर्पित नहीं किया गया है, तो ऐसा माना जाता है कि वह दानव के विवाह-सम्बन्ध स्थापित करती है। कुँवारियाँ जिन्हें पुरुषों ने वश में नहीं किया है, बूढ़ी औरतें जो पुरुषों की ताक़त और दबदबे से बच गयी हैं, उन्हें अन्य औरतों की तुलना में अधिक आसानी से डायन माना जाता है; क्योंकि स्त्री का भाग्य दूसरे के प्रति समर्पित होना है, अगर वह पुरुष की दासता स्वीकार नहीं करती है, तो वह शैतान की अधीनता को स्वीकार करने के लिए तैयार है।

योनि-क्षत की क्रिया सम्पादित हो जाने पर औरत बुरी आत्माओं के बन्धन से मुक्त हो जाती है, वह अपनी पवित्रता प्राप्त कर लेती है — विवाहित पत्नी पति

की सबसे वांछित शिकार होती है। उसका आलिंगन करके प्रेमी को जीवन का वह सारा धन मिल जाता है जिसे वह अपने पास सँजो कर रखना चाहता है। वह सभी जीव-जन्तु हैं, सभी स्थलीय वनस्पतियाँ हैं : चिकारा, हिरण, लिली और गुलाब, कोमल आड़ू, सुगन्धित रास्पबेरी; वह क़ीमती पत्थर, मोती की माँ, सुलेमानी, मोती, रेशम, आकाश का नीला, पन, झरनों की ताज़गी, वायु, ज्वाला, पृथ्वी और जल है। पूरब और पश्चिम के सभी कवियों ने नारी के शरीर को फूल, फल और पक्षियों में रूपान्तरित किया है। यहाँ फिर से, पुरातनता, मध्य युग और आधुनिक युग के माध्यम से, यह एक सम्पूर्ण विस्तृत संकलन है जिसे उद्धृत किया जाना चाहिए। हम गीतों के उस गीत को अच्छी तरह से जानते हैं जहाँ प्रियतम प्रेयसी से कहता है :

तुम्हारी आँखें कबूतर हैं...
तुम्हारे बाल बकरियों के झुण्ड के समान हैं...
तुम्हारे दाँत कटी हुई भेड़ों के झुण्ड हैं...
तुम्हारा गाल आधा अनार है...
तुम्हारे दो स्तन दो मृग के छौने हैं...
आपकी जीभ के नीचे शहद और दूध है...

आर्कनम 17 में, आंद्रे ब्रेटन ने इस शाश्वत गीत को लिया : "मेलुसीना दूसरी बार चीख़ती है, कूल्हों से उछलती है, उसका पेट अगस्त की पूरी फ़सल का है, उसका धड़ उसकी धनुषाकार कमर से आतिशबाज़ी की तरह उड़ता है, उसके स्तन दो शगुन हैं जो उनकी ही चीख़ में फँस गये हैं, क्योंकि वे अपने गरजते हुए मुँह के अंगारों से जलते हैं। और उसकी भुजाएँ उन धाराओं की आत्मा हैं जो गाती और सुगन्धित करती हैं..."

पुरुष स्त्री में तारों की चमक और स्वप्निल चन्द्रमा, सूर्य की रोशनी, कन्दराओं की छाया पाता है; और, बदले में, झाड़ियों के जंगली फूल और बग़ीचे के गर्वीले गुलाब नारियाँ हैं। अप्सराएँ, वनदेवियाँ, मत्स्यांगना, परियाँ, खेत-खलिहानों, जंगल, झीलों, समुद्रों में मँडराती रहती हैं। यह जीववाद पुरुषों में गहराई से निहित है। नाविक के लिए, समुद्र एक ख़तरनाक, विश्वासघाती स्त्री है, जिसे जीतना मुश्किल है, लेकिन वह इसे वश में करके सँजोता है। पर्वतारोही के लिए पर्वत एक अभिमानी, विद्रोही, पवित्र और जटिल औरत है जिसे बलपूर्वक अपनाने के लिए वह अपने प्राणों को संकट में डालता है। ये तुलनाएँ काम भावनाओं का उत्कृष्ट और जटिल रूप प्रदर्शित करने के साथ ही स्त्री और उन मूल तत्त्वों में समानता दिखाती हैं जो 'काम' की तरह मौलिक हैं। पुरुष केवल अपनी इच्छाओं की तृप्ति के लिए ही

स्त्री को पाने की कामना नहीं करता, बल्कि नारी वह उच्च वस्तु है जिसके माध्यम से पुरुष प्रकृति पर भी विजय की कामना करता है। ऐसा हो सकता है कि अन्य वस्तुएँ यह भूमिका निभाएँ। पुरुष किशोर बालकों के शरीर में समुद्र के तटों की रेत, मखमली रातें, पारिजात की गन्ध की तलाश करता है।। लेकिन वासना एकमात्र तरीक़ा नहीं है जिसके द्वारा धरती को देह-रूप में प्राप्त किया जा सकता है। अपने उपन्यास 'टु ए गॉड अननोन' में, स्टेनबेक ने एक ऐसे व्यक्ति का चित्रण किया है जिसने अपने और प्रकृति के बीच मध्यस्थ के रूप में एक काई की चट्टान को चुना है; La Chatte (The Cat) में, कोलेट ने एक नवयुवक पति का वर्णन किया है जो अपना सारा प्रेम और स्नेह अपनी पसन्दीदा बिल्ली पर उड़ेलता है, क्योंकि, इस जंगली और कोमल जानवर के माध्यम से, कामुक ब्रह्माण्ड पर उसकी पकड़ है जो उसकी संगिनी का मानव शरीर उसे देने में सक्षम नहीं है। समुद्र में, पहाड़ में, दूसरे को एक स्त्री के रूप में पूरी तरह से अवतरित किया जा सकता है, उनका पुरुष के प्रति प्रतिरोध अविचलित और अप्रत्याशित होता है और ये विरोध ही पुरुष की इच्छा-पूर्ति में उत्प्रेरक होता है; ये वे अस्वीकृतियाँ हैं जिन्हें जीतना है, वे शिकार हैं जिन्हें वश में लाना होता है। यदि समुद्र और पर्वत स्त्री हैं, तो स्त्री भी अपने प्रेमी के लिए समुद्र और पर्वत है।[14]

लेकिन यह कोई भी स्त्री इस प्रकार उपेक्षित होकर पुरुष और विश्व के बीच मध्यस्थ के रूप में उपस्थित रहने के लिए नहीं बनी है; पुरुष अपनी संगिनी में अपने स्वयं के पूरक यौन अंगों को पाकर सन्तुष्ट नहीं है। यह आवश्यक है कि स्त्री जीवन के अद्भुत प्रस्फुटन को मूर्त रूप दे, और साथ ही साथ व्याकुल करने वाले रहस्यों को भी छिपाये रखे। सबसे पहले, उसे सुन्दर और स्वस्थ होना चाहिए, क्योंकि पुरुष एक सजीव वस्तु को आलिंगन में जकड़कर केवल तभी मुग्ध हो सकता है जब वह यह भूल जाये कि हर जीवन का अन्त मृत्यु में ही है। इसके अलावा वह ये भी चाहता है कि उसकी प्रेयसी सुन्दर हो। स्त्री-सौन्दर्य का आदर्श परिवर्तनशील है; लेकिन कुछ आवश्यकताएँ स्थिर रहती हैं; अन्य बातों के अलावा, चूँकि स्त्री का अधीनस्थ होना नियत है, इसलिए उसके शरीर में किसी वस्तु के जड़ और निष्क्रिय गुण होने चाहिए। पौरुष सौन्दर्य सक्रिय कार्यों के लिए शरीर का अनुकूलन है, यह शक्ति, स्फूर्ति और लोच है, यह एक देह को अनुप्राणित करने वाली उत्कृष्टता की अभिव्यक्ति है। स्पार्टा, फ़ासीवादी इटली, नाज़ी जर्मनी जैसे समाजों में स्त्री राज्य की सम्पत्ति है न कि व्यक्ति की, अत: वे औरत में केवल माँ का स्वरूप देखते हैं, काम-भावना एवं प्रेम-सम्बन्ध के लिए कोई जगह नहीं है।

लेकिन जब स्त्री को पुरुष को उसकी सम्पत्ति के रूप में सौंप दिया जाता है, तो पुरुष की माँग यह होती है कि औरत के वजूद की सच्चाई उसका महज़ देह होना ही रहे। उसके शरीर को किसी व्यक्तिपरकता के अस्तित्व के रूप में नहीं, बल्कि एक ऐसी वस्तु के रूप में माना जाता है, जो अपनी देह के दायरों में बँधी होती है; इस शरीर को संसार में किसी अन्य से संलग्न नहीं होना चाहिए, स्वयं कोई इच्छा न करे, वह जिस कामना को जाग्रत करती है केवल उसे तृप्त करती रहे। इस अपेक्षा का सबसे भोला रूप स्टीटोपीगस वीनस का हॉटनटॉट आदर्श है, नितम्ब में सबसे कम शिराएँ होती हैं, यह शरीर का वह हिस्सा है जहाँ पर मांस निरुद्‌देश्य प्रतीत होता है। पूर्वी देशों के लोगों का थुलथुल औरतों के प्रति झुकाव ऐसी अभिरुचि को प्रतिपादित करता है; वे चर्बी की बेतुकी बहुलता पसन्द करते हैं जो किसी भी परियोजना द्वारा जीवन्त नहीं है, जिसका वहाँ होने के अलावा कोई अन्य अर्थ नहीं है।[15] यहाँ तक कि अधिक सूक्ष्म संवेदनशीलता वाली सभ्यताओं में भी रूप और सामंजस्य की धारणाएँ हस्तक्षेप करती हैं, स्तन और नितम्ब अपनी अनावश्यकता और विकास की आकस्मिकता के कारण विशेषाधिकार प्राप्त वस्तु बने रहते हैं। अक्सर रीति-रिवाज़ों और फ़ैशन ऐसे लागू किये गये जिससे औरत अपनी देह में ही बँधी रह जाये, उसका अतिक्रमण करने में असमर्थ हो, बँधे हुए पैरों वाली चीनी औरत मुश्क़िल से चल पाती है, हॉलीवुड की अभिनेत्रियों के नेल पोलिश लगे नाख़ून उन्हें अपने हाथों के इस्तेमाल से वंचित कर देते हैं, ऊँची एड़ी के जूते, कसी हुई चोलियाँ, लहँगे, घाघरे, हूप स्कर्ट, फर्तींगले स्कर्ट, क्रिनोलिन का उद्‌देश्य स्त्री-देह के सौन्दर्य, कटाव को उभारने से ज़्यादा उसे निष्क्रिय और असमर्थ बनाना था। मोटापे के भार से दबी या फिर इतनी दुर्बल कि काम करने में अक्षम, असुविधाजनक वस्त्र और मर्यादा के संस्कारों से पंगु औरत तब पुरुष को अपनी वस्तु के समान प्रतीत होती है। श्रृंगार और आभूषण भी स्त्री को जड़वत बनाने में योगदान देते हैं। पोशाक और आभूषणों का कार्य अत्यधिक जटिल है; कुछ आदिम लोगों के लिए, इसका एक पवित्र चरित्र था; लेकिन इसकी सबसे सामान्य भूमिका एक सजीव इन्सान से औरत की कायापलट एक मूर्ति में करना है। एक द्व्यर्थक मूर्ति : पुरुष स्त्री के देह-रूप को चाहता है, वह उसमें फूलों और फलों की मनोहरता देखना चाहता है; लेकिन वह पाषाण की तरह चिकनी, कठोर, शाश्वत भी होनी चाहिए। अलंकरण की भूमिका एक ही साथ, स्त्री को प्रकृति में अधिक घनिष्ठता से शामिल करना है और उसे स्वाभाविकता से दूर करना भी, यह एक जीवन्त व्यक्ति को शिल्पकृति की जड़ता प्रदान करना है। औरत अपने शरीर पर फूल, फर, नग, रत्न, सीपियाँ, पंख धारण

कर पौधा, चीता, हीरा, मोती बन जाती है; वह गुलाब और कुमुदिनी की तरह सुगन्ध फैलाने के लिए ख़ुद को सुगन्धित करती है; लेकिन पंख, रेशम, मोती और इत्र भी उसके शरीर की स्वाभाविक गन्ध को छिपाने के लिए काम करते थे। वह अपने होंठों पर लाली लगाती है, गालों को रँगती है ताकि उन्हें एक मुखौटे की गतिहीन स्थिरता प्रदान की जा सके; अपनी दृष्टि को काजल और मस्करे की मोटाई में क़ैद कर लेती है, यह उसकी आँखों के झिलमिलाते आभूषण से ज़्यादा कुछ नहीं है; लट, घुँघराले, सँवरे हुए, उसके बाल अपना प्राकृतिक वानस्पतिक मर्म खो देते हैं। शृंगार की हुई स्त्री में प्रकृति विद्यमान है, लेकिन बन्दिनी, वह पुरुष की इच्छा के अनुसार पुरुष की इच्छा से निर्मित है। नारी तब और भी अधिक वांछनीय होती है जब वह प्राकृतिक रूप को कृत्रिम न बनाकर उसे ही अच्छी तरह से सँवारती है। यह 'परिष्कृत' स्त्री है जो हमेशा आदर्श कामुक वस्तु रही है। और अधिक प्राकृतिक सुन्दरता के लिए रुचि अक्सर परिष्कार का एक विशिष्ट रूप होता है। रेमी द जुर्मौन चाहते थे कि स्त्रियों के बाल खुले हों, वे बहते झरने की लहरों और समतल घास के मैदान की तरह मुक्त हों। उसकी झील जैसे बालों को कोई पानी की लहरों और मकई की बालियों की तरह सहला सकता है, न कि उलझे-बिखरे केश जो घोंसले की तरह हों। स्वस्थ किशोरियों व युवतियों को जिनकी देह में ताज़गी और यौवन की आभा फूटती है उन्हें पुरुष की दृष्टि से बचाकर रखना चाहिए क्योंकि उसके रूप-परिवर्तन से पुरुष आतंकित रहता है। वह हमेशा ही उसमें एक ही अपरिवर्तित रूप देखना चाहता है, वह हमेशा उसके आदर्श के अनुकूल होनी चाहिए। आदिम लोगों में, चपटी नाक और मोटे होंठ वाली औरत आदर्श सौन्दर्य का प्रतिरूप थी; उन्होंने वीनस की प्रतिमा को भी वही रूप दिया बाद में स्त्रियों पर सौन्दर्य के अधिक जटिल सिद्धान्तों को लागू किया गया। लेकिन जो भी हो, पुरुष को वह स्त्री प्रिया होती है जिसके 'नैन-नक्श' तीखे हों और शरीर सुडौल हो क्योंकि वह प्राकृतिक चीज़ों की कायापलट से बच जाती है। परिणाम एक अजीब विरोधाभास है कि पुरुष प्रकृति को स्त्री में क़ैद करना चाहता है, लेकिन रूपान्तरित, वह स्त्री को कृत्रिमता के लिए समर्पित करता है। वह न केवल प्रकृति है बल्कि उतनी ही प्रकृति-विरोधी भी है; और यह न केवल इलेक्ट्रिक पर्म, वैक्सिंग, लेटेक्स कॉर्सेट की सभ्यता में, बल्कि चीन में और पृथ्वी पर हर जगह, काली स्त्रियों वाले मैदानी इलाक़ों में भी है। स्विफ्ट ने सेलिया के प्रसिद्ध गीत में इस रहस्यवाद की निन्दा की; छली प्रेमिका का अपने सौन्दर्य से पुरुषों को मोहित करने वाला रूप उनके लिए घृणास्पद है और स्त्री का शारीरिक सुख के प्रति झुकाव भी उनके लिए घृणित है; उनकी दोनों

आलोचनाएँ ग़लत हैं; पुरुष स्त्री को जितना स्वाभाविक रूप में देखना चाहता है उतना ही कृत्रिमता से आच्छादित भी; उसे वह लहरों से प्रकट होती हुई भी प्रिय है और एक उच्च फ़ैशन घर से निकलती ब्यूटी क्वीन भी उतनी ही भाती है, नग्न और सजी-धजी, आवरण के भीतर नग्न, ठीक उसी तरह जैसे वह मानव ब्रह्माण्ड में उसका सामना करता है। नगरवासी स्त्री में पशुता चाहता है; लेकिन अपनी सैन्य सेवा कर रहे ग्रामीण युवक के लिए, वेश्यालय में शहर का समूचा जादू समाया है। नारी खेत और चरागाह है, लेकिन बेबीलोनिया भी है।

हालाँकि, यह पहला झूठ है, औरत के साथ पहला विश्वासघात। यह स्वयं जीवन का झूठ है, जो भले ही सबसे आकर्षक रूपों में पहना हुआ हो, हमेशा बुढ़ापे और मृत्यु की किण्वन से आबाद रहता है। पुरुष उसकी बहुमूल्य शक्ति को क्षीण कर देता है। मातृत्व का भार वहन करती हुई वह अपना यौन आकर्षण खो देती है; गर्भधारण न करने पर भी, समय बीतने के साथ-साथ उसकी सुन्दरता में परिवर्तन होता है। असमर्थ, कुरूप, बूढ़ी औरतें भयावह लगती हैं, कहा जाता है कि वे मुरझा गयी हैं मानो किसी पौधे के मुरझाने का ज़िक्र किया जा रहा हो। निःसन्देह, पुरुष में भी जीर्णता भयंकर रूप में दिखाई देती है; परन्तु दृष्टिकोण भिन्न है, पुरुष को उसके दैहिक स्वरूप में जकड़ कर नहीं देखा जाता। स्त्री का शरीर जिसे पुरुष अपने लिए नियत मानता वह पुरुष स्पष्ट रूप से देह के क्षरण का अनुभव करता है। यह पुरुष की शत्रुतापूर्ण निगाहों से है कि विलोन *"la belle heaulmière"* में उसके शरीर के क्षरण पर विचार करते हैं। बूढ़ी औरत, कुरूप स्त्री, केवल अनाकर्षक वस्तुएँ नहीं हैं; वे भय मिश्रित घृणा जगाती हैं। वे माँ की विचलित करने वाली आकृति को मूर्त रूप देते हैं, जबकि पत्नी के आकर्षण फीके पड़ जाते हैं।

लेकिन वही दुल्हन ख़तरनाक शिकार होती है। ताज़े झाग से भरी लहरों से उठती हुई वीनस, सुनहली फ़सल सा दमकता रूप दीमीतर को मुग्ध करता है ; स्त्री से प्राप्त आनन्द को प्राप्त करके, पुरुष उसमें उर्वरता की सन्दिग्ध शक्तियों को भी जाग्रत करता है; यह वही अंग है जिसमें यह प्रवेश करता है और जिससे बच्चे को जन्म मिलता है। यही कारण है कि सभी समाजों में पुरुषों को स्त्री सेक्स से होने वाले ख़तरों के ख़िलाफ़ कई वर्जनाओं द्वारा संरक्षित किया जाता है। यह विपरीत सत्य नहीं है, स्त्री को पुरुष से डरने की कोई आवश्यकता नहीं है; उनके लिंग को चिरकालिक माना जाता है। पुरुष-लिंग को एक देवता की प्रतिष्ठा दी जाती है। उसकी पूजा में आतंक का कोई तत्व नहीं होता है और दैनिक जीवन में स्त्री को उससे रहस्यमय तरीक़े से बचाव करने की आवश्यकता नहीं होती है; यह उसके

लिए केवल अनुकूल है। यह भी उल्लेखनीय है कि कई मातृसत्तात्मक समाजों में बहुत ही मुक्त यौन सम्बन्धों की अनुमति है; लेकिन जिस काल तक उसमें प्रजनन-शक्ति नहीं आती। मालिनोवस्की कुछ आश्चर्य के साथ कहते हैं कि किशोर लड़के और लड़कियाँ स्वतन्त्र रूप से एक-साथ सोते हैं, वे आसानी से अपने प्रेम का प्रदर्शन करते हैं; ऐसा इसलिए है क्योंकि अविवाहित कन्या को जन्म देने में असमर्थ माना जाता है और यौन क्रिया केवल एक सांसारिक आनन्द है। इसके विपरीत, एक बार विवाह हो जाने के पश्चात, उसका जीवनसाथी उसे स्नेह का कोई सार्वजनिक संकेत नहीं दे सकता है, न ही उसे छू सकता है, और उनके अन्तरंग सम्बन्धों का कोई भी संकेत निषिद्ध होता है; विवाहिता में मातृत्व का सार होता है, और सहवास एक पवित्र कार्य बन जाता है। तब से, वह ख़ुद को निषेधों और सावधानियों से घेर लेता है। भूमि पर खेती करते समय, बीज बोते समय, पौधे रोपते समय संभोग वर्जित है: ऐसा इसलिए है क्योंकि फ़सल की समृद्धि के लिए आवश्यक ज़रूरी उर्वरक शक्तियों को अन्तर्वैयक्तिक सम्बन्धों में बर्बाद नहीं करना चाहिए क्योंकि उससे समुदाय का कल्याण किया जा सकता है; प्रजनन क्षमता से जुड़ी शक्तियों के सम्मान के लिए उन्हें सँजोने की बात कही जाती है। लेकिन, अधिकांश अवसरों पर, संयम पति के पौरुष की रक्षा करती है; मछली पकड़ने, शिकार करने और युद्ध-क्षेत्रों में जाते समय पुरुष को स्त्री से सम्बन्ध स्थापित करके अपनी शक्ति क्षीण नहीं करनी चाहिए; स्त्री के साथ मिलन में, पुरुष सिद्धान्त कमज़ोर हो जाता है, और इसलिए जब भी उसे अपनी शक्तियों की समग्रता की आवश्यकता होती है, उसे संभोग से बचना पड़ता है। हमने सोचा है कि क्या पुरुषों को स्त्रियों के प्रति जो भय महसूस होता है, वह उस भय से आता है जो सामान्य तौर पर कामुकता उनमें प्रेरित करती है, या इसके विपरीत। हम देखते हैं कि, विशेष रूप से लेविटिकस में, स्वप्न-दोष को एक अपवित्रता के रूप में माना जाता है, हालाँकि इसमें स्त्री शामिल नहीं है। और हमारे आधुनिक समाजों में, हस्तमैथुन को एक ख़तरा और पाप माना जाता है। बहुत से किशोर और युवक जो इसमें लिप्त होते हैं, वे ऐसा करते तो हैं किन्तु भय और ग्लानि से त्रस्त होते हैं। यह समाज का और विशेष रूप से माता-पिता का हस्तक्षेप है जो एकान्त सुख को एक दोष बनाता है; लेकिन एक से अधिक युवक अपने पहले स्खलन से अनायास ही भयभीत हो जाते हैं। रक्त या वीर्य, अपने स्वयं के पदार्थ का कोई भी स्राव चिन्ताजनक लगता है; यह उसका जीवन है, जो उससे भाग रहा होता है। हालाँकि, भले ही व्यक्तिपरक रूप से एक पुरुष कामुक अनुभवों से गुज़र

सकता है जहाँ स्त्री अनुपस्थित है, वह वस्तुनिष्ठ रूप से उसकी कामुकता में शामिल होती है। जैसा कि प्लेटो ने एण्ड्रोजींस के मिथक में कहा था, पुरुष का जीव स्त्री का अनुमान लगाता है। वह अपने स्वयं के लिंग की खोज में औरत को खोज लेता है, भले ही वह उसे देह और रक्त में, या छवि में न मिली हो; और इसके विपरीत, यह इस हद तक है कि वह कामुकता का प्रतीक होते हुए पुरुष को भयभीत करती है। जीवन के अनुभव के अन्तर्निहित पहलू और पारलौकिक पहलू को कोई कभी अलग नहीं कर सकता। मैं जिस चीज़ से डरता हूँ या इच्छा करता हूँ वह हमेशा मेरे अस्तित्व का अवतार होता है, लेकिन जो मैं नहीं हूँ उसके अलावा मेरे साथ कुछ भी नहीं होता है। ग़ैर-अहंकार स्वप्न-दोष में, और यदि स्त्री की सटीक आकृति के तहत नहीं, तो कम-से-कम प्रकृति और जीवन में शामिल है। व्यक्ति अदृश्य, जादुई शक्ति के वश में होने का अनुभव होता है। इसी तरह, स्त्रियों के लिए उनकी भावनाओं की द्वन्द्वात्मकता भी उनके अपने यौन अंग के प्रति उनके रवैये में परिलक्षित होती है : उन्हें इस पर कभी गर्व होता है तो कभी लज्जा और हँसी आती है। बालक निडर होकर अपने लिंग की तुलना अपने दोस्तों से करता है; पहली बार उसमें तनाव आने पर उसे भय और गर्व, दोनों का अनुभव होता है। वयस्क व्यक्ति अपने यौन अंग को श्रेष्ठता और शक्ति के प्रतीक के रूप में देखता है; यह एक आश्चर्यजनक वरदान है; यह उसके अहंभाव को तुष्ट करता है। यह दी गयी सभी आकस्मिकताओं से समृद्ध एक स्वतन्त्रता है, स्वतन्त्र रूप से वांछित; यही वह विरोधाभासी पहलू है जो उसे मन्त्रमुग्ध कर देता है और साथ ही शंकित भी; यह अंग जिसके द्वारा वह ख़ुद को मुखर करने का दावा करता है, उसकी बात नहीं मानता; अनपेक्षित इच्छाओं से भरपूर, अतृप्त रह जाने पर इसमें भारीपन आ जाता है, कभी हठात तनाव आ जाता है, कभी-कभी स्वप्न में स्खलन हो जाता है, यह एक सन्दिग्ध और मनमौजी जीवन शक्ति को प्रकट करता है। मनुष्य जीवन पर आत्मा की विजय, निष्क्रियता पर गतिविधि की विजय का दावा करता है; उसका विवेक प्रकृति को दूर रखता है, उसकी इच्छा उसे ढालती है, लेकिन, सेक्स के रूप में, वह अपने आप में जीवन, प्रकृति और निष्क्रियता पाता है। शोपेनहावर लिखते हैं, "यौन अंग इच्छाशक्ति का सच्चा केन्द्र है, जिसका विपरीत ध्रुव मस्तिष्क है।" जिसे वह इच्छा कहते हैं वह जीवन के प्रति लगाव है, जो पीड़ा और मृत्यु है, जबकि मस्तिष्क वह विचार है जो ख़ुद को प्रस्तुत करके जीवन से ख़ुद को अलग कर लेता है। काम-वासना पर मनुष्य लज्जा का अनुभव करता है क्योंकि यह देह के प्रति मूर्खतापूर्ण आसक्ति है। भले ही कोई उनके सिद्धान्तों से जुड़े निराशावाद को ख़ारिज कर दे, फिर भी उन्हें

विपक्षी लिंग-मस्तिष्क में मनुष्य के द्वन्द्व की अभिव्यक्ति को देखने का अधिकार है। कर्ता संसार को अपने अधीन रखता है और, जिस ब्रह्माण्ड को वह अपने अधीन रखता है उसके बाहर रहते हुए, वह स्वयं को उसका सम्प्रभु बनाता है; यदि वह ख़ुद को देह के रूप में, सेक्स के रूप में पकड़ लेता है, तो वह अब एक स्वायत्त चेतना, एक पारदर्शी स्वतन्त्रता नहीं है। वह संसार में संलग्न है, एक सीमित और नाशवान वस्तु है। और इसमें कोई सन्देह नहीं है कि सृजनात्मक कार्य शरीर की सीमाओं से परे चला जाता है। लेकिन साथ ही यह उनका गठन करता है। लिंग, पीढ़ियों का जनक, मातृ गर्भ के सममित है; स्त्री के गर्भ में पले हुए रोगाणु से उत्पन्न, पुरुष स्वयं रोगाणुओं का वाहक है और, इस बीज के माध्यम से जो जीवन देता है, यह उसका अपना जीवन भी है जिसे नकारा जाता है। हेगेल कहते हैं, "सन्तानोत्पत्ति का अर्थ माता-पिता की मृत्यु है।" स्खलन मृत्यु का सूचक है, यह व्यक्ति के विरुद्ध प्रजाति की पुष्टि करता है; यौन अंग का अस्तित्व और उसकी गतिविधि कर्ता की गौरवपूर्ण विलक्षणता को नकारती है। जीवन के प्रति मस्तिष्क की यह प्रतिस्पर्धा ही सेक्स को लांछन का विषय बनाती है। पुरुष जिस अंग के सर्वोपरि होने का गर्व करता है, उसे ही वह जीवन-शक्तियों के हाथ खिलवाड़ बनते देख लज्जित होता है। इस लज्जा में भी एक प्रकार से व्यंग्य निहित है। दूसरों का लिंग आसानी से हँसी जगाता है; इस तथ्य से कि यह एक ठोस आन्दोलन का अनुकरण करता है और फिर भी इसे झेलना पड़ता है; तनाव हास्यास्पद लगता है, यद्यपि यह स्वत: होता है, फिर भी ऐसा प्रतीत होता है मानो इच्छा से किया गया हो। जननांग हमेशा से हास्य का विषय रहा है। जननांगों का उल्लेख मात्र ही एक उल्लास जगाता है। मालिनोवस्की का कहना है कि जिन जंगली लोगों के बीच वह रहता था, उनके सम्मुख जननांगों का वर्णन होते ही वे हँसी से लोट-पोट हो जाते थे। कुछ आदिम जातियों की औरतें जब बग़ीचे और खेतों में काम करती थीं तब किसी अपरिचित के सामने आने पर, उस पर टूट पड़ती थीं और अधमरा कर देती थीं। जनजाति के लोग इस कारनामे पर हँसते हैं; इस आक्रमण से, पीड़ित निष्क्रिय औरतों पर आश्रित हो जाता था; जबकि वे ही औरतें सामान्य रति-क्रिया में पुरुष के वश में रहती हैं।

लेकिन यहीं पर वह सबसे स्पष्ट रूप से अपनी शारीरिक स्थिति की अस्पष्टता का अनुभव करेगा। पुरुष को अपनी यौन उत्कृष्टता पर गर्व है क्योंकि इसके द्वारा वह स्त्री पर विजय प्राप्त कर लेता है; परन्तु आधिपत्य का स्वप्न निराशा में समाप्त होता है। प्रामाणिक आधिपत्य में, दूसरे को समाप्त कर दिया जाता है, इसे भस्म कर दिया जाता है और नष्ट कर दिया जाता है। केवल द थाउज़ेंड एंड वन नाइट्स

के सुल्तान में अपनी प्रियतमाओं का सर कलम करने की ताक़त होती है ज्यों ही भोर में उनसे दूर होने का समय आता है; पुरुष का आलिंगन शिथिल होते ही स्त्री उसके बाहुपाश से छिटक जाती है, और इस तरह से वह उससे बच निकलने में क़ामयाब हो जाती है; जैसे ही वह अपनी बाँहें खोलता है, उसका शिकार फिर उसके लिए पराया हो जाता है; यहाँ वह नयी है, अक्षुण्ण है, और अब एक नये प्रेमी के प्रेमपाश में ऐसे ही क्षणभंगुर तरीक़े से बँधने के लिए तैयार है। पुरुष मिथ्या स्वप्न देखता है कि एक स्त्री पर इस तरह से अपनी 'मोहर' लगा दे ताकि वह हमेशा के लिए उसी की बनी रहे; लेकिन सबसे अहंकारी पुरुष भी अच्छी तरह से जानता है कि वह उसके लिए स्मृतियों से ज़्यादा कुछ नहीं छोड़ेगा, और सबसे भावुक यादें, सबसे ज्वलन्त छवियाँ भी वास्तविक अनुभूति के सम्मुख फीकी लगती हैं। सम्पूर्ण साहित्य ने इस विफलता की निन्दा की है। स्त्री को चंचला और छलना कहा जाता है क्योंकि अपने शरीर को वह सम्पूर्ण पुरुषजाति को समर्पित कर सकती है, न कि किसी एकल पुरुष को। औरत की गति छल से भरी है। वह अपने प्रेमी को अपना शिकार बना लेती है। केवल एक शरीर ही दूसरे शरीर का स्पर्श कर सकता है; नर केवल स्वयं देह बनकर ही वांछित देह पर अधिकार जमाता है; आदम को हव्वा इसलिए सौंपी गयी थी ताकि वह अपनी श्रेष्ठता हासिल कर सके, उसमें अपनी पूर्णता प्राप्त कर सके किन्तु हव्वा ने उसे विश्व-व्याप्त कर दिया; प्रेयसी पुरुष को आनन्द देते हुए उसे पुन: उसी अपारदर्शी मिट्टी में बन्दी बना लेती है, जिसे माता अपने पुत्र की रचना करने के लिए अपने गर्भ में धारण करती है और जिससे पुरुष भागना चाहता है। वह स्त्री पर आधिपत्य चाहता है परन्तु स्वयं उसके अधीन हो जाता है। गन्ध, नमी, थकान, ऊब : एक सम्पूर्ण साहित्य चेतना के इस नीरस जुनून का वर्णन करता है जो देह बन जाता है। इच्छा में अक्सर घृणा का एक तत्त्व होता है और जब यह शान्त हो जाता है तो घृणा में वापस आ जाता है। "Post coïtum homo animal triste."* (सहवास के पश्चात मनुष्य दुखी पशु है) "देह उदास है।" पुरुष को प्रेमिका की बाँहों में चाहे कितनी ही देर आश्रय क्यों न मिले, वह तुष्ट नहीं होता। इच्छा-तृप्ति के साथ-साथ पुन: इच्छा जाग्रत हो जाती है और अक्सर यह इच्छा स्त्री मात्र की नहीं होती, बल्कि उस स्त्री-विशेष के लिए होती है। इस तरह यह स्त्री-विशेष एक विलक्षण शक्ति धारण कर लेती है और पुरुष को अशान्त रखने का आकर्षण बनाये रखती है। क्योंकि पुरुष भूख या प्यास के सामान्य अनुभव की तरह अपनी कामेच्छा को भी तुष्ट करता है और जिसका उद्देश्य विशेष नहीं है। वह कड़ी जो उसे इस विशेष स्त्री शरीर से जोड़ती है वह उस 'अन्या' द्वारा उस पर

आरोपित किया जाता है। यह अपवित्र और उर्वरा गर्भ की तरह एक रहस्यमय बन्धन है जहाँ इसकी जड़ें हैं, एक प्रकार की निष्क्रिय शक्ति। यह जादू है। धारावाहिक उपन्यासों की घिसी-पिटी शब्दावली में जहाँ स्त्री को एक जादूगरनी या मत्स्यांगना के रूप में वर्णित किया गया है जो पुरुष को मोहित करती है और उसे आकर्षित करती है, सबसे प्राचीन, सबसे सार्वभौमिक मिथकों को दर्शाती है। नारी जादू के लिए अभिशप्त है। एलेन के अनुसार, जादू, चीज़ों में छिपी आत्मा है; एक क्रिया तब जादू होती है, जब वह किसी कर्ता द्वारा उत्पन्न किये जाने के बजाय, निष्क्रियता से उत्पन्न होती है; पुरुषों ने हमेशा स्त्री को निश्चित रूप से दिये गये सार के रूप में माना है; यदि वह फ़सल और सन्तान उत्पन्न करे, तो इसलिये नहीं कि वह चाहती है; वह कर्ता, अतिक्रमण, रचनात्मक शक्ति नहीं है, बल्कि तरल पदार्थ से आवेशित वस्तु है। जिन समाजों में पुरुष इन रहस्यों को मानते हैं, वहाँ नारी इन गुणों के कारण पन्थ से जुड़ी हुई है और एक पुरोहित के रूप में पूजनीय होती है; लेकिन जब वह समाज को प्रकृति पर, तर्क को जीवन पर, इच्छा को जड़ पर विजय दिलाने के लिए संघर्ष करता है, तो स्त्री को डायन माना जाता है। पुजारी और जादूगर के बीच का अन्तर सर्वविदित है। पुजारी समाज और जन-कल्याण के लिए ईश्वरीय इच्छा और क़ानून द्वारा कुछ शक्तियों को अपने वश में कर लेता है; पर जादूगर समाज से अलग, देवताओं और क़ानूनों के ख़िलाफ़, अपने जुनून के अनुसार काम करता है। स्त्री पुरुष-जगत में पूर्ण-रूपेण समाविष्ट नहीं होती है; अन्य की तरह, वह उनका प्रतिरोध करती है; उसके पास मौजूद शक्तियों का उपयोग करना स्वाभाविक है, वह अपनी शक्ति को पुरुष-जगत में प्रसारित नहीं करती, न ही वह उसे भविष्य में सर्वोत्तम बनाना चाहती है, बल्कि अलग और विरोध में, पुरुषों को अलगाव के एकान्त में, अनन्त के अँधेरे में खींचती है। वह जलपरी है जिसके गीतों से नाविक चट्टानों से टकरा गये; वह मोहिनी है, जिसने अपने प्रेमियों को जानवरों में बदल दिया, मत्स्यांगना है जो मछुआरे को लुभाकर ताल की गहराई तक ले जाती है। उसके जादू से मन्त्रमुग्ध आदमी के पास अब कोई इच्छाशक्ति, कोई परियोजना, कोई भविष्य नहीं है; वह अपनी इच्छाशक्ति, अपनी सूझ-बूझ खो बैठता है और अपनी दैहिक इच्छाओं का ग़ुलाम हो जाता है, आनन्द और कष्ट के बीच पिसता रहता है। उसे समुदाय से निकाल दिया जाता है, वर्तमान भविष्य से महत्त्वपूर्ण हो जाता है; जादूगरनी और छलना के रूप में स्त्री, कर्तव्य पर काम की विजय करा देती है, वह यात्री को घर से बहुत दूरी पर रोक लेती है, उसे आत्म-विस्मृत कर देती है। अन्य को अपना बनाने की कोशिश में, पुरुष को अपना अस्तित्व पृथक्

रखना चाहिए; लेकिन असम्भव को पाने की विफलता से उसमें निराशा आ जाती है और वह उसी अन्य में परिणत हो जाता है जिसके साथ एकाकार होने में वह विफल रहता है; इसलिए वह अपने आप को अलग कर लेता है, वह ख़ुद को खो देता है, वह प्रेम की मदिरा का पान करके अपने को अपने से ही अपरिचित पाने लगता है, वह क्षणभंगुर और नश्वर जल में गोता लगाता है। माँ अपने पुत्र को जीवन देकर मृत्यु के लिए समर्पित कर देती है; प्रेमिका अपने प्रेमी को जीवन का परित्याग करने और परम निद्रा में डूब जाने के लिए प्रेरित करती है। प्रेम और मृत्यु के बीच के इस बन्धन को ट्रिस्टन की कथा में दयनीय रूप से प्रकाश में लाया गया था, लेकिन इसमें अधिक मौलिक सत्य है। देह से जन्मा, प्रेम में डूबा मनुष्य स्वयं को देह के रूप में पूर्ण करता है और देह का मिट्टी में मिल जाना नियत है। इस प्रकार स्त्री और मृत्यु के बीच सम्बन्ध की पुष्टि की जाती है; फ़सल उगाने वाली ही मानो भूमि को बंजर बना देती है। लेकिन वह उस भयावह वधू के सदृश है जिसकी मिथ्या सुन्दर काया[16] के भीतर अस्थि का ढाँचा प्रकट होता है।

इस प्रकार, पुरुष सबसे पहले स्त्री में, प्रेमिका और माँ दोनों में, जिसे सँजोता है और घृणा करता है, वह उसकी पाशविक नियति की निश्चित छवि है, यह उसके अस्तित्व के लिए आवश्यक जीवन है, लेकिन जो उसे परिमिति और मृत्यु की ओर ले जाता है। जिस दिन मनुष्य पैदा होता है, उसी दिन से उसकी मृत्यु शुरू हो जाती है। माँ में यह सत्य सन्निहित है। माँ व्यक्ति के स्थान पर उसे ज़ाती रूप देती है। पत्नी के आलिंगन, कामोत्तेजना और आनन्द में, वह अपने विलक्षण स्व को विस्मृत कर बैठता है। यद्यपि वह मन और पत्नी में अंतर देखना चाहता है, किन्तु दोनों में एक ही तथ्य को पाता है, वह है उसकी दैहिक नश्वरता। वह अपनी माँ को पूजता है, अपनी प्रेमिका की कामना करता है; एक ही साथ परन्तु भय और घृणा से पीड़ित वह दोनों के प्रति विद्रोह करता है।

एक महत्त्वपूर्ण गद्यांश जहाँ हम लगभग इन सभी मिथकों का एक संश्लेषण पायेंगे, वह है जौन-रीशार्ट बालोश की *La nuit kurde* (कुर्दिस्तान की रात), युवा साद के अपने से कहीं अधिक उम्र की, लेकिन फिर भी सुन्दर स्त्री के साथ आलिंगन का वर्णन किया गया है।

"रात ने चीज़ों और जज़्बातों की रूपरेखा को एक तरह से ख़त्म कर दिया। वह अब किसी औरत को उससे नहीं बाँध रहा था। वह आख़िरकार दुनिया की उत्पत्ति से चली एक अनन्त यात्रा के लक्ष्य तक पहुँच रहा था। वह धीरे-धीरे उस विशालता में नष्ट हो गया जो बिना किसी अन्त या आकार के उसके चारों ओर

फैली हुई थी। सभी स्त्रियाँ एक विशाल देश में विलीन हो गयीं, अपने आप में सिमट गयीं, इच्छा के रूप में उदास, गर्मी में जलती हुई इच्छा के रूप में...उन्होंने हालाँकि भयानक प्रशंसा के साथ स्त्री में संलग्न शक्ति को पहचाना, लम्बी जाँघें साटन के साथ फैली हुई, घुटने दो हाथीदाँत की तरह पहाड़ियाँ। जब वह पीठ की पॉलिश की हुई धुरी पर, कमर से कन्धों तक चढ़ा, तो उसे ऐसा लगा कि वह उसी तिजोरी को पार कर रहा है जो दुनिया का पालन-पोषण करती है। लेकिन पेट ने उसे निरन्तर, लोचदार और कोमल महासागर की याद दिला दी, जहाँ सभी जीवन का जन्म होता है और लौटता है, आश्रयों के बीच अपने ज्वार, इसके क्षितिज, इसकी असीमित सतहों के बीच शरण।"

"फिर वह उस रमणीय लिफ़ाफ़े को भेदने के लिए क्रोध से भर गया, और अन्त में इस सारी सुन्दरता के स्रोत को जीत लिया। एक साथ-साथ चलने वाली एक इच्छा ने उन्हें एक-दूसरे के भीतर लपेट लिया। जमीन की तरह ख़ुद को विभाजित करने के लिए, अपने विसरा को खोलने के लिए, प्रेमिका के मूड पर ख़ुद को कण्ठस्थ करने के अलावा औरत अब अस्तित्व में नहीं थी। ...औरत अब केवल हिस्से से बँधी होने के लिए, उसके जीवन को खोलने के लिए, अपने प्रिय के हास्य के साथ ख़ुद को कण्ठस्थ करने के लिए जीती थी। उनका परमानन्द जानलेवा था ...उत्साह हत्या में बदल गया।। वे एक साथ आये जैसे कि छुरा घोंपकर...वे एक छुरा की तरह एकजुट होते हैं।"

"उसके लिए प्राणी की सीमाओं को पार करने की अनसुनी खुशी आरक्षित थी, प्रश्न और उत्तर, जो कुछ नहीं है, और एक अविनाशी नदी में गले लगाने के लिए, अप्राप्य का साम्राज्य..."

"...वह, अलग-थलग आदमी, विभाजित, पृथक्, कटा हुआ, उलझा हुआ, वह, मनुष्य, पृथक्, अपने स्वयं के पदार्थ से बाहर निकलने वाला था, वह, सबसे पहले, अपनी शारीरिक जेल से बाहर आयेगा और अन्त में मुक्त, पदार्थ और आत्मा में जायेगा। सार्वभौमिक पदार्थ में। उसके लिए सर्वोच्च सुख आरक्षित था, जिसे आज तक कभी अनुभव नहीं किया गया था, प्राणी की सीमाओं से परे जाने का, एक उच्च वस्तु और विषय में विलीन हो जाना, प्रश्न और उत्तर, जो कुछ भी है उसे जोड़ने का नहीं होना, और अन्तिम आक्षेप द्वारा अप्राप्य के साम्राज्य को प्राप्त करना।

"...धनुष के प्रत्येक आने और जाने से उस क़ीमती यन्त्र में अधिक से अधिक तीव्र स्पन्दन जाग्रत हुए, जिसे उसने अपनी दया पर रखा था। अचानक एक

आखिरी ऐंठन ने साद को आँचल से अलग कर दिया और उसे वापस धरती और कीचड़ की ओर फेंक दिया।"

स्त्री की इच्छा पूरी न होने पर वह अपने प्रेमी को अपने पैरों के बीच क़ैद कर लेती है, उसे लगता है कि उसकी इच्छा वापस लौट रही है। वह फिर उसे एक शत्रु शक्ति के रूप में प्रकट होती है जो उसके पौरुष को फाड़ देती है और उसे फिर से अपने पास रखते हुए, वह उसके गले को इतनी गहराई से काटती है कि वह उसे मार डाले। माँ से स्त्री-प्रेमी से मृत्यु तक का चक्र एक जटिल क़रीब तक जाता है। ...इस प्रकार वह चक्र समाप्त हो जाता है जो माँ से प्रेमी तक, मृत्यु तक, जटिल पथिकों से होकर जाता है।

जीवन सुख के प्रति मनुष्य के दृष्टिकोण विभिन्न हो सकते हैं। यदि मनुष्य अपने भाग्य की विशेष चिन्ता न करे, तो वह जीवन को अद्वितीय पाता है। यदि उसे मृत्यु का भय न हो तो वह भीतर के पशुत्व को सहर्ष स्वीकार कर लेता है। मुसलमानों में स्त्री की अवस्था बड़ी हीन है क्योंकि उनका समाज सामन्तवादी है। किसी को भी राज्य में अपील करने का अधिकार नहीं है। उनके समाज में औरत में कोई भी मोहिनी शक्ति नहीं मानी जाती। उनका धर्म उनके सम्मुख योद्धा का आदर्श रखता है। वे मृत्यु को सहर्ष स्वीकार करते हैं। उन्हें पृथ्वी पर किसी भी बात का भय नहीं है। उन्हें स्वर्ग में सभी इन्द्रिय-सुख मिलेंगे। इस स्थिति में पुरुष औरत का सुख बिना डर के भोग सकता है। अरेबियन नाइट्स में औरत को शीतलता का स्रोत माना गया है। भूमध्य सागरीय प्रदेश के बाशिन्दों में भी जीवन के प्रति ऐसा ही रुख़ है। पूर्ण, अमरता की तलाश में नहीं, दक्षिण का आदमी, वर्तमान के क्षण में मिलने वाले सुख के सामने वे अमरत्व की परवाह नहीं करते। प्रकृति उन्हें हमेशा अनुकूल दिखाई देती है। वे आकाश में रौशनी और सागर में सौन्दर्य देखते हैं। औरत का भोग वे जी भर के करते हैं। सम्भवत: वे स्त्री को मनुष्य नहीं समझते। औरत उनके लिए आनन्द की वैसी ही सामग्री है जैसे समुद्र की लहरें। उन्हें स्त्री एवं अपने शरीर रूप से भय नहीं है। *Conversation en Sicile* में विटोरिनी कहते हैं कि जब उनकी आयु सात वर्ष की थी तब उन्होंने एक नग्न स्त्री को देखा था, लेकिन उन्हें किसी भी प्रकार की उत्तेजना नहीं हुई। ग्रीक और रोमन तर्कवादी विचार इस सहज प्रवृत्ति दृष्टिकोण की पुष्टि करते हैं। यूनानी आशावादी दर्शन पाइथागोरस मनिचैवाद से आगे निकल गया; अवर श्रेष्ठ के अधीनस्थ है और इसलिए उसके लिए उपयोगी है। ये सामंजस्यपूर्ण विचारधाराएँ देह के प्रति कोई शत्रुता नहीं दिखाती हैं। विचारों के स्वर्ग की ओर या शहर या राज्य की ओर मुड़कर, व्यक्ति ख़ुद को नागरिक के

रूप में सोचता है कि उसने अपनी पाशविक वृत्ति पर क़ाबू पा लिया है। चाहे वह भोग का जीवन जिये या घोर संयम का, उनके समाज में स्त्री का महत्त्व गौण है, यद्यपि वह पुरुष-समाज से बिल्कुल जुड़ी हुई है। यह सच है कि तर्कवाद की कभी भी पूरी तरह से जीत नहीं हुई है और इन सभ्यताओं में कामुक अनुभव अपने द्विपक्षीय चरित्र को बरकरार रखता है। संस्कार, पौराणिक कथाएँ और साहित्य इसका प्रमाण हैं। लेकिन स्त्रीत्व के आकर्षण और ख़तरे वहाँ केवल क्षीण रूप में ही प्रकट होते हैं। ईसाई धर्म में औरत को ऐसी प्रतिष्ठा दी गयी है जिससे भय हो। स्त्री के प्रति पुरुष-मन में हमेशा भय व आशंका रहती है। ईसाई स्वयं को दो भागों में विभाजित देखता है — देह और आत्मा; जीवन और आत्मा का विभाजन भस्म हो जाता है। पाप कर्म द्वारा शरीर आत्मा का शत्रु बन जाता है। सभी शारीरिक बन्धन बुराई से भरे प्रतीत होते हैं।[17] यीशु के द्वारा उद्धार होने पर और उसके द्वारा ही स्वर्ग भेजने पर आत्मा की रक्षा होती है। लेकिन मूल रूप से यह केवल सड़न है; उसका जन्म उसे केवल मृत्यु की ओर ही नहीं बल्कि विनाश की ओर भी ले जाता है। दैवी कृपा उसके लिए स्वर्गलोक के द्वार खोल सकती है, लेकिन उसके प्राकृतिक अस्तित्व के सभी अवतार शापित हैं। जीवन हर रूप में अभिशाप है। बुराई नितान्त सत्य है; और देह पाप है। औरत हमेशा अन्य रही है, हम यह नहीं मानते हैं कि पारस्परिक रूप से नर और मादा सिर्फ़ देह हैं। ईसाइयों ने भी स्त्री को देह-रूप माना है। संसार की सारी लालसाएँ स्त्री में मूर्त रूप ले लेती हैं। वह एक साथ शरीर और शैतान है। सभी चर्च के पादरी इस तथ्य पर ज़ोर देते हैं कि औरत ने ही आदम को पाप करने के लिए प्रेरित किया। हमें एक बार फिर टर्टुलियन के शब्दों का हवाला देना चाहिए : "औरत! तुम शैतान के पास पहुँचाने का मार्ग हो; जिस पर स्वयं शैतान प्रत्यक्ष रूप से आक्रमण न कर सके, उस पुरुष को तुमने प्रलोभन दिया, तुम्हारे कारण, यह तुम्हारी ग़लती है कि परमेश्वर के पुत्र को मरना पड़ा। तुम्हें सदैव शोक-सन्तप्त और चिथड़े पहने होना चाहिए।" सभी ईसाई साहित्य उस घृणा को भड़काने का प्रयास करते हैं जो एक पुरुष एक स्त्री के लिए महसूस कर सकता है। टर्टुलियन का कथन है : *Templum aedificatum super cloacam* यानी "तुम तो मानव नाली पर निर्मित मन्दिर के सामान हो" कहकर परिभाषित करते हैं। सेंट ऑगस्टाइन ने यौन और उत्सर्जक अंगों की का मुकता को भयावहता के साथ रेखांकित किया : *Inter foeces et urinam nascimur* यानी हम मल-मूत्र के बीच पैदा होते हैं। स्त्री शरीर के लिए ईसाई धर्म की घृणा ऐसी है कि वह अपने ईश्वर को अपमानजनक मृत्यु के लिए समर्पित करने के लिए सहमत है, लेकिन उसे जन्म की अपवित्रता

से बचाती है। पूर्वी चर्च में इफिसस की परिषद, पश्चिम में लेटरन की परिषद ईसा मसीह के कुँवारी जन्म की पुष्टि करती है। प्रारम्भिक चर्च फादर — ओरिजन, टर्टुलियन, जेरोम — ने सोचा कि मैरी ने अन्य स्त्रियों की तरह खून और गन्दगी में जन्म दिया था; लेकिन यह सेंट एम्ब्रोज़ और सेंट ऑगस्टीन की राय ही प्रचलित है। वर्जिन मेरी का गर्भ बन्द ही रहा। मध्य युग से, स्त्रियों में शरीर का होना एक कलंक माना जाता रहा है। यहाँ तक कि स्वयं विज्ञान लम्बे समय इस घृणा से पंगु बना रहा। लिनिअस ने प्रकृति पर अपने ग्रन्थ में स्त्री के जननांगों के अध्ययन को 'घृणित' कहकर खारिज कर दिया। लॉरेंस के फ्रांसीसी डॉक्टर अचरज करते हैं कि कैसे "मनुष्य नामक तर्क और निर्णय से भरा वह दिव्य जानवर स्त्री के उन अश्लील अंगों से आकर्षित हो सकता है, जिनमें से स्राव होता है और शर्मनाक तरीक़े से धड़ के सबसे निचले हिस्से में स्थित हैं।" आज कई अन्य प्रभाव ईसाई विचार में हस्तक्षेप करते हैं; और इसके स्वयं एक से अधिक पहलू हैं; लेकिन, अन्य बातों के अलावा विशुद्धतावादियों के मान स्त्री-शरीर के प्रति यह घृणा क़ायम है; लेकिन, प्यूरिटन दुनिया में दूसरों के बीच में, देह के प्रति घृणा क़ायम है; इसे फ़ॉकनर द्वारा *Light in August* में व्यक्त किया गया है; नायक के पहले यौन अनुभव अत्यधिक दर्दनाक होते हैं। विशेष रूप से प्यूरिटन एंग्लो-सैक्सन देशों में, अधिकांश किशोरों और कई पुरुषों में स्त्री कमोबेश स्पष्ट आतंक पैदा करती है। नायक जब स्त्री के साथ सम्भोग करने जाता है तब उसका हृदय विषाद से भरा होता है। साहित्य में ऐसे अनेक उदाहरण भरे पड़े हैं जब प्रथम मैथुन के पश्चात नायक का जी मिचलाने लगता है। एंग्लो-सैक्सन देशों में जहाँ विशुद्धतावाद का प्रचार था, किशोर बालकों और वयस्क पुरुषों में स्त्री एक प्रकार के भय के भाव का संचार करती है। यौन विकारों का विचार इन भयों को व्यक्त करता है; फ्रांस में इसकी जड़ें काफ़ी गहरी हैं। मिशेल लीरिस ने *L'âge d'homme* में लिखा है : "मेरे पास स्त्री अंग को एक गन्दी चीज़ या घाव के रूप में मानने की प्रवृत्ति है, हालाँकि उसके लिए कम आकर्षक नहीं है, लेकिन अपने आप में ख़तरनाक है, जो कि ख़ूनी है, चिपचिपा, और दूषित।" माइकेल लेविस ने अपनी रचना में ऐसे ही विचार व्यक्त किये हैं कि औरत के ये अंग गन्दे घाव से प्रतीत होते हैं; ये बीमारियाँ फैला सकते हैं इसलिए भयंकर रूप में दिखते हैं। औरत बीमारियों का कारण हो सकती है; चूँकि बीमारियाँ स्त्रियों से फैलती हैं इसलिए वे घृणित हैं। बारम्बार मैथुन क्रिया से गोनोरिया जैसा गन्दा रोग हो जाता है। मैथुन-क्रिया से पुरुष-शक्ति का ह्रास होता है। उसकी विवेकशीलता पर आघात पहुँचता है। हस्त-मैथुन से भी इस तरह के ख़तरनाक परिणाम होते हैं।

नैतिक दृष्टि से तो यह हानिकारक है। ऐसा करने से स्वाभाविक यौन शक्ति भी क्षीण पड़ जाती है। वैध रूप से विवाह और सन्तान की इच्छा कामवासना के दुष्परिणामों से मनुष्य की रक्षा करते हैं। कामेच्छा के जागने का अर्थ है किसी 'अन्य' की आवश्यकता और वह अन्य औरत है। स्त्री के सम्मुख पुरुष बड़ा विवश-सा हो जाता है। वह देह-मात्र रह जाता है। औरत उस प्रेतात्मा के सदृश है जो उसकी शक्ति को क्षीण करके आनन्द प्राप्त करती है। मनोवैज्ञानिक विश्लेषण के वैज्ञानिक सिद्धान्त के अनुसार स्त्री सम्भोग से सुख प्राप्त करके मानो पुरुष के अंग पर अपना अधिकार स्थापित कर लेती है और उसे दण्डित करती है। इस मनोवैज्ञानिक सिद्धान्त का भी विश्लेषण आवश्यक है। जिन चिकित्सकों ने इन सिद्धान्तों को प्रतिपादित किया, शायद उन्होंने भी अपने पूर्वजों के भय को ही अभिव्यक्त किया।[18]

इन भयों का स्रोत यह है कि अन्य में, किसी भी सम्मिलन से परे, अन्यता बनी रहती है। आदिम समाजों में स्त्री में भय उत्पन्न करने वाली शक्तियों की मान्यता पितृसत्तात्मक समाजों में बरकरार रही। इसलिए पुरुष कभी भी स्त्री को उसके स्वाभाविक रूप में ग्रहण नहीं करता, उसे वर्जनाओं से घेरा जाता है, संस्कारों द्वारा शुद्ध किया जाता है, पुजारियों के नियन्त्रण में रखा जाता है; हम पुरुष को उसकी मूल नग्नता में कभी भी उसके पास नहीं जाना सिखाते हैं, लेकिन अनुष्ठानों और संस्कारों के माध्यम से जो उसे पृथ्वी और देह से अलग करते हैं, और इसे एक मानव प्राणी में रूपान्तरित करते हैं। इस प्रकार बिजली की छड़ और बिजली स्टेशनों के आविष्कार के बाद से उसके पास जो जादू है वह बिजली के रूप में प्रसारित होता है। स्त्री की शक्तियों का उपयोग समुदाय के हित में करना भी सम्भव हो जाता है। यहाँ हम एक और चरण देखते हैं जो पुरुष और उसकी स्त्री के बीच सम्बन्धों को परिभाषित करता है। वह उससे तभी तक प्रेम करता है जब तक वह उसकी अपनी है, वह उससे तभी तक डरता है जब तक वह अन्य बनी रहती है; और अन्य के रूप में वह जितनी ही दुर्जेय होती है पुरुष उसे उतनी ही शिद्दत से अपना बनाना चाहता है। यही वह चीज़ है जो उसे एक व्यक्ति की गरिमा तक ऊपर उठाने और उसे अपने समकक्ष के रूप में पहचानने के लिए प्रेरित करेगी।

पुरुष-प्रधान समाज में यह भी माना जाता है कि औरत में जादू की ताक़त है। नारी ने समाज को ब्रह्माण्डीय शक्तियों को उसमें समाहित करने का अवसर दिया। अपनी रचना 'मित्र-वरुण' में, डुमेज़िल बताते हैं कि भारत में रोम की तरह, पौरुष शक्ति के लिए ख़ुद को मुखर करने के दो तरीक़े हैं : वरुण और रोमुलस में, गन्धर्वों

और लुपर्क्स में, यह आक्रामकता, अपहरण, अव्यवस्था, अभिमान है; तब स्त्री एक ऐसे प्राणी के रूप में प्रकट होती है जिसका अपहरण किया जाना चाहिए, बलप्रयोग से उपभोग किया जाना चाहिए; अपहृत सबाइन औरतें इस प्रकार उपभोग किये जाने पर बाँझ प्रतीत होती हैं, उन्हें बकरियों की खाल से कोड़े मारे जाते हैं, हिंसा की अधिकता की भरपाई हिंसा से की जाती है। लेकिन मित्रा, ब्राह्मण और फ्लेमिन, इसके विपरीत, शहर में व्यवस्था और उचित सन्तुलन सुनिश्चित करते हैं। तब पत्नी जटिल संस्कारों के साथ विवाह द्वारा पति से बँध जाती है और उसके साथ सहयोग करते हुए, उसे प्रकृति की समस्त स्त्री-शक्तियों के प्रभुत्व का आश्वासन देती है; रोम में जुपिटर का पण्डित व पादरी पत्नी की मृत्यु हो जाने पर अपना पद त्याग देता था। इस प्रकार, मिस्र में, आइसिस, एक देवी-माँ के रूप में अपनी अलौकिक शक्ति गँवाने पर भी ओसिरिस की गरिमामयी पत्नी बनी हुई है, उदार, हँसमुख, परोपकारी और बुद्धिमान। लेकिन जब स्त्री इस प्रकार पुरुष की भागीदार, उसकी पूरक, उसकी अर्धांगिनी के रूप में प्रकट होती है, तो वह अनिवार्य रूप से एक चेतना और एक आत्मा से सम्पन्न है; वह किसी ऐसे प्राणी पर इतनी गहराई से निर्भर नहीं रह सकता था जिसमें मानव-गुण न हों। मनु के क़ानून के अनुसार वैध पत्नी भी उसी स्वर्ग की अधिकारिणी होती है जिसका पति अधिकारी होता है। जितना अधिक पुरुष वैयक्तिकृत होता जाता है और अपनी वैयक्तिकता का दावा करता है, उतना ही अधिक वह अपने साथी में एक व्यक्ति और एक स्वतन्त्रता को भी पहचानेगा। प्राच्य पुरुष अपने भाग्य से बेपरवाह, एक स्त्री से सन्तुष्ट है जो उसके लिए भोग की वस्तु है; लेकिन पश्चिमी आदमी का सपना, जब वह अपने अस्तित्व की विलक्षणता की चेतना तक पहुँच गया है, एक परायी और विनम्र स्वतन्त्रता द्वारा पहचाना जाना है। यूनानवासी को, जिसके लिए औरत जननांगों में निहित है, अपनी संगिनी के रूप में नहीं मानना चाहते अत: वे अपना सम्पूर्ण प्रेम अपने साथी पुरुष पर उड़ेल देते हैं, जो उन्हीं की तरह चेतन है, स्वतन्त्र है या फिर वे अपना स्नेह हितेराओं को देते हैं जो बुद्धि, सभ्यता और संस्कृति में उनके समान हैं। लेकिन जब परिस्थितियाँ अनुमति देती हैं, पत्नी ही पुरुष की कामना को तृप्त कर सकती है। रोमन नागरिक विवाहिता में एक व्यक्ति को पहचानता है; कॉर्नेलिया में या अररिया में, उसके पास उसका दोहरा अधिकार है। विरोधाभासी रूप से, यह ईसाई धर्म था जो एक निश्चित स्तर पर, पुरुषों और स्त्रियों की समानता की घोषणा करता था। ईसाई धर्म उसकी देह से घृणा करता है; यदि स्त्री अपना देह-रूप त्याग दे तो वह भी ईश्वर की सृष्टि है। पुरुष की तरह उसका भी ईश्वर की कृपा से उद्धार हो जायेगा। उसे भी पुरुष के समान स्थान

मिल जायेगा जिसे स्वर्ग के सारे सुख उपलब्ध हैं। स्त्री और पुरुष ईश्वर के दास हैं। दोनों स्वर्ग-दूतों के सदृश यौन-विहीन हैं। ईश्वर के अनुग्रह के कारण सांसारिक प्रलोभनों का वे प्रतिरोध कर सकते हैं; यदि अपने पशुत्व को स्वीकार करे या इस बात को भी कि वह पाप का मूर्त रूप है, तो वह भी पुरुष की तरह श्रेष्ठ जीव बन सकती है, जिसने पाप के ऊपर विजय प्राप्त कर ली है।[19] वास्तव में वे अलौकिक रक्षक, जो जीवों का उद्धार करते हैं, पुरुष हैं। अपने उद्धार के लिए मनुष्य को भी चेष्टा करनी चाहिए और अपनी इस सदिच्छा को विनम्रता से व्यक्त करना चाहिए। यीशु देवता हैं, किन्तु मानव पर शासन करने वाली वर्जिन मैरी है। स्त्री में देवत्व के गुण सीमित रूप में प्रकट हुए। चर्च ने भी पुरुष-प्रधान समाज की सभ्यता का समर्थन किया है जो यह उचित मानता है कि स्त्री पुरुष से संलग्न रहे। पुरुष की सेविका के रूप में रह कर ही वह अलौकिक सन्त का वरदान प्राप्त कर सकती है। मध्य युग में स्त्री का वह पूर्ण व महान् रूप माना जाता है जो पुरुष के अनुकूल है। यीशु की माता के मुख पर तेज है। वह हव्वा का विपरीत रूप है। हव्वा पापिन है, किन्तु वह पापिन सर्पिणी को अपने पैरों से कुचलती है। हव्वा नाश की ओर ले जाती है किन्तु मदर मैरी उद्धार करने में सहायक होती हैं।

यह माँ की तरह है कि स्त्री दुर्जेय थी; माता के रूप में स्त्री डर जगाती थी; उसके मातृत्व रूप को परिवर्तित करने की आवश्यकता है। 'मेरी' का कौमार्य उतना महत्त्व नहीं रखता जितना कि वह रूप जो जीवों का उद्धार करता है।। इस रूप में पुरुष स्त्री का न तो स्पर्श कर सकता है और न उस पर आधिपत्य जमा सकता है। इसी प्रकार 'एशियाटिक ग्रेट मदर' के भी पति नहीं थे; उन्हें विश्व जननी के रूप में माना गया है और इस प्रकार अपने एकाकी रूप में वे ही विश्व पर शासन करती हैं। मान लिया जा सकता है कि उनमें कभी-कभी कुछ सनक दिखाई देता है परन्तु माता के रूप वे महान् हैं; पति की दासता से परे हैं। इसी प्रकार 'मेरी' पर वासना का कलंक नहीं लगा है। मिनर्वा की तरह हाथी दाँत की मीनार, एक गढ़, एक अभेद्य कालकोठरी है। प्राचीन रोम की पण्डितायनें भी ईसाई साध्वियों की तरह कुँवारी होती थीं। स्त्री का वह रूप जो मानव के लिए कल्याणकारी है, अपनी संकुचित शक्ति में श्रद्धेय है; अपने अविजित रूप में स्त्री को अपना स्त्रीत्व सुरक्षित रखना चाहिए। 'मरियम' को गौरवान्वित करने के लिए ही उनका पत्नी रूप नहीं है; जो कार्य उन्हें सौंपा गया है उसे सम्पादित करने में ही उनका गौरव है। वे कहती हैं, "मैं यहोवा की दासी हूँ। मानव जाति के इतिहास में पहली बार, माँ ने अपने बेटे के सामने घुटने टेके; वह स्वतन्त्र रूप से अपनी हीनता को पहचानती है। यह पुरुष की सबसे बड़ी

विजय है जो मरियम के पन्थ में भस्म हो जाती है। इस पराजय द्वारा ही स्त्री को उत्तम स्थिति प्राप्त होती है। ईश्तर, अस्तार्त, और साइबेले क्रूर, शातिर और कामोत्तेजक थीं; वे शक्तिशाली थीं; उन्होंने मृत्यु और जीवन का स्रोत, मनुष्यों को जन्म देकर, उन्हें अपना दास बनाया। ईसाई धर्म में जीवन और मृत्यु अब भगवान पर निर्भर नहीं है, मातृ गर्भ से पैदा हुआ आदमी हमेशा के लिए बच गया है, जन्म और मृत्यु दोनों उनके हाथ में है। इस प्रकार वे पुरुष को अपने अधीन रखती हैं। ईसाई धर्म में जन्म और मृत्यु दोनों ईश्वर पर निर्भर है। एक बार माता की देह से निकलने के बाद मनुष्य हमेशा के लिए उस शरीर से मुक्त हो जाता है; धरती में केवल उसकी अस्थियाँ ही वापस आती हैं। उसके भाग्य और उसकी आत्मा के बारे में निर्णय उन क्षेत्रों (स्थानों पर) में होता है जहाँ माँ की शक्ति मिट जाती है; बपतिस्मा का संस्कार उन समारोहों का उपहास करता है जो नाल को जला देते हैं या डुबो देते हैं। पृथ्वी पर कोई जादू नहीं है; ईश्वर ही राजा है। प्रकृति प्रारम्भ से प्रतिकूल अवश्य रहती है परन्तु ईश्वर की अनुकम्पा से उसकी अनिष्टकारी शक्ति नष्ट हो जाती है। मातृत्व को धारण करने की शक्ति कोई दूसरा प्रदान नहीं करता, यह एक प्राकृतिक एवं स्वाभाविक घटना है। मौलिक दोष से मुक्त होने के लिए स्त्री को ईश्वरीय इच्छा के सम्मुख झुकना ही पड़ेगा। यह विनम्रता ही उसे पुरुष के अधीन रखती है। इस समर्पण के पश्चात स्त्री को एक नवीन कार्यभार वहाँ करना पड़ता है, जिसका पुरुष-कक्षाओं में अलग महत्त्व है। इस प्रकार पराजित होकर, कुचले जाने पर उसकी अवस्था अनुचर जैसी हो जाती है। यद्यपि वह अपने मौलिक गुणों से वंचित नहीं होती किन्तु उन गुणों का महत्त्व बदल जाता है। बुराई अच्छाई में परिणत हो जाती और जादू दैवी चमत्कार में। वह अनुगामिनी न होकर दैवी गुणों से अलंकृत हो जाती है। और चूँकि स्त्री माता का रूप है, इसलिए वांछित और आदरणीय है। स्त्री के आदि रूपों में आज का पुरुष उसका आकर्षक और मुस्कुराता हुआ मुखमण्डल ही पसन्द करता है। मनुष्य समय और स्थान में सीमित है, उसकी देह सीमित है और जीवन भी सीमित है। अत: अपरिचित प्रकृति और इतिहास के बीच वह अपने को अकेला पाता है। औरत भी पुरुष की तरह सीमित है। पुरुष के समान, उसमें भी आत्मा का वास है, किन्तु वह प्रकृति के अधीन है, जीवन की अविरल धारा उसके माध्यम से बहती है। इस प्रकार वह व्यक्ति और ब्रह्माण्ड के बीच मध्यस्थ के रूप में प्रकट होती है। माता आश्वासन एवं पवित्रता की छवि है, प्रकृति में खोया, वह इससे बचने की कोशिश करता है, वह पलायन चाहता है, लेकिन उससे अलग होकर, वह उससे जुड़ने के लिए तरसता है। अत: पुरुष प्रेम के

वशीभूत होकर उसकी ओर खिंचता है। इस प्रकार परिवार, समाज, नियमों और परम्पराओं में जकड़ी हुई माँ का स्थान आस्था और श्रद्धा का है। वह अच्छाई में परिणत हो जाता है। वह अब आत्मा के प्रतिकूल नहीं है। जिस प्रकृति में वह भाग लेती है वह अच्छी हो जाती है; वह आत्मा की शत्रु नहीं रही; और हालाँकि वह रहस्यमय बनी हुई है वह रहस्य भी आनन्ददायक है, यह लियोनार्डो दा विंची की माडोना की तरह एक मुस्कुराता हुआ रहस्य है। पुरुष स्त्री होने की कामना नहीं करता परन्तु संसार में जितनी वस्तुओं का अस्तित्व है जिनमें स्त्री सम्मिलित है, उन्हें पुरुष अपने में समेट लेना चाहता है। वह स्त्री के माँ के स्वरूप की आराधना करता है। उस पर वह निजी सम्पत्ति की तरह आधिपत्य नहीं जमाना चाहता; माता की सन्तान होने के नाते वह स्वयं में माता को देखता है; जिस रूप में धरती जीवन और भूत से सम्बन्धित है, स्त्री के उसी रूप के साथ एकाकार होना चाहता है। विटोरिनी की *Conversation en Sicile* नामक रचना में नायक अपनी माँ के पास जाने की इच्छा व्यक्त करता है। यह इच्छा केवल माँ से मिलने की ही इच्छा नहीं, बल्कि मातृ-गर्भ के दर्शन, वहाँ फलों और फूलों की प्राप्ति, अपने बचपन की स्मृति, पूर्वजों को स्मृति के वशीभूत होने और अपनी बिगड़ी हुई परम्पराओं के बीच पहुँचाने को है। इस पृथक् ता में पुरुष गर्व महसूस करता है; वह सर्वोपरि हो जाता है; उसे अभिमान होता है। उसे यह देखकर हर्ष होता है कि वह किस प्रकार अपनी माँ की बाँहों से छूटकर, साहसिक काम एवं युद्ध करने के लिए जाता है; अपने कार्यकलापों को वह स्वयं प्रशंसनीय मानता है। यदि कोई रोकने वाला नहीं होता, तो शायद विलग होना इतना हृदयस्पर्शी नहीं होता। यह संघर्ष द्वारा प्राप्त विजय न होकर एक साधारण-सी घटना बन जाती है। उसे यह सोच कर ख़ुशी होती है कि वे बाँहें उसे फिर समेटने के लिए तैयार हैं। युद्ध की थकान के पश्चात वह पुन: माँ के पास आकर विश्राम करना चाहता है। वह ऊँचाई से धरातल पर आ जाता है। माँ उसका आश्रय है, निद्रा है। उसके प्रेमपूर्ण स्पर्श से वह प्रकृति के वक्षस्थल पर विश्राम करता है। वह जीवनप्रवाह में उसी तरह शान्त रूप से बहने लगता है, जिस प्रकार माता के गर्भ और क़ब्र में शान्त भाव से प्रवेश करता है। जीवन और मृत्यु में अविच्छिन्न सम्बन्ध है; जिस प्रकार पुरुष की कथा में वर्णित है, माँ हमेशा मृत्यु के साथ जुड़ी होती है। वह मृतकों को ग्रहण करती है; वह उनकी मृत्यु पर शोकसंवेदना प्रदर्शित करती है। उसका मुख्य कार्य मृत्यु को जीवन, समाज और जन-कल्याण के साथ सम्बद्ध करना है। इसलिए वीर माताओं की परम्परा को प्रोत्साहित किया गया है। माँ का

प्रभाव पुत्र पर रहता है, इसलिए समाज माता को अपने अधिकार में रखना चाहता है; इसलिए माता को आदरणीय माना जाता है। उसमें सद्‌गुणों को आरोपित किया जाता है। उसके लिए विशेष धर्म की प्रतिष्ठा की गयी है। इस धर्म का उल्लंघन करना मानो माता को अपवित्र या कलंकित करना है। वह नैतिकता की संरक्षिका है। वह पुरुष की सेविका और भावी शक्तियों के अधीन है। वह अपनी सन्तान का पथ-प्रदर्शन उचित रूप से करेगी। जो समाज जितना ही आशावादी होगा, वह माता को उतना ही गौरवान्वित करेगा। माता को गौरवान्वित करना मानो जीवन और मरण को पाशविक, मानवीय और सामाजिक रूपों में स्वीकार करना है। यह समाज और प्रकृति में सामंजस्य स्थापित करना है। ऑगस्ट कांट ने ऐसे सामंजस्य का स्वप्न देखा था, इसलिए उन्होंने स्त्री को भविष्य की मानवता की देवी माना, किन्तु ये विचार विद्रोहियों में अन्य प्रतिक्रिया उत्पन्न करते हैं। वे माँ का तिरस्कार करते हैं। क़ानून और परम्परा ने माँ को जो प्रतिष्ठा प्रदान की है, वे उसकी अवज्ञा करते हैं। पुरुष स्त्री नहीं बनना चाहता, लेकिन वह अपने आप में वह सब कुछ समेटने का सपना देखता है, जिसमें वह इस स्त्री को भी शामिल नहीं करता है। अपनी माँ की पूजा करने में, वह उसके धन को अपने लिए इतना विदेशी करने की कोशिश करता है। अपने आपको अपनी माँ के पुत्र के रूप में पहचानना अपनी माँ को उसमें पहचानना है, स्त्रीत्व को एकीकृत करता है क्योंकि यह पृथ्वी, जीवन और अतीत से जुड़ा है। सिसिली में विटोरिनी द्वारा वार्तालाप में, नायक अपनी माँ से यही चाहता है। उसकी जन्मभूमि, उसकी सुगन्ध और उसके फल, उसका बचपन, उसके पूर्वजों का अतीत, परम्पराएँ और जड़ें जिनसे उसके व्यक्तिगत अस्तित्व ने उसे अलग किया। मूल मिट्टी, इसकी गन्ध और फल, उसका बचपन, अपने पूर्वजों की स्मृति, परम्पराएँ, जिसकी जड़ें उसके व्यक्तिगत अस्तित्व को खोलती हैं। यही वह जड़ है जो मनुष्य में परे जाने का गौरव बढ़ाती है; वह रोमांच, भविष्य और युद्ध के लिए जाने के लिए अपनी माँ की बाँहों से अलग होकर ख़ुद की प्रशंसा करना पसन्द करता है; यह प्रस्थान कम गतिमान होता क्योंकि इसे वापस पकड़ने की कोशिश करने वाला कोई नहीं था। यह एक दुर्घटना प्रतीत होगी, न कि एक कठिन जीत। और उसे यह जानकर भी ख़ुशी होती है कि ये हथियार उसके स्वागत के लिए तैयार हैं। कार्रवाई के तनाव के बाद, नायक अपनी माँ की तरफ़ से फिर से स्थिरता की शान्ति का स्वाद लेना पसन्द करता है। वह शरण है, नींद है; उसके हाथ के दुलार से वह प्रकृति की गोद में डूब जाता है, अपने आपको गर्भ में या क़ब्र में शान्ति के रूप में जीवन के विशाल प्रवाह से रूबरू होने देता है। और अगर परम्परा में उसे

अपनी माँ को बुलाते हुए मरना है, तो इसका कारण यह है कि मातृ दृष्टि के नीचे मृत्यु, जन्म की तरह, अपने पूरे शारीरिक जीवन से अविभाज्य रूप से जुड़ी हुई है। माँ मृत्यु के साथ जुड़ी रहती है जैसा कि भाग्य के प्राचीन मिथक में है; मरे हुओं को गाड़ना, और शोक करना उसके ऊपर है। प्राचीन पारसी पौराणिक कथाओं के अनुसार माँ मृत्यु से जुड़ी रहती है; यह वह है जो मरे हुओं को दफ़नाती है, जो विलाप करती है। लेकिन इसकी भूमिका मृत्यु को जीवन में, समाज में, अच्छे में एकीकृत करने की है। इसलिए 'वीर माताओं' के पन्थ को व्यवस्थित रूप से प्रोत्साहित किया जाता है: यदि समाज माताओं को अपने बेटों को मौत के घाट उतारने के लिए राजी करता है। तो यह सोचता है कि यह उनकी हत्या के अधिकार का दावा कर सकता है। तो उसे लगता है कि उसे उनकी हत्या करने का अधिकार है। माता का अपने पुत्रों पर अधिकार होने के कारण समाज के लिए उसे अपने में मिला लेना हितकर होता है, इसलिए माँ के लिए सम्मान के संकेतों की बौछार की जाती है, वह सभी गुणों से सम्पन्न क्यों होती है, उसके चारों ओर एक धर्म क्यों बनाया जाता है जिससे अपवित्रीकरण और ईशनिन्दा के गम्भीर जोखिम में भटकना मना है; उसे नैतिकता का संरक्षक बनाया गया है; मनुष्य की दासी, शक्तियों की दासी जो भी हो, वह अपने बच्चों को निश्चित रास्तों पर ले जाती है। एक समुदाय जितना अधिक आशावादी होता है, उतनी ही विनम्रता से इस प्रेमपूर्ण अधिकार को स्वीकार करती है, उतना ही अधिक माँ का रूपान्तरण होगा और माँ उतनी ही अधिक रूपान्तरित होती है। अमेरिकी 'मॉम' वह मूर्ति बन गयी है जिसका वर्णन फिलिप वायली ने जनरेशन ऑफ़ वाइपर्स में किया है, क्योंकि आधिकारिक अमेरिकी विचारधारा सबसे ज़िद्दी आशावादी है। माँ की महिमा करना जन्म, जीवन और मृत्यु दोनों को उनके पशु और सामाजिक रूप में स्वीकार करना है, यह प्रकृति और समाज के सामंजस्य की घोषणा करना है। ऑगस्ट कांट स्त्री को भविष्य की मानवता की दिव्यता बताते हैं क्योंकि वह इस संश्लेषण को प्राप्त करने का सपना देखते हैं। लेकिन यही कारण है कि सभी विद्रोही माँ की आकृति पर हमला करते हैं; उसका उल्लंघन करके, वे उन दिये गये दावों को ख़ारिज कर देते हैं जो उन पर नैतिकता और क़ानूनों के संरक्षक के माध्यम से थोपने का दावा करता है।[20]

जिस आदरभाव के साथ माता को विभूषित किया गया है, जिन निषेधों से वह घिरी हुई है वह प्रतिकूल रुख व शारीरिक मोह को नष्ट कर देता है। हालाँकि, अव्यक्त रूपों में मातृत्व के प्रति कुछ अंश में भय रह जाता है। विशेष रूप से, यह दिलचस्प है कि मध्य युग के बाद से फ्रांस में, एक माध्यमिक मिथक को गढ़ा

गया है, जो इस विरोध को स्वतन्त्र रूप से व्यक्त करता है : सास का। मध्य युग से प्रचलित एक कथा में माता के प्रति घृणा व्यक्त की गयी है। यह माँ सास है। पुरुष अपनी पत्नी की माँ का तिरस्कार करता है। उसके विरोध में कोई भी निषेधात्मक नियम नहीं है। वह नफ़रत करता है कि फैब्लियाउ से वाडेविल तक, सामान्य रूप से अपनी पत्नी की माँ के माध्यम से मातृत्व के उपहास पर कोई वर्जना नहीं है। वह इस विचार से नफ़रत करता है कि जिस स्त्री से वह प्यार करता है उसे जन्म दिया गया है : वह भी जीर्णता की ओर अग्रसर होगी। इस जीर्णता का प्रत्यक्ष रूप उसे अपनी सास में दिखाई देता है। सास के चेहरे की झुर्रियों और शरीर के मोटापे से यह स्पष्ट होता है कि उसकी नववधू भी, जो पूर्ण युवती है, एक दिन ऐसी कुरूप हो जायेगी। इस प्रकार माँ को दृष्टि में रखते हुए विचार करने से यह ज्ञात होता है कि उसका पृथक् अस्तित्व नहीं है। वह एक जाति का अंग है। वह अब वांछित शिकार या पोषित साथी नहीं है, क्योंकि उसका व्यक्तिगत अस्तित्व सार्वभौमिकता में विलीन हो जाता है। उसके व्यक्तित्व का मज़ाक़ उड़ाया जाता है सामान्यताओं द्वारा, आत्मा की स्वायत्तता द्वारा अतीत और देह में निहित होने के द्वारा हास्यास्पद रूप से चुनौती दी जाती है। उसका पृथक् अस्तित्व और व्यक्तित्व विशद जीवन में मिल जाता है। इस रूप में चाहना की वस्तु नहीं संगिनी बनाने की आशा पर भी तुषारपात हो जाता है। उसके व्यक्तित्व व साधारण व्यक्तित्व में प्रतिद्वन्द्विता है। अतीत में जीवन का स्रोत होने के कारण उसकी आत्मा की स्वतन्त्रता का नाश हो जाता है। पुरुषों के मन की यह घृणा उसको दृष्टि में नारी को कुरूप व घृणित करार देतो है। काश! वह समझ पाता कि यह उसकी पत्नी का ही नहीं, सभी का भाग्य है। उसका भी भाग्य यही है। हर देश में, किंवदन्तियों और कहानियों ने सौतेली माँ में मातृत्व के क्रूर पक्ष को भी व्यक्त किया है। वह एक सौतेली क्रूर माँ ही है जो स्नो व्हाइट का अनिष्ट चाहती है। दुष्ट सास में — मादाम द सेगुर की कहानियों में मादाम फीचिनी सोफी को कोड़े मारती हैं — काली के गले में मुण्डमाला इस क्रूरता का परिचायक है।

हालाँकि सन्त माँ के साथ चमत्कार दिखाने वाली औरतों का झुण्ड रहता है जो मनुष्य को जड़ी-बूटियों, कंद-मूल के रस, और सितारों की चमक प्रदान करती हैं। मातामही — नानी और दादी, वृद्ध स्त्रियाँ जिनकी आँखों में दया तथा हृदय में कोमलता होती है; ये करुणा की मूरत होती हैं; परिचारिकाएँ आश्चर्यजनक ढंग से अपने स्नेहासिक्त हाथों से सेवा करती हैं। वेरलेन ने ऐसी ही स्नेहमयी प्रेमिका का सपना देखा :

मीठा, गहन और गहरा और कुछ भी नहीं पर हैरान,
और जो कभी-कभी बच्चे की तरह माथे पर तुम्हें चूम लेती है।

इन औरतों का रहस्य शुद्ध जल और लिपटी हुई अंगूर की लता का रहे हैं। ये घावों की मरहम-पट्टी करती हैं। उन्हें ठीक करती हैं। इनका ज्ञान जीवन के रहस्यों का मौन ज्ञान है। ये अनकही बातों को समझने की क्षमता रखती हैं। इनकी उपस्थिति में पुरुष मनुष्य अपने अभिमान को भूल जाता है; फिर से बालक बनने की मीठी-सी ललक महसूस करने लगता है। इन स्त्रियों के साथ उसे अपनी प्रतिष्ठा के लिए संघर्ष नहीं करना पड़ता। प्रकृति की शक्तियों के विरुद्ध वह शिकायत नहीं करता। इन पर श्रद्धा करने वाला पुरुष बुद्धिमान है। वह जानता है कि ये स्त्रियाँ सेविकाएँ हैं। वह उनकी परोपकारी शक्तियों के अधीन हो जाता है क्योंकि वह जानता है कि उनके अधीन रहते हुए, वह उनका स्वामी बना रहता है। बहनें, बाल्यकाल की साथिनें, पवित्र कन्याएँ और सभी भावी माताएँ इस धन्य मण्डली में सम्मिलित हैं। बहुत-से पुरुष पत्नी को भी काम-वासना की तृप्ति के बाद, प्रेयसी नहीं वरन् अपनी सन्तान की माता के रूप में देखते हैं। एक बार जब माता आधिपत्य मान लेती है, तब उसे साथी रूप में पाने पर उससे भयभीत होने की आवश्कता नहीं रहती, क्योंकि वह पवित्र हो चुकी है। उसने समर्पण कर दिया है। माँ का उद्धार करना मानो शरीर का उद्धार करना है, इसीलिए पत्नी के साथ शारीरिक सम्बन्ध स्थापित किया जाता है।

चमत्कारिक शक्तियों से वंचित होकर विवाह-संस्कार द्वारा आर्थिक और सामजिक कारणों से औरत पति का आधिपत्य स्वीकार कर लेती है। एक पत्नी अपने पति की सबसे मूल्यवान निधि होती है। वह पूर्णतया पुरुष की बन जाती है। वह उससे इतनी गहराई से सम्बन्धित है कि वह उसके समान सभी कार्यों में भाग लेती है। प्रकृति साझा करती है; वह उसी का नाम धारण करती है, उसी के देवताओं को पूजती है और पुरुष उसका उत्तरदायित्व लेता है, वह उसे अपनी अर्द्धांगिनी मानता है। उसे अपनी पत्नी पर उतना ही गर्व रहता है जितना कि अपनी ज़मीन-जायदाद, अपने पशुधन पर होता है और कभी-कभी इससे भी अधिक; उसके माध्यम से ही वह दुनिया के सामने अपने वैभव और अपनी शक्ति का प्रदर्शन करता है। इस वैभव का परिणाम भी स्त्री प्रदर्शित करती है। पूर्व की सभ्यता के अनुसार स्त्री को भारी-भरकम स्वस्थ होना चाहिए, जिससे यह जाना जाये कि उसका भरण-पोषण अच्छी तरह हुआ है और वह अपने स्वामी का सम्मान करती है। मुसलमानों में पत्नियों की संख्या पुरुष की सम्पन्नता का द्योतक है। जितना ही औरत का रूप खिला हो, उतना ही पति का वैभव दिखता है। सम्पन्न बुर्जुआ वर्ग में तो यही प्रचलन है

कि स्त्रियाँ ख़ूब दिखावा करें। वे अपने रूप, सुन्दरता, आकर्षण, बुद्धि, लालित्य प्रदर्शन करें। यही उसके पति की सम्पन्नता का बाह्य प्रतीक है। यदि वह सम्पन्न है तो पत्नी को सुन्दर वस्त्र और आभूषण पहनायेगा। यदि वह सम्पन्न नहीं है, तो वह पत्नी की नैतिकता और सुगृहिणी होने का गर्व करेगा यदि अतिदरिद्र पुरुष भी पत्नी प्राप्त कर लेता है, तो वह सोचता है कि संसार में कुछ तो अपना है। बुर्जुआ समाज में, महिलाओं को सौंपी गयी भूमिकाओं में से एक यह प्रतिनिधित्व करना है। उसकी सुन्दरता, उसका आकर्षण, उसकी बुद्धिमत्ता, उसकी सुन्दरता उसी तरह पति के भाग्य के बाहरी संकेत हैं मानो वह उसकी नयी चमचमाती ख़ूबसूरत मॉडल की गाड़ी हो। यदि वह ग़रीब है, तो वह एक गृहिणी के रूप में उनके नैतिक गुणों और उनकी प्रतिभा की प्रशंसा करता है; प्रतिभाओं पर गर्व करता है; सबसे वंचित, उसे लगता है कि यदि उसकी सेवा करने के लिए उसकी पत्नी है तो उसका मानना है कि उसके पास पृथ्वी पर कुछ है। La Mégère apprivoisée का नायक अपने सभी पड़ोसियों को यह दिखाने के लिए बुलाता है कि वह किस अधिकार के साथ अपनी पत्नी को वश में करना जानता है। हर आदमी कमोबेश राजा कैंडाउल्स को पुनर्जीवित करता है। वह अपनी पत्नी का प्रदर्शन करता है क्योंकि उसे लगता है कि वह इस तरह से अपनी ख़ूबियों को प्रदर्शित कर रहा है।

लेकिन स्त्री केवल पुरुष की सामाजिक स्थिति को ही पुष्ट नहीं बनाती बल्कि यह उसे एक अधिक अन्तरंग गौरव की भी अनुमति देती है। उसकी अधीनता में उसे अपना स्वामी बना कर हावी होने वाले प्रभुत्व से वह उस पर मुग्ध है; स्त्री के व्यक्ति-रूप के साथ पुरुष केवल काम-क्रीड़ा ही नहीं करता बल्कि उसे नैतिक और बौद्धिक रूप से भी सँवारता है। वह उसे रति-रूप में सँवारता है। वह स्त्री को शिक्षा देता है; अपनी छाप उस पर अंकित करता है। पुरुष का सबसे बड़ा स्वप्न यह है कि वह चीज़ों को अपनी इच्छा की अनुकूल ढाल ले। स्त्री पुरुष के हाथ में सर्वोत्तम वस्तु है जिसे वह अपनी इच्छा के अनुकूल बनाए रख सकता है। वह प्रतिरोध करती हुई भी समर्पण करती जाती है। इस प्रकार वह पुरुष को अपना कार्य निरन्तर करते जाने की मानो अनुमति देती रहती है। स्त्री की सबसे बड़ी महिमा यह है कि हर आलिंगन से निकलकर वह अपने पास कुछ विशेष बचाये रखती है जिस पर पुरुष की विजय नहीं होती। पुरुष एक ऐसी वास्तविकता पर आधिपत्य जमाता है, जो आधिपत्य जमाने योग्य है। हर समर्पण में स्त्री की कोई न कोई विशेषता असमर्पित रह जाती है। स्त्री पुरुष में एक ऐसे अपरिचित व्यक्ति को जगाती है जिसमें गर्व के साथ पुरुष अपना ही रूप देखता है। विवाह-उत्सव की उन्मत्तता के बीच वह अपनी

पशु-प्रकृति का उत्कृष्ट रूप देखता है। वह अनुभव करता है कि वह 'नर' है और औरत 'मादा'। मादा-पशु अपनी सन्ततियों की देखभाल करती है, स्तनपान कराती है, चूमती है, चाटती है, उनकी रक्षा करती है और अपने प्राणों को संकट में डाल कर भी उनको सुरक्षित रखती है। पशु-जगत की मादा, मानव-जाति के लिए एक उदाहरण है। पुरुष भावावेश में आकर स्त्री से धैर्य की कामना करता ही, श्रद्धा और लगाव की आकांक्षा करता है। इस प्रकार प्रकृति (स्त्री) अपने सद्गुणों से अलंकृत हो कर समाज और परिवार के मुखिया के लिए उपकारी है। परिवार का मुखिया अच्छी तरह जानता है कि वह स्त्री को किस प्रकार घर में सुरक्षित रख सकता है। पुरुष और बालक के अन्दर छिपे रहस्य का उद्घाटन करना चाहते हैं। एक बार पुतले को खोल देने से उसका पेट बाहर आ जाता है। भीतर कुछ नहीं रहता। जीवधारियों का आन्तरिक स्वभाव इतनी सहजता से नहीं जाना जा सकता। स्त्री का उदर उसकी विश्व-व्यापकता और उसकी गहराई का प्रतीक है। वह अपने रहस्य को अंशत: ही प्रदर्शित करती है। स्त्री के मुख के भाव भी उसके सम्पूर्ण आनन्द को नहीं दिखा पाते, पुरुष ऐसे रहस्यमय स्पंदित जीव को उसका रहस्य विनष्ट किये बिना घर में रखता है, उस पर अपना स्वत्व जमाता है। मानव-जगत में स्त्री के कार्य-कलाप पशु-जगत की मादा के सदृश हैं। वह जीवन का संरक्षण करती है। वह विश्वव्यापित क्षेत्रों पर शासन करती है। घर में उसकी उपस्थिति मानो घर में जान डाल देती है। वह अतीत को सुरक्षित रखती है और भविष्य का निर्माण करती है। वह आने वाली पीढ़ी को जन्म देती है और जिन जीवों का जन्म हो चुका है, उन्हें पालती है। वह मानव गर्भ की उष्णता और घनिष्ठता का घर में प्रसार करती है, यह स्त्री का अहोभाग्य है कि जिस अस्तित्व को पुरुष अपने कार्यों और क्रियायों द्वारा बाह्य जगत में फैलाता है, वह स्त्री में निहित है। संध्या काल जब दिन भर के काम के बाद पुरुष घर आता है तो मानो उसे घर में आश्रय मिलता है। औरत की बदौलत वह बेफ़िक्र और आश्वस्त होकर अपनी दैनिक क्रियाएँ कर सकता है। घर से बाहर वह संकटों का सामना करता है, परन्तु घर में औरत उसे दोनों समय भोजन परोसती है, उसकी नींद और चैन के लिए अच्छा माहौल बनाती है, थकान से क्षीण उसकी शक्ति की पूर्ति करती है। जब वह अस्वस्थ होता है तब औरत उसकी सेवा-शुश्रूषा करती है। वह उसके केश धोती है उसके कपड़ों की मरम्मत करती है। प्रणय-जगत द्वारा, जिसे वह स्थापित करती है और क़ायम रखती है, पूर्ण विश्व-रूप पुरुष के सम्मुख रख देती है। वह अग्नि जलाती है, फूलदानों में फूल लगाती है और इस प्रकार सूर्य, पृथ्वी एवं जल के उपकरणों को वह अपने अधीन करती है।

बेबेल द्वारा उद्धृत एक बुर्जुआ लेखक इस आदर्श को पूरी गम्भीरता से इस प्रकार सारांशित करता है : "पुरुष स्त्री की चाह केवल इसलिए नहीं करता कि उसके दिल की हर धड़कन उसके लिए है बल्कि इसलिए भी कि वह उसके ललाट को पोंछती है। उसकी उपस्थिति पुरुष को विश्राम और शान्ति देती है। बड़े शान्त भाव से वह पुरुष को अपने वश में करती है। पुरुष जब घर आता है, तो हर चीज़ को सुव्यवस्थित पाता है। वह घर की हर वस्तु में स्त्री की ख़ुशबू सुरभित पाता है। वह घर में लहलहाती ख़ुशियों का अनुभव करता है। हर दिन घर आने पर वह जो कुछ पाता है; वह चाहता है कि कोई ऐसा व्यक्ति हो जो हर चीज़ में स्त्री का अवर्णनीय इत्र फैला सके जो गृहस्थ जीवन की जीवन्त गर्मी है।

ईसाई धर्म के उद्‌भव के साथ-साथ स्त्री को आध्यात्मिक रूप मिला। पुरुष स्त्री द्वारा जिस सौन्दर्य, उद्यमिता और सान्निध्य को प्राप्त करना चाहता है, वे स्त्री के अस्थायी रूप नहीं हैं। स्त्री इनकी आत्मा का रूप है। स्त्री के आध्यात्मिक रूप का रहस्य शारीरिक रूप के रहस्य से गहरा है। उसके हृदय में स्थित एक गुप्त और पवित्र उपस्थिति मानो सम्पूर्ण विश्व के सत्य को प्रतिबिम्बित करती हो। वह मकान, घर और परिवार की आत्मा है, वह तो राज्य और राष्ट्र की भी आत्मा है। जंग ने कहा है कि शहरों की तुलना स्त्री से की जाती है क्योंकि वे अपने वक्षस्थल पर नागरिकों को आश्रय देते हैं। सिबेल के मीनारों को मुकुट पहने प्रस्तुत किया गया है। देश को मातृ-भूमि कहा जाता है, केवल इसलिए नहीं कि उसकी भूमि उपजाऊ है, बल्कि यह ऐसी सूक्ष्म वास्तविकता है जिसका प्रतीक स्त्री में मिलता है। 'ओल्ड टेस्टामेंट' और 'एपोकेलिप्सस' में येरुशलम और बेबीलोन को केवल माँ नहीं, बल्कि पत्नी भी कहा गया है। फ्रांस को चर्च की 'ज्येष्ठ पुत्री' कहा गया है। इटली और फ्रांस लैटिन बहनें हैं। स्त्री के कार्य को निर्दिष्ट नहीं किया गया है, बल्कि केवल उसके स्त्रीत्व को उन मूर्तियों में निर्दिष्ट किया गया है जो फ्रांस, रोम, जर्मेनिया का प्रतिनिधित्व करती हैं और जो कौंकोर्द चौक, स्ट्रासबर्ग और लियों को उजागर करती हैं। यह आत्मसातीकरण केवल रूपकात्मक नहीं है : स्त्री और स्थानों की समानता केवल प्रतीकात्मक नहीं है; इसे कई पुरुषों ने स्नेहपूर्वक महसूस किया है।[21] बहुधा देशाटन करने वाले यात्री जिन देशों में भ्रमण करते हैं, उसकी संस्कृति की झलक वे स्त्री में प्राप्त करते हैं। मानो स्त्री के माध्यम से ही शहर को आत्मसात करते हैं। जब वह एक इतालवी या एक स्पेन की सुन्दरी को अपनी बाँहों में भरता है तो मानो स्पेन और इटली के सम्पूर्ण सौरभ को प्राप्त कर लेता है। किसी पत्रकार ने लिखा है कि जब भी मैं किसी नये शहर में जाता हूँ, तो शुरुआत वहाँ के वेश्यालय

से करता हूँ, यदि एक दालचीनी वाली चॉकलेट ज़ीद को समूचे स्पेन का एहसास दिलवा सकती है, तो और भी अधिक कारण यह है कि एक स्त्री के चुम्बन में ही प्रेमी को देश के वनों, पौधों, फूलों, परम्पराओं और सभ्यता का पूरा ज्ञान हो जाता है। स्त्री किसी भी देश की केवल राजनीतिक संस्थाओं और आर्थिक साधनों से ही परिचित नहीं कराती, बल्कि वहाँ की भौतिक सम्पन्नता और रहस्य को भी दिखाती है। ग्राज़ीला द लमारतां से लेकर लोटी के उपन्यास और मोरौं की लघु कहानियों तक, औरतों के माध्यम से हम विदेशियों को किसी प्रदेश को आत्मसात करने की कोशिश करते हुए देखते हैं। मिन्यों, सिल्वी, मीराई, कोलम्बा, कारमेन-इटली, वाले, प्रोवौन्स, कोर्सिका, अंडालूसिया के सबसे अन्तरंग सत्य को उजागर करती हैं। गोएथे ने ख़ुद को अल्सेशियन फ्रैडरिक का प्रिय बना लिया था जो जर्मनों को जर्मनी के क़ब्ज़े के प्रतीक के रूप में दिखाई दिया; इसके विपरीत, जब कोलेट बौडोचे ने एक जर्मन से शादी करने से इन्कार कर दिया, तो यह बैरेस की नज़र में था कि अलसैस ने जर्मनी को मना कर दिया। यह एग्यूस-मोर्टेस और बेरेनिस के छोटे से व्यक्ति में एक सम्पूर्ण परिष्कृत और ठण्डी सभ्यता का प्रतीक है; यह स्वयं लेखक की संवेदनशीलता का भी प्रतिनिधित्व करता है। क्योंकि उसमें जो प्रकृति की, शहरों की, ब्रह्माण्ड की आत्मा है, मनुष्य भी अपने रहस्यमय दोहरेपन को पहचानता है; पुरुष की आत्मा मानस, एक स्त्री है।

यह सत्य द्रव्यों व वस्तुओं की लालिमा से घिरा हुआ मानो आकाश में प्रकाशित होता है, जो विश्वव्यापी है। आत्मा, विचार व भाव के रूप में सर्वोपरि भी है। शहरों और राष्ट्रों में ही केवल नारी सुलभ गुणों को आरोपित नहीं किया गया है, बल्कि गुणों और संस्थाओं, गिरजाघर, चर्च, गणतन्त्र, मानवता, शान्ति, युद्ध, स्वतन्त्रता, विद्रोह आदि को भी 'स्त्री' कहा गया है। पुरुष अपने आदर्श को भी स्त्री-लिंग में रखता है। साहित्य और चित्रों में रूपक भी 'नारी' के रूप हैं।[22] नारी आत्मा व भाव विचार, दोनों है और दोनों के मध्यस्थ भी। वह अलौकिक अनुग्रह है, जो ईसाइयों में ईश्वर के समीप ले जाता है। वह बियाट्रिस है, जिसने दान्ते को स्वर्ग मार्ग दिखाया है। वह लौरा है जिसने पेटार्क को कविता की उच्च चोटियों पर बुलाया। सभी सिद्धान्तों में जो प्रकृति और आत्मा में सामंजस्य स्थापित करते हैं, वह समन्वय, विवेक और सत्य है। वाल्ले बुद्धि को स्त्री मानते हैं। यह सोफिया है, जो संसार से मनुष्यों का उद्धार करती है और साथ ही संसार के सृजन में भी सहायक है। जो केवल शरीर रूप में ही नहीं, गौरवान्वित रूप में भी देखा गया है। उसमें आधिपत्य, अपार्थिव, वास और ज्योति का रूप माना है। इसीलिए रात्रि की

अपारदर्शक कालिमा को पारदर्शिता में और दुष्टता को पवित्रता में परिवर्तित कर दिया गया है। नारी पुरुष को पतन की ओर नहीं ले जाती वह उत्थान की ओर प्रेरणा देती है। गोएथे अपनी पुस्तक 'फाउस्ट' के अन्त में उसे इसी रूप में दिखाते हैं, वह 'फाउस्ट' को उत्थान की ओर जाने की प्रेरणा देते हैं।

इन आह्वानों में हम उन अधिकांश स्त्रियोचित गुणों को पाते हैं जिनका हमने उल्लेख किया है। वर्जिन मेरी में स्त्रीत्व के जो गुण हैं, वे जीवन के स्रोत हैं, ओस हैं, उर्वरा हैं। अनेक मूर्तियों में उन्हें झरने, कुएँ और चश्मों के समीप दिखाया गया है। 'जीवन का स्रोत' कहकर उन्हें अनेक बार सम्बोधित किया गया है। उनमें केवल सृजन की ही नहीं, बल्कि समृद्ध करने और विकसित करने की भी शक्ति है। अपनी शक्ति द्वारा पृथ्वी की अदृश्य वस्तुओं के बाह्य रूप के बीच वे जीवन की गहरी सचाई हैं। उनके द्वारा मनुष्य की इच्छा तृप्त होती हैं। वे मनुष्य को सन्तोष प्रदान करती हैं। और क्योंकि जीवन ईश्वर से उत्पन्न होता है, मनुष्य और जीवन के बीच मध्यस्थ होने के कारण, यह मानवता और ईश्वर के बीच भी मध्यस्थ है। "शैतान का द्वार", टर्टुलियन ने कहा। लेकिन, रूपान्तरित होकर, यह स्वर्ग का द्वार है; चित्रकारियों में उसे स्वर्ग के लिए एक दरवाज़ा या खिड़की खोलते या फिर, पृथ्वी और आकाश के बीच एक सीढ़ी खड़ी करना। अधिक स्पष्ट रूप से, यहाँ वह एक वकील है, जो पुरुषों के उद्धार के लिए अपने बेटे से विनती कर रही है। अन्तिम निर्णय के कई चित्रों में वर्जिन को अपने स्तनों को उजागर करते हुए और अपने गौरवशाली मातृत्व के नाम पर मसीह से भीख माँगते हुए दिखाया गया है। वह अपने लबादे की तहों में मनुष्य के बच्चों की रक्षा करती है; उसका दयालु प्रेम महासागरों, युद्ध के मैदानों, ख़तरों के माध्यम से उनका पीछा करता है। वह दान के नाम पर, दैवी न्याय को झुकाती है : हम 'तराजू की कुँवारी' देखते हैं, जो मुस्कुराते हुए, उस तराजू को झुकाते हैं जिस पर आत्माओं को तौला जाता है।

औरत को सौंपे गये कार्यों में उसका विशेष महत्त्व दया और कोमलता से किये गये कार्यों के कारण है। समाज में पूर्ण रूप से संगठित होने पर भी नारी का विशेष कार्य जीवन की उदारता के कारण बढ़ जाता है। कभी-कभी पुरुष के पूर्ण संयोजित कार्यों और प्रकृति के आकस्मिक कार्यों के मध्य भेद की एक गहरी खाई प्रतीत होती है। यह भेद अशान्ति उत्पन्न करता है, पर नारी, जो विनम्रता की प्रतिमूर्ति है, जो पुरुष के कार्यों को बिगाड़ना नहीं चाहती, इस अन्तर को दूर करके इन कार्यों को सरल और सम्पन्न कर देती है। इस प्रकार वह समाज की उपकारी

सिद्ध होती है। पुरुष देव भाग्य का प्रतिनिधित्व करते हैं, पर स्त्री देवी स्वेच्छाचारी ढंग से उपकारी और हितकारी सिद्ध होती है। वह मनमाना पक्षपात करती है। ईसाइयों के ईश्वर न्याय के प्रति बड़े कठोर हैं पर 'मेरी' बड़ी ही उदार हैं। पृथ्वी पर पुरुष क़ानून, विवेक और आवश्यकता के रक्षक हैं। स्त्री पुरुष के इस स्वभाव से परिचित है, उसकी आवश्यकता से परिचित है, अत: वह उदारता और कुशलता से काम लेती है। वह पुरुष के घावों पर मरहम-पट्टी करती है। वह नवजात शिशु को पालती-पोसती है। वह मृतकों को भूमि पर सुला देती है। जो 'कुछ' भी पुरुष के अभिमान को ठेस पहुँचाता है और उसकी इच्छा के विरुद्ध है, उससे नारी पूर्ण परिचित है। वह पुरुष के सम्मुख विनम्र रहती है और उसकी इच्छा के सम्मुख अपनी देह को समर्पित कर देती है, वह हमेशा पुरुष की देह में स्थापित आत्मा की रक्षा करती है। वह उसकी कठिनाइयों को दूर करती है और बरबस ही अनुग्रह और अति सुख की प्राप्ति कराती है। नारी पुरुष पर अपना प्रभाव इसलिए प्रदर्शित करती है कि वह उसे उसकी वास्तविक अवस्था की स्मृति दिला देती है। पुरुषों पर स्त्री की शक्ति इस तथ्य से आती है कि यह उन्हें उनकी प्रामाणिक स्थिति की विनम्र चेतना को कोमलता से याद दिलाती है; यही उनकी मोहभंग, पीड़ादायक, विडम्बनापूर्ण और प्रेमपूर्ण बुद्धि का रहस्य है। यहाँ तक कि तुच्छता, सनक, अज्ञानता भी स्त्री में आकर्षक गुण हैं क्योंकि वे दुनिया के भीतर और बाहर पनपते हैं जहाँ पुरुष रहना तो चुनता है लेकिन जहाँ वह सीमित महसूस करना पसन्द नहीं करता है। निश्चित अर्थों के विपरीत, उपयोगी उद्देश्यों के लिए बनाये गये उपकरण, यह अक्षुण्ण चीज़ों के रहस्य को उजागर करता है; यह कविता की साँस को शहरों की सड़कों, लहलहाते खेतों तक ले आता है। दिन-प्रतिदिन के गद्य के पीछे जिसका अस्तित्व है वह उस काव्य की आत्मा को पहचान लेती है। स्त्री काव्यमय सत्य है। पुरुष उसमें वह सभी कुछ प्रतिबिम्बित देखना चाहता है, जिसका उद्घाटन वह स्वयं नहीं कर सकता। वह स्वप्न का साक्षात् रूप है; सपना पुरुष के लिए सबसे अन्तरंग और विदेशी उपस्थिति है, वह क्या नहीं चाहता है, क्या नहीं करता है, जिसकी वह आकांक्षा करता है और जिसे हासिल नहीं किया जा सकता है; रहस्यमय अन्य जो गहरी व्यापकता और दूर की पराकाष्ठा है, उसी की ओर वह अग्रसर होता है, पर प्राप्त नहीं कर सकता, क्योंकि वह रहस्यमय है, विश्व में व्याप्त है पर सर्वोपरि, उस स्वप्न को वह अपनी विशिष्टता प्रदान करता है। इस प्रकार औरेलिया स्वप्न में ही नेरवाल के पास जाती है और स्वप्न में उसे समूचा संसार दे देती है। "रोशनी की एक शुभ्र किरण में वह बढ़ने लगती है, धीरे-धीरे बग़ीचे ने उसका रूप धारण कर लिया। बग़ीचे के फूल और

पेड़ उसके वस्त्रों के गुलाब और पंखुड़ियाँ बन गये; जबकि आकाश में आच्छादित बैंगनी बादलों ने उसके चेहरे और उसकी बाँहों का आकार धारण कर लिया : वह अदृश्य हो गयी; उसका रूप बदल गया; वह गौरवमय व जाज्वल्यमय हो गयी। जब उसने अपना रूप बदल लिया तो मेरी नज़रों से ओझल हो गयी क्योंकि ऐसा लग रहा था कि वह अपनी ही विराटता में लुप्त हो गयी है।" "ओह ! मुझसे दूर मत भागो! मैं चिल्लाया; क्योंकि तुम्हारे साथ-साथ प्रकृति नष्ट हो जाती है।"

पुरुष की काव्यात्मक गतिविधियों का सार होने के नाते, वस्तुतः नारी पुरुष की प्रेरणा के रूप में सामने आती है। पुरुष के लिए काव्य-रचना की विषय-वस्तु हमेशा नारी रही है। म्यूज़ यानी ग्रीक देवियाँ स्त्रियाँ हैं। वाग्देवी कलाकार और विषय वस्तु के स्रोत के बीच मध्यस्थ का कार्य करती है। नारी की आत्मा प्रकृति में विलीन है। पुरुष नीरवता की गहराई तथा रात्रि की गहनता नारी के माध्यम से ही व्यक्त कर सकता है। वाग्देवी स्वयं सृजन नहीं करती। वह तो शान्त एवं बुद्धिमान परी है, जो अपने स्वामी की सेवा में विनम्रतापूर्वक लीन हो जाती है। व्यावहारिक क्षेत्रों में भी इनका परामर्श लाभदायक है। मनुष्य दूसरों की सहायता के बिना अपने उद्देश्य की पूर्ति चाहता है, पर उसे ऐसा आभास होता है, मानो नारी वास्तविकता से पूर्ण सहमति रखते हुए बुद्धिमत्तापूर्वक विभिन्न मूल्यों को दृष्टि में रखकर उससे सम्भाषण करती है। पुरुष उससे अन्तर्ज्ञान की अपेक्षा करता है। नारी का यह अन्तर्ज्ञान वाणिज्य और राजनीति में भी परिलक्षित होता है : आस्पासिया और मादाम द मैंतनों आज भी फलते-फूलते पेशे का सुख भोगती हैं[23]।

एक और कार्य है जो पुरुष स्वेच्छा से औरत को सौंपता है वह है वस्तुओं के मूल्यांकन का भार। पुरुषों की गतिविधियों का लक्ष्य और उनके निर्णयों का स्रोत होने के साथ-साथ वह मूल्यों के मापक के रूप में भी प्रकट होती है; नारी एक सफल निर्णायक है। पुरुष केवल नारी को प्राप्त ही नहीं करना चाहता, बल्कि उसका समर्थन चाहता है। उसकी बराबरी वाले उसका समर्थन नहीं कर सकते। उनमें हमेशा प्रतिस्पर्धा बनी रहती है, इसलिए वह चाहता है कि उससे भिन्न कोई अन्य व्यक्ति के जीवन और उसके साहसपूर्ण कार्यों का सहानुभूतिपूर्वक विवेचन करे। ईश्वर का न्याय अदृश्य है। उससे वह अपरिचित है, कुछ रहस्यवादियों को छोड़कर अन्य व्यक्ति दैवी-न्याय नहीं करते। यह अलौकिक कार्य नारी को ही सौंपा गया है। अपर होने के नाते वह पुरुष-संसार से बाहर है और वह पुरुषों के कार्यों को अपनी विशिष्ट दृष्टि से देख सकती है, किन्तु दागा शासित होने के नाते और उसके अत्यधिक समीप होने के नाते नारी का निर्णय-मूल्यांकन उसके अनुकूल होता है। नारी हर व्यक्ति में

निहित शक्ति, साहस और सौन्दर्य को बता सकती है। पुरुष नारी का सहयोग भी चाहता है और उसके साथ प्रतियोगिता भी करता है, चूँकि नारी पुरुष के संघर्ष-क्षेत्र से बाहर है, अत: उसका स्थान एक रुचि लेने वाले दर्शक का है। अपनी प्रेमिका को प्राप्त करने के लिए योद्धा अखाड़े में लड़ता है। कवि नारी की स्वीकृति चाहता है। जब रास्तीन्याक पेरिस को जीतना चाहता था, तो उसे सबसे पहले स्त्रियों को हासिल करने का ख़याल आया, उनकी देह पर अधिकार करने से ज़्यादा उस मान-मर्यादा को भोगने के लिए क्योंकि केवल स्त्रियाँ ही पुरुष को सच्ची ख्याति दे सकती थीं। बाल्ज़ाक ने अपने युवा नायकों में अपने ही युवाकाल का वर्णन किया है। वह अपने से बड़ी स्त्रियों के मध्य ही अपनी शिक्षा और चरित्र का निर्माण चाहते हैं। और यह केवल *Le Lys dans la vallée* में ही नहीं है कि स्त्री शिक्षिका की भूमिका निभाती है; ऐसी ही भूमिका उन्हें *L'Éducation sentimentale*, स्तौन्दाल के उपन्यासों में और कई अन्य शुरुआती उपन्यासों में भी दी गयी है। हम पहले ही देख चुके हैं कि स्त्री एक ही साथ प्रकृति और प्रकृति-विरोधी दोनों है, क्योंकि प्रकृति समाज को अवतरित करती है; इसमें एक युग की सभ्यता, उसकी संस्कृति को संक्षेप में प्रस्तुत किया गया है, जैसा कि हम दरबारी कविताओं में, *Décaméron* में, *L'Astrée* में देखते हैं; वही सभ्य समाज में व्यवहार, आचरण, वेश-भूषा की शैली का आरम्भ होती है, तड़क-भड़क, प्रदर्शनियों पर उसी का राज रहता है, वही मतों एवं विचारों को लक्षित और प्रतिबिम्बित करती है। नारी यश है, कीर्ति है। माय्यार्मे ने कहा, "भीड़ औरत है।" स्त्रियों के मध्य, युवक को 'दुनिया' में और इस जटिल वास्तविकता में, जिसे 'जीवन' कहा जाता है, दीक्षा दी जाती है। यह उन सुविधा प्राप्त लक्ष्यों में से एक है जिसके लिए नायक की नियति, साहसी, व्यक्तिवादी है। हम प्राचीन काल में पर्सियस को एंड्रोमेडा को मुक्त करते हुए, ऑर्फ़ियस को नरक में यूरीडाइस की तलाश करते हुए और ट्रॉय को सुन्दर हेलेन को अपने पास रखने के लिए लड़ते हुए देखते हैं। वीरता के उपन्यासों में बन्दी राजकुमारियों की मुक्ति के अलावा शायद ही कोई अन्य उपलब्धि हो। यदि प्रिंस चार्मिंग ने स्लीपिंग ब्यूटी को नहीं जगाया, यदि उसने गधे की खाल को अपने उपहारों से नहीं भरा तो वह क्या करेगा? राजा का एक गड़ेरिया औरत से शादी रचाने का मिथक जितना स्त्रियों को भाता है उतना ही पुरुषों को। धनवान व्यक्ति के लिए दान करना उसकी बाध्यता है, अन्यथा उसका व्यर्थ धन अमूर्त ही रह जाता है। उसे अपने सामने किसी ऐसे व्यक्ति की आवश्यकता होती है जिसे वह दे। सिंड्रेला मिथक, जिसका फिलिप वायली ने जेनरेशन ऑफ़ वाइपर्स में सहजता से वर्णन किया है, विशेष रूप से समृद्ध देशों में फलता-फूलता

है; अमेरिका में इसकी ताक़त अन्य जगहों की तुलना में अधिक है क्योंकि वहाँ के पुरुष अपनी सम्पत्ति से अधिक शर्मिन्दा हैं। यह पैसा जिसे कमाने में वे जीवन भर लगा देते हैं, अगर उन्होंने इसे एक औरत को समर्पित नहीं किया तो वे इसे कैसे ख़र्च करेंगे? ऑरसन वेल्स ने, अन्य उदाहरणों के साथ, सिटीज़न केन फ़िल्म में इस झूठी उदारता के साम्राज्यवाद को मूर्त रूप दिया: अपनी ताक़त के प्रदर्शन और दावे के लिए केन एक गुमनाम गायिका पर नज़राने न्यौछावर करता है और उसे एक महान् गायिका के रूप में जनता पर थोपता है; फ्रांस में भी छोटे स्तर पर अनेक सिटीज़न केन का हवाला दिया जा सकता है। एक अन्य फिल्म, द रेज़र्स एज में, जब नायक पूर्ण ज्ञान से लैस होकर भारत से लौटता है, तो उसे इसका एकमात्र उपयोग एक वेश्या को राहत देना होता है। यह स्पष्ट है कि इस प्रकार स्वयं को दाता, उद्धारक व मुक्तिदाता के रूप में स्वप्न देखने के बाद भी पुरुष स्त्री की दासता की कामना करता है; स्लीपिंग ब्यूटी को जगाने के लिए, ज़रूरी है कि वह नींद में डूबी हो; राक्षस और दैत्य होंगे तभी राजमुकारियाँ बन्दिनी बनाई जायेंगी। हालाँकि, पुरुष को कठिन उपक्रमों में जितनी अधिक रुचि होगी, उसे स्त्री को स्वतन्त्रता देने में उतनी ही अधिक ख़ुशी होगी। विजयी होना उदार या उद्धारक होने से कहीं ज़्यादा लुभावना है। औसत पश्चिमी पुरुष का आदर्श वह नारी है जो मुक्त हृदय से उसकी अधीनता स्वीकार कर ले, जो उसके साथ विवाद करे पर उसके तर्कों को स्वीकार कर ले, जो बुद्धिमत्ता से उसका प्रतिरोध करे पर अन्त में आश्वस्त होकर उसके विचारों को मान्यता दे। जितना अधिक उसका अभिमान बढ़ता जाता है, उसमें उतनी ही चाह ख़तरों से खेलने की होती है। सहमति से सिंड्रेला से शादी करने की तुलना में पेंटेसिलिया को वश में करना ज़्यादा रोमांचक और आकर्षक है। नीत्शे ने कहा है कि योद्धा हमेशा खेल और संकट को पसन्द करता है, इसीलिए वह नारी को पसन्द करता है। नारी सबसे ख़तरनाक खेल है। जिस पुरुष को खेल और संकट प्रिय हैं, उसे वह स्त्री-योद्धा पसन्द आयेगी जिसे जीतने की उसे आशा रहती है।[24] वह हृदय से यह चाहता है कि उसका संघर्ष उसके लिए तो खिलवाड़ रहे, पर नारी के लिए भाग्य-परीक्षा रहे। पुरुष चाहे उद्धारक के रूप में हो या विजेता के, वह अपनी सच्ची विजय तभी समझता है, जब स्त्री उसे अपना सौभाग्य मानकर स्वीकार करे।

इस प्रकार अभिव्यक्ति 'पत्नी रखना' दोहरा अर्थ छिपाती है। इस वाक्यांश का दोहरा महत्त्व है। 'अन्य' और निर्णायक रूप में नारी के कार्यों को अलग-अलग नहीं किया गया है। नारी को जब एक स्वतन्त्र व्यक्ति माना जाता है, तो उसे केवल उसकी सहमति से ही जीता जा सकता है; तुम्हें इसे जीतना होगा। यह स्लीपिंग ब्यूटी

की मुस्कान है जो प्रिंस चार्मिंग को भर देती है। योद्धा अपनी शक्ति को तभी सार्थक समझता है, जब वह बन्दी राजकुमारी की आँखों से हर्ष और कृतज्ञता के आँसू गिरते देखता है। नारी जब मूल्यांकन की दृष्टि से देखती है, तो उसकी दृष्टि में पुरुष की दृष्टि की कठोरता नहीं रहती, बल्कि मोहिनी-शक्ति रहती है। कविता और वीरता के द्वारा ही नारी को मोहित किया जाता है। इस काव्य और वीरता को गौरवान्वित नारी ही करती है। व्यक्तिवादी की नज़र में, यह और भी अधिक आवश्यक विशेषाधिकार रखता है। यह उसे सार्वभौमिक रूप से मान्यता प्राप्त मूल्यों के माप के रूप में नहीं, बल्कि उसकी विलक्षण ख़ूबियों और उसके अस्तित्व के रहस्योद्घाटन के रूप में दिखाई देता है। किसी व्यक्ति का मूल्यांकन उसके साथियों द्वारा उसके कार्यों, उसकी निष्पक्षता और सामान्य माप के आधार पर किया जाता है। लेकिन पुरुष के कुछ विशेष गुण नारी को ही प्रभावित करते हैं जैसे शौर्य, सौन्दर्य, मोहिनी-शक्ति और एक क्रूरता, जिसमें नृशंसता हो। यदि पुरुष इन गुणों को विशेष महत्त्व देता है, तो वह अन्य के रूप में प्रकट होने के चमत्कार का अनुभव करेगा, एक ओर जो उसका अन्तरतम स्व भी है। मालरो ने निम्नलिखित रूप में उस पुरुष के जो व्यक्तिगत गुणों का प्रशंसक है, विचारों को व्यक्त किया है। ऐसा व्यक्ति नारी के मुख से अपनी प्रशंसा सुनना चाहता है। उनका नायक क्यो क्यो आश्चर्य करता है : "आप दूसरों की आवाज़ अपने कानों से सुनते हैं, अपनी आवाज़ अपने गले से। हाँ। उसका जीवन भी क्या हम इसे दूसरों के गले से सुन सकते हैं?... दूसरों के लिए, मैं वही हूँ जो मैंने किया... सिर्फ़ अपनी साथी मे के लिए वह वह नहीं था जो उसने किया था; अकेले उसके लिए, वह उसकी जीवनी से काफ़ी अलग थी। वह प्रेमालिंगन, जो दो व्यक्तियों को मिलाता है, साधारण व्यक्ति को शान्ति प्रदान नहीं कर सकता। वह तो पागल व अतुलनीय दैत्य को सर्वप्रिय हो सकता है। हर व्यक्ति अपने को विशेष रूप में देखता है और देखने की इच्छा करता है। मे की माता की मृत्यु हो जाने पर वह मे के लिए केवल क्यो गिसोर्स नहीं था, बल्कि सबसे क़रीबी साथी था... पुरुष मेरे साथी पुरुष नहीं हैं, वे वे हैं जो मुझे देखते हैं और मेरा मूल्यांकन करते हैं; मेरे साथी वे हैं जो मुझसे प्यार करते हैं और मेरी ओर नहीं देखते हैं, जो मुझे हर चीज़ के ख़िलाफ़ प्यार करते हैं, जो मुझे पतन के ख़िलाफ़, नीचता के ख़िलाफ़, विश्वासघात के ख़िलाफ़ प्यार करते हैं, मुझसे नहीं जो मैंने किया है या करूँगा, जो मुझसे उतना ही प्यार करेंगे जितना मैं ख़ुद से प्यार करता हूँ, जिसमें आत्महत्या भी शामिल है।[25] जो बात क्यो के रवैये को मानवीय और मार्मिक बनाती है, वह यह है कि इसमें पारस्परिकता निहित है और वह जैसा है, उसी रूप

में उससे प्रेम की याचना करता है। कई पुरुषों में, यह अभिलाषा ऐसी पवित्र नहीं रहती। एक सटीक रहस्योद्‌घाटन के बजाय, वे स्त्री की आँखों की गहराई में प्रशंसा और कृतज्ञता से भरी हुई, अपनी ईश्वरीय छवि की तलाश करते हैं। नारी की तुलना शुद्ध जल से की गयी है वह प्रतिबिम्बित करने वाला दर्पण है, जिसमें नर नार्सिसस ख़ुद को निहारता है; अच्छी या बुरी नीयत के साथ वह उस पर झुककर अपना रूप देखना चाहता है। लेकिन किसी भी मामले में वह उससे जो चाहता है वह ख़ुद से बाहर होना है जिसे वह अपने भीतर नहीं समझ सकता है, क्योंकि अस्तित्व की आन्तरिकता केवल शून्यता है और क्योंकि, ख़ुद तक पहुँचने के लिए, उसे ख़ुद को एक वस्तु में प्रोजेक्ट करना होगा। नारी उससे भिन्न है। उसका रूप पुरुष के रूप से भिन्न है। उसे पुरुष देह रूप में पा सकता है, पर साथ ही वह पुरुष का ही मानो दैवी व अलौकिक स्वरूप है। पुरुष इस अतुलनीय नारी को अपने बाहुपाश में बाँधता है। वह विश्व प्रतिरूप है। उस पर ही पुरुष ने अपने मूल्य व क़ानून थोप दिये हैं। इसलिए, इस अन्य से मिलन के द्वारा ही पुरुष अपना पूर्ण रूप प्राप्त करना चाहता है। नारी अपने भिन्न रूपों में, चाहे उसे कोई भी संज्ञा दें, ख़ज़ाना, शिकार, खेल और जोखिम, प्रेरणा, मार्गदर्शक, न्यायाधीश, मध्यस्थ, दर्पण, स्त्री वह अन्य है जिसमें कर्ता बिना सीमित हुए स्वयं से आगे निकल जाता है, वह विरोध तो करती है, पर अस्वीकार नहीं करती। वह अन्य रहते हुए भी पुरुष के सम्मुख समर्पण करती है, उसकी बन जाती है। इसलिए पुरुष के सुख, उसकी विजय के लिए स्त्री इतनी आवश्यक है कि यह कहना अतिशयोक्ति न होगी कि यदि परमात्मा ने नारी की सृष्टि न की होती तो पुरुष नारी का आविष्कार कर लेता।

पुरुष ने स्त्री का आविष्कार किया।[26] किन्तु उनके आविष्कार के बिना भी स्त्री का अस्तित्व है। यदि वह पुरुष के स्वप्न का मूर्त रूप है, तो उसके पूर्ण न होने से उत्पन्न निराशा भी है। नारी को किसी भी अलंकारिक रूप में देखें, उसका विरोधी रूप साथ-साथ सम्मुख आता है। वह जीवन और मृत्यु है। वह प्राकृतिक और अप्राकृतिक, दिवा और रात्रि है। प्रत्येक अवस्था में यह द्वयरूपा है, क्योंकि गौण हमेशा, मुख्य की ओर अग्रसर होता है। वर्जिन मदर और बीयात्रिस की छवि में ईव और सिर्से जीवन्त रहती हैं।

कीर्केगार्द ने लिखा है कि "नारी के माध्यम से ही जीवन में आदर्श का प्रवेश होता है। उसके बिना पुरुष क्या होगा? अनगिनत पुरुष किसी युवती की वजह से जीनियस बन गये हैं... लेकिन उनमें से कोई भी उस युवती की वजह से जीनियस नहीं बन पाया, जिसका उसने हाथ थामा था..."

नारी पुरुष को आदर्श का सृजनकर्ता तभी बना सकती है, जब उसके सम्बन्ध पुरुष के साथ नकारात्मक हों। नकारात्मक सम्बन्ध पुरुष को असीमित बना देता है, जबकि सकारात्मक सम्बन्ध उसे सीमित कर देता है।[27] नारी तब तक ही आवश्यक है, जब तक वह विचार के रूप में रहती है। पुरुष अपने सर्वोपरि रूप को उसमें देखता है, किन्तु वस्तुनिष्ठ वास्तविकता के रूप में वह अशुभ है। वह केवल अपने ही लिए अस्तित्व रखती है। कीर्केगार्द का कथन है कि उसने अपनी प्रेमिका से विवाह सम्बन्ध अस्वीकार करके ही उसके साथ ठीक सम्बन्ध स्थापित किया और किसी रूप में वह ठीक है, और वह इस अर्थ में सही है कि एक अनन्त अन्य के रूप में प्रस्तुत स्त्री का मिथक तुरन्त इसके विपरीत की ओर ले जाता है।

एक मिथ्या, असीमित और सत्यविहीन आदर्श होने के कारण नारी सीमित साधारण और मिथ्या की कोटि में आती है। लाफोर्ग की कृतियों में यह इसी तरह से निरूपित किया गया है। अपनी सभी रचनाओं में इस रहस्यात्मकता के विरुद्ध वे रोष प्रकट करते हैं जिसके लिए वे पुरुष को भी उतना ही दोषी मानते हैं जितना स्त्री को। ओफेलिया और सलोमे साधारण नारियाँ हैं। हैमलेट का कथन है कि ओफेलिया उससे केवल इसलिए प्यार करती है, क्योंकि वह उसके लिए वरदानस्वरूप है और क्योंकि वह उसकी सखियों से सामाजिक और नैतिक रूप में उत्कृष्ट है। नारी पुरुष को स्वप्न दिखाती है, पर वह आराम, सुस्वादु भोजन आदि के बारे में ही सोचती है; पुरुष उससे उसकी आत्मा के बारे में बात करते हैं जबकि वह केवल एक शरीर है। नारी में आदर्श की तलाश करने वाला प्रेमी वास्तव में प्रकृति के हाथ का खिलौना है, जो कि रहस्यमय रूप द्वारा जन्म प्रदान करने का स्वार्थ सिद्ध करती है। वह वास्तव में रोज़मर्रे की ज़िन्दगी की द्योतक है; वह मूर्खता, विवेकशीलता, क्षुद्रता, ऊब है। 'हमारी प्यारी संगिनी' शीर्षक कविता में यही उद्धृत किया गया है :

...मेरे पास सभी स्कूलों से कला है
मेरे पास हर स्वाद के लिए आत्माएँ हैं
मेरे चेहरों से फूल तोड़ दो
मेरा मुँह पियो, मेरी आवाज़ नहीं
और आगे मत देखो
किसी ने इसे स्पष्ट रूप से नहीं देखा, यहाँ तक कि मैंने भी नहीं।
हमारा प्यार बराबर नहीं है
मेरे लिए आप तक पहुँचने के लिए
तुम तो बस भोले-भाले पुरुष हो

मैं शाश्वत स्त्री हूँ!
मेरा उद्देश्य सितारों में खो गया है!
मैं महान् आइसिस हूँ!
मेरे लिए किसी ने पर्दा नहीं उठाया
केवल मेरे मरुद्यान के बारे में सोचो...

पुरुष स्त्री को ग़ुलाम बनाने में सफल हो गया है लेकिन इस हद तक उसने स्त्री को उन गुणों से भी वंचित कर दिया, जो उसे अधिक वांछित बना सकते हैं। परिवार और समाज में एकीकृत, स्त्री का जादू रूपान्तरित होने के बजाय लुप्त हो जाता है; एक नौकरानी की स्थिति में ला दी गयी, वह अब एक अजेय शक्ति नहीं रही, जिसमें प्रकृति की सभी निधियाँ निहित हों। दरबारी प्रेम के जन्म के बाद से यह आम बात हो गयी है कि विवाह प्रेम को ख़त्म कर देता है। बहुत अधिक तिरस्कृत या बहुत अधिक सम्मानित, रोज़मर्रा की, पत्नी अब एक कामुक वस्तु नहीं रही। विवाह के संस्कारों का मूल उद्देश्य स्त्री के विरुद्ध पुरुष की रक्षा करना है; वह उसकी सम्पत्ति बन जाती है। परन्तु वह सब कुछ जिसे हम अपने अधिकार, अपने नियन्त्रण में करते हैं, बदले में वह हमें अपने अधीन, अपने नियन्त्रण में कर लेता है; विवाह पुरुष के लिए भी दासता है। वह प्रकृति के फैलाए जाल में फँस जाता है। एक निर्मल युवती की चाहत रखने के लिए, पुरुष को अपने पूरे जीवन में एक मोटी ब्याहता औरत, एक कृशकाय वृद्धा का भारण-पोषण करना होगा; जिन रत्नों से उसने जीवन को आभूषित किया, घृणित भार बन गये। जानटिप नारी का वह रूप है, जो पुरुष को हमेशा भयंकर प्रतीत हुआ।[28] प्राचीन और मध्य युग में वह अनेक विलापों का विषय रही है। जब नारी युवती रहती है, तब भी विवाह धोखा ही है। यह कामवासना को सामाजिक मान्यता नहीं देता, बल्कि इसको नष्ट कर देता है। सत्य तो यह है कि काम वासना, जो क्षणिक है, असीमित समय पर अधिकार करना चाहती है। वह व्यक्ति और समाज पर आधिपत्य चाहती है। वह आदान-प्रदान के स्थान पर पृथक्ता चाहती है। यह नियम के प्रति विद्रोह है। इसके सिद्धान्त समाज के विरोधी हैं। रीति-रिवाज़ को संस्थाओं के क़ानूनों के अधीन नहीं किया जा सकता। प्रेम ने हमेशा इन सबकी अवज्ञा की है। प्राचीन ग्रीक और रोम में कामुकतापूर्ण प्रेम नवयुवकों और वेश्याओं के प्रति प्रदर्शित किया जाता था वीरतापूर्ण प्रेम जो दैहिक और प्लेटो के (दार्शनिक) दोनों ही था, परस्त्री पर प्रदर्शित किया जाता था। 'ट्रिस्टान' महाकाव्य में व्यभिचार का वर्णन है। क़रीब सन् 1900 से ही साहित्य में व्यभिचार

के वर्णनों की प्रचुरता है। नारी-सम्बन्धी यह नवीन कल्पना है। हेनरी बर्नस्टाइन ने सम्पन्न संस्थाओं की रक्षा के लिए प्रेम और वासना को विवाह में सीमित करने का प्रयत्न किया है, किन्तु पोर्टोरीश ने अपनी पुस्तक 'आमूरिडस' में इन दोनों मान्यताओं, प्रेम और विवाह में असमानता दिखाई है। व्यभिचार का अन्त विवाह द्वारा ही हो सकता था। विवाह का उद्‌देश्य यह रहा है कि पुरुष अपनी पत्नी की ओर से सुरक्षित है, पर अन्य नारियाँ उसके प्रति आकर्षण प्रदर्शित कर सकती हैं और वह उनकी ओर आकृष्ट भी होता है। इस योजना में स्त्रियाँ स्वयं सम्मिलित हैं। नारी उस व्यवस्था के प्रति विरोध करती है, जो उसे सब शस्त्रों से वंचित कर देती है। नारी को प्रकृति से भिन्न करने के लिए, उसे पुरुष की अधीनता स्वीकार करने के लिए कुछ उत्सवों व संस्कारों द्वारा मनुष्य कोटि की प्रतिष्ठा प्रदान की जाती है। उसे स्वतन्त्रता दी जाती है। स्वतन्त्रता का अर्थ हर बन्धन से मुक्ति है। जिसके पास कुशक्तियाँ हैं, यदि उसे स्वतन्त्रता दी जाये, तो वह घातक सिद्ध हो सकती है। नारी की स्थिति विचित्र है। पुरुष उसे उसकी स्वतन्त्रता देता है। पुरुष अपनी दुनिया में नारी को सेविका के रूप में प्रवेश देता है। इस प्रकार उसके सर्वोपरि रूप को निराशा मिलती है। यह स्वतन्त्रता मानो अभिशाप हो। नारी यह स्वतन्त्रता नहीं चाहती। बन्दी बनने में ही मानो नारी की स्वतन्त्रता निहित है। वह मानवीय सुविधाओं को त्यागकर प्राकृतिक रूप में लौट जाना चाहती है। दिन में तो वह एक सहचरी की तरह अपना कार्य सम्पादित करती है, पर रात्रि में वह बिल्ली और हिरनी में बदल जाती है। वह देवी व अप्सरा का रूप धारण कर लेती है। वह अब शैतान के हाथों नाचती है। कभी-कभी वह अपना रात्रिकालीन जादू पति पर भी चलाती है। अपने ही पति पर ऐसा जादू करना उचित नहीं, इसलिए वह अजनबी व्यक्तियों को ही अपना शिकार बनाती है, क्योंकि उनका उस पर कोई अधिकार नहीं है। उनके लिए तो वह वनस्पति, जलस्रोत, तारा व ठगिनी है। उसका छली होना स्वाभाविक है। उसकी स्वतन्त्रता इसी रूप को अपना सकती है। उसका विश्वासघातिनी होना स्वयं उसकी इच्छा के विरुद्ध है। वह तो अन्य है। उसे कोई ग्रहण कर लेता है। घूँघट के पीछे या जनानखाने में जहाँ भी वह हो, व्यभिचार में सम्मिलित होती है। शायद वह यह दिखाना चाहती है कि वह किसी एक की सम्पत्ति नहीं है और पुरुष के विश्वास को असत्य सिद्ध करती है। इसलिए ही पति में ईर्ष्या भाव शीघ्रता से उत्पन्न होता है। कहानियों में देखा जाता है कि बिना किसी कारण ही पति शक करने लगता है और शक के आधार पर ही स्त्री को बहिष्कृत कर देता है, जिस प्रकार जेनेवीव और डेस्डेमोना के साथ हुआ। ग्रिसेल्डा को कठिन प्रमाण देने पड़ते हैं अपनी अबोधता

को सिद्ध करने के लिए। यदि स्त्रियों पर शक बिना किसी आधार के न किया गया होता, तो ऐसी कहानियाँ प्राप्त नहीं होतीं। उसके दुर्व्यवहार को प्रदर्शित करने की आवश्यकता नहीं। स्त्री को अपने को अबोध सिद्ध करना पड़ेगा। यही कारण है कि कभी भी ईर्ष्या का अन्त नहीं होता। यह देखा जाता है कि आधिपत्य कभी जो प्रत्यक्ष रूप में और पूर्ण रूप में सम्भव नहीं है। जो ईर्ष्या करता है, वह अच्छी तरह जानता है नारी हमेशा अस्थिर है। वह जल की तरह तरल है। इस स्वाभाविक सत्य को कोई भी अस्वीकार नहीं कर सकता। 'अरेबियन नाइट्स' से लेकर 'डीकेमरान' तक के साहित्य में हम यह देखते हैं। किसी पर-पुरुष की बुद्धि को नारियाँ अपनी चाल से परास्त कर देती हैं। केवल पति ही स्त्री को बन्द और क़ैद नहीं रखना चाहता। इसके लिए पिता, भाई और पति — सभी ज़िम्मेदार हैं। आचरण विकास में इन लोगों का योगदान रहता है। समाज ने पति में ईर्ष्या-भाव पैदा किये हैं। नारी में पवित्रता आर्थिक और धार्मिक कारणों से भी वांछित मानी गयी है। हर नागरिक के सच्चे पिता का होना आवश्यक है। यह अनिवार्य है कि नारी समाज द्वारा दिये हुए कार्यों के अनुकूल अपने को बनाये। समाज में उसे अपनी भूमिका पूरी करनी है। पुरुष नारी से दो वस्तुएँ एक साथ चाहता है। यही कारण है कि नारी को दोहरी भूमिका निभानी पड़ती है। वह चाहता है कि नारी उसकी पत्नी भी रहे और उससे अपरिचित भी। वह उसे सेविका और मन्त्रमुग्ध प्रेमिका, दोनों रूपों में देखना चाहता है। समाज के सम्मुख तो वह पहली ही इच्छा प्रदर्शित करता है। दूसरी इच्छा तो उसके हृदय की गहराई में छिपी रहती है। यह नैतिकता और समाज के विरुद्ध है। यह तो 'अन्य' की तरह दुष्टता है। यह विद्रोही प्रकृति और कुशलता का सा लक्षण है। पुरुष हमेशा 'अच्छे' से ही संलग्न नहीं है। वह 'बुरे' की ओर भी आकृष्ट होता है। जब भी 'बुरा ' विवेकहीनता से अपने को प्रदर्शित करता है, पुरुष उससे संघर्ष करता है। रात्रि के अन्धकार में पुरुष ही नारी को पाप की ओर ले जाता है, किन्तु दिन की रोशनी में वह पाप और पापी दोनों को त्याग देता है। नारियाँ जो गुप्त रूप से अधम कार्य करती हैं, जन-साधारण के सम्मुख पुण्य की महिमा-विशेष गाती हैं। आदिम समाजों में पुरुष के 'यौन' को सांसारिक, पर स्त्री के 'यौन' को धार्मिक माना जाता था। स्त्री में चमत्कारी शक्ति थी। आधुनिक समाज में पुरुष का दुर्व्यवहार एक साधारण-सी मूर्खता मानी जाती है। समाज के नियमों का उल्लंघन करने पर भी समाज पुरुष को बहिष्कृत नहीं करता। पुरुष सामाजिक व्यवस्था के लिए घातक नहीं होता। इससे ठीक विपरीत यदि नारी समाज के नियमों का उल्लंघन करती है, प्रकृति व

दानवीय प्रवृत्तियों की ओर जाती है, तो उसके ऊपर भयंकर विपत्ति आती है। नारी का आचरण यदि स्वेच्छाचारी होता है, तो उसे हमेशा बदनामी का भय रहता है। यदि पति अपनी पत्नी को सपथ पर न ला सके, तो वह भी समाज की दृष्टि में दोष का भागी बनता है। उसके सम्मान पर धब्बा लग जाता है। कितने ही देशों में यह भी नियम है कि अपने को पत्नी के दोष से मुक्त करने के लिए पति कुलटा पत्नी की हत्या भी कर सकता है। कई देशों में यदि पति विनम्र व शिष्ट हो, तो उसे नग्न कर गधे पर बैठाकर लज्जित किया जाता है। यही उसकी शिष्टता की सज़ा थी या फिर समाज ऐसी कुलटा नारी को सज़ा स्वयं देता था, क्योंकि उसने समाज के विरुद्ध आचरण किया है। स्पेन जैसे अन्धविश्वासी और रहस्यात्मक देशों में यह सज़ा बड़े कठोर रूप में दी जाती थी। यहाँ के लोग स्वभाव से ही कामुक थे। काल्डेरान, लुक्का, वाल्ले, इनक्लान आदि ने अपने नाटकों में इस विषय का वर्णन किया है। लोर्का ने अपनी पुस्तक 'हाउस ऑफ़ बर्नाडा' में लिखा है कि इस प्रकार आसक्त लड़की, जो पाप करती है, को उसी स्थान पर जहाँ उसने पाप कर्म किया, गाँव वाले जलते अंगारों में जला देते हैं। वाल्ले इनक्लान ने अपनी 'डिवाइन वर्ड' नामक रचना में कहा कि व्यभिचारिणी स्त्री दैत्यों के साथ नृत्य करती हुई पायी गयी। जब गाँव वालों को उसके भ्रष्टाचार का पता चला तो उन लोगों ने उसके वस्त्र फाड़कर उतार दिये और उसे जल में डुबो दिया। बाइबिल में कुछ ऐसी परम्पराओं का वर्णन है जिनके अनुसार दुराचारी स्त्री को नग्न कर दिया जाता था उस पर पत्थर फेंके जाते थे या उसे जीवित जला दिया जाता था; डुबा या गाड़ दिया जाता था। इन यातनाओं का यह अर्थ था कि उसे उसकी सामाजिक प्रतिष्ठा से वंचित कर पुनः प्रकृति के हवाले कर दिया गया। 'पाप-कर्म' सम्पादित करने के कारण उसे बुरा फल भोगना पड़ा। एक उन्माद भरे वातावरण में उसे सज़ा दी जाती थी। स्त्रियाँ उसे मारती थीं। क़त्ल करती थीं और उस स्राव को बहाने के लिए बाध्य करती थीं, जो प्राकृतिक है, रहस्यमय है। बदला लेने वाली ये नारियाँ सामाजिक नियमों के अनुसार ही यह सज़ा देती थीं।

जैसे-जैसे अन्धविश्वास कम होता जाता है और भय दूर होता जाता है, इस प्रकार की कठोर बर्बरता भी लुप्त हो जाती है। अब भी ग्रामीण क्षेत्रों में बंजारन स्त्रियों को सन्देह की दृष्टि से देखा जाता है, जिनका न कोई इष्ट होता है, न घरबार, न चूल्हा-चौका। वह स्त्री, जो अपने सौन्दर्य का स्वतन्त्र रूप से प्रयोग करती है या यूँ कहा जाये दुरुपयोग करती है, हमेशा बुरी मानी जाती है। हॉलीवुड के चलचित्रों

में आज जब कुलटा नारी दिखाई जाती है वह सिर्से की प्रतिमूर्ति ही होती है। बहुत-सी औरतों को डायन कहकर जला दिया गया, सिर्फ़ इसलिए क्योंकि वे खूबसूरत थीं।

ये वही ख़तरे हैं जो एक दुस्साहसी पुरुष के लिए स्त्री के खेल को लुभावना बनाते हैं। एक पति के रूप में अपने अधिकारों को त्यागकर, सामाजिक क़ानूनों पर भरोसा करने से इनकार करते हुए, वह उसे एक ही मुकाबले में हराने की कोशिश करेगा। प्रतिरोध करने पर भी वह स्त्री को अपने वश में करने का प्रयास करता है; उनकी ओर से यह ख़तरा हमेशा रहता है। ऐसे व्यक्ति विवाह सम्बन्धी और सामाजिक क़ानूनों को भंग कर एक ही संघर्ष में नारी को जीत लेना चाहते हैं। जिस स्वतन्त्रता के कारण वह पुरुष से बचना चाहती है, उसी स्वतन्त्रता के नाम पर वह उसे फुसलाता है, पर व्यर्थ। कोई भी स्वतन्त्रता में अपनी भूमिका नहीं निभाता है : स्वतन्त्र महिला अक्सर पुरुष के विपरीत जायेगी। यहाँ तक कि स्लीपिंग ब्यूटी भी नाराज़गी के साथ जाग सकती है, और सम्भवत: वह अपने 'प्रिंस चार्मिंग' को न पहचाने, यानी वह उसके होंठों पर मुस्कान नहीं ला सकता। वीर नायक की पत्नी पति के इन साहसिक कार्यों को अनमनेपन से सुनती है, जिस काव्य-देवी का कवि स्वप्न देखता है, वह उसकी कविता सुनकर उबासी ले सकती है। योद्धा नारी शायद युद्ध करने से इनकार कर सकती है और दूसरी सम्भावना यह भी है कि वह विजयी हो सकती है। पतनकाल के रोम की स्त्रियाँ और आज कई अमेरिकी स्त्रियाँ पुरुषों पर अपनी सनक या अपना क़ानून थोपती हैं। सिंड्रेला कहाँ है? पुरुष देना चाहता है और स्त्री ग्रहण करती है। अब आत्म-रक्षा का प्रश्न है, यह कोई खेल नहीं है। जिस क्षण से नारी स्वतन्त्र होती है, उसके पास उस भाग्य के अलावा कोई अन्य भाग्य नहीं होता जिसे वह स्वतन्त्र रूप से अपने लिए बनाती है। अब पुरुष और नारी का सम्बन्ध संघर्षमय है। सहचरी के रूप में भी नारी उतनी दुर्जेय प्रतीत होती है जितनी कि वह अज्ञात प्रकृति के रूप में उसके सामने थी। समर्पित, धैर्यपूर्वक पालन-पोषण करने वाली मादा एक लालची और भक्षक जानवर में बदल जाती है। अब श्रमिक मधुमक्खी और मुर्गी के स्थान पर भक्षण करने वाली मादा कीड़ों की कहानियाँ प्रचलित हैं। स्त्री अब बच्चों को दूध नहीं पिलाती, बल्कि नर को खा जाती है; अब डिम्ब को बाहुल्य का भण्डार नहीं माना जाता, वह तो एक निष्क्रिय पदार्थ का फन्दा व जाल है, जहाँ शुक्राणुओं को नष्ट कर डुबो दिया जाता है। गर्भ अब उष्ण शान्तिमय और सुरक्षित स्थान नहीं है। वह तो मानो एक नरभक्षी पौधे और एक अँधेरी खाड़ी की तरह है, जहाँ उस सर्प का निवास है, जो नर की शक्ति को नष्ट कर देता है। वही द्वन्द्वात्मकता कामिनी को काली जादूगरनी में, नौकरनी को छलना

में, सिंड्रेला को राक्षसी में बदल देती है और हर औरत को एक दुश्मन में बदल देती है। यह वह क़ीमत है जो आदमी बदनीयती को एकमात्र आधार के रूप में प्रस्तुत करने के लिए चुकाता है।

हालाँकि, यह शत्रु रूप स्त्री का निश्चित रूप भी नहीं है। बल्कि, नारीमात्र के हृदय में 'मैनिकीवाद' प्रवेश करता है। पाइथागोरस ने अच्छे सिद्धान्त की तुलना पुरुष से की, बुरे सिद्धान्त की तुलना स्त्री से की। पुरुष ने उस बुराई को दूर करने के लिए नारी पर आधिपत्य जमाना चाहा, वे आंशिक रूप से सफल हुए; लेकिन जैसे यह ईसाई धर्म है, जिसने मुक्ति और मोक्ष के विचारों को लाकर, निन्दा शब्द को अपना पूरा अर्थ दिया है, वैसे ही अच्छी नारी बुरी नारी से बिल्कुल पृथक् कर दी गयी। मध्य युग से आज तक जबकि स्त्री के लिए संघर्ष जारी है, कुछ व्यक्तियों ने केवल अनुग्रह प्राप्त अपने स्वप्न में साधु नारियों को ही अपनाया है, जबकि कुछ व्यक्ति ऐसे हैं, जिन्होंने उन शापित स्त्रियों को ग्रहण किया है, जो उनके सपनों को झुठलाती है। लेकिन सच तो यह है कि यदि पुरुष स्त्री में सब कुछ पा सकता है, तो इसका कारण यह है कि उसके पास एक ही समय में ये दो चेहरे होते हैं! यह उन सभी मूल्यों और विरोधी मूल्यों को दैहिक और जीवन्त तरीक़े से चित्रित करती है जिनके माध्यम से जीवन अर्थ ग्रहण करता है। वह अपने स्वरूप द्वारा जीवन के अस्वीकार्य और मान्य, दोनों मूल्यों का प्रतिनिधित्व करती है। 'अच्छा और बुरा' एक-दूसरे से पृथक् रूप हैं। श्रद्धेय माता मानो अच्छाई का पुंजीभूत है, जबकि छली नारी बुराई का प्रतीक है। 'लार्ड रैंडल, माई सन' शीर्षक कथा में योद्धा की पत्नी उसे ज़हर दे देती है और वह माँ के वक्षस्थल पर सिर टिकाकर प्राण देता है। 'रिचौपेन के लाग्ल' में भी कुछ ऐसा ही चित्र वर्णित है। माता, सच्ची प्रेमिका और शान्त पत्नी हमेशा उन घावों पर मरहम लगाने के लिए प्रस्तुत रहती हैं, जिन्हें आवारा नारियाँ और चुड़ैलें पहुँचाती हैं। इन दो प्रकार की स्त्रियों के मध्य अनेक प्रकार की नारियाँ हैं दयनीय, घृणित, पापिनी, छलिया, दुर्बल, देवदूत और यमदूत की भाँति। इस प्रकार नारी में अनेक प्रकार के व्यवहार और विचार दिखाई देते हैं। नारियाँ पुरुषों के जीवन को सम्पन्न करती हैं और उनकी भावना को उद्वेलित करती हैं।

नारी की यह जटिलता पुरुष को मन्त्रमुग्ध कर देती है। एक अद्भुत सेविका जिसे रखना बहुत कम ख़र्च में सम्भव है और जो उसे चकाचौंध कर देती है। वे फ़रिश्ता हैं या दानवी? इस संशय ने इसे स्फिंक्स का रूप दिया है। स्फिंक्स जो स्त्री और पशु, दोनों का रूप है। इसी तत्वावधान में पेरिस के सबसे प्रसिद्ध वेश्यालयों में से एक के बाहर प्रतीकस्वरूप स्फिंक्स का चित्र था। स्त्रीत्व के सुनहरे दिनों

में, कोर्सेट्स के दिनों में, पॉल बॉर्गेट, हेनरी बटैले, फ्रांसीसी-कैनकन, स्फिंक्स का विषय कॉमेडी, कविता और गीतों में असीमित रूप से व्याप्त है : "तुम कौन हो, तुम कहाँ से आयी हो, विचित्र स्फिंक्स?" यह काव्य और संगीत की भी विषय वस्तु रही। नारी के रहस्य के बारे में सोच और विचार का अन्त नहीं। नारी का रहस्य रहस्य बना रहा, इसलिए पुरुष ने बहुत दिनों तक चाहा कि नारी स्कर्ट और पेटीकोट पहनना न त्यागे वह दस्ताना पहने रहे। घूँघट रखे, ऊँची एड़ी के जूते पहने। हर चीज़ जो दूसरे में अन्तर को बढ़ाती है वह इसे और अधिक वांछनीय बनाती है, क्योंकि यह दूसरा ही है जिसे पुरुष अपनाना चाहता है। ऐसी पोशाक उसे अलग रूप में दिखाती है और वह और वांछित हो जाती है। आले फर्निए ने अंग्रेज़ महिलाओं को झिड़का है कि वे पुरुषों की तरह हाथ न मिलाएँ। फ्रांस की स्त्रियों की विनम्रता व शिष्टता से वे प्रभावित थे। नारी को हमेशा रहस्यमय और अज्ञात रहना चाहिए, जैसे दूर देशों को राजकुमारियाँ, कार्निस ने हमेशा नारी को आदर दृष्टि से देखा है। उसने स्वरचित नारी में बचपन और युवाकाल के सभी आश्चर्यों को चित्रित किया है। खोये हुए स्वर्ग को सारी विभूति भी नारी में ही प्राप्त है। नारी की प्रथम विशेषता यह होनी चाहिए कि वह सहज प्राप्य न हो। उसने व्वे द गालाइ के चित्र को सफ़ेद और सुनहले रंगों से भरा है। यदि नारी के दोष भी रहस्यमय होते हैं तो भी पुरुष उनकी इच्छा करता है। किसी पुरुष ने बड़ा ज़ोर देकर एक बुद्धिमती नारी से कहा कि नारी में अपनी एक सनक, एक धुन होनी ही चाहिए। उसकी सनक क्या होगी, यह कहना असम्भव है, पर यह सनक जल की तरंग को भविष्य प्रदान करती है। यदि वह मिथ्यावादिनी है तो और भी आकर्षक लगती है। यदि वह छलना है और यौन सम्बन्धी अस्वाभाविक आचरण वाली है, तो मानो और भी महक उठती है। यदि वह दोहरी भूमिका निभाती है, धोखा देती है, दूर भागती है, समझ से परे है, तो पुरुष की विरोधी इच्छाओं को जाग्रत करती है। स्फिंक्स को एक युवा नारी की तरह प्रदर्शित किया जाता है। कौमार्य एक ऐसा रहस्य है, जिसे पुरुष सबसे अधिक उत्तेजनामय पाता है। इस प्रकार की लड़कियाँ अधिक बदचलन होती हैं। वे हर प्रकार से स्वेच्छाचारी होती हैं। कोई नहीं जानता कि उनके भोलेपन के आवरण के पीछे कौन-सा दुर्गुण छिपा है। वे पशुओं और पौधों के जगत् के क़रीब हैं, सामाजिक रूप में ढलने के लिए विशेष अनुकूल हैं। 'स्त्रीत्व' भयजनक नहीं होता, पर हाँ, वह अशान्त कर देता है, उथल-पुथल मचा देता है। वह मानव 'नारी'-रहस्यों का सबसे श्रेष्ठ प्रतिपादक है। चूँकि पवित्र किशोरियाँ नहीं मिलतीं, इसलिए उनकी परम्परा का अन्त हो गया, किन्तु वेश्या ने, जिसे गांतिलों ने फ्रांस के रंगमंच पर माया रूप में प्रदर्शित किया,

काफ़ी प्रतिष्ठा प्राप्त कर ली। वेश्या को जिस तरह चाहो उस तरह नचाया जा सकता है। वह अच्छे-बुरे, दोनों प्रकार के कार्यों के लिए सबसे अधिक सुयोग देती है। डरपोक और कठोर पवित्रता को निभाने वाले वेश्या को बुराई, लज्जा, रोग और सत्यानाश के रूप में देखते हैं। वह भय और घृणा की भावना उत्पन्न करती है। वह किसी एक पुरुष की नहीं होती। वह तो सभी के सम्मुख समर्पण कर देती है और इस व्यापार से अपनी जीविका चलाती है। इस प्रकार वह पुराने काल की भयंकर देवी माताओं का स्थान ग्रहण करती है। उसकी विलासी स्वतन्त्रता मनमानी है। वह जिस स्त्रीत्व का प्रतिनिधित्व करती है, समाज ने उसे मान्यता प्रदान नहीं की है। ऐसा सोचा गया है कि उसमें बुरी शक्तियाँ हैं काम-सम्बन्ध स्थापित कर पुरुष यह नहीं सोच सकता कि उसने ऐसी नारी को प्राप्त कर लिया है। उसने तो दैत्य जीव के हाथों अपने को कुछ देर के लिए मानो सौंप दिया था एंग्लो-सैक्सेनस ने यह कार्य लज्जाजनक एवं कलुषित रूप में देखा और उसे बुरा बताया। वह व्यक्ति, जिसे देह और देह-जनित किसी प्रकार का भय नहीं है, आनन्द उठायेगा, वह तो उसमें स्त्रीत्व का श्रेष्ठ रूप पायेगा, जिसे किसी प्रकार की नैतिक मान्यता की आवश्यकता नहीं। उसे तो उसके शरीर में वे जादूमय गुण मिलेंगे, जिन्होंने नारी को सागर और सितारों के क़रीब ला दिया था। एक पुरुष जब किसी वेश्या के साथ बिस्तर पर सोने जाता है, तो उसे ऐसा अनुभव होता है कि वह जीवन, मृत्यु और विश्व की गहराई का अनुभव कर रहा है। वह उसकी गहरी, नम योनि में मानो ईश्वर के क़रीब जा रहा है। वेश्या समाज से बहिष्कृत एक ऐसे जगत् में रहती है, जहाँ सभी सद्गुणों का स्वरूप बिगड़ चुका है। पतितों का उद्धार होगा, यह विश्वास उसे परोक्ष रूप में सन्तों के निकट ले जाता है। मेरी मादलेन क्राइस्ट को विशेष प्रिय थी। पाप स्वर्ग का द्वार शीघ्र खुलवा देता है। एक बनावटी सहकार्य ऐसा नहीं कर सकता। दास्तोएवस्की का रास्कोल्निकोव (एक चरित्र) सोनिया के सम्मुख उस गर्व को त्याग देता है, जो उसे अपराध करने के लिए बाध्य करता है। वह समाज से बहिष्कृत है, पर वेश्या, जिसे समाज त्याग देता है, ऐसे व्यक्ति को भी ग्रहण कर लेती है।[29] अपवित्र चरित्र एक अशान्त स्थिति की सृष्टि कर देते हैं। लोग अपनी नैतिकता खो बैठना चाहते हैं, पर बुराई का प्रत्यक्ष रूप में आलिंगन कठिन है। दानवी प्रकृति वाले भी भयंकर अपराधी से भयभीत रहते हैं। स्त्री पुरुष को वह कलुषित उत्सव मनाने में सहायता प्रदान करती है, जिसमें बिना किसी निमन्त्रण के शैतान की आत्मा को जगाया जाता है। उसे भय नहीं। वह पुरुष के संसार में उस स्थान पर रहती है, जहाँ वह जो भी कार्य करती है, उसके परिणामों की चिन्ता नहीं होती और न उसके विशेष परिणाम

होते ही हैं। चूँकि वह भी मानव जीव है, इसलिए वह मनुष्य के क़ानून के विरोध में तीव्र संघर्ष कर सकती है। मूसे से लेकर जार्ज बाताइ तक की रचना में पतित, अधम व्यक्ति वही है जो वेश्याओं की संगति में रहता है। वह उनके सहयोग से ही कुकर्म करता है। मार्किवस द सादे और साचे मासो ने अपनी इच्छाओं की पूर्ति वेश्याओं के साथ ही की। उनके शिष्यों ने वेश्याओं की संगति में ही अपनी कुत्सित वासनाओं को तृप्त किया। ये स्त्रियाँ बहुत जल्दी समर्पण कर देती हैं। वे जब चाहती हैं, पुरुषों से कतराती हैं, इसलिए वे भिन्न-भिन्न मुद्राएँ धारण करने की शक्ति रखती हैं। नारी का हर रूप कुमारी, कन्या, माता, पत्नी, बहन, सेविका और प्रेमिका, अति पवित्र नारी और मुस्कुराती हुई रखैल — पुरुष की भिन्न-भिन्न वासनाओं और इच्छाओं को तृप्त करता है।

यह मनोविज्ञान पर निर्भर है — विशेष रूप से मनोविश्लेषण पर — यह पता लगाने के लिए कि क्यों एक व्यक्ति असंख्य चेहरों के साथ मिथक के ऐसे और वैसे पहलू से ख़ुद को अधिक विलक्षण रूप से जोड़ता है; और यह इतने विलक्षण रूप में क्यों है कि वह इसे मूर्त रूप देता है। लेकिन सभी जटिलताओं, जुनूनों, मनोविकारों में यह मिथक शामिल है। क्यों एक व्यक्ति विशेष नारी के अनेक रूपों में से एक रूप की ओर आकर्षित होता है और उस रूप को वह किसी एक नारी-विशेष में क्यों देखता है? मानसिक विकार के हर रोगी की नारी-सम्बन्धी कुछ-न-कुछ समस्या रहती है। कुछ व्यक्तियों के पागलपन का एकमात्र कारण यह है कि उनका आकर्षण उस वस्तु विशेष की ओर है, जिसे वर्जित बताया गया है। केवल सामाजिक दबाव ही ऐसी मन:स्थिति की विवेचना नहीं कर सकता। सामाजिक निषेध केवल परम्परागत नहीं है, बल्कि ज्यों-ज्यों मनुष्य विकास की ओर अग्रसर होता है, वह स्वयं अनुभव करता है कि कुछ क्रियाएँ क्यों अनुचित हैं। यह केवल तभी प्रकट हो सकता है जब वर्जनाएँ पहले से स्थापित की गयी हों; बाहरी सामाजिक दबाव इसकी उपस्थिति को समझाने के लिए अपर्याप्त है; वास्तव में, सामाजिक वर्जनाएँ केवल रूढ़ियाँ नहीं हैं; उनके पास — अन्य अर्थों के बीच — एक ऑन्टोलॉजिकल अर्थ है जिसे प्रत्येक व्यक्ति विशिष्ट रूप से अनुभव करता है। उदाहरण के तौर पर, “ओडिपस कॉम्प्लेक्स” विवेचना दिलचस्प है; इसे अक्सर सहज प्रवृत्तियों और सामाजिक व्यवस्थाओं के बीच संघर्ष से उत्पन्न माना जाता है; लेकिन इसका उदय तो व्यक्ति में निहित अन्तर्द्वन्द्व के कारण होता है, जबकि बहुधा कहा जाता है कि इस ग्रन्थि का कारण जन्मगत संस्कारों और सामाजिक नियमों के बीच संघर्ष है। बालक माँ की छाती से चिपका रहता है क्योंकि उसे जीवन से लगाव है। बालक का स्तन के प्रति

मोह मानो जीवन के प्रति मोह है। यह मोह साधारण व विश्वव्यापी है। जैसे ही बच्चा माँ का स्तनपान छोड़ता है, स्तन के प्रति उसका लगाव कम हो जाता है। वह अपना व्यक्तित्व धीरे-धीरे प्राप्त करता है और जन्मदात्री से दूर होता जाता है। इस दृष्टिकोण से जैसे-जैसे बालक का व्यक्तित्व विकसित होता जाता है, वह माँ के सान्निध्य से दूर और अलग होता जाता है, पर माँ के शरीर के प्रति उसमें मोह शेष रहता है, जिसे यौनगत आकर्षण कहा जा सकता है। इसके बाद यह मोह किसी अन्य की ओर होता है, जिससे वह अपरिचित है। वह सीमित घेरे से ऊँचा उठने लगता है। जितनी ही जल्दी बच्चे में अलगाव की यह भावना आती है, उतनी ही जल्दी यह आकर्षण मानो उसकी व्यक्तिगत स्वतन्त्रता में बाधक-सा लगने लगता है और उसे परेशान-सा करता है। वह माँ का प्यार दुलार पसन्द नहीं करता, उसकी सत्ता नहीं मानता। वह उसके मातृ अधिकारों की अवज्ञा करती है। कभी-कभी तो उसकी उपस्थिति से ही उसे लज्जा का अनुभव होता है। विशेषकर माँ के शरीर के बारे में सोचना उसे बड़ा परेशान-सा करता है। यह विषय मानो उसे अश्लील लगता है। जब शरीर के प्रति ये विचार पिता, सौतेले पिता व किसी प्रेमी द्वारा उसमें आते हैं, तो वह दुःखी हो जाता है। यहाँ दुःख ईर्ष्याजनित है, पर उसे बदनामी का भय होता है। माता के शरीर के बारे में उसे याद दिलाना मानो उसे उसके जन्म की याद दिलाना है। वह पूरी ताक़त से मानो उसे अस्वीकार करना चाहता है और जन्म को मानो विश्व की एक महत्त्वपूर्ण घटना की मर्यादा देना चाहता है, वह माँ में उस प्रकृति को देखना चाहता है, जो किसी एक व्यक्ति विशेष की न होकर सबकी होती है। वह यह नहीं चाहता कि उसकी माँ किसी एक की सम्पत्ति हो। यह भावना उसमें इसलिए नहीं है कि वह स्वयं माँ को अपनी सम्पत्ति के रूप में चाहता है, बल्कि इसलिए कि वह नहीं चाहता कि उसकी माँ किसी की सत्ता के अधीन हो। माँ का पत्नी व मालकिन जैसा तुच्छ स्वरूप उसे स्वीकार नहीं है। कभी-कभी किशोर अवस्था में माँ का शरीर, विशेषकर जंघा और वक्षस्थल देखकर वासना जाग्रत होती है, पर यह वासना माँ के प्रति नहीं, बल्कि साधारण नारी के प्रति होती है। कभी-कभी तो यह विचार आते हैं कि उसने अपनी माँ का शरीर देखा है, काम इच्छा लुप्त हो जाती है। कभी-कभी किशोर में अनुचित इच्छा होती है। पवित्र वस्तु को अपवित्र करने के निषेध के प्रति लालसा। इसका अर्थ यह नहीं कि वह प्रथम सम्भोग अपनी माँ के साथ करना चाहता है, पर बन्धनों के कारण ऐसा नहीं करता, बल्कि निवेश भावना व्यक्ति में स्वयं उत्पन्न होती है। उसका विवेक इसके लिए गवाही नहीं देता। संस्कार उत्कृष्ट रूप में बदल जाते हैं। वह अपनी माँ को शरीर रूप में नहीं देखता। माँ महान् है, माँ पवित्र नारीत्व

की मूर्ति है, जिसकी समाज प्रशंसा करता है। माँ वह आदर्श रूप है, जो अगली पीढ़ी के कल्याण के बारे में सोचती है। यह भावना स्वयं अपने आप मन में उठती है, इसलिए ही विशेष मान्य है। प्रत्येक नारी में नारीत्व का गुण है, अतः 'मातृत्व' का गुण है, इसलिए पुरुष का जो रुख़ अपनी माता के प्रति है, वह अपनी पत्नी के प्रति नहीं होता। सम्बन्धों के प्रति दृष्टिकोण में अन्तर रहता है। किशोर में जब माता को देखकर काम वासना जाग्रत होती है, तब इसका यह अर्थ नहीं होता कि वह माँ पर आसक्त है। वह स्त्री पर आसक्त है, कोई भी स्त्री उसकी इच्छा को तृप्त करती है।[30] जिस नवयुवक के हृदय में माता के प्रति श्रद्धा होती है, माँ को पवित्र मानता है, वह मातृत्व की पवित्रता हर नारी में देखता है।

'नारी' और 'वासना' के स्वाभाविक और अस्वाभाविक रूप सर्वविदित हैं। चूँकि नारी पुरुष का आविष्कार है, इसलिए पुरुष नारी की सृष्टि पुरुष देह में भी कर सकता है। जब पुरुष किसी लड़के के साथ सम्बन्ध स्थापित करता है, तब उस सम्बन्ध में कुछ ही अन्तर रह जाता है। स्त्री-वस्तुओं में ही नारी को देखा जाता है। नारी द्वारा और नारी में जो श्रेष्ठ व 'दलित' है, उसके द्वारा एक नवयुवक सुख-दुःख, पाप-पुण्य, वासना-ब्रह्मचर्य, श्रद्धा-क्रूरता आदि के बारे में ज्ञान प्राप्त करता या यों कहें कि वह अपने को पहचानना सीखता है। नारी पुरुष के लिए खेल है, साहसिक कार्य है, पर वह एक परीक्षा भी है। वह विजय का उल्लास है साथ ही निराशा की कड़वाहट भी। वह नाश का ढेर है, तो सत्यनाश और मृत्यु के प्रति आकर्षण का रूप भी है। सम्पूर्ण महत्त्वपूर्ण जगत् मानो नारी में निहित है। वह पुरुष की भावना और कार्यों का स्रोत है। वह उन सभी मान्यताओं का मूर्त रूप है, जो पुरुष को स्वतन्त्र रूप से कार्य की ओर प्रेरित करती हैं। बहुत निराश होने पर भी पुरुष नारी के उस स्वप्न को सँजोये रखता है, जो कि उसके सब स्वप्नों का स्वप्न है।

यही कारण है कि नारी के दोहरे और छली चेहरे हैं। नारी वह है, जो पुरुष चाहता है और वह भी है, जो पुरुष प्राप्त नहीं कर सकता। वह अनुकूल प्रकृति और मानव के बीच की कुशल मध्यस्थ है। और वह समस्त ज्ञान के विरुद्ध अदम्य प्रकृति का प्रलोभन है। अच्छाई से लेकर बुराई तक सभी नैतिक मूल्य और उनके विपरीत का वह दैहिक रूप धारण करती है; यह क्रिया का सार है और जो इसमें बाधा डालता है, संसार पर मनुष्य की पकड़ और उसकी विफलता; इस प्रकार, यह मनुष्य द्वारा अपने अस्तित्व पर सभी प्रतिबिम्बों और उसके द्वारा दी जा सकने वाली सभी अभिव्यक्तियों का स्रोत है; हालाँकि, वह उसे ख़ुद से दूर करने, उसे मौन और मृत्यु में डुबाने का प्रयास करती है। सेविका और संगिनी, वह अपेक्षा करता है कि

नारी श्रोता भी हो और आलोचक भी, उसके अस्तित्व में उसकी पुष्टि करे; लेकिन वह उसका विरोध अपनी उदासीनता, यहाँ तक कि अपने उपहास और अपनी हँसी से करती है। वह उसमें वही प्रक्षेपित करता है जो वह चाहता है और जिससे वह डरता है, जिसे वह प्यार करता है और जिससे वह नफ़रत करता है। और अगर नारी के विषय में कुछ विशेष कहना बड़ा कठिन है, तो इसका कारण यह है कि पुरुष ख़ुद को पूरी तरह से उसमें तलाशता है और वह ही 'सर्वस्व' है। वह सर्वस्व अन्य व अपर के रूप में है। अन्य के रूप में वह अपने से 'अन्य' है। वह सम्पूर्ण अन्य है। और, अन्य की तरह, वह भी स्वयं से भिन्न है, उससे भिन्न है जिसकी उससे अपेक्षा की जाती है। सब कुछ होने के बावजूद, यह कभी भी वैसा नहीं होता जैसा इसे होना चाहिए; यह सतत निराशा है, अस्तित्व की निराशा जो स्वयं तक पहुँचने या मौजूदा प्राणियों की समग्रता के साथ सामंजस्य स्थापित करने में कभी सफल नहीं होती है।

सन्दर्भ

1. "... स्त्री पुरुष की व्यर्थ पुनरावृत्ति नहीं है, बल्कि वह मनमोहक स्थान है जहाँ पुरुष और प्रकृति का जीवन्त गठबन्धन सम्पन्न होता है। यदि वह लुप्त हो जाये और पुरुष अकेले रह जाते हैं, बर्फीले संसार में बिना पहचान के। यह पृथ्वी ही जीवन के शिखर तक ले जाती है, पृथ्वी संवेदनशील और आनन्दमय हो जाती है; और इसके बिना, मनुष्य के लिए पृथ्वी मूक और मृत है", "मिशेल कारुज लिखते हैं। (Les pouvoirs de la femme, Cahiers du Sud, n° 292.)
2. Étapes sur le chemin de la vie.
3. होमेरिक भजन में कहा गया है, "यह पृथ्वी है जिसके बारे में मैं गाऊँगा, ठोस नींव वाली सार्वभौमिक माँ, आदरणीय पूर्वजा जो अपनी धरती पर मौजूद सभी चीज़ों का पोषण करती है।" एशिल भी उस पृथ्वी की महिमा गाते हैं, जो "सभी प्राणियों को जन्म देती है, उनका पोषण करती है और फिर उनके फलदायी बीज को पुन: प्राप्त करती है।"।
4. "वस्तुत: स्त्री इसिस, उपजाऊ प्रकृति है। वह नदी और नदी तल, जड़ और गुलाब, पृथ्वी और चेरी का पेड़, बेल और अंगूर है। (एम. कारुज , लेख उद्धृत।)
5. मोंतेरलाँ पर हमारे अध्ययन को थोड़ा और देखें जो इस दृष्टिकोण को एक अनुकरणीय तरीके से प्रस्तुत करता है।
6. डेमेटर mater dolorosa का प्रकार है। लेकिन अन्य देवियाँ — ईशर, आर्टेमिस — क्रूर हैं। काली के हाथ में खून से लथपथ खोपड़ी है। एक हिन्दू कवि ने उनसे कहा, "आपके मृत पुत्रों के सिर आपकी गर्दन से हार की तरह लटक रहे हैं... आपका रूप बरसाती बादलों की तरह सुंदर है, आपके पैर ख़ून से रंगे हुए हैं।"
7. Métamorphoses de la libido
8. रहस्यमय और पौराणिक मान्यताओं और व्यक्तियों के जीवन्त विश्वासों के बीच का अन्तर निम्नलिखित तथ्य में भी ध्यान देने योग्य है: लेवी-स्ट्रॉस की रिपोर्ट है कि "युवा निम्मेबागो

पुरुष अपनी प्रेमिका से मिलने जाते हैं, उस गोपनीयता का लाभ उठाते हुए जिसके लिए उसे मासिक धर्म की अवधि में निर्धारित अलगाव द्वारा निंदा की जाती है।"

9. चेर के एक डॉक्टर ने मुझे बताया कि जिस क्षेत्र में वह रहता है, उसी परिस्थिति में औरतों के लिए मशरूम के खेतों में जाना निषिद्ध है। इस सवाल पर आज भी बहस होती है कि क्या इन पूर्वाग्रहों का कोई आधार है। डॉक्टर बिनेट द्वारा उनके पक्ष में रिपोर्ट किया गया एकमात्र तथ्य शिंक (विन्येस द्वारा उद्धृत) का एक अवलोकन है। कहा जाता है कि शिंक ने एक मासिक धर्म वाली नौकरानी के हाथों में फूल मुरझाये हुए देखे थे; इस औरत द्वारा बनाये गये खमीर केक सामान्य रूप से पहुँचने वाले पाँच सेंटीमीटर के बजाय केवल तीन सेंटीमीटर बढ़े होंगे। किसी भी मामले में, यदि हम उन मान्यताओं के महत्त्व और सार्वभौमिकता पर विचार करें जिनकी उत्पत्ति स्पष्ट रूप से रहस्यमय है, तो ये तथ्य बहुत खराब और बहुत अस्पष्ट रूप से स्थापित हैं।
10. सन्दर्भ : लेवी-स्ट्रॉस से उद्धृत: Les Structures élémentaires de la parenté.
11. चन्द्रमा उर्वरता का स्रोत है; वह 'स्त्रियों के स्वामी' के रूप में प्रकट होता है; अक्सर यह माना जाता है कि वह पुरुष या साँप के रूप में स्त्रियों के साथ सम्बन्ध बनाता है। सर्प चन्द्रमा का प्रतीक है; यह निर्मोचन और पुनर्जनन करता है, यह अमर है, यह एक शक्ति है जो उर्वरता और विज्ञान वितरित करती है। यह वह है जो पवित्र झरनों, जीवन के वृक्ष, यौवन के झरने आदि की रक्षा करता है। लेकिन यह वह भी है जिसने मनुष्य से अमरता चुरा ली। ऐसा कहा जाता है कि वह महिलाओं के साथ सम्बन्ध बनाता है। फ़ारसी परम्पराएँ और रब्बी समुदाय का भी दावा है कि मासिक धर्म सृष्टि की पहली औरत का साँप के साथ सम्बन्ध होने के कारण होता है।
12. राबले पुरुष लिंग को 'प्रकृति का हल चलाने वाला' कहते हैं। हमने अस्मिता शिश्न-हल की धार, स्त्री-कुंड की धार्मिक और ऐतिहासिक उत्पत्ति देखी है।
13. यहीं से युद्ध में कुँवारियों में वह शक्ति आती है जिसके लिए उन्हें श्रेय दिया जाता है। उदाहरण के लिए वाल्किरीज़, जोन ऑफ़ आर्क।
14. बाश्लार (पृथ्वी और वसीयत की श्रद्धा) द्वारा उद्धृत सैमिवेल का वाक्य महत्त्वपूर्ण है : "ये पहाड़ मेरे चारों ओर एक घेरे में पड़े थे, मैंने धीरे-धीरे उन्हें दुश्मन मानना छोड़ दिया था, महिलाओं को पैरों तले रौंद दिया जाना था, या ट्राफियां जीत ली जानी थीं, ताकि मैं खुद को और दूसरों को अपनी योग्यता की गवाही दे सकूँ।" पहाड़ों और स्त्रियों के बीच की महत्त्वाकांक्षा 'दुश्मन से लड़ा जाना', 'ट्रॉफी', शक्ति की 'गवाही' के सामान्य विचार के माध्यम से स्थापित होती है। हम इस पारस्परिकता को उदाहरण के लिए सेंघोर की इन दो कविताओं में प्रकट करते हैं :

    नंगी औरत, काली औरत!

    सख़्त गूदे वाला पका हुआ फल, काली शराब के गहरे रंग की गन्ध, तालू जो मेरे मुँह को गीतात्मक बनाता है।

    शुद्ध क्षितिज के साथ सवाना, सवाना जो पूर्वी हवा के उत्कट दुलार पर तरकश करता है।

    और :

    ओह ओ! कांगो आपके जंगलों के बिस्तर में लेटा हुआ है, पालतू अफ्रीका की रानी है

पर्वतों की शिलाएँ आपके झंडे को ऊँचा रखे
क्योंकि तुम मेरे सिर में, मेरी जीभ में एक स्त्री हो, क्योंकि तुम मेरे गर्भ में एक स्त्री हो।

15. "हॉटनॉट्स जिनमें स्टीटोपियागिया बुशमैन औरतों की तरह न तो विकसित है और न ही स्थिर है, वे इस संरचना को सौन्दर्यपूर्ण मानते हैं और उन्हें विकसित करने के लिए बचपन से ही अपनी बेटियों के नितम्बों को गूँधते हैं। उसी तरह, महिलाओं का कृत्रिम मोटापा, एक वास्तविक बल-भोजन प्रक्रिया जिसमें दो आवश्यक प्रक्रियाएँ गतिहीनता और उपयुक्त भोजन, विशेष रूप से दूध का प्रचुर अंतर्ग्रहण अफ्रीका के विभिन्न हिस्सों में पाया जाता है। यह अभी भी अल्जीरिया, ट्यूनीशिया और मोरक्को में अच्छी तरह से अरब और यहूदी शहर के निवासियों के बीच प्रचलित है। (ल्यूक्वेट, Journal de psychologie, 1934. Les Vénus des cavernes).
16. उदाहरण के लिए, प्रेवेर्र की नृत्य-नाटिका Le rendez-vous में और कोक्तो की नृत्य-नाटिकाएँ Le jeune homme और La Mort में, मृत्यु को प्यारी लड़की के रूप में चित्रित किया गया है।
17. 12वीं शताब्दी के अन्त तक धर्मशास्त्रियों—सेंट एंसलम के अपवाद के साथ—सेंट ऑगस्टीन के सिद्धान्त के अनुसार माना जाता था कि मूल पाप पीढ़ी के नियम से निहित है : "सन्त ऑगस्टीन लिखते हैं, "कामुकता एक बुराई है... मानव शरीर जो इसके माध्यम से पैदा होता है वह पाप का मांस है।" और सेंट थॉमस : "लिंगों का मिलन चूँकि पाप के साथ-साथ भोग-विलास भी होता है, जो मूल पाप को बच्चे तक पहुँचाता है।"
18. हमने दिखाया है कि प्रेयिंग मैन्टिस मिथक का कोई जैविक आधार नहीं है।
19. इसलिए यह विशेषाधिकार प्राप्त स्थान रखता है, उदाहरण के लिए, क्लोदेल की रचनाओं में।
20. हमें यहाँ मिशेल लीरिस की "La mère" (माँ) नामक पूरी कविता उद्धृत करनी चाहिए। यहाँ कुछ विशिष्ट अंश दिये गये हैं:

    काली, बैंगनी, बैंगनी रंग की माँ—रातों की चोर,—वह चुड़ैल है जिसका गुप्त उद्योग आपको दुनिया में लाता है, जो आपको झुलाती है, आपको लाड़-प्यार करती है, जब वह हार नहीं मानती तो आपको पीट-पीटकर मार डालती है—परम खिलौना—आपके हाथ जो धीरे से उसे ताबूत में रखते हैं, उसका शरीर मुड़ा हुआ होता है। (...)

    माँ—अन्धी मूर्ति, अभेद्य अभयारण्य के केन्द्र में स्थापित मृत्यु—यह प्रकृति है जो आपको दुलारती है, हवा जो आपको उत्तेजित करती है, दुनिया जो एक साथ आप में प्रवेश करती है, आपको आकाश तक ले जाती है (कई सर्पिलों पर ऊपर उठाई गई) और तुम सड़ जाते हो। (...)

    माँ—चाहे जवान हो या बूढ़ी, सुन्दर हो या कुरूप, दयालु हो या जिद्दी—व्यंग्यकार है, ईर्ष्यालु महिला राक्षस है, गिरी हुई प्रोटोटाइप है—यदि वास्तव में विचार (उसके कठोर बड़े अक्षर के तिपाई पर बैठा हुआ मुरझाया हुआ पायथिया) केवल हास्यानुकृति है जीवन्त, हल्के, झिलमिलाते विचारों का...

    माँ—उसके गोल या सूखे कूल्हे, उसके काँपते या कठोर स्तन—गिरावट का वादा है, शुरू से ही, हर स्त्री को, मासिक धर्म के प्रवाह के तहत चमकदार चट्टान का प्रगतिशील ढहना, धीमी गति से दफन—रेत के नीचे वृद्ध रेगिस्तान—हरे-भरे और सुन्दरता से भरपूर कारवां का।

माँ—मौत की परी जो जासूसी करती है, ब्रह्माण्ड की जो गले लगाती है, प्यार की जिसे समय की लहर अस्वीकार कर देती है—यह गहरे घाटियों में फेंकने के लिए पागल ग्राफिक (निश्चित ज़हर का संकेत) वाला खोल है, मंडलियों का जनरेटर भूले हुए पानी के लिए।
माँ—अँधेरी पोखर, हर चीज़ के लिए और अपने लिए सदा शोक में डूबी रहने वाली—वाष्पशील महामारी है जो इन्द्रधनुषी हो जाती है और जो फूट जाती है, बुलबुले दर बुलबुले फूलती जाती है, इसकी महान् पाशविक छाया (मांस और दूध की शर्म), कड़ा पर्दा जो अभी भी बिजली बन रहा है जन्मे को टुकड़े-टुकड़े कर देना चाहिए।
क्या इन मासूम वेश्याओं में से किसी के मन में कभी यह ख्याल आयेगा कि वे सदियों तक खुद को नंगे पैर घसीटते रहे।
इस अपराध की क्षमा के लिए : हमें जन्म दिया?

21. क्लोदेल द्वारा हाल ही में की गई शर्मनाक कविता में यह रूपक है और जिसमें उन्होंने इंडोचाइना को 'वो पीली औरत' कहा है : यह काले कवि के छंदों में इसके विपरीत भावात्मक है :
उस अँधेरे देश की आत्मा जहाँ पूर्वज सोते थे
आज शाम को अपनी खोखली कमर के साथ बेचैन ताकत से जियो और बोलो।
22. इस प्रश्न पर भाषाशास्त्र काफी रहस्यमय है; सभी भाषाविद् इस बात से सहमत हैं कि पुलिंग और स्त्रीलिंग शब्दों का वितरण पूरी तरह से आकस्मिक है। हालाँकि, फ्रेंच में अधिकांश इकाइयाँ स्त्रीलिंग हैं: सुन्दरता, वफादारी, आदि। और जर्मन में अधिकांश आयातित, विदेशी, अन्य शब्द स्त्रीलिंग हैं: डाई बार, आदि।
23. यह कहने की आवश्यकता नहीं है कि वे वास्तव में उन बौद्धिक गुणों का प्रदर्शन करते हैं जो पुरुषों के गुणों के समान हैं।
24. अमेरिकी जासूसी उपन्यास—या अमेरिकी शैली में लेखन—एक ज्वलन्त उदाहरण हैं। दूसरों के बीच पीटर चेनी के नायक हमेशा एक बेहद खतरनाक औरत के साथ जूझते रहते हैं, जो उनके अलावा किसी और के लिए अदम्य है: पूरे उपन्यास में होने वाले द्वन्द्व के बाद, वह अंततः कैंपियन या कैलाघम से हार जाती है और उसकी बाहों में गिर जाती है।
25. *La Condition humaine.*
26. "मनुष्य ने स्त्री को किस से उत्पन्न किया? अपने ईश्वर, अपने आदर्श के एक पक्ष के साथ।" (नीत्शे, *Le Crépuscule des idoles*—द ट्वाइलाइट ऑफ द आइडल्स।)
27. In vino veritas.
28. हमने देखा है कि यह ग्रीस और मध्य युग में कई विलापों का विषय था।
29. मार्सेल श्वॉब ने मोनेले की पुस्तक में इस मिथक की काव्यात्मक व्याख्या की है। "मैं तुम्हें छोटी-मोटी वेश्याओं के बारे में बताऊँगा और तुम्हें शुरुआत का पता चल जाएगा... तुम देखो, वे तुम्हारे प्रति करुणा की चीख पुकारती हैं और अपने दुर्बल हाथ से तुम्हारे हाथ को सहलाती हैं। वे आपको तभी समझती हैं जब आप बहुत दुखी होते हैं; वे आपके साथ रोती हैं और आपको सान्त्वना देती हैं... उनमें से कोई भी, आप देखते हैं, आपके साथ नहीं रह सकते। वे बहुत दुखी होंगे और जब आप रोना बन्द कर देंगे तो उन्हें रुकने में शर्म आयेगी, वे आपकी ओर देखने की हिम्मत नहीं करेंगे। वे आपको वह सबक सिखाते हैं जो उन्हें आपको

सिखाना होता है और वे चले जाते हैं। वे आपके माथे को चूमने और आपकी आँखों को पोंछने के लिए ठण्ड और बारिश के माध्यम से आते हैं और भयानक अँधेरा उन्हें वापस ले जाता है... अँधेरे में क्या किया, इसके बारे में मत सोचो।"

30. स्तौन्दाल का उदाहरण अद्‌भुत है।

द्वितीय अध्याय

स्त्री के मिथक के विश्लेषण को जिस तरह से प्रस्तुत किया जाता है उसकी पुष्टि करने के लिए हम औरत की उस विचित्र एवं समकालिक समन्वयात्मक छवि पर विचार करेंगे जिससे कुछ लेखकों ने स्त्री को आभूषित किया है। डी.एच. लॉरेंस, क्लोदेल, ब्रतों और स्तौन्दाल जैसे लेखकों की तुलना में, स्त्री के प्रति मोंतेरलौं का रवैया हमें घिसा-पिटा लगता है।

I मोंतेरलौं या नफ़रत की रोटी

मोंतेरलौं उन पुरुषों की लम्बी परम्परा का हिस्सा है, जिन्होंने पाइथागोरस के गौरवपूर्ण मैनिकीवाद को फिर से अपनाया है। नीत्शे से प्रभावित, उनका मानना है कि शाश्वत स्त्री का उत्थान केवल मन्दी के काल में ही किया गया था और नायक को मैग्ना मेटर के ख़िलाफ़ उठना चाहिए। वीर रस के पारखी, उन्होंने औरत को अपदस्थ करने की ठान ली थी। स्त्री रात्रि है, विकार है, और निष्क्रियता है। मादाम टॉलस्टॉय के बारे में वह लिखते हैं, "ये चंचल साये अपने शुद्धतम रूप में स्त्रैण से ज़्यादा कुछ नहीं हैं,[1]" उनकी हठीली जहालत, सत्य को समझने में उनकी असमर्थता; वे वास्तव में न तो पर्यवेक्षक हैं और न ही मनोवैज्ञानिक; वे न तो चीज़ों को देख सकती हैं और न ही प्राणियों को समझ सकती हैं; उनका रहस्य एक आकर्षण है, उनके अथाह ख़ज़ाने में शून्यता की गहराई है; उनके पास पुरुषों को देने के लिए कुछ नहीं है और सिवाय उसे नुक़सान पहुँचाने के। मोंतेरलौं के लिए सबसे पहले, माँ ही सबसे बड़ी दुश्मन है; *L'exil* में, जो उनका एक प्रारम्भिक नाटक है, उन्होंने एक माँ को चित्रित किया, जो अपने बेटे को मुहिम में शामिल होने से रोकती थी; *Les Olympiques* में, एक किशोर ख़ुद को खेल के प्रति समर्पित करना चाहता है, लेकिन उसकी माँ का भीरु स्वार्थ उसके रास्ते में रुकावट डालता है; *Les Célibataires* और *Les Jeunes Filles* में, माँ के कुत्सित लक्षणों का वर्णन किया गया है। उसका अपराध

यह है कि वह अपने बेटे को हमेशा के लिए अपनी कोख के अँधेरे में बन्द रखना चाहती है; अपने होने के बाँझ ख़ालीपन को भरने के लिए वह उसे पंगु बना देती है; वह सबसे निन्दनीय शिक्षिका है; वह सन्तान के पंख काट देती है; जिन ऊँचाइयों को पाने की वह आकांक्षा करता है वह उसमें बाधा बनती है; वह उसे जड़मति बना देती है और उसे हीन बना देती है। ये शिकायतें निराधार नहीं हैं। लेकिन इन सारे आरोपों में निहित क्रोध और घृणा से यह साफ़ ज़ाहिर है कि मोंतेरलौं स्त्री-माँ को सम्बोधित करते हैं और यह उनका अपना जन्म है जिसे वह नकारना चाहते हैं, जिससे वह नफ़रत करते हैं। वे ख़ुद को भगवान मानते हैं, वे भगवान बनना चाहते हैं क्योंकि वे पुरुष हैं, क्योंकि वे एक 'श्रेष्ठ व्यक्ति' हैं, क्योंकि वे मोंतेरलौं हैं। एक ईश्वर उत्पन्न नहीं होता है; उसका शरीर, यदि शरीर है तो वह कठोर और आज्ञाधीन देहपेशियों में डाली गयी इच्छा है, न कि जीवन और मृत्यु में गुप्त रूप से निवास करने वाली देह; यह नश्वर, आकस्मिक, कमज़ोर देह जिसे वे नकारते हैं, वे इसके लिए माँ को ज़िम्मेदार बनाते हैं। "अकिलीस के शरीर का एकमात्र हिस्सा जो कमज़ोर था वह उसकी माँ का हिस्सा था।"[2] मोंतेरलौं कभी भी मानवीय स्थिति को ग्रहण नहीं करना चाहते थे; जिसे वह अपना अभिमान कहते हैं, वह शुरू से ही, देह के माध्यम से संसार में लगी स्वतन्त्रता में निहित जोखिमों से एक भयभीत उड़ान है; स्वतन्त्रता की पुष्टि करने का दावा करते हैं, लेकिन प्रतिबद्धता से इनकार करते हैं; अनासक्त, जड़ रहित, वह एक आत्मनिष्ठता का सपना देखते हैं जो स्वयं में निहित है; उनके कामुक मूल की स्मृति इस सपने को विचलित करती है, और वे एक ऐसी प्रक्रिया का सहारा लेते हैं जो उनके लिए सामान्य है। इस पर क़ाबू पाने के बजाय, वह इसका खण्डन करते हैं।

मोंतेरलौं की नज़र में प्रेमिका उतनी ही हानिकारक है जितनी कि माँ; स्त्री के कारण पुरुष ईश्वर को साकार अनुभव नहीं कर पाता; वे कहते हैं कि स्त्री का भाग्य अपने सबसे तात्कालिक रूप में जीवन है, वह भावनाओं पर जीती है, स्थिरता में मस्त रहती है, उसे सुख का उन्माद है। वह पुरुष को अपने जाल में फँसाना चाहती है; उसे अपनी श्रेष्ठता का अनुभव नहीं होता, भव्यता का बोध नहीं होता; वह अपने प्रेमी को उसकी कमज़ोरी में प्यार करती है, न कि उसकी ताक़त में, उसके दुखों में न कि उसके आनन्द में; वह उसे निहत्था करना चाहती है, इस बात से नाख़ुश है कि उसे अपने दुख के बारे में समझाने के लिए सभी सबूतों के ख़िलाफ़ चाहत है। वह इससे परे चला जाता है और इस तरह इससे बच जाता है। वह उसे ज़ब्त करने के लिए उसे अपने पैमाने पर कम करने का इरादा रखती है। क्योंकि स्त्री को पुरुष की

ज़रूरत है, वह आत्मनिर्भर नहीं है; वह परजीवी है। डोमिनिक की आँखों के माध्यम से, मोंतेरलौं ने रानेलघ की अग्रणी स्त्रियों को चित्रित किया, औरतें "अपने प्रेमियों की बाँहों पर बिना रीढ़ की हड्डी के प्राणियों की तरह लटकी हुई हैं, छद्मवेश धारण किये बड़े घोंगों की तरह"[3]; खेलों में रुचि रखने वाली स्त्रियों को छोड़कर, उनके अनुसार, औरतें अधूरी प्राणी हैं, जो ग़ुलामी के लिए अभिशप्त हैं; वे नाज़ुक होती हैं, उनमें मांसपेशियाँ नहीं होतीं, दुनिया पर उनकी कोई पकड़ नहीं है; यही वजह है कि वे एक प्रेमी या और बेहतर एक पति का साथ पाने के लिए जी-जान से कोशिश करती हैं। प्रेइंग मैंटिस का मिथक, जहाँ तक मुझे पता है, मोंतेरलौं द्वारा उपयोग नहीं किया जाता है, लेकिन आशय वही होता है। औरत के लिए, प्यार करना भक्षण करना है; वह स्वयं को समर्पित करने का नाटक करती है, किन्तु असल में वह ग्रहण करती है। वह मादाम टॉलस्टॉय के रुदन को उद्धृत करते हुए लिखते हैं : "मैं उसके दम पर जीती हूँ, उसके लिए जीती हूँ; मैं चाहती हूँ कि वह भी मेरे लिए जिये, सिर्फ़ मेरे लिए," और वह इस तरह के उग्र प्रेम के ख़तरों की निन्दा करता है; सभोपदेशक में कथनों में उन्हें एक कड़वे सच का भान होता है : "आपको नुक़सान पहुँचाने वाला पुरुष भी उस औरत से बेहतर होगा जो आपकी भलाई चाहती है।" वह ल्युटे के अनुभव का हवाला देते हैं : "जब मेरे किसी आदमी की शादी हो जाती है तब वह आधा आदमी होकर रह जाता है।" वे एक 'श्रेष्ठ व्यक्ति' के लिए विवाह को और भी बुरा मानते हैं; यह बुर्जुआ मूल्यों के प्रति हास्यास्पद अनुरूपता है; क्या आप यह कहने की कल्पना कर सकते हैं : मादाम ऐशिलस या मैं दान्ते के घर भोजन करने जाऊँगा?" इससे बड़े आदमी की प्रतिष्ठा क्षीण होती है। और सबसे बढ़कर, शादी नायक के भव्य एकान्त में विघ्न डाल देती है; उसे "अपने स्वयं से विचलित होने की आवश्यकता नहीं है।"[4] मैं पहले ही कह चुकी हूँ कि मोंतेरलौं ने मिथ्या स्वतन्त्रता को चुना है; अर्थात्, वह स्वायत्तता के भ्रम को प्रामाणिक स्वतन्त्रता के स्थान पर तरजीह देते हैं जो दुनिया में शामिल होती है; इसी उपलब्धता का समर्थन वह स्त्रियों के विरुद्ध करने का आशय रखते हैं; स्त्री भारी है, वह बोझ है। "यह एक कठोर प्रतीक था कि एक आदमी सीधे नहीं चल सकता क्योंकि वह जिस स्त्री से प्यार करता था वह उसके कन्धों पर झूल रही थी।[5]" "मैं धधक रहा था, वह मुझे बुझा देती है। मैं पानी पर चल रहा था, वह ख़ुद को मेरे कन्धे पर छोड़ देती है, मैं डूब जाता हूँ।"[6] "कैसे भला उसके पास इतनी शक्ति है क्योंकि वह तो केवल कमीनी है, ग़रीबी है, नकारात्मकता है और उसका जादू भ्रम है?"

मोंतेरलौं इसकी व्याख्या नहीं करते हैं। वह केवल शानदार ढंग से कहते हैं कि "शेर ठीक ही मच्छर से डरता है।"[7]

लेकिन उत्तर स्पष्ट है : जब आप अकेले होते हैं तो स्वयं को सम्प्रभु मानना आसान होता है, जब आप सोच-समझ कर किसी भी तरह का बोझ उठाने से इनकार करते हैं तो अपने आपको बलवान मानना आसान होता है। मोंतेरलौं ने आसान तरीक़ा चुना; वह कठिन मूल्यों के पन्थ का दावा करते हैं। लेकिन वे उन्हें आसानी से प्राप्त करना चाहते हैं। पासीफे में राजा कहता है, "जो ताज हम ख़ुद को देते हैं, वही पहनने लायक होते हैं।" सुविधाजनक सिद्धान्त है। मोंतेरलौं का माथा बहुत बोझिल हो जाता है, वह अपने आपको जामुनी रंग में लपेट लेता है; लेकिन एक बाहरी नज़र ये खुलासा करने के लिए काफ़ी है कि उसके मुकुट पेपर-मैशे से बने हैं और एंडरसन के राजा की तरह, वह नग्न है। स्वप्न में पानी पर चलना पृथ्वी के रास्तों पर अच्छाई के लिए आगे बढ़ने की तुलना में बहुत कम थका देने वाला है। और यही कारण है कि शेर मोंतेरलौं आतंक में मादा मच्छर से बचते हैं। वह असलियत की परख से डरते हैं।[8]

अगर मोंतेरलौं ने वास्तव में शाश्वत स्त्री के मिथक को ख़ारिज कर दिया था, तो उन्हें बधाई देनी चाहिए। स्त्री को नकार कर ही हम स्त्रियों को ख़ुद को इन्सान मानने में मदद कर सकते हैं। लेकिन हमने देखा है कि वह प्रतिमा को ध्वस्त नहीं करते, जैसा कि दिखाया गया है: वह उसे राक्षसी बना देते हैं। वे भी इस अस्पष्ट और अप्रासंगिक सार में विश्वास करते थे। स्त्रीत्व; अरस्तू और सेंट थॉमस की तरह, उनका मानना था कि उसे नकारात्मक रूप से परिभाषित किया गया है; स्त्री पुरुषत्व के अभाव में स्त्री है; यही नियति है कि प्रत्येक स्त्री-व्यक्ति को इसे संशोधित किये बिना सहना होगा। इससे बचने का दावा करने वाला इन्सानी पैमाने के सबसे निचले पायदान पर है। वह पुरुष बनने में विफल रहती है, वह औरत होने से इनकार करती है; यह महज़ एक हास्यास्पद भोंडी नक़ल है, एक ढोंग है; कभी-कभी निष्काम होकर मोंतेरलौं को लगता है कि केवल स्त्रीत्व और पौरुष के विचार ही अस्तित्व रखते हैं; वह व्यक्ति जो दोनों में से किसी का भी हिस्सा नहीं है, उसके पास अस्तित्व का केवल आभास होता है। वह इन 'चुड़ैलों' की निन्दा करते हैं जिनके पास स्वायत्त विषयों के रूप में सोचने, विचारने, काम करने का दुस्साहस है। और वह एंड्री का चित्र बनाकर यह साबित करने का इरादा रखते हैं कि जो भी औरत ख़ुद को एक इन्सान बनाने की कोशिश करती है वह एक मुँह बनाने वाली कठपुतली में बदल जाती है। निःसन्देह एंड्री बदसूरत है, बदनाम है,

ख़राब कपड़े पहनती है और यहाँ तक कि गन्दी भी है, उसके नाखून और अग्रबाहुएँ विचित्र हैं। जो थोड़े-से भी संस्कार उसमें परिलक्षित होते हैं वे सम्पूर्ण स्त्रीत्व को मारने के लिए पर्याप्त हैं; कॉस्टल्स हमें विश्वास दिलाते हैं कि वह बुद्धिमान है, लेकिन उसके लिए समर्पित प्रत्येक पृष्ठ के साथ, मोंतेरलाँ हमें उसकी मूर्खता के बारे में आश्वस्त करते हैं; कॉस्टल्स उसके प्रति सहानुभूति रखने का दावा करते हैं; मोंतेरलाँ उसे अप्रिय बना देते हैं। इस चतुर समीकरण के माध्यम से स्त्री-बुद्धि की मूर्खता सिद्ध की जाती है, यह स्थापित किया जाता है कि एक मूल पतन स्त्री में उन सभी पौरुष गुणों को विकृत कर देता है जिनकी ओर वह प्रवृत्त होती है। मोंतेरलाँ खेलों के लिए एक अपवाद बनाना चाहते हैं; अपने शरीर के स्वायत्त अभ्यास से, ये स्त्रियाँ मन, मस्तिष्क को जीत सकती हैं; फिर भी उन्हें इन ऊँचाइयों से नीचे लाना आसान होगा; हज़ार मीटर की विजेता से, जिसके लिए वे एक स्तुतिगान लिखते हैं, मोंतेरलाँ शालीनता से स्वयं को दूर कर लेते हैं; उन्हें कोई सन्देह नहीं है कि वह उसे आसानी से बहका रहे हैं और वह उसे इस पतन से बचाना चाहते हैं। दोमीनीक शिखर पर क़ायम नहीं रह पायी जहाँ अल्बान उसे बुला रहा था; वह उसके साथ प्रेम करने लगती है : "वह जो विशुद्ध मस्तिष्क और आत्मा थी, पसीने से तर-बतर, हाँफते हुए, हल्के से खाँसने लगी।"[9] क्रोधित होकर, अल्बान उसे भगा देता है। उस औरत का तो सम्मान किया जाता है जिसने खेल-कूद में अपनी देह की कान्ति खो दी हो, किन्तु एक औरत की देह में जब एक स्वायत्त अस्तित्व का ज्वार उठता है तब वह ढीठ अनैतिक आचरण बन जाता है। स्त्री की देह उस क्षण घृणित होती है जब उसमें चेतना जाग्रत होती है। स्त्री के लिए जो उपयुक्त है, वह विशुद्ध रूप से देह होना है। मोंतेरलाँ प्राच्य दृष्टिकोण का अनुमोदन करते हैं। भोग की वस्तु के रूप में, कमज़ोर सेक्स का पृथ्वी पर एक स्थान है, निःसन्देह विनम्र, लेकिन मान्य है; वह उस सुख में औचित्य पाते हैं जो पुरुष उससे प्राप्त करता है, बस केवल इस आनन्द में।[10] आदर्श स्त्री बिल्कुल मूर्ख और एकदम दब्बू होती है; वह पुरुष को सहर्ष स्वीकार करने के लिए हमेशा तैयार रहती है, और उससे कभी भी कोई सवाल नहीं करती। ऐसी है दूस, जिसकी अल्बान समय-समय पर सराहना करता है, "दूस, प्रशंसनीय रूप से मूर्ख और हमेशा अधिक मूर्ख के रूप में अधिक प्रतिष्ठित..." ऐसी है रदीद्ज़ा, छोटी अरब स्त्री, प्यार का एक शान्त जानवर जो सुख और धन को विनम्रता से स्वीकार करता है। स्पैनिश ट्रेन में मिली इस 'स्त्री पशु' की कल्पना की जा सकती है : "वह इतनी बेवकूफ़ लग रही थी कि मैं उसे चाहने लगा।"[11]

लेखक बताते हैं : "स्त्रियों के साथ जो परेशानी है, वह उनका तर्क करने का दावा है, यदि वे अपनी पशुता को बढ़ा-चढ़ाकर पेश करती हैं, तो वे अलौकिकता का चित्रण करती हैं।"[12]

हालाँकि, मोंतेरलौं किसी भी तरह से एक पूरब के सुल्तान नहीं हैं; पहली बात तो यह है कि उनमें कामुकता का अभाव है। वह गुप्त उद्देश्यों के बिना 'स्त्रैण पशुओं' का आनन्द लेने से बहुत दूर है; वे 'बीमार, गन्दी, वास्तव में कभी साफ़ नहीं होतीं';[13] कॉस्टल्स हमें बताते हैं कि युवा लड़कों के बालों से स्त्रियों से बेहतर तेज़ गन्ध आती है; उसे कभी-कभी सोलौंज के सामने घृणा महसूस होती है, "इस मीठी, लगभग उबकाई देने वाली गन्ध और मांसपेशियों के बिना, तंत्रिका के बिना, सफेद मछली-सी इस देह के सामने।"[14] पूर्वी पुरुष स्वेच्छा से स्त्री का भोग करता है और इस तरह प्रेमियों के बीच एक शारीरिक पारस्परिकता स्थापित करता है। यही गीत के गीतों का प्रबल आह्वान है, द थाउज़ेंड एंड वन नाइट्स की कहानियाँ, और कितनी ही अन्य अरबी कविताएँ प्रेयसी की महिमा का प्रमाण देती हैं; स्वाभाविक रूप से, बुरी औरतें होती हैं; लेकिन वे मोहक भी होती हैं और कामुक व्यक्ति अपने आपको उनके द्वारा अपमानित किये बिना आत्मविश्वास के साथ उनकी बाँहों में छोड़ देता है। जबकि मोंतेरलौं का नायक हमेशा बचाव की मुद्रा में रहता है : "बिना समर्पण किये, केवल ग्रहण करना श्रेष्ठ पुरुष और स्त्री के बीच एकमात्र स्वीकार्य सूत्र है।"[15] वे कामवासना के लम्हों का सहजता से ज़िक्र करते हैं, जो उन्हें एक आक्रामक, पौरुषपूर्ण क्षण लगता है; इन क्षणों से सुख मिलने का धोखा होता है; शायद वह यह जानने का जोखिम उठाएगा कि उसे भी पसीना आता है, वह हाँफता है, वह "अपनी सुगन्ध छोड़ता है"; लेकिन नहीं। इसकी गन्ध में साँस लेने, इसकी नमी को सूँघने की हिम्मत कौन करेगा? उसका निहत्था शरीर किसी के लिए अस्तित्व में नहीं है, क्योंकि उसके सामने कोई नहीं है। वह एकमात्र चेतना है, एक शुद्ध पारदर्शी और सम्प्रभु उपस्थिति है; और यदि उसके विवेक में ख़ुशी मौजूद है, तो वह इसे ध्यान में नहीं रखता है। यह उस पर रोक लगाना होगा। वह जो सुख देता है उसके बारे में आत्मसन्तोष से बात करता है, प्राप्त होने वाले सुख के बारे में कभी नहीं। प्राप्त करने का अर्थ है निर्भरता। "मैं एक स्त्री से जो चाहता हूँ वह उसे ख़ुशी देना है";[16] कामुकता की जीवन्त ऊष्मा एक जटिलता होगी। वह किसी को भी स्वीकार नहीं करता है; वह प्रभुत्व का घृणित एकान्त पसन्द करता है। ये कामुक नहीं, बल्कि मानसिक सन्तुष्टि है जो वह स्त्रियों से चाहता है।

और पहले वे लोग जो ख़ुद को अभिव्यक्त करना चाहते हैं, लेकिन बिना किसी जोखिम के। स्त्री के सामने "व्यक्ति को वही अनुभूति होती है जो घोड़े के सामने, उस बैल के सामने होती है जिसके पास कोई जाता है। वही अनिश्चितता और अपनी शक्ति को मापने की वही इच्छा।"[17] इसे अन्य पुरुषों के ख़िलाफ़ परीक्षण करना दुस्साहस होगा; जोखिम भरा होगा; वे परीक्षण में हस्तक्षेप करेंगे; वे अजीब फ़ैसले सुनाएँगे; एक बैल, एक घोड़े के सामने, व्यक्ति स्वयं ही न्यायाधीश बना रहता है, जो असीम रूप से निश्चित होता है। एक औरत के सामने भी हम अकेले रह जाते हैं जिसे हम चुनते हैं : "मुझे समानता पसन्द नहीं है क्योंकि स्त्री में, यह वह बच्चा है जिसे मैं ढूँढ़ रहा हूँ।" यह सत्य कुछ भी स्पष्ट नहीं करता। वह बच्चे की तलाश क्यों कर रहा है, बराबर की नहीं? मोंतेरलौं ज़्यादा ईमानदार होते यदि वे यह घोषणा करते कि उनके समकक्ष कोई नहीं है, और अधिक सटीक रूप से कहा जाये तो वे चाहते नहीं हैं कि उनका कोई साथी हो। साथी आदमी उन्हें डराता है। ओलंपिक के समय, उन्होंने खेल में प्रतियोगिताओं की कठोरता की प्रशंसा की, जिसने पदानुक्रम बनाया जिसके साथ कोई धोखा नहीं कर सकता था; परन्तु स्वयं उन्होने यह सबक नहीं सीखा है; अपने बाक़ी काम और जीवन में, उनके जैसे नायक किसी भी टकराव से बच जाते हैं। वे जानवरों, परिदृश्यों, बच्चों, स्त्रियों-बच्चों के साथ लेन-देन, व्यवहार करते हैं, और कभी भी बराबरी के लोगों के साथ नहीं। खेल की कठोर स्पष्टता के प्रति आसक्त, मोंतेरलौं केवल उन स्त्रियों को प्रेमिका के रूप में स्वीकार करते हैं जिनसे उनके भयभीत अभिमान को किसी तरह परखे जाने का डर नहीं होता। वह उन्हें 'निष्क्रिय और अकर्मण्य' बचकाना और मूर्ख मानते हैं। वह व्यवस्थित रूप से उन्हें एक चेतना का श्रेय देने से बचाते हैं। स्त्री के साथ किसी भी अन्तर्विषयक सम्बन्ध स्थापित करने का कोई सवाल ही नहीं है। उसे पुरुष के साम्राज्य में एक साधारण जीवन्त वस्तु के अलावा और कुछ नहीं होना चाहिए; उसे कभी भी कर्ता के रूप में परिकल्पित नहीं किया जा सकता है; उसके दृष्टिकोण को कभी भी ध्यान में नहीं रखा जा सकता है। मोंतेरलौं के नायक के पास कथित रूप से अहंकारी नैतिकता है, और जो केवल सुविधाजनक है। वह केवल अपने साथ अपने सम्बन्धों की परवाह करते हैं। वह स्त्री से जुड़े हुए हैं — या बल्कि वह ख़ुद को स्त्री से जोड़ते हैं — उसका सुख लेने के लिए नहीं, बल्कि स्वयं का सुख लेने के लिए। क्योंकि वह बिल्कुल हीन है, स्त्री का अस्तित्व पुरुष की पर्याप्त, आवश्यक और अविनाशी श्रेष्ठता को प्रकट करता है; बग़ैर जोखिम के।

ये अन्तर्विरोध अहंकार के दायरे को दिखाते हैं जो घमण्ड के अलावा और कुछ नहीं है।

कैटरपिलर की क्षमा याचना इस रवैये की कुंजी प्रदान करती है: जो भी छिपी हुई मंशा है, वह अपने आप में काफ़ी महत्त्वपूर्ण है।[18] कैटरपिलर को संकलित करते हुए, मोंतेरलौं को कुछ को बख्शने, दूसरों को भगाने में मज़ा आता है; वह उन लोगों पर हँसते हैं जो जीने के लिए दृढ़ हैं और आमतौर पर उन्हें छोड़ देते हैं; वह इस खेल से प्रसन्न हैं। कैटरपिलर के बिना, मूत्र धारा केवल एक उत्सर्जन होती; यह जीवन और मृत्यु का साधन बन जाता है; रेंगने वाले कीड़े के सामने, मनुष्य ख़ुद को राहत देता है और पारस्परिकता के जोखिम के बिना, परमेश्वर के निरंकुश एकान्त का अनुभव करता है। इस प्रकार मादा जानवरों के सामने, नर, अपने आसन के शीर्ष से, कभी क्रूर, कभी कोमल, न्यायप्रिय और बारी-बारी से मनमौजी, देता है, वापस लेता है, सन्तुष्ट करता है, दया करता है, या चिढ़ जाता है; वह अपने आनन्द के सिवा और कुछ नहीं चाहता; वह सम्प्रभु, स्वतन्त्र और अद्वितीय है। लेकिन ये जानवर और कुछ नहीं बल्कि जानवर ही होने चाहिए; उन्हें जान-बूझकर चुना जायेगा, उनकी कमज़ोरियों की प्रशंसा की जायेगी; हम उनके साथ जानवरों की तरह व्यवहार करेंगे और वे अपनी स्थिति को स्वीकार कर लेंगे। इस प्रकार लुइसियाना और जॉर्जिया के गोरे लोग अश्वेतों की छोटी-मोटी चोरी और झूठ से ख़ुश होते हैं। उन्हें लगता है कि इससे उनकी त्वचा के रंग से उन्हें प्रदान की गयी श्रेष्ठता की पुष्टि होती है; और अगर इन हब्शियों में से कोई ईमानदार बने रहने पर अड़ा रहेगा, हम उसके साथ और अधिक दुर्व्यवहार करेंगे। इस प्रकार कॉन्सेंट्रेशन कैंप्स में व्यवस्थित रूप से मनुष्य की दुर्दशा और उसे नीचा दिखाने का अभ्यास किया गया था। लॉर्ड्स की जाति को इस अपमान में यह प्रमाण मिला कि यह अतिमानवीय सार का था।

यह मुलाक़ात कोई संयोग से नहीं थी। मोंतेरलौं को नाजी विचारधारा का प्रशंसक माना जाता है। उन्हें सूर्य के उत्सव में स्वस्तिक और सूर्यचक्र की विजय देखकर बहुत अच्छा लगा। "सूर्यचक्र की विजय केवल सूर्य की जीत नहीं है, बुतपरस्ती की जीत है। यह सौर सिद्धान्त की जीत है जो यह है कि सब कुछ बदल जाता है... मैं आज उस सिद्धान्त की विजय देखता हूँ जिससे मैं ओत-प्रोत हूँ, जिसकी मैंने प्रशंसा की, जिस सिद्धान्त से मैं प्रभावित हूँ, जिसे मैंने गाया है, जो मुझे लगता है कि पूरी चेतना के साथ मेरे जीवन को नियन्त्रित करता है।[19] हम यह भी जानते हैं कि आधिपत्य के दौरान, उन्होंने फ्रांसीसियों के लिए एक उदाहरण के रूप में, उन जर्मनों के लिए, जो "बल की भव्य शैली का परिचय देते हैं"

भव्यता की किस प्रासंगिक भावना की पेशकश की थी।[20] सहजता के प्रति वही घबराहट भरी रुचि जिसने उसे अपने समकक्षों के सामने भागने पर मजबूर कर दिया और विजेताओं के सामने उसे घुटनों के बल खड़ा कर दिया। उसका मानना है कि इस घुटने टेकने से वह उनके साथ अपनी पहचान बना रहा है; तो अब वह एक विजेता है, जो वह हमेशा से चाहता था, चाहे वह बैल, कैटरपिलर या स्त्रियों के ख़िलाफ़, जीवन और स्वतन्त्रता के ख़िलाफ़ हो। यह कहना उचित है कि, जीत से पहले भी उन्होंने 'अधिनायकवादी जादूगरों' की प्रशंसा की।[21] उनकी तरह, वह हमेशा शून्यवादी रहा था, वह हमेशा पुरुषों से नफ़रत करता था। "लोग नेतृत्व करने लायक भी नहीं हैं (और यह आवश्यक नहीं है कि आपके साथ कुछ हुआ हो जो आपको मानवता से इतनी नफ़रत है)"[22]; उनकी तरह, उनका मानना था कि कुछ प्राणी जाति, राष्ट्र या स्वयं, मोंतेरलौं, एक पूर्ण विशेषाधिकार रखते हैं जो उन्हें दूसरों पर सम्पूर्ण अधिकार प्रदान करता है, उनकी पूरी नैतिकता युद्ध और उत्पीड़न को उचित ठहराती है और उसका आह्वान करती है। स्त्रियों के प्रति उनके रवैये को परखने के लिए इस नैतिकता को और क़रीब से परखना ज़रूरी है। आख़िर हमें जानना चाहिए कि किस चीज़ के नाम पर, किस आधार पर स्त्रियों की निन्दा की जाती है।

नाज़ी पौराणिक कथाओं में एक ऐतिहासिक आधारभूत संरचना थी। शून्यवाद ने जर्मन निराशा व्यक्त की; नायक के पन्थ ने सकारात्मक उद्देश्य दिये, जिसके लिए लाखों सैनिकों ने अपनी जान गँवाई। मोंतेरलौं के रवैये का कोई सकारात्मक प्रतिकार नहीं है, और यह उनकी अपनी अस्तित्वगत पसन्द के अलावा कुछ भी व्यक्त नहीं करता है। सच में इस हीरो ने डर को चुना। हर चेतना में सम्प्रभुता का दावा है। लेकिन इसकी पुष्टि कैवल ख़ुद को जोखिम में डालकर ही की जा सकती है; कोई श्रेष्ठता कभी दी नहीं जाती है क्योंकि मनुष्य कुछ भी नहीं है जब उसकी विषय-वस्तु को कम किया जाता है; पदानुक्रम केवल मनुष्यों के कार्यों और उद्यमों के बीच ही स्थापित किया जा सकता है; गुण को सदा ही जीतना चाहिए। यह बात मोंतेरलौं स्वयं जानते हैं। "किसी के पास केवल वही अधिकार है जो वह जोखिम लेने को तैयार है।" लेकिन वह कभी भी अपने साथियों के बीच ख़ुद को जोखिम में नहीं डालना चाहता। और क्योंकि वह मानवता का सामना करने का साहस नहीं करता, वह उसे समाप्त कर देता है। *La reine morte* (द डेड क्वीन) में राजा कहते हैं, "प्राणियों की बाधाकारी बाधा।" ऐसा इसलिए है क्योंकि वे उस आत्मसन्तुष्ट 'परीभूमि' से इनकार करते हैं जिसे व्यर्थ व्यक्ति अपने चारों ओर बनाता है।

उनका खण्डन किया जाना चाहिए। यह उल्लेखनीय है कि मोंतेरलौं की कोई भी रचना मानव-से-मानव संघर्ष को नहीं दर्शाती है; यह सहअस्तित्व है जो महान् सजीव नाटक है। वह इससे बच निकलते हैं। उनका नायक हमेशा जानवरों, बच्चों, स्त्रियों, परिदृश्यों का सामना करते हुए अकेला उठता है; वह अपनी स्वयं की इच्छाओं (पसिफ़े की रानी की तरह) या अपनी स्वयं की माँगों (सैंटियागो के स्वामी की तरह) का शिकार होता है, लेकिन कोई भी व्यक्ति कभी भी उसके पास नहीं होता है। यहाँ तक कि *Le Songe* में अल्बान का कोई मित्र नहीं है। जब प्रिनेट जीवित थे, तो उन्होंने उसका तिरस्कार किया; वह केवल उसे उसके शव के ऊपर उठाता है। मोंतेरलौं के कार्य, उनके जीवन की तरह, केवल एक चेतना को पहचानते हैं।

इसके साथ ही इस ब्रह्माण्ड से सारे भाव लुप्त हो जाते हैं; यदि केवल एक ही विषय है तो कोई अन्तर्विषयक सम्बन्ध नहीं हो सकता है। प्रेम उपहासपूर्ण है; लेकिन दोस्ती के नाम पर यह तिरस्कार नहीं है क्योंकि "दोस्ती में वासना की कमी होती है।"[23] और सभी मानवीय एकता को अहंकारपूर्वक अस्वीकार कर दिया गया है। नायक पैदा नहीं हुआ था; वह स्थान और समय से सीमित नहीं है : "मुझे बाहरी चीज़ों में दिलचस्पी लेने का कोई उचित कारण नहीं दिखता है जो मेरे समय की किसी भी पिछले वर्ष की तुलना में अधिक है।"[24]

"दूसरों के लिए जो कुछ भी होता है वह उसके लिए मायने नहीं रखता।" सच कहूँ तो मेरे लिए घटनाओं का कभी कोई महत्त्व नहीं रहा। मैं उन्हें केवल उन किरणों में प्यार करता था जो उन्होंने मेरे माध्य से मुझमें बनाईं जैसे उन्होंने मुझे पार किया ... ताकि वे वही हों जो वे होना चाहते हैं[25]... कार्रवाई असम्भव है : "जुनून, ऊर्जा और साहस होना और किसी भी मानव में विश्वास की कमी के कारण उन्हें किसी भी तरह से उपयोग करने में सक्षम नहीं होना!"[26] कहने का तात्पर्य यह है कि सभी तरह के अतिक्रमण निषिद्ध हैं। मोंतेरलौं इसे पहचानते हैं। प्रेम और मित्रता दोगलापन है, अवमानना कार्रवाई को रोकता है; वह कला के लिए कला में विश्वास नहीं करता है, और वह ईश्वर में विश्वास नहीं करता है। जो कुछ बचा है वह आनन्द की स्थिरता है। 1925 में उन्होंने लिखा, "मेरी एकमात्र महत्त्वाकांक्षा दूसरों की तुलना में अपनी इन्द्रियों का बेहतर उपयोग करने की थी।"[27] और फिर : "संक्षेप में, मुझे क्या चाहिए? उन प्राणियों का आधिपत्य जो मुझे शान्ति और कविता में पसन्द हैं।[28] " और 1941 में : " लेकिन मैं, जो आरोप लगाता हूँ, मैंने इन बीस वर्षों में क्या किया है? वे मेरी खुशी से भरा एक सपना रहे हैं। मैं लम्बे समय

तक जीवित रहा हूँ, मैं जो प्यार करता हूँ उसके नशे में हो रहा हूँ : जीवन के साथ आमने-सामने![29]" ऐसा ही हो।

लेकिन क्या ऐसा निश्चित रूप से इसलिए नहीं कि चूँकि वह व्यापतिवाद में बह जाती है है इसलिए औरत को रौंद दिया गया था? माँ के, प्रेमिका के अधिकारपूर्ण प्रेम के किन ऊँची आकांक्षाओं, किन बड़े मंसूबों का मोंतेरलौं विरोध करते हैं ? वे भी 'आधिपत्य' चाहते हैं; और जहाँ तक 'जीवन को अनुप्राणित' करने का सवाल है, कई औरतें उनकी सराहना कर सकती हैं। यह सच है कि वह असाधारण रूप से असामान्य सुखों का भोग करते हैं: जो जानवरों, लड़कों, अपरिपक्व लड़कियों से प्राप्त किया जा सकता है; वे क्षुब्ध हैं कि कामावेशित प्रेमिका अपनी बारह वर्षीय बेटी को उनके बिस्तर पर सुलाने के बारे में नहीं सोचती : यह क्षुद्रता है। क्या वह नहीं जानते कि स्त्रियों को भी उनकी कामुकता उतनी ही सताती है जितनी पुरुषों को? यदि इस मानदण्ड के अनुसार हम दो लिंगों को प्राथमिकता देते हैं, तो शायद वे जीतेंगे। सच कहूँ तो, यहाँ मोंतेरलौं की विसंगतियाँ भयानक हैं। 'विकल्प' के नाम पर वह घोषणा करते हैं कि, चूँकि कुछ भी मूल्यवान नहीं है, सब कुछ समान रूप से मान्य है; वह हर चीज़ को स्वीकार करते हैं, वह हर चीज़ को अपनाना चाहते हैं और यह उन्हें भाता है कि उनकी व्यापक मानसिकता माताओं को भयभीत करती है; हालाँकि, यह वही थे जिन्होंने जर्मन आधिपत्य के दौरान, एक 'आधिकारिक जाँच-पड़ताल'[30] की माँग की जो फिल्मों और समाचार-पत्रों को सेंसर करेगा; अमेरिकी लड़कियों की जाँघें उन्हें घिनौनी लगती हैं, एक बैल का चमकीला लिंग उन्हें रोमांचित करता है: पसन्द अपनी-अपनी ; हर कोई अपने तरीके से 'परी कथा' को फिर से रचता है; किन मूल्यों के नाम पर यह महान् नंगा नाच दूसरों के नंगे नाच पर घृणा के साथ थूकता है? क्योंकि वे उसके अपने नहीं हैं? लेकिन पूरी नैतिकता मोंतेरलौं होने में निहित है?

वह स्पष्ट रूप से उत्तर देंगे कि सम्भोग-निष्पत्ति ही सब कुछ नहीं है: इसके लिए कुछ तौर-तरीक़ों की आवश्यकता होती है। आनन्द त्याग का दूसरा पक्ष होना चाहिए, कामुक व्यक्ति को एक नायक और एक सन्त की अनुभूति भी होनी चाहिए। लेकिन कई स्त्रियाँ अपने सुखों को अपनी बनाई उच्च छवि के साथ सामंजस्य बिठाने में विशेषज्ञ होती हैं। हमें यह क्यों विश्वास करना चाहिए कि मोंतेरलौं के आत्ममुग्ध सपने उनके सपनों से अधिक मूल्यवान हैं?

क्योंकि, सच में, ये सपने हैं। क्योंकि वह उन्हें किसी भी वस्तुनिष्ठ सामग्री से इनकार करते हैं, जिन शब्दों के साथ मोंतेरलौं बाजीगरी करते हैं: भव्यता, पवित्रता,

वीरता केवल झुनझुने हैं। मोंतेरलौं मनुष्यों के बीच अपनी श्रेष्ठता को खतरे में डालने से डरते थे; इस उत्साहवर्धक शराब से मदहोश होने के लिए, वह बादलों में चले गये : वह निश्चित रूप से सम्प्रभु है। वह स्वयं को मृगतृष्णा में क़ैद कर लेते हैं : अनन्त तक, दर्पण उसकी छवि को वापस प्रतिबिम्बित करते हैं और उनका मानना है कि यह पृथ्वी को आबाद करने के लिए पर्याप्त है; लेकिन वह केवल एक वैरागी हैं, स्वयं के क़ैदी हैं। वह स्वयं को स्वतन्त्र मानते हैं; लेकिन वह अपने अहंकार के हित के लिए अपनी स्वतन्त्रता को अलग कर देते हैं; वह एपिनल की कल्पना से उधार लिए गये मानकों के अनुसार मोंतेरलौं की मूर्ति का मॉडल तैयार करते हैं। अल्बान ने दोमिनीक को दूर धकेल दिया क्योंकि उसने दर्पण में एक साधारण व्यक्ति का चेहरा पाया था जो इस ग़ुलामी को दर्शाता है : एक व्यक्ति दूसरों की नज़रों में केवल बेवकूफ़ होता है। गौरवान्वित अल्बान अपना हृदय इस सामूहिक विवेक के प्रति समर्पित कर देता है जिससे वह घृणा करता है। मोंतेरलौं की स्वतन्त्रता एक दृष्टिकोण है, वास्तविकता नहीं। उद्देश्य की कमी के कारण यह कार्य उसके लिए असम्भव है, वह इशारों से खुद को सान्त्वना देता है। स्त्रियाँ उसके लिए सुविधाजनक भागीदार हैं; वे उसे उत्तर देते हैं, वह प्रमुख भूमिका पर अपना एकाधिकार जमा लेते हैं, वह अपनी कमर कस लेते हैं और खुद को बैंगनी रंग में लपेट लेते हैं : लेकिन सब कुछ उनके निजी मंच पर होता है; सार्वजनिक चौराहे पर, वास्तविक प्रकाश में, वास्तविक आकाश के नीचे फेंक दिया गया, अभिनेता अब स्पष्ट रूप से नहीं देख सकता है, अब खड़ा नहीं रह सकता है, वह लड़खड़ाता है, वह गिर जाता है। स्पष्टता के आवेश में कोस्टल कहते हैं : "मूल रूप से, औरतों पर ये 'जीत' कैसा मज़ाक है![31]" हाँ। मोंतेरलौं हमें जो मूल्य, कारनामे प्रस्तुत करते हैं, वह एक दुखद मजाक है। जो महान् कार्य उसे मदहोश करते हैं, वे भी केवल इशारे हैं, उपक्रम नहीं : वह पेरेग्रीनस की आत्महत्या से, पसिपाई के दुस्साहस से, इस जापानी की सुन्दरता से प्रभावित होते हैं जिसने अपने प्रतिद्वन्द्वी को द्वन्द्वयुद्ध में मारने से पहले अपनी छत्रछाया में आश्रय दिया था। लेकिन वह घोषणा करते हैं कि, "प्रतिद्वन्द्वी का व्यक्ति और जिन विचारों का उसे प्रतिनिधित्व करना चाहिए, वे इतने महत्त्वपूर्ण नहीं हैं[32]"। इस घोषणा ने 1941 में एक विलक्षण ध्वनि उत्पन्न की। वे फिर कहते हैं, हर युद्ध सुन्दर होता है, चाहे अन्त कुछ भी हो; ताक़त हमेशा सराहनीय होती है, चाहे इसका उपयोग किसी भी मक़सद के लिए किया जाये। "यदि हम मनुष्य के एकमात्र स्वीकार्य विचार को बनाए रखना चाहते हैं : वह जहाँ

वह नायक और बुद्धिमान व्यक्ति दोनों है, तो विश्वास के बिना लड़ाई वह सूत्र है जिसे हम अनिवार्य रूप से समाप्त करते हैं[33]। लेकिन यह हैरत की बात है कि सभी कारणों के प्रति मोंतेरलौं की महान् उदासीनता, प्रतिरोध की ओर नहीं, बल्कि राष्ट्रीय क्रान्ति की ओर झुकी, कि उनकी सम्प्रभु स्वतन्त्रता ने समर्पण को चुना, और वीरज्ञान का रहस्य, उन्होंने इसे माक्विस में नहीं, बल्कि विजेताओं के बीच खोजा। ये भी कोई दुर्घटना नहीं है। ये रहस्य ही हैं जो *La reine morte* और *Maître de Santiago* के छद्म-उत्कृष्टता की ओर ले जाते हैं। इन नाटकों में, और भी महत्त्वपूर्ण क्योंकि वे अधिक दिखावटी हैं, हम दो अत्याचारी पुरुषों को देखते हैं जो अपने खोखले अहंकार के लिए केवल मनुष्य होने का दोषी स्त्रियों का बलिदान करते हैं; वे प्रेम और सांसारिक सुख की कामना करते हैं : उन्हें दण्डित करने के लिए, एक उसकी जान लेता है, दूसरा उसकी आत्मा। एक बार फिर, अगर हम पूछें : किस नाम पर? लेखक ने अहंकारपूर्वक उत्तर दिया : किसी के नाम पर नहीं। वह नहीं चाहते थे कि राजा के पास इनेस को मारने के लिए बहुत अधिक ठोस उद्देश्य हों; यह हत्या केवल एक साधारण राजनीतिक अपराध होगा। "मैं उसे क्यों मार रहा हूँ?" सम्भवत: कोई कारण है, लेकिन मैं इसे नहीं देख सकता, "वे कहते हैं। इसका कारण यह है कि सौर सिद्धान्त को स्थलीय तुच्छता पर विजय प्राप्त करनी चाहिए; लेकिन यह सिद्धान्त, जैसा कि हम पहले ही देख चुके हैं, किसी भी अन्त को स्पष्ट नहीं करता है: इसके लिए विनाश की आवश्यकता है, इससे अधिक कुछ नहीं। जहां तक अल्वारो का सवाल है, मोंतेरलौं ने हमें एक प्रस्तावना में बताया है कि वह इस समय के कुछ लोगों में रुचि रखते हैं, "उनके विश्वास में कटौती, बाहरी वास्तविकता के लिए उनकी अवमानना, बर्बादी के प्रति उनकी रूचि, कुछ भी नहीं के लिए उनका रोष"। इसी रोष के कारण सैंटियागो के मालिक ने अपनी बेटी की बलि चढ़ा दी। हम इसे रहस्यवाद के सुन्दर, झिलमिलाते शब्द से सजायेंगे। क्या रहस्यवाद की अपेक्षा ख़ुशी को प्राथमिकता देना मूर्खता नहीं है? सच तो यह है कि त्याग और त्याग का अर्थ केवल एक लक्ष्य, एक मानवीय लक्ष्य के परिप्रेक्ष्य में ही होता है; और लक्ष्य जो एकल प्रेम, व्यक्तिगत खुशी से परे जाते हैं, केवल उस दुनिया में प्रकट हो सकते हैं जो प्यार और खुशी दोनों की क़ीमत को पहचानती है; 'मध्यम की नैतिकता' शून्य के जादू से अधिक प्रामाणिक है क्योंकि इसकी जड़ें जीवन और वास्तविकता में हैं: और यहीं से बड़ी आकांक्षाएँ उत्पन्न हो सकती हैं। हम आसानी से बुचेनवाल्ड में इनेस द कास्त्रो और राज्य के कारणों से

जर्मन दूतावास में जाने वाले राजा की कल्पना कर सकते हैं। कई युवतियाँ व्यवसाय के दौरान उस सम्मान की हकदार थीं जो हम मोंतेरलौं को नहीं देते। जिन खोखले शब्दों से वह खुद को तृप्त करते हैं, वे अपनी शून्यता के कारण ही खतरनाक हैं: अतिमानवीय रहस्यवाद सभी लौकिक विनाशों को अधिकृत करता है। सच तो यह है कि जिन नाटकों के बारे में हम बात कर रहे हैं, उनमें यह दो हत्याओं के माध्यम से खुद को उजागर करता है, एक शारीरिक और दूसरा नैतिक; उग्र, एकान्तवासी, अज्ञात, एक महान् जिज्ञासु बनने के लिए अल्वारो को ज्यादा दूर जाने की जरूरत नहीं है। हम औरतों को मारते हैं, हम यहूदियों को मारते हैं, हम पुरुषों और ईसाइयों को मारते हैं, हम इन उच्च विचारों के नाम पर हत्या करने में रुचि या ख़ुशी रखने वाली हर चीज को मारते हैं। केवल नकारात्मकता से ही नकारात्मक रहस्यवादी खुद को मुखर कर सकते हैं। सच्चा विजय भविष्य की ओर, पुरुषों के भविष्य की ओर एक सकारात्मक कदम है। झूठा नायक, स्वयं को यह विश्वास दिलाने के लिए कि वह बहुत दूर आ गया है, कि वह ऊँचा उड़ रहा है, हमेशा पीछे मुड़कर अपने पैरों की ओर देखता है; वह तिरस्कार करता है, वह आरोप लगाता है, वह अत्याचार करता है, वह सताता है, वह यातना देता है, वह नरसंहार करता है। वह अपने पड़ोसी को जो नुकसान पहुंचाता है, उससे वह स्वयं को उससे श्रेष्ठ समझता है। ये वे शिखर हैं जो मोंतेरलौं हमें शानदार तरीके से इंगित करते हैं ।

"अरबी रहट के गधे की तरह, मैं मुड़ता हूँ, मैं अंधा हो जाता हूँ और लगातार अपनी पटरियों पर घूमता रहता हूँ। बस, मैं ताज़ा पानी नहीं निकाल पाता। 1927 में मोंतेरलौं द्वारा हस्ताक्षरित इस स्वीकारोक्ति में जोड़ने के लिए बहुत कम है। ताजा पानी कभी नहीं निकला। शायद मोंतेरलौं को पेरेग्रीनस की चिता जलानी चाहिए थी : यह सबसे तार्किक समाधान था। उन्होंने अपने ही पंथ में शरण लेना पसंद किया। अपने आप को इस दुनिया में समर्पित करने के बजाय, वह खुद को इसमें देखकर सन्तुष्ट थे; और अपनी नज़रों से दिखाई देने वाली इस मृगतृष्णा के हित में अपने जीवन का आदेश दिया। "राजकुमार सभी परिस्थितियों में सहज रहते हैं, यहाँ तक कि हार में भी[34]" उन्होंने लिखा; और क्योंकि वह हार में भी प्रसन्न होते हैं, इसलिए वह स्वयं को राजा मानते हैं। उन्होंने नीत्शे से सीखा कि "औरत नायक का मनोरंजन है" और उनका मानना है कि नायक का ताज पहनने के लिए औरतों से दिल बहलाना ही पर्याप्त है। बाकी सब उसी के अनुरूप है। जैसा कि कॉस्टल्स कहते हैं, "क्या मजाक है!"

II डी. एच. लॉरेंस अथवा लिंग का गर्व

लॉरेंस मोंतेरलौं के एकदम विपरीत हैं। उनके लिए स्त्री और पुरुष के एकांगी सम्बन्धों को परिभाषित करना नहीं, बल्कि उन दोनों को जीवन के सत्य में स्थित करना है। यह सत्य न तो प्रतिनिधित्व है और न ही इच्छा। यह उस पशुता को ढँक लेता है जिसमें मनुष्य की जड़ें होती हैं। लॉरेंस जुनूनी रूप से एंटीथीसिस सेक्स बनाम मस्तिष्क को ख़ारिज कर देते हैं; उनमें एक लौकिक आशावाद है जो शोपेनहावर के निराशावाद का मूल रूप से विरोध करता है, शिश्न के माध्यम से जिजीविषा की अभिव्यक्ति होती है। विचार और क्रिया को इससे अपना स्रोत प्राप्त करना चाहिए, अन्यथा यह एक ख़ाली अवधारणा और एक बाँझ तन्त्र होगा। अकेला यौन चक्र पर्याप्त नहीं है, क्योंकि यह फिर से अस्तित्व में आ जाता है। यह मृत्यु का पर्याय है; लेकिन फिर भी यह विकृत वास्तविकता बेहतर है — सेक्स और मृत्यु — एक ऐसे अस्तित्व की तुलना में जो कार्नल ह्यूमस से कटा हुआ है। एंटेयस के विपरीत, मनुष्य को समय-समय पर पृथ्वी के साथ सम्पर्क को नवीनीकृत करने के लिए और अधिक की आवश्यकता होती है; एक पुरुष के रूप में उसका जीवन उसके पौरुष की सम्पूर्ण अभिव्यक्ति होनी चाहिए जो एकदम से स्त्री की कामना करता है और माँगता है; जो कि स्त्री को उसकी तात्कालिकता में रखता है और उसकी आवश्यकता है; इसलिए औरत न तो मनोरंजन का साधन है और न ही पुरुष की वासना का शिकार, वह व्यक्ति के समक्ष एक वस्तु नहीं है, बल्कि विपरीत ध्रुव के अस्तित्व के लिए आवश्यक ध्रुव है। जिन लोगों ने इस सत्य की उपेक्षा की है, उदाहरण के लिए नेपोलियन, वे अपने मानवीय भाग्य से चूक गये हैं। वे असफल हैं। व्यक्ति अपनी विलक्षणता की पुष्टि करके नहीं है, वरन् अपनी व्यापकता को यथासम्भव तीव्रता से पूरा करके ख़ुद को बचा सकता है। चाहे वह पुरुष हो या स्त्री, उसे कभी भी कामुक सम्बन्धों में अपने अभिमान की विजय और अपने स्वयं के उत्थान की तलाश नहीं करनी चाहिए; अपनी इच्छा के साधन के रूप में अपने लिंग का उपयोग करना, यह अपूरणीय दोष है; अहंकार की बाधाओं को तोड़ना, चेतना की सीमाओं से परे जाना, सभी व्यक्तिगत सम्प्रभुता को त्यागना आवश्यक है। जन्म देने की प्रक्रिया में एक स्त्री का प्रतिनिधित्व करने वाली इस प्रतिमा से अधिक सुन्दर कुछ भी नहीं है : "एक बहुत ही ख़ाली, नुकीली आकृति, संवेदना के भार से लगभग अर्थहीनता में सारगर्भित।"[35] यह परमानन्द न तो बलिदान है और न ही परित्याग; दोनों में से किसी भी लिंग को दूसरे द्वारा निगले जाने का कोई सवाल ही नहीं है;

न तो पुरुष और न ही स्त्री को युगल के खण्डित टुकड़े के रूप में प्रकट होना चाहिए; किसी की कामवासना कोई घाव नहीं है; प्रत्येक एक पूर्ण सत्ता है, अस्तित्व है, पूरी तरह से ध्रुवीकृत; जब एक अपने पौरुष में आश्वस्त होता है, तो दूसरा अपने स्त्रीत्व में, "प्रत्येक लिंगों के ध्रुवीकृत सर्किट की पूर्णता में सफल होता है";[36] सम्भोग की क्रिया बिना किसी अनुबन्ध और संयोजन के, बिना किसी आत्म-समर्पण के, एक-दूसरे की चरम परितृप्ति है। उर्सुला और बिर्किन ने जब आख़िरकार एक-दूसरे को पाया, "तब उन्होंने एक-दूसरे को जो सन्तुलन प्रदान किया उसे ही स्वतन्त्रता कहा जा सकता है ...क्योंकि दोनों का सम्बन्ध सन्तुलित पारस्परिकता पर आधारित है, रहस्यवादी, स्पष्ट, वास्तविक अन्यता की अमर महिमा।[37] दो प्रेमी एक-दूसरे को राग की उदार तृष्णा में पाकर एक-दूसरे के सर्व को प्राप्त कर लेते हैं। इसी तरह की अनुभूति पॉल और क्लारा अपने प्रेम के क्षण में करते हैं[38]: वह उसके लिए "एक मज़बूत, अजीब, उग्र जीवन है जो उसके साथ घुलमिल गया था। यह उनकी हस्ती से इतना ज़्यादा अर्थपूर्ण था कि वे अवाक हो गये। वे मिले थे और उनके मिलन में अनगिनत घास के तिनकों का संवेग, तारों के भँवर आपस में मिल गये थे।" लेडी चैटर्ली और मेलर्स भी आकाशीय मिलन की झाँकी महसूस करते हैं, एक-दूसरे में विलीन होते हुए वे प्रकृति में विलीन हो जाते हैं, पेड़ों में, सूर्य की रश्मि में, बारिश की फुहार में। लॉरेंस इस सिद्धान्त की व्याख्या विस्तार से "*Défense de Lady Chatterley*" की प्रस्तावना में करते हैं : "विवाह यदि मूलभूत रूप से यौन-तृप्ति पर आधारित नहीं तो केवल एक भ्रम है, अगर वह सूर्य और पृथ्वी से, चन्द्रमा से, सितारों से और ग्रहों से नहीं जुड़ा, दिनों की ताल से, महीनों की लय से, ऋतुओं, वर्षों, दशकों की और सदियों की धुन से नहीं जुड़ा। विवाह कुछ भी नहीं है यदि यह रक्त मिलान पर आधारित नहीं है। क्योंकि लहू आत्मा का पदार्थ है।" "पुरुष का रक्त और स्त्री का रक्त दो अलग-अलग धाराएँ हैं, जो कभी मिश्रित नहीं हो सकतीं।" यही कारण है कि ये दोनों नदियाँ दोनों धाराएँ सम्पूर्ण जीवन को अपने चक्रव्यूह में घेर लेती हैं। "शिश्न रक्त का एक स्तम्भ है, जो एक स्त्री के रक्त की घाटी को भरता है। पुरुष रक्त की शक्तिशाली नदी अपनी अन्तिम गहराई में स्त्री रक्त की विशाल नदी को घेर लेती है ... फिर भी दोनों में से कोई भी अपने बाँधों को नहीं तोड़ती। यह सबसे उत्तम संवाद है... और यह सबसे महान् रहस्यों में से एक है।" एक के शरीर की उत्तेजना दूसरे की गहराइयों में समाहित हो जाती है यही सर्वोत्तम घनिष्ठता है, जो व्यक्तित्व का संवर्धन करती है, किन्तु अहं का त्याग माँगती है।

आधुनिक समाज की सबसे बड़ी विडम्बना यही है कि व्यक्ति प्रेम के चरम क्षणों में भी ख़ुद को भूल नहीं पाता, अपने अहं के विसर्जन के लिए तैयार नहीं होता। जब व्यक्तित्व स्वयं को समर्पित किये बिना एक-दूसरे तक पहुँचने का प्रयास करते हैं, तो उनका प्रयास विफल हो जाता है। तब एक "व्यक्तिगत, श्वेत, शीतल, उत्तेजित, काव्यात्मक" कामुकता होती है जो प्रत्येक की प्राणिक धारा को भंग कर देती है। प्रेमी एक-दूसरे के साथ उपकरणों की तरह व्यवहार करते हैं, जो उनके बीच घृणा पैदा करता है। इसी तरह से लेडी चैटरली और माइकलिस; वे अपनी व्यक्तिपरकता में बन्द रहते हैं; उन्हें शराब या अफ़ीम के समान बुख़ार का अनुभव हो सकता है, लेकिन यह व्यर्थ है। वे दूसरे की सच्चाई का पता लगाने में विफल रहते हैं; उन्हें कुछ हासिल नहीं होता। लॉरेंस ने कॉस्टल्स की निन्दा निराधार की। उन्होंने जेरार्ड[39] के चरित्र में उन अभिमानी और स्वार्थी पुरुषों में से एक को चित्रित किया; और जेरार्ड इस नरक के लिए काफ़ी हद तक ज़िम्मेदार है और वह और गुंडरुन ख़ुद को इसमें झोंक देते हैं। बुद्धिमान, दृढ़ निश्चयी, वह अपने स्वयं के ख़ाली प्रतिज्ञान में प्रसन्न होता है और जीवन के ख़िलाफ़ कठोर हो जाता है: एक उग्र घोड़ी पर महारत हासिल करने की ख़ुशी के लिए, वह उसे एक बाड़ के ख़िलाफ़ झुकाये रखता है जिसके पीछे एक ट्रेन दुर्घटनाग्रस्त हो जाती है, जिसका पार्श्व भाग ख़ून से लथपथ हो जाता है। वर्चस्व की यह इच्छा उस स्त्री को नीचा दिखाती है जिसके ख़िलाफ़ इसका प्रयोग किया जाता है; शारीरिक रूप से कमज़ोर, वह इस प्रकार एक ग़ुलाम में बदल जाती है। जेरार्ड मिनेट पर झुकता है : "एक लुटी हुई ग़ुलाम की उसकी भोली सी नज़र, जिसके होने की वजह निरन्तर लुटते रहना है, ने जेरार्ड की नसों को फड़का दिया–कामवासना सिर्फ़ और सिर्फ़ जेरार्ड की थी, वह उसकी वांछा की एक निष्क्रिय पदार्थ थी।" यहाँ वर्चस्व दयनीय है, निरानन्द है; यदि स्त्री केवल एक निष्क्रिय पदार्थ है, तो पुरुष जिस पर हावी होता है, वह कुछ नहीं है। उसे लगता है कि वह कुछ हासिल कर रहा है, स्वयं को समृद्ध कर रहा है। यह एक प्रलोभन है। जेरार्ड गुडरून को अपनी बाँहों में जकड़ लेता है : "वह उसके अस्तित्व के लिए एक मोहक एवं समृद्ध पदार्थ थी ... इसलिए वह उसमें विलीन हो गयी थी और वह पराकाष्ठा तक पहुँच रहा था।" किन्तु ज्यों ही वह उसे छोड़ता है, वह ख़ुद को को अकेला और ख़ाली पाता है; और अगले दिन, वह उससे मुलाक़ात करने नहीं आती। यदि औरत मज़बूत होती है, तो पुरुष का मिथ्याभिमान उसके अन्तर्मन में बिल्कुल वैसा ही अहंकार पैदा करता है; अभिभूत और विद्रोही, वह मर्दवादी और परपीड़क हो जाती है। जब वह जेरार्ड को अपनी जाँघों के बीच व्याकुल घोड़ी के पार्श्व को

दबाते हुए देखती है, तो गुडरून पीड़ा से व्याकुल हो जाती है; लेकिन वह तब भी व्यथित होती है जब जेरार्ड की धाय-माँ उसे बताती है कि अतीत में "वह उसके नन्हे नितम्बों में चिकोटी काटती थी"। पुरुष अहंकार स्त्री प्रतिरोध को भड़काता है। जबकि उर्सुले बिर्किन की यौन शुचिता से परास्त हो जाती है, जेरार्ड गुडरून को एक अन्तहीन संघर्ष में लगा देता है। एक रात, दुखी, शोक से टूटा हुआ, वह ख़ुद को उसकी बाँहों में छोड़ देता है। "वह जीवन की अथाह गहराई थी, वह उसे पूजता था। वह सभी चीज़ों की जननी और सार थी। ... उसकी स्त्री-स्तन से चमत्कारी, मधुर उत्सर्जन ने उसके सूखे और रोगग्रस्त मस्तिष्क पर से मानो जड़ी-बूटी की तरह उसका दर्द हर लिया, जीवन की सुकून भरी तरंग जैसो, अनुपम अनुभूति थी मानो वह फिर से एक बार माँ के गर्भ में तैर रहा हो। उस रात उसे एहसास होता है कि स्त्री के साथ समागम कैसा हो सकता है; लेकिन अब तो बहुत देर हो चुकी है; उसकी ख़ुशी मिट्टी में मिल गयी है क्योंकि गुडरून वास्तव में वहाँ मौजूद नहीं है; वह जेरार्ड को अपने कन्धे पर सोने देती है, लेकिन वह जागती रहती है, अधीर, तटस्थ। यह अपनी गिरफ़्त में रहने वाले व्यक्ति का प्रतिशोध है। वह अकेला अपना एकान्त नहीं तोड़ सकता; स्वयं के चारों ओर अवरोध खड़ा करने में, उसने दूसरों के चारों ओर अवरोध खड़ा कर दिया। वह इसे फिर कभी नहीं जोड़ेगा। अन्त में गेरार्ड की मृत्यु हो जाती है, वह स्वयं द्वारा मारा जाता है।

इस प्रकार प्रारम्भ में स्त्री और पुरुष में से किसी को विशेषाधिकार प्राप्त हो, ऐसा प्रतीत नहीं होता है। कोई भी कर्ता नहीं है। नारी न तो शिकार है और न ही कोई छल। मालरो[40] टिप्पणी करते हैं कि, लॉरेंस के लिए, यह पर्याप्त नहीं है, जिस प्रकार से यह हिन्दू के लिए पर्याप्त है कि स्त्री अनन्त के साथ सम्पर्क का अवसर है, उदाहरण के लिए, एक भू-दृश्य : यह स्त्री को किसी अन्य तरीक़े से एक वस्तु बनाना होगा। वह उतनी ही स्वाभाविक है जितना पुरुष; यह एक अकल्पित समन्वय है जिसे प्राप्त किया जाना चाहिए। यही कारण है कि लॉरेंस द्वारा स्वीकृत नायकों ने अपनी प्रेमिकाओं से उनकी देह के समर्पण से कुछ ज़्यादा की अपेक्षा करते हैं: पॉल को मंज़ूर नहीं है? प्रेम में स्वयं को उसे समर्पित कर दे; बिर्किन नहीं चाहता कि उर्सुला ख़ुद को उसकी बाँहों में आनन्द लेने तक सीमित रखे; औरत चाहे उदासीन हो या कामुक, यदि वह अपने आप में सिमटी रहती है, तो वह पुरुष को उसके एकान्त में छोड़ देती है: पुरुष को उसे दूर धकेल देना चाहिए। दोनों को एक-दूसरे के प्रति तन और मन से समर्पित होना चाहिए। जब वे पूरी तरह से न्यौछावर हो जायें, तो उन्हें हमेशा के लिए एक-दूसरे के प्रति निष्ठावान होना चाहिए।

लॉरेंस एक पत्नीक विवाह के समर्थक हैं। विविधता की खोज केवल तभी होती है जब कोई प्राणियों की विलक्षणता में रुचि रखता है। लेकिन लैंगिक विवाह सामान्यता पर आधारित होता है। जब पौरुष-स्त्रीत्व का परिपथ स्थापित हो जाता है, तो परिवर्तन की इच्छा अकल्पनीय होती है। यह एक पूर्ण परिपथ होता है, जो अपने आप में सीमित और निश्चित होता है।

पारस्परिक अर्पण, पारस्परिक निष्ठा। क्या सच में लेखक की रचनाओं में स्त्री-पुरुष की पारस्परिक बन्धुता प्रकट होती है? नहीं, अभी मंज़िल बहुत दूर है। लॉरेंस पुरुष वर्चस्व का पुरज़ोर दावा करते हैं। 'फालिक विवाह' जैसा शब्द यानी 'यौन सन्तुष्टि पर आधारित विवाह', शिश्न को यौन-जीवन का पर्याय मानना पुरुष की श्रेष्ठता के प्रति उनकी पक्षधरता एक कड़ी की भूमिका निभाता है। यह दो अलग-अलग लयों को एक धारा में जोड़ता है। लॉरेंस पुरुष को दाता के रूप में और स्त्री को ग्रहीता स्थापित करते हैं। इस प्रकार पुरुष न केवल युगल की शर्तों में से एक है, बल्कि पूर्ण मिलन के मध्यस्थ के रूप में पुरुष ही स्त्री को अपने में समाहित करता है; वह स्त्रीत्व की सीमाओं का अतिक्रमण करता है : "वर्तमान को भविष्य की ओर ले जाने वाला जो पुल है वह लिंग है।" प्रकृति माँ के पन्थ की उपासना को लॉरेंस पुरुष की लिंगोपासना से स्थानापन्न करने का इरादा रखते हैं; जब वह ब्रह्माण्ड की यौन प्रकृति को उजागर करना चाहते हैं, तो यह स्त्री के गर्भ के बजाय पुरुष के पौरुष के माध्यम से उद्घाटित करते हैं। उन्होंने शायद ही कभी किसी पुरुष का चित्रण किया हो जो एक स्त्री के कारण अशान्त या उत्तेजित हो। लेकिन हज़ारों बार दिखाया है स्त्री पुरुष की ज़िन्दादिली, गरिमामयी आकर्षण से अभिभूत और प्रबल कामना के वशीभूत हो कर दौड़ी चली आती है; उनकी नायिकाएँ ख़ूबसूरत और स्वस्थ-सुडौल होती हैं, लेकिन बहकाने वाली नहीं हैं; जबकि उनके नायक परेशान जंगली जानवर हैं। यह नर पशु ही हैं जो जीवन की कशाकशी और ग़ूढ रहस्य को मूर्त रूप देते हैं; औरतें उनके मन्त्र से वशीभूत होती हैं। कोई एक लोमड़ी से प्रभावित होती है, किसी को एक घोड़े से प्यार हो जाता है, गुडरून उत्तेजित हो युवा बैलों के झुण्ड को चुनौती देती है; वह एक ख़रगोश की विद्रोही शक्ति से अभिभूत है। इस लौकिक विशेषाधिकार पर एक सामाजिक विशेषाधिकार गढ़ा गया है। क्योंकि लैंगिक धारा तीव्र और आक्रामक है और भविष्य को सर्वश्रेष्ठ बनाती है — लॉरेंस इसे केवल अपूर्ण रूप से समझाते हैं — यह पुरुष पर निर्भर है कि वह "जीवन की ध्वजा को लेकर अग्रसर हो"[41]; वह लक्ष्य-उन्मुख है, वह श्रेष्ठता का प्रतीक है; वहीं स्त्री भावुकता में तल्लीन, वह आन्तरिकता का साकार रूप है;

वह स्थिरता के लिए अभिशप्त है। पुरुष न केवल यौन जीवन में सक्रिय भूमिका निभाता है, बल्कि उसके द्वारा ही इस जीवन का अतिक्रमण किया जाता है; उसकी जड़ें कामवासना की दुनिया में जमी हैं, किन्तु वह इससे बच निकलता है; औरत उसी में क़ैद रह जाती है। विचार और क्रिया कर्म की जड़ें लिंग में होती हैं; लिंग की कमी के कारण, स्त्री के पास किसी भी तरह का कोई अधिकार नहीं है। वह पुरुष की भूमिका निभा सकती है, और यहाँ तक कि शानदार ढंग से, लेकिन ये एक ऐसी बाजी है जिसमें ईमानदारी नहीं है। "स्त्री पृथ्वी के केन्द्र की ओर ध्रुवीकृत है। उसकी गहरी सकारात्मकता अधोगामी प्रवाह, चन्द्र आकर्षण में है। और पुरुष सूर्य और दिन की गतिविधि के प्रति ऊपर की ओर ध्रुवीकृत होता है।[42] स्त्री के लिए सबसे गहरी चेतना उसकी कटि के निम्न स्तर में समाहित है ...यदि उसकी चेतना की गति उद्धस्त होती है, तो एक क्षण आता है जब सब कुछ ढह जाता है।[43] कर्म के क्षेत्र में, जिसे पहल करनी चाहिए, उसे सकारात्मक होना चाहिए; औरत भावनात्मक रूप से सकारात्मक होती है। इस प्रकार लॉरेंस बोनाल्ड, ऑगस्त कांट, क्लेमौन वॉटेल की पारम्परिक बुर्जुआ अवधारणा को पुन: प्रतिपादित करते हैं। स्त्री को अपने अस्तित्व को पुरुष के अधीन करना चाहिए। "उसकी निष्ठा आप में और उस गहरे लक्ष्य में होनी चाहिए, जिसके लिए आप संघर्षरत हैं।"[44] तब पुरुष असीम कोमलता से स्त्री के प्रति आभार व्यक्त करता है "आह, कितना सुखद लगता है उस समर्पिता पत्नी के पास घर लौटना जो आप में विश्वास करती है और स्वीकार करती है कि आपका उद्‌देश्य उससे परे है ...उस स्त्री के लिए एक अथाह कृतज्ञता के प्रति अथाह आभार महसूस किया जाता है जो आपसे प्यार करती है।"[45] लॉरेंस कहते हैं कि इस भक्ति के योग्य होने के लिए, पुरुष को प्रामाणिक रूप से एक उच्च उद्‌देश्य के साथ निवेशित होना चाहिए; यदि उसकी परियोजना केवल एक दिखावा है, तब वैवाहिक दम्पति एक हास्यास्पद ढकोसला बन के रह जाती है; पीयरर और नताशा की तरह एक-दूसरे से झूठ बोलने की तुलना में अन्ना कारेनिना और व्रोनस्की या कारमेन और डॉन होसे की तरह प्रेम और मृत्यु को गले लगाना कहीं बेहतर है। लेकिन इस शर्त के साथ, लॉरेंस, प्रुधों और रूसो की तरह, एक पत्नीक विवाह की वकालत करते हैं, जहाँ पत्नी अपने अस्तित्व का औचित्य पति से प्राप्त करती है। जो औरत स्त्री-पुरुष की भूमिकाओं में उलट-फेर करने की चाह रखती है उनके ख़िलाफ़ लॉरेंस का लहज़ा भी मोंटेरलौं की तरह घृणित है। औरत को जीवन के सत्य को धारण करने का दावा करते हुए, मैग्ना मेटर की भूमिका निभाना छोड़ देना चाहिए; एकाधिकार करने वाली, भक्षण करने वाली, वह पुरुष को पंगु बना देती है,

वह उसे अनैतिकता में गिरने के लिए मजबूर करती है, और उसे अपने लक्ष्यों से भटकाती है। लॉरेंस की रचनाओं में मातृत्व को कोसना दूर-दूर तक नहीं दिखता। इसके विपरीत; वह देहधारी होकर आनन्दित होते हैं, वह अपने जन्म को स्वीकार करते हैं, वह अपनी माँ को दुलारते हैं; माताएँ अपने कर्तव्य में सच्चे स्त्रीत्व का शानदार उदाहरण पेश करती हैं; वे शुद्ध त्याग, भरपूर उदारता की प्रतिमूर्ति हैं, उनका सारा उत्साह सन्तान के लिए समर्पित होता है; वे उनका पुरुष बनना स्वीकार करती हैं, उन्हें इस पर गर्व है। लेकिन उनके स्वार्थ भरे प्रेम से डरना चाहिए जो पुरुष को उसके बचपन में वापस लाना चाहता है; यह पुरुष की गति को अवरुद्ध करता है। "चन्द्रमा, स्त्रियों का ग्रह, हमें पीछे खींचता है।[46] वह निरन्तर प्यार की बात करती है। लेकिन उसके लिए प्यार करना लेना है, उस ख़ालीपन को भरना है जो वह ख़ुद में महसूस करती है; यह प्रेम घृणा के समरूप है; इस प्रकार हर्मियोन, जो एक भयानक कमी से पीड़ित है क्योंकि वह कभी नहीं जानती कि ख़ुद को कैसे देना है, बिर्किन से जुड़ी रहना चाहती है; वह विफल रहती है; वह उसे मारने की कोशिश करती है, उसे मारते समय वह जिस कामुक आनन्द का अनुभव करती है वह आनन्द के अहंकारी अकड़ के समान है।[47] लॉरेंस की श्रद्धा पारम्परिक नारी के प्रति है, वे आधुनिकाओं से नफ़रत करते हैं। ये आधुनिक स्त्रियाँ प्लास्टिक की गुड़िया हैं जो आत्म-चेतना की बातें करती हैं। जब स्त्री अपने बारे में यौन रूप से जागरूक हो गयी है, तब हमारे सामने ऐसी औरत होती है "जो अपने जीवन का रास्ता ख़ुद चुनती है, पूरी तरह से अपनी चेतना एवं बुद्धि से निर्णय लेती है और कभी अपनी क्षणिक वांछा के अधीन होती है।"[48] लॉरेंस की दुनिया में स्त्री की स्वच्छन्द कामुकता निषेधित है; वह ख़ुद को देने के लिए बनी है, लेने के लिए नहीं। मेलर्स के माध्यम से, लॉरेंस समलैंगिक औरतों के बारे में अपनी राय ज़ाहिर करते हैं कि कैसे वे उनसे फूटी आँख सही नहीं जातीं। लेकिन वे उस स्त्री की भी निन्दा करते हैं जो पुरुष के प्रति निर्लिप्त भाव या आक्रामक रवैया रखती है; जब मिरियम पॉल की कमर को सहलाते हुए उससे कहती है: "तुम खूबसूरत हो!" तब वह आहत होता है और खीजता है। मिरियम की तरह गुडरून भी गलती कर बैठती है जब वह अपने प्रेमी की सुन्दरता पर मुग्ध हो जाती है : यह चिन्तन उन्हें अलग करता है, जिस तरह कि हठी स्त्री बुद्धिजीवियों की विडम्बना है जो लिंग को उपहास के योग्य या पुरुष जिम्नास्टिक को हास्यास्पद मानती हैं। आनन्द के लिए अथक खोज भी कम निन्दनीय नहीं है। एक तीव्र, एकान्त रस है जो अलग भी हो जाता है, और स्त्री को उसकी ओर प्रवृत्त नहीं होना चाहिए। लॉरेंस ने इन स्वतन्त्र, प्रभावशाली दबंग

स्त्रियों का चित्रण ख़ूब किया, जो अपने नारी-सुलभ गुणों से वंचित थीं। उर्सुला व गुडरून इसी नस्ल की हैं। प्रारम्भ में, उर्सुला पूर्ण रूप से अधिकार करना चाहती है। "पुरुष को उसके प्रति समर्पण करना चाहिए..."[49] वह अपनी इच्छा पर क़ाबू करना सीख जायेगी। लेकिन गुडरून जिद्दी है; बुद्धिमती, कलात्मक, उसे पुरुषों की स्वतन्त्रता और उनकी कार्यक्षमता की सम्भावनाओं से ज़बरदस्त ईर्ष्या होती है; वह अपने व्यक्तित्व को अक्षुण्ण रखना चाहती है; वह अपने लिए जीना चाहती है; कटु, अंकुश रखने वाली, वह हमेशा के लिए अपनी व्यक्तिपरकता में बन्द रहेगी। मिरियम सबसे महत्त्वपूर्ण चरित्र है क्योंकि वह सबसे कम परिष्कृत है।[50] गुडरून की विफलता के लिए जेरार्ड आंशिक रूप से ज़िम्मेदार है; पॉल के सामने, मिरियम अकेले ही अपनी विपत्ति का बोझ उठाती है। वह भी एक पुरुष बनना चाहती है, और वह पुरुषों से घृणा करती है; वह स्वयं को अपनी व्यापकता में स्वीकार नहीं करती; वह "ख़ुद को औरों से अलग करना" चाहती है; साथ ही जीवन की महान् धारा उसके माध्यम से नहीं गुज़रती है, वह जादूगरनी या पुजारिन की तरह हो सकती है, लेकिन कभी भी फूहड़,चरित्रहीन नहीं; वह चीज़ों से तभी प्रभावित होती है जब उसने उन्हें आत्मसात किया हो, उन्हें एक धार्मिक मूल्य दिया हो। यह उत्साह ही उसे जीवन से अलग करता है; यह काव्यात्मक, रहस्यमय, दुर्भावनापूर्ण है। "उसका अतिरंजित प्रयास अपने आप में सिमट जाता है...वह अनाड़ी नहीं थी और फिर भी उसने कभी सही क़दम नहीं उठाया।" वह अन्तर्मन की ख़ुशियों की तलाश करती है, और वास्तविकता उसे डराती है; कामुकता उसे डराती है; जब वह पॉल के साथ सोती है, तो उसका मन व्याकुल सा हो उठता है; वह हमेशा चेतना है,जीवन कभी नहीं। वह संगिनी नहीं है; वह अपने प्रेमी में विलीन होने को तैयार नहीं है; वह उसे अपने में समाहित कर लेना चाहती है। वह इस इच्छा से चिढ़ गया है; जब वह उसे फूलों को सहलाते हुए देखता है तो ग़ुस्से में आग-बबूला हो जाता है। ऐसा लगता है जैसे वह उनके दिलों को चीर देना चाहती है; वह उसकी तौहीन करता है। "तुम प्यार की मोहताज हो; तुम्हें प्यार करने ज़रूरत नहीं बल्कि बस चाहती हो कि तुम्हें प्यार किया जाये; तुम अपने आपको प्रेम से भर लेना चाहती हो, क्योंकि तुम्हारे भीतर कहीं कुछ कमी है, पता नहीं क्या। कामुकता किसी ख़ालीपन को भरने के लिए नहीं बनी है; यह एक पूर्ण अस्तित्व की अभिव्यक्ति होनी चाहिए। स्त्रियाँ जिसे प्रेम कहती हैं, वह पौरुष शक्ति के लिए उनका लालच है, जिसे वे ज़ब्त करना चाहती हैं।" पॉल की माँ का मिरियम के बारे में साफ़ ख़याल है : "वह उसे पूरे का पूरा चाहती है। वह उसकी जान लेना चाहती है। वह कभी भी अपने पैरों पर खड़ा नहीं होगा

— वह उसे चूस लेगी।" युवा लड़की तब ख़ुश होती है जब उसका दोस्त बीमार पड़ जाता है क्योंकि फिर वह उसकी देखभाल कर पायेगी। वह उसकी सेवा करने का दिखावा करती है, लेकिन यह उस पर अपनी इच्छा थोपने का एक तरीक़ा है। चूँकि वह उससे अलग रहती है, वह पॉल में "अफ़ीम के असर जैसा, ज्वर की तरह एक जुनून" उत्तेजित करती है, लेकिन वह उसे ख़ुशी और सुकून पहुँचाने में असमर्थ है; उसके इस प्यार की तह में, दिल की गहराई में "वह उससे इसलिए नफ़रत करती थी क्योंकि पॉल उससे प्यार करता था और उस पर क़ाबू रखता था।" इसलिए पॉल उससे दूर चला जाता है। वह क्लारा के साथ अपना सामंजस्य बनाना चाहता है; सुन्दर, उत्साह से भरी, कामुक, वह ख़ुद को नि:संकोच बिना संशय के देती है; और फिर दोनों प्रेमियों को हर्षोन्माद में उस चरम आनन्द का अनुभव होता है जो उन दोनों से परे चला जाता है; लेकिन क्लारा इस रहस्योद्घाटन को नहीं समझती है। वह मानती है कि वह इस ख़ुशी का श्रेय ख़ुद स्वयं पॉल को, उसकी विलक्षणता के लिए देती है, और वह उसे अपना बनाना चाहती है। वह उसे अपने पास रखने में नाकामयाब रहती है क्योंकि वह भी उसे पूरे का पूरा अपने लिए चाहती है। प्रेम का वैयक्तिकरण होते ही वह लालची स्वार्थ में बदल जाता है और कामुकता का चमत्कार ग़ायब हो जाता है।

एक स्त्री को आत्मपरक प्रेम का त्याग करना चाहिए। मेलर्स हो या डॉन सिप्रियानो, कोई भी अपनी प्रेमिका से प्यार के बोल बोलने को तैयार नहीं है। टेरेसा, जो एक आदर्श स्त्री है, केट के पूछने पर कि क्या वह डॉन रामोन से प्यार करती है, क्रोधित हो जाती है।[51] "वो मेरी ज़िन्दगी है," वह ज़वाब देती है; उसने उसे जो सौगात दी है वह प्रेम से बिल्कुल अलग चीज़ है। स्त्री को, पुरुष की तरह, हर अभिमान, हर इच्छा का परित्याग करना चाहिए; यदि वह पुरुष के लिए जीवन को मूर्त रूप देती है तो वह भी उसके लिये उसे साकार भी करता है; लेडी चैटर्ली को शान्ति और आनन्द केवल इसलिए मिलता है क्योंकि उसे इस सच का भान है : "वह अपनी निष्ठुर और मेधावी नारी शक्ति का परित्याग कर देगी जो उसे थकाने लगा था और उसे कठोर बनाता जा रहा था, वह नूतन जीवन के सागर में डूब जायेगी, मन की गहराइयों में, जहाँ आराधना का मूक गीत गुंजायमान था।" आँखों पर पट्टी बाँध कर अपने प्रेमी का कहना मानते हुए, ख़ुद को उसकी बाँहों में पूरी तरह भुला देते हुए, वह उसके साथ एक ऐसी जोड़ी बनाती है जिसमें माधुर्य है, सामंजस्य है और जो बारिश, पेड़ों व वसन्त के फूलों के साथ लयबद्ध है। इसी तरह, उर्सुला ने अपने वैयक्तिकता को बिर्किन के हाथों में सौंप दिया और उनके

बीच एक 'आसमानी रिश्ता' क़ायम हो जाता है। लेकिन ख़ासतौर पर लॉरेंस की रचना *The Plumed Serpent* उनके आदर्श को अपनी सम्पूर्णता में दर्शाता है। डॉन सिप्रियानो उन पुरुषों में से एक है जो "जीवन के सन्देश को आगे बढ़ाते हैं" उसके पास एक मिशन है जिसके लिए वह पूर्ण रूप से समर्पित है, इस हद तक कि वह स्त्रीत्व का अतिक्रमण कर लेता है और स्वयं को देवत्व की ऊँचाइयों तक पहुँचा लेता है। अगर उसने स्वयं को भगवान बना लिया है, तो इसमें कुछ रहस्यमयी नहीं है; तथ्य यह है कि हर पुरुष जो पूरी तौर से पुरुष है, भगवान है; अत: वह एक स्त्री की पूर्ण भक्ति का पात्र है। पाश्चात्य पूर्वाग्रहों से ग्रसित, केट पहले तो इस निर्भरता को नकारती है। वह अपने व्यक्तित्व और अपने सीमित अस्तित्व से जुड़ी हुई है; लेकिन धीरे-धीरे वह ख़ुद को जीवन की महान् धारा में बह जाने देती है, सिप्रियानो को अपना शरीर और अपनी आत्मा सौंप देती है। यह एक दासी का समर्पण नहीं है। उसके साथ रहने का निर्णय लेने से पहले, वह माँग करती है कि वह उसके लिए अपनी ज़रूरत को स्वीकार कर ले; वह इसे मानता है, क्योंकि वास्तव में, स्त्री पुरुष के लिए आवश्यक है; तब जाकर वह राज़ी होती है कि वह सिर्फ़ और सिर्फ़ उसकी संगिनी बनी रहेगी कुछ और नहीं; वह उसके लक्ष्यों, उसके मूल्यों, उसके संसार को अपनाती है। यह समर्पण कामेच्छा में भी अभिव्यक्त होता है; लॉरेंस नहीं चाहते कि स्त्री पुरुष से विलग उस लहर में डूबे जो उसे झकझोरता है, स्वयं अपनी अनुभूति और संवेदना की खोज न करे; वह सोच-विचार कर स्त्री के लिए कामातिरेक को नकारते हैं; डॉन सिप्रियानो केट से दूर चला जाता है जब वह महसूस करता है कि केट कामोन्माद के नज़दीक पहुँच रही है; वह भी इस यौन स्वायत्तता को त्याग देती है। उसकी उत्कट स्त्रैण इच्छाशक्ति और काम वासना उसके भीतर शिथिल पड़ गयी और मुरझा गयी, जिससे वह गर्म पानी के स्रोत की तरह नरम और विनम्र हो गयी, जो धरती से बिना किसी शोर के फूट पड़ते हैं और फिर भी अपनी रहस्यमयी शक्ति में इतने सक्रिय और इतने प्रचण्ड।

हम समझते हैं कि लॉरेंस के उपन्यास औरतों के लिए ख़ास तौर पर 'पथ-प्रदर्शक' क्यों हैं। लौकिक व्यवस्था को प्रस्तुत करना पुरुष की तुलना में स्त्री के लिए असीम रूप से अधिक कठिन है, क्योंकि पुरुष इसे स्वायत्त रूप से प्रस्तुत करता है, जबकि उसे पुरुष की मध्यस्थता की आवश्यकता होती है। यह तब होता है जब दूसरा एक परायी चेतना का रूप लेता है और चाहता है कि वास्तव में समर्पण हो; इसके विपरीत, एक स्वायत्त समर्पण आश्चर्यजनक रूप से एक सम्प्रभु निर्णय जैसा दिखता है। लॉरेंस के नायक या तो शुरू से ही अभिशप्त हैं या शुरू से ही वे

ज्ञान का रहस्य रखते हैं[52]; पुरुष जो इस ब्रह्माण्ड के प्रति समर्पित हैं, प्रारम्भ से ही एक सार्वभौम उद्देश्य से परिचित हैं और वे इससे इतनी आन्तरिक निश्चितता प्राप्त करते हैं कि वे एक अहंकारी व्यक्तिवादी के रूप में अभिमानी लगते हैं; उनके मंच से देववाणी फूटती है : स्वयं लॉरेंस की भी। जबकि स्त्री को उनकी दिव्यता के सामने झुकना चाहिए। चाहे पुरुष लिंग हो न कि मस्तिष्क, जो व्यक्ति पुरुषत्व में साझेदारी करता है, वह अपने विशेषाधिकारों को बरकरार रखता है; स्त्री दुष्ट नहीं है, बल्कि वह भली है। लेकिन अधीन है। एक बार फिर, लॉरेंस हमें 'आदर्श स्त्री' का स्वरूप प्रस्तावित करते हैं यानी उस स्त्री का जो बिना किसी हिचकिचाहट के ख़ुद को अन्य के रूप में परिभाषित करने के लिए सहमत होती है।

III क्लोदेल और यहोवा का सेवक

क्लोदेल के कैथोलिकवाद की मौलिकता ऐसी ज़िद्दी आशावाद है कि बुराई भी अच्छाई की ओर लौट आती है।

"बुराई" की भी
"अपनी अच्छाई है जिसे खोना नहीं चाहिए।"[53]

उस दृष्टिकोण को अपनाते हुए जो सृष्टि के रचयिता के दृष्टिकोण से असफल नहीं हो सकता — चूँकि यह माना जाता है वह सर्वशक्तिमान, सर्वज्ञ और परोपकारी है — क्लोदेल समग्र रूप से सृष्टि का पालन करते हैं; नरक और पाप के बिना, न तो मुक्ति मिलेगी और न ही मोक्ष; जब परमेश्वर ने इस संसार को शून्यता से उभारा, तब उसने पाप और मुक्ति के बारे में पहले से सोच लिया था। यहूदियों और ईसाइयों की नज़र में, ईव की अवज्ञा ने उसकी बेटियों को बहुत बुरी स्थिति में डाल दिया था। हम जानते हैं कि चर्च के पादरी स्त्रियों के साथ कितना दुर्व्यवहार करते थे। इसके विपरीत, यहाँ यह उचित है यदि हम स्वीकार करें कि यह दैवी योजना के अनुरूप है। स्त्री! वह सेवा जो पहले उसने अपनी अवज्ञा के माध्यम से सांसारिक स्वर्ग में ईश्वर को प्रदान की थी; यह प्रगाढ़ तालमेल जो उसके और ईश्वर के बीच स्थापित हुआ था; यह देह जिसे उसने अपनी ग़लती के कारण मुक्ति के लिए त्याग दिया था![54] और इसमें कोई सन्देह नहीं कि स्त्री पाप का स्रोत है, और उसी के कारण पुरुष स्वर्ग से वंचित हो गया है। लेकिन पुरुषों के पापों से छुटकारा मिल गया है और यह दुनिया फिर से धन्य हो गयी है : "हमने आनन्द के इस स्वर्ग को नहीं छोड़ा है जहाँ भगवान ने हमें सबसे पहले रखा था।"[55]

"समूची पृथ्वी भाग्य में लिखी हुई पृथ्वी है।"[56]

जो कुछ भी ईश्वर के हाथ से नहीं निकला है, जो कुछ भी दिया गया है वह अपने आप में बुरा नहीं हो सकता है : "उसकी समस्त सृजन के साथ हम ईश्वर से प्रार्थना करते हैं! उसने जो कुछ भी किया है वह व्यर्थ नहीं है, किसी भी अन्य चीज़ से अलग नहीं है।[57] और यहाँ तक कि ऐसा कुछ भी नहीं है जो ज़रूरी न हो। "उन्होंने जो भी चीज़ें एक साथ बनायीं, वे सभी एक साथ संवाद करती हैं, एक ही समय में सभी एक-दूसरे के लिए आवश्यक हैं।"[58] इस प्रकार सृष्टि के सामंजस्य में स्त्री का अपना स्थान है; लेकिन यह कोई ऐसी-वैसी जगह नहीं है; वहाँ एक "अजीब और, लूसिफ़ेर की नज़र में, अपमानजनक जुनून है, जो शाश्वत को शून्यता के इस क्षणिक फूल से बाँधता है।"[59]

निस्सन्देह स्त्री विनाशकारी हो सकती है : क्लोदेल ने लेची[60] में एक बुरी औरत का चित्रण किया जो पुरुष को पतन की ओर ले जाती है; *Partage de midi* में से उन लोगों के जीवन को तबाह कर देती है जिन्हें वह अपने प्रेमजाल में फाँसती है। परन्तु यदि हानि का यह जोखिम न होता तो मुक्ति भी नहीं होती। स्त्री "जोखिम का तत्त्व है जिसे उसने जान-बूझकर अपने विलक्षण निर्माण के बीच में पेश किया है।"[61] मनुष्य के लिए शरीर के प्रलोभनों को जानना अच्छा है। "यह हमारे भीतर का शत्रु है जो हमारे जीवन को नाटकीय तत्त्व, यह मार्मिक नमक देता है। यदि हमारी आत्मा पर इतनी बेरहमी से हमला नहीं किया गया होता, तो वह सो जाती और वहीं छलाँग लगा देती... यह संघर्ष ही विजय की शिक्षा है।[62] न केवल आत्मा के मार्ग से, बल्कि शरीर के मार्ग से भी मनुष्य को अपनी आत्मा के प्रति जागरूक रहने के लिए आह्वान किया जाता है। "और स्त्री से अधिक शक्तिशाली पुरुष से किस प्रकार की बात की जाये?[63] हर चीज़ जो उसे नींद से, सुरक्षा से बाहर खींचती है, उसके लिए उपयोगी है; प्रेम चाहे किसी भी रूप में प्रस्तुत हो, उसमें "हमारे औसत दर्जे के कारण द्वारा व्यवस्थित हमारी छोटी-सी निजी दुनिया में एक अत्यन्त परेशान करने वाले तत्त्व"[64] के रूप में प्रकट होने का गुण है। बहुत बार स्त्री केवल भ्रम पैदा करने वाली निराशाजनक दाता होती है :

"मैं वह वादा हूँ जिसे निभाया नहीं जा सकता और मेरी कृपा इसी चीज़ में निहित है।"[65]

"मैं जो कुछ है उसकी मिठास हूँ और जो नहीं है उसका पछतावा भी हूँ। मैं त्रुटि के बावजूद सत्य हूँ और जो कोई भी मुझसे प्यार करता है वह एक को दूसरे से अलग करने की परवाह नहीं करता है।"[66]

लेकिन माया की भी सार्थकता है; गार्जियन एंजेल ने डाँया प्रुयेज़ के लिए यही घोषणा की :

"पाप! पाप भी काम आता है।"

"तो यह अच्छा था कि वह मुझसे प्यार करता था?"

"यह अच्छा हुआ कि आपने उसे चाहत सिखाई।"

"माया की इच्छा? उस छाया की जो हमेशा के लिए उससे बच जाती है?"

"इच्छा उसकी है जो है, माया उसकी है जो नहीं है। माया के लिए इच्छा वह है जो नहीं है।"

ईश्वर की इच्छा से जो प्रुयेज़ रोड्रिगों के लिए थी :

"उसके दिल के पार एक तलवार।"[67]

लेकिन स्त्री ईश्वर के हाथों में केवल यह धार, यह दाह ही नहीं है; इस दुनिया की सम्पत्ति को हमेशा अस्वीकार किया जाना तय नहीं है। वे भी भक्ष्य हैं; पुरुष को उन्हें अपने साथ ले जाना चाहिए और उन्हें अपना बनाना चाहिए। प्रियतम उसके लिए ब्रह्माण्ड की सारी संवेदनात्मक सुन्दरता को अवतरित करेगा; यह उसके होंठो पर आराधना का स्वर होगा। "तुम कितनी सुन्दर हो, वीयोलेन, और यह दुनिया कितनी सुन्दर है जहाँ तुम हो।"[68]

"वह कौन है जो मेरे सामने खड़ी है, हवा के झोंकों से भी मधुर, कोंपलों के पार चन्द्रमा की तरह?... यहाँ वह नयी-नवेली मधुमक्खी की तरह जाओ अभी अपने पंख खोल ही रही है, जैसे एक हिरणी, एक फूल की तरह जिसे स्वयं ज्ञात नहीं कि वह सुन्दर है।"[69]

"मुझे अपनी ख़ुशबू साँस लेने दो जो धरती की ख़ुशबू की तरह है,

चमकदार, वेदी की तरह पानी से धोया गया, यह पीले और नीले फूल पैदा करता है,

और गर्मियों की गन्ध की तरह, जिसमें पुआल और घास की गन्ध आती है,

और शरद ऋतु गन्ध की तरह... ।[70]

इसमें सारी प्रकृति का सारांश है : गुलाब और लिली, तारा, फल, पक्षी, पवन, चन्द्रमा, सूर्य, जलधारा, "दोपहर की रोशनी में भव्य बन्दरगाह का शान्तिपूर्ण कोलाहल।"[71] और वह उससे कहीं अधिक स्थिर है : एक साथी प्राणी।

"अब, इस बार, यहाँ मेरे लिए एक तारे के अलावा कुछ और है, यह प्रकाश बिन्दु रात की चमकीली रेत में,

कोई मेरे जैसा इन्सान हो..."[72]

"तुम अब अकेले नहीं रहोगे, बल्कि तुम्हारे अन्तर्मन में, तुम्हारे संग हमेशा वह समर्पित रहेगी। हमेशा के लिए तुम्हारी जो कभी पीछे नहीं हटेगी, तुम्हारी पत्नी।"[73]

"कोई जो मुझे सुनता रहे और मुझ पर भरोसा करे।"

"एक दबी आवाज़ वाला साथी जो हमें अपनी बाँहों में लेता है और हमें विश्वास दिलाता है कि वह एक स्त्री है।"[74]

शरीर और आत्मा, इसे अपने हृदय के विरुद्ध लेकर ही मनुष्य इस भूमि में अपनी जड़ें खोजता है और वहाँ स्वयं को पूर्ण करता है।

"मैंने इस स्त्री को ब्याह लिया, और मेरे हिस्से की भूमि ऐसी है।"[75] वह ले जाने में हल्की नहीं है, लेकिन आदमी उपलब्धता के लिए नहीं बना है : और अब मूर्ख व्यक्ति स्वयं को इससे बहुत आश्चर्यचकित पाता है।

बेतुका इन्सान, इस बड़ी भारी और बोझिल चीज़ का।

"इतने सारे कपड़े, इतने केश, क्या करें?"

"वह अब और नहीं कर सकता, वह अब इससे छुटकारा नहीं पाना चाहता।"[76] ऐसा इसलिए क्योंकि ये बोझ भी एक ख़ज़ाना है। वीयोलेन कहती है, "मैं एक अनमोल ख़ज़ाना हूँ।"

इसके विपरीत, स्वयं को पुरुष को सौंपकर ही स्त्री अपनी सांसारिक नियति को पूरा करती है।

"अगर चुना ही न जाये तो स्त्री होने का क्या फ़ायदा?"

"और अगर इस गुलाब को चाव से निहारा न जाये तो?"

"यदि दूसरे का नहीं होता और एक शक्तिशाली शेर का शिकार नहीं होता?"[77]

"हम क्या करें, जिसकी बाँहों में केवल एक स्त्री हो और उसके दिल में केवल शराब का प्याला हो?"[78]

"परन्तु तू मेरा प्राण कहता है, मैं व्यर्थ नहीं रचा गया, और जो मुझे लेने के लिए बुलाया गया है, वह अस्तित्व में है!"

"यह हृदय जो मेरी प्रतीक्षा में था, आह! इसे तृप्त करना मेरे लिए कितना सुखद है!"[79]

निःसन्देह, पुरुष और स्त्री का यह मिलन ईश्वर की उपस्थिति में सम्पन्न होना चाहिए; यह पवित्र है और शाश्वत में स्थित है; इसकी सहमति इच्छाशक्ति की गहरी गति से होनी चाहिए और किसी व्यक्तिगत सनक से इसे तोड़ा नहीं जा सकता। "प्रेम, वह स्वीकृति जो दो स्वतन्त्र लोग एक-दूसरे को देते हैं, भगवान को

इतनी महान् चीज़ लगी कि उन्होंने इसे एक संस्कार बना दिया। वहाँ, हर जगह की तरह, संस्कार उस चीज़ को वास्तविकता देता है जो केवल हृदय की सर्वोच्च इच्छा थी।"[80] और भी :

"विवाह आनन्द नहीं है, यह आनन्द का त्याग है, यह दो आत्माओं का अध्ययन है जो अब से हमेशा के लिए और अपने से बाहर अन्त के लिए है।"

"एक-दूसरे के लिए समझौता करना होगा।"[81]

इस मिलन से, यह केवल वह आनन्द नहीं है जो पुरुष और स्त्री एक-दूसरे को देंगे; परन्तु प्रत्येक अपने अस्तित्व पर अधिकार कर लेगा।

"यह मेरी आत्मा के अन्दर की आत्मा है, यह वह था जो जानता था कि इसे कैसे खोजना है!... यह वह था जो मेरे पास आया और अपना हाथ मेरी ओर बढ़ाया... यह वह था जो मेरा व्यवसाय था! कैसे कहें ? वह ही मेरा मूल था! वह जिसके द्वारा और जिसके लिए मैं संसार में आया हूँ।"[82]

"मेरा एक पूरा हिस्सा जिसके बारे में मैंने सोचा था कि वह अस्तित्व में नहीं है, क्योंकि मैं कहीं और व्यस्त था और इसके बारे में नहीं सोचा था। आह! भगवान, वह अस्तित्व में है, वह निराशा में जीती है।"[83]

और यह अस्तित्व जिसे पूरा करता है, उसके लिए उतना ही उचित प्रतीत होता है, जितना आवश्यक है। प्रूयेज़ के दूत कहते हैं, "तुम उसकी ज़रूरत थी।" और रोड्रिगो:

"यदि अपने होना आवश्यक न रह जाये तो मरना और किसे कहते हैं?"

"वह मेरे बिना कब रह पाती थी? मैं कब उसके लिए वह नहीं रहूँगा जिसके बिना वह स्वयं नहीं हो सकती थी?"[84]

"वे कहते हैं कि कोई भी आत्मा जीवन से बाहर और दूसरों के साथ रहस्यमय रिश्ते में नहीं बनी है।"

"लेकिन हम दोनों उससे भी बढ़कर हैं, जैसा कि तुमने कहा है, मेरा अस्तित्व है; इन दोनों व्यक्तियों के बीच एक ही बात का उत्तर देना।"

"जब हमें सृजा जा रहा था, ओरियन, मुझे लगता है कि तुम्हारे अन्दर जो कुछ डाला गया था उसमें से थोड़ा-सा पदार्थ बचा हुआ था और तुम्हारे अन्दर उसी चीज़ की कमी है जिससे मैं बना हूँ।"[85]

इस पुनर्मिलन की अद्भुत आवश्यकता में, स्वर्ग पाया जाता है, मृत्यु पर विजय प्राप्त की जाती है[86]:

"यहाँ वह एक पुरुष और एक स्त्री का रूप है, अन्ततः यह स्वर्ग में अस्तित्व में है।"

"एक-दूसरे के माध्यम से हम कभी भी मृत्यु से छुटकारा पाने में सफल नहीं होंगे।"

"बैंगनी की तरह यदि यह नारंगी के साथ विलीन हो जाता है तो शुद्ध लाल[87] निकलता है।"

अन्त में, दूसरे की छवि के तहत, दूसरे तक उसकी प्रचुरता में हर किसी की पहुँच होती है, यानी भगवान तक पहुँच होती है।

"जो हम एक-दूसरे को देते हैं वह विभिन्न प्रजातियों में ईश्वर है।"[88]

"अगर तुमने इसे पहले मेरी आँखों में नहीं देखा होता, तो क्या तुम आकाश को इतनी बुरी तरह चाहते होते?"[89]

"ओह! एक स्त्री होना बन्द करो और मुझे अन्ततः अपने चेहरे पर यह देखने दो कि भगवान तुम ख़ुद को रोक पाने में असमर्थ हो।"[90]

"ईश्वर का प्रेम हममें प्राणियों की तरह ही उसी क्षमता से आकर्षित होता है, इस भावना के साथ कि हम अकेले पूर्ण नहीं हैं और सर्वोच्च अच्छाई जिसमें हम ख़ुद को महसूस करते हैं, वह हमसे बाहर, कुछ है।"[91]

इस प्रकार प्रत्येक व्यक्ति दूसरे में अपने सांसारिक जीवन का अर्थ और इस जीवन की अपर्याप्तता की अकाट्य गवाही पाता है :

"चूँकि मैं उसे आसमान नहीं दे सकता, कम से कम मैं उसे ज़मीन से फाड़ तो सकता हूँ। मैं ही उसे उसकी इच्छा के अनुरूप अपर्याप्तता प्रदान कर सकता हूँ।"[92]

"मैंने तुमसे जो माँगा, जो मैं तुम्हें देना चाहता था, वह समय के साथ नहीं बल्कि अनन्त काल के अनुकूल है।"[93]

हालाँकि, स्त्रियों और पुरुषों की भूमिकाएँ बिल्कुल सममित नहीं हैं। सामाजिक स्तर पर पुरुष की स्पष्ट प्रधानता है।

क्लोदेल परिवार के पदानुक्रमों और अन्य चीज़ों में विश्वास करते हैं। पति ही इसका मुखिया होता है। ऐनी वर्कर्स अपने घर पर शासन करती है। डॉन पेलेज ख़ुद को इस नाज़ुक पौधे, प्रूयेज़ की देखभाल करने वाला माली मानते हैं; वह उसे एक मिशन देता है जिसे अस्वीकार करने का वह सपने में भी नहीं सोचती। पुरुष होने का मात्र तथ्य ही विशेषाधिकार प्रदान करता है। "मैं कौन होती हूँ, बेचारी लड़की, जो अपनी तुलना अपनी जाति के पुरुष से करती हूँ?" सिन्ये[94] पूछती है। यह पुरुष

है जो खेतों में हल चलाता है, जो गिरजाघर बनाता है, जो तलवार चलाता है, जो दुनिया की खोज करता है, भूमि पर विजय प्राप्त करता है, जो कार्य करता है, जो उद्यम करता है। उसके द्वारा ही इस पृथ्वी पर ईश्वर के उद्देश्य पूरे होते हैं। नारी केवल सहायक के रूप में सामने आती है। वह वह है जो स्थिर रहती है, जो प्रतीक्षा करती है, और जो बनाये रखती है।

सिन्ये कहती है, "मैं वह हूँ जो रहती हूँ और हमेशा वहाँ रहती हूँ"

वह कूफोंटेन की विरासत की रक्षा करती है, उसके बहीखातों का हिसाब रखती है जबकि वह अपने अभियान पर दूर निकल जाता है। स्त्री सेनानी के लिए आशा की मदद लेकर आती है : "मैं अप्रतिरोध्य आशा लेकर आती हूँ।[95] और वह दया की बात :

"मैंने उसके लिए खेद महसूस किया। वह अपनी माँ की तलाश में अपमानित स्त्री के अलावा और कहाँ जायेगा।"

"आत्मविश्वास और शर्म की भावना से[96]।

इस प्रकार स्त्री पुरुष को उसकी कमज़ोरी के क्षणों में जाने, क्लोदेल इसके लिए उसे दोषी नहीं ठहराता; इसके विपरीत, उसे मोंतेरलौं और लॉरेंस में गर्व अपवित्र लगेगा। मनुष्य के लिए यह जानना अच्छा है कि वह शारीरिक और दुखी है, कि वह न तो अपनी उत्पत्ति को भूलता है और न ही मृत्यु को भूलता है जो उसके अनुरूप है। कोई भी पत्नी मार्थे के शब्दों को दोहरा सकती है : "यह सच है, वह मैं नहीं थी जिसने तुम्हें जीवन दिया। लेकिन मैं यहाँ तुमसे फिर से इसके लिए विनती करने आयी हूँ।" और वहाँ से पुरुष स्त्री के सामने आता है।

"यह गड़बड़ी ऐसी है जैसे अन्तरात्मा की, जैसे किसी लेनदार की उपस्थिति में।"[97]

और फिर भी इस कमज़ोरी को ताक़त के सामने झुकना होगा। विवाह में पत्नी ख़ुद को उस पति को सौंप देती है जो उसकी देखभाल करता है : लाला कोहवर के सामने ज़मीन पर लेट जाता है जो उस पर अपना पैर रखता है। पत्नी का पति से, बेटी का पिता से, बहन का भाई से रिश्ता, दासता का रिश्ता है। सिन्ये जॉर्ज के हाथों अधिपति को नाइट की शपथ दिलाती है।

"आप मुखिया हैं और मैं बेचारा सीबील जो आग की रक्षा करता है।"[98]

"मुझे एक नये शूरवीर के रूप में शपथ लेने दीजिए! हे मेरे परमदेव! हे मेरे ज्येष्ठ, मुझे अपने हाथों में छोड़ दो।"

एक भिक्षुणी की तरह शपथ लेना, "हे मेरी जाति के पुरुष!"[99]

निष्ठा, निष्ठा जागीरदार का सबसे बड़ा मानवीय गुण है। मधुर, विनम्र, स्त्री रूप में ईश्वर की इच्छा के अधीन, वह अपनी जाति, अपने वंश के नाम पर गौरवान्वित और अदम्य है; जैसे कि कूफोंटेन की गौरवान्वित सिन्ये और तेत द'ओर की राजकुमारी जो अपने मारे गये पिता की लाश को अपने कन्धों पर उठाती है, जो एकान्त और क्रूर जीवन के दुख, क्रूस पर चढ़ने के दर्द को स्वीकार करती है और उसके साथ मरने से पहले उसकी पीड़ा में जो राजकुमारी की सहायता करती है। मिलाप करवाने वाली, मध्यस्थ, स्त्री अक्सर हमारे सामने इस प्रकार आती है : वह एस्तर है जो मोर्दकै के आदेशों के प्रति विनम्र है, जूडिथ पुजारियों का पालन करती है; इसकी कमज़ोरी, इसकी मूर्खता, इसकी विनम्रता, यह उस कारण के सम्बन्ध में वफ़ादारी से उन पर क़ाबू पाने में सक्षम है जो उसका अपना है क्योंकि यह उसके स्वामी का है; वह अपनी भक्ति से ऐसी शक्ति प्राप्त करती है जो उसे सबसे मूल्यवान बनाती है।

मानवीय स्तर पर, ऐसा प्रतीत होता है कि वह अपनी महानता को अपनी अधीनता से प्राप्त कर रही है। लेकिन, ईश्वर की नज़र में, वह एक पूरी तरह से स्वायत्त व्यक्ति है। पुरुष के लिए अस्तित्व स्वयं से परे है, जबकि स्त्री के लिए यह स्वयं को बनाये रखता है, केवल पृथ्वी के सम्बन्ध में उनके बीच एक अन्तर स्थापित करता है। किसी भी मामले में यह अतिक्रमण पृथ्वी पर पूरा नहीं होता है, यह ईश्वर के साथ होता है। और स्त्री का उसके साथ अपने साथी से भी अधिक प्रत्यक्ष, अधिक घनिष्ठ और अधिक गूढ़ बन्धन होता है। यह एक पुरुष की आवाज़ के ज़रिए है कि ईश्वर सिनी से बात करते हैं; लेकिन वीयोलेन अपने दिल के एकान्त में उसकी आवाज़ सुनती है, और प्रूयेज़ को केवल सरपरस्त से निपटना पड़ता है। क्लोदेल की सबसे शानदार शख़्सियतें स्त्रियाँ हैं : सिन्ये, वीयोलेन, प्रूयेज़। ऐसा आंशिक रूप से इसलिए है क्योंकि उनके अनुसार, पवित्रता, त्याग में है। और स्त्री मानवीय परियोजनाओं में कम शामिल होती है, उसकी व्यक्तिगत इच्छा कम होती है। वह ख़ुद को देने के लिए बनी होती है, लेने के लिए नहीं, वह पूर्ण समर्पण के लिए तत्पर होती है। इसके माध्यम से सांसारिक ख़ुशियों पर क़ाबू पाया जा सकेगा, जो वैध और अच्छे हैं, लेकिन जिनका बलिदान अभी भी बेहतर है। सिन्ये ऐसा एक निश्चित कारण से करती है : पोप को बचाने के लिए। प्रूयेज़ ने पहले स्वयं को इसके लिए त्याग दिया क्योंकि वह रोड्रिग के प्रति उसका प्रेम निषिद्ध है :

"तो क्या तुम चाहते हो कि मैं एक व्यभिचारिणी को तुम्हारी बाँहों में रखूँ? ...मैं केवल तुम पर मर-मिटाने वाली एक औरत होती, न कि यह शाश्वत सितारा जिसके लिए तुम प्यासे हो।"[100]

लेकिन जब यह प्यार जायज़ हो सकता है, तो वह इस दुनिया में इसे पूरा करने का कोई प्रयास नहीं करती है। स्वर्गदूत ने उससे फुसफुसाकर कहा :

"प्रूयेज़, मेरी बहन, ईश्वर की इस सन्तान को मैं सलाम करता हूँ।"

"यह प्रूयेज़ जिसे देवदूत देखते हैं, यह वह है जिसे वह बिना जाने देख रहा है, यह वह है जिसे आपने उसे देने के लिए बनाया है।"[101]

वह इन्सान है, वह एक स्त्री है, और वह विद्रोह के बिना ख़ुद को नहीं सौंपती :

"उसे पता नहीं चलेगा कि मेरा रस कैसा है!"[102]

लेकिन वह जानती है कि रोड्रिग के साथ उसकी असल शादी उसकी नामंज़ूरी से ही हुई है :

"जब बचने का कोई रास्ता नहीं है, जब वह इस असम्भव विवाह में हमेशा के लिए मेरे साथ बँध गया है, जब मेरे शक्तिशाली शरीर के इस रुदन और इस निर्दयी शून्यता से ख़ुद को दूर करने का कोई रास्ता नहीं है, जब मैं उसे साबित कर चुकी हूँ मेरी शून्यता के साथ उसकी शून्यता, जब उसकी शून्यता में कोई रहस्य नहीं रह जायेगा जिसे मेरा सत्यापित करने में सक्षम नहीं है।"

"तब मैं इसे बिना ढँके और फाड़कर वज्रपात से भरने के लिए भगवान को दे दूँगी, तभी मुझे एक पति मिलेगा और मैं अपनी बाँहों में ईश्वर को रखूँगी।"[103]

वीयोलेन का संकल्प और भी अधिक रहस्यमय और अस्वाभाविक है; क्योंकि उसने कुष्ठ रोग और अन्धेपन को चुना जबकि एक वैध बन्धन उसे उस आदमी से जोड़ सकता था जिससे वह प्यार करती थी और जो उससे प्यार करता था।

"ज़ाक, शायद" हम एक-दूसरे से बहुत प्यार करते थे, यह सही है कि हम एक-दूसरे के हैं, यह अच्छा है कि हम एक-दूसरे के साथ रहें।[104]

लेकिन अगर स्त्रियाँ इस प्रकार पवित्रता की वीरता के प्रति समर्पित हैं, तो यह सबसे ऊपर है क्योंकि क्लोदेल अभी भी उन्हें पुरुष के दृष्टिकोण से समझते हैं। निश्चित रूप से, प्रत्येक लिंग पूरक लिंग की दृष्टि से दूसरे का प्रतीक है; लेकिन उसकी पुरुष दृष्टि में सब कुछ होते हुए भी वह स्त्री ही है अक्सर एक और निरपेक्ष के रूप में प्रकट होता है। एक रहस्यमय अतिक्रमण है जिसके बारे में, "हम जानते हैं कि हम स्वयं अक्षम हैं और इसलिए ग्रेस[105] के समान स्त्रियों की यह शक्ति

हमारे ऊपर है।" यहाँ हम केवल पुरुषों का प्रतिनिधित्व करते हैं न कि मानव प्रजाति का, और उनकी अपूर्णता के बावजूद स्त्री अनन्त की पुकार है। एक अर्थ में यहाँ अधीनता का एक नया सिद्धान्त है। सन्तों के समागम द्वारा प्रत्येक व्यक्ति अन्य सभी के लिए एक साधन है; लेकिन स्त्री अधिक सटीक रूप से पुरुष के लिए मुक्ति का साधन है, पारस्परिक प्रकटीकरण के बिना। *Le Soulier de Satin* रोड्रिग के उद्धार का महाकाव्य है। नाटक की शुरुआत उस प्रार्थना से होती है जो उसका भाई उसकी ओर से ईश्वर से करता है; यह रोड्रिग की मृत्यु के साथ समाप्त होता है, जिसे प्रूयेज़ ने सन्त की उपाधि प्रदान की। लेकिन, दूसरे अर्थ में, स्त्री को सर्वोच्च स्वायत्तता प्राप्त होती है क्योंकि उसका ध्येय उसके भीतर अन्तर्निहित है, और पुरुष के उद्धार के लिए काम करना, या उसके लिए एक उदाहरण के रूप में सेवा करना, वह ख़ुद को नहीं बनाती है। पियरे डी क्रोन ने वीयोलेन से अपने भाग्य की भविष्यवाणी की, और वह अपने बलिदान के अद्‍भुत फलों को अपने दिल में इकट्‍ठा करता है; वह गिरजाघरों के पत्थरों में मनुष्यों के सामने इसकी महिमा का गुणगान करेगा। लेकिन यह वीयोलेन ही थी जिसने बिना मदद के इसे पूरा किया। क्लोदेल में स्त्री का रहस्यवाद है जो बेआत्रिस के सामने दान्ते के रहस्यवाद के समान है, ग्नोस्टिक्स के रहस्यवाद के समान है, यहाँ तक कि सेंट-साइमोनियन परम्परा में भी पुनर्जीवित स्त्री का आह्वान किया जाता है। लेकिन चूँकि पुरुष और स्त्रियाँ समान रूप से ईश्वर के प्राणी हैं, उन्होंने उन्हें एक स्वायत्त नियति भी प्रदान की है। इतना कि उसके साथ अन्य बनकर — मैं भगवान का सेवक हूँ — वह स्त्री स्वयं को एक कर्ता के रूप में महसूस करती है; और यह अपने आप में ही अन्य के रूप में प्रकट होती है।

Aventures de Sophie का एक उद्धरण है जो क्लोदेल की लगभग पूरी अवधारणा का सार प्रस्तुत करता है। जैसा कि हम पढ़ते हैं, ईश्वर ने स्त्री को यह चेहरा सौंपा है, जो भले ही कितना भी दूर और विकृत क्यों न हो, उसकी पूर्णता की एक निश्चित छवि है। उसने उसे वांछनीय बना दिया। उन्होंने अन्त और मूल को एक साथ रखा। उसने उसे अपनी रूपरेखा का भण्डार बनाया और मनुष्य को वह रचनात्मक नींद लौटाने में सक्षम बनाया जिसमें वह पैदा हुई थी। वह भाग्य का सहारा है। वह उपहार है। वह अतिक्रमण की सम्भावना है... वह इस स्नेह बन्धन का बन्धन है जो रचनाकार को उसकी कृति से एकाकार करने से नहीं रोकता। वह उसे समझती है। वह आत्मा है जो देखती और करती है। वह किसी तरह से उसके साथ धैर्य और सृजन की शक्ति साझा करती है। एक तरह से ऐसा लगता है कि नारी को इससे अधिक श्रेष्ठ नहीं कहा जा सकता। लेकिन मूल रूप से क्लोदेल केवल थोड़ी

आधुनिक कैथोलिक परम्परा को काव्यात्मक रूप से व्यक्त करते हैं। यह कहा गया है कि स्त्री का सांसारिक व्यवसाय किसी भी तरह से उसकी अलौकिक स्वायत्तता को नुक़सान नहीं पहुँचाता है; लेकिन, इसके विपरीत, इसे मान्यता देकर, कैथोलिक सोचता है कि वह इस दुनिया में पुरुष विशेषाधिकार बनाये रखने के लिए अधिकृत है। ईश्वर में स्त्री का आदर करते हुए, हम उसके साथ इस संसार में एक सेवक के रूप में व्यवहार करेंगे। और यहाँ तक कि, जितना अधिक हम उससे सम्पूर्ण समर्पण की माँग करेंगे, उतना ही अधिक निश्चित रूप से हम उसे उसके उद्धार के मार्ग पर ले जायेंगे। अपने आपको सन्तान के लिए, पति के लिए, चूल्हे के लिए, सम्पत्ति के लिए, पितृभूमि के लिए, चर्च के लिए समर्पित करना, यही उसका भाग्य है, पूँजीपति वर्ग ने हमेशा उसे सौंपा है; पुरुष अपनी गतिविधि देता है, स्त्री अपना व्यक्तित्व; दैवी इच्छा के नाम पर इस पदानुक्रम को पवित्र करना किसी भी तरह से इसे संशोधित करना नहीं है, बल्कि इसके विपरीत इसे शाश्वत में स्थिर करने का दिखावा करना है।

IV ब्रतों या काव्यात्मकता

क्लोदेल की धार्मिक दुनिया को ब्रतों के काव्य जगत से अलग करने वाली खाई के बावजूद, वे स्त्री को जो भूमिका सौंपते हैं उसमें एक समानता है। वह अशान्ति का एक तत्त्व है; यह मनुष्य को सर्वव्यापकता की नींद से तोड़ देता है; अब ब्रतों का दृष्टिकोण काव्यात्मक है। वे स्त्री को कविता का पर्यायवाची मानते हैं। यदि स्त्री की वैयक्तिक नियति की बात उठाई जाये तो ब्रेतों का आदर्श होगा पारस्परिक प्रेम। स्त्री को और कुछ नहीं करना, बस केवल प्रेम रतन रहना है। प्रेमवती स्त्री हीन नहीं हो जाती क्योंकि पुरुष का भी आदर्श यही है कि वह स्वयं प्रेममय हो। किन्तु यहाँ एक प्रश्न उठता है : यदि प्रेम ही जगत् की कुंजी एवं सौन्दर्य को प्रकट करने वाला है तब स्त्री को यह सौन्दर्य प्रेमी में मिलेगा या स्वयं अपनी ही तस्वीर में वह पुरुष के लिए कविता है, लेकिन क्या वह स्वयं के लिए भी कविता है? या फिर जीवन की यह काव्यमयता वह पुरुष में खोजती है? ब्रतों स्त्री को वैयक्तिकता नहीं प्रदान करते। स्त्री उनको लिए भाती है कि स्त्री के पास अब भी एक अछूती आवाज़ है जो पुरुष में सही मानवीय आवाज़ को जगा सकती है। स्त्री प्रकृति में गहरे निहित है। वह धरती के क़रीब है और अनुभवातीत की ओर ले जाने की जादुई चाबी उसके पास है। जैसे वित्रिच दान्ते का हाथ पकड़कर उसे स्वर्ग की ओर ले जाती है और पाक

लॉरा के प्यार से आलोकित हो उठता है, वैसी ही सत्यता, सौन्दर्य एवं काव्यमयता वे स्त्री में खोजते हैं ताकि सोते हुए पुरुष को वह जगाये, मुक्ति की राह दिखाये। एक बार फिर स्त्री ठगी गयी। पुरुष के लिए वह एक माध्यम है सर्वोपरिता की ओर जाने का; स्वयं अपने लिए, अपने प्रति, उसकी कोई ज़िम्मेदारी नहीं, अपनी मुक्ति के लिए वह कहीं सक्रिय नहीं। "आज, जहाँ तक मुझे पता है, यौन दुनिया ने रात के अटूट कोर के साथ ब्रह्माण्ड में प्रवेश करने की हमारी इच्छा का विरोध करना बन्द नहीं किया है। रहस्य का सामना करना ही उसे खोजने का एकमात्र तरीक़ा है। औरत एक पहेली है और पहेली खड़ी करती है; इसके कई चेहरे, जब एक साथ जोड़े जाते हैं, तो "अनूठा अस्तित्व बनता है जिसमें हमें स्फिंक्स के अन्तिम अवतार का दर्शन हो जाता है"; और इसीलिए यह रहस्योद्‌घाटन है। ब्रतों ने एक प्रिय स्त्री से कहा, "आप गोपनीयता की प्रतिमूर्ति थीं।" और फिर कहा : "जो रहस्योद्‌घाटन आप मेरे लिए लाये, उससे पहले ही मुझे पता था कि इसमें क्या शामिल हो सकता है, मुझे पता था कि यह एक रहस्योद्‌घाटन था।" कहने का तात्पर्य यह है कि स्त्री कविता है। जेरार्ड डी नर्वल में भी यह यही भूमिका निभाता है लेकिन सिल्वी और ऑरेलिया में इसमें एक स्मृति की स्थिरता है क्योंकि स्वप्न, वास्तविकता से अधिक वास्तविक है, इसके साथ बिल्कुल मेल नहीं खाता है; ब्रतों के लिए संयोग बिल्कुल सही है : केवल एक ही दुनिया है; कविता वस्तुओं में वस्तुगत रूप से मौजूद है, और औरत स्पष्ट रूप से हाड़-मांस की प्राणी है। हम उससे मिलते हैं, आधे सपने में नहीं, बल्कि पूरी तरह जागे हुए, एक सामान्य दिन के बीच में, जिसकी तारीख कैलेंडर के बाकी सभी दिनों की तरह होती है — 5 अप्रैल, 12 अप्रैल, 4 अक्टूबर, 29 मई — एक साधारण परिदृश्य में : एक कैफे, या एक सड़क का कोना। लेकिन यह हमेशा किसी न किसी असामान्य विशेषता से अलग होता है। नाज़ — अन्य सभी राहगीरों के विपरीत अपना सिर ऊँचा करके चलती है... उत्सुकता से बनी है... मैंने ऐसी आँखें कभी नहीं देखी थीं। ब्रतों उसके पास आता है। वह मुस्कुराती है, लेकिन बहुत रहस्यमय तरीक़े से और, मैं कहूँगा, जान-बूझकर।" *L'amour fou* में : "यह युवा स्त्री जो अभी-अभी अन्दर आयी थी, मानो वाष्प से घिरी हुई थी — आग में लिपटी हुई? वह स्त्री आश्चर्यजनक रूप से सुन्दर थी।[106] — कवि तुरन्त पहचान लेता है कि उसके भाग्य में उसकी भी भूमिका है; कभी-कभी यह केवल एक क्षणभंगुर, गौण भूमिका होती है; डेलिलाह की आँखों में संचार वाहिकाओं से बच्चे की तरह; फिर भी इस डेलिलाह के साथ अपॉइंटमेंट लेने के आसपास छोटे-छोटे चमत्कार पैदा होते हैं, ब्रतों उसी दिन सैमसन नामक एक लम्बे समय से खोए

हुए दोस्त द्वारा हस्ताक्षरित एक उदार लेख पढ़ता है। कभी-कभी चमत्कार कई गुना बढ़ जाते हैं; 29 मई के अज्ञात, ओंडाइन, जिन्होंने एक संगीत हॉल में एक स्विमिंग नम्बर प्रस्तुत किया था, की घोषणा "*Ondine, on dine*" विषय पर एक रेस्तराँ में सुने गये एक वाक्य द्वारा की गयी थी; और कवि के साथ उनकी पहली लम्बी सैर का वर्णन ग्यारह साल पहले उनके द्वारा लिखी गयी एक कविता में किया गया था। इन चुड़ैलों में सबसे असाधारण नाज़ है : वह भविष्य की भविष्यवाणी करती है, उसी क्षण उसके होंठों से वे शब्द और चित्र निकलते हैं जो उसकी सहेली के मन में हैं; उसके सपने और उसके चित्र दैवज्ञ हैं : "मैं भटकती आत्मा हूँ," वह कहती है; वह जीवन में अपना रास्ता "एकल तरीक़े से चलाती है, ख़ुद को केवल शुद्ध अन्तर्ज्ञान पर आधारित करती है और लगातार विलक्षणता का दावा करती है"; उसके वस्तुनिष्ठ अवसर के इर्द-गिर्द विचित्र घटनाओं की प्रचुरता बोयी जाती है; वह दिखावे से इतनी आश्चर्यजनक रूप से मुक्त हो गयी है कि वह क़ानूनों और तर्क का तिरस्कार करती है: वह एक शरण में पहुँच जाती है। वह "एक स्वतन्त्र प्रतिभा था, कुछ हद तक हवा की उन आत्माओं में से एक जैसा कि जादू की कुछ प्रथाएँ अस्थायी रूप से किसी को ख़ुद को संलग्न करने की अनुमति देती हैं लेकिन उसके अधीन होने का कोई सवाल ही नहीं हो सकता है।" इस कारण वह अपनी स्त्री भूमिका को पूरी तरह से निभाने में असफल हो जाती है। द्रष्टा, पाइथिया, प्रेरित, वह नर्वल का दौरा करने वाले अवास्तविक प्राणियों के बहुत क़रीब रहती है; यह अवास्तविक दुनिया के द्वार खोलती है लेकिन यह इसे देने में असमर्थ है क्योंकि यह स्वयं को नहीं दे सकती है। स्त्री प्रेम में ही स्वयं को पूर्ण करती है और वह वास्तव सिद्ध होती है; अपूर्वा, एक विलक्षण नियति को स्वीकार करना — और ब्रह्माण्ड में जड़हीन रूप से तैरना नहीं — फिर वह इसे संक्षेप में प्रस्तुत करती है। वह क्षण जब उसकी सुन्दरता अपने चरम बिन्दु पर पहुँचती है, यह रात का वह समय होता है जब "वह एक आदर्श दर्पण होती है जिसमें वह सब कुछ, जो कुछ भी होने के लिए बुलाया गया है, वह इस समय जो होना है उसमें सुन्दर रूप से नहाया हुआ है।" ब्रतों के लिए, "स्थान और सूत्र ढूँढ़ना" "आत्मा और शरीर में सत्य को धारण करना" के साथ विलीन हो जाता है। और यह केवल पारस्परिक प्रेम, निस्सन्देह दैहिक प्रेम में ही सम्भव है। "जिस स्त्री से कोई प्यार करता है उसका चित्र न केवल एक छवि होनी चाहिए जिस पर कोई मुस्कुराता है, बल्कि एक दैवज्ञ भी होना चाहिए जिस पर कोई सवाल उठाता है"; लेकिन वह केवल तभी एक दैवज्ञ होगा यदि स्त्री स्वयं एक विचार या एक छवि के अलावा कुछ और है; यह "भौतिक संसार की आधारशिला"

होनी चाहिए; द्रष्टा के लिए यह वही दुनिया है जो कविता है। "पारस्परिक प्रेम ही एकमात्र ऐसा है जो पूर्ण चुम्बकत्व को स्थापित करता है जिस पर कोई भी चीज़ पकड़ नहीं सकती है, जो शरीर को सूर्य बनाता है और देह पर एक शानदार छाप डालता है, कि आत्मा हमेशा तरल, अपरिवर्तनीय और हमेशा पानी का एक स्रोत है जिसका पानी हमेशा के लिए कैलेंडुला और जंगली थाइम के बीच बदल जाता है।"

यह अविनाशी प्रेम अद्वितीय ही हो सकता है। यह ब्रतों के रवैये का विरोधाभास है कि कम्युनिकेटिंग वेसल्स से लेकर आर्केन 17 तक वह विभिन्न स्त्रियों के लिए एक अद्वितीय और शाश्वत प्रेम को समर्पित करने में लगे हुए हैं। लेकिन उनके अनुसार यह सामाजिक परिस्थितियाँ हैं जो उसकी पसन्द की स्वतन्त्रता को रोकती हैं जो पुरुष को ग़लत विकल्पों की ओर ले जाती हैं; इसके अलावा, इन त्रुटियों के माध्यम से वे वास्तव में एक स्त्री की तलाश में है। और यदि वह उन चेहरों को याद रखता है जिनसे वह प्यार करता था, तो वह "उसी तरह इन सभी औरतों के चेहरों में केवल एक ही चेहरा खोजेगा : आखिरी[107] चेहरा जिसे वह प्यार करता था।" "इसके अलावा, मैं कितनी बार यह देख पाया हूँ कि, पूरी तरह से भिन्न दिखावे के बावजूद, इनमें से एक चेहरा एक सबसे असाधारण सामान्य विशेषता को परिभाषित करने की कोशिश कर रहा था। *L'Amore fou* के औंदीन से वह पूछते हैं : "क्या आप अन्ततः वही स्त्री हैं, क्या आपको केवल आज ही आना था?" लेकिन आर्केन 17 में : "आप अच्छी तरह जानती हैं कि जब मैंने आपको पहली बार देखा, तो मैंने बिना किसी सन्देह के आपको पहचान लिया। एक पूर्ण, पुनर्निर्मित दुनिया में, पारस्परिक और पूर्ण उपहार के परिणामस्वरूप, युगल अविभाज्य होगा। चूँकि प्रिय ही सब कुछ है, तो दूसरे के लिए जगह कैसे हो सकती है? वह अन्य भी है; और जितना अधिक पूर्ण होता है, उतना ही अधिक वह स्वयं होता है।" असामान्यता प्रेम से अविभाज्य है। चूँकि आप अद्वितीय हैं इसलिए आप मेरे लिए हमेशा अन्य, स्वयं अन्य बने रहने में असफल नहीं हो सकते। वहाँ इन असंख्य फूलों की विविधता के माध्यम से, यह आप ही हैं जो मुझे लाल शर्ट में, नग्न, ग्रे शर्ट में बदलते हुए पसन्द हैं। और एक अलग लेकिन समान रूप से अनोखी औरत के बारे में, ब्रतों लिखते हैं : "जैसा कि मैं देखता हूँ, पारस्परिक प्रेम, दर्पण का एक उपकरण है जो मुझे उन हज़ार कोणों पर वापस भेजता है जो अज्ञात मेरे लिए ले सकते हैं, जिसे मैं प्यार करता हूँ उसकी वफ़ादार छवि, मैं अपनी इच्छा का अनुमान लगाने में और भी अधिक आश्चर्यचकित हूँ और जीवन से और भी अधिक सम्पन्न हूँ। यह अनोखी स्त्री, एक साथ शारीरिक और कृत्रिम, प्राकृतिक और मानवीय, में अतियथार्थवादियों

द्वारा पसन्द की जाने वाली समान वस्तुओं के समान जादू है : वह जूता-चम्मच, भेड़िया-मेज़ की तरह है, संगमरमर की चीनी जिसे कवि मेले बाज़ार में खोजता है या अपने सपनों में गढ़ता है; यह परिचित वस्तुओं के रहस्य में भाग लेता है जो अचानक उनके सत्य में खोजे जाते हैं; और वह पौधों और पत्थरों का। वह सब कुछ है :

मेरी पत्नी लकड़ी के आग वाले बालों के साथ
गर्मी बिजली के विचारों के लिए
घण्टे के चश्मे के आकार में
मेरी पत्नी पुरानी समुद्री शैवाल और कैंडी के साथ सेक्स करती है
सवाना आँखों वाली मेरी पत्नी"

लेकिन सबसे बढ़कर, यह सभी चीज़ों से परे सुन्दरता है। ब्रतों के लिए सौन्दर्य एक विचार नहीं है जिस पर चिन्तन किया जा सकता है, बल्कि एक वास्तविकता है जो स्वयं को बस प्रकट करती है — और इसलिए केवल जुनून में है; संसार में अगर सौन्दर्य है तो स्त्री से है।

"यह वहाँ है, इस विरोधाभासी क्षेत्र में मानव क्रूसिबल के बिल्कुल नीचे जहाँ दो प्राणियों का संलयन जिन्होंने वास्तव में एक-दूसरे को चुना है, प्राचीन सूर्य के समय में खोए गये मूल्यों को सभी चीज़ों में पुनर्स्थापित करता है, जहाँ, हालाँकि, प्रकृति की इन कल्पनाओं के माध्यम से एकान्त भी व्याप्त है, जो अलास्का के गड्ढों के आसपास बर्फ़ को राख के नीचे रखना चाहता है, यही वह जगह है जहाँ वर्षों पहले, मैंने पूछा था कि हम नयी सुन्दरता की तलाश में जायें, सुन्दरता को विशेष रूप से भावुक उद्‌देश्यों के लिए माना जाता है।"

जो कुछ भी है उसका अर्थ स्त्री से ही निकलता है। "यह वास्तव में प्रेम के माध्यम से और केवल इसके माध्यम से है कि सार और अस्तित्व का संलयन उच्चतम स्तर तक महसूस किया जाता है। इसे प्रेमियों के लिए और एक ही समय में पूरी दुनिया में महसूस किया जाता है।" मनोरंजन, एक ही प्राणी में दुनिया का निरन्तर रंग-रूप, जैसे कि वे प्यार से पूरा होते हैं, सांसारिक दुनिया को हज़ारों किरणों से रोशन करते हैं। सभी कवियों के लिए — या लगभग — स्त्री प्रकृति का प्रतीक है; लेकिन ब्रतों के अनुसार यह न केवल इसे अभिव्यक्त करती है बल्कि इसे वितरित भी करती है। क्योंकि प्रकृति स्पष्ट भाषा नहीं बोलती है, हमें इसके सत्य को समझने के लिए इसके रहस्यों में प्रवेश करना होगा जो कि इसकी सुन्दरता के समान है। कविता केवल इसका प्रतिबिम्ब नहीं है बल्कि कुंजी है; और यहाँ की स्त्री कविता

से अप्रभेद्य है। यही कारण है कि यह अपरिहार्य मध्यस्थ है जिसके बिना पूरी पृथ्वी मौन है : "यह केवल विषय है, प्रकृति है, प्रकाश देना और बाहर जाना, मेरी सेवा करना और केवल मेरी सेवा करना जब तक कि मेरे लिए आग की लपटें उठती और गिरती हैं एक चूल्हा जो प्रेम है, एकमात्र प्रेम, जो एक प्राणी का है। मैंने इस प्रेम के अभाव में, सच्चे ख़ाली आकाश को जाना है। जो कुछ ग़ायब था वह आग की एक महान् परितारिका थी जो मेरे अन्दर से शुरू हुई थी जो मौजूद है उसे मूल्य देने के लिए... मैं टहनियों की आग के ऊपर आपके खुले हाथों को घूर रहा हूँ जो हमने अभी जलाया है और जो भड़क रहा है, आपके करामाती हाथ, आपके पारदर्शी हाथ मेरे जीवन की आग पर मँडरा रहे हैं।" प्रत्येक प्यारी स्त्री ब्रतों के लिए एक प्राकृतिक चमत्कार है : "एक बहुत पुराने कुएँ की भीतरी दीवार पर रेंगता हुआ एक अविस्मरणीय छोटा फर्न। ... मुझे नहीं पता कि क्या अन्धा कर देने वाला और इतना गम्भीर है कि इसे केवल याद किया जा सकता है... महान् प्राकृतिक भौतिक आवश्यकता के साथ-साथ व्यक्ति को कुछ लम्बे फूलों की लापरवाही के बारे में अधिक कोमलता से सोचने पर मजबूर किया जाता है जो खिलने लगे हैं।" लेकिन इसके विपरीत प्रत्येक प्राकृतिक चमत्कार प्रिय में विलीन हो जाता है; जब वह किसी गुफा, फूल, पहाड़ से प्रभावित होता है तो वह इसी का गुणगान करता है। टाइड पर उतरने पर अपने हाथों को गर्म करने वाली स्त्री और टाइड के बीच, सभी दूरी समाप्त हो जाती है। कवि एक ही प्रार्थना में इन दोनों का आह्वान करता है : "प्रशंसनीय! मेरी जान ले! आकाश का मुख और साथ ही पाताल का मुख, मैं तुम्हें इस प्रकार रहस्यमयी, इस प्रकार प्राकृतिक सौन्दर्य की प्रशंसा करने और हर चीज़ को समाहित करने में सक्षम पसन्द करता हूँ।"

सुन्दरता सुन्दरता से भी बढ़कर है; यह "ज्ञान की गहन रात्रि" के साथ विलीन हो जाता है; यह सत्य और अनन्त काल है, पूर्ण है; यह दुनिया का एक अस्थायी और आकस्मिक पहलू नहीं है जिसे स्त्री प्रदान करती है, यह इसका आवश्यक सार है, एक ऐसा सार जो प्लेटो की कल्पना के अनुसार तय नहीं है, बल्कि 'विस्फोट-निर्धारित' है। "जब से मैं तुम्हें जानता हूँ, मुझे उस कुंजी के अलावा कोई ख़ज़ाना नहीं मिला है जिसने मेरे लिए इस असीमित घास के मैदान को खोल दिया है, यह घास का मैदान एक उच्चतर पौधे की पुनरावृत्ति से बना है, जिसका कभी भी अधिक आयाम का पेंडुलम मुझे मृत्यु की ओर ले जायेगा। ... एक स्त्री और एक पुरुष के लिए, जो समय के अन्त तक, आप और मैं होंगे, बिना पीछे देखे तब तक फिसलते रहेंगे जब तक वे अपना रास्ता नहीं खो देते, ऑप्टिकल चमक में, जीवन की

सीमाओं पर और विस्मृति हो जाती है जीवन... सबसे बड़ी आशा, मैं कहता हूँ कि जिसमें अन्य सभी का सार है, वह यह है कि यह सभी के लिए हो और यह सभी के लिए बनी रहे, कि एक प्राणी का दूसरे को पूर्ण उपहार जो उसकी पारस्परिकता के बिना अस्तित्व में नहीं रह सकता है सभी की नज़रों से जीवन पर एक मात्र प्राकृतिक और अलौकिक फुटब्रिज छाया हुआ है।" इस प्रकार, जिस प्रेम से वह प्रेरणा देती है और साझा करती है, उसके माध्यम से स्त्री ही हर पुरुष के लिए एकमात्र सम्भावित मुक्ति है। आर्केन 17 में उसका मिशन विस्तृत और स्पष्ट हो जाता है : उसे मानवता को बचाना होगा। ब्रतों हमेशा फूरियर की परम्परा का हिस्सा रहे हैं, जो देह के पुनर्वास का आह्वान करते हुए स्त्री को एक कामुक वस्तु के रूप में प्रतिष्ठित करते हैं; एक पुनर्जीवित स्त्री के सेंट-सिमोनियन विचार के साथ समाप्त होना उनके लिए सामान्य बात है। आज के समाज में, पुरुष ही हावी है, इस हद तक कि एक गॉरमोंट के मुँह में रैम्बो के बारे में यह कहना अपमानजनक है: "लड़की का स्वभाव!" हालाँकि, अब उन पुरुषों की क़ीमत पर स्त्रियों के विचारों को बढ़ावा देने का समय आ गया है जिनका दिवालियापन आज काफ़ी उथल-पुथल के साथ समाप्त हो गया है... हाँ, यह हमेशा खोयी हुई स्त्री होती है, जो पुरुष की कल्पना में गाती है लेकिन उसके लिए किन परीक्षाओं के बाद, उसके लिए, वह स्त्री भी पुन: खोजी गयी होगी। और सबसे पहले, स्त्री को ख़ुद को खोजना होगा, इन नरकों के माध्यम से स्वयं को पहचानना सीखना होगा, जहाँ पुरुष का उसके बारे में समस्याग्रस्त दृष्टिकोण, सामान्य तौर पर, उसकी अथक निन्दा करता है।

उसे जो भूमिका निभानी चाहिए वह सबसे बढ़कर शान्ति स्थापित करने वाली भूमिका है। "मुझे हमेशा आश्चर्य होता है कि उस समय उसकी आवाज़ नहीं सुनी गयी थी, कि उसने सबसे अधिक सम्भव बनाने के बारे में नहीं सोचा था, उसे दिये गये दो अनूठे और अमूल्य विभक्तियों का पूरा लाभ, एक आदमी से बात करने के लिए, दूसरा, बच्चे का सारा आत्मविश्वास जगाने के लिए। क्या कौतुक, क्या भविष्य में स्त्री के इनकार और चिन्ता की महान् पुकार नहीं होगी, यह पुकार हमेशा शक्ति में रहती है..." कब एक स्त्री, बस एक स्त्री, जो उन दोनों के बीच अपनी बाँहें फैलाने का बिल्कुल दूसरा चमत्कार संचालित करेगी जो उन्हें यह बताने के लिए संघर्ष करने जा रहे हैं : आप भाई हैं। यदि स्त्री आज कुसमायोजित, असन्तुलित दिखाई देती है, तो यह पुरुष अत्याचार द्वारा उसके साथ किये गये व्यवहार का परिणाम है; लेकिन यह एक चमत्कारी शक्ति रखता है क्योंकि यह अपनी जड़ें जीवन के जीवित स्रोतों में डालता है जिनके रहस्य पुरुषों ने खो दिये हैं। "मेलुसीन, घबराहट में जीवन

द्वारा आधी ले ली गयी, मेलुसीन पत्थरों या जलीय जड़ी-बूटियों के निचले लगाव के साथ या रात में नीचे, यह वह है जिसका मैं आह्वान करता हूँ, मैं केवल उसे देखता हूँ जो इस क्रूर युग को कम कर सकता है। यह सम्पूर्ण स्त्री है और फिर भी वह आज जैसी स्त्री है, वह स्त्री जो अपने मानवीय आधार से वंचित है, अपनी चलती जड़ों की क़ैदी है. जितना आप चाहें, लेकिन उनके माध्यम से प्रकृति की प्राथमिक शक्तियों के साथ सम्भावित संचार में भी... स्त्री अपनी मानवीय थाली से वंचित है, कथा पुरुष की अधीरता और ईर्ष्या के कारण ऐसा चाहती है।"

इसलिए आज स्त्रियों का पक्ष लेना उचित है; जीवन में इसके वास्तविक मूल्य को बहाल करने की प्रतीक्षा करते-करते, वह समय आ गया है "कला में पुरुष के विरुद्ध और स्त्री के पक्ष में स्पष्ट रूप से उच्चारण करना।" "बालिका-स्त्री।" यह सम्पूर्ण संवेदी साम्राज्य में उनका आगमन है जिसे कला को व्यवस्थित रूप से तैयार करना होगा। बालिका-स्त्री क्यों? ब्रतों हमें यह समझाते हैं : "मैं बालिका-स्त्री को दूसरी स्त्री का विरोध करने के लिए नहीं चुनता, बल्कि इसलिए चुनता हूँ क्योंकि उसमें और केवल उसी में, मुझे ऐसा लगता है कि दृष्टि का दूसरा प्रिज्म पूर्ण पारदर्शिता की स्थिति में रहता है।"

जहाँ तक औरत को केवल एक मानव प्राणी के बराबर माना जाता है, वह इस नष्ट होती दुनिया को बचाने में पुरुष मानव प्राणियों जितनी ही अक्षम होगी; यह स्त्रीत्व ही है जो सभ्यता में उस अन्य तत्त्व का परिचय कराता है जो जीवन और कविता का सत्य है और जो अकेले ही मानवता का उद्धार कर सकता है।

ब्रतों का दृष्टिकोण विशेष रूप से काव्यात्मक होने के कारण, यह विशेष रूप से कविता के रूप में है, इसलिए अन्य के रूप में, स्त्री की परिकल्पना वहाँ की गयी है। जहाँ तक कोई अपने भाग्य के बारे में सोचता है, तो उत्तर पारस्परिक प्रेम के आदर्श में निहित होगा। उसके पास प्रेम के अलावा कोई अन्य व्यवसाय नहीं है; इससे कोई हीनता नहीं बनती क्योंकि मनुष्य का व्यवसाय भी प्रेम है। हालाँकि, हम जानना चाहेंगे कि क्या उसके लिए भी प्यार दुनिया की कुंजी है, सुन्दरता का रहस्योद्घाटन है; क्या उसे यह सुन्दरता अपने प्रेमी में मिलेगी? या उसकी अपनी छवि में? क्या वह उस काव्यात्मक गतिविधि में सक्षम होगी जो एक संवेदनशील प्राणी के माध्यम से कविता को साकार करती है : या क्या वह ख़ुद को अपने पुरुष के काम को मंजूरी देने तक ही सीमित रखेगी? यह अपने आप में कविता है, तुरन्त, यानी मनुष्य के लिए; हमें यह नहीं बताया जाता कि क्या यह स्वयं के लिए भी है।

ब्रतों स्त्री को विषय के रूप में नहीं बोलते हैं। वह कभी भी बुरी औरत की छवि नहीं गढ़ते। अपने सभी कार्यों में — कुछ घोषणापत्रों और पैम्फलेटों के बावजूद, जिसमें वह मनुष्यों के झुण्ड को दोषी ठहराता है — वह दुनिया के सतही प्रतिरोधों को सूचीबद्ध करने का नहीं बल्कि गुप्त सत्य को उजागर करने का प्रयास करता है : स्त्रियाँ केवल उसमें रुचि रखती हैं क्योंकि यह एक विशेषाधिकार प्राप्त 'मुँह' है।" प्रकृति में गहराई से निहित, पृथ्वी के बहुत क़रीब, यह परे की कुंजी के रूप में भी प्रकट होता है। ब्रतों में वही गूढ़ प्रकृतिवाद है जो रहस्यवाद में है, जिन्होंने सोफिया में मुक्ति और यहाँ तक कि सृजन का सिद्धान्त देखा था, जैसे दान्ते में बीट्राइस को एक मार्गदर्शक के रूप में चुनना और पेट्रार्क में लौरा के प्यार से प्रकाशित होना। और यही कारण है कि प्रकृति में सबसे अधिक निहित होना, पृथ्वी के सबसे निकट होना भी परे की कुंजी है। सत्य, सौन्दर्य, कविता, यह सब कुछ है : एक बार फिर दूसरे के सामने सब कुछ, स्वयं को छोड़कर सब कुछ।

आवेगमय क्षणों की चरम स्थिति में प्रकट होता है। यह केवल प्रेम है जहाँ अस्तित्व और उसका सारतत्त्व एकमेव रूप से अनुभूत होता है। "यह अनुभव पुनः सारे जगत् में व्याप्त होता है। स्त्री के सौन्दर्य का यह आयाम वास्तव में प्रकृति का अनिवार्य सारतत्त्व है। स्त्री पुरुष में जिस प्रेम को जगाती है, उसी के माध्यम से पुरुष मुक्ति प्राप्त करता है। ब्रेतों लिखते हैं, वह समय आ गया है कि स्त्री अपने आदर्शों को पुरुष पर आरोपित करे क्योंकि आज पुरुष अपना सर्वस्व खो चुका है। स्त्री ही पुरुष को उसका वास्तविक स्वरूप पुनः प्रदान कर सकती है। उसे अपनी सही भूमिका समझनी होगी। उसे अपने को नर्क से निष्कासित करना होगा जिसमें पुरुष ने उसको क़ैद कर रखा है।" यह सही भूमिका कौन-सी है? ब्रेतों कहते हैं, "शमन की शान्ति की भूमिका।" यदि आज स्त्री असन्तुलित एवं संगीत दिखती है तो इसका कारण है पुरुष का अत्याचार, जो वह सदियों से उस पर ढहाता आया है। स्त्री इससे उबर सकती है। उसमें आन्तरिक ताक़त है क्योंकि उसकी जड़ें गहरी हैं, जीवन स्रोत में आत्मा तक धँसी हुई। जीवन-शक्ति को वापस कैसे पाया जाये, इसका रहस्य पुरुष खो चुका है। उसने अधैर्य एवं डाह से स्त्री को उसकी गरिमा से पदच्युत किया। समय आ गया है कि स्त्री विद्रोह करे। समाज और संस्कृति बड़े व्यवस्थित रूप से इस शिशु बालिका को धीरे-धीरे विकसित करें, परिपक्व करें किन्तु यहाँ ब्रेतों ने बालिका शब्द का व्यवहार क्यों किया? ब्रेतों व्याख्या करते हैं, "मैंने बालिका

शब्द इसलिए प्रयुक्त किया कि केवल बालिका में ही हम उस पारदर्शी पवित्रता को पा सकते हैं जिसकी तलाश हम युगों से करते रहे हैं।"

V स्तौन्दाल अथवा सत्य का रोमांस

यदि समकालीन युग को छोड़कर, मैं वापस स्तौन्दाल के पास लौटना चाहती हूँ, तो ऐसा इसलिए है क्योंकि इस आनन्दोत्सव में जहाँ स्त्री बारी-बारी से अपना रूप बदलती है : कभी अप्सरा, कभी स्वर्ग का तारा, मत्स्यांगना, तब एक ऐसे व्यक्ति के पास जाना सुकून देता है जो हाड़-मांस से बनी हुई मानव-स्त्री का सृजक है।

स्तौन्दाल को बचपन से ही स्त्रियों से रागात्मक प्रेम था; किशोरावस्था में अपनी कपोलकल्पना में वे स्वयं को किसी ख़ूबसूरत अजनबी लड़की को ख़तरों से बचाते हुए देखते थे और बदले में उन्हें उसका प्यार मिल जाता था। पेरिस पहुँचने पर, उनका सबसे बड़ा अरमान था "एक सुन्दर-सी युवती से मुलाकात; हम एक-दूसरे को पूजेंगे, वह मेरे मन और मेरी आत्मा को जान लेगी"... उम्र बढ़ने पर, वे धूल में उन औरतों के नाम के आद्याक्षर लिखते थे जो उन्हें सबसे ज़्यादा प्रिय थीं। वह हमसे कहते हैं, "मुझे लगता है कि दिन में सपने देखना मुझे किसी भी और काम से ज़्यादा अच्छा लगता था।" इन दिवास्वप्नों को अलंकृत करने में स्त्रियों की छवियाँ सहायक रहीं; उनकी स्मृति परिदृश्यों को सजीव कर देती है। आर्ब्वा के नज़दीक पहुँचने पर या दोल से राजमार्ग से निकलते वक़्त, चट्टानों की शृंखला मेरे लिए मेतील्द की आत्मा की एक संवेदनशील और स्पष्ट छवि थी। संगीत, चित्रकारी, वास्तु-कला, वह सब कुछ जिसे वह सँजोते थे, एक दुखी प्रेमी की आत्मा के साथ सँजोते थे; या कि वह रोम की सैर कर रहे हों, हरेक पन्ने पर एक स्त्री उभर आती है; उन पछतावों, इच्छाओं, दुखों, ख़ुशियों में जो उन्होंने उसमें जगाए थे, उन्हें अपने मन के झुकाव का भान हुआ; ये वही थीं जिन्हें वह निर्णायक के रूप में चाहते थे। वे उनकी संगोष्ठियों में अक्सर जाया करते थे, उनकी नज़रों में स्वयं को सर्वगुण सम्पन्न दिखाना चाहते थे; उनकी सबसे बड़ी ख़ुशी, सबसे बड़ा दुःख उन्हीं के कारण था, स्त्रियाँ ही उनकी प्रमुख उपजीविका रहीं; वे उनके प्रेम को हर किस्म की मित्रता से ज़्यादा तरजीह देते थे, पुरुषों की मित्रता के बजाय उनकी मित्रता उन्हें मंज़ूर थी; उनकी पुस्तकों की प्रेरणा स्त्रियाँ रही हैं, स्त्रियों के चरित्र से उनकी रचनाएँ आबाद रहीं; वे मुख्यतः उन्हीं के लिए लिखते हैं। "मैं भाग्यशाली हूँ कि उन्नीसवीं सदी में मेरी रचनाएँ उन प्राणियों द्वारा पढ़ी गयीं जिनसे मुझे प्रेम है, मादाम रोलौं एवं

मादाम मेलानी गीबेर्र जैसी बहुत सारी औरतों द्वारा..." वे उनके जीवन का सार थीं। कहाँ से और कैसे स्त्रियों को ये सौभाग्य मिला?

स्त्रियों का यह स्नेही मित्र, और ठीक इसलिए क्योंकि वह उनसे उनकी सच्चाई में प्यार करता है, स्त्री रहस्य में विश्वास नहीं करता है; कोई भी सार स्त्री को हमेशा के लिए परिभाषित नहीं करता; शाश्वत नारीत्व जैसी पारम्परिक अवधारणा को वे पुरजोर शब्दों में नकारते हैं, ये विचार उन्हें हास्यास्पद लगते हैं। "पण्डित लोग हमें दो हज़ार वर्षों से बताते आ रहे हैं कि स्त्रियों की बुद्धि तेज़ होती है और पुरुषों की बुद्धि अधिक मजबूत होती है; कि स्त्रियों के विचारों में अधिक परिष्कार होता है और पुरुषों में ध्यान आकर्षित करने की शक्ति अधिक होती है।" पेरिस का एक प्रेक्षक, जो एक बार वेर्साई के बग़ीचों में घूम रहा था, उसने जो कुछ भी देखा, उससे यह निष्कर्ष निकला कि पेड़ तराशे हुए उत्पन्न होते हैं। पुरुषों और स्त्रियों के बीच देखा गया अन्तर उनकी स्थिति को दर्शाता है। उदाहरण के लिए, स्त्रियाँ अपने प्रेमियों से अधिक रोमांटिक कैसे नहीं हो सकतीं? "अपने कढ़ाई के करघे पर बैठी एक औरत, एक नीरस काम जो केवल हाथों तक ही सीमित है, अपने प्रेमी के बारे में सोचती है, जबकि प्रेमी पुरुष अपनी सेना की टुकड़ी के साथ मैदान में सरपट दौड़ रहा है, अगर वह ग़लत क़दम उठाता है तो उसे गिरफ़्तार कर लिया जाता है।" इसी तरह, स्त्रियों पर सामान्य ज्ञान की कमी का आरोप लगाया जाता है। "औरतें तर्क के बजाय भावनाओं को प्राथमिकता देती हैं; यह बिल्कुल सरल है: चूँकि हमारे सामान्य रीति-रिवाज़ों के कारण उन्हें किसी भी तरह के पारिवारिक मामले का ज़िम्मा नहीं दिया जाता, इसलिए तर्क उनके लिए कभी उपयोगी नहीं होता... आपके खेतों को जोतने वाले दो किसानों का हिसाब-किताब करने का ज़िम्मा अपनी पत्नी को दें, मैं शर्त लगाता हूँ उसी बहीखाते को आप बेहतर तरीक़े से रखेंगे। अगर हमें इतिहास में इतनी कम औरतें प्रतिभासम्पन्न मिलती हैं, तो इसका कारण यह है कि समाज उन्हें ख़ुद को अभिव्यक्त करने के किसी भी साधन से वंचित करता है। स्त्रियों के रूप में जन्म लेने वाली सारी प्रतिभाएँ[108] लोगों की ख़ुशी के लिए खो जाती हैं; जैसे ही क़िस्मत उन्हें स्वयं को सिद्ध करने का मौक़ा देती है, आप देखिए कैसे वे सबसे दुष्कर कार्यों में अपना कौशल सिद्ध करती हैं।" सबसे बुरी बाधा जिसका वे सामना करती हैं, वह है शिक्षा, जिससे वंचित रखकर उनकी बुद्धि को शिथिल रखा जाता है; ज़ुल्म करने वाला हमेशा उन लोगों को कमतर करना चाहता है जिन पर वह ज़ुल्म करता है; पुरुष जान-बूझकर औरतों को उनके अवसरों से वंचित करता है। "हम उनके सबसे शानदार गुण और सबसे क़ीमती ख़ुशियों को व्यर्थ गँवा देते हैं।"

दस साल की उम्र में, छोटी लड़की अपने भाई की तुलना में अधिक जीवन्त और निपुण होती है; बीस साल की उम्र में नटखट बालक एक बुद्धिमान युवक हो जाता और युवती "एक अनाड़ी महाबेवकूफ़, शर्मीली, जो मकड़ी से डरती है"; दोष उसकी शिक्षा-दीक्षा में है। लड़कियों को भी लड़कों के समान ही शिक्षा दी जानी चाहिए। नारी-विरोधी इस बात पर आपत्ति करते हैं कि सुसंस्कृत और बुद्धिमान औरतें निर्दयी, निर्मोही होती हैं : सारा नुक़सान इस तथ्य से होता है कि वे अभी भी असाधारण बनी हुई हैं; यदि वे सभी पुरुषों की तरह स्वाभाविक रूप से शिक्षा-संस्कृति प्राप्त कर सकें, तो वे भी उसी स्वाभाविकता के साथ इसका भरपूर आनन्द उठा सकेंगी। उन्हें पंगु बना देने के बाद, उन्हें अप्राकृतिक नियमों का ग़ुलाम बना दिया जाता है। उनकी मर्ज़ी के ख़िलाफ़ उनकी शादी कर दी जाती है और उनसे वफ़ादार बने रहने की उम्मीद की जाती है और यहाँ तक कि तलाक़ को भी उनके लिए दुराचार माना जाता है। अधिकांश स्त्रियाँ आलसीपन की भेंट चढ़ा दी जाती हैं, जबकि काम करने में जो ख़ुशी है वो कमा कर दिये गये पैसों से जीवन बसर करने में नहीं है। स्त्रियों की ऐसी अवस्था स्तौन्दाल को क्षुब्ध करती है और वे इसी में उन सभी बुराइयों की जड़ देखते हैं जिनके लिए औरतों को अपमानित किया जाता है। वे न तो परियाँ हैं, न दानवी, न ही स्फिंक्स : वे मानव प्राणी हैं जिनकी मूर्खता ने उन्हें आधी ग़ुलामी में बदल दिया है।

यह ऐसा इसलिए है क्योंकि वे उत्पीड़ित हैं, उनमें से सर्वश्रेष्ठ उन दोषों से रक्षा करेंगे जो उनके उत्पीड़कों को बदसूरत बनाते हैं; वे अपने आप में पुरुष से कम हैं और न ही श्रेष्ठ हैं, लेकिन एक विचित्र उलटफेर से उनकी दुर्भाग्यपूर्ण स्थिति उनका पक्ष लेती है। हम जानते हैं कि स्तौन्दाल को कर्तव्यनिष्ठता की भावना से कितनी नफ़रत है। पैसा, सम्मान, पद, शक्ति, उसे सबसे दुखद प्रतिमान लगते हैं; पुरुषों का विशाल बहुमत अपने लाभ के लिए ख़ुद को अलग कर लेता है; पाण्डित्यपूर्ण, महत्त्वपूर्ण, बुर्जुआ, पति उनमें जीवन और सच्चाई की हर चिंगारी को दबा देता है; तैयार विचारों, सीखी हुई भावनाओं से भरे हुए, सामाजिक दिनचर्या का पालन करने वाले, उनके चरित्र में केवल ख़ालीपन का वास होता है; इन निर्जीव प्राणियों से आबाद दुनिया बोरियत की बंजर भूमि है। दुर्भाग्य से, इन अन्धकारमय दलदलों में कई औरतें घुट रही हैं; वे "संकीर्ण और पेरिसियन विचारों" वाली कठपुतली हैं या पाखण्डी भक्तिन; स्तौन्दाल को "शालीन स्त्रियों और इस शालीनता को बनाये रखने के लिए आवश्यक पाखण्ड से घोर घृणा" का अनुभव होता है; वे अपने तुच्छ कार्यों में वही गम्भीरता लाती हैं जो उनके पतियों को और उँचा

उठाती है; शिक्षा से मूर्ख, ईर्ष्यालु, व्यर्थ, बातूनी, आलस्य से दुष्ट, ठण्डी, शुष्क, दिखावटी, शरारती, वे पेरिस और प्रान्तों को आबाद करती हैं; हम उन्हें मादाम द रेनाल, मादाम द शास्तले की महान् शख़्सियतों के पीछे झुण्ड में घूमते हुए देखते हैं। स्तौन्दाल ने जिस व्यक्ति का सबसे घृणित चित्रण किया, वह निस्सन्देह मादाम ग्रांडे का था, जो किसी मादाम रोलौं किसी मातील्द का बिल्कुल विपरीत एक नकारात्मक चित्रण था। सुन्दर, लेकिन भावहीन, तिरस्कारपूर्ण और आकर्षण से रहित, वह अपनी 'प्रख्यात नैतिकता' से भयभीत करती है लेकिन आत्मा से आने वाली सच्ची विनम्रता को नहीं जानती; आत्म-प्रशंसा से भरपूर, अपने व्यक्तित्व से ओत-प्रोत, वह केवल बाहरी भव्यता की नकल करना जानती है; गहराई में वह अश्लील और घटिया है; "उसका कोई चरित्र नहीं है... वह मुझे उबाती रहती है," मुन्स्युर ल्यूवेन सोचते हैं। "यथोचित, अपनी परियोजनाओं की सफलता से चिन्तित", उनकी पूरी महत्त्वाकांक्षा अपने पति को मंत्री बनाने की थी; "उसका मन शुष्क था"; विवेकपूर्ण, अनुरूपवादी, वह हमेशा प्यार से बचती रही है, वह उदार होने में असमर्थ है; जब जुनून इस शुष्क आत्मा में प्रवेश करता है, तो इसे प्रज्वलित किये बिना झुलसा देता है।

स्तौन्दाल स्त्रियों से क्या चाहते हैं, यह जानने के लिए आपको केवल इस छवि को उलटना होगा। सबसे पहले यह है कि ख़ुद को कर्तव्यनिष्ठता के जाल में न फँसने दें; क्योंकि कथित रूप से महत्त्वपूर्ण चीज़ें उनकी पहुँच से परे हैं, इसलिए पुरुषों की तुलना में उनसे अलग होने की सम्भावना कम है; वे उस स्वाभाविकता, उस भोलेपन, उस उदारता को संरक्षित करने की अधिक सम्भावना रखती हैं जिसे स्तौन्दाल किसी भी अन्य योग्यता से ऊपर रखते हैं; उन्होंने उनमें जो रुचि ली है उसे हम आज उनकी प्रामाणिकता कहेंगे। यह उन सभी स्त्रियों में सामान्य गुण है जिनसे वे प्रेम करते थे या प्रेमवश जिनका सृजन किया था; वे सभी स्त्रियाँ स्वतन्त्र और सच्ची प्राणी हैं। उनकी स्वतन्त्रता कुछ आश्चर्यजनक ढंग से प्रदर्शित होती है। एंजेला पिएट्रागुआ, "उत्कृष्ट तवायफ़, इटालियन अंदाज़ की, आ ला ल्यूक्रेस बोर्गिया" या "मादाम अज़ूर,... सबसे कम विनम्र फ्रांसीसी स्त्रियों में से एक जिनसे मैं मिली हूँ" खुले तौर पर नैतिकता की आलोचना करती हैं। लैमियल सम्मेलनों, रीति-रिवाज़ों, क़ानूनों पर हँसता है; सैन्सेवेरिना उत्साह के साथ ख़ुद को साज़िशों में झोंक देती है और अपराध से पीछे नहीं हटती। यह उनकी भावना की शक्ति है कि अन्य लोग अश्लीलता से ऊपर उठते हैं : मौन्ता की तरह, मातील्द द ला मोल की तरह जो अपने आसपास के समाज की आलोचना करती है, निन्दा करती है, उसका तिरस्कार

करती है और ख़ुद को इससे अलग करना चाहती है। अन्य लोगों में, स्वतन्त्रता का पूर्णतया नकारात्मक पहलू है; मादाम द शास्तले के बारे में उल्लेखनीय है कि वह उन सभी चीज़ों के प्रति उदासीन है जो गौण हैं; अपने पिता की इच्छाओं और यहाँ तक कि उनकी राय के प्रति समर्पण करते हुए, वह फिर भी इस उदासीनता के माध्यम से बुर्जुआ मूल्यों का विरोध करती है, जिसे उसके लिए बचकानापन कहकर अपमानित किया जाता है और जो उसके उच्छृंखल उल्लास बेफ़िक्र ख़ुशी का स्रोत है; क्लेलिया कोंटी की विशिष्टता उसके आत्मसंयम के कारण है; नृत्योत्सव, युवतियों के मामूली मनोरंजन उसे तटस्थ कर देते हैं; वह हमेशा उदासीन दिखती है "या तो उसके चारों ओर जो कुछ भी है उसके लिए अवमानना के कारण, या किसी अदृश्य कल्पना के लिए अफ़सोस के कारण"; वह दुनिया का आकलन करती है, उसके छोटेपन से क्षुब्ध होती है। वहीं मादाम द रेनाल है जिसकी आत्मा की स्वतन्त्रता गहराई में छिपी हुई है; वह स्वयं नहीं जानती कि उसने अपने भाग्य से समझौता नहीं किया है; यह उसकी अत्यधिक विनम्रता, उसकी संवेदनशीलता है जो उसके आस-पास के लोगों की अश्लीलता के प्रति उसकी नापसन्दगी को दर्शाती है; यह पाखण्ड रहित है; उसने एक उदार हृदय रखा है, जो हिंसक भावनाओं में सक्षम है, और उसे खुशी का एहसास है; वो आग जो उसके भीतर सुलग रही है, उसकी गर्मी को बाहर से शायद ही महसूस किया जा सके, लेकिन उसे पूरी तरह से जलाने के लिए एक साँस ही काफ़ी होगी। ये स्त्रियाँ तो बस जीवित हैं; वे जानती हैं कि सच्चे मूल्यों का स्रोत बाहरी चीज़ों में नहीं, बल्कि मन में है; यही वह चीज़ है जो उस दुनिया को इतना आकर्षक बनाती है जिसमें वे रहती हैं। वे इसके उबाऊपन को केवल इस तथ्य से दूर कर देती हैं कि वे अपने सपनों, अपनी इच्छाओं, अपने सुखों, अपनी भावनाओं, अपनी उपलब्धियों के साथ वहाँ मौजूद हैं। सैन्सेवेरिना, यह "सक्रिय प्राणी", मृत्यु से अधिक ऊबने से डरती है। उबाऊपन में जकड़े रहना "ख़ुद को मरने से रोकना है, उसने कहा, यह जीना नहीं है"; वह "हमेशा किसी न किसी चीज़ को लेकर भावुक रहती है, हमेशा सक्रिय रहती है और ख़ुश भी रहती है"। अचेतन, बचकाना या गहरा, प्रसन्न या गम्भीर, धृष्ट या गुप्त, सभी उस घोर निद्रा से इनकार करती हैं जिसमें मानवता डूबी हुई है। और ये स्त्रियाँ जो शून्यता में अपनी स्वतन्त्रता को संरक्षित करना जानती थीं, जैसे ही उन्हें अपने योग्य वस्तु का सामना करना पड़ेगा, वे जुनून से वीरता के बिन्दु तक बढ़ जायेंगी; उनकी दृढ़ता, उनकी ऊर्जा समग्र प्रतिबद्धता की उग्र पवित्रता को दर्शाती है।

लेकिन केवल स्वतन्त्रता उन्हें इतने सारे रूमानी आकर्षण प्रदान करने के लिए पर्याप्त नहीं होगी। शुद्ध स्वतन्त्रता सम्मान में पहचानी जाती है, लेकिन भावना में नहीं; जो बात मार्मिक है वह उन बाधाओं के माध्यम से ख़ुद को पूरा करने का उनका प्रयास है जो उन्हें निराश करती हैं; औरतों के मामले में यह और भी अधिक दयनीय है क्योंकि संघर्ष अधिक कठिन है। बाहरी बाधाओं पर मिली जीत स्तौन्दाल को मन्त्रमुग्ध करने के लिए पहले से ही पर्याप्त है; Chroniques italiennes में वह अपनी नायिकाओं को कॉन्वेंट में बन्द कर देते हैं, वह उन्हें एक ईर्ष्यालु पति के महल में क़ैद कर देते हैं। उन्हें अपने प्रेमियों को फिर से मिलाने के लिए एक हज़ार तरकीबें ईजाद करनी पड़ती हैं; छिपे हुए दरवाज़े, रस्सी की सीढ़ी, ख़ूनी सन्दूक, अपहरण, ज़ब्ती, हत्याएँ, जुनून और अवज्ञा का आवेग एक सरलता से परोसा जाता है जहाँ दिमाग़ के सभी संसाधन तैनात होते हैं; मौत, धमकी भरी यातनाएँ उन उन्मादी आत्माओं के दुस्साहस को और भी अधिक चमक देती हैं जिनका वह हमारे लिए चित्रण करते हैं। यहाँ तक कि अपने अधिक परिपक्व कार्यों में भी स्तौन्दाल इस स्पष्ट रोमांस के प्रति संवेदनशील बने हुए हैं। वह उस व्यक्ति का प्रकट रूप है जो दिल से काम लेता है; उन्हें अलग नहीं किया जा सकता, जैसे मुख को उसकी मुस्कान से अलग नहीं किया जा सकता। क्लेलिया ने वर्णमाला का आविष्कार करके नये सिरे से प्रेम का आविष्कार किया जो उसे फ़ाबरिस के साथ पत्र-व्यवहार करने में सक्षम बनाता है; सैन्सेवेरिना का वर्णन हमें "सदैव एक ईमानदार आत्मा के रूप में किया जाता है जो कभी भी विवेक के साथ कार्य नहीं करती है, जो पूरी तरह से क्षण की छाप के सामने आत्मसमर्पण कर देती है"; यह तब होता है जब वह साज़िश रचती है, जब वह राजकुमार को ज़हर देती है और जब वह पर्मा में बाढ़ लाती है तो यह आत्मा ख़ुद को हमारे सामने प्रकट करती है। यह उस उदात्त और पागल आवरण के अलावा और कुछ नहीं है जिसे उसने जीने के लिए चुना है। माटिल्ड द मोल जिस सीढ़ी पर अपनी खिड़की के सामने झुकती है, वह नाटकीय उपसाधन से काफ़ी अलग है। यह मूर्त रूप में उसकी गर्वित अविवेक, असाधारण के लिए उसकी रुचि, उसका उत्तेजक साहस है। इन आत्माओं के गुण प्रकट नहीं होते अगर वे दुश्मनों से घिरे नहीं होते : जेल की दीवारें, एक राजा का संकल्प, एक परिवार की सख़्ती।

हालाँकि, सबसे कठिन बाधाओं को दूर करना वे हैं जिनका सामना प्रत्येक व्यक्ति अपने भीतर करता है, तब स्वतन्त्रता का साहसिक कार्य सबसे अनिश्चित,

सबसे मार्मिक, सबसे तीखा होता है। यह स्पष्ट है कि स्तौन्दाल की अपनी नायिकाओं के प्रति सहानुभूति इसलिए भी अधिक है कि वे पूरी तरह से बन्दिनी हैं।

VI

इन उदाहरणों से हम देखते हैं कि प्रत्येक लेखक में महान् सामूहिक मिथक परिलक्षित होते हैं : स्त्री हमें देह के रूप में दिखाई देती है; नर का देह मातृ गर्भ से उत्पन्न होता है और प्रेमिका के आलिंगन में पुन: निर्मित होता है; इस प्रकार, स्त्री प्रकृति के समान है, वह उसे मूर्त रूप देती है। पशु, रक्त की छोटी घाटी, खिलता गुलाब, जलपरी, एक पहाड़ी की वक्र, वह आदमी को धरण, रस, मूर्त सौन्दर्य और दुनिया की आत्मा; वह कविता की कुंजी पकड़ सकती है; वह इस दुनिया और उससे परे के बीच मध्यस्थ हो सकती है : वह सर्वनाश के लिए नियत है; और अपनी निष्क्रियता के माध्यम से वह शान्ति और सद्भाव स्थापित करती है। लेकिन अगर वह इस भूमिका से इनकार करती है, तो वह एक प्रेयिंग मैन्टिस, एक राक्षसी बन जाती है। किसी भी मामले में, वह विशेषाधिकार प्राप्त अन्य के रूप में प्रकट होती है जिसके माध्यम से कर्ता स्वयं को पूर्ण करता है।

लेकिन ये मिथक प्रत्येक व्यक्ति के लिए अलग-अलग तरीक़े से रचे गये हैं। अन्य को विलक्षण तरीक़े से परिभाषित किया जाता है, जिसे कोई स्वयं को प्रस्तुत करने के लिए चुनता है। प्रत्येक व्यक्ति अपनी स्वतन्त्रता और श्रेष्ठता का दावा करता है लेकिन सभी इन शब्दों को समान अर्थ नहीं देते हैं। मोंतेरलौं के लिए, अतिक्रमण एक अवस्था है : वह उत्कृष्ट है, वह नायकों के आकाश में मँडराता है; औरत उसके अपने पाँवों तले ज़मीन पर पड़ी है; वह उस दूरी को मापना पसन्द करता है जो उसे उससे अलग करती है; समय-समय पर, वह उसे अपने पास उठाता है, उसका भोग करता है और फिर उसे अस्वीकार कर देता है; वह अपने चिपचिपे अँधेरे के क्षेत्र में कभी नहीं रुकता। लॉरेंस लिंग में श्रेष्ठता को स्थापित करता है; स्त्री के कारण ही लिंग जीवन और शक्ति है; इस प्रकार स्थिरता अच्छी और आवश्यक है; झूठा नायक जो देवता होने की बात तो दूर, पृथ्वी को छूने का दिखावा करता है, मनुष्य बनने में भी कामयाब नहीं हो पाता; स्त्री तुच्छ नहीं है, गर्म पानी का झरना है; लेकिन उसे सभी व्यक्तिगत अतिक्रमण को त्यागना होगा और अपने आपको अपने पुरुष के पोषण तक सीमित रखना होगा। क्लोदेल द्वारा उनसे उसी समर्पण की माँग की गयी है : उनके लिए, स्त्री वह है जो जीवन को बनाये रखती है जबकि पुरुष

अपनी क्रियाशीलता से इसकी गति को बढ़ाता है; लेकिन कैथोलिकों के लिए पृथ्वी पर होने वाली हर चीज़ व्यर्थ में डूबी हुई है। एकमात्र उत्कृष्ट ईश्वर है; परमेश्वर की दृष्टि में सक्रिय पुरुष और उसकी सेवा करने वाली स्त्री बिल्कुल समान हैं; हर एक को अपनी सांसारिक स्थिति से ऊपर उठना होगा। मोक्ष किसी भी स्थिति में एक स्वायत्त उपक्रम है। ब्रतों के लिए यौन पदानुक्रम उलटा है; क्रिया और सचेत विचार जिसमें पुरुष अपनी श्रेष्ठता को स्थापित करता है, उनके लिए एक तुच्छ रहस्य है जो युद्ध, मूर्खता, नौकरशाही और मानव की उपेक्षा को जन्म देता है; यह सर्वव्यापकता है, यथार्थ की शुद्ध अपारदर्शी उपस्थिति ही सत्य है; सच्चा अतिक्रमण अन्तर्मन की ओर लौटने से पूरा होगा। उनका रवैया मोंतेरलौं के बिल्कुल विपरीत है। मोंतेरलौं को युद्ध पसन्द है क्योंकि यह औरतों से छुटकारा दिलाता है, ब्रतों स्त्रियों को पूजते हैं क्योंकि वे शान्ति लाती हैं; एक व्यक्ति मन और आत्मपरकता को भ्रमित करता है, वह दिये गये ब्रह्माण्ड को अस्वीकार करता है; दूसरा सोचता है कि आत्मा वस्तुनिष्ठ रूप से दुनिया के केन्द्र में मौजूद है; स्त्री मोंतेरलौं से समझौता करती है क्योंकि वह उसके एकान्त को चकनाचूर कर देती है; ब्रतों के लिए यह एक रहस्योद्घाटन है क्योंकि वह उसे व्यक्तिपरकता से दूर करती है। जहाँ तक स्तौन्दाल का सवाल है, हमने देखा है कि स्त्री शायद ही कोई पौराणिक मूल्य रखती है। वह उसे एक पराकाष्ठा उत्कृष्टता मानते हैं; इस मानवतावादी के लिए, उनके पारस्परिक सम्बन्धों में ही स्वतन्त्रता प्राप्त होती है; और यह उनके लिए पर्याप्त है कि दूसरे जीवन के लिए बस एक और है, उनके अनुसार, 'मसालेदार नमक'; वह 'एक तारकीय सन्तुलन' की तलाश नहीं करते हैं, वह घृणा की रोटी नहीं खाते हैं; वह चमत्कार की अपेक्षा नहीं करते; वह ख़ुद को ब्रह्माण्ड या कविता से नहीं बल्कि स्वतन्त्रता से जोड़ना चाहते हैं।

ऐसा इसलिए है क्योंकि वह ख़ुद को एक पारभासी स्वतन्त्रता के रूप में भी अनुभव करता है। अन्य — और यह सबसे महत्त्वपूर्ण बिन्दुओं में से एक है — स्वयं को पारगमन के रूप में प्रस्तुत करते हैं लेकिन महसूस करते हैं कि अन्तर्मन में कहीं एक अपारदर्शी उपस्थिति के क़ैदी हैं : वे इस 'रात के अटूट कोर' को स्त्री पर प्रोजेक्ट करते हैं। मोंतेरलौं में एक एडलरियन कॉम्प्लेक्स है जहाँ भारी बुरा विश्वास पैदा होता है। ये ढोंग और भय वे हैं जो वह स्त्री में अवतार लेते हैं; वे स्त्री के प्रति जो घृणा महसूस करते हैं, वह वही है जो वह अपने लिए महसूस करने से डरते हैं; वह अपनी ख़ुद की अपर्याप्तता के हर सम्भव सबूत को रौंदने का इरादा रखते हैं; वह तिरस्कारपूर्वक उसे बचाने के लिए कहते हैं; स्त्री वह खाई है

जिसमें सारी राक्षसी शक्तियों का वास होता है।[109] लॉरेंस का जीवन हमें दिखाता है कि वह एक समान जटिल लेकिन अधिक विशुद्ध रूप से यौन से पीड़ित था। उनके काम में स्त्री का प्रतिपूरक मिथक का मूल्य है; इसके द्वारा एक ऐसे पौरुष को ऊँचा किया जाता है जिसके बारे में लेखक बहुत निश्चित नहीं था; जब वह डॉन सिप्रियानो के चरणों में केट का वर्णन करता है, तो उसका मानना है कि उसने फ्रीडा पर एक पुरुष विजय प्राप्त की है; न ही वह यह स्वीकार करता है कि उसकी स्त्री साथी उसे चुनौती देती है। यदि उसने अपने लक्ष्यों का मुकाबला किया, तो वह शायद उन पर विश्वास खो देगी; उसकी भूमिका उसे आश्वस्त करने की है। वह उससे शान्ति, आराम और विश्वास माँगता है, ठीक उसी तरह जैसे मोंतेरलौं अपनी श्रेष्ठता की निश्चितता माँगता है। वे माँग करते हैं कि उनके पास क्या कमी है। क्लोदेल में आत्मविश्वास की कमी नहीं है। अगर वह डरपोक है, तो यह केवल ईश्वर का रहस्य है। इस प्रकार, लिंगों की लड़ाई का कोई निशान नहीं है। पुरुष बहादुरी से स्त्री का भार उठाता है : वह प्रलोभन या मोक्ष की सम्भावना है। ब्रतों के लिए ऐसा लगता है कि मनुष्य केवल उस रहस्य के माध्यम से सत्य है जो उसमें रहता है; यह उसे प्रसन्न करता है कि नादजा उस तारे को देखती है जिसकी ओर वह जा रहा है और वह 'एक हृदयहीन फूल' जैसा है; उसके सपने, अन्तर्ज्ञान, और उसकी आन्तरिक भाषा का सहज प्रकटीकरण : यह इन गतिविधियों में है जो इच्छा और कारण के नियन्त्रण से बाहर हैं कि वह ख़ुद को पहचानता है : स्त्री इस छिपी हुई उपस्थिति की मूर्त आकृति है जो उसके चेतन व्यक्तित्व की तुलना में असीम रूप से अधिक आवश्यक है।

स्तौन्दाल के रूप में, वह चुपचाप ख़ुद के साथ मेल खाता है; लेकिन उसे उसके जैसी स्त्री की ज़रूरत है ताकि उसका बिखरा हुआ अस्तित्व एक आकृति और नियति की एकता में एक साथ आ सके; यह दूसरी बात है कि मनुष्य अस्तित्व तक पहुँचता है; लेकिन दूसरे को अभी भी उसे अपनी चेतना उधार देनी है : अन्य पुरुष अपने साथियों के प्रति बहुत उदासीन हैं; केवल प्यार में डूबी स्त्री ही अपने प्रेमी के लिए अपना दिल खोलती है और उसे पूरी तरह से आश्रय देती है। हमने जिन सभी लेखकों पर विचार किया है, क्लोदेल को छोड़कर, जो ईश्वर में एक पूर्ण गवाह पाता है, सभी लेखकों ने मालराक्स के शब्दों में, उम्मीद की है कि स्त्रियाँ इस 'अतुलनीय राक्षस' को अकेले ख़ुद के लिए जानी जाती हैं। सहयोग या संघर्ष में पुरुष अपनी व्यापकता में एक-दूसरे के ख़िलाफ़ आ जाते हैं। मोंतेरलौं अपने साथियों के लिए एक लेखक, लॉरेंस एक सिद्धान्तवादी सिद्धान्तकार, ब्रतों एक स्कूल प्रमुख,

स्तौन्दाल एक राजनयिक या बुद्धि का व्यक्ति है; यह स्त्रियाँ हैं जो एक में एक शानदार और क्रूर राजकुमार को प्रकट करती हैं, दूसरे में एक परेशान करने वाला जानवर, फिर भी एक देवता या सूरज या 'काला और ठण्डा' ... जैसे बिजली से मारा गया आदमी, स्फिंक्स[110] के चरणों में पड़ा हुआ, "और दूसरे में एक राजद्रोही, एक आकर्षक, एक प्रेमी।

उनमें से प्रत्येक के लिए, आदर्श स्त्री वह होगी जो सबसे सटीक रूप से अन्य को ख़ुद को प्रकट करने में सक्षम हो। इन सारे लेखकों की दृष्टि से स्त्री की आदर्श भूमिका तो यह हुई कि अन्य होकर वह पुरुष पर आश्रित रहकर पुरुष के वास्तविक स्वरूप से परिचित कराएँ। मोंतेरलौं स्त्री में शुद्ध वहशीपना देखते हैं; लॉरेंस उसे केवल सेक्स का प्रतीक मानते हैं; क्लोदेल उसे प्रभु के पास पहुँचाने वाली आत्मजा मानते हैं; ब्रेतों उसे प्रकृति कहते हैं, वे उसकी मासूमियत का परिचय बालिका कहकर देते हैं; स्तौन्दाल अपनी प्रेमिका को सुसंस्कृत, बुद्धिमान, सहज और स्वच्छन्द चाहते हैं जो भी हो, उनसे आत्म-विस्मरण और प्रेम की अपेक्षा की जाती है। जिस दुनिया को पुरुषों ने बनाया, ये पाँचों लेखक केवल पुरुष के लिए ही आरक्षित रखना चाहते हैं। स्त्री की उपयोगिता पुरुषों के लिए है, चाहे वे किसी भी रूप में उसे रखें। पुरुष अपनी मुक्ति तभी पा सकता है, जब स्त्री उनके लिए बलि का बकरा बनने को तैयार हो। स्त्री यह भूल जाये कि वह एक चेतन-प्राणी है, या उसे भी अपनी शक्ति की ज़रूरत है जो स्त्री पर दया है जब वह पुरुष की भोग्या बनती है, किन्तु बस दया ही आती है। नायक से नायिका इसलिए लगती है कि प्रेम की बाज़ी में वह अपना सर्वस्व बड़ी सहजता से दाँव पर लगा देती है। वह पुरुष नियति में सहायक भूमिका है। वह उसको मुक्ति देती है। पुरुष जानते हैं कि इस श्रद्धा-भक्ति और अनुराग के वे लायक नहीं, फिर भी सहज भाव से मिली हुई भक्ति वे छोड़ें भी क्यों?

मोंतेरलौं उस स्त्री द्वारा स्थानान्तरित होने की सहमति देता है जो उसे अपनी पौरुष शक्ति को मापने में सक्षम बनाती है; लॉरेंस उस स्त्री को एक उत्साही भजन सम्बोधित करता है जो उसके लिए ख़ुद को त्याग देती है; क्लॉडेल जागीरदार, नौकर और समर्पित स्त्री का उत्थान करता है जो ख़ुद को पुरुष के अधीन करके ख़ुद को भगवान के सामने प्रस्तुत करता है; ब्रतों मानवता के उद्धार के लिए स्त्री से अपनी उम्मीदें रखता है क्योंकि वह अपने बच्चे और अपने प्रेमी के लिए सबसे पूर्ण प्रेम करने में सक्षम है; और यहाँ तक कि स्तौन्दाल में भी नायिकाएँ मर्दाना नायकों की तुलना में अधिक गतिशील हैं क्योंकि वे अधिक उग्र हिंसा के साथ अपने जुनून के

आगे ख़ुद को समर्पित कर देती हैं; स्तौन्दाल के उपन्यासों में स्त्रियाँ अक्सर अपने प्रेमियों को बर्बादी, जेल या मौत से बचाती हैं। मोंतेरलाँ और लॉरेंस द्वारा स्त्री भक्ति को एक कर्तव्य के रूप में माँगा गया है; कम अभिमानी क्लोदेल, ब्रतों, स्तौन्दाल उनकी उदार पसन्द के रूप में प्रशंसा करते हैं; वे इसके लायक होने का दावा किये बिना इसे चाहते हैं; लेकिन — आश्चर्यजनक लामील को छोड़कर — उनके सभी कार्यों से पता चलता है कि वे एक स्त्री से उस परोपकारिता की अपेक्षा करते हैं, काम्टे ने स्त्री से यही अपेक्षा तो की थी कि वह अहं को भूले और परोपकार तथा परहित में लगे।

हमें कई और उदाहरण मिल सकते हैं : वे हमेशा एक ही निष्कर्ष पर ले जायेंगे। स्त्री को परिभाषित करने में, प्रत्येक लेखक अपनी सामान्य नैतिकता और स्वयं के बारे में एकमात्र विचार को परिभाषित करता है : यह भी उसमें है कि वह अक्सर दुनिया के अपने दृष्टिकोण और अपने अहंकारी सपनों के बीच की दूरी को पंजीकृत करता है। सम्पूर्ण कार्य में स्त्री तत्त्व की अनुपस्थिति या तुच्छता ही लक्षण है; यह अत्यधिक महत्त्व का है जब यह अन्य के सभी पहलुओं को अपनी समग्रता में समेटता है जैसा कि लॉरेंस में होता है; वह सावधान रहता है अगर स्त्री को दूसरे के रूप में समझा जाता है लेकिन लेखक को उसके जीवन के व्यक्तिगत साहसिक कार्य में दिलचस्पी है, जो कि स्तौन्दाल का मामला है; यह हमारे जैसे काल में महत्त्व खो देता है जिसमें प्रत्येक व्यक्ति की विशेष समस्याएँ द्वितीयक महत्त्व की होती हैं। हालाँकि, अन्य के रूप में स्त्री अभी भी एक भूमिका निभाती है क्योंकि यहाँ तक कि ख़ुद को पार करने के लिए, प्रत्येक पुरुष को अभी भी ख़ुद की चेतना लेने की ज़रूरत है।

सन्दर्भ

1. Sur les femmes.
2. Sur les femmes.
3. Le Songe
4. Sur les femmes.
5. Les Jeunes Filles.
6. पूर्वोक्त।
7. पूर्वोक्त।
8. इस प्रक्रिया को एडलर मनोविकारों की क्लासिक उत्पत्ति मानते हैं। "शक्ति की इच्छा" और "हीन भावना" के बीच विभाजित व्यक्ति समाज और स्वयं के बीच यथासंभव दूरी स्थापित

कर लेता है ताकि उसे वास्तविकता की कसौटी पर खरा न उतरना पड़े। वह जानता है कि यह उस दिखावे को कमजोर कर देगा जिसे वह केवल बुरे विश्वास के साये में ही बनाए रख सकता है।

9. Le Songe.
10. पूर्वोक्त।
11. La Petite Infante de Castille.
12. पूर्वोक्त।
13. Les Jeunes Filles.
14. पूर्वोक्त।
15. पूर्वोक्त।
16. Les Jeunes Filles.
17. La Petite Infante de Castille.
18. पूर्वोक्त, पृष्ठ संख्या
19. Le Solstice de juin, p. 308.
20. पूर्वोक्त।
21. L'Équinoxe de septembre, p. 57.
22. Aux Fontaines du désir.
23. Aux Fontaines du désir.
24. La Possession de soi-même, p. 13.
25. Le Solstice de juin, p. 316.
26. Aux Fontaines du désir.
27. पूर्वोक्त।
28. पूर्वोक्त।
29. Le Solstice de juin, p. 301.
30. "हम एक ऐसे संगठन की मांग करते हैं जिसके पास फ्रांसीसी मानव गुणवत्ता को नुकसान पहुँचाने वाली किसी भी चीज़ को रोकने की विवेकाधीन शक्ति हो। फ्रांसीसी मानव गुणवत्ता के नाम पर एक प्रकार की पूछताछ।" (Le Solstice de juin, p. 270.)
31. Les Jeunes Filles.
32. Le Solstice de juin, p. 211
33. Le Solstice de juin, p. 211.
34. Le Solstice de juin, p. 312.
35. Femmes amoureuses
36. पूर्वोक्त।
37. पूर्वोक्त।
38. Sons and Lovers
39. Women in Love.
40. Lady Chatterley's Lover की प्रस्तावना
41. Fantasia of the Unconscious.

42. Fantasia of the Unconscious
43. पूर्वोक्त।
44. पूर्वोक्त।
45. पूर्वोक्त।
46. Fantasia of the Unconscious
47. Femmes amoureuses.
48. Fantasia of the Unconscious
49. Women in Love.
50. Sons and Lovers
51. The Plumed Serpent.
52. Sons and Lovers के पॉल को छोड़कर, जो सभी में सबसे अधिक जीवन्त है। लेकिन यह एकमात्र उपन्यास है जिसमें पुरुष को दी जाने वाली शिक्षा को दर्शाया गया है।
53. Partage de midi.
54. Les Aventures de Sophie.
55. La Cantate à trois voix.
56. Conversations dans le Loir-et-Cher.
57. Le Soulier de satin.
58. L'Annonce faite à Marie.
59. Les Aventures de Sophie.
60. L'Échange.
61. Les Aventures de Sophie.
62. L'Oiseau noir dans le soleil levant.
63. Le Soulier de satin.
64. Positions et Propositions
65. La Ville.
66. Le Soulier de satin.
67. पूर्वोक्त।
68. L'Annonce faite à Marie.
69. La Jeune Fille Violaine.
70. La Ville.
71. Le Soulier de satin
72. पूर्वोक्त।
73. La Ville.
74. Le Pain dur.
75. La Ville.
76. Partage de midi.
77. La Cantate à trois voix.
78. पूर्वोक्त।

79. पूर्वोक्त।
80. Positions et Propositions, II.
81. Le Soulier de satin.
82. Livre de Tobie et de Sarah.
83. Le Père humilié.
84. Le Soulier de satin.
85. Le Père humilié.
86. Feuilles de saints.
87. Le Soulier de satin.
88. Feuilles de saints.
89. पूर्वोक्त।
90. Le Soulier de satin.
91. Positions et Propositions, I.
92. Le Soulier de satin.
93. Le Père humilié.
94. L'Otage.
95. La Ville.
96. L'Échange.
97. L'Échange.
98. L'Otage.
99. पूर्वोक्त।
100. Le Soulier de satin.
101. पूर्वोक्त।
102. Le Soulier de satin.
103. पूर्वोक्त।
104. La Jeune Fille Violaine.
105. Le Soulier de satin.
106. ब्रतों द्वारा रेखांकित।
107. ब्रतों द्वारा रेखांकित।
108. स्तौन्दाल द्वारा रेखांकित।
109. स्तौन्दाल ने मोंतेरलौं द्वारा भोगी जाने वाली क्रूरताओं का पहले ही आकलन कर लिया है: "उदासीनता के सामने, हम क्या कर सकते हैं? प्रेम, लेकिन भयावहता के बिना। भयावहता हमेशा मन के छोटेपन से आती है जिसे अपनी खूबियों के बारे में स्वयं को आश्वस्त करने की आवश्यकता होती है।
110. Nadja.

तृतीय अध्याय

स्त्री का मिथक साहित्य में महत्त्वपूर्ण भूमिका निभाता है; लेकिन साधारण जीवन में इनका महत्त्व क्या है ? यह रोज़मर्रा की ज़िन्दगी में कितना महत्त्वपूर्ण है? सामाजिक रीति-रिवाज़ों और मनुष्य के आचरण को स्त्री-सम्बन्धी ये कहानियाँ, ये मिथक किस हद तक प्रभावित करते हैं? इस प्रश्न का उत्तर देने के लिए यह निर्दिष्ट करना आवश्यक होगा कि यह मिथक वास्तविकता के साथ क्या सम्बन्ध बनाये रखता है।

अनेक तरह के मिथक हैं किन्तु एक मिथक जो मानवीय स्थिति के एक अपरिवर्तनीय पहलू को प्रस्तुत करता है, जो मानवता के 'खण्ड' को व्यक्तियों की दो श्रेणियों में विभाजित करता है एक स्थिर मिथक है; यह अनुभव में समझी गयी या अनुभव से संकल्पित वास्तविकता को एक निष्काम आकाश में प्रक्षेपित करता है; तथ्य के लिए, मूल्य के लिए, संकेत के लिए, धारणा के लिए, अनुभवजन्य क़ानून के लिए, वह एक उत्कृष्ट, कालातीत, अपरिवर्तनीय, आवश्यक विचार को प्रतिस्थापित करता है। यह विचार सभी विवादों से बच जाता है क्योंकि प्रदत्त से परे स्थित है; प्रत्यक्ष से परे होने के बावजूद यह पूर्ण सत्य से सम्पन्न है। इस प्रकार सम्भावित विविध पहलुओं वाला स्त्रियों का वास्तविक अस्तित्व, एक मिथक अर्थात कल्पना बन जाता है जो अलग-अलग है और अपरिवर्तनीय है; यदि जीती-जागती औरतों का आचरण शाश्वत स्त्रीत्व की दी गयी परिभाषा का खण्डन करता है तो इसमें दोष स्त्री को दिया जाता है। यह नहीं कहा जाता है कि स्त्रीत्व एक इकाई है, बल्कि यह बताया जाता है उन स्त्रियों में स्त्रीत्व नहीं है जो गढ़ी गयी परिभाषा के विरुद्ध आचरण करती हैं। अनुभव को नकारना मिथक के विरुद्ध कुछ नहीं कर सकता। हालाँकि, एक तरह से, इनकी उत्पत्ति अनुभव से होती है। इस प्रकार यह सत्य है कि स्त्री पुरुष से इतर है, और यह इतरत्व इच्छा, आलिंगन, प्रेम में ठोस रूप से अनुभव किया जाता है; किन्तु वास्तविक सम्बन्ध पारस्परिकता का है; जो एक विशुद्ध त्रासदी को जन्म देता है। वासना, प्रेम, मित्रता और उनके विपरीत रूप,

छल, घृणा और प्रतिद्वन्द्विता आदि के आधार पर स्थापित दो चेतन व्यक्तियों के बीच का सम्बन्ध संघर्षपूर्ण होता है; यह अन्तरात्मा का संघर्ष है जिसे प्रत्येक आवश्यक बनाना चाहता है, यह स्वतन्त्रता की मान्यता है जो एक-दूसरे की पुष्टि करती है, यह शत्रुता से जटिलता तक एक अनिश्चित मार्ग है। दोनों ही अपने को मुख्य मानते हैं। यदि वे एक-दूसरे को स्वतन्त्र व्यक्ति मानें तो एक-दूसरे की स्वतन्त्रता स्वीकार कर सकते हैं। स्त्री को अन्य मानने का अर्थ है, पारस्परिकता का अभाव, अनुभव के विरुद्ध इस बात से इनकार करना कि वह एक कर्ता है, एक समतुल्य है; उन अनुभवों को अस्वीकार करना है जिनके अनुसार स्त्री की अपनी सत्ता होती है, क्योंकि वह भी चेतन होती है।

यथार्थ में, स्त्रियाँ स्वयं को कई अलग-अलग तरीक़ों से अभिव्यक्त करती हैं; लेकिन स्त्री के इर्द-गिर्द बनाये गये प्रत्येक मिथक उसे समग्र रूप से संक्षेप में प्रस्तुत करने की कोशिश करता है; परिणाम यह है कि असंगत मिथकों का बाहुल्य है और पुरुष स्त्रीत्व के विचार की अजीब विसंगतियों के सामने स्वप्नद्रष्टा बने रहते हैं; पुरुष को विवेक से विचार करना पड़ता है कि वास्तव में 'स्त्रीत्व' से कौन-सा भाव व्यक्त होता है? प्रत्येक स्त्री में इन आदर्श रूपों का कुछ अंश व्याप्त रहता है, इसलिए हर स्त्री यह दावा करती है कि उसमें स्त्रीत्व निहित है। आज का पुरुष भी अपनी स्त्री साथी का यह भिन्न रूप देखकर आश्चर्य में पड़ जाता है, जिस प्रकार प्राचीन यूनान के मिथ्या तर्कवादी यह नहीं समझ पाते थे कि मनुष्य गोरा भी हो सकता है और काला भी। स्त्री सम्पूर्ण है, यह विचार बहुत पहले सामाजिक परिस्थिति से व्यक्त होता था। सम्बन्धों को आसानी से वर्गों में, कार्यों को प्रकारों में विभाजित कर दिया जाता है; स्त्री-पुरुषों के सम्बन्ध वर्गों में विभिन्न कार्यों में उसी प्रकार स्थित हो जाते हैं जिस प्रकार बच्चों की मानसिक अवस्था का सम्बन्ध वस्तुओं में स्थित हो जाता है। उदाहरण के लिए, पितृसत्तात्मक समाज, जो पैतृक सम्पत्ति के साँचे पर केन्द्रित है, अनिवार्य रूप से उन व्यक्तियों के साथ-साथ, जो सम्पत्ति के स्वामी होते थे और अपनी धन-सम्पत्ति को उत्तराधिकार के रूप में देते थे, उन पुरुषों और स्त्रियों की भी मौजूदगी रही है जो उन्हें उनके मालिकों से छीनते हैं और उसे प्रयोग में लाकर दोस्तों तक पहुँचाते थे; पुरुष — दुस्साहसी, ठग, चोर, सट्टेबाज़ — आमतौर पर समुदाय द्वारा अस्वीकार कर दिये जाते हैं; पर स्त्रियाँ अपने काम-सौन्दर्य से केवल नवयुवकों को ही नहीं, परिवार के वयस्क पुरुषों को भी संचित सम्पत्ति नष्ट करने के लिए उकसा सकती हैं, उनका यह कार्य क़ानून के भीतर माना जाता है; वे अपने प्रेमियों को प्रभावित करके धन हड़प लेती हैं या उत्तराधिकार द्वारा

सम्पत्ति हथिया लेती हैं; यह एक निन्दनीय कार्य माना जाता है और ऐसा करने वाली स्त्री बुरी स्त्री कहलाती है। वास्तव में, इसके बजाय वे दूसरे घर में — अपने पिता, अपने भाइयों, अपने पति, अपने प्रेमी के — एक संरक्षिका के रूप में आती हैं; रखैल के रूप में वह धनाढ्य महाजनों को लूटती है तो वही चित्रकारों और लेखकों की सरपरस्त होती है। आसपासिया या मदाम द पोम्पादूर का यह रहस्यमय रूप समझना वास्तव में कठिन नहीं है। किन्तु जब स्त्री को प्रेयिंग मैन्टिस मंटिस, मैन्ड्रेक और दानवी के रूप में प्रस्तुत किया जाता है, तब आत्मा भ्रमित रहती है कि वही नारी ज्ञान की देवी, देवी-मान और भली बेआत्रीस कैसे बन जाती है।

वर्ग-प्रतीक और समूह प्रतीक को प्राय: विरोधाभासी शब्दों के द्वारा व्यक्त किया जाता है। इस दृष्टि से शाश्वत स्त्री में विरोधी गुणों का होना मानो उसकी स्वाभाविक स्थिति है। वह जहाँ आदर्श माता है, वहाँ विमाता भी है। इसीलिए कहा जाता है कि माता जीवन-रूप है, माता मृत्यु-रूप है। हर कुमारी कन्या आत्मा-रूप हो या देह-रूप, शैतान के चंगुल में रहती है।

यह स्पष्ट रूप से वास्तविकता नहीं है जो समाज या व्यक्तियों को एकीकरण के दो विरोधी सिद्धान्तों के बीच उनकी पसन्द को निर्देशित करती है; बल्कि समाज और व्यक्ति अपनी आवश्यकता के अनुसार अपनी पसन्द छाँट लेते हैं। बहुधा पुरुष जिन संस्थाओं और मान्यताओं को सम्मान देते हैं, स्त्री से भी वे उन्हें सम्मानित करने की आशा रखते हैं। हर युग में, हर मामले में, समाज और व्यक्ति अपनी आवश्यकताओं के अनुसार निर्णय लेते हैं। बहुत बार वे उन संस्थाओं और मूल्यों को प्रोजेक्ट करते हैं जिनसे वे अपनाये गये मिथक से जुड़े होते हैं। इस प्रकार पितृसत्तात्मकता जो स्त्री को घर के दायरे में क़ैद रखती है, उसे भावना, आन्तरिकता, अन्तर्निहितता के रूप में परिभाषित करती है; वास्तव में जो कुछ भी विद्यमान है एक साथ सर्वव्यापकता और अतिक्रमण है; जब उसे कोई लक्ष्य नहीं दिया जाता है, या उसे किसी लक्ष्य तक पहुँचने से रोका जाता है, या कि कोई उसे अपनी जीत से निराश करता है, तो उसका उत्थान अतीत में व्यर्थ हो जाता है; यह पितृसत्ता में स्त्रियों की नियति है; लेकिन यह किसी भी तरह से एक पेशा नहीं है, गुलामी से कहीं ज़्यादा गुलामी का पेशा है। इस पौराणिक कथा का विकास औगस्त कांट में बहुत स्पष्ट है। यदि यह कहा जाये कि स्त्री नि:स्वार्थ होती है तो पुरुष को उससे श्रद्धा प्राप्त करने का पूरा अधिकार मिल जाता है; यह स्त्रियों पर एक स्पष्ट अनिवार्यता थोपना है।

मिथक को अर्थ की समझ से भ्रमित नहीं होना चाहिए; अर्थ वस्तु में निहित है; यह एक जीवित अनुभव में चेतना के सामने प्रकट होता है, जबकि मिथक एक उत्कृष्ट विचार है जो चेतना के किसी भी कार्य से बच जाता है। स्त्री-सम्बन्धी इस मत को उस मत से नहीं मिलाना चाहिए जो कि स्त्री की विशेषता को स्वीकार करता है। विशेषता हमेशा वस्तुनिष्ठ होती है, और व्यक्ति अपने अनुभव द्वारा उसे समझता है। यह मिथक एक सर्वोत्तम विचार है जो कि व्यक्ति की मानसिक शक्ति से परे है। स्त्री शरीर के सामने आश्चर्य, मासिक धर्म के ख़ून से घृणा एक ठोस वास्तविकता की आशंकाएँ हैं। जब L'âge d'homme में मिशेल लेरिस स्त्री अंगों के बारे में अपनी दृष्टि का वर्णन करते हैं, तो वह महत्त्व प्रदान करते हैं और एक मिथक विकसित नहीं करते हैं। स्त्री के शरीर को देखकर उन्हें आश्चर्य हुआ किन्तु जब उसने मासिक धर्म का रक्त प्रवाह देखा तो उन्हें घृणा हुई। इस अनुभव में कल्पना का स्थान नहीं है और न यह स्त्री की कामुकता ही बताता है। यदि कोई इसका वर्णन पत्थरों और फूलों से तुलना करके करे तो यह कहानी गढ़ना नहीं कहलायेगा। यह कहना कि स्त्री-देह रात्रि है और मृत्यु है और या यह कहना कि स्त्री ब्रह्माण्ड की जगमगाहट है, आकाश के शून्य में उड़ान भरने के समान क्योंकि पुरुष भी स्त्री के लिए देह है; और यह एक कामुक वस्तु के अलावा अन्य है; और देह प्रत्येक अनुभव के लिए अद्वितीय अर्थ ग्रहण करती है। इस प्रकार तो पुरुष भी स्त्री के लिए देह है। स्त्री केवल देहमात्र नहीं है। प्रत्येक शरीर का एक विशेष व्यक्ति के लिए विशेष महत्त्व होता है। प्रत्येक अनुभव का भी एक पृथक् महत्त्व होता है। इस तरह यह भी पूरी तरह से सच है कि स्त्री — पुरुष की तरह — प्रकृति में निहित एक प्राणी है; स्त्री में अपनी विशिष्ट जाति के गुण पुरुष से अधिक पाये जाते हैं स्त्री की पाशविकता पुरुष की पाशविकता से अधिक प्रदर्शित होती है यद्यपि जीवन धारण करने के कारण यह गुण दोनों में ही होता है। स्त्री भी मानव जगत् की प्राणी है। उसको प्रकृति के साथ जोड़ना एक निरा पूर्वाग्रह है।

कुछ मिथक शासक वर्ग के लिए इससे अधिक फायदेमन्द रहे हैं। यह अपने सभी विशेषाधिकारों को सही ठहराता है और यहाँ तक कि इसका दुरुपयोग करने को अधिकृत भी करता है। पुरुषों को उन कष्टों और बोझों को कम करने के बारे में चिन्ता करने की ज़रूरत नहीं है जो शारीरिक रूप से औरतों को होते हैं क्योंकि वे 'प्रकृति द्वारा वांछित' हैं; प्रकृति ने स्त्री के शरीर को इस प्रकार गठित किया है कि सभी दर्द और दुःख उसके ही भाग्य में हैं, इसी आधार पर पुरुष औरतों की दुर्दशा में थोड़ा और इज़ाफ़ा करने में संकोच नहीं करता — उदाहरण के लिए, स्त्री को

रति सुख के किसी भी अधिकार से वंचित करना, उनसे बोझ ढोने वाले जानवरों की तरह काम कराना है।[1]

स्त्री का रहस्यमय रूप ही पुरुष को सबसे अधिक मान्य है। उससे उसे अनेक लाभ होते हैं। हर वो चीज़ जो समझ से परे लगती है, उसे 'रहस्यात्मक' मान लिया जाता है। वास्तव में पुरुष स्त्री को समझ नहीं सकता, इसलिए उसके प्रतिरोध को वह एक व्यक्तिगत मानसिक शिथिलता का रूप देता है; अपनी अज्ञानता को स्वीकार करने के बजाय, वह स्त्री में अपने से अलग एक रहस्य की उपस्थिति देखता है। यहाँ एक बहाना है जिससे वह अपने अहं और आलस्य की भावनाओं को तुष्ट करता है। एक प्रेम सन्तप्त हृदय बहुत सारी निराशाओं को भूल जाता है। यदि प्रेमिका तुनकमिज़ाज है, उसकी बातें मूर्खतापूर्ण हैं तो उसे रहस्यमय कहकर माफ़ कर दिया जाता है। स्त्री को रहस्यमय मानने से उसके साथ के नकारात्मक सम्बन्धों की भावना को ज़्यादा पुष्टि मिलती है जो कीर्केगार्द के मतानुसार आधिपत्य स्थापित करने की भावना से श्रेयस्कर है; एक जीती-जागती पहेली के सामने पुरुष अपने को एकाकी महसूस करता है। अपने सपनों, अपनी आशाओं, अपने भय, अपने प्यार, अपने दम्भ के साथ अकेला; यह व्यक्तिपरक खेल जो बुराई से रहस्यमय परमानन्द तक जा सकता है, कई लोगों के लिए एक इन्सान के साथ प्रामाणिक रिश्ते की तुलना में अधिक आकर्षक अनुभव है। बहुत से पुरुषों को स्त्री के साथ वास्तविक सम्बन्ध में उतना आनन्द नहीं मिलता जितना उन्हें उसके बारे में तरह-तरह की कल्पना करने से मिलता है। कभी वे स्त्री को 'पाप' के रूप में देखते हैं, कभी रहस्यमय आनन्द के रूप में। तो फिर, इस प्रकार के भ्रम उत्पन्न करने वाले प्राणी के अस्तित्व का आधार क्या है?

निश्चित रूप से, एक मायने में, मायेटरलिंक के शब्दों में, स्त्री रहस्यमय है, 'हर किसी की तरह रहस्यमय'। प्रत्येक केवल अपने लिए कर्ता है; प्रत्येक व्यक्ति अपनी सर्वव्यापकता में केवल स्वयं को ही समझ सकता है; इस दृष्टिकोण से दूसरा हमेशा एक रहस्य है। पुरुष की दृष्टि में स्त्री इतनी अपारदर्शक है कि वह इसके अनुभवों को समझ नहीं सकता; वे सहानुभूति के किसी भी प्रभाव से उसके विलक्षण अनुभव को भेद नहीं सकते। स्त्री को रति-सुख का आनन्द कैसे मिलता है, रजस्वला होने पर उसे क्या असुविधा होती है, और प्रसव पीड़ा कितनी तीव्र होती है, वह यह सब नहीं जानता; वे इनसे अनजान रहने के लिए अभिशप्त हैं। वास्तव में दोनों ही एक-दूसरे के लिए रहस्य होते हैं। प्रत्येक पुरुष का अपना एक भीतरी स्वरूप होता है, जो स्त्री के लिए बोधगम्य नहीं होता; वह भी पुरुष की काम-इच्छा से अपरिचित

रहती है। लेकिन हमने जो सार्वभौमिक नियम देखा है, उसके अनुसार, जिन श्रेणियों के माध्यम से लोग दुनिया के बारे में सोचते हैं, वे उनके दृष्टिकोण से गठित होती हैं, निरपेक्षत: वे यहाँ हर जगह की तरह पारस्परिकता की उपेक्षा करते हैं। पुरुष के लिए रहस्य, स्त्री अपने आप में एक रहस्य मानी जाती है।

यह सच है कि उसकी स्थिति विशेष रूप से उसकी ऐसी छवि बनाने में सहायक होती है जिससे पुरुष उसके प्रति ऐसी धारणा बनाता है। उसकी शारीरिक नियति बहुत जटिल है; वह स्वयं अनुभव करती है कि उसका शरीर उसके लिए अजनबी है और उसे इसे झेलना पड़ता है; उसका शरीर उसके लिए स्वयं की स्पष्ट अभिव्यक्ति नहीं है; वह इससे अलग-थलग महसूस करती है; वह बन्धन जो प्रत्येक व्यक्ति में शारीरिक जीवन और मानसिक जीवन को जोड़ता है या बेहतर ढंग से कहें तो व्यक्ति की तथ्यात्मकता और स्वतन्त्रता के बीच मौजूद सम्बन्ध, जो मानता है कि यह मानव स्थिति द्वारा निहित सबसे कठिन पहेली है : स्त्रियों में यह सबसे विकट तरीक़े से प्रकट होता है।

लेकिन जिसे रहस्य कहा जाता है वह चेतना का व्यक्तिपरक एकान्त नहीं है, न ही जैविक जीवन का रहस्य है। शब्द का सही अर्थ संचार के स्तर पर पाया जाता है : स्त्री को रहस्य इसलिए नहीं कहा गया है कि वह एक भिन्न चेतन जीव है और उसका शरीर भी भिन्न है; स्त्री का अस्तित्व ऐसा नहीं है, जिसे हम पूर्ण मौन, पूर्णतम अँधेरा या फिर पूर्ण रिक्तता कहें; इसका तात्पर्य एक उभरती हुई उपस्थिति से है जो प्रकट होने में विफल रहती है। यह कहना कि स्त्री रहस्य है, यह कहना नहीं है कि वह मौन है, बल्कि यह कहना है कि उसकी भाषा समझ में नहीं आती; वह वहाँ है, लेकिन पर्दों के भीतर छिपी है; स्त्री के सम्बन्ध में तो यह सचमुच जटिल से जटिलतम हो जाता है। वह इन सन्देहायुक्त परछाइयों से परे मौजूद है। कौन है वो ? देवी, अप्सरा, दानवी, प्रेरणा या अभिनेत्री ? यह माना जाता है कि या तो इन प्रश्नों के उत्तर हैं जिन्हें खोजना असम्भव है, या यों कहें कि कोई भी पर्याप्त नहीं है क्योंकि एक मौलिक अस्पष्ट गुण स्त्री अस्तित्व को प्रभावित करता है; अपने अन्तर्तम में वह स्वयं मानो अपनी व्याख्या नहीं कर सकती : एक स्फिंक्स — पशु और मनुष्य, दोनों ही का मिश्रण।

सच तो यह है कि यह तय कर पाना कि वह कौन है स्त्री को असमंजस में डाल देता है; प्रश्न का कोई उत्तर नहीं है; लेकिन ऐसा नहीं है कि छिपा हुआ सत्य इतना तरंगित है कि उसे परिभाषित नहीं किया जा सकता। बात यह है कि इस क्षेत्र में

कोई सत्य नहीं है। अस्तित्व जो कुछ करता है उसके अलावा वह और कुछ नहीं है; वह सम्भव सत्य व वास्तविकता से परे नहीं जाता है, सार अस्तित्व से पहले नहीं आता है : अपनी शुद्ध व्यक्तिपरकता में, मनुष्य कुछ भी नहीं है। उसे तो उसके कार्यकलापों द्वारा ही मापा जाता है। एक किसान औरत के बारे में कहा जा सकता है कि वह एक अच्छी या बुरी कामगार है, एक अभिनेत्री के बारे में यह कहा जा सकता है कि उसके पास प्रतिभा है या नहीं : बाहरी रूप के आधार पर यदि हम स्त्री का अन्तर्मन देखना चाहें तो उसके बारे में कुछ भी कहने में असमर्थ रहेंगे क्योंकि इस रूप में उसमें कोई विशेषता नहीं होती, किसी तरह की योग्यता का अभाव है। फिर भी प्रेमपूर्ण या दाम्पत्य सम्बन्धों में, उन सभी सम्बन्धों में जहाँ स्त्री पूरी तरह से निर्भर होती है, पूर्ण रूप से पुरुष की दासी बन जाती है, उसके साथ वैसा ही बर्ताव किया जाता है जैसी छवि दुनिया में बनती है। यह विचारणीय है कि जब स्त्री साथिन, सहकर्मी और साझेदार होती है तब उसमें कोई रहस्य नहीं होता; दूसरी ओर, यदि निर्भरता और दास की स्थिति में पुरुष है, तो वह अपने अधिक उम्र वाले पुरुष और स्त्री की दृष्टि में, अपने से अधिक सम्पन्न वर्ग के व्यक्ति की दृष्टि में, उदाहरण के लिए एक युवक, गौण वस्तु के रूप में प्रकट होता है, तो वह भी रहस्य ओढ़ लेता है। और यह हमारे सामने स्त्री रहस्य का एक बुनियादी ढाँचा प्रकट करता है जो आर्थिक क्रम का है। भावना भी कुछ नहीं है। जीद लिखते हैं कि भावना के जगत् में, सच्ची और काल्पनिक भावना में अन्तर करना मुश्किल है। और प्रेम करने के लिए यह कल्पना करना पर्याप्त है कि कोई प्रेम करता है, इसलिए अपने आप से यह कहना पर्याप्त है कि जब कोई प्रेम करता है तो वह प्रेम करने की कल्पना करता है। यदि कोई वास्तव में प्रेम में है तब यह कहना कि वह कल्पना करता है कि वह प्रेम करता है मानो उसके प्रेम को कम कर देना है। सत्य और काल्पनिक के बीच का अन्तर व्यवहार द्वारा प्रदर्शित होता है। चूँकि पुरुष इस दुनिया में एक विशेषाधिकार प्राप्त स्थान रखता है, यह वह है जो सक्रिय रूप से अपने प्रेम को प्रदर्शित करने में सक्षम है; अक्सर वह स्त्री का भरण-पोषण करता है या कम से कम उसकी मदद करता है; उससे विवाह करके वह उसे समाज में सम्मान देता है; वह उसे उपहार देता है; उनकी सामाजिक और आर्थिक स्वतन्त्रता ही उन्हें ऐसा करने में सहायक होती है। मादाम द विलपारिसी से बिछड़ने के बाद यह मुन्स्युर द नोरप्वा थे जिन्होंने उनसे मिलने के लिए चौबीस घण्टे की यात्रा की; प्राय: पुरुष व्यस्त रहता है और स्त्री के पास अवकाश रहता है। जो समय वह स्त्री के साथ व्यतीत करता है मानो वह समय उसे देता है और स्त्री वह समय स्वीकार करती है : ख़ुशी से, शौक़ से,

या मनोरंजन के लिए? क्या उसे अपने विवाह और पति से प्रेम है ? इस सम्बन्ध में पुरुष द्वारा दिये गये प्रमाण भी बड़े अस्पष्ट हैं : ये उपहार या तो प्रेम में दिये जाते हैं या दया कर के? स्वभावतः स्त्री को पुरुष के साथ सम्बन्ध स्थापित करने में अनेक लाभ होते हैं, पर पुरुष जब स्त्री के साथ सम्बन्ध स्थापित करता है, तब उसे एक ही लाभ है कि वह उसे प्यार करता है। वह किस सीमा तक प्यार करता है, यह उसके रुख से व्यक्त होता है। अपने हृदय की भावनाओं को व्यक्त करने के लिए स्त्री के पास मुश्किल से ही कोई साधन होता है। अपनी मानसिक अवस्था के अनुसार ही वह अपनी भावनाओं को अलग-अलग रूपों में देखती है। चूँकि स्त्री मौन समर्पण करती है, इसलिए उसका एक निष्कर्ष उतना ही सच्चा होता है जितना कि दूसरा। उन विशेष परिस्थितियों में जिनमें स्त्री को विशेष सामाजिक और आर्थिक सुविधाएँ प्राप्त होती हैं, उनमें रहस्य' का रूप भी दूसरा होता है। स्त्री ही केवल रहस्य नहीं होती, पुरुष भी रहस्यमय हो सकता है। वास्तव में रहस्य विशेषण परिस्थिति सापेक्ष होता है। स्त्रियों के लिए ऊँचा उठने के रास्ते बन्द है, क्योंकि वे कुछ नहीं करतीं, वे अपने को कुछ बना पाने में असमर्थ हैं, वे निरन्तर सोचती रहती हैं कि वे क्या हो सकती थीं और यह विचार उनके हृदय में यह सवाल जगाता है कि वे क्या हैं ? यह एक व्यर्थ प्रश्न है। यदि पुरुष स्त्री के रहस्यमय तत्त्व का पता नहीं लगा सकता तो इसका एकमात्र यही कारण है कि ऐसा कोई रहस्यमय तत्त्व है ही नहीं। संसार में रहने वाली स्त्री का हम संसार से पृथक् किसी रूप में वर्णन नहीं कर सकते। उसके रहस्य के पीछे उसकी शून्यता के सिवाय और कुछ भी नहीं छिपा है।

इसके अलावा, ऐसा होता है कि, सभी उत्पीड़ितों की तरह, वह जान-बूझकर अपना वस्तुनिष्ठ स्वरूप छिपाती है; दास, सेवक, मूलनिवासी, वे सभी जो स्वामी की सनक पर निर्भर रहते हैं, उन्होंने एक अपरिवर्तनीय मुस्कान या एक रहस्यमय भावशून्यता के साथ उसका विरोध करना सीख लिया है; वे अपनी सच्ची भावनाओं, अपने सच्चे व्यवहारों को सावधानी से छिपाते हैं। स्त्रियों को भी किशोरावस्था से ही पुरुषों से झूठ बोलना, धोखा देना, पक्षपात करना सिखाया जाता है। वह माँगे हुए चेहरों के साथ उनके पास आती है; वह चतुर है, पाखण्डी है, स्वाँग करती है।

लेकिन पौराणिक विचार द्वारा मान्यता प्राप्त स्त्री रहस्य एक गहरी वास्तविकता है। वास्तव में, वह तुरन्त 'पूर्ण अन्य' की पौराणिक कथाओं में शामिल हो जाता है। यदि हम स्वीकार करते हैं कि अनिवार्य चेतना भी एक पारभासी व्यक्तिपरकता है, तो हम स्वीकार करते हैं कि यह वास्तव में सम्प्रभु है और यह आवश्यक की ओर लौटती है; किसी भी पारस्परिकता को असम्भव दिखने के लिए, दूसरे को स्वयं के

लिए दूसरा होना चाहिए, उसकी व्यक्तिपरकता परिवर्तन से प्रभावित होनी चाहिए; यह चेतना जो अपनी शुद्ध अन्तर्निहित उपस्थिति में चेतना के रूप में अलग हो जायेगी, स्पष्ट रूप से रहस्य होगी; यह परम रहस्य होगा। यह मानना ही पड़ेगा कि गौण चेतनशील जीव का भी अपना अस्तित्व होता है, उसमें भी चिन्तन की क्षमता होती है। अब यह भी स्वीकार करना पड़ेगा कि यह चेतन प्राणी भी पूर्ण स्वतन्त्र होता है और उसे मुख्य के प्रति खींचता है, जिससे परस्परता नितान्त असम्भव मालूम पड़ती है। अपर के लिए यह आवश्यक है कि वह अपने से भी अन्य रहे क्योंकि इस प्रकार उसका अपना व्यक्तित्व उसकी 'अन्यता' से प्रभावित होगा यह 'चेतना' विश्वव्याप्त चेतना से पृथक् एक वास्तविक रहस्य है। यह स्वयं में रहस्य है, क्योंकि यह स्वयं के लिए रहस्य है। यह पूर्ण 'रहस्य' है। यद्यपि यह सत्य है कि स्त्रियाँ अपने वास्तविक रूप को अप्रकट रखकर रहस्यात्मक बन जाती हैं। चाहे स्त्री अफ्रीका की हो या एशिया की, वह एक रहस्य है, क्योंकि वह गौण है, 'अन्या' है। यह ध्यान दिया जाना चाहिए कि अमेरिकी नागरिक जो किसी औसत यूरोपीय के मन में उथल-पुथल मचाता है उसे 'रहस्यमय' नहीं माना जाता है। प्राय: अमरीकन स्त्रियाँ 'रहस्यमय' नहीं समझी जातीं, बल्कि बड़ी विनम्रता से लोग कह देते हैं कि वे उन्हें समझ नहीं सके; इसी प्रकार स्त्रियाँ भी कभी-कभी पुरुष को नहीं 'समझती' हैं, पर कभी भी पुरुष को 'रहस्य' नहीं कहा जाता; बात यह है कि सम्पन्न समृद्ध अमेरिका और पुरुष, दोनों ही स्वामी रूप हैं और 'रहस्य' तो दासों और ग़ुलामों का होता है।

निस्सन्देह, रहस्य की सकारात्मक वास्तविकता के बारे में कोई केवल बुरे विश्वास के धुँधलके में ही सपना देख सकता है; कुछ सीमान्त मतिभ्रम के समान, जैसे ही कोई इसे ठीक करने का प्रयास करता है, यह विलुप्त हो जाता है। साहित्य हमेशा 'रहस्यमय' स्त्रियों को चित्रित करने में विफल रहता है; वे उपन्यास के प्रारम्भ में ही विचित्र, अजनबी और गूढ़ प्रकट होती हैं, पर कहानी समाप्त होने के पहले ही वे अपना रहस्य त्याग देती हैं और अन्त में बड़ी निर्मल, सुसंगत और पारभासी पात्र बन जाती हैं। उदाहरण के लिए, पीटर चेनी की पुस्तकों के नायक स्त्रियों की विचित्र सनक पर आश्चर्य प्रकट करते हैं; अन्दाज़ा ही नहीं लगाया जा सकता है कि वे कैसा व्यवहार करेंगी, वे सब कुछ सोचा-विचारा विफल कर देती हैं; असल में, जैसे ही उनके कृत्यों के स्रोत पाठकों के सामने प्रकट होते हैं, वे सहज ही उन्हें समझ लेते हैं : ये औरत जासूस थी, वो वाली चोरनी थी; कथानक कितना भी कुशल क्यों न हो, हमेशा एक कुंजी होती है, और यह अन्यथा नहीं हो सकता है,

भले ही लेखक कितना भी प्रतिभा-सम्पन्न हो, चाहे उसकी कल्पनाशीलता की उड़ान कितनी भी ऊँची हो। रहस्य कभी भी मृगतृष्णा से ज़्यादा कुछ नहीं होता, जैसे ही कोई इसे परिभाषित करने का प्रयास करता है यह ग़ायब हो जाता है।

इस प्रकार हम देखते हैं कि यह मिथक पुरुष के लिए उपयोगिता की ही दृष्टि से वर्णित किया जाता है। स्त्री का मिथक एक विलासिता है। यह तो तभी प्रकट होती है जब पुरुष अपनी आवश्यकताओं की माँगों से भागता है; सम्बन्ध जितने अधिक वास्तविक होते हैं, उन्हें उतना ही कम आदर्श बनाया जाता है। प्राचीन मिस्त्र के लोग, अरब के किसान, मध्य युग के शिल्पकार, समकालीन श्रमिक भी अपने कार्य की आवश्यकतानुसार और दरिद्रता को दृष्टि में रखते हुए, स्त्री से सम्बन्ध स्थापित करते हैं, वे सम्बन्ध इतने स्पष्ट और निश्चित होते हैं कि उन्हें किसी प्रकार सजाने की आवश्यकता नहीं है और न उन्हें शुभ या अशुभ वातावरण देने की आवश्यकता है। यह वह समय और वर्ग था, जब मनुष्य के पास काफ़ी अवकाश था और स्त्रीत्व की श्वेत-श्याम प्रतिमाएँ स्थापित की गयीं। लेकिन ऐसी कल्पना के लाभ भी थे। बेशक, अधिकांश मिथकों की जड़ें मनुष्य के अपने अस्तित्व और उस दुनिया के प्रति सहज रवैये में होती हैं जो उसमें निवेश करती है। लेकिन पारलौकिक विचार के प्रति अनुभव पर क़ाबू पाने को पितृसत्तात्मक समाज द्वारा आत्म-औचित्य के उद्देश्यों के लिए जान-बूझकर संचालित किया गया है; मिथकों के माध्यम से, इसने व्यक्तियों पर अपने क़ानूनों और रीति-रिवाज़ों को सचित्र और संवेदनशील तरीक़े से लागू किया; अपने कार्य को युक्तिसंगत सिद्ध करने के लिए पुरुष-प्रधान समाज ने अपने अनुभव-क्षेत्र से बाहर सर्वोपरि का समर्थन किया; इस समाज ने अपने क़ानूनों एवं रीति-रिवाज़ों को कथाओं और मिथकों को बेहद सुन्दर और प्रभावोत्पादक ढंग से लागू किया; इस प्रकार एक काल्पनिक कथा के माध्यम से एक वर्ग का आदेश सिद्धान्त का रूप लेता है जो कि प्रत्येक के लिए मान्य बनता है। धर्मों, परम्पराओं, भाषा, कहानियों, गीतों, सिनेमा के माध्यम से ये मिथक उन लोगों तक पहुँचा दिये गये जो पूर्ण रूप से भौतिकवादी हैं। निश्चित रूप से, अधिकांश मिथकों की जड़ें दृष्टिकोण में होती हैं, इसमें प्रत्येक अपने नीरस अनुभव को एक उत्कृष्ट रूप दे सकता है। यदि पुरुष उस स्त्री द्वारा छला जाता है जिसे वह प्यार करता है तो वह उसे एक क्रोधित गर्भ कहता है; नपुंसक पुरुष उसे दुष्टा का रूप कहता है। यहाँ स्त्री भक्षिणी है–प्रेयिंग मैन्टिस; ऐसे भी पुरुष होते हैं जिन्हें अपनी पत्नी का सान्निध्य अति आनन्ददायक लगता है। यहाँ पर औरत समरसता है, शान्ति है, धरती-माँ हो जाती है।

अधिकांश व्यक्तियों को ये मान्य भी होती हैं। थोड़ी-सी भावुकता और ज़रा-सी घबड़ाहट को अनन्त सत्य का प्रतिबिम्ब माना जाता है। एक भ्रम बड़ी ही ख़ूबसूरती से पुरुषों के दम्भ को सन्तुष्ट करता है।

मिथक झूठी निष्पक्षता के उन जालों में से एक है जिसमें गम्भीरता की भावना ध्वस्त हो जाती है; जिसमें स्थापित 'मूल्यों' पर आस्था रखने वाले व्यक्ति सहज ही फँस जाते हैं। एक बार फिर, यहाँ भी हम देखते हैं कि एक वास्तविक अनुभव के स्थान पर एक मूर्ति स्थापित कर दी गयी है। एक स्वायत्त अस्तित्व के साथ एक प्रामाणिक सम्बन्ध के लिए, स्त्री का मिथक एक मृगतृष्णा के गतिहीन चिन्तन का स्थान लेता है। "मृगतृष्णा! मृगतृष्णा! उन्हें मार डाला जाना चाहिए क्योंकि उन्हें गिरफ़्त में नहीं लिया जा सकता; या उन्हें आश्वस्त करें, उन्हें शिक्षित करें, गहनों के लिए उनकी रुचि को ख़त्म करें, सचमुच में उन्हें अपने समान, अपना साथी मानें, हमारी अभिन्न मित्र, यहाँ धरती पर उन्हें सहभागी बनायें, उन्हें अलग तरह से कपड़े पहनायें, उनके बाल काटें, उन्हें सब कुछ बतायें"... लाफोर्ग ने आह्वान किया। सपने जब सामूहिक और निर्देशित होते हैं, घिसे-पिटे, जीवित वास्तविकता की तुलना में बहुत ख़राब और नीरस होते हैं। सच्चे सपने देखने वाले के लिए, कवि की आँखों को कौतूहल की अपेक्षा स्त्री अधिक आकर्षक लगेगी, वह उसकी कल्पना के लिए एक उदार स्रोत होती है। जिस युग में स्त्रियों को सबसे अधिक निष्ठा से महत्त्व दिया जाता था, वह न तो दरबारी सामन्तवाद था, न ही 19वीं सदी का वीरता का युग : वह युग था — 18वीं सदी का — जब पुरुष स्त्रियों को अपने बराबर के रूप में देखते थे; वास्तव में उस समय स्त्री का रूप बड़ा आकर्षक माना गया और तभी पुरुषों में रूमानियत दिखती है : इसे समझने के लिए आपको केवल *Les Liaisons dangereuses, Le Rouge et le Noir, L'Adieu aux Armes* पढ़ना होगा। लाक्लो, स्तौन्दाल, हेमिंग्वे की नायिकाएँ रहस्य से रहित हैं : वे किसी से कम प्यारी नहीं हैं। यदि स्त्री को एक मानव माना जाये तो इससे पुरुष के अनुभव तुच्छ नहीं हो जायेंगे। अगर वह अपनी अन्तरर्विषयकता ग्रहण कर ले तो वह अपनी विविधता, अपनी समृद्धि, अपनी तीव्रता में से कुछ भी नहीं खोयेगा; मिथकों को नकारना लिंगों के बीच किसी भी नाटकीय सम्बन्ध को तोड़ देना नहीं है, यह उन अर्थों को नकारना नहीं है जो स्त्री वास्तविकता के माध्यम से मनुष्य के सामने प्रामाणिक रूप से प्रकट होते हैं; यह कविता, प्रेम, रोमांच, खुशी, सपनों को कुचल नहीं रहा है। इसका अभिप्राय सिर्फ़ यह है कि स्त्री का आचरण, भावनाएँ, जुनून सत्य पर आधारित हों।[2]

स्त्री खो गयी है। स्त्रियाँ कहाँ हैं? आज की स्त्री, स्त्री नहीं है। इन रहस्यमय वाक्यांशों का अर्थ हम समझते हैं। स्त्री का शरीर प्राप्त कर लेना ही पर्याप्त नहीं और न केवल स्त्री का कार्य पत्नी और माता के रूप में करना ही स्त्री होने का सही परिचय है। काम-क्रिया और मातृत्व धारण करने के नाते स्त्री अपनी स्वायत्तता का दावा कर सकती है; 'असली औरत' वह है जो ख़ुद को अन्य के रूप में स्वीकार करती है। आज के पुरुष स्त्री के प्रति दोहरा दृष्टिकोण रखते हैं। वे स्त्री को अपने बराबर, अपनी साथी के रूप में देखना चाहते हैं और साथ ही उसे गौण भी मानते हैं। यह रुख़ स्त्री को अच्छा नहीं लगता। इन दोनों विचारों में एकरसता नहीं है। स्त्री इन दोनों दृष्टिकोणों के बीच पिसती है। वह अपने को किस विशेष दृष्टिकोण के अनुकूल बनाये, यह समझ नहीं पाती, इसलिए वह सन्तुलन खो बैठती है। मनुष्य के सार्वजनिक जीवन और निजी जीवन के बीच कोई अन्तर नहीं है। पुरुष अपने क्रियाकलापों द्वारा दुनिया पर जितनी ही अपनी पकड़ मज़बूत करता है, उतना ही अधिक वह पौरुष से भरपूर प्रकट होता है; उसमें मानवीय और मुख्य मान्यताओं का सुन्दर समन्वय मिलता है किन्तु स्त्री की स्वायत्त सफलताएँ उसके स्त्रीत्व के साथ विरोधाभास में हैं क्योंकि 'असली औरत' को ख़ुद को एक वस्तु बनने, अन्य बनने के लिए कहा जाता है। बहुत सम्भव है कि इस बिन्दु पर पुरुषों की संवेदनशीलता, कामुकता ही बदल जाये। एक नये सौन्दर्यबोध का जन्म हो चुका है। यदि सपाट छाती और दुबले कूल्हों का फ़ैशन — इफ़ेब महिला के लिए — केवल अस्थायी था, तो हम अभी तक पिछली शताब्दियों के भव्य आदर्श पर नहीं लौटे हैं। यद्यपि स्त्री की देह मांसल होनी चाहिए लेकिन सुडौल। स्त्री का शरीर हल्का होना चाहिए : मांसल, कोमल, मज़बूत, ऐसा ही शारीरिक रूप सर्वोपरि के भाव को पुष्ट करता है। स्त्री का शरीर उष्ण कमरे में बढ़े पौधे की तरह सफ़ेद नहीं, बल्कि कारीगर की उस कृति की तरह होना चाहिए, जो जीवन के उतार-चढ़ाव को बर्दाश्त कर सके, व्यवहारिक होने से, महिलाओं की वेशभूषा उन्हें अलैंगिक नहीं दिखाती। इसके विपरीत, छोटी स्कर्ट पैरों और जाँघों को पहले की तुलना में अधिक उजागर करती है। हमें समझ नहीं आता कि काम करने से वह अपने कामुक आकर्षण से क्यों वंचित हो जायेगी। स्त्री को एक सामाजिक हस्ती और काम-वासना तृप्त करने के साधन के रूप में देखना ज़रा उलझन पैदा करता है। हाल ही में प्रकाशित पेनेट द्वारा चित्रों की एक शृंखला में[3], हमने देखा कि एक युवा मंगेतर अपनी दुल्हन को छोड़ देता है क्योंकि उसे सुन्दर मेयर ने शादी करने के लिए बहकाया था; स्त्री 'पुरुष की

स्थिति' भी ग्रहण करे और पुरुष की चाहत भी बनी रहे, यह लम्बे समय से कमोबेश गम्भीर चुटकुलों का विषय रहा है; धीरे-धीरे व्यंग्य और विडम्बनाएँ फीकी पड़ गयी हैं और ऐसा लगता है कि कामुकता का एक नया रूप जन्म ले रहा है। शायद यह नये मिथकों को जन्म देगा।

यह निश्चित है कि आज स्त्री के लिए स्वायत्त व्यक्ति के रूप में अपनी स्थिति और अपनी अभिशप्त स्त्री नियति दोनों को मानना बहुत कठिन है; यह उसके लिए परेशानी और अशान्ति का विषय है जिसके कारण कभी-कभी स्त्री को 'खोया हुआ सेक्स' कह उसकी जटिल स्थिति की ओर संकेत किया जाता है। और इसमें कोई सन्देह नहीं है कि ख़ुद को मुक्त करने के लिए काम करने की तुलना में चुपचाप ग़ुलामी की स्थिति को स्वीकार कर लेना अधिक आसान होता है। जीवित से अधिक मृतक अपने को पृथ्वी के अनुकूल बना लेते हैं। किसी भी रूप में अतीत की स्थिति को स्वीकार करना न तो वांछित है और न सम्भव। आशा की जानी चाहिए कि पुरुष, अपनी ओर से, जो स्थिति पैदा हो रही है, उसे बिना शर्त स्वीकार करें; तभी स्त्री बिना किसी कष्ट का अनुभव किये उस स्थिति में रहना स्वीकार कर लेगी। तब लाफोर्ग की इच्छा पूरी की जा सकती है : "हे नवयुवतियाँ, तुम कब हमारी बन्धु बनोगी, कब हममें घनिष्ठ भाईचारे का सम्बन्ध होगा और शोषण हमारा उद्‌देश्य नहीं होगा? कब हम एक-दूसरे से हाथ मिलाएँगे? कब हम सचमुच में क़दम से क़दम मिला कर चलेंगे?" फिर "मेलुसीन पर पुरुष अत्याचार नहीं करेगा, मेलुसीन स्वतन्त्र हो जायेगी..." उसे 'अपना मानवीय आधार' मिल जायेगा।[4] तब वह पूरी तरह से एक इन्सान होगी, "जब स्त्री पर लगे बन्धन टूट जायेंगे, जब वह अपने लिए और अपने बूते पर जीएगी, पुरुष–अब तक निन्दनीय — उसे स्वतन्त्र रूप से रहने देगा।"[5]

सन्दर्भ

1. सन्दर्भ : बालज़ाक की रचना Physiologie du mariage : "उसकी बड़बड़ाहट, उसके रोने, उसके दर्द के बारे में चिन्ता मत करो; प्रकृति ने इसे हमारे उपयोग के लिए, और सब कुछ सहन करने के लिए बनाया है : बच्चे, दुख, वार और मनुष्य के दुख। अपने आप पर कठोर होने का आरोप न लगायें। तथाकथित सभ्य राष्ट्रों की सभी संहिताओं में, पुरुष ने स्त्रियों के भाग्य को नियन्त्रित करने वाले कानूनों को इस खूनी शिलालेख के तहत लिखा है: "वाह वाह! धिक्कार है कमजोरों को!"
2. लाफोर्ग स्त्री के बारे में यह भी कहते हैं : "चूँकि उसे गुलामी, आलस्य में छोड़ दिया गया था, उसके पास अपनी कामुकता के अलावा कोई अन्य व्यवसाय और हथियार नहीं था,

इसलिए उसने असामान्य रूप से बड़ा बना दिया और स्त्रैण बन गई... हमने उसे बड़ा बन जाने दिया; वह हमारे लिए दुनिया में है... ख़ैर! ये सब झूठ है... औरत के साथ हम अब तक गुड़ियों की तरह खेलते आए हैं. यह बहुत लम्बे समय से चल रहा है!..."

3. 3 नवम्बर 1948 में।
4. ब्रतों, Arcane 17.
5. रैम्बो, Lettre à P. Demeny, 15 मई, 1872।